CHANGNING ALMANAC

长宁年鉴 2015

《长宁年鉴》编纂委员会 编

上海社会科学院出版社

《长宁年鉴》编纂委员会

《长宁年鉴》编辑部

1 7月22日，中共长宁区第九届委员会第十次全体会议（区委办供稿）

2 12月30日，中共长宁区第九届委员会第十一次全体会议（区委办供稿）

3 1月13日—15日，长宁区第十五届人民代表大会第五次会议（《长宁时报》供稿）

1 1月12日—15日，长宁区政协第十三届委员会第三次会议（区政协供稿）

2 9月19日，长宁区政协第十三届委员会第四次会议（区政协供稿）

3 5月30日，精神文明建设工作会议暨创评全国文明城区动员大会（区委宣传部供稿）

1 年内，开展结对金山区农村综合帮扶工作，举办“金山西甜瓜节” （《长宁时报》供稿）
2 “2014 年上海平台示范企业”易贸集团青年员工风采 （易贸集团供稿）
3 年内，区市场监管局开展执法检查 （区市场监管局供稿）

1 年内，区委、区政府向对口援建的青海果洛州甘德县捐款 （区合作交流办供稿）

2 4月，举办第八届中山公园旅游集市（春秋专场） （区旅游局供稿）

1 6月，第二届南亚博览会长宁区展厅 （区合作交流办供稿）

2 6月3日，上海虹桥临空经济园区企业（人才）综合服务中心揭牌成立 （区人社局供稿）

3 6月16日，镇宁路405弄旧改地块签约率达100% （江苏路街道）

4 7月1日，税务长宁分局志愿者服务队成立授旗仪式 （税务长宁分局供稿）

1 9月10日—21日，举办第十七届上海德国啤酒节 （区旅游局供稿）

2 10月28日，上海虹桥互联网金融财富天地高峰论坛在临空经济园区举行 （区科委供稿）

1 10 月，区街（镇）党组织与井冈山市龙市镇村（社区）党组织开展结对帮扶（共建）签约仪式（区武装部供稿）

2 11 月 15 日—16 日，第八届中山公园旅游集市（上航专场）（区旅游局供稿）

3 12 月 11 日—12 日，华东政法大学参加第一届金砖国家法律论坛（华东政法大学供稿）

1 3月5日，江苏路社区开展“学雷锋”为民服务活动 （江苏路街道）

2 3月11日，北新泾街道为百岁老人杨莲宝祝寿 （郑惠国供稿）

3 3月，东方通航待命执行马航失联飞机搜救任务 （中国东方航空股份有限公司供稿）

4 4月2日，组团式服务进工地活动现场 （北新泾街道供稿）

5 4月，中山公园地区社区生活服务中心试运营 （周家桥街道供稿）

1 7月16日—30日，区举办“2014年优秀华裔大学生文化参访团”活动 （区侨办供稿）

2 9月21日，开展“长宁夜太美——观光巴士派对”微旅行活动 （区旅游局供稿）

3 9月23日，北新泾街道新泾五村居民村举行集体金婚庆典活动 （郑惠国供稿）

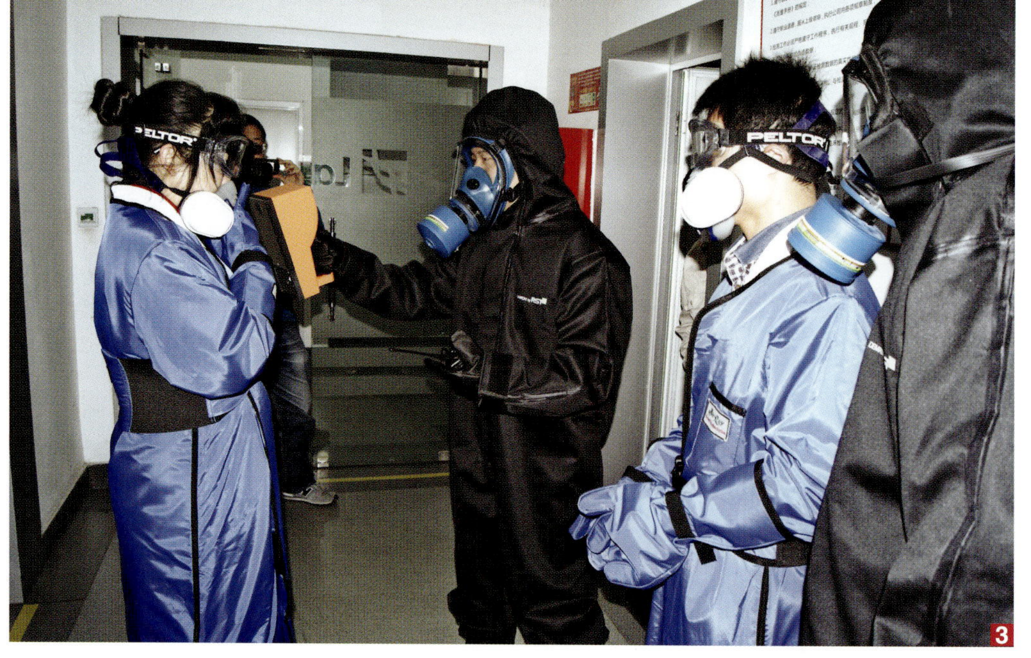

1 9月25日，区志愿服务中心举办关爱空巢老人送健康活动 （区委宣传部供稿）

2 国庆节前，区民防办对地下“小旅馆”和娱乐场所进行联合检查 （王少军供稿）

3 环境安全应急演练 （区环保局供稿）

1 1月2日，区四套班子领导视察福源湾工作 （《长宁时报》供稿）

2 区检察院举办检察开放日活动 （区检察院供稿）

3 区妇联开展“菜园果园进家园”蔬果直供点项目 （区妇联供稿）

1 经为摄影工作室为老人上门拍摄“耄耋风采艺术照” （区委组织部供稿）

2 天山中医院为社区居民尝试耳穴疗法 （郑惠国供稿）

3 中老年编织爱好者在改造后的中山公园内互相交流 （郑惠国供稿）

4 区民防办在中山公园上海小马路地下车库开展地下空间防汛防台应急演练 （王少军供稿）

5 12 月 3 日，区委领导到新华街道调研与居民互动 （区委办供稿）

1 1 月 23 日，“农情家年华”关爱农民工志愿服务主题活动 （郑惠国供稿）
2 1 月 24 日，“侨帮侨 · 献爱心”慈善义卖活动 （区侨办供稿）
3 3 月 19 日，区四套班子领导参与春季全民义务植树宣传活动 （区绿化市容局供稿）
4 6 月 5 日，区环保局给区绿色小区授牌 （区环保局供稿）
5 6 月 21 日，第 28 届奥林匹克日长跑在中山公园开跑 （《长宁时报》供稿）

1 5月15日，新泾镇组织镇属公司参与“蓝天下的至爱”长宁书画慈善拍卖会场（新泾镇供稿）

2 9月27日，区旅游局举行“放飞梦想·相约奉贤·欢乐海湾”亲子一日游活动（区旅游局供稿）

3 10月22日，区召开“巩固全国文明城区创建成果，同创共建文明和谐西大门”工作推进会（区委宣传部供稿）

1 北新泾街道社区文化活动中心举行乒乓球达人赛（郑惠国供稿）

2 区总工会高温慰问一线岗位职工（区总工会供稿）

3 长宁区图书馆举行“佛缘传珍”希热布大师唐卡艺术展（郑惠国供稿）

4 仙霞社区居民王学达老人获中宣部“节水达人”荣誉称号，全国共评选出八名，上海仅此一名（区委宣传部供稿）

1 1月26日，古北市民中心举行“虹桥社区中外居民文化艺术集市”活动（郑惠国供稿）

2 1月26日，上海书画出版社到岐山居民区为小区居民送新春对联（江苏路街道）

3 7月17日，2014年上海市民体育大联赛、长宁区“北新泾杯”木兰拳比赛（郑惠国供稿）

4 9月16日，2014年上海市旅游节、购物节长宁区活动暨虹桥文化之秋艺术节（区旅游局供稿）

5 9月20日—21日，“YO’HOOD全球潮流新品嘉年华”在上海世贸商城举行（世贸商城供稿）

6 10月23日，中山公园举行“中外艺术家进社区”活动（郑惠国供稿）

1 11月3日—4日，长宁舞蹈欣赏季　（区文化局供稿）

2 11月28日，虹桥之秋艺术节闭幕式演出　（区文化局供稿）

3 北新泾女子腰鼓队　（郑惠国供稿）

1 中山公园商圈 （区建交委供稿）

2 虹桥古北灯光工程 （区绿化市容局供稿）

1 虹桥楼宇景观灯光 （郑惠国供稿）

2 娄山关路统一规范店招 （姚志康供稿）

3 虹桥南丰城（原虹桥上海城）改造竣工 （姚志康供稿）

1 苏州河畔傍河延伸的长宁路　（姚志康供稿）
2 “海上之路”——虹桥路虹许路主题绿雕　（区绿化市容局供稿）
3 虹桥地区夜景　（郑惠国供稿）

1 长宁春日街景　（《长宁时报》供稿）
2 凯桥绿地雪景　（《长宁时报》供稿）
3 天山公园枫叶　（《长宁时报》供稿）
4 绿篱围墙改造　（《长宁时报》供稿）

1 中山公园改造后，在锻炼场地铺上防水地板 （郑惠国供稿）

2 公园内的健身步道 （《长宁时报》供稿）

3 华阳社区 3D 立体画 （郑惠国供稿）

编辑说明

一、《长宁年鉴》是年度资料性文献，在中共长宁区委、区政府领导下，由《长宁年鉴》编纂委员会主持编纂。

二、本年鉴以马克思列宁主义、毛泽东思想、邓小平理论、“三个代表”重要思想、科学发展观为指导，坚持为社会主义经济建设、政治建设、社会建设、文化建设和生态文明建设服务。全面系统地反映长宁区政治、经济、文化、社会生活等领域的新成就、新经验、新情况、新问题，力求体现时代特征、地方特点、年度特色，为各级领导和有关部门的决策提供借鉴和依据，为社会各界人士了解长宁区提供信息，为续编区志积累资料。

三、《长宁年鉴(2015)》是长宁区综合性地方年鉴的第 15 卷，记载时限为 2014 年 1 月 1 日～12 月 31 日。《长宁年鉴(2015)》按栏目、分目、条目三级结构层次编排。根据是年实际，在保持基本框架结构的同时，对栏目、分目作适当调整。卷首设特载、大事记、长宁区概貌。全卷设 29 个栏目、210 个分目、1 209 个条目，有照片 287 张(卷首照 77 张，串文照 210 张)。本年鉴以条目为主要信息载体和记述的基本形式，“概况”和条目标题以【 】为标识。卷末设统计资料、附录、索引。

四、本年鉴各栏目设“综述”，以记述机构、部门、系统年度工作的总体情况，各分目设“概况”，以记述该分目事务是年具体情况。

五、本年鉴条目由区各部门、各单位指定专人撰写，并经单位负责人审核，由《长宁年鉴》办公室负责编纂。撰稿人姓名署于各条目、资料之后；图片说明中注明摄影者姓名或提供单位名称。年鉴附录中“统计资料”由区统计局提供，条目中部门数据由实际工作部门提供。

六、本年鉴对各条目之间的交叉重复现象，在分清主次和相互协调的基础上，采取平衡删留、详略互见、区别视角等不同方法处理。

七、行文中的外文名称、简缩语等均在首次出现时括注，其后出现不再注释。

《长宁年鉴》编辑部

2015 年 12 月 1 日

目　录

十八　商　业

十九　现代服务业

二十　三大经济组团

二十一　集团公司

二十二　城市建设与管理

二十三　科学技术

二十四　教　育

二十五　文　化

二十六　医疗卫生

二十七 体 育

二十八 社会事务管理

二十九 街道(镇)

Contents

在九届区委十次全会上的讲话

（2014 年 7 月 22 日）

中共长宁区委书记　卞百平

这次全会的任务是深入学习、全面贯彻习近平总书记在上海考察时的重要讲话精神和十届市委六次全会精神，总结上半年工作，部署下半年任务。刚才，李昕同志传达了十届市委六次全会精神，谢峰同志就经济社会发展工作作了全面总结和部署，请大家认真落实。

今年以来，全区上下在市委、市政府的坚强领导下，着力稳增长、调结构、促改革、惠民生。区域经济平稳健康发展，区级财政收入总量和增速继续保持位居中心城区前列；民生保障持续改善，旧区改造成效明显；社会保持和谐稳定，党的建设持续加强，圆满完成亚信峰会相关保障服务任务。年初确定的“三件大事”取得实效，“三个活力”不断增强。

一是重点领域改革逐步启动。区委常委会结合党的群众路线教育实践活动，开展深化改革等专题学习，进一步统一思想、增进共识。审议通过《关于 2014 年长宁区推进改革工作的实施意见》，明确了今年 22 项重点改革任务。有关部门积极行动，一些改革初见成效。改革整合后的区行政服务中心迁入新址运行，采用“对外一口受理、内部协同办理”新模式，审批时限压缩三分之一以上。对接上海自贸区，推进工商登记和监管制度改革，实现外资企业一口收件、直接受理，探索开展负面清单管理模式。新取消行政审批事项 17 项，调整 66 项。

二是教育实践活动有序推进。在市委的坚强领导和市委第三督导组的严格督导下，全区教育实践活动有序推进。组织领导有序有力，区委教育实践活动领导小组及其办公室加强统筹协调、注重分类指导，区委六个督导组从严督导，有力保障了全区 102 个处级单位、2 158 个基层党组织教育实践活动的有序开展。活动开展深入务实，区四套班子领导认真贯彻“三严三实”等要求，区委常委、党员副区长结合各自联系点调研督导，深入基层一线，听意见、察实情，发挥示范引领作用。各处级单位党组织主要负责同志积极履行第一责任人的职责，一级抓一级、层层抓落实。全区 67 个处级单位领导班子认真开展学习教育，广泛听取各方意见，深入查找和剖析问题。居（村）、“两新”组织、执法监管部门、窗口单位、服务行业等基层党组织认真贯彻活动要求，切实改进工作作风，不断提升服务和执法质量。价值引领着力加强，上海凝聚力工程博物馆的价值引领和宣传教育功能不断凸显，累计接待观众 17.7 万余人次。现代沪剧《小巷总理》在全市巡演 50 多场，反响强烈。全区涌现了马亚红、周剑、张雅玉等一批服务群众的先进典型。即知即改比较有力，区委 14 个座谈会收集到的 153 条意见建议，已经整改完成 59 条。区委确定的 8 个专项整治初见成效。比如，在“群租”专项整治中，上半年全区共整治“群租”425 户；又比如，投入 500 万元资金，推进 74 个“家门口工程”项目，上半年已基本完成。

三是文明城区创评全面升温。坚持把全国文明城区创评工作与教育实践活动紧密结合起来。全区动员大会以后，各有关部门和 10 个街镇迅速行动，成立相应工作班子，加大工作力度。城区环境在保障亚信峰会基础上，得到巩固、不断提升。前期梳理的 197 个顽症点位，已经整改 50％以上。宣传动员逐步升温，社会主义核心价值观和中国梦宣传教育等 7 项重点工作正在落实。面上统筹比较有力，与教育实践活动问题整改相衔接，启动每月第一个星期六召开创评工作与教实活动"双领导小组"会议，加强对创评工作的统筹协调。有关区委常委、分管副区长主动跨前，牵头部门大胆统筹，发挥了示范带头作用。

总的来看，上半年大事多、时间紧、任务重。全区各级党组织能够统筹安排、认真落实区委区政府的工作部署，实现两手抓、两不误，双促进、双过半。成绩来之不易，值得充分肯定。更为可贵的是，在推进"三件大事"过程中，一些部门和领导干部展现出良好的精神状态和工作作风。比如，区发改委、虹桥办主任钱雪娃同志始终保持工作激情，坚持冲在一线，对重要情况深入分析，对项目进展、功能提升及时跟进，对瓶颈问题主动协调。又比如，区商务委龚明同志、工商分局夏利民同志、税务分局洪新卫同志积极落实"9·29"招留增工作会议要求，身先士卒，行动迅速，引进企业、服务企业，带领团队想方设法提高楼宇转化落地率，取得明显成效。再比如，区房管局唐如康同志盯住目标不动摇、攻坚克难敢担当，在旧区改造、"群租"整治等工作中，方法得当、措施有力、成效明显。特别是在保障和服务亚信峰会过程中，相关职能部门主动担责、积极尽责，公安等一线部门主动跨前、无私奉献，各个街镇守土有责、精心组织，全区上下服从大局、形成合力，圆满完成了市委市政府交给长宁的重大政治任务。这种良好的精气神，希望能够继续保持好、发扬好。

当前，外部环境依然复杂严峻，下半年各项任务艰巨繁重，我们要始终保持清醒头脑，不断增强忧患意识。韩正同志在市委全会上提出的"四个不适应"，在长宁也不同程度地存在。比如，上半年我区经济发展势头不错，但也要看到经济数据背后的隐忧。特别是面对互联网的迅猛发展、科技创新的快速变化，一些传统商业受到很大冲击，商业转型迫在眉睫，新技术、新产业、新模式、新业态等"四新"经济正在发生深刻变化；面对经济增长速度换档期，长宁的转型发展之路怎么走？转什么、怎么转？对此，不少干部知之不够、思之不深，思想观念、工作理念都亟待转变。又比如，下半年我们将面临全市改革纵深推进与本区改革任务落地的双重压力。从全市改革纵深推进来看，市委市政府将有一批新的改革措施在下半年启动实施。包括上海自贸区首批可复制可推广的制度创新举措将在年内推广，工商、质监、食药监、物价等市场监管的"四合一"改革将在8个中心城区推开，司法改革也将启动试点，等等。从本区改革任务落地来看，上半年区委区政府确定的22项改革任务中，大部分项目仍处在方案阶段，还没有真正落地。时间非常紧迫，任务十分艰巨。新一轮改革，从深层次来看，是要使市场在资源配置中起决定性作用和更好发挥政府作用，是要坚持以法治思维和法治方式深化改革。如果不能适应这些新趋势、新理念，我们就难以在上海改革开放和科学发展的大局大势中走在前列。

面对挑战，我们要树立底线思维，有远见、有定力、有行动、求突破。就下半年工作，我再谈五点意见。

第一，进一步聚焦改革攻坚。改革是今年区委确定的"三件大事"之一，必须全力抓紧抓好。全区上下一定要克服"等"的思想、"怕"的顾虑、"拖"的现象，以更大的勇气和智慧，逐项落实改革任务，不断释放改革红利。一是坚持问题导向。要客观理性看待改革，既要对改革的难度有充分估计，也要增强改革的必胜信心。改革的过程，某种程度上就是发现问题、研究问题、解决问题的过程。有时候经过系统考虑以后，把面临的突出问题实实在在解决了，就是改革，就是创新。在发现问题、解决问题过程中，关键是激情。越是风险多、困难多、矛盾大，越是需要各级领导干部充满激情、积极作为。二是坚持项目化推进。今年的22项改革任务，就是具体的改革项目。每项任务都要明确责任、明确分工、明确进度，确保按节点推进。区改革领导小组及其办公室要尽快启动日常运作。要建立健全定期研究和协调推进机制，逐项研究确定实施方案，按照整分合的原则，统筹推进各项改革任务落地，切实提高改革的合力和执行力。改革领导小组的牵头领导、各项改革任务的牵头部门要切实履行责任，要有自我革新、自我革命的精神状态，只争朝夕、奋勇前行。尤其要围绕贸易功能提升、东片区改造升级，主动对接、积极借鉴自贸试验区创新做法，在复制推广方面破瓶颈、求先行。

第二，进一步加快转型发展。"加快转变经济发展方式，提升城区综合功能"是长宁"十二五"的发展主线。下半年，要继续加快转型发展步伐。一是明方向。长宁转型发展的方向就是坚定不移地发展以贸易为引领的现代服务业，这是长宁先发优势、区位优势和上海未来发展大势所决定的，是长宁在上海"四个中心"大格局中地位和作用的体现。必须始终打好"虹桥"牌，高举"贸易"旗，做好现代服务业这篇大文章。二是转理念。要适应我国经济从高速增长转向在一定区间内平稳增长的阶段性特征，把经济工作的重心从片面追求速度转到速度和质量并重、更加重视经济增长的质量和效益上来。转型发展可能会暂时影响到经济发展的速度，对此一定要着眼长远、坚定信心、主动作为。年初确定今年经济增长目标为8%，目的就是要为转型发展、结构调整留有空间。现在不抓紧转型，将来困难更多。要坚定不移推动结构调整、产业升级，坚持创新驱动发展，向科技、体制和管理创新要动力。要更多运用市场力量、市场机制，促进腾笼换鸟、结构升级。要加强和改进政府管理和服务，更好发挥政府作用。三是转方法。长宁的转型发展要取得成功，就必须探索和走出一条符合长宁特点、具有长宁特色的楼宇经济、园区经济发展之路。重点抓好"三个转变"，即从注重新增土地供应，向存量增量变量资源统筹推进转变，更加注重提高资源利用效益；从注重经济楼宇规模扩张，向规模和质量统筹推进转变，更加注重提升楼宇的品质和产出效益；从注重政策扶持，向政策和服务统筹推进转变，更加注重营造综合环境。这就需要我们深入研究楼宇经济的产业链、服务链，研究商业、商务以及文化之间的相互融合与支撑。没有一流的商业和文化，就没有一流的商务。商业本身也需要转型，应对电商冲击，如何适应人们对体验、休闲、娱乐的新需求，促进商旅文融合发展，打造商圈，聚拢人气？如何在尊重市场、尊重企业的同时，体现政府的积极引导、主动作为？这些都是商业转型需要引起注意的。四是出亮点。要结合“十三五”规划编制，着眼于未来经济发展后劲，着力培育新的经济增长点。充分发挥“数字长宁”的先发优势，加快推进智慧高地建设，加大“四新”企业培育和引进力度。抓住虹桥商务区东片区改造升级的机遇，用好临空园区近两年楼宇资源集中竣工的机遇，大力发展航空服务业，把先发优势转化为集聚优势。要继续在发展总部经济、平台经济上狠下功夫，注重促进行业合作、强化政策定制，进一步加大信息服务、贸易金融、互联网金融、融资租赁、创意文化等创新型企业的引进和培育力度。

第三，进一步提升城区功能。在今年5月召开的上海市规划土地工作会议上，市委市政府领导强调，上海未来建设用地规模只减不增，土地利用的重心要进一步转向盘活存量，中心城区重在提升功能和品质，城市更新成为永恒的课题。下半年，要围绕“三个城区”建设，进一步提升城区综合功能。一是抓旧改。20世纪90年代以来，上海中心城区城市更新的重点先是危棚简屋，后来是二级旧里以下成片地块。这两项任务长宁已基本完成，下半年要继续加大结转地块收尾和边角料地块改造力度。同时，要认真贯彻市委常委会审议通过的加强违法建筑治理工作实施意见，形成集中整治的高压态势，进而形成长效机制，合力拆除一批违法建筑，这也是城市更新的重要内容。二是抓重点。城市功能提升最终要落实到具体项目上，要牢牢盯住重点区域、重点项目，创新方法、优化机制，充分发挥市场主体的积极性，更好发挥政府相关职能部门的作用，形成合力、攻坚克难。比如，虹桥地区要加快推进31号地块、古北5-2地块、国展中心、上钢十厂等重点功能性项目，加快紫云西路辟建和地下通道建设。中山公园地区要加快推进来福士广场、一纺机、文化大厦等重点项目建设。临空地区要抓好建设商业配套、黄金市场、1号公园、中海油等重点项目，引导控制好功能定位。南临空要抓紧与机场东片区开发建设的对接。三是抓组合。“三大组团”之间如何有机勾连、重点区域与周边区域如何协同、重点楼宇之间如何连通，这些都是综合功能提升的重要问题。在抓好重点项目的同时，要继续打好项目组合拳，强化项目之间的有机联系和相互支撑，完善综合配套，形成整体效应。比如，在项目组合方面，一纺机项目要与环东华项目、刘海粟美术馆、文化大厦、上钢十厂等项目有机结合、相互呼应，从而共同提升中山公园地区商旅文融合发展的环境品质。洛城广场项目与周边环境打造提升，要与虹桥国际舞蹈中心项目建设相协调，形成舞蹈文化为主的文化品牌。又比如，在楼际连通方面，要加快推进虹桥核心区地下通道建设，坚定不移打通虹桥与古北地下通道，推进中山公园地上地下步行系统优化、临空地区核心四街坊的连通等。要善于整合利用好区属和区域各种资源，加强与区域内大学大院大所大企的合作。政府相关部门要以既定规划项目为抓手，主动跨前服务，推动合作双赢，共同提升区域功能。比如，加强与东华大学的合作，共同推进环东华时尚创意集聚区建设；加强与上海工程技术大学合作，加快工技大国家大学科技园建设；加强与上海对外经贸大学合作，加快国家数字出版基地建设。这些项目合作都是提升城区功能非常重要的工作。

第四，进一步创新社会治理。这是推进国家治理体系和治理能力现代化的重要内容。我区自2010年开展全国社会管理创新综合试点以来，围绕“安全、稳定、有序、活力”的目标，先后经历两个阶段，推进50多个项目，取得了积极成效。上半年，区委对接市委一号课题，开展了“加强基层基础基本建设，推进社会治理创新”课题调研，目前已近结稿。下半年，要在原有试点基础上，贯彻习近平总书记要求上海探索社会治理新路子的重要讲话精神和市委、区委课题调研成果，进一步深化推进。创新社会治理，前端是提高基本公共服务水平。要聚焦教育实践活动查找的教育、医疗、养老、就业、文化等关系群众切身利益的问题，尽力解决难事、办好实事。要把解决具体问题与举一反三、建章立制结合起来，加大社会事业领域改革力度，加快推进上海交大附属同仁医院改造升级，深入推进居家养老和社区养老，积极创建创业型城区，努力办好一流教育，多渠道挖掘停车资源，合理增加社区公共服务设施。在思路和方法上，要坚持尽力而为、量力而行，坚持保基本、重托底、广覆盖，要善于调动引导社会资源，运用市场机制做民生工作。创新社会治理，关键在体制创新。这个问题市委和区委课题还在深化研究过程中，有些工作还需要与市委精神进一步对接，已经想清楚的工作要抓紧推。比如，基层队伍建设、社会组织培育发展等要加快推进。又比如，下半年，结合全国文明城区创评工作和教育实践活动整改，要继续开展“群租”、乱停车等8个专项整治，加大拆违力度。这些工作本身也是社会治理的重要内容，要从体制机制上系统考虑，逐步形成常态长效机制。再比如，区社会管理联动中心改革要基本到位，带动政府管理模式的改革创新。基本方向就是“前台一口受理、后台协同处理”，对下做实网格化管理，对外做强市民热线，对内做优部门联动，形成扁平高效的综合服务管理平台。创新社会治理，核心是人。一方面，必须严格控制人口规模。近年来，外来人口以每年60万的数量向上海集聚。如果人口持续过快增长，不仅使城市的资源环境和公共服务承载压力越来越大，而且带来一系列经济社会甚至政治问题。市委市政府明确提出要控制人口总量、优化人口结构，并将人口控制目标分解到各区县，我们必须确保完成。上半年区委课题调研提出的控制人口有关举措，要抓紧落地。另一方面，必须着力培育和践行社会主义核心价值观，不断丰富人的精神世界，提高人的综合素质。这也是社会治理需要狠下功夫的重要内容。要结合文明城区创评工作，抓好志愿服务和诚信建设两大品牌，推进机关、社区、企业、校园和医院“五个文化”等建设，加强中国梦宣传教育。要在做深、做细、做实上下功夫，久久为功、融入生活。要持续抓好典型引领，抓好领导干部、公众人物、青少年、先进模范等重点人群，党员领导干部要带头践行、率先垂范。

第五，进一步转变干部作风。中央反复强调，教育实践活动的重中之重是作风建设。下半年，教育实践活动将陆续进入整改落实、建章立制环节，这关系到教育实践活动能否取得实效。我们认认真真听了群众意见，深入查摆剖析了不少问题，如果最终没有实实在在地整改，群众对我们的意见会更大。因此，教育实践活动要继续贯彻“三严三实”要求，始终坚持高标准、严要求，把解决实际问题与解决思想问题、作风问题紧密结合起来，确保整个活动善始善终、善作善成。具体要做到“三增三改”：“三增”，一是增强一心为民、服务群众的宗旨意识。要始终抓好党性锤炼不松懈，解决好世界观、人生观、价值观问题。无论在哪个岗位，心中都要始终装着群众，骨子里要始终有一种对群众的朴素感情，凡事多从百姓角度想一想，善于同群众商量办事，尽最大努力解决关系群众切身利益的问题。二是增强敢于担当、攻坚克难的责任意识。韩正同志指出，目前一些干部敢于担当的精神不够，改革创新的能力不足，这些问题在长宁干部身上也不同程度地存在。近年来，有些瓶颈问题没能很好突破，既有客观原因，也与一些干部担当精神不足、责任意识淡化有关。“事不关己，高高挂起”、“遇到矛盾、困难绕道走”、“能推则推，能躲则躲”等现象在一些党员干部身上仍然存在。通过整改落实，全区各级党员领导干部都要树立强烈的责任意识，坚定信心、敢于担当、攻坚克难，扎扎实实做好稳增长、调结构、促改革、惠民生等各项工作。三是增强敢于创新、争创一流的进取意识。在听取意见时，不少同志谈到一些干部存在“盲目自满、安于现状、不思进取”等问题。这既对事业发展不利，也对干部成长不利。“忧劳可以兴国，逸豫可以亡身”。教育实践活动既要解决作风问题，也要解决干部精神状态问题，最终还是要落实到推动长宁“三个城区”建设上来。全区各级领导干部都要进一步发扬勇于改革、善于创新、争创一流的精神状态，以坚强的党性、昂扬的斗志、科学的方法迎难而上、奋发进取。“三改”，一是领导带头改。一些问题出现在基层，但根子在上面。在整改过程中，区四套班子特别是区委常委、副区长要带头示范，要求别人整改的自己首先整改，要求别人做到的自己首先做到，立言立行、示范表率。处级党政一把手也要作表率、带头抓，不折不扣、实实在在整改。在此基础上，从严抓班子、从严带队伍。二是聚焦重点改。要聚焦“四风”突出问题、聚焦“三公”部门、聚焦群众反映的突出问题抓整改，防止以兴办实事代替解决党员、干部作风问题，防止以解决基层和下属单位的问题代替解决领导干部和领导机关自身的问题。要从群众反映强烈的突出问题着手，让群众看到变化、感到实效。要在改革创新、建章立制上着力，一件件具体问题要解决，又不能简单就事论事，要举一反三、立破并举，着力从制度、政策、机制上解决问题。三是督促检查改。要坚持开门抓整改，各个单位的整改方案要在一定范围内征求意见、予以公开，便于群众监督、社会监督。区教育实践活动领导小组及其办公室、区委六个督导组要统筹推进、严格督导各个单位的整改落实工作。“双领导小组”将坚持每月听取整改落实情况。区纪委、区委组织部要结合年底“两个责任制”检查，加强对整改落实情况的督促检查。区委宣传部要通过“报、台、网”等载体，加大对整改落实情况的舆论监督力度。

同志们，下半年工作任务艰巨，关键在真抓实干。让我们紧密团结在以习近平同志为总书记的党中央周围，在市委市政府的坚强领导下，振奋精神、改革攻坚，为圆满完成今年“三件大事”、不断增强“三个活力”和加快建设“三个城区”而努力奋斗！

中山公园铜钟　　《长宁时报》供稿

在九届区委十一次全会上的讲话

（2014 年 12 月 30 日）

中共长宁区委书记　王为人

刚才，谢峰同志全面总结了今年工作，部署了明年经济社会发展主要任务。今年以来，在市委市政府的坚强领导下，全区各部门、各街镇、各单位，统筹兼顾、真抓实干、攻坚克难，全区各项工作都取得了新进展。区委年初确定的重点领域改革、党的群众路线教育实践活动、全国文明城区复评三件大事均取得明显成效，亚信峰会相关保障服务任务圆满完成，经济继续保持平稳健康发展，旧区改造、重大项目、顽症治理等取得新突破，民生保障持续改善，社会保持和谐稳定，党的建设持续加强，党风政风和干部队伍作风实现新转变。成绩来之不易，值得充分肯定。

区委常委会 2014 年工作报告和 2015 年工作要点已经印发，请大家认真审议。下面，我就学习贯彻党的十八届四中全会、中央经济工作会议、习近平总书记系列重要讲话精神和十届市委七次全会精神，做好明年工作，再讲几点意见。

一、着力推进创新驱动发展，促进经济转型升级

着力实施创新驱动发展战略，加快向具有全球影响力的科技创新中心进军，是中央交给上海的任务，也是市委正在深入研究、着力推进的重大举措。我们要自觉把长宁的发展放在全市大格局中来谋划和推进，在服务全市大局中加快自身转型发展。

第一，充分激发创新活力。中央经济工作会议对我国经济新常态做出了系统阐述，这是对未来发展大势的重大战略判断，我们一定要深刻认识、主动适应。新常态要有新思维、新作为、新动力，其中最关键的一条是要靠创新驱动、科技带动。首要前提是要增强创新意识。也许有的同志认为，长宁作为中心城区，我们在科技创新上难有大作为。但我们认为不能这样简单地看问题。创新既包括科技创新，也包括管理创新、制度创新，还包括理念创新、思路创新、方法创新，这些都是可以大胆探索的。在科技创新方面，尽管我们在高精尖技术的原始创新、集成创新和引进消化吸收再创新方面不具备比较优势，但是可以在新产品、新技术的研发和新产业、新模式、新业态的培育方面大有作为。重中之重是要落实"四个聚焦"：一是进一步聚焦若干创新集群，主要包括总部经济、平台经济、航空服务、互联网金融等。这些产业的共同特征是业态交叉渗透、跨界融合，具有很强的资源集聚和辐射功能，未来发展潜力很大，我们要切实把优势做强，让品牌更亮。二是进一步聚焦一批创新基地，下功夫推进现有科技园区、创意园区的转型升级，尤其要切实用好张江长宁园的政策措施，注重支持市场化运作的孵化型园区，注重引进风险投资机构。三是进一步聚焦创新创业人才服务，坚持把人才作为创新的第一资源，探索形成管用有效的人才服务和激励措施，继续在解决优秀人才的居住、子女入学等问题上下功夫。四是进一步聚焦创新环境营造，核心是要转变政府职能，关键是尽可能放开，坚决转变行政审批的习惯思维和分钱分物的习惯做法，减少对创新主体的不合理管制和束缚，给创新主体更多的扶持和更大的发展空间。

第二，大力培育新的经济增长点。新常态下，需要培育新亮点，需要开拓新的增长点，这是事关长宁经济可持续发展的大事。这些年来，长宁区在培育发展"四新"经济方面是很有成效的，下一步要继续精准发力、持续用力。明年要重点抓住几个发力点，比如，加快发展高端航空服务业，积极争取"上海虹桥航空服务业创新试验区"牌子落地、功能落地、政策落地，促进航空总部、航空金融、航材交易等要素的集聚。又比如，加快发展互联网金融，充分发挥虹桥互联网金融财富天地的集聚效应，积极培育移动互联网等新兴产业，加快发展"四新"经济，进一步凸显长宁特色，体现长宁作为。同时，要继续提升信息服务、专业服务、现代商贸等现代服务业的能级，努力使发展后劲更厚实。

第三，不断提升城区品质和环境。韩正同志指出，对中心城区而言，速度并非第一位，品质和环境才是第一位。近期，国务院要求全面清理规范税收等优惠政策。这考验的不仅仅是传统的招商引资方式，真正考验的是一个区的品质和环境，是如何形成更具吸引力和竞争力的投资、创业、创新环境。下一步，我们要紧紧围绕"精品城区、活力城区、绿色城区"的目标，努力把城区的品质、环境和综合功能提升上去。对区委区政府已经确定的重点区域、重点项目，要继续紧盯不放、合力攻坚，确保按既定时间节点出形态、出功能、出效益，尤其要注重品质的提升和环境的优化，注重重点区域、重点项目之间的有机联接、组合勾连，努力形成集群效应。对于有改造条件的存量经济楼宇，要更多运用市场力量和市场机制，促进综合改造、腾笼换鸟、结构升级。这件事情，明年要与清理规范税收优惠政策一并考虑，进一步加大推进力度。对

于愚园路等特色街区，明年要抓紧启动改造提升。运用“小尺度城市更新”的理念，坚持统一设计，聚焦重要节点，推进业态调整，注重恢复老建筑、老街区的历史韵味，努力形成传统与现代、形态与功能、产业与文化有机融合的城市新名片。

第四，科学谋划“十三五”发展。明年是“十二五”最后冲刺年，也是完成区第九次党代会目标任务十分关键的一年。总的来看，我们完成情况很好，但还是要加大力度、全力冲刺。个别指标由于客观环境的变化，有一定难度，请有关部门根据实际情况进行梳理分析，做好后续工作。在此基础上，科学编制好“十三五”规划。在总体思路上，要牢牢把握中央和市委市政府对“十三五”发展的总要求，立足新常态下长宁发展的阶段性特征，落实“三个导向”，注重“四个突出”，即坚持质量、效益和结构优先导向，坚持保障和改善民生优先导向，坚持保护和改善生态环境优先导向；突出全面深化改革，突出创新驱动发展，突出城区综合功能提升，突出“城市，让生活更美好”，力求把重大问题、重大举措、重大项目想清楚、看明白、能落地。在具体把握上，要处理好“三对关系”：一是传承与创新的关系。“十二五”规划和区第九次党代会形成的一些好思路、好做法要坚持下去，体现连续性、坚韧性。同时，要准确把握大势大局，在坚持打好“虹桥”牌、高举“贸易”旗的基础上，进一步转思路、闯新路，努力做到全市大背景、发展大思路、转型大手笔的有机统一。发展目标任务既要积极进取，也要留有余地，不提不切实际的口号。二是发展与民生的关系。发展仍然是第一要务。要紧紧把握重大机遇，着重在稳增长、转方式、调结构上下功夫，在提质、增效、升级上下功夫。同时，“十三五”时期，要在社会建设和民生改善上投入更多精力，高度关注人民群众的实际感受。三是硬件与软件的关系。“十三五”时期仍然有一批重大建设项目，这是提升城区形态和功能的需要。同时，一定要把软件建设、软环境的打造放到更加突出的位置。既要重视硬件投入，更要重视软件投入。无论是硬件还是软件，都要坚持精品精细的理念，努力使长宁拥有更高的城区品质、更美的城区环境、更浓的文化气息。

二、着力加快重点领域改革，激发区域发展活力

今年以来，区委区政府把改革作为三件大事之一，取得了初步成效。但是，很多改革今年刚刚开了个头，真正攻坚在明年。

第一，弘扬改革精神。韩正同志多次强调，上海已经到了没有改革创新就不能前进的阶段，必须按照中央对上海的要求，努力当好改革开放排头兵和科学发展先行者。从我区实际来看，进入新常态，我们既面临投资拉动已近尾声、土地要素已经捉襟见肘、传统贸易优势正日益受到挑战等深层次结构性矛盾，也面临新兴产业不断应运而生、营商环境不断改善提升、产业布局不断复合优化等积极因素。在这种新常态下，必须把改革和创新作为下一步谋求突破与发展的金钥匙。改革有难度，改革更要见精神。全区上下一定要有勇于担责、勇于突破的智慧和勇气，大力弘扬奋发有为、敢闯敢试的精神，不断突破瓶颈和难题，不断释放改革红利。

第二，聚焦改革重点。明年的改革任务，在聚焦点上，要全面对接落实中央和市委的改革总体部署，以处理好政府和市场的关系为核心，从政府自身转变职能入手，协调推进政府自身改革、国资国企改革、文化体制改革以及社会事业、社会治理、依法治区等领域的重大改革。要注重与今年改革任务相衔接，注重与抢抓发展机遇相结合，充分调动各部门、各街镇自主改革、增创特色的积极性。在突破口上，明年要集中精力做好对接自贸区、提升东片区、加快发展航空服务业这篇大文章。要站在上海建设“四个中心”、促进东西联动发展以及服务长三角和长江流域的高度，来认识这个问题。具体抓手有两条，一是积极争取将东片区纳入上海“四个中心”建设总体战略，通过全区共同努力，积极争取市里支持，进一步提升东片区在全市东西联动发展格局和“大虹桥”中的战略地位，努力成为复制推广自贸区制度创新成果的高地。如果能够取得突破，将会为航空服务业发展、贸易功能提升、经济转型升级等带来重大利好。二是进一步完善临空园区体制机制，加大组织领导和统筹推进力度，做实临空公司，加强市区联动、区域联动和政企合作，倾各方之力打造航空服务业发展高地，努力使临空园区和东片区成为长宁的重要增长极。

第三，落实改革责任。区改革领导小组要加强对全区各项改革的总体统筹，加大协调力度，及时解决问题，用钉钉子精神去抓推进。区改革办要梳理改革的重点难点环节，明确牵头部门和配合部门的责任，加强日常推进和具体协调。相关改革领域的分管区领导和责任部门，要切实担负起改革责任，能拍板的要果断拍板，协调不了的要及时上报，尽快协调、拿出意见，全力抓突破、抓推进，千万不要等、不要拖。区委区政府督查部门要加强对重点领域改革的督查，没有按时完成的，要说明原因，该问责的要问责。

三、着力创新社会治理，不断加强基层建设

创新社会治理、加强基层建设，事关当前改革深化和未来长远发展，事关巩固党的执政基础和执政地位。

第一，把市委今年一号课题贯彻落实好。这项工作，今年市委用了近一年时间调研，出台了 1 个意见和 6 个实施办法，具有很强的针对性和操作性，我们一定要认真贯彻落实好。一是要学习领会好。总的来看，一号课题的基本思路是通过创新社会治理来加强基层建设，体现的是一种改革的精神、治理的要求；基本切入点是街镇和居村，核心是重心下移、资源下沉，让街镇更好地履行公共服务、公共管理、公共安全等职责；主要聚焦点是解决突出问题，对街道体制机制、网格化管理、社区共治自治、社会组织培育以及队伍建设、区域化党建等基层普遍关心

的问题，提出了很多改革性的举措；关键是加强和改进党的领导，这是根本保证。“1＋6”文件内容十分丰富，全区各级领导干部、各个部门、各个街镇包括基层各支队伍、居民区干部都要原原本本学习，一定要把精神吃透。二是要结合长宁实际。近几年，我们开展了社会管理创新综合试点，积累了不少行之有效的经验，要注意结合好、坚持好。对于市委明确的规定动作，比如取消街道招商、完善街镇体制机制等，我们要不折不扣落实到位；对于一些比较原则性的规定，我们要注意结合长宁的实际，该坚持的要继续坚持，该统一的要相对统一，该探索的要加大探索力度，充分发挥基层的积极性、创造性。三是要系统组织实施。“1＋6”文件涉及面很广，既有体制机制的改革，也有人员队伍的整合，还有机构编制、薪酬待遇的调整。如果处理不好，会影响人心、影响工作。为此，区委已经成立专门的领导小组，在区层面加强具体落实方案的顶层设计。各街镇和相关职能部门也要把这项工作当作明年的头等大事来抓，主动研究、细化操作，确保队伍不散不乱、工作平稳有序。

第二，把各项民生保障工作做扎实。习近平总书记指出，要像抓经济工作一样抓民生保障，像落实发展指标一样落实民生任务。具体到长宁，我们怎么落实？要注意把握两个背景：一个背景是创新社会治理、加强基层建设。这项工作的根本出发点是要更好地服务群众、增进人民福祉，今后街镇的主要任务就是做公共服务、公共管理、公共安全，但是各个街镇怎么做、做什么？需要认真研究。街镇的积极性要充分鼓励和尊重，区层面也要统筹好，总的原则还是要坚持尽力而为、量力而行。另一个背景是巩固教育实践活动成果。今年在教实活动中大家办了不少好事实事，明年如何延续？有些民生项目开个头容易，但要持续下去并不容易，一定要注意稳定性、连续性，不能松懈。要注意体现两个导向：民生工作首先要体现“实”。所谓“实”，就是要贴近老百姓的实际需求。比如，教育、卫生，群众现在更关注的是质量问题，那就在这方面多出实招硬招。比如，养老问题，虽然我们养老床位拥有率居中心城区第一，但未来还有不少缺口，要探索新模式、拓展新空间，在机构养老与社区养老、居家养老的结合上多下功夫，在医养结合上多下功夫。民生工作一定要“姓民”。所谓“姓民”，就是一定要从老百姓的角度来考虑，而不是凭我们的主观臆断。要做到这一条，群众的参与度、感受度非常重要。要推广今年做“家门口工程”的经验，变自上而下定了办为自下而上商量办。要更多倾听基层和群众意见，服务群众的好人好事要多让基层去做，他们更接地气。他们在群众中有威信，就是党和政府有威信。同时，要注意多从群众身边的变化宣传民生工作的成效，扩大知晓度。

四、着力推进法治城区建设，不断加强法治保障

党的十八届四中全会对全面推进依法治国作出战略部署。当前的一项重要政治任务，就是学习好、贯彻好四中全会精神，深刻理解其重大意义，牢固树立法治思维，坚持法治精神，善用法治方式，做好各项工作，自觉把法治建设放在更加突出的位置。同时，要发挥好依法治区领导小组及其办公室的作用，以创建“法治城区”为抓手，全面推进依法治区工作。

一是推进依法行政。能不能依法行政，是落实依法治国的关键之一。我们在依法行政方面总体上是好的，从近几年群众和企业的反映以及行政诉讼案例来看，主要薄弱环节集中在依法决策、严格执法和信息公开这三个方面。在依法决策方面，重点是要从上到下完善“三重一大”事项集体决策的规则和程序。十八届四中全会提出，把公众参与、专家论证、风险评估、合法性审查、集体讨论决定作为重大行政决策的法定程序，建立行政机关内部重大决策合法性审查机制等。这些要求，我们要结合实际、落实到位。在严格执法方面，群众意见比较多的是有的执法主体“依法不作为”，存在推诿扯皮、不敢执法、消极执法等现象。解决这些问题，一方面要靠改革，包括城市网格化综合管理的改革和城市管理综合执法改革等。另一方面要靠监督，加快推出政府“负面清单”、权力清单、责任清单，严格落实执法责任制，加大考核和问责力度。在信息公开方面，主要存在信息公开不主动、不彻底、不及时等问题，由此而引起的行政诉讼呈上升趋势，必须引起高度重视。关键还是要树立“法定公开”的责任意识，依法公开政府信息是政府部门必须履行的法定义务，要细化管理规定和办法，压缩自由裁量空间。

二是保证公正司法。公正是法治的生命线。明年要重点抓好两件事：一要积极支持司法改革试点。这项工作明年将在全市司法机关推开，我们要按照市委统一部署，全力做好相关工作。这项改革不仅仅是法院、检察院的事情，我们要营造支持司法改革的大环境，做好相应的保障服务。二要深入推进相关配套措施。比如，涉法涉诉信访改革，轻微刑事案件快速办理等，这些工作也要积极稳妥落实好。同时，要进一步加强和改进党对司法工作的领导，抓好队伍建设，推进阳光司法、公正司法、廉洁司法，真正体现司法为民。

三是促进全民守法。法律的权威源自人民的内心拥护和真诚信仰。全民守法，关键是要抓好领导干部的带头示范。依法治国的核心是依法治权管权，领导干部带头守法在全社会具有导向作用。全区各级领导干部都要牢固树立法治意识，带头学法、尊法、守法，自觉在法治轨道上想事办事，不断提高运用法治思维和法治方式深化改革、推动发展、化解矛盾、维护稳定的能力，关键是要把“法无禁止皆可为、法无授权不可为、法定职责必须为”理解透、落实好。全民守法，基础在于全民法治观念的增强。重点是要进一步健全普法宣传教育机制，增强针对性和实效性。区委、区政府各部门都要重视普法工作，宣传、文化、教育部门和人民团体要结合各自工作，在普法教育中发挥职能作用，推动法治教育与创新社会治理、提升全国文明城区创建水平、加强诚信体系建设等工作有

机结合。加强微信、微博等新媒体在普法中的运用，努力营造信法、守法、懂法、用法的良好社会氛围。

五、着力强化从严治党，不断提高党建科学化水平

党要管党、从严治党，是一级地方党委必须履行好的重大政治责任。要坚持思想建党与制度治党紧密结合，不断深化党的建设制度改革，认真落实党建党风责任制，推动各级党组织特别是主要负责同志把抓好党建作为最大的政绩，做到严字当头抓党建、抓好党建促发展。

一是要严格落实管党治党责任。全区各级领导干部都要认真学习贯彻习近平总书记关于党要管党、从严治党的一系列重要讲话精神，带头履行职责，敢于真抓严管。这些要求不能仅仅停留在文件上、口头上，一定要具体化、可操作。比如，党委主体责任、纪委监督责任和主要负责同志第一责任这“三个责任”如何落实？严肃教育、严明纪律、严格管理、严惩腐败这“四个严”如何落地？要靠制度建设，特别是一些配套制度和机制的完善；要靠在落实上下功夫，细化到具体项目和责任人；要靠强化监督和问责，不能空对空。当前，要继续认真配合好市委第二巡视组正在对长宁领导班子开展的巡视工作，高度重视巡视组反馈问题的整改，要逐条对照、逐项整改。同时，要注重标本兼治，在完善制度、创新机制上狠下功夫，从根本上防范类似问题的重复发生。

二是要持续深入加强作风建设。通过教育实践活动，我们在作风建设上开了一个好头，但基础还不牢固。一方面，要认真贯彻中央《关于深化“四风”整治、巩固和拓展党的群众路线教育实践活动成果的指导意见》，继续抓好“两方案一计划”确定内容的整改落实和督促检查，深入推进专项整治，上下联动推进整改，切实兑现承诺。另一方面，要把贯彻落实中央八项规定精神深入持久抓下去，把党内政治生活真正严格起来，切实用好批评和自我批评这个武器，用好巡察工作和专项检查这两把利器，重在抓早抓小、防患未然，扎紧扎密制度笼子。各级党员干部都要牢固树立“纪律红线”意识，自觉讲政治、讲原则、讲规矩。

三是要切实加强领导班子和干部队伍建设。始终坚持党管干部原则，严格执行新修订的《党政领导干部选拔任用工作条例》，不断提高干部工作科学化、民主化、制度化水平。要牢牢把握正确的用人导向，坚持好干部的“五条标准”，贯彻“四个不唯”要求，落实“三个面向”，进一步拓宽选人用人视野。当前，要立足于2016年换届，充分运用届中综合考评成果，不断优化处级领导班子和干部队伍整体结构。进一步加强领导班子思想政治建设，持续抓好理想信念、宗旨意识教育，深入学习习近平总书记系列重要讲话精神，着力提高干部队伍素质，努力使长宁的干部队伍视野更开阔、知识更复合、作风更扎实。同时，要一手抓从严管理干部，严明党的纪律，深化选人用人突出问题专项整治；一手抓激励干事创业，充分调动各级领导干部和各个年龄段干部的积极性。

四是要深化拓展区域化党建工作。结合贯彻市委一号课题精神，充分发挥街道党工委、镇党委和居民区党组织在区域化党建工作中的领导核心作用，新建社区党委，加强社区党建服务中心建设，继续发挥好“凝聚力工程”学会的平台和智力优势，切实提高区域化党建、“两新”组织党建和居民区党建工作水平。坚持以直接服务群众、做群众工作为核心，做深做实困难群体关爱等“五项行动”，扎实推进基层服务型党组织建设。持续深化“班长工程”建设，夯实基层党建的队伍、阵地和资源支撑等工作基础，同时还要加大典型培育和典型引领力度，努力继续为上海基层党建作出新的贡献。

同志们，全区明年的任务艰巨繁重。我们要紧密团结在以习近平同志为总书记的党中央周围，坚决贯彻落实市委市政府的决策部署，齐心协力、再接再厉，不断开创长宁工作的新局面。

政府工作报告

——2015 年 1 月 20 日在长宁区第十五届人民代表大会第六次会议上

长宁区区长　谢　峰

各位代表：

现在，我代表长宁区人民政府，向大会作政府工作报告，请予审议，并请各位政协委员和其他列席人员提出意见。

一、2014 年工作回顾

过去的一年，面对复杂多变的外部形势和艰巨繁重的改革发展任务，我们在市委、市政府和区委的坚强领导下，全面贯彻落实党的十八大、十八届三中、四中全会精神，高举中国特色社会主义伟大旗帜，以邓小平理论、"三个代表"重要思想、科学发展观为指导，深入学习贯彻习近平总书记系列重要讲话精神，牢牢把握稳中求进工作总基调，围绕"三个城区"建设目标和区委确定的"三件大事"，全面深化改革，推动转型发展，加强社会治理，着力改善民生，全面完成了区十五届人大五次会议确定的目标任务，区域经济社会保持了良好发展态势，全区财政收入完成 308.03 亿元，比上年增长 12.33%，其中，区级财政收入完成 117.18 亿元，比上年增长 8.13%，总量继续位居中心城区前列。

（一）坚持以改革创新为引领，全面深化重点领域和关键环节改革，不断激发区域经济社会发展活力

加强顶层设计，成立长宁区改革工作领导小组，制定全面深化改革实施意见，明确 5 大类 22 项重点领域和关键环节改革任务。自贸区制度创新有效推广。推行"一口受理"运作模式，成立区行政服务中心，再造内部流程，审批时间缩短 30%。实行企业注册资本认缴登记制、"先照后证"登记制，全年新设各类企业 3 382 户，比上年增长 30.23%。海关"分送集报"、食品与化妆品现场检验、"先出货、后报关"等贸易便利"一站式"服务在我区先行先试。简政放权有力实施。完成第八批行政审批事项清理工作，取消 17 项、调整 66 项、承接下放 13 项。制定并公布了涵盖 25 个部门、273 项行政审批事项的权力清单。企业设立并联审批事项由 27 项增加到 68 项，行政审批实行标准化管理。取消 8 项行政事业性收费项目。事中事后监管得到强化。按照全市统一部署，实行市场监管新体制，完成"四合一"改革，成立区市场监督管理局，推动监管力量下沉。加快社会信用体系建设，建成区公共信用信息服务平台，建立企业"黑名单"发布制度，发布 1 602 家涉及欠税、食药品处罚等企业失信信息。全面推行市场主体年报公示制度。国资国企改革稳步推进。制定长宁区国资国企改革实施意见、三年推进计划和配套政策。支持国企进行改制重组，启动国资内部整合、企业分类定位等工作。完成临空镇园体制调整。进一步优化民营经济发展环境，激发非公经济活力和创造力。社会领域改革不断深化。推进社区文化活动中心社会化、专业化运作，推动 71 场次公益性文化项目向社会公开招投标。启动国家基层卫生综合改革重点联系点工作，深化公立医院改革，优化医患纠纷人民调解"保调对接"机制。围绕教育综合改革，积极培育特色教育，推进教育评价、课程和教学改革。归并群众诉求受理渠道，优化联动处置流程，实现社会管理联动中心与网格化管理中心整合，形成城市网格化综合管理格局。同步推进市政、绿化养护作业市场化改革。

（二）以提高经济质量效益为中心，加快转型升级步伐，经济运行稳中有进

落实国家信息消费试点，着力推动产业发展转型、新经济增长点培育、商业模式创新、企业服务优化。产业转型升级成效明显。服务业加快发展，服务业税收占全区税收比重近 97%，其中现代服务业税收占全区税收比重近 74%。航空服务业发展态势良好，集聚了一批航空管理及专业服务机构、航空业龙头企业。房地产业税收占全区税收比重为 16.5%，比去年同期下降了 2.6 个百分点。"四新"经济培育取得新进展。落实市委、市政府加快发展"四新"经济要求，着力培育新经济增长点。落实好张江长宁园政策，依托大数据、互联网等新技术，与市相关部门联手打造"虹桥互联网金融财富天地"，集聚了一批有影响力的企业和功能性、平台型机构。积极推动平台经济发展，我区 3 家企业被认定为"2014 年上海平台示范企业"。商业保理试点积极推进。注重从源头引导企业进行商业模式创新，发展体验式商业，推进重点区域商业业态调整。"招留增"服务得到优化。进一步提升服务企业、服务发展、服务转型、服务人才的水平，积极探索产业招商、功能招商，全年共引进"四有企业"368 家，其中跨国公司地区总部 3 家。围绕楼宇经济发展提升综合服务能力，重点经济楼宇税收落地率提高到 53.09%，全区税收"亿元楼"达 21 幢。落实好国务院"营改增"试点范围扩大和小微企业税收减免政策，为各类企业减轻负担。创新推出集股权质押、知识产权出资等为一体的小微企

业投融资服务套餐。重点区域功能进一步完善。围绕三大经济组团,加快推进经济楼宇、路网结构、景观灯光等建设。来福士广场等21个在建项目顺利推进,开工项目3个,竣工项目3个、竣工面积达47.7万平方米。建成虹桥古北地区景观灯光提升一期工程,紫云西路完成辟通,遵义路等3条地下通道建设顺利实施。完成临空地区淞虹路、可乐路等道路改建主体工程。启动东片区城市设计和部分市政道路建设。全力配合推进北翟快速路等市重大工程建设。

(三)着力解决一批群众关心的热点难点问题,优化城区环境品质,民生保障有效改善

坚持民生为本,切实解决群众关心的"最后一公里"问题。编制完成我区基本公共服务体系建设三年规划,制定社区基本公共服务指导目录。全面完成政府实事项目。加大民生投入,全年投入公共财政资金42.11亿元,比上年上升6.12个百分点,确保各项民生工作落地。居民生活环境明显改善。坚持需求导向,发动群众、依靠群众,自下而上推动实施"家门口工程",完成售后公房绿化补种、楼道扶手增设等17类74个群众迫切需求的项目,同时围绕"家门口环境美化工程"推出并完成132个项目,达到了"小投入、大改观"的效果。以旧区改造和旧小区综合整治带动居民居住环境改善,全年完成旧区改造面积4.2万平方米,剩余零星旧改地块全部启动签约并生效,完成旧小区综合整治30万平方米。继续做好保障性住房建设。妥善解决了一批大树扰民、油烟扰民等问题。新增公共停车位和临时停车位445个。城区生态宜居环境不断提升。着眼于绿色惠民,全面开启"夜公园模式",延长11个公园开放时间。建成中新泾绿地一期等5块公共绿地,新增公共绿地3.23万平方米,建成屋顶绿化7 761平方米、檐口绿化1 310米。全面完成第五轮环保三年行动计划确定的67项任务,强化大气污染防治,建成空气质量监测体系,实时发布环境空气质量信息,加强节能减排,稳步推进存量楼宇低碳改造,停用和拆除全区最后2台燃煤锅炉,建成"无燃煤区"。加强城市道路保洁,推进生活垃圾分类减量,全年共减量13 505吨。加强景观护栏建设和非标道板、非标护栏整治。就业、养老和救助水平继续提高。全面完成创业型城区创建指标,建成长宁区创业园区(孵化基地)联盟,全区新增就业岗位33 651个,帮助成功创业649人,安置就业困难人数412人,城镇失业人数控制在市政府下达指标以内。在全市率先完成养老设施布局专项规划编制工作,新增养老机构2家、床位187张。加强医养结合,新增老年护理床位100张。全年实施各类社会救助39.89万人次,资金1.04亿元。区救助管理站建成并投入使用。完成无障碍设施进家庭250户。"智慧社区"建设不断加强。坚持以科技支撑民生保障,基本建成了涵盖11个部门40类公共服务数据的智慧社区云数据中心,实现了医疗、交通、就业等9个方面信息实时互动。新增社区综合信息服务屏16台。建成"智慧长宁·乐e生活"网上社区生活服务中心,为居民提供便捷的养老助老、物业维修和便民生活等服务。推进社区事务受理信息系统优化试点,深化"一口受理、全区通办、全年无休"模式,全区通办项目扩大到100项。社会事业服务水平持续提高。上海国际舞蹈中心、刘海粟美术馆加快建设,复旦西校、同仁医院等社会事业"西进"项目进展顺利。11所市、区两级新优质学校项目有序推进,建成长宁市民学习中心。规范落实招生政策,挖掘资源潜力,有效缓解入园难、入学难问题。挂牌成立上海虹桥国际医学研究院,着力提升同仁医院医疗水平和教研能力。光华医院成为上海中医药大学教学医院。增加社区卫生服务中心居民配药品种,增加慢性病患者配药剂量,有效缓解了居民配药难问题。家庭医生服务能力进一步提高。启动第四轮健康城区评估工作。实施"单独两孩"政策。广泛开展群众文体活动5万余场,成功举办上海长宁戏剧季、虹桥文化之秋等重大活动。我区连续三届被评为"全国文化先进区"。完成第六次体育场地普查工作,推进30分钟体育生活圈建设,承办了全国蹦床锦标赛、体操冠军赛和桥牌团体赛等重要赛事。国防动员、双拥、妇女儿童、民族、宗教、对台、侨务、档案、残疾人服务等工作顺利开展。援青、援滇对口帮扶、农村综合帮扶等工作有序推进。

(四)以全国文明城区创评为契机,加强社会治理,强化常态长效,城区保持安定有序

紧紧抓住全国文明城区创评、"亚信"峰会保障工作等契机,坚持常态长效与专项整治相结合,狠抓城市管理领域"四个遏制",不断提高社会治理能力和城区文明程度。城区运行安定有序。突出以面保点,围绕三馆九路等重点区域,广泛动员志愿者参与,圆满完成"亚信"峰会安保工作。加大食药品和地下空间等领域的监管力度,全年查处食品违法案件324件,取缔无证无照经营670户,整顿地下空间83处,关停地下旅馆24家。强化电梯风险评估,推动安全隐患排查。有序推进"平安长宁"建设。以专项整治促常态长效。以大门责与网格化管理相结合为抓手,在全区持续开展市容顽症专项整治,共拆除存量违法建筑20 543平方米,新增违法建筑拆除率达100%。全区90%的道路达到"严控"以上标准,水城路等夜间流动设摊得到控制,天山五村、江苏北路等乱设摊集聚点基本消除,玉屏南路等10条道路跨门营业现象明显减少。整治"群租"1 448户、房间4 086间,拆除床位10 790张。社会治理能力不断加强。推动城管等执法力量下沉,不断夯实基层基础。加大居委会减负工作力度,清理规范了一批居委会台账报表。提高基层队伍收入水平,强化基层队伍教育培训。鼓励居民参与社区事务,激发自治共治活力。落实四类社会组织直接登记制度,新增社会组织43家。完善政府购买公共服务机制,投入资金2 380万元,推动社会组织承接公益性活动2 652场次。综合实施产业结构调整、落实公共政策、加强城市管理等措施,严格控制全区人口总量。

(五)扎实开展群众路线教育实践活动,以作风改进促能力提升,政府自身建设取得新进展

深入开展党的群众路线教育实践活动,政府效能和

依法行政水平进一步提升。作风建设持续推进。坚决贯彻落实中央八项规定精神和市委市政府30条实施办法，认真查找“四风”突出问题，制定整改方案，落实整改措施。文风会风得到改进，全区性大会比上年下降34%，区政府文件比上年下降14%。严格控制“三公”经费支出，全年“三公”经费支出0.4亿元，比上年下降5.1%，因公临时出国(境)减少15批次129人。大力推行无纸化办公，无纸化会议系统得到全面应用。依法行政不断深化。完善行政负责人出庭应诉制度，11名行政部门领导出庭应诉，政府组成部门、街镇领导集体参加旁听。我区在全国“六五”普法中期评估中被评为先进，在全国法治城区创建测评中名列前茅。加大绩效考核和内部审计监督力度。依法接受区人大及其常委会的监督、主动接受区政协的民主监督，人大代表书面意见和政协提案全部按时办结。“十三五”规划编制工作全面启动。政务公开力度持续加大。依法主动公开政府信息3 763条、受理依申请公开政府信息申请902条。将财政信息公开范围扩大到部门预决算和“三公”经费预决算，进一步细化公开内容。加快推进政府经济数据、公共服务等信息资源向社会开放。重视发挥微博、微信等新媒体作用。公务员队伍建设进一步加强。着力改进公务员培训方式，不断提升公务员服务基层、服务群众、服务发展的意识和能力。深入基层调研，注重解决实际问题。加强政风行风建设，强化效能监察和责任追究。规范机关事业单位用工，清退编外人员588人。

各位代表，过去一年，我们坚持用改革创新的精神推动长宁经济社会发展，成绩来之不易。这是市委、市政府和区委坚强领导的结果，是全区人民共同奋斗的结果。在此，我谨代表长宁区人民政府，向全区人民，向给予政府工作大力支持的人大代表和政协委员，向各民主党派、工商联、各人民团体和社会各界人士，向市各部门和单位，向驻区部队，向关心和支持长宁发展的同志们、海内外朋友们致以崇高敬意和衷心感谢！

我们也清醒地看到，前进道路上还存在不少困难和问题，政府工作人员依法行政的意识和能力有待增强，重审批、轻监管的问题依然存在，行政效率有待提高。面对新一轮科技革命和产业变革的到来，如何更好地运用科技创新等手段推动长宁转型发展，更好地运用新理念、新办法推动城市更新，任重而道远。面对城区管理常态长效、精品精细的要求，如何进一步创新社会治理、加强基层建设，是摆在我们面前的现实课题。从满足群众需求出发，养老、救助、弱势群体关爱等公共服务还需进一步加强。公务员队伍中“四风”问题还不同程度存在，责任担当、改革创新的意识还不够强，深入一线解决问题还不够多，会议、文件还需进一步精简。对此，我们一定要正视问题、克服困难、勇于创新、敢于担责，绝不辜负人民重托。

二、2015年主要工作

2015年是全面深化改革的关键之年，是全面推进依法治国的开局之年，也是全面完成“十二五”规划的收官之年和科学谋划“十三五”发展的重要之年。当前，世界经济仍处在国际金融危机后的深度调整期，经济增速可能会略有回升，但总体复苏疲弱态势难有明显改观。我国发展仍处于可以大有作为的重要战略机遇期，经济发展进入新常态，我们必须要认清新形势、认识新常态，推动长宁经济社会新发展。

做好2015年政府工作，要全面贯彻落实党的十八大、十八届三中、四中全会和中央经济工作会议精神，以邓小平理论、“三个代表”重要思想、科学发展观为指导，深入学习贯彻习近平总书记系列重要讲话精神，落实市委、市政府和区委的各项工作部署，坚持稳中求进工作总基调，以提高经济发展质量和效益为中心，主动适应经济发展新常态，坚持改革攻坚，突出创新驱动，加强民生保障，深化社会治理，全面完成“十二五”规划目标任务，谋划好“十三五”发展，加快建设“精品城区、活力城区、绿色城区”。

今年，经济社会发展的主要预期目标是：区级财政收入比上年增长8%；新增就业岗位3万个，城镇登记失业人数控制在市下达指标以内；完成旧小区综合整治20万平方米；拆除存量违法建筑2万平方米；新增公共绿地3万平方米；全面完成政府实事项目和市政府下达的节能减排、人口调控和生活垃圾分类减量等各项目标。

今年，我们将重点做好以下七方面工作：

（一）加快改革创新步伐，为区域经济社会发展注入新动力。聚焦重点领域和关键环节，狠抓各项改革措施落地，坚定不移持续深化改革。

加快推进政府职能转变。按照全市统一部署，推进城市管理综合执法体制改革，切实转变街镇职能。继续深化行政审批制度改革，进一步精简前置审批，减少审批事项、改进审批方式。加强区行政服务中心标准化管理，推行“一表申报”“一口发证”制度，推进网上政务大厅建设。加强事中事后监管，深化市场监管体制改革，实行工商注册登记全程电子化。深化社会信用体系建设，推动信用信息率先在政府采购、招投标、监督检查等工作中运用，加大信息公开和联合惩戒力度，探索建立市场化信用评估服务体系。

加强与自贸区对接。主动对接、复制自贸区制度创新成果，优化区域投资和创业环境，提高贸易便利化水平。继续加强与海关、检验检疫等部门合作，推动自贸区政策落地长宁。进一步完善虹桥贸易便利化“一站式”服务中心、公共保税仓等功能，更好地服务区域经济创新发展，加大制度创新惠及企业力度。鼓励和支持企业发展跨境电子商务。

加大国资国企改革力度。加快区国有资本投资运营平台建设，推动相关企业整体改制，启动混合所有制试点工作。完善国资监管机制，加强内部整合，探索建立国有企业市场化用人机制。推进各类所有制经济共同发展，激发各类企业发展活力。扎实推进管办分离，继续深化市政、绿化养护作业市场化改革。

积极推进社会事业领域改革。围绕上海市国家教育综合改革试验区建设，深化区域教育教学改革。继续推进文化设施、文化项目市场化、专业化运营管理。结合国家基层卫生综合改革重点联系点工作，加快推进公立医院改革、家庭医生服务模式改革和医保支付方式改革，提升医疗服务水平。鼓励社会力量、社会资本参与社会事业项目建设和运营管理。

（二）坚持以提质增效为中心，在平稳增长中加快经济转型发展。紧紧围绕上海“四个中心”建设和具有全球影响力的科技创新中心建设，坚持以贸易功能为引领，以科技创新为动力，把转方式调结构放在更加重要的位置，大力培育新经济增长点，推动经济转型发展。

加快提升现代服务业能级。区域经济转型发展离不开产业转型，产业转型离不开支柱产业的发展壮大。要紧紧抓住上海建设国际航运中心机遇，以虹桥商务区东片区开发和虹桥机场T1航站楼改造为契机，加强与东片区驻场单位联手合作，积极争取市有关部门支持，着力引进一批功能性机构和龙头企业，推动航空服务业及其衍生产业集聚发展。继续做大做强信息服务业、金融服务业等重点产业。

扎实培育“四新”经济。“四新”经济是加快转型发展的重要动力、激发创新活力的重要抓手，要以市场为导向，以企业为主体，打造产业发展生态圈和创新集群，着力培育和发展互联网金融、移动互联网、物联网等新业态，加快发展新媒体、文化创意等新产业。鼓励区内企业依托大学、大院、大所等资源和力量，联手开展自主创新、协同创新，健全创新服务支撑体系，加快高端人才集聚。继续推动国家信息消费试点工作。

积极推动贸易和商业转型。适应个性化、多样化的消费趋势，依托各类贸易平台，发挥商业保理试点等优势，推动贸易转型发展。顺应电商发展新趋势，坚持企业为主体，政府积极营造环境，引导商家转变经营理念，鼓励重点商业载体探索发展体验式消费等商业新模式。聚焦中山公园和新虹桥商业中心，以新设计、新理念推动商旅文融合发展，加快建设智慧商圈，做好商圈整体营销。谋划好临空地区商业设施的发展布局。

着力改变企业服务方式。适应新形势、新变化和新要求，进一步转变政府服务企业的方式，创新企业服务体制机制，完善企业服务综合体系，着力营造公平优质高效、宜商宜居宜业的发展环境。继续落实好中央各项政策措施，为中小微企业发展减负添力。加快发展楼宇经济，做好企业服务工作，优化楼宇企业结构，进一步提高楼宇经济对区域发展的贡献度。

（三）启动城市更新战略，加快提升重点区域内涵与品质。运用城市更新的新理念、新方法，统筹重点区域整体发展，进一步提升城市功能、优化空间品质、传承历史文脉、激发城市活力。

中山公园地区。重点依托中山公园百年历史文化积淀，传承历史文脉、挖掘内涵底蕴，以小尺度、微创新提升区域形态和功能。积极推进历史风貌保护区改造，加快老洋房保护性开发利用。结合愚园路、定西路重要节点的改造提升，推进部分街区整体景观打造。进一步优化中山公园地区交通功能。

虹桥地区。重在优化空间品质，融入时尚元素，注入文化活力，汇聚商业人气。着力推动重点楼宇品质提升，以新理念、新标准加强新建楼宇设计和建设，推动存量楼宇低碳改造。继续推进虹桥古北地区绿化景观灯光提升工作，优化虹桥地区路网结构和交通组织，启动虹桥地区智能交通诱导系统建设。依托环东华时尚创意产业集聚区、虹桥国际舞蹈演艺集聚区，让文化创意、绿色休闲、公共空间成为区域发展的重要支撑。

临空地区。坚持东西联动、产城融合，坚持功能优先、集约高效，加快东片区开发，统筹谋划好功能布局、产业定位和城市风貌设计。稳步推进南临空地区改造，提升区域综合功能。加快西部公园建设，优化路网结构，推进临空地下、地上勾连及园区周边部分路段建设，全面提升综合配套环境。

（四）强化基本公共服务，着力保障和改善民生。着眼于服务群众“最后一公里”，尽力而为、量力而行，解决好群众关心的切身利益问题，夯实执政基础。

着力改善群众居住环境。结合旧小区综合整治，立足空间扩容、功能完善、环境美化、安全有序，深入推进“家门口工程”。按照全市统一部署，围绕解决群众关心的急难愁问题，推进二次供水设施改造，实施“光明工程”，整治大树扰民等问题。完善物业管理一体化激励机制，提升物业管理水平。继续做好旧改结转基地收尾和保障性住房管理工作。

持续提升生态环境品质。启动实施第六轮环保三年行动计划，落实清洁空气行动计划，加强环境监管监察监测，强化节能减排工作。立足居民对城区美化、绿化、净化的需求，加快推进公共绿地、立体绿化和林荫道建设。继续做好道路保洁、生活垃圾分类减量和河道整治等工作，着力解决噪音污染、油烟扰民等群众反映强烈的环境问题。

扎实做好就业、养老和救助工作。巩固创业型城区创建成果，以创业带动就业，围绕重点群体就业，完善服务体系，推动高质量就业。继续实施“幸福养老”工程，加快落实养老设施布局专项规划，加强养老机构规范化、标准化管理，推进医养结合工作。强化政策边缘人群关怀，加强各类“支出型”贫困群体社会救助。继续做好政府实事项目。全力做好“全国双拥模范城”创建工作。

深化“智慧社区”建设。坚持以科技支撑民生保障，深入推进“智慧长宁・乐e生活”网上社区生活服务中心建设，围绕基本公共服务和日常生活服务，创新理念、拓展功能、丰富内容，整合“智慧医疗”“智慧教育”等“智慧城区”建设成果，更好地服务百姓，实现社区服务与管理人性化、智能化、便利化。

（五）着力提升文化软实力，推动社会事业全面发展。立足百姓需求，落实好基本公共服务体系规划，加快实施社会事业“西进”战略，使改革发展成果更多、更公平地惠及群众。

着力培育长宁特色文化。立足上海建设国际文化大都市，配合推进上海国际舞蹈中心建设，以刘海粟美术馆、虹桥文化艺术中心等一批重大文化设施建成为契机，充分利用文化院校、文化团队、文化名人集聚的优势，发挥好文化公司、文化基金和文化政策的作用，着力打造虹桥路、天山路、凯旋路沿线等文化空间布局。引进和举办好有影响力的舞蹈活动，加快培育舞蹈艺术、新媒体和时尚创意等文化项目与品牌。推动艺术品展示、交易等平台建设，引导和扶持社会力量发展艺术收藏、民营博物馆等，鼓励文化原创，形成多元文化生态。围绕创建上海市公共文化服务体系示范区，建设“长宁公共文化服务云”，优化产品配送网络，开展好虹桥文化之秋等群众性文化活动。推动绿文结合，将音乐演出、艺术展览、民俗演艺等文化活动引入绿地公园，打造公共文化空间。

推进教育内涵式发展。完成复旦中学西部校区硬件建设和上海市实验性示范性高中创建工作。围绕义务教育优质均衡发展，推动学区化、集团化办学，推进新优质学校项目建设。以“三个指数”评价为核心，深入开展优质教育评估，着力培育名学校、名校长、名教师。规范和支持民办非营利学校发展，继续推进教育国际化和信息化，完善终身教育体系，系统推进社会主义核心价值观和中华优秀传统文化教育。

提升医疗卫生服务水平。完成区精神卫生中心改扩建工程。强化区校合作，提升同仁医院医疗服务能级，全面加强设施改造和学科、队伍建设。发展中医药事业，加强公共卫生服务和健康城区建设。提高全科医生服务能力和服务意识，完善“六位一体”服务，进一步提升社区卫生服务水平。持续推进安宁舒缓疗护床位、孕前优生等各类卫生惠民项目，探索推出定点药房处方外配便民服务。

推动体育事业发展。深入推进30分钟体育生活圈建设，深化教文体结合，挖掘整合各类体育资源，继续推进健身设施建设，探索体育场馆社会化运营管理，举办好重大赛事活动，广泛开展全民健身活动。积极发展妇女儿童事业，继续做好国防动员、民族、宗教、外事、港澳、对台、侨务和援青、援滇对口帮扶、农村综合帮扶等工作。

（六）加强基层基础建设，提高城区管理和社会治理水平。按照核心是人、重心在基层、关键靠创新的要求，进一步巩固和深化全国文明城区创建成果，着力夯实基层基础，切实提升社会治理水平。

全面加强基层建设。落实市委、市政府要求，完善街镇体制机制，推动管理重心下沉、资源下沉、力量下沉，强化街镇社区管理和服务职能，取消街道招商引资职能，全额保障街镇经费支出。优化社区协商自治共治平台，发挥枢纽型社会组织作用，组织引导社会力量和志愿者参与社区治理。继续推进居委会台账报表清理规范，规范居委会协助政府性事务清单，探索推进电子台账应用，切实为居委会减轻行政事务负担。做好居委会换届选举工作，优化居民区治理架构和队伍结构。

提升常态长效管理水平。落实全行业、全要素、全覆盖管理要求，推动城区管理一体化。做实街镇城市网格化综合管理中心，进一步拓宽网格化综合管理覆盖领域。强化区街两级联动，做好各环节有机衔接，提高联动处置效能。落实城市维护管理、公园绿地管理和道路保洁等常态长效机制，提高城市精细化管理水平。继续落实各项政策，严格控制人口规模。

强化城市管理综合执法。理顺城管执法体制，推动综合执法力量下沉。全面落实行政执法责任制，强化公正文明执法，围绕群众关心的切身利益问题加大执法力度，完善执法程序，加强执法监督。围绕群众关心的热点和城市管理难点，持续加大无序设摊、跨门营业、非法客运、违法建筑和“群租”等顽症治理力度，巩固和扩大整治成果。

全力保障城区安全。城市安全是底线，必须坚持“零容忍”，严格落实城区安全责任制，强化安全生产综合管控。围绕消防、地下空间、食药品、特种设备、防汛防台等领域的城区安全问题，加大安全隐患排查整治力度，加快城区应急避难场所建设，提升城区应急管理能力。不断健全社会治安防控体系，推进“平安长宁”建设。

（七）把法治政府建设放在突出位置，不断提升政府治理能力。贯彻依法治国基本方略，加快建设职能科学、权责法定、执法严明、公开公正、廉洁高效、守法诚信的法治政府。

全面推进政府依法行政。进一步完善重大决策规则和程序，建立健全集体决策制度和后评估等机制。加强对政府权力监督约束，强化行政监察和审计监督，深化预算管理，加强债务管理。完善行政问责和绩效管理等制度。加强行政复议工作，继续落实好行政负责人出庭应诉和旁听制度。加强法治宣传与培训。依法接受区人大及其常委会的监督，主动接受区政协的民主监督，做好人大代表书面意见、政协提案办理工作。

创新政府服务管理方式。坚持运用市场化、社会化、信息化、透明化方式创新政府服务管理，制定并发布区级行政权力清单。推进公共服务、环境保护、安全生产等群众关切领域的信息公开。继续做好部门预决算和“三公”经费预决算公开工作。充分发挥社会组织作用，扩大政府购买公共服务的领域和项目。加强电子政务建设，推动各部门政务平台互联互通，继续推进无纸化办公、无纸化会议。发挥好官方微博、微信等新媒体作用，加强与居民的互动交流，进一步拓展政府门户网站便民服务功能。

持续改进政府作风。按照“三严三实”要求，深入改作风、从严抓队伍，推进作风建设常态化、长效化，努力做到为民务实清廉。毫不动摇贯彻落实中央八项规定精神，落实好党的群众教育实践活动整改措施，进一步控制会议数量，压缩规范性文件数量。大力弘扬调查研究之风，坚决执行基层调研制度，深入基层、深入群众，为基层解决实际问题。严格落实廉政建设“一岗双责”，严格公务员队伍管理，加强公务员教育培训，提高公务员依法办事、为民服务的能力，切实把牢世界观、人生观、价值观这个总开关，强化宗旨意识和群众观点，竭诚尽智为群众谋福祉。

科学编制“十三五”规划。立足长宁实际，着眼于科学发展，在广泛征求意见、深入调查研究的基础上，紧紧把握国家发展战略、积极融入上海发展大局，找准长宁新的发展定位，在认真总结“十二五”发展经验的基础上，高质量编制“十三五”规划。

各位代表，新的一年，我们任务繁重、使命光荣，让我们紧密团结在以习近平同志为总书记的党中央周围，在市委、市政府和区委的坚强领导下，抢抓机遇、勇于担当、团结一心、扎实工作，全面完成“十二五”规划目标任务，科学谋划“十三五”发展蓝图，为加快建设“三个城区”而努力奋斗！

中山公园四不像雕塑　　（《长宁时报》供稿）

在创评工作领导小组会议上的讲话提纲

（2014 年 12 月 6 日）

长宁区区长　谢　峰

同志们：

当前，正值岁末年初，既要完成好今年目标任务，又要谋划好明年的各项工作，时间紧、工作多、任务重。刚才，卫民同志关于迎检工作的部署很具体，待一会，为人书记还要作重要讲话。下面，我讲三点意见。

一、实现“三个确保”

作为年初区委确定的“三件大事”之一，创评工作经过为期一年的准备，现在已经到了最后冲刺阶段，要努力实现“三个确保”。第一，确保思想高度重视。本周，全国文明城区复评的时间、方式、内容、要求，已全部明确。在座各位都很辛苦，各部门围绕创评工作已经做了长达一年的准备，时间跨度长、工作任务多，但绝不要松懈倦怠。在这最后的紧要关头，还是要对创评工作高度重视、鼓足干劲、对照要求、明确重点，将创评作为接下来两周的重中之重，全力做好各项迎检工作。第二，确保完成创评任务。进入冲刺阶段，目标只有一个，就是确保创评成功。这项工作，我不希望再有人来跟我诉说各种理由，各种苦衷。打仗的时候，就是绝对服从。各部门要按照年初区委作出的部署，不折不扣完成各项任务，确保创评取得最终胜利。第三，确保排名靠前。我们不仅要通过复评，更要以优异的成绩通过复评。刚才，卫民同志也提到，徐麟部长强调，“复评达不到应该达到的分数，那就是摘牌。排名老是在最后的，也有被摘牌的危险。”在 2012 和 2013 年的复评中，长宁均列全市第一，今年我们要在三个复评区中，保二争一，以优异的测评成绩来检验工作成效。

二、做到“三个到位”

围绕创评的目标任务，要努力做到“三个到位”：一是统筹协调到位。区创评办要加强组织统筹，优化力量安排。面上的一切行动，由区创评办统一指挥，既要畅通信息渠道，加强与中央文明办、市文明办的紧密对接，又要加强对部门、街镇的及时指导和有力督促。分管副区长要统筹分管领域的创评工作。对今年上午视察发现的问题，督促相关部门抓紧整改，同时，督促部门举一反三，对照测评标准，积极排查、整改同类问题。对 38 个直接引用日常工作数据的指标，请分管领导和部门抓紧做好相关沟通工作，特别是针对有主观因素的测评项，要多汇报沟通，最大限度争取市里的支持。二是条线部门工作到位。各条线部门，要全面落实对应指标和点位的责任。这里，我再次强调，我们的迎检模式是“条块结合，以块为主”，条线部门不是唱配角，而是要在区的统一指挥和街道的统筹协调下，全力做好各自领域的创评工作。各条线联络员的名单都要留给街镇，确保临战时“找得到人、解决得了问题”。如果哪项工作拖了长宁的后腿，拉了长宁的总分，我们将问责该部门的主要领导。三是街道工作覆盖到位。各街镇，要“守土有责”，加强区域统筹。充分发挥排摸发现、社会动员、综合协调的特点和优势，进一步做好培训、动员、演练等各项准备工作，对现存的问题与条线联手加快整改，对申报的点位，要保证力量，确保不失分。

三、做好“三个全覆盖”

最后的两周时间，全区要积极营造良好的氛围，进一步提高创评的声势和热度，实现“三个全覆盖”。一是动员工作全覆盖，进一步提高群众的认同度。创评是目标，也是提升城市文明程度、提升市民文明素质的手段。我们反复强调，创评要更加注重社会主流价值的培育塑造，动员工作要全方位覆盖到驻区单位、社区居民、学校院所，务必收到良好的社会效果。二是宣传工作全覆盖，进一步提高群众的知晓度。在这里，我强调一点，创评迎检要家喻户晓，但不能草木皆兵。今年，要更加注重群众的评价和反映。因此，要注意宣传的方式方法，避免形式主义，切忌处处体现突击的痕迹，引起群众的反感。三是信访维稳全覆盖，进一步提高群众的满意度。要积极做好近期群众信访工作，特别是涉及创建要素的问题，如环境、小区、交通秩序、六小场所、集贸市场、绿化、违章搭建等，要认真接待。协调解决不了的问题，要稳定好群众的情绪；需要创评办协调的问题，及时沟通；一旦出现负面新闻突发事件，马上报区新闻中心。街镇要全力做好居民群众的思想工作，如果哪个地方有关于文明创建的举报信，那么相关街镇的领导要问责。

同志们，希望大家再接再厉、勇争一流、不辱使命，努力夺取创建复评的最后胜利！

长宁区党的群众路线教育实践活动纪实

长宁区区委组织部

2014年2月至10月，根据中央、市委的统一部署，在市委第三督导组的指导督导下，长宁区四套班子围绕“为民务实清廉”的主题，按照“照镜子、正衣冠、洗洗澡、治治病”的总要求，在全区67个处级单位党委(党组)、2 146个党组织和5.4万名党员分三批开展党的群众路线教育实践活动。

一、基本做法

(一) 领导带头示范，发挥表率作用

区委常委会履行受教育和抓活动的双重主体责任，率先开展每个环节的工作并作出标杆，为全区各级党组织开展活动起到示范作用。区委、区政府每月召开教育实践活动领导小组和全国文明城区创评工作领导小组会议，推动教育实践活动与重点领域改革、全国文明城区创评等重点工作有机结合。区委坚持在思想、整改和正风肃纪上从严要求。区委常委、党员副区长联系督导24余单位和24个重点深入的基层点。

(二) 抓好学习教育，加强思想引领

区委把学习教育作为首要任务，贯彻“三严三实”要求，把学习弘扬焦裕禄精神作为红线贯穿始终，统筹安排各层面开展学习。全区党员领导干部学习习近平总书记系列重要讲话精神和有关规定篇目，召开专题学习交流会，联系实际交流体会。紧扣群众路线主题，举办“弘扬井冈山精神，坚持密切联系群众”等多场辅导报告，观看《苏联亡党亡国20年祭》等多部专题片。区委常委、党员副区长、各处级单位主要领导、各街镇领导班子成员深入基层上党课208场，覆盖党员、干部近2万名。召开“新形势下坚持马克思主义群众观点，进一步做好党的群众工作”专题学习会，发挥上海凝聚力工程博物馆的宣传教育功能，活动期间接待参观团队1 067批次，近24万人次参观。由区委常委主讲，举办“城区规划”“重点领域改革”“社会治理”“党的建设”等专题学习扩大会。各处级单位采取领导导读、微型党课、微信互动交流等专题学习。各基层党组织开展一次集中学习讨论、观看一次专题教育片、上一次党课等“三个一活动”。

(三) 贯彻整风精神，严格党内生活

全区以局处两级领导班子、领导干部为重点，聚焦“四风”问题，查找和解决群众反映强烈的突出问题，把党要管党、从严治党的要求贯彻到每个基层党组织。开展“走基层、看变化、抓推进”活动，全区党员干部直接听取意见建议1.5万余人次。区四套班子主要领导召开58场次座谈会，听取老领导、党外人士、“两代表一委员”及凝聚力工程学会会员等各方面的意见建议516条。运用群众来信来访、市民热线(962347)、政风行风测评等“三条线”，找出群众反映强烈的前十大问题。区委常委会带头开展谈心205人次；处级领导班子开展谈心4 625人次；基层党组织与广大党员普遍开展谈心谈话活动。局处两级领导班子和党员领导干部撰写对照检查材料，做到问题、原因、措施写清楚。居(村)、执法监管部门和窗口单位、服务行业等基层党组织及其书记、党员科长等负责同志均撰写简要对照检查材料。区委常委会率先召开专题民主生活会，主要领导带头，班子其他成员逐一对照检查和相互批评，区人大、区政府、区政协党组带动各处级单位相继召开专题民主生活会。基层党组织召开专题组织生活会，广大党员参与民主评议，全区党员被评定为“好”的占88.63%，“一般”的占11.13%。

（四）推进边查边改，注重建章立制

围绕群众反映强烈的突出问题，各级领导干部、基层党组织和党员干部联动，合力整改。建立整改清单制度，区层面确定即知即改项目 107 项和区内联动整改项目 72 项；各处级单位确定即知即改项目 2 380 项；基层党组织确定家门口整改事项。建立整改月督和对账销号制度，对确定的整改事项，各级党组织明确责任部门（或责任人）、推进措施和时限要求，推动立行立改，对明确期限的坚决如期完成，对需要较长时间解决的问题每月分析通报。建立“双领导小组”会议制度，统筹推进专项整改。围绕城市管理和公共服务等方面的顽症问题，开展交通秩序、群租等 8 个专项整改行动。抓好建章立制工作，局处两级领导班子制定“两方案一计划”，处级以上党员干部、基层党组织、居（村）党组织书记制定整改清单，其中列入各级党委（党组）制度建设计划的事项 1 027 项。

（五）加强组织领导，确保严督实导

区教实办制定活动《实施意见》和 10 个指导性通知，每个环节形成《区委常委、党员副区长联系督导工作建议》和三茬单位的《工作流程一览表》。建立每周工作例会制度，召开例会 28 次，下发工作提示 25 期，涉及 106 条 199 项操作口径。督导组全程参加动员大会、学习交流会、专题民主生活会等，与基层党员干部群众访谈、与处级干部谈心谈话近 1 800 人次，随机抽查各处级单位近 300 项整改事项。针对居（村）、“两新”组织、机关、国企、执法监管部门和窗口单位、服务行业等不同特点，开展各领域专题培训 10 余场，覆盖基层党组织书记 1 200 余人次，制定操作手册 8 套。

（六）做好宣传引导，营造良好氛围

区委、区政府主要领导参加上海人民广播电台直播访谈；分管区领导带领相关部门负责同志参与区有线电视台系列访谈；各部门、街镇主要负责同志参与网上访谈；各基层党组织运用宣传栏、手机报等加强动态报道。《长宁时报》、长宁有线电视台、长宁门户网站开设“你呼我应”“整改进行时”等栏目，通过“我为长宁献一计”“百姓论坛”“上海长宁”微博等渠道采纳群众提出的意见和对策。各级媒体报道长宁区教育实践活动的有关做法 280 余篇，其中中央和市级主流媒体头版报道 19 篇。区级媒体开设“践行群众路线”专栏，“凝聚网”开设教育实践活动专栏，编辑简报 65 期。以朱国萍等优秀居民区党组织书记为原型创作的沪剧《小巷总理》在全市巡演 50 余场。推出张雅玉、周剑等一批服务（执法）为民先进典型，重点报道马亚红等 20 位典型人物的先进事迹，加强对吕洁等凡人善举的宣传。

二、基本成效

（一）着眼于思想武装，增强践行群众路线、改进作风建设的思想自觉和行动自觉

通过教育实践活动，各级党组织和党员普遍接受马克思主义群众观点和党的群众路线教育，经受严格的党内生活锻炼。进一步深化筑牢理想信念、强化责任担当的认识，推动长宁改革发展、加快“三个城区”建设的责任感和使命感不断增强；进一步深化对马克思主义群众观点、群众路线的认识，坚持和发展“凝聚力工程”、做好新形势下群众工作的思想自觉和行动自觉不断增强；进一步深化对“党要管党、从严治党”的认识，落实“党要管党、从严治党”的坚定性和紧迫性不断增强。

（二）着眼于正风肃纪，初步遏制“四风”突出问题

局处两级开展了 184 个专项整治任务。反对形式主义方面，重点整治会风文风、评比表彰不够规范等问题，全区性大会数量比上年减少 30%，区委、区政府文件数量比上年减少 31.5%，居委会台账、评比达标活动削减近三分之二。反对官僚主义方面，重点整治推诿扯皮、不作为、慢作为等问题，区行政服务中心由“一门受理”向“一口受理”模式转变，各街镇社区事务受理中心实行全年无休。反对享乐主义方面，完善区委督促检查工作机制和巡查监督制度，加大对区委、区政府决定事项的督查力度。反对奢靡之风方面，重点整治铺张浪费、贯彻执行八项规定精神不到位等问题，区“三公”经费使用压缩 420.6 万元，比上年下降 23.3%，因公临时出国（境）减少 15 批次，共 129 人。

（三）着眼于惠及民生，集中解决一批群众切身利益问题

截至 9 月底，区层面 107 项即知即改项目和 72 项区内联动项目基本完成，各处级单位 2 380 项即知即改项目完成 95.4%。对道路暴露垃圾、跨门营业、乱设摊、夜排档等市容顽症落实常态长效管理。建立群租问题源头预防和发现处置工作机制。落实小区补绿、整治楼道堆物等 74 个“家门口工程”项目。因地制宜促进小区与商务楼停车共享，新增停车场智能指示牌，缓解 49 个小区“停车难”。加大食品卫生、地下空间、老旧电梯等执法检查力度，排除安全隐患。制定社区基本公共服务目录，推出 64 类 261 项服务“菜单”，社区卫生中心配药难、老年活动场所不足等热点难点问题得到缓解和解决。

（四）着眼于固本强基，提升基层党组织的凝聚力和战斗力

各级党组织贯彻《区委坚持和发展“凝聚力工程”做好新形势下党的群众工作的实施意见》，深入开展“五项行动”，增强组织活力。困难群体关爱行动，开展与 13 类困难对象的政策帮扶，“六个便利”服务行动，全区重点商务楼宇的覆盖率 80%，实施服务项目电子清单。公共服务提升行动，树立一批“党员示范岗”。社会公益参与行动，开展“党员到社区，人人做公益”志愿行动，形成 120 余名党员参与的公益服务项目。基层基础巩固行动，“两新”组织党组织覆盖率 29%；对接市委、区委重点课题，加强“两支队伍”建设，通过“三个一批”加强基层党组织人才储备和梯次配备。

（五）着眼于常态长效，逐步形成一批作风建设的制度和机制

区委常委会 24 项制度建设全部完成。围绕解决“四风”突出问题，制定《关于区党政领导班子落实党风廉政建设主体责任的实施意见》《党风廉政建设责任制追究办法》等制度。围绕解决关系群众切身利益问题，聚焦基本公共服务体系、“一流教育”等政策规划，引导公共服务资源合理配置。围绕解决基层联系服务群众问题方面，完善党员干部直接联系群众细则，以深化社会管理联动中心改革为基础，加强群众意见收集办理处置规范化、机制化建设。

（六）着眼于服务大局，有力推动“三个城区”建设

经济转型升级加快推进，贸易便利化水平进一步提高，经济增长的质量和效益不断提升，区级财政收入总量和增速均居中心城区前列。重点领域改革更加有力，加快推进政府职能转变和临空园区转型升级，区委确定的 5 个重点领域 22 项改革任务初见成效。城区综合功能更加完善，商业功能进一步提升，城区管理进一步加强，全国文明城区创评成效明显，民生保障水平不断提高。

三、宝贵经验

（一）群众路线是党的生命线和根本工作路线，必须把增强思想自觉放在首位，以知促行、以行促知、知行合一。

（二）宗旨意识是做好一切工作的根本出发点和落脚点，必须坚持真情为民、敢于碰硬，着力解决突出问题、促进改革发展。

（三）党的作风事关党的形象，关系人心向背，关系党的生死存亡，必须坚持领导带头、典型引领，始终坚守正道、弘扬正气。

（四）严格的党内生活是提高各级领导班子和党员干部发现并解决自身问题能力的有力武器，必须始终贯彻“三严三实”要求，以严肃和认真的态度不断加强党性锻炼。

（五）“凝聚力工程”是党的群众路线的生动实践，必须始终坚持和发展，不断增强各级党组织的凝聚力、创造力和战斗力。

中山公园露天音乐台　　（《长宁时报》供稿）

长宁区大事记

1月

2日　区四套班子领导到中山国际广场、区婚姻(收养)登记中心、福缘湾项目考察开局工作。

3日　召开区大口、街镇书记例会(扩大),就学习宣传贯彻党的十八届三中全会精神、做好党的群众路线教育实践活动准备工作等动员部署。

6日　举办处级领导干部学习贯彻习近平总书记系列讲话精神专题研讨班。

10日　召开区领导班子和局级领导干部2013年度(绩效)考核述职测评会议。

12日—15日　召开区政协十三届三次会议。

13日—15日　召开区十五届人大五次会议。

16日　区政府召开2014年重点企业迎春茶话会。区四套班子领导及2013年纳税千万元以上企业代表300余人参加会议。

20日　区四套班子领导出席中央和上海市党的群众路线教育实践活动第一批总结暨第二批部署电视电话会议,并召开专题学习讨论会,研究区群众路线教育活动相关工作。

24日　区四套班子领导分四路走访驻区部队,慰问上海警备区、武警上海总队、上海边防总队、武警上海消防总队等驻区部队官兵战士。

26日　召开居民区党组织书记迎春暨群众路线教育实践活动深入社区听取意见座谈会。

27日　区四套班子领导走访慰问离退休老干部。

2月

12日　召开长宁区委党的群众路线教育实践活动领导小组第一次会议。

是日　召开区2014年旧区改造与房屋征收工作会议。

17日　召开中共长宁区第九届纪律检查委员会第四次全体会议。

18日　召开党的群众路线教育实践活动动员大会。

19日—20日　中国国民党台北市松山区党部交流团一行到长宁区参观考察。

20日　区政府与国家开发银行上海分行举行《支持长宁区建设开发性金融合作备忘录》签约仪式。

24日　召开全区信访稳定工作专题会,部署全国“两会”期间信访稳定工作。

25日　区委举行常委学习会(扩大)第一专题学习,标志区委党的群众路线教育实践活动的学习教育环节正式开始,区四套班子领导出席。

26日　召开区2014年政法、平安建设、信访、依法治区、禁毒、反邪教、政法综治宣传工作会议。

是日　召开区2014年武装工作会议。

3月

5日　召开2014年党的建设工作会议。

13日　市人社局到长宁区调研,围绕市委重点调研课题“关于创新社会治理加强基层建设”听取长宁区街(镇)的意见建议。

是日　环东华时尚创意产业集聚区开展区校合作推进工作会。

19日　根据虹储居民区党总支书记朱国萍的真实事迹改编的沪剧《小巷总理》全市巡演启动,区四套班子领导等观看首场演出。

是日　举行区2014年春季全民义务植树宣传活动。

是月　区机构编制委员会撤销上海市长宁区有线电视中心、上海市长宁时报社,建立上海市长宁区新闻宣传中心。

4月

2日　区委书记卞百平参加上海人民广播电台《市民与社会》栏目“践行群众路线、倾听市民呼声”直播节目,与广大市民交流。

8日 市委一号课题第二调研组进驻长宁区，开展“创新社会治理加强基层建设”调研。

21日 长宁区被评为上海市文明城区。

25日 召开“亚信峰会”安保维稳环境保障工作动员大会。

29日 举行“中国梦·劳动美”庆祝五一国际劳动节大会。

5月

4日 举行“长宁青年看改革”五四青春思想分享会——2014年长宁青年纪念中国共产主义青年团成立92周年暨五四运动95周年主题活动。

9日 召开“提高教育质量，打造一流教育”座谈会暨长宁区中小学社会实践基地建设工作会议。

14日 召开长宁区企业联合会成立大会。

26日—30日 开展以“联系听民意，跟踪促整改”为主题的2014年上半年市、区党代表、人大代表联系社区活动。区四套班子领导及市区党代表、人大代表近400人深入居民区联系点，倾听基层党组织和干部群众对区开展教育实践活动的意见建议和评价感受，现场对相关问题解释说明。

29日 区四套班子领导集中参观“党的好干部”——焦裕禄事迹图片展。

30日 召开亚信峰会长宁区安保维稳环境保障工作总结会。

是日 召开2014年区精神文明建设委员会全会暨创评领导小组第一次会议和2014年区精神文明建设工作会议暨创评全国文明城区动员大会。

6月

3日 召开2014年人才工作推进会暨领军、拔尖人才命名表彰会。

17日—18日 区委召开党的群众路线教育实践活动区委常委会专题民主生活会。

26日 长宁区通过上海市区（县）档案事业发展综合评估验收，获评上海市区（县）档案事业综合评估先进单位。

27日 举行纪念中国共产党成立93周年大会。

7月

2日 国务院检查《信访条例》执法情况专项工作组到长宁区检查贯彻落实情况，考察华阳路街道综治中心、区联动中心。

7日 召开关于区委常委会班子党的群众路线教育实践活动专题民主生活会情况的通报会。

22日 召开中共长宁区第九届委员会第十次全体会议。

24日 举行区政府与上海中医药大学区校共建签约暨上海市光华中西医结合医院揭牌仪式。

29日 召开2014年人大代表会议和区政协全体委员会议。

30日 上海市贯彻落实中央八项规定精神情况专项督查第二检查组，到长宁区开展专项督查和抽查工作。

8月

1日 区四套班子领导参加2014年“军事日”活动，对上海警备区、武警上海消防总队、武警上海总队等驻区部队走访慰问。

4日 区四套班子领导到刘海粟美术馆项目建设基地、交警支队、高洁公司等6个基层一线单位慰问高温下坚守岗位的工作人员。

9月

10日 举行区庆祝第30个教师节主题活动，观看“精彩三十 奠基未来”主题文艺演出，并为全国五一劳动奖章获得者、上海市教书育人楷模周剑，全国模范教师蔡文学，全国优秀教师秦禹玲，以及2014年度区教书育人模范、区教书育人先进集体、区园丁奖获得者颁奖。

16日—11月28日 举办第十二届虹桥文化之秋艺术节暨上海旅游节、购物节长宁区活动。

17日 中央巡视组选人用人工作专项检查组到长宁区开展专项检查。

18日—30日 区四套班子领导看望困难家庭、困难老人及百岁老人，送上节日问候。

19日 举办第二届“长宁好人暨道德模范”表彰典礼。

22日 区开展防空警报试鸣和民众疏散演练，全区5万名民众参与防空袭疏散演练。

10月

10日—12日 区委书记卞百平带队到井冈山实地考察“三联”活动开展情况，区街（镇）党组织与井冈山市龙市镇村（社区）党组织结对帮扶（共建）签约，区委党校与井冈山市委党校、上海凝聚力工程博物馆与井冈山革命博物馆进行结对共建签约。

14日 区召开党的群众路线教育实践活动总结大会。

15日 区委书记卞百平带队到上海浦江检验检疫局，召开深化贸易便利化工作座谈会，对接上海自贸区检验检疫相关制度在长宁区进行复制的工作。

18日 “永远的四月天”——林徽因诞辰110周年纪念特展在长宁区举行。第十一届全国政协副主席厉无畏，第十届上海市政协副主席王荣华，市人大常委会副主任钟燕群出席。梁思成、林徽因之女梁再冰受邀出席。

22日 召开“巩固全国文明城区创建成果 同创共建文明和谐西大门”工作推进会。9个“西大门”成员单位和窗口行业与长宁区签订《2014年“文明和谐西大门”共建项目合作协议书》。

23日 召开区委主要领导调整宣布会。市委组织部副部长郑健麟代表市委宣布关于卞百平任、免职的通知。

卞百平不再担任长宁区委书记、区委常委、区委委员，调任上汽集团监事会主席。

是日　举办长宁区市场监督管理局挂牌仪式。

同日　区举行虹桥互联网金融财富天地高峰论坛。

30日　区政府与光大银行股份有限公司上海分行举行战略合作协议签约仪式。

11月

5日　召开区改革工作领导小组第一次会议。

6日　区四套班子领导开展区“走基层、看变化、抓推进”活动，考察凌空SOHO项目、福缘湾项目和金光绿庭广场项目。

7日　召开党的群众路线教育实践活动督导工作总结会。

8日　全国党建研究会会长虞云耀，原市委副书记、市委组织部长罗世谦一行到长宁区调研基层党建工作，参观上海凝聚力工程博物馆。

14日　王为人任中共长宁区委委员、常委、书记，免去其中共上海市委副秘书长职务。

21日　召开区党政负责干部会议，传达市委关于区委主要领导同志职务调整的决定。市委决定：王为人任中共长宁区委委员、常委、书记。免去卞百平的中共长宁区委书记、常委、委员职务。

26日　上海交通大学医学院虹桥国际医学研究院挂牌暨第一次学术报告会在上海交通大学医学院附属同仁医院举行。

12月

18日—19日　召开区2015年工作务虚会。

29日　召开区创新社会治理加强基层建设工作领导小组第一次会议。

30日　召开中共长宁区第九届委员会第十一次全体会议。区委委员35人，区委候补委员2人出席会议。

中央、省部级领导在长宁区活动

1月

2日　副市长赵雯到携程调研智慧旅游建设发展工作情况。

10日　农业部党组副书记、副部长余欣荣一行到上农信和菜管家考察并指导工作。

15日　市委副书记、市长杨雄到新华路街道走访困难家庭，慰问社区事务受理服务中心工作人员，听取新华社区救助工作情况汇报。

2月

13日　市委常委、市委秘书长尹弘走访慰问中央第九督导组长宁区信访受理点工作。

14日　国家卫计委副主任、国家中医药管理局局长王国强考察长宁区基层中医药工作，查看区虹桥街道社区卫生服务中心妇幼保健中心、社区中医一体化门诊、康复治疗室及社区信息化建设。

19日　国务院法制办副主任袁曙宏带领中央依法治国专题调研组一行到新华路街道召开依法治国座谈会，参观街道联动处置中心。

20日　中国志愿服务联合会会长刘淇、中央文明办专职副主任徐令义携上海、江苏、浙江等省市文明办负责人、中国志愿服务联合会单位会员、个人会员代表一行到虹桥街道虹储居民区考察调研志愿服务工作。

27日　团中央组织部副部长褚峰到长宁区调研共青团工作，参观考察古北市民中心运作情况及弘基企业集团“两新”组织团建工作。

3月

6日　副市长、市政府党组成员周波一行考察上海工程技术大学仙霞路校区国家级大学科技园“中国联通移动互联网国际创业中心”孵化基地。

10日　市委常委、政法委书记姜平到长宁区调研全国“两会”期间维稳工作情况。

21日　市委常委、市委统战部长沙海林到长宁区调研督导群众路线教育实践活动，考察新华社区党员服务中心、蓉之林住宅小区物业咨询工作室和俞静居民区社群工作室。

22日　中央统战部副部长、全国工商联党组书记全哲洙走访调研易贸集团、合胜计算机科技有限公司和万丰文化传播有限公司，与企业家交流座谈。

24日　全国妇联书记处书记焦扬到长宁区调研考察“最美家庭”活动开展情况，走访古北市民中心、新华路街道梅安居委会和好邻里示范户家庭，并观摩“最美家庭”主题展示活动。

27日　全国党建研究会副会长、中组部原秘书长高世琦到长宁区调研基层党建工作，参观上海凝聚力工程博物馆，考察虹桥街道虹储居民区。

4月

2日　中央党的群众路线教育实践活动办公室综合组组长、中组部组织二局局长李小新一行参观上海凝聚力工程博物馆。

11日　九三学社中央主席、全国政协副主席韩启德一行到华阳路街道综治中心调研关于大数据技术在社区治理、便民服务方面的实际应用情况。

17日　国务院副秘书长、国家信访局局长舒晓琴到长宁区调研。现场观摩信访复查听证会，参观区联动中心。

是日　司法部部长吴爱英到长宁区社区矫正中心和区医调委调研考察。

25日　市委常委、市委统战部部长沙海林为长宁区党员干部上党课。区四套班子领导以及区各部、委、办、局负责人和新华社区基层干部、区“两新”组织、企事业单位党员代表400余人参加。

30日　市委常委、市委组织部部长应勇到长宁区召开市委一号课题组长宁区调研总结会。

5月

23日　中共中央政治局委员、国务院副总理刘延东一行考察上海对外经贸大学在克罗地亚建立的萨格勒布大学孔子学院，并出席孔子学院两周年庆典活动。

6月

7日　举办艺用之美——第四届中、日、韩艺术邀请展开幕式，第十一届全国政协副主席厉无畏、市人大常委会副主任钟燕群、十届市政协副主席王荣华等出席活动。

22日　举办“我们的年轻范——为孩子·留下爱”青年全城劝募行动，市慈善基金会理事长冯国勤、副市长时光辉等出席启动仪式。

25日　中央政法委副秘书长、中央综治办主任陈训秋一行到长宁区调研社会治理创新工作，考察新泾镇新泾北苑、区精神卫生中心。

7月

28日　中央第六巡回督导组组长、中组部原副部长、原人事部部长、党组书记张柏林和副组长、辽宁省委原副书记张成寅一行，到长宁区调研指导教育实践活动。

8月

7日　市人大常委会主任殷一璀到长宁区走访慰问全国人大代表朱国萍。

8日　副市长赵雯考察长宁区全民健身工作，考察西延安中学学校场地开放工作、上海国际体操中心免费开放情况及市民体质监测指导中心免费测试情况。

13日　市委书记韩正到长宁区调研企业发展情况，考察晨讯科技集团、大众点评网，听取企业关于发展战略、科技自主创新、经营模式创新等情况的汇报。

9月

21日　全国人大常委会副委员长、全国人大常委会党组成员、全国妇联主席沈跃跃到长宁区调研，考察古北市民中心，参观“全国五好文明家庭”“全国道德模范提名奖”顾泉雄摄影展览、家庭志愿服务工作室等妇女儿童活动阵地，并出席虹桥社区邻里节、家庭文化节暨家庭教育宣传周主题活动。

23日　民盟中央副主席龙庄伟到江苏路街道调研“黄丝带”社区矫正工作。

24日　副市长翁铁慧到市三女中考察调研。

26日　市委副书记、市长杨雄到长宁区养老机构慰问困难老人。走访逸仙第二敬老院(文杰护理院)、新华社区老年人日间服务中心，慰问养老机构住养老人、社区老人和烈属。

10月

28日　市人大常委会主任殷一璀到长宁区视察上海万丰文化传播有限公司，观摩智慧社区终端演示。

11月

8日　全国党建研究会会长虞云耀，原市委副书记、市委组织部长罗世谦一行到长宁区调研基层党建工作，参观上海凝聚力工程博物馆。

18日　中国铁塔股份有限公司上海市分公司揭牌仪式暨业务合作签约仪式在长宁区举行，副市长周波、中国铁塔股份有限公司副总经理董晓庄等出席。

27日　市政协主席吴志明率政协委员围绕“推进新兴产业发展、加快机构调整”主题到长宁区考察新兴产业发展情况，察看大众点评网发展情况。

一、境 域

长宁区位于上海市区的西部，地理位置优越，交通便捷，东与静安区相连，南和东南与徐汇区接壤；西和西南与闵行区毗邻，北靠吴淞江，与嘉定区、普陀区隔江相望。2014年，区境线全长39.61千米，区域面积37.19平方千米。区境地处亚热带季风区北部，气候温和湿润。境域内河网密布，港汊交错，属吴淞江水系。随着城市建设发展，陆续填浜筑路，有大小河汊36条，集中于区境西部，长度在1.5千米以上的河道有8条，最短的姚家浜仅40米；市管河道2条，长度15.34千米，区管河道34条，长度24.83千米。吴淞江为区境干流，一级支流有新泾港、纵泾港、朱家浜等，二级支流有周家浜、野奴泾、新渔浦。

二、行政区划

区境在唐天宝十年(751年)隶属华亭县高昌乡。北宋时，称高昌乡法华港。元至元二十八年(1291年)，置上海县，后改隶上海县。明嘉靖年间(1522—1566年)，法华称镇。清宣统二年(1910年)，法华建置为乡。民国17年(1928年)，划归上海特别市，改为法华区。民国36年(1947年)，因长宁路横贯境内，改称长宁区。民国37年(1948年)，改称法曹区。新中国成立后，沿用长宁区名，区境几经调整。1950年，区境扩入吴淞江以南、古北路以东、折延安西路以北的新泾区周家桥地区。1956年，区境向东扩至静安区静安寺地区，向西扩入新泾区及吴淞江以南、沪杭铁路徐虹支线以北地区。1959年，区境东界西移镇宁路。1982年，区境向西扩到上海县新泾人民公社9个村。1983年，向西南扩到上海县地域内的万国公墓及其周边地区。1984年，向西扩到上海县北新泾镇及新泾乡小金更等35个村、虹桥乡虹五、虹六2个村及虹桥机场、上海动物园、西郊宾馆等地区和单位。1991年，扩到虹桥机场兴建的机场新村地区。1992年，向西扩到新泾乡马家桥等42个村和虹桥乡虹四、西郊2个村；7月，新泾乡划入长宁区。1994年7月，新泾乡虹四村、西郊村成建制划归闵行区。2000年11月29日，虹三村集体土地1.52万平方米划入徐汇区。2013年，区下辖新华路、江苏路、华阳路、周家桥、天山路、虹桥、程家桥、仙霞新村、北新泾9个街道和新泾镇，下设185个居民委员会。

区政府地址：长宁路599号。

三、人口和民族

2014年末，全区常住人口69.86万人，占全市常住人口的2.9%。其中，外来常住人口17.41万人，占全市外来常住人口的1.7%。全区户籍人口59.24万人。其中，男性29.09万人，女性30.15万人。户籍人口出生5 286人，出生率8.7‰；死亡5 082人，死亡率8.3‰；自然增长率0.4‰。户籍60岁以上人口17.57万人，占全区户籍人口的29.7%，比上年提高3.3个百分点。户籍育龄妇女12.50万人。其中，已婚育龄妇女8万人。户籍人口平均期望寿命84.13岁。其中，男性81.80岁，女性86.56岁。户籍人口计划生育率99.13%，独生子女领证率11.8%。有藏族、回族、维吾尔族、蒙古族、满族、侗族等44个民族。

四、经济建设

2014年，长宁区全年实现生产总值(GDP)929.18亿元，按可比价格计算，比上年增长7.7%。其中，第二产业增加值50.64亿元，增长11.7%；第三产业增加值878.54亿元，增长7.4%。第三产业增加值占全区生产总值的94.6%，比重与上年持平。全年完成财政收入308.03亿元，比上年增长12.3%。其中，增值税103.55亿元，增长21.7%；营业税31.77亿元，下降7.7%；全部所得税

64.40亿元，增长18.3%；个人所得税48.98亿元，增长11.1%。区级财政收入117.18亿元，增长8.1%。全年财政支出126.79亿元，增长9.0%。其中，教育支出17.11亿元，增长5.2%；公共安全支出8.59亿元，增长0.8%；社会保障与就业支出12.29亿元，增长6.5%；医疗卫生支出7.57亿元，增长34.0%；科学技术支出5.11亿元，增长10.6%。

全年现代服务业实现税收223.98亿元，比上年增长15.9%；房地产业实现税收50.03亿元，下降3.0%；现代业态商业实现税收17.38亿元，增长7.5%；都市产业实现税收8.46亿元，增长59.3%。全年完成社会固定资产投资总额90.04亿元，比上年增长7.2%。其中，基础建设和改造投资15.40亿元，增长11.8%；商品房投资74.64亿元，增长6.3%。商品房投资中，住宅投资15.42亿元，增长56.3%。全年实现社会消费品零售总额255.09亿元，比上年增长7.9%。其中，吃的商品零售额78.92亿元，占全区社会消费品零售总额的30.9%；穿的商品零售额76.17亿元，占29.9%；用的商品零售额90.45亿元，占35.5%；烧的商品零售额9.56亿元，占3.7%。全年外贸进出口总额71.66亿美元，比上年增长7.4%。其中，进口35.98亿美元，增长15.0%；出口35.68亿美元，增长0.6%。进口总额中，外商投资企业22.72亿美元，增长22.7%；外贸公司3.22亿美元，下降5.2%；自营企业10亿美元，增长7.6%。出口总额中，外商投资企业10.18亿美元，增长19.1%；外贸公司15.1亿美元，下降16.4%；自营企业10.37亿美元，增长17.4%。全年国资委系统企业完成营业收入131.6亿元，实现净利润7.9亿元，国有资产保值增值率111%，净资产收益率8%。国资委系统全年完成税收9.20亿元，其中，区级税收4.57亿元。

全年现代服务业实现税收223.98亿元，比上年增长15.9%。其中，信息服务业实现税收28.39亿元，增长14.7%；专业服务业实现税收36.74亿元，增长19.8%；航空及物流业实现税收53.73亿元，增长8.8%；现代商贸业实现税收60.71亿元，增长16.0%；会展旅游业实现税收8.25亿元，增长26.0%；社会服务业实现税收7.23亿元，增长17.8%；金融服务业实现税收28.95亿元，增长22.9%。虹桥涉外商务区全年实现税收144.92亿元，比上年增长14.3%，占全区税收的47.8%。其中，虹桥国际贸易中心实现税收78.42亿元，增长14.7%，占全区税收的25.9%。中山公园商业中心实现税收29.49亿元，增长12.3%，占全区税收的9.7%。虹桥临空园区实现税收37亿元，增长15.0%，占全区税收的12.2%。临空园区综合服务中心正式对外服务；临空派出所挂牌成立；上海虹桥互联网金融财富天地项目投入使用。全年批准外商直接投资项目138个，合同外资投资总额7亿美元，比上年增长2.1%。全年引进重点企业343家，引进企业产税6.8亿元。66幢重点商务楼宇税收落地率53.1%，产税率4266元/平方米，与上年持平；亿元楼21幢，比上年增加1幢。

五、城区建设

全年经济楼宇开工项目3个，建筑面积32.7万平方米；在建项目21个，建筑面积224.27万平方米；竣工项目3个，建筑面积47.69万平方米。遵义路（虹桥天都—绿城SOHO）人行地道完成围挡施工、上水管搬迁和桩基设备进场及调试；紫云路（绿城SOHO—上海城三期）人行地道完成钻孔灌注桩和旋喷桩施工；仙霞路（尚嘉中心—友谊商城）人行地道完成80%友谊商城一侧接收井大开挖工程。完成中山公园一号门地下空间一期工程管线保护、绿化搬迁和桩基施工；二期工程委托编制工程可行性研究报告。中山公园地区二层平台一期工程取得施工许可证，开工建设；二期工程完成规划选址方案。完成延安西路、水城路等约30千米非标更换。完成新华路、愚园路等约9万平方米非标道板整治。完成无障碍设施进家庭250户，完成建设轮椅坡道及楼道扶手30处。完成紫云西路（娄山关路—古北路）、可乐路（淞虹路—哈密路）、种德桥路（延安西路—昭化路）道路主体工程，完成淞虹路（新泾路—哈密路）主体工程。完成福缘寺景观桥桥梁土建施工。临空核心四街坊地下勾连工程与北翟快速路同步开工建设。完成虹桥地区信息架空线入地一期工程。新增公共停车位303个。全年完成成片二级以下旧改面积18 785平方米，受益居民1 167户。筹措廉租房源1 000套供实配使用，新增可供应廉租住房211套；筹措公共租赁住房167套，新增可供应公租房943套。新增廉租住房租金配租家庭421户；751户通过资格审核的居民家庭参加廉租住房实物配租选房。共有产权保障房申请咨询9 000余人次，受理2 026户。全年投入节能减排专项资金640万元，比上年增长16%。完成既有建筑节能改造46.62万平方米。推进住宅节能，完成85万平方米旧小区综合整治项目。

第五轮环保三年行动计划67项目标任务全面完成。制定《长宁区清洁空气行动计划（2013—2017）》和《长宁区空气重污染专项应急工作方案》。河道水质达标率55.2%，区域降尘5.4吨/平方千米·月，内环道路降尘量、放射道路降尘、中环道路降尘分别为8.3、8.1、8.1吨/平方千米·月。全年环境空气质量优良率72.9%。开展整治违法排污企业专项行动，全年立案20起，行政处罚10件，处罚金额21.65万元，排污收费46.09万元。加大对危险废物和环境风险源的监管，制定并完善突发环境事故应急预案，开展应急演练。完成华阳路街道、仙霞新村街道、上海动物园3座空气质量自动监测站与市环境监测中心数据平台对接，下半年起在门户网实时发布区空气质量状况。完成13个居民小区生活污水二级生化设施纳管改造、2家燃煤锅炉改造；完成13个建设工地扬尘在线监控体系建设，实现建设施工扬尘污染动态监管。完成50处餐饮油烟和噪声达标整治、2个公共绿地噪声显示屏建设；完成40个绿色小区、2 058户绿色家庭创建。

年末，全区绿地总面积 1 044.97 公顷，其中，公共绿地 462.75公顷。新建公共绿地 22.07 公顷。绿化覆盖面积 1 170.37 公顷，覆盖率 31.47%，按户籍人口计算的人均公共绿地 7.4 平方米。

六、社会事业和人民生活

2014 年，新增就业岗位 3.36 万个，城镇登记失业人数 12 792 人，帮助成功创业 649 人，安置 382 名就业困难人员。办理人才引进 177 人，受理居住证积分 7 370 人，受理居住证转常住户口 376 人、落户 349 人。全区完成社保卡申领 11 756 张，补卡 6 154 张，换卡 15 175 张。完成 0—6 岁儿童卡申领 100 张，敬老卡 5 690 张。从业、投靠、就读类居住证 14 978 张，临时居住证申领 12 285 张，补重办(续签)41 866 张次。实施各类社会救助 47.95 万人次，发放救助金额 1.27 亿元。其中，城市最低生活保障资金 8.53 万人次、5 298 万元；区级专项救助措施资金 17.1 万人次、2 758.8 万元，其中，“四医联动”基本医疗保障惠及 15.86 万人次，支出 2 023 万元，累计为 11 549 人办理保障资格；支内回沪人员补贴 21.07 万人次、3 986 万元；节日政策帮困送温暖 332.85 万元；个案帮扶 53 例、79.5 万元。抚恤、补助优抚对象 853 人。其中，抚恤 348 人，补助 74 人，伤残 431 人。全区养老机构 36 家(含 5 家外设服务区)，核定床位数 5 271 张，收养 3 712 人。全区社团 132 家，新登记 2 家；民办非企业 453 家，新登记 49 家。全年办理结婚登记 8 440 对，离婚登记 2 165 对。

全年完成技术合同 508 项，成交金额 13.4 亿元。认定市科技小巨人企业 3 家，科技小巨人培育企业 3 家。国家创新基金资助项目 1 项，市资助项目 35 项。市高新技术成果转化项目 8 项，高新技术企业 12 家。专利申请 1 884 件，其中，发明专利 1 078 件；专利授权 1 154 件，其中，发明专利 402 件。

全区国家级科普教育基地 7 个、市级教育基地 20 个、区级教育基地 2 个；全国科普示范社区 2 个；市级社区创新屋 3 个；智慧高地体验应用中心 4 个；户外电子阅报栏 65 台。2014 学年，全区幼儿园 41 所。其中，教育部门办 31 所，民办 5 所，集体办 2 所(共有 19 个托幼办学点)，其他部门办 3 所；在园儿童 1.44 万人，其中，教育部门办、民办 1.06 万人，比上年增长 1.9%。小学 23 所，在校学生 2.12 万人，增长 5.0%；中学 26 所，在校学生 1.83 万人，减少 4.2%；普通高中在校学生 0.52 万人；职校 1 所，在校学生 0.14 万人，其中，职校生 0.10 万人，成人中专学生 0.04 万人，减少 12.5%；成人教育学院 1 所，在校学生 0.18 万人。学龄儿童入学率 100%，高中阶段升学率 96.4%，应届高中毕业生高考上线率 99.6%。

全年开展各级各类活动 5 万多场次，参与群众 200 万人次。完成 20 个“社区影视厅”项目建设。完成“百场群众文化团队培训”192 场次。完成优秀文艺演出、讲座、展览进社区、进园区、进商区配送 106 场。推出 2014 年公益性文化项目招投标，18 家单位 71 场次演出中标。开展 2014 年度长宁文化发展专项基金、长宁文化发展专项政策资助奖励，5 个项目、4 名个人获得基金奖励，总奖励金额 195 万元；对 34 个项目进行文化专项政策扶持，扶持金额 535.21 万元。区有线电视中心自办节目 1 套 8 个栏目，每周播送 3.5 小时。《长宁时报》全年发行 54 期，每期发放 5.5 万份；《长宁时报》双语版全年发行 12 期，每期发放 3 万份。长宁门户网站全年总访问量 4 891.68 万人次；政府信息公开专栏访问量 4 579.1 万人次；发布政府信息 3 163 条，主动公开 3 101 条。

全区各级各类医疗卫生机构 246 所。其中，市属 8 所，区属 22 所，民营医院 20 所，民营专科门诊部 74 所，个体诊所、卫生室、医务室、护理站 83 所，社区卫生服务站 39 所。实有病床 6 760 张，其中，市属 570 张，区属 3 102 张，企业 307 张，部队 1 940 张，民营 841 张。各级卫生技术人员 11 413 人，其中，职业医师和执业助理医师 6 279 人，注册护士 3 623 人，药师(士)405 人，技师(士)733 人，其他卫生技术人员 373 人。医疗机构门诊总量 988 万人次(区属医院占 64.9%)，区属医院病床使用率 96.5%。年末家庭病床 3 599 张。婴儿死亡率 3.03‰；孕产妇死亡率 0。

建设 3 条百姓健身步道，新建 5 个健身点、1 个社区公共运动场、1 个园区百姓健身房，更新 84 个健身苑点 529 件体育器材。承办上海市民体育大联赛上海市健美操总决赛、990 广播操总决赛等市级赛事 10 项。举办卡丁车、定向越野、机关羽毛球、乒乓球等区级赛事 47 项、团队展示 17 项。全年组织 43 支队伍 1 000 余名队员参加市级 23 场赛事。全区近 8 万人参与各项全民健身赛事活动。上海国际体操中心、长宁温水游泳池、长宁网球场等公共体育场馆全年向社会开放，接待市民 103 余万人次，其中，免费接待 3.5 万人次。全区 70 家游泳场所向社会开放，接待 30 余万人次。全区 9 000 余人次参加免费体质测试。承办 2014 年“长宁杯”全国桥牌团体赛、“康纳斯杯”2014 年全国蹦床锦标赛、青少年蹦床锦标赛、“高飞杯”全国体操冠军赛、第二十八届奥林匹克日长跑活动等系列赛事。

(常　念)

一 中共长宁区委员会

（一）综　述

2014年是全面深化改革年，是实施“十二五”规划攻坚年，也是开展党的群众路线教育实践活动年。团结和依靠全区党员干部和人民群众，抓重点领域改革、群众路线教育实践活动、全国文明城区复评三件大事，保持经济社会平稳健康发展，党风政风和干部队伍作风实现新转变，全区各项工作取得新进展、新成效。

深化关键环节和重点领域改革。推进5大类22项重点领域和关键环节的改革项目；成立区行政服务中心，推行“一口受理”运作模式和企业设立“一表申报”制度；成立区市场监督管理局，完成“四合一”改革。

开展党的群众路线教育实践活动。全区102个处级单位、2 146个党组织和5.4万名党员分三阶段开展教育实践活动。区委常委会组织6次专题学习，牵头召开14个座谈会，访谈人数231人次，征求意见153条；聚焦10个方面“四风”突出问题，形成5大类47项内容的整改落实方案，制定完善《关于区党政领导班子落实党风廉政建设主体责任的实施意见》等24项常态化制度。

推进全国文明城区复评工作。召开“巩固全国文明城区创建成果，同创共建文明和谐西大门”工作推进会，与9个西大门成员单位和窗口行业签订12个同创共建合作项目协议书。

推动产业结构调整与经济转型升级，全区财政收入完成308亿元，比上年增长12.33%，其中区级财政收入完成117.18亿元，比上年增长8.13%。推进航空、信息、金融服务业等重点产业。全区22个文化产业园中13个被认定为市级文化创意园区；完成第五轮环保三年行动计划，建成“无燃煤区”。

制定下发《长宁区贯彻〈关于培育和践行社会主义核心价值观的意见〉的实施意见》及任务分解表，明确目标任务；表彰“第二届长宁区道德模范”，有3人入选“中国好人榜”，2件获市十佳好事提名；以虹储居民区书记朱国萍为原型创作的现代沪剧《小巷总理》在全市巡回演出65场；加快社区文化活动中心社会化、专业化运作，9个街道完成民办非企业或社团组织登记。

建设高素质的领导班子和干部队伍，全区选派90余名干部参与教实活动、文明城区复评等区委、区政府重点工作，全年共提拔、交流干部101名，充实调整44个处级领导班子；修订《党政领导干部选拔任用工作条例》，全区400余名局处干部，140余名组工干部开展专题培训；制订《长宁区干部选拔任用风险防控工作流程图》，梳理选人用人风险点，研究形成26项“负面清单”；全年共组织22次专题学习、活动；制定区干部教育培训实事项目15个；对全区400名处级干部普遍进行一次集中轮训；推荐局处级干部116人次参加市级以上机构培训等教育培训，覆盖3 800人次。

推进“凝聚力工程”和基层服务型党组织建设，健全“凝聚力工程”学会组织架构和三级服务网络，受益党员群众2万余人次。“凝聚网”在上海市第六届优秀网站评选中获市优秀网站称号。实施《关于坚持和发展“凝聚力工程”，做好新形势下党的群众工作的实施意见》，落实32个重点工作项目。“六个便利”经常性服务项目覆盖重点楼宇达80%。依托电子走访日志，为全区1.1万余户困难群体建立“一户一档”。全区党员志愿者工作室数量增至204个，长宁区注册志愿者人数突破11万人，列市中心城区第一。

开展党风廉政建设和反腐败工作，制定《关于区党政班子落实党风廉政建设主体责任的实施意见》，区委、区政府15名党政班子成员累计确定40项重点责任项目、全区处级党政领导干部同步申报925项责任项目。区四套班子领导带队对13个处级部门落实主体责任的情况进行专项检查。印发《长宁区贯彻中央关于改进工作作风、密切联系群众八项规定的实施细则》，对执行中央八项规定精神提出24条具体要求。专项督查组先后2次深入14个部门和单位开展专项监督。全年共受理违反中央八项规定精神的信访举报78件，完成调查核实76件，对15名领导干部进行诫勉谈话，其中处级干部7人。出台机关差旅费、因公临时出国经费、机关会议费、培训费、外宾接待经费等五项管理办法。全年“三公”经费支出比上年下降25.15%。

（张　莉）

（二）重要会议、决策与活动

3月25日，区委召开常委学习会　　（区委办供稿）

【概况】 2014年，区委召开九届第十次、十一次全会2次，召开区委常委会33次，召开书记碰头会32次，区委中心组学习22次。中央、市领导（副市长）到长宁视察、开展调研35次（批）。区委下发《关于深入开展党的群众路线教育实践活动的实施意见》《关于区党政领导班子落实党风廉政建设主体责任的实施意见》《贯彻落实中央、市委〈建立健全惩治和预防腐败体系2013—2017年工作规划〉的实施细则》《党的群众路线教育实践活动整改方案》等重要文件10个。

（张　莉）

【召开居民区党组织书记迎春座谈会】 1月26日，区委召开居民区党组织书记迎春暨群众路线教育实践活动深入社区听取意见座谈会。区委书记卞百平听取居民区书记代表关于“四风”问题、基层群众反映强烈的难点问题以及居民区书记队伍建设等方面的意见建议，实地走访新华路街道梅安居民区，听取新华社区“一网覆盖”建设情况汇报。区委副书记李昕、区委组织部部长马列坚参加会议。　（张　莉）

【召开长宁区委党的群众路线教育实践活动领导小组第一次会议】 2月12日，召开长宁区委党的群众路线教育实践活动领导小组第一次会议。区委教实活动领导小组组长卞百平出席会议并讲话。常务副组长李昕主持会议。会议审议并通过《中共长宁区委关于开展党的群众路线教育实践活动的实施意见》《中共长宁区委党的群众路线教育实践活动督导组成员建议名单》《中共长宁区委关于开展党的群众路线教育实践活动动员大会暨工作会议建议方案》《中共长宁区委常委会开展党的群众路线教育实践活动具体工作安排》《中共长宁区委党的群众路线教育实践活动区委常委、党员副区长联系点方案》。区委书记卞百平、区长谢峰、区委副书记李昕、区委宣传部部长章卫民、区委纪委书记刘玉鹏、区委组织部部长马列坚出席。　（张　莉）

【召开旧区改造与房屋征收工作大会】 2月12日，召开2014年旧区改造与房屋征收工作大会。区政府向新华路、江苏路、华阳路、周家桥、天山路、虹桥、北新泾街道下发目标责任书，区房管局与各征收事务所签订旧区改造与房屋征收工作目标责任书。　（张　莉）

【召开政法、平安建设、信访、依法治区、禁毒、反邪教、政法综治宣传工作会议】 2月26日，召开2014年政法、平安建设、信访、依法治区、禁毒、反邪教、政法综治宣传工作会议。会议宣读关于命名2013年度长宁区平安示范社区、平安示范小区、平安示范单位等决定和2013年度区信访维稳优秀单位和个人的通报。区委政法委书记钟晓咏对2014年政法系统工作进行部署。区委宣传部部长章卫民、区人大常委会副主任刘英、副区长曹新平、区政协副主席陆维清、区法院院长陈亚娟、区检察院检察长陈明出席。　（张　莉）

【召开党的建设工作会议】 3月5日，召开2014年党的建设工作会议，贯彻落实党的十八届三中全会和全国及上海市的组织、宣传、统战等工作会议精神，对2014年区党建工作进行部署。区委书记卞百平对贯彻会议精神提出要求。区委副书记李昕、区委统战部部长刘春景、区委宣传部部长章卫民、区委组织部部长马列坚分别对分管领域工作作出部署。

（张　莉）

【召开“提高教育质量，打造一流教育”座谈会】 5月9日，召开“提高教育质量，打造一流教育”座谈会暨长宁区中小学社会实践基地建设工作会议。27所学校校长代表围绕加强优质教育，提升教育质量建言献策，下发《长宁区中小学社会实践基地使用手册》，区域内24家单位作为社会实践基地向中小学开放。　（张　莉）

【召开人才工作推进会】 6月3日，召开2014年人才工作推进会暨领军、拔尖人才命名表彰会。张江高新区管委会常务副主任曹振全出席会议，与区长谢峰共同签署人才工作合作意向书。会议总结回顾2011—2014年长宁区人才工作，揭牌成立“上海虹桥临空经济园区企业（人才）综合服务中心”，对112名获得长宁区新一届“十大领军人才”“领军人才”以及“专业技术拔尖人才”称号的区域优

秀人才进行表彰。（张　莉）

【召开九届区委十次全会】 7月22日，召开中共长宁区第九届委员会第十次全体会议。全会由区委常委会主持。全会传达中共中央总书记、国家主席习近平在上海考察时的重要讲话精神和十届市委六次全会精神。区长谢峰作关于区上半年经济社会发展情况和下半年经济社会发展安排的讲话。全会审议通过《中共长宁区第九届委员会第十次全体会议决议》，动员全区各级党组织和广大党员干部群众，持续推动经济转型升级和城区综合功能提升，深化推进重点领域改革，为全面完成全年各项目标任务而努力奋斗。区四套班子领导出席会议。（张　莉）

【井冈山市实地考察“三联”活动开展情况】 10月10日—12日，区委书记卞百平带队到井冈山市实地考察“三联”活动开展情况，区街（镇）党组织与井冈山市龙市镇村（社区）党组织开展结对帮扶（共建）签约仪式，区委党校与井冈山市委党校、上海市凝聚力工程博物馆与井冈山革命博物馆开展结对共建签约仪式。各街（镇）与结对帮扶（共建）村（居委会）进行实地工作对接，随行的10名街（镇）年轻干部和36名新任居民区党组书记参加革命传统教育相关活动。（张　莉）

【召开党的群众路线教育实践活动总结大会】 10月14日，召开党的群众路线教育实践活动总结大会。区委书记卞百平强调，贯彻党的群众路线要始终坚持党要管党、从严治党，不断巩固和拓展教育实践活动成果。坚持不懈抓好作风建设、提高群众工作能力、推进问题整改落实。市委第三督导组组长沈佐平，第三督导组副组长秦冰，区四套班子领导出席。（张　莉）

【举办长宁区市场监督管理局挂牌仪式】 10月23日，举办长宁区市场监督管理局挂牌仪式。市工商局局长陈学军、市质监局副局长沈伟民、市食药监局副局长衣承东、市物价局总经济师罗惠民，区长谢峰、区人大常委会主任朱言文、区政协主席陈建兴、区委副书记李昕、副区长张汪耀、区委组织部部长马列坚、副区长张连城出席，为“长宁区市场监督管理局”“长宁区食品安全委员会办公室”“长宁区质量发展局”揭牌，并启动“长宁区市场监督管理局”门户网站。（张　莉）

【召开区改革工作领导小组第一次会议】 11月5日，召开区改革工作领导小组第一次会议。审议通过《长宁区改革领导小组及下设机构工作规划》。召开区改革工作领导小组工作会议（扩大），区改革办作《长宁区2014年改革工作推进情况及进一步发挥好改革领导小组办公室作用的考虑》的汇报，区国资委、区市场监管局、区网格化综合管理（社会管理联动）中心作交流发言。区长谢峰，区委副书记李昕，副区长张汪耀，区委宣传部部长章卫民，区委纪委书记刘玉鹏，区委组织部部长马列坚，区委政法委书记钟晓咏，副区长张连城、陈志奇，区人大常委会副主任王瑾，副区长翁华建、曹新平、宋宗德、赵丹丹，区政协副主席陆维清出席会议。（张　莉）

12月18日—19日，召开区2015年工作务虚会　（区委办供稿）

【召开区党政负责干部会议】 11月21日，召开区党政负责干部会议，传达市委关于区委主要领导职务调整的决定。市委决定：王为人任中共长宁区委委员、常委、书记，免去其中共上海市委副秘书长职务。免去卞百平的中共长宁区委书记、区委常委、区委委员职务，卞百平任上海汽车集团股份有限公司监事会主席。市委常委、市委组织部部长徐泽洲出席并讲话，市委组织部副部长郑健麟主持会议。区长谢峰、区人大常委会主任朱言文、区政协主席陈建兴分别代表区政府党组、区人大党组、区政协党组在会上作表态发言。（张　莉）

【召开2015年工作务虚会】 12月18日—19日，召开区2015年工作务虚会。围绕“把握经济发展的大势大局，坚持以改革为动力，持续推进长宁经济转型升级，不断提升经济增长的质量和效益”“贯彻市委一号课题精神，加快推进城市管理和社会治理创新，保障城区文明有序、社会安定和谐”“坚持党要管党、从严治党，切实推进作风建设出成效，不断改善和密切党群关系，全面提高党的建设科学化水平”三个专题展开，区委书记王为人、区长谢峰、区人大常委会主任朱言文、区政协主席陈建兴等区四套班子领导出席。（张　莉）

【召开区创新社会治理加强基层建设工作领导小组第一次会议】 12月29日，召开区创新社会治理加强基层建设工作领导小组第一次会议。会议听取领导小组办公室下阶段工作安排的汇报，深化街道（镇）机构改革工作组、优化区域化党建体制工作组、深化网格化管理工作组、动员社会力量参与基层治理工作组、建立完善社区工作者队伍体系工作组、明确招商职能回归完善相关机制工作组下阶段工作打算，以及各街道（镇）主要领导对推进落实具体工作中的意见建议。区委书记王为人要求按照时间节点抓落实，在规定时间内完成规定动作，确保推进落实平稳有序。区长谢峰，区委副书记李昕，副区长张汪耀，区委组织部部长马列坚，区委政法委书记钟晓咏，副区长张连城、翁华建、曹新平、宋宗德，副巡视员龚明出席。（张　莉）

3月19日，区四套班子领导在春季全民义务植树宣传活动中共同植树（区委办供稿）

【召开九届区委十一次全会】 12月30日，召开中共长宁区第九届委员会第十一次全体会议。全会由区委常委会主持。区委委员35人，区委候补委员2人出席会议。区四套班子其他领导、区纪委委员、有关方面负责人和部分区第九次党代会代表及区域单位代表列席全会。全会审议区委常委会2014年工作报告和2015年工作要点，审议并通过《中国共产党上海市长宁区第九届委员会第十一次全体会议关于递补区委委员的决定》，决定递补唐如康、黄经麟为区委委员，审议并通过《中共长宁区第九届委员会第十一次全体会议决议》。区委书记王为人、区长谢峰作重要讲话。全会同意区委常委会2014年工作报告，肯定区委常委会2014年工作。（张　莉）

5月29日，区四套班子领导参观"党的好干部"——焦裕禄事迹图片展（区委办供稿）

（三）组织工作

【概况】 2014年，全区共有党员55 558人（年内新发展党员311人）；基层党组织2 197个，其中党委60个、党工委16个、党总支219个、党支部1 902个。区委、区人大常委会、区政府、区政协领导班子成员及区人民法院院长、区人民检察院检察长共28人，其中正局级4名、副局级19名；女性7名；中共党员22名、民主党派3名、无党派3名。区委管理的领导班子63个（不包括公安、安全、税务3个市垂直管理部门），区管干部454名（包括党政机关处级干部、参公单位处级干部、区管国有企业正职和事业单位正处职），其中女干部123名，占27.1%；党外干部24名，占5.3%。正处级干部142名，其中领导职务111名，副处级干部312名，其中领导职务191名。长宁区组织工作深入贯彻党的十八大，十八届三中、四中全会精神，认真落实全国和上海组织工作会议要求，坚持党要管党、从严治党，为全面深化改革、加快推进长宁"三个城区"建设提供坚强的组织保证。深入开展党的群众路线教育实践活动，加强各级领导干部作风建设。把握领导班子和干部队伍建设导向，优化干部队伍结构，健全培养选拔机制，完善选人用人机制。强化制度执行，干部监督和编制管理严查实改。实施人才强区战略，优化创新创业环境，建设高端人才队伍，多方联动建设人才特区。持续推进"凝聚力工程"项目，拓展区域化党建工程，夯实基层建设，激发基层民主活力，基层服务型党组织建设取得实效。（杨维诘）

表 1-1　　2014 年长宁区基层党组织与党员分布情况

序号	单位名称	党员数	基层党组织数			
			党工委	党委	总支部	支部
1	区建交委	597	1	2	1	35
2	区国资委	1 735	1	11	15	135
3	区教育局	2 580	1	3	10	129
4	区卫生计生委	1 103	1	1	5	54
5	区机关党工委	2 132	1	3	5	117
6	区社工委	264	1	1	1	8
7	区文化局	75		1		7
8	区体育局	69		1		6
9	公安长宁分局	1 582		1	3	43
10	安全长宁分局	36		1		1
11	区司法局	513		1	1	32
12	工商长宁分局	200		1		16
13	区民防办	36		1		4
14	区民政局	564		1	1	16
15	区人社局	162	1		1	8
16	民营科技企业联合党委	512		2		18
17	区临空公司	2 054		4	7	90
18	新华路街道	5 790	1	6	29	202
19	江苏路街道	3 279	1	3	11	78
20	华阳路街道	4 067	1	2	18	145
21	周家桥街道	3 932	1	2	14	88
22	天山路街道	4 604	1	2	17	135
23	仙霞新村街道	4 107	1	2	18	156
24	虹桥街道	5 195	1	2	20	129
25	程家桥街道	1 634	1	2	4	48
26	北新泾街道	2 706	1	2	11	67
27	新泾镇	6 030		2	27	135
总计		55 558	16	60	219	1 902

说明：资料由区委组织部提供

【分层分类开展干部教育培训】 1月，启动学习贯彻党的十八届三中全会和习近平总书记系列讲话精神专题研讨班，举办党政主要领导干部专题研讨班、处级干部轮训班以及“大都市的科学发展和管理”“上海国际贸易中心建设与自由贸易试验区”等四个专题自主选学研修班，对全区 400 余名处级干部进行集中轮训。年内，利用高校、党校教育资源，围绕城市规划、应急管理等专题，共推荐 116 人次局处级干部参加市级以上机构培训和自主选学研修班。对接中央、市干部教育培训五年规划，研究制定区干部教育培训工作 15 个实施项目，开展新任处级干部、新转业军转干部、科级公务员、纪检干部、党外干部、基层干部等各类教育培训工作，累积培训 3 800 人次，参加干部在线学习近 1 700 人。　（杨维诘）

【推进人才服务功能平台建设】 11月，经张江国家自主创新示范区评估认定，长宁园人才服务平台在全市首批开展张江人才政策创新、制度创新、管理创新和服务创新先行先试工作。成立临空园区企业（人才）综合服务中心，整合区人才服务中心公共人事服务、临空公司企业招商服务以及临空党委“六个便利服务”等三大基础功能，为企业和人才提供科技服务、金融服务、人才引进、人事代理、人才安居工程申办、学习培训、医疗健身等20余项人才服务“一站式”办理。

（杨维诘）

【深入开展党的群众路线教育实践活动】 年内，统筹推进区四套班子、102个处级单位、2 146个党组织和5.4万余名党员开展党的群众路线教育实践活动。制定活动《实施意见》和10个指导性《通知》，下发工作提示25期，涉及199项操作口径。会同相关大口开展各领域专题培训10余场，覆盖基层党组织书记1 200余人。区委常委、党员副区长联系督导24个处级单位和24个重点深入的基层点，带头讲授党课，各处级单位党委（党组）主要负责人履行第一责任人的责任，抓实基层党组织和党员的教育实践活动，各级领导干部和广大党员普遍受到马克思主义群众观教育。基层党组织与广大党员开展谈心谈话，区委常委会召开专题民主生活会，带动全区处级干部以及1 866个基层党组织、4.5万余名党员开展专题民主（组织）生活会，广大党员参与民主评议。发挥上海凝聚力工程博物馆的价值引领和宣传教育功能，在馆内开展党日活动、组织生活、入党宣誓、案例教学等，参观团队逾1 100批次，参观人数近26万人次，网上博物馆点击量突破19万人次。以朱国萍等一批优秀居民区党组织书记为原型创作的沪剧《小巷总理》在全市巡演，开展与井冈山龙市镇的结对共建活动，拓展党员党性教育新途径。对接落实中央和市委专项整治任务，推动局处两级开展184个专项整治任务，解决一批群众切身利益问题和联系服务群众“最后一公里”问题，区层面107项即知即改项目和72项区内联动项目基本完成，各处级单位2 380项即知即改项目完成95.4%，8个整改行动取得明显成效；形成一批作风建设制度和机制，区委常委会落实24项制度建设，处以上领导班子废、改、立、行各类制度1 027项。

（杨维诘）

【优化调整处级班子结构】 年内，共提拔、调整干部101名，充实调整44个处级领导班子，其中，交流任用19名正处级领导干部，涉及13个处级领导班子。推动市、区干部双向交流4名，跨条块、跨部门、跨系统交流干部24名，交流一批任职时间较长的机关干部到街道（镇）任职，遴选一批基层干部到条线部门工作。加大区属国有企业主要负责人配备调整力度，涉及4个区属企业7名主要负责人，遴选优秀基层事业单位干部调任机关处级领导岗位。完善处级非领导职务的晋升办法，晋升5名处级非领导职务干部。完成14名副团职以上军队转业干部的安置工作。完成区纪委内设机构、区市场监督管理局和同仁医院等机构改革和领导班子配备工作。年内，选派90余名干部参与群众路线教育实践活动、文明城区复评等重点工作，组成3个综合考评组，对全区58个处级单位、近400名处级干部、处级干部预备人选和优秀80后年轻干部开展综合考评。

（杨维诘）

【干部监督和管理严查实改】 年内，以选人用人突出问题专项整治为主要内容，组织开展超职数配备干部、领导干部在企业兼职（任职）、财政供养人员“占编制不上班”、干部“三龄两历一身份”等专项整治工作，抓好配偶子女移居国（境）外的国家工作人员任职岗位管理、干部到龄免职退休和交流任职及时转移工资关系、领导干部报告个人有关事项抽查核实等从严管理工作，同时做好规范退（离）休领导干部在社会团体兼职等事项。规范执行“四项监督制度”等制度，开展党委（党组）书记干部选拔任用工作职责离任检查，将“一报告两评议”向有选人用人权的事业单位延伸。开展选人用人专项检查，部署全区50余家处级单位对2010年1月以来提拔交流干部情况按照巡视专项检查的要求进行全面清查。

（杨维诘）

【增强服务群众成效】 年内，制定下发《关于进一步完善困难群体关爱行动党组织结对帮扶工作的通知》，机关党组织和党员与困难群众结对帮扶，全区1.1万余户困难家庭全部纳入困难群体关爱行动，各职能部门对13类困难对象进行政策帮扶，开展“百企帮百家”活动，发动1 000余家区域单位走访慰问1.5万余户困难家庭。服务企业白领，六个便利服务联盟经常性服务项目覆盖楼宇达80%，推出633个服务项目的电子服务清单，新建楼宇示范点9个，总数达25个，指导区社工委、区商务委、区规划局等部门完成3项楼宇配套建设的源头规划办法，“新华白领幸福驿站”“天山商圈白领服务中心”等实体中心建成并投入使用。推动党员志愿者工作室培育和发展，全区工作室数量增至204个，形成“小剪刀献大爱”“小镜头大风尚”等120余个公益服务项目。开展以“联系听民意・跟踪促整改”“走基层・看整改”为主题的市、区党代表联系社区活动，党代表深入居民区联系点，反映社情民意、督促问题整改。

（杨维诘）

【加强基层党建工作】 年内，对接市委、区委重点课题，加强居民区党组织书记和专职党群工作者“两支队伍”建设。通过“基层培养一批、社会招录一批、高校选拔一批”，加强基层党组织人才储备和梯次配备，拓展从居民区招录事业干部渠道，通过大学生社区服务计划录用高校毕业生到居民区担任书记助理、主任助理。依托高校研发领导能力、专业能力、应用能力等培训模块，对居民区党组织书记实施后备班、初任班、全员班、提升班等四个层次的综合培训。联合区域高校、区委党校开发15个市、区居民区党建工作案例开展案例教学。会同区社建办、区人社局等部门落实“两支队伍”薪酬待遇方案，推动出台《关于进一步加强和完善“两新”组织党建经费使用管理的暂行规定》。发挥居民区党组织价值引领作用，推动全区185个居民区普遍建立一个自治载体、培育一批工作骨干、形成一套有效机制，创建13个上海市自治家园示范点。加大在规模以下非公有制企业和新社会组织中建立党组织的力度，“两新”组织党组织覆盖率达到29%。制定下发《关于完善“双报到”机制，深化长宁区机关党组织、

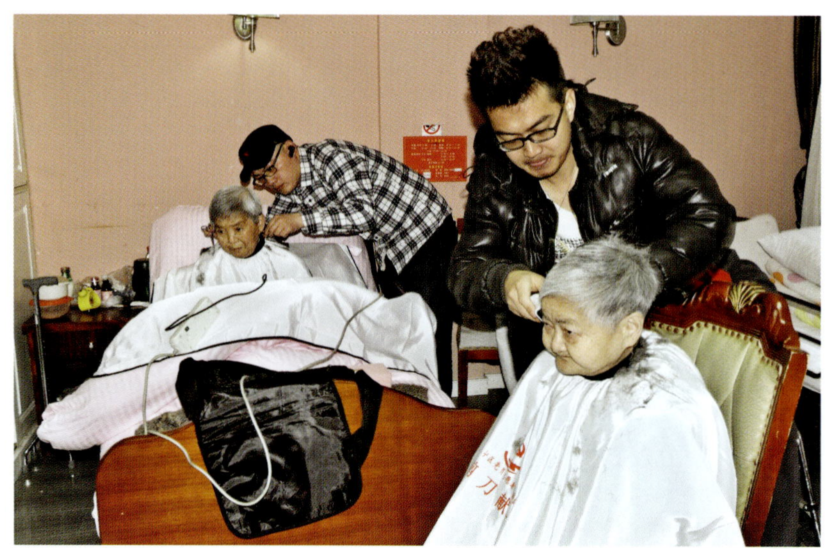

鹏飞理发党员志愿者工作室为孤老理发　（区委组织部供稿）

党员联系服务社区活动的意见》，推动机关、国有企事业党组织和党员定期到社区报到。严格党员队伍教育管理，守住党员发展质量关，全年发展党员311名，较上年减少47名。建立"候鸟工作室"，推动10个街道(镇)建立流动党员党组织，加强流动党员托底管理；发挥典型引领作用，评选产生35个"金银奖"居民区党组织，聚焦窗口、执法和基层一线，51个服务(执法)为民先进党组织，15个五星奖"两新"党组织，推出马亚红、周剑、张雅玉等9名一线先进党员典型。

（杨维诘）

【深化"凝聚力工程"项目建设】　年内，完善"凝聚力工程"学会组织三级网络，推进各类区域合作共建项目480余个，建立"中山商圈商务社区服务联盟"，受益群众和企业员工5 000余人次；完善区、街道(镇)、园区(楼宇)和居民区的三级党员服务网络，开展党建阵地"双百"行动，全区楼宇园区党员服务站点突破100个，"两新"组织党员活动室数量达到100个。打造"凝聚网"党建信息展示窗口。制作教育实践活动专题网页，开发凝聚力工程网上博物馆、凝聚力工程学会网站。网站累计总访问量已达75万余次，获第六届上海市优秀网站称号。推动党员数据库与电子走访日志系统、区实有人口数据库的数据共享，探索困难群体组织帮扶的信息化管理，开发"二类党员"(失联党员、不合格党员)工作网上记实系统。

（杨维诘）

【统筹各类人才队伍建设】　年内，开展新一轮区创新团队选拔命名工作，经申报答辩、专家评审、网上公示等环节，上海银联支付服务有限公司"移动金融超市领军团队"、聚物腾云物联网(上海)有限公司"ADCIS—Cloud应用管理开发团队"等30支团队被命名为"长宁区第三批创新团队(2014—2016年)"。上海市干细胞技术有限公司董事长章毅和上海德必文化创意产业发展(集团)有限公司总裁贾波入选上海市领军人才；引进2名博士后人才到区内企事业单位开展研发工作；推荐8名人才参加市委组织部、市委党校等各类人才培训班；召开7次企业、园区人才座谈会，走访爱尔博、伊顿等1 000余家企业，慰问各类人才90余次。做实"人才安居工程"，全年684名人才入住人才公寓，1 000名人才享受优秀青年和小微企业人才住房补贴。　（杨维诘）

(四)宣传工作

【概况】　2014年，区委宣传部开展理论学习、新闻宣传、文明创建和文化建设等四方面工作，培育和践行社会主义核心价值观，为服务全区工作大局、推动长宁改革发展和"三个城区"建设发挥作用。统筹党的群众路线教育实践学习活动，组织局处级领导深入基层上党课208场，组织全区党员干部观看专题片《苏联亡党亡国20年祭》、电视系列片《践行群众路线的好榜样》、电影《焦裕禄》《雷锋》《永远的焦裕禄》和《天上的菊美》、沪剧《挑山女人》，参观《党的好干部——焦裕禄事迹图片展》，上海凝聚力工程博物馆作为全市教育实践活动的重要学习基地累计参观人数达20万余人次，原创沪剧《小巷总理》作为第二批党的群众路线教育实践活动的推荐学习内容在全市各区县演出60余场；开展社会主义核心价值观群众性宣传教育，邀请市委讲师团宣讲11场，组织区市民宣讲团在全区巡回宣讲196场，东方讲坛举办点举办讲座80场，组织全区党员干部参观"百舸争流　奋辑者先——上海改革开放回顾与展望"主题展览，举办2014"两会"精神专题图展、"中国梦·爱国情"上海市爱国主义教育基地精品宣教项目巡展；深化企业文化建设，组织区域内企业参评市第三批企业文化示范基地建设，携程旅行网在上海企业文化创新品牌推介展示活动中获市十佳品牌第三名。全年召开新闻发布会6次，新闻通气会、新闻吹风会29次，策划专版、专题、主题宣传12次，涉及长宁的报道3 200余篇，其中中央和本市媒体头版报道270余篇，策划开展"(境外)媒体看长宁"宣传推介活动，组织开展5期"政民零距离"系列电视访谈活动回应百姓关切，结合亚信峰会举办"新闻发布突发事件新闻处置工作培训班"；完善典型宣传工作机制，组织开展"身边的感动"长宁区先进典型微电影创作活动，举办长宁区劳动仲裁院院长马亚红先进事迹报告会，先后推出的"80后环卫工"陈豪杰、"法官爸爸"顾薛磊、"70后讨债王"沈昱、社区医生石向东等典型人物得到中央、市级各大媒体的广泛报道；完善舆情监测体系，落实舆论监督整改181件，参与全市重点舆情调研信息10篇次；深化新媒体内容建设，"上海长宁"微博开设20余个栏目和话题，发布博文

22 400余条,“上海长宁”微信 2 月份上线,共发布信息 1 048 条,在腾讯大申网与上海观察推出的每周区县政务微信排名榜中 5 次上榜;统筹社会宣传,策划制作展示城区文明风貌的MTV,摄制 4 个系列共 10 部公益广告片,举办面向全国的公益视频广告有奖征集活动。扎实推进全国文明城区创评,开展“八个专项整治行动”推进 10 大类 197 个顽症问题整改,开通“文明长宁”官方认证微信订阅号,举办“我看见、我描绘、我推荐、我评议、我采访、我参与”等系列主题实践活动,编制 25 万份《市民文明手册》发放到每户;深化群众性精神文明创建,推选出市级文明小区 204 个,区级文明小区 264 个,全国文明单位 2 个,市级文明单位 112 个,区级文明单位 272 个;巩固提升同创共建成果,推进“公共服务进社区”试点工作,召开“巩固全国文明城区创建成果,同创共建文明和谐西大门”工作推进会,承办上海市文明旅游宣传教育实践活动启动仪式,召开区 2013 年文明餐桌总结表彰暨 2014 年“节俭养德”工作推进会;拓展志愿服务工作内涵,全区注册志愿者突破 11 万,在全市率先召开区志愿服务工作推进会,成立“道德模范、社会公益组织、志愿者服务基地、家庭志愿者工作室、网络文明传播志愿者”等五个联盟组织,建成各类志愿服务阵地(中心、服务站、基地)293 个,开发建设“长宁区志愿服务网上博物馆”,上线“i 志愿”手机智能终端,举办“志愿服务媒体接待日”主题活动,开展“邻里守望”志愿服务活动和“党团员带头做志愿”工作;公民思想道德教育凸显诚信,评选表彰“第二届长宁区道德模范”、2013 年度区社会主义精神文明十佳好人好事,共有 3 人入选“中国好人榜”,2 件获市十佳好事提名,推进“好家风好家训”培育宣传,1 条入选十大上海市网民最喜欢的家风家训;新建 5 所“城市学校少年宫”、1 所“乡村学校少年宫”和 1 个学生社区实践指导站,组织全区中小学生开展“清明祭英烈”“学做美德少年”“童心向党”歌咏比赛、“向国旗敬礼”等活动,开展优秀童谣征集推广传唱活动和“节日小报”创作评选活动,开展区优秀暑期项目的评选,其中 2 个项目荣获市级优秀项目称号。 (蔡昕仪)

【举办先进典型文艺原创汇演活动】 1 月 8 日,区委宣传部、区文化局、区文学艺术界联合会在区文化艺术中心剧场联合举办“身边的感动”——长宁区“树好人、学好人、做好人”先进典型文艺原创汇演活动,市委宣传部副部长陈东、市文联党组书记宋妍、市文广局副局长王小明和区委书记卞百平、区人大常委会主任朱言文、区政协主席陈建兴、区委副书记李昕等区领导以及先进典型人物原型出席。8 个舞台剧和 1 部微电影再现长宁区 16 名先进典型的动人故事。 (蔡昕仪)

【举办 3·5 学雷锋志愿服务活动】 3 月 5 日,区委宣传部、区文明办、区机关党工委、团区委在缤谷广场、机关大厦举办“党员团员带头志愿,党旗增辉团徽添彩——2014 年长宁区青年 3·5 学雷锋志愿服务活动”,表彰 2012—2013 年长宁区青年志愿服务集体和项目,号召党团员干部结合全国文明城区复评迎检工作,带头参加志愿服务。 (蔡昕仪)

【推介典型人物“申城先锋”长宁区劳动仲裁院院长马亚红】 5 月,区新闻办邀请马亚红及其团队、工作服务对象代表等从多角度、全方面介绍马亚红事迹。5 月 12 日,上海电视台、上海人民广播电台、《解放日报》、《文汇报》、《新民晚报》等均在头版、头条推出大篇幅报道,《青年报》、《新闻晨报》、东方网等多家媒体同步报道。8 月 1 日,区委宣传部、区委组织部和区人社局共同举办马亚红先进事迹报告会,区执法监管部门、窗口单位、服务行业等部门的代表 380 余人出席并听取报告。 (蔡昕仪)

【召开 2014 年区精神文明建设委员会全会】 5 月 30 日,区文明办召开 2014 年区精神文明建设委员会全会暨创评领导小组第一次会议和 2014 年区精神文明建设工作会议暨创评全国文明城区动员大会,市委宣传部副部长、市文明办主任燕爽,区委书记卞百平、区长谢峰等四套班子领导出席会议。区精神文明建设委员会全会暨创评领导小组第一次会议通报长宁区创评全国文明城区相关情况,审议并通过《2014 年长宁区精神文明创建工作指导意见(讨论稿)》及长宁区 2012—2013 年度文明创建各类先进评选名单。区精神文明建设工作会议暨创评全国文明城区动员大会传达市精神文明大会精神,部署 2014 年度精神文明建设工作和全国文明城区创评工作,表彰 2012—2013 年度市级文明社区、2013 年度市区级社会主义精神文明十佳好事、2013 年

“身边的感动”先进典型文艺原创汇演活动 (区委宣传部供稿)

深化全国文明城区创建立功竞赛先进集体。 （蔡昕仪）

【长宁区居民获中宣部“节水达人”荣誉称号】 8月，区十大新闻人物之一、仙霞社区居民、81岁的王学达在中宣部宣教局、中国经济网主办的全国首批“节约之星”评选活动中，获得“节水达人”荣誉称号。全国共评选出八名节约之星，王学达是唯一一名来自上海的。 （蔡昕仪）

【举办“长宁好人——长宁区第二届道德模范颁奖典礼”】 9月19日，区文明办举办“长宁好人——长宁区第二届道德模范颁奖典礼”，对马亚红、陈甦萍、吕洁、王正华、陈昱、王煊熔、陈洁、杨莲宝、陶鹏飞、黄里萍等10人授予“长宁区第二届道德模范”称号，对王引婷、张明华、杜逸华、竺华富、秦岭、林强、叶华、孙兰兰、陈雅玲、周诗蓓等10人授予“长宁区第二届道德模范提名奖”。区委书记、区文明委主任卞百平，市文明办副主任姜鸣，区委常委、区委宣传部部长、区文明委副主任章卫民，区委常委、区武装部政委、区文明委副主任马发明，区委常委、区政法委书记、区文明委副主任钟晓咏，副区长、公安分局局长、党委书记、区文明委副主任曹新平，副区长、区文明委副主任赵丹丹等出席。 （蔡昕仪）

【举办“‘国际志愿者日’媒体基层行”主题活动】 12月4日，区文明办、区志愿者协会在百联西郊购物中心中庭广场举办“助力创建、守望邻里——2014年长宁区‘国际志愿者日’媒体基层行”主题活动。区委常委、区委宣传部部长章卫民，中国联通上海市分公司党委委员、副总经理王林，市文明办志愿服务工作处处长陈麟辉，区委宣传部副部长、区文明办主任章维等市区领导出席活动。区文明办向与会者发布《助力创建、守望邻里——长宁区“邻里守望”志愿服务工作巡礼》宣传画册，市、区领导为2014年长宁区“联通杯”创新性志愿服务项目评选活动的优胜奖获奖代表颁发证书。活动现场设有“基地风采秀”“互动点赞区”“现场体验区”等三个互动区域。 （蔡昕仪）

（五）统战工作

【概况】 2014年，区委统战部深化协商民主，推动多党合作事业制度建设。制定《长宁区进一步规范同民主党派、无党派人士政治协商的实施办法》。协助区委召开6次党外人士座谈会，就长宁区经济社会发展、重大人事安排等事项与党外人士开展民主协商。提出加强党派与大口党委联系的意见建议，推进教育党工委与民盟区委、民进区委，卫计委党工委与农工党区委，建交委党工委与九三学社区委等开展对口联系活动。开展特约（邀）监督员、审计员培训，推动特约（邀）工作制度化建设，全区各部门共聘请49名党外人士担任监督员、审计员。协助区委做好22名区中共党员领导干部与60名党外代表人士联系交友工作，开展走访交流。协助各民主党派开展学习实践活动。召开长宁区统一战线坚持和发展中国特色社会主义学习实践活动部署会和工作交流会。举办“同舟讲坛”报告会，邀请专家、学者为党外人士作辅导报告，进一步加强思想引领，巩固共同思想政治基础。开展建言献策、牵线搭桥、服务企业等活动，为促进长宁区经济社会发展作贡献。开展建言献策。各党派、团体提交组织提案16件，收集社情民意500余件，统战系统全年立项调研课题17件。注重加强与海外侨团和华侨华人的沟通联系，拓展交流交往领域。接待澳大利亚、南非、意大利、巴西、斯洛伐克等25家海外商会和近200名海外知名侨领。推进社区统战工作。开展社区“同心同行”案例征集活动。加强社区商会、侨联分会、民族联分会、知联会联络组等社区统战社团组织建设。做好园区、楼宇、小区新的社会阶层人士统战工作，探索社区与新的社会阶层人士联系的方法和途径，进一步扩大统战工作覆盖面。加强统战调研工作。完成各类调研报告25篇，其中区重点调研课题6项。开展“共圆中国梦、浦江同舟情”征文和统战实践创新成果征集活动，收集上报征文45篇，完成统战实践创新成果20篇。加大在市统战刊物宣传力度，在《浦江同舟》发表文章6篇、在《上海市社会主义学院学报》发表1篇、在《长宁时报》宣传长宁统战工作动态，《长宁统战》《长宁之侨》和各民主党派自编报刊宣传统战工作动态和成效。提升统战信息工作，全年被中央统战部刊用信息1篇，市委办公厅刊用3篇，市委统战部刊用各类信息32篇，市委统战部网站录用386篇。 （代红侠）

【举办长宁区基层新任统战工作分管领导和统战干部培训班】 1月9日，区委统战部与区社会主义学院联合举办“长宁区基层新任统战工作分管领导和统战干部培训班”。21名基层新任统战工作分管领导和统战干部参加培训。区委常委、统战部部长刘

长宁好人——长宁区第二届道德模范颁奖典礼 （区委宣传部供稿）

春景参加会议并讲话。区委统战部副部长方惠萍、施正、张国蕊、何贻鸣分别承担授课任务，介绍当前台湾热点问题，侨务工作，民族宗教工作，民主党派、党外干部、党外知识分子工作等业务知识。（代红侠）

【召开统一战线坚持和发展中国特色社会主义学习实践活动部署会】 1月10日，区委统战部围绕坚持和发展中国特色社会主义学习实践活动的全面、深入推进工作进行专题布置与思想动员。会议听取区委统战部副部长、区社院副院长汇报《长宁区统一战线开展坚持和发展中国特色社会主义学习实践活动方案》。民进区委主委，无党派人士、区知联会副会长，区工商联副主席进行交流发言。区委常委、统战部部长刘春景出席会议。100余名来自各民主党派区委、各民主党派支部、区工商联、区知联会以及区其他统战团体负责人参加会议。（代红侠）

【组织召开6次党外人士座谈会】 1月28日，召开党外人士迎春谈心会。区各民主党派、区工商联主要负责人及无党派代表人士，区侨联、区民族联、区台联会和区各宗教团体的主要负责人等围绕统战团体自身建设等进行交流。4月16日，召开党外人士座谈会。区各民主党派、区工商联、区侨联主要负责人和无党派代表人士围绕长宁区如何全面深化改革，推动经济转型发展提出意见建议。8月13日，召开民主协商会。中共长宁区委就长宁区政府副区长人选建议名单听取党外人士意见建议。9月5日，召开民主协商会。中共长宁区委就长宁区政协第十三届委员拟调整增补人选名单听取党外人士意见。10月22日，召开民主协商会。中共长宁区委就长宁区政府副区长人选建议名单听取党外人士意见建议。12月23日，召开党外人士座谈会。就长宁区2014年党风廉政建设和反腐败工作情况及第十三届政协委员调整增补名单听取党外人士意见建议。（代红侠）

6月11日，区委统战部和区社会主义学院联合举办各民主党派正副主委学习会（区委统战部供稿）

【区知联会召开年会】 2月13日，区知联会召开年会暨庆元宵茶话会，市知联会领导、相关委、办、局、街道（镇）的分管书记和统战干部、全体会员及各联络组和沙龙成员共100余人参加。会议下发《长宁区无党派人士开展坚持和发展中国特色社会主义学习实践活动方案》，通报2013年区知联会的工作总结及2014年的工作要点，对优秀会员进行表彰颁奖，并对会员和理事进行调整增补。名誉会长刘春景和市知联会秘书长王罗清分别讲话。（代红侠）

【区委统战部召开推进2014年统战工作会议】 3月19日，区委统战部召开2014年统战工作会议，贯彻落实区党建工作会议精神，推进2014年统战工作落实。各街道（镇）、统战重点联系单位的分管领导和统战干部，区委统战部领导班子成员、各科室负责人以及区民主党派秘书长等60人参加会议。区委常委、统战部部长刘春景出席会议并讲话。（代红侠）

【区知联会与三亚市知联会举行交流座谈会】 4月11日，区知联会接待三亚市知联会代表团一行，就如何加强两地知联会的交流，发挥两地党外知识分子在促进社会和谐发展中的重要作用的主题交流座谈。区知联会会长、区人大常委会副主任陆继业主持会议。三亚市知联会代表团参观临空经济园区规划展示馆并听取园区党委如何开展好园区内党外知识分子工作的情况介绍。（代红侠）

【举办各民主党派正副主委学习会】 6月11日，区委统战部和区社会主义学院联合举办各民主党派正副主委学习会。各民主党派34名正副主委及党派专职干部参加会议。各民主党派先后交流学习实践活动组织及开展情况。民革区委与九三学社区委分别交流参与社会治理创新工作经验及做法。区委常委、统战部部长刘春景出席会议并讲话。会后，各党派正副主委听取浦东世博源项目及商业开发情况介绍并进行实地考察。（代红侠）

【举行非公经济高级经营管理人才研修班】 10月23日—24日，区委组织部、区委统战部、区委党校、区社院和区工商联联合举办"2014年长宁区非公经济人士研修班"，50余位非公企业家报名参加，大多为青年企业家。区委常委、副区长张连城就"长宁区经济社会发展形势"作专题报告，并围绕长宁区的发展定位、城市的更新计划、产业的高度化问题、城市品质和服务的保障以及城市差异化的品质和文化涵养五方面与企业

家进行交流。（代红侠）

【与民革市委联合主办专题研讨会】 11月12日，由民革市委与区委统战部联合主办，民革区委与区社会主义学院联合承办的“民主党派关注社会治理，推进基层协商民主”专题研讨会在区图书馆举办，来自民革市委、区各民主党派、区相关委办、街道（镇）等共60余人参加。民革市委与区委统战部分别作题为《拓展社会服务内涵更好履行参政党职能》和《发挥统一战线工作优势推动基层社会治理工作》的主旨报告，民革区委、九三学社区委、新华路街道、新华社区等交流发言。市政协副主席、民革市委主委高小玫，区委常委、统战部部长陈志奇，区巡视员、区政协党组副书记刘春景出席会议并作重要讲话。（代红侠）

【做好区政协委员的届中调整和增补】 年内，区委统战部与区政协党组、区委组织部等共同研究，对区政协第十三届委员及常委作适当调整和增补。分两批共调整出委员18人，增补进委员19人。免去政协常委5人、副主席1人，增选常委8人、副主席1人。（代红侠）

（六）政法工作

【概况】 2014年，区政法综治维稳系统组织开展亚信峰会安全保卫与维护社会稳定工作，统筹推进全区亚信峰会安保社会面防控工作。完善三预机制，坚持稳定形势季度分析研判通报制度，完成社会稳定风险评估项目15个。推进大调解体系建设，建成人民调解与信访对接平台，拓展调解服务中心功能，提升专业化调解水平，年内受理各类民间纠纷17 613件，调解解决17 045件，调解成功率为96.68%。协调化解缓解“北横通道”等重大市政工程、旧区改造等重点项目建设中的矛盾纠纷。推进平安长宁建设，严厉打击各类刑事犯罪，共立刑事案件5 359起，比上年下降1.5%；破获各类刑事案件1 648起。区检察院批准逮捕997人，提起公诉1 657人，比上年分别上升19.7%和37.4%；依法查处贪污贿赂案件19件27人，查处渎职侵权类案件2件2人。区法院审结和执结各类案件28 258件，比上年分别上升39.9%和37.5%。完成市、区级平安建设实事项目9项，着重整治灰色居住、灰色就业、灰色经营的“三灰”现象，促进优化人口结构，合理调控区域人口规模。抓好小区大门、楼宇铁门、居民家门和窗门“四门”治安防范工程建设。推进电子走访日志和公共安全电子巡查日志分类流转、联动处置流程和管理措施优化，提升“两个电子”工作效能。运作好见义勇为保障基金，基金奖励18人次，表彰奖励区级见义勇为先进分子12人。推进禁毒工作，运用新媒体加强禁毒宣传教育，“长宁禁毒”官网微信受到公安部关注；开展第七届长宁区青少年禁毒形象大使评选、“禁毒大黄蜂——变形金刚在行动”启动仪式、“海星同伴禁毒巡讲团”巡讲等系列禁毒宣传教育活动；突出对娱乐休闲场所从业青年、“三校”（中专、技校、职校）生等重点领域青少年的禁毒宣传。推进完善特殊人群分层分类服务管理，社工队伍管理建立与薪酬挂钩的实绩考核激励机制。精神卫生社工工作得到中央综治办、国家卫计委肯定。多部门联合制定实施《关于建立“阳光企业”特殊人群就业安置示范基地的实施意见》，戒毒康复人员就业工作取得新进展。推进法治城区建设，抓好《长宁区法治城区创建指标评估体系》落实；推进区层面司法改革工作，建立推进轻微刑事案件快速办理机制；落实涉法涉诉信访改革要求，推进诉访分离。开展执法监督活动，评查案件70件，对问题案件追责通报、限期整改，促进公正司法。加强执法保障，规范运作执法保障基金，表彰慰问严格执法和执法受伤人员75名。推进普法教育工作，加强领导干部法治学习教育，开通“长宁法宣”微信公众平台，启动平安长宁建设专项普法治理宣传，开展“法治大讲堂”系列活动，长宁区被评为全国“六五”普法中期先进区。加强政法队伍建设，组织政法系统中层干部进行形势、能力素质、严格公正司法等方面的教育培训；注重先进典型培育引领，涌现出全国“爱民模范”吕洁、上海“十大杰出青年”顾薛磊等先进典型。长宁区连续第6年被评为市级“平安城区”，4个街道（镇）被评为市级“平安示范社区”，6个街道被评为市级“平安社区”；116家单位被评为市级“平安示范单位”。（施慧忠）

【举行区第二届十佳“忠诚卫士”和首届“百姓英雄”评比表彰】 10月23日，区委政法委举行“法铸长宁平安

10月23日，区委政法委举行“法铸长宁平安梦”第二届“忠诚卫士”和首届“百姓英雄”表彰大会（区委政法委供稿）

梦”第二届“忠诚卫士”和首届“百姓英雄”表彰大会。区委政法委(区综治办)组织区公安、检察、法院、司法等政法部门、武警长宁支队和全区综治维稳系统,开展优秀政法干警和综治先进人物推荐评选宣传活动,遴选产生第二届长宁区十佳“忠诚卫士”和首届“百姓英雄”。第二届十佳“忠诚卫士”为姜勇、牛进良、汪洋、崔平、沈嘉曦、任运芳、许萍、章晨煜、叶其成、付佳林;首届“百姓英雄”为唐海滨、朱亚芹、余萍、刘鸿、马路娣、贺强、俞瑞明、杨保勤、张幼龙、葛蓉艳。

(施慧忠)

【开展亚信峰会维稳工作】 年内,区成立亚信峰会安保工作领导小组,领导统筹指挥全区安全保卫和社会稳定工作。制定下发《亚洲相互协作与信任措施会议第四次峰会长宁区安全保卫工作总体方案》以及实施意见。开展重点人员、重点单位、突出矛盾、安全隐患及突出治安问题等排查、管控、整改工作。排摸确定重点对象和突出群体性矛盾,分类落实维稳措施;持续开展公共安全隐患排查整治。动员机关干部、学校教职员工、楼组长、社区居民,对全区重要区域、部位、点位开展治安巡防、驻点守护及交通秩序维护等平安志愿服务。分别组建区、街道(镇)两级应急处置机动队伍,做好应急处置准备。亚信峰会期间,全区社会面总体稳定可控,峰会在长宁区的国事活动顺利举行。

(施慧忠)

(七)老干部工作

【概况】 2014年,区委老干部局以整合各方资源为抓手,为老干部办实事、做好事、解难事;以老干部学习活动阵地建设为重点,满足老干部精神文化生活需求。组织志愿者为区内300余名老干部清洗空调及检查安全隐患,为500余户老干部家庭开展水电煤安全检测。鼓励各街道利用自身优势为老干部提供个性化的服务,联手“颐家老年护理”开展为离休干部提供上门陪护、理疗康复、卫生指导等服务体验活动。落实“为全区老干部送装安全门铃”实事项目,全区2 000余名老干部受益。在全区老干部中开展“先进老干部”和“先进党支部”评选活动。推荐出先进老干部候选人11人,先进集体2个。全国离退休干部先进个人1人。激励老干部在文明城区创建中发挥作用,引导老干部争当“六大员”(党的政策的宣传员、社会道德的示范员、和谐社会的促进员、教育后代的辅导员、社会风气的监督员、社区文化的倡导员)。发挥“五老”(老干部、老战士、老教师、老专家、老劳模)作用,组织“五老”报告员进学校、进社区、进机关、进企业开展系列宣传教育活动80余场,2.51万余名青少年参加。1 374名老干部在“老少结对读书”活动中与青少年结对。坚持和发展“马读会”宣传效应,使其成为长宁区青少年思想道德建设品牌。组织老干部投身巩固全国文明城区建设和社会管理创新活动。对14名服刑、矫正的未成年犯开展帮教,对29名服刑、回归社会人员的未成年子女开展“关爱行动”。对全区30余家网吧、游戏机房和50余家校园周边开展“文化市场卫士行动”,对270名特困家庭、外来务工者子女开展“爱心育苗行动”,发放助学金8.1万元(其中低保家庭子女87人、农民工子女30人、单亲家庭子女93人、重病致贫家庭子女33人、残疾人家庭子女12人、“关爱行动”对象29人等)。继续开展创建“五好关工委”活动,全区关工委工作做到网络健全、队伍不断壮大。

(袁旺晖)

【区关工委召开全会】 2月27日,区关工委召开纪念长宁区关工委成立25周年暨2014年全委会,区关工委常务副主任陈观法主持会议,区委书记卞百平、区委副书记李昕参加会议,全区关工委200余人参加会议。

(袁旺晖)

【举行老干部就近活动区域文艺演出】 4月24日,区委老干部局在华阳社区文化活动中心举行“欢乐健康行 同筑中国梦”——2014年长宁东片区域老干部就近文艺专场演出。东片区域华阳路街道、江苏路街道、光明集团、市教卫、华东政法大学、交运(集团)公司、区老干部大学约150余名离退休干部参加演出。市老干部活动室领导、市老干部大学领导、区委老干部局领导、街道(镇)党工委领导、区涉老部门领导,联合体单位老干部处领导及200余名老干部代表观摩演出。6月13日,区委老干部局在天山社区文化活动中心举行“传递正能量,共筑中国梦”——长宁中片区域老干部诗歌朗诵会。中片区域天山路街道、周家桥街道、仙霞路街道、上海对外经贸大学、东华大学、区老干部活动室约60余名离退休干部参加。区委老干部局、街道(镇)党工委相关领导,联合体单位老干部处领导、区涉老部门领导、老干部代表150余人观摩演出。

(袁旺晖)

【举办庆祝新中国成立65周年系列活动】 9月15日,长宁区老干部庆祝新中国成立65周年书画摄影作品展开幕式在长宁区老干部活动中心举行。市老干部活动中心主任、市老干部大学校长助理等相关领导及老干部代表70余人出席。区老干部摄影组、书画组以及全区百余名爱好书画摄影离退休干部参与。该作品展共展出书画摄影作品150余幅。9月19日,市委老干部局副局长杨飞云等参观该作品展,并就加强新形势下离退休干部活动阵地建设,与区委老干部局班子成员进行座谈研讨。9月25日,区委老干部局举行“追梦有你”——长宁老干部庆祝新中国成立65周年主题汇演,全区350余名老干部参加。区委常委、组织部部长马列坚致词;市委老干部局副局长杨飞云出席活动。区机关部门、街道(镇)老干部工作负责人参加活动。

(袁旺晖)

【举行敬老节专场活动】 9月29日,区委老干部局在区老干部活动中心举行“健康欢乐 情暖夕阳”——长宁区老干部欢度第27个敬老节大型游艺专场活动。区属老干部、部分社区老干部、退休干部代表、区域联合体

4月24日，区委老干部局举行长宁东片区域老干部文艺专场演出
（区委老干部局供稿）

6月13日，区委老干部局举行长宁中片区域老干部诗歌朗诵会
（区委老干部局供稿）

单位老干部代表600余人参加活动。（袁旺晖）

【举办“与老年朋友谈养生”养生讲座】 11月4日，区老干部活动室联合北新泾、程家桥街道和新泾镇举办健康讲座，60余人参加，听取来自区天山中医院内科副主任医师、内一科主任田芸的养生讲座。会后免费为参加者发放“治未病”服务进社区宣传影片和《中医体质调养手册》。（袁旺晖）

【举办老干部十八届四中全会理论学习班】 12月1日—4日，区委组织部、区委老干部局、区委党校于联合举办为期4个半天的“长宁区老干部十八届四中全会理论学习班”。区委常委、组织部部长马列坚参加开班式并作动员讲话。区原四套班子老领导、享局级以上离休干部和老干部党支部书记及社区老干部代表80余人参加学习培训。学习班围绕法治中国建设主题，采取集中培训与个人自学，专家辅导与支部讨论相结合的方法，帮助老干部深化对全会精神的理解把握。区委党校常务副校长主持开班式，区委组织部副部长、老干部局局长作培训小结讲话。（袁旺晖）

（八）机关党工委工作

【概况】 2014年，区机关党工委以“服务型”机关党组织建设为重点，落实“服务中心、建设队伍”两大任务，推进“三型”机关党组织建设。通过荐书、读书、征文、微课堂、报告会、随手拍等活动，加强机关党员干部核心价值观教育，推进学习型党组织（机关）建设。开展区机关干部思想状况调研，明确定期思想分析、信息报送等制度，及时收集、反映干部群众的意愿和诉求，促进机关内部团结和谐。落实区委关于进一步加强“凝聚力工程”建设的要求，排摸梳理全区机关党组织与居民区结对共建情况，听取机关党组织、街道（镇）党工委、居民区党组织对“双结对、双报到”活动的意见和建议，修订《关于完善“双报到”机制，深化长宁区机关党组织、党员联系服务社区活动的意见》，明确机关党组织、党员直接联系服务基层、服务群众的工作目标和要求。在“新年暖流”主题实践活动中，各级机关党组织除完成全区面上500户困难家庭走访和15万元慰问金的发送，结合部门实际和结对情况，走访困难群众、困难党员、老党员、老干部等873人，送上267 129元慰问金和17 198元实物。在纪念建党93周年为民服务系列主题实践活动中，发动机关党组织普遍上门走访，了解困难对象需求，帮助解决反映问题；实现组织帮扶“双百双提高”，落实机关105个基层党组织参与结对率100%。围绕全国文明城区复评工作，坚持以群众满意为导向，开展区机关“共产党员示范岗”创争活动，对参与创建的52个窗口（岗位）进行梳理、分类，制作统一的创建岗位标识牌，公布创建监督热线，组织区政风行风监督员对申报窗口进行实地检查，及时反馈申报窗口（岗位）存在的不足。年内表彰机关“十佳共产党员示范岗”10个、机关“优秀共产党员示范岗”20个。发挥机关群众组织在机关文化建设中的生力军作用，通过举办太极

拳兴趣班，组织乒乓球、羽毛球、牌类比赛等活动，推进“送文化、送艺术、送关爱、送健康”系列活动；推进“一年四季、助推成长”机关老领导与机关优秀青年结对带教活动。（程玉清）

【举办机关道德讲堂】 1月17日，区机关党工委在长宁区图书馆10楼报告厅举行2014年长宁区道德讲堂（总堂）首次课程，邀请全国首届“诚实守信”道德模范、全国“人民满意的公务员”曹道云主讲“让老百姓满意是我人生的追求”，机关党员干部近200人参加。（程玉清）

【举办“弘扬井冈山精神，坚持密切联系群众”主题讲座】 3月27日，区委宣传部、区机关党工委举办党的群众路线教育实践活动系列讲座——“弘扬井冈山精神，坚持密切联系群众”主题讲座，邀请井冈山革命博物馆编研陈列室主任、研究员、井冈山干部学院兼职教授饶道良作报告，200余名机关干部参加报告会。（程玉清）

【召开2014年机关党的建设工作会议】 3月28日，召开2014年机关党的建设工作会议，区机关党工委书记总结2013年工作并部署2014年重点工作，机关党工委副书记通报2013年机关党费收缴使用情况，区委常委、纪委书记刘玉鹏出席并讲话，全区各部门机关党组织书记60余人参加会议。（程玉清）

【召开区机关纪念中国共产党成立93周年大会】 6月30日，召开区机关纪念中国共产党成立93周年大会，各部、委、办、局、街道（镇）机关党组织负责人，部分先进代表和新入党党员代表80余人参加会议。会议表彰了区机关先进基层党组织、区机关“十佳共产党员示范岗”。区委宣传部新闻中心党支部和区税务分局第十七税务所党支部分别以《在服务中增强党组织战斗堡垒作用》《用平凡浇灌服务的花朵》为题交流发言。区委副书记李昕，区委常委、区纪委书记刘玉鹏讲话。（程玉清）

【举办“正三观，修五德，清清白白做人（官），干干净净做事”报告会】 8月6日，区机关党工委举办党的群众路线教育实践活动系列讲座——“正三观，修五德，清清白白做人（官），干干净净做事”报告会，邀请市委党校党史党建教研部教授肖昌进主讲。区机关党员干部近300人参加。（程玉清）

【举办社会主义核心价值观的形成及其现实意义讲座】 9月26日，区机关党工委举办党的群众路线教育实践活动系列讲座——“社会主义核心价值观的形成及其现实意义”，邀请华东师范大学终身教授、政治学系博士生导师齐卫平教授主讲，机关党员干部近200人参加。（程玉清）

【召开区老干部与机关青年结对活动总结大会】 11月14日，区机关党工委召开“接力梦想，携手四季”长宁区老干部与机关青年结对活动总结大会。区委常委、副书记李昕，区委常委、组织部部长马列坚，10名带教的老干部以及区委组织部、区机关党工委、区委老干部局等主办单位领导，20名结对青年干部单位领导及结对青年干部参加会议。（程玉清）

【召开区机关服务型党组织建设工作推进会】 11月28日，区机关党工委召开区机关服务型党组织建设工作推进会，表彰2014年区机关“优秀共产党员示范岗”，部署落实《关于完善“双报到”机制，深化长宁区机关党组织、党员联系服务社区活动的意见》的工作要求并对2015年机关服务型党组织进一步深化推进提出指导意见。各部门机关党组织负责人和区机关“十佳、优秀共产党员示范岗”岗位负责人参加会议。（程玉清）

（九）社会工作

【概况】 2014年，区社工委、社建办发挥在社会领域中区委大口党委的作用以及区域化党建引领社会建设的作用，提升长宁区“两新”党建工作和社会建设科学化水平。截至年底，长宁区共有“两新”组织党组织751个，党员11 828人，全年新增“两新”组织党组织60家，共寻找失联党员201名，梳理空挂党员334名。“两新”组织党组织覆盖率达30.5%，基本实现职工50人以上非公企业有党员，20人以上社会组织有党员。推动

11月14日，区机关党工委召开长宁区老干部与机关青年结对活动总结大会（区机关党工委供稿）

“两新”组织党建阵地“双百”行动(全区楼宇园区党员服务站点超过100个,“两新”组织内部党员活动室数量达到100个),截至年底,分别到达89个和97个。全区新经济组织新增申报6家新市级文明单位和12家区级文明单位。在市区级年度表彰的各类人才中,来自“两新”领域的共计57人,占表彰总人数50.89%。区社工委会同区委组织部、区人社局制定并落实《专职党群工作者薪酬体系调整方案》,试行《长宁区专职党群工作者管理办法》《长宁区专职党群工作者考核办法》,面向全市统一招聘27名专职党群工作者。区社建办形成并下发《长宁区社区基本公共服务指导目录》,该目录包括10个领域64类242个项目。 (夏　莉)

【开展第二轮五星奖评选】 年内,区社工委新认定“两新”组织五星级党组织21家(累计达64家),巩固和放大“星级评定”工作的引导激励和示范带动效应。会同各社区综合党委和条线党组织推荐20家候选单位,晨讯科技等15家党组织被区委授予第二轮长宁区“两新”组织党建工作五星奖单位。 (夏　莉)

【落实市区合作项目】 年内,区社工委通过承接市区合作项目——推进以政府服务进“两新”为主要内容的“三进入”工作制度建设,梳理和完善长宁区“六个便利服务”的需求对接机制、服务信息及时发布机制、服务效果反馈评价机制、考核评估机制和政策配套机制等,巩固和提升“六个便利服务联盟”的品牌效应。区—街和区—条线部门开展联动,君悦律师事务所党支部等3家被评为市五星级社会组织党组织、虹桥临空经济园区党委入选市园区党建十佳创新基地、天山茶城党支部入选市专业市场党建十佳创新基地。 (夏　莉)

【拓展延伸“六个便利”服务覆盖面】 年内,10家楼宇成功创建为“六个便利”示范楼宇,使“六个便利”示范楼宇超过重点商务楼宇的1/3,16幢楼宇新增经常性服务项目。推进“天山商圈白领服务中心”“长峰中心白领幸福驿站”等两个“六个便利”实体化项目建设,形成完善服务的指导中心、企业发展的交流中心和凝聚白领的服务中心。 (夏　莉)

【开展“相约二号线”品牌交友活动】 年内,区社工委举办“大手牵小手、有爱一起走”为主题的“相约二号线”品牌交友活动,通过和残疾儿童,智障、精障青年,社区贫困青少年和来沪随迁子女等四类人群互动,在做公益的同时结交朋友。区街两级全年共举办交友活动29场,共有近4 500名白领参加。 (夏　莉)

【创建“两新”组织文化项目】 年内,区社工委与区学习办共同创建“白领楼宇课堂”项目,分别在江苏、周家桥、虹桥和多媒体园区开设白领普遍欢迎的相关白领课程(素描、葫芦丝、摄影、拉丁等),共有千余人次的白领参与。依托人力资源总监联谊会的平台,围绕企业经营管理、人力资源管理等主题累计开设15期“才俊

家门口工程——愚园路1376弄信报箱改造前后 (区社建办供稿)

讲堂”。（夏　莉）

【制定居民区台账报表指导目录】 年内，区社建办召集区民政局、区监察局、区科委等部门成立工作小组，将汇总后的台账报表分别交由各部门和街道（镇），开展压缩清理。通过第一轮压缩清理，明确取消103项，归并50项，减少重复19项报表，清理非台账报表10项，个别街道（镇）报表21项，台账分流到街道（镇）13项。形成《长宁区居委会台账报表指导目录（试行）》，336项台账报表经梳理保留120项（主要包含自治工作、党群工作、基础信息等三大类报表台账，涉及22个委、办、局）。（夏　莉）

【完成“家门口工程”项目】 年内，区社建办制定《长宁区居民区“家门口工程”操作办法（试行）》，明确“家门口工程”项目范围和基本原则、管理机构及职责、操作流程、工作要求。全区各街道（镇）发动各居民区共申报项目182项，在对各居民区申报项目进行梳理后，各街道（镇）共申报项目126项，申请经费751.73万元，覆盖小区76个。最终确定新增楼道休息椅、信报箱、楼道扶手、休闲椅等74个项目，资金规模500万。截至7月底，74个项目全部完成。长宁区“家门口工程”被评为第二届上海市社会建设优秀项目。（夏　莉）

（十）信访工作

【概况】 2014年，区信访办受理来信来访总量5 495件，比上年下降5.54%。来信2 596件，比上年下降3.42%；来访2 403批4 639人次，批次比上年下降3.92%、人次比上年下降18.9%；电子邮件496件，比上年上升17.54%。集体访129批1 479人次，批次和人次比上年分别下降37%和51%；到市重复集访3批次，重复率为7%。市交办重要信访事项按期应解决17件，实际解决17件，解决率100%；市交办初次信访办理事项545件，按时转送率、按时受理率、按时办结率均为100%，新增重复20件，新增重复率3.54%；市下发分级分责信访件1件，解决1件。（孙　猛）

【推进分级分责制度】 年内，区信访办坚持“属地管理、分级负责、谁主管、谁负责”原则，细化分级分责解决群众合理诉求，联合区监察局、区府办制定《长宁区关于分级分责化解信访矛盾解决群众合理诉求的工作实施细则》，改变原先信访一直体内循环的问题，让责任部门把好源头关，减少矛盾发生，有效化解群众合理诉求。（孙　猛）

【第三方力量参与】 年内，区信访办以“案清事明”专项治理为载体，引入律师参与核查梳理，全年共核查信访事项30件。推进“开心家园”项目，以心理疏导帮助为手段，由区妇联主导对重点上访对象进行心理疏导，正确引导其合理诉求回归理性，全年共化解3件，另有1件在化解中。（孙　猛）

【推进访调对接】 年内，区信访办与区司法局制定《长宁区关于人民调解组织参与信访矛盾化解工作的实施意见》，在信访大厅内部增设信访纠纷人民调解工作室，将东虹桥法律援助向信访工作延伸，将信访工作纳入法治轨道。通过访调对接，化解3起信访矛盾。（孙　猛）

【推行初次信访“阳光办理”】 年内，区信访办利用以互联网为依托的网上信访系统，公开信访受理、办理和结果等重要环节，公开回复率100%，逐步实现全部信访事项“可查询、可跟踪、可督办、可评价”。对受理的初次信访事项，按时转送交办率100%、按时办结率100%；依托全国信访信息系统和网上信访系统开展群众满意度评价，对群众不满意的信访事项在抽查评估的基础上进行再交办和督办。（孙　猛）

（十一）档案工作

【概况】 2014年，区档案局以档案事业发展综合评估为契机，围绕中办、国办下发的《关于加强和改进新形势下档案工作的意见》要求，深化改革统领档案、党史、地方志工作，加强档案“三个体系”建设，创新档案管理新模式，提高全区档案管理工作水平，完善档案信息化建设和史志文化建设。接收婚姻登记、独生子女等各类档案共计70 565件，158卷，配合市档案局开展民生档案门类拓展调研。全年各社区受理点共接待档案利用者2 192人次，查阅民生档案2 192卷，区档案馆审核外区查档申请337人次。区档案馆送档上门服务在《中国档案报》进行报道，并入选市档案利用实例汇编和“档案里的故事”。区档案局与档案协作组组成33个检查小组，对全区459家建档单位开展档案大检查，并对435家单位实地检查，检查覆盖面达94.8%，评选出34家档案工作先进单位和46名先进个人。组织全区69名档案干部参加档案管理岗位培训、180名档案干部参加继续教育培训，《实训教学在档案管理岗位知识培训中应用研究的研究》课题获2014年度上海市档案科技成果二等奖。全年接收15个部门文件级档案23 253件，业务档案758卷，完成区民政局7万件婚姻登记档案进馆工作，并编制档案存放位置索引。完成20例档案实例的收集、整理和上报，完成1983年馆藏档案的开放鉴定工作。对馆藏破损档案整理修复和抢救，完成500余卷、5万余页破损档案的修裱裱糊，并以整体密闭消毒方式，完成7万余件和5千卷新进馆档案消毒工作。落实领导题词等珍贵档案的仿真复制。完成市档案局2014年度区县馆藏重要档案电子数据异地备份送交工作，确保电子档案信息的安全保密。区档案新馆建设完成规划选址，确定建筑面积约9 000平方米。（朱晓娜）

【档案事业发展综合评估工作验收通过】 6月26日，经上海市档案局评估组严格评议，长宁区以95.7分的总成绩通过档案事业发展综合评估，获“上海市区（县）档案事业综合评估先进单位”称号。区档案局根据档案综

“档案日”系列活动之“档案里的故事” （区档案局供稿）

合评估工作要求和评估标准，历时两年，对全区“十一五”以来档案工作进行对照检查、补充完善、整改提高，特别加强对3家延伸检查单位的档案工作进行重点指导，形成长宁区档案事业发展综合评估自查报告和迎检申请等文件材料并上报。 （朱晓娜）

【拓宽民生档案查询渠道】 年内，区档案局在实现社区民生档案利用查询“全区通办”“全市通办”基础上拓展民生档案便民查询服务，接待人数占总查档案人数39%，比上年提高4%，跟踪指导社区查档工作，走访各社区查档受理点30余次。在区民政局婚姻登记处新增民生档案查询点，提供“一站式”服务，接待查档人数765人次，占便民查档服务总人数的32%，为全区查档量最高的查档受理点。设立便民服务台，增设绿色查档通道，完善一米线等标识，实施“送档上门”服务，为到档案馆查档困难的部分群众提供“送档上门”服务，累计上门送档服务4次。 （朱晓娜）

【提高民生档案接待利用率】 年内，区档案局设立便民服务台，配备饮用水、老花镜、文具等便民物品，并针对特殊困难群众提供代填申请表、上门送档案等服务。建立申请者同相关部门工作人员“面对面”沟通机制，工作效率得到提升。共接待利用者5 713余人次，查阅档案7 042卷，档案利用信息7 042条；收集整理政府信息公开文件2 894件，全年接待政府信息公开利用者325人次，处理政府信息公开申请342件，比上年增长100%。 （朱晓娜）

【强化民生档案宣传】 年内，区档案局组织开展“长宁印象·档案记录”为主题的2014年档案日暨党史、地方志宣传月系列活动，通过举办主题巡展、开展档案法制宣传与档案文化传播巡讲、提供送档上门服务、向社会开放第8批档案和印制发放档案宣传品等活动。开展档案校园巡展，创建上海市中小学档案教育社会实践基地。 （朱晓娜）

【落实资政信息征集编研工作】 年内，区档案局编纂《长宁印象》图册，历经23个月，完成印刷出版。开展档案征集工作，全面熟悉区情，走访、沟通，依靠熟知区域发展历程的“民间达人”，重组档案征集工作队伍，完善档案征集工作联络网络。介入区福缘湾·九华商业广场建设项目等重大工程，征集中山公园90周年纪念图册，走访调研上海新华纸盒厂和江苏路第五小学等，挖掘反映长宁发展历史、人文精神、地方风情、生态建设的档案、史志信息资源，为区领导决策、部门管理、群众需要提供服务。落实区“虞姬庙”工作推进会精神，撰写《虞姬墩史迹小考》，编印《虞姬墩史迹资料汇编》，会同区委宣传部、区委统战部、区民宗办、新泾镇等部门召开长宁区虞姬墩史迹专家论证会，为“虞姬庙”工作推进提供史迹资料保障。 （朱晓娜）

【丰富馆藏档案数字化资源】 年内，区档案局加快馆藏档案原件全文扫描数字化工作进程和馆藏档案文件级条目录入，推动电子档案数据库建设。全年完成180.073万页、24 605卷/册的馆藏档案数字化全文扫描和18.33余万条/份、30.32余万页馆藏档案数字化后档案数据的校对、纠错、补漏工作；接收数字化扫描原件216.76余万页，刻录DVD光盘396张、191.836万页档案扫描原件与区档案系统中著录条目的挂接工作；完成馆藏文书档案文件级著录条目10 250条，导入电子档案数据库16 663条；完成馆藏公证处公证档案和街道独生子女档案条目10.58余万条信息的整理、入库工作。 （朱晓娜）

（十二）党史研究工作

【概况】 2014年，区委党史研究室围绕区委工作大局，整合党史资源，深化党史研究和宣传，完善党史工作机制建设，落实党史资政育人各项任务。支持上海凝聚力工程博物馆建馆工作，修订完善《长宁区党史研究室工作规范》，完成2014年度《党史双月大事记》采编、上报工作，推进“长宁党史”网站建设与宣传，参与制作和展出“张太雷生平史料图片展”和“迎接上海解放的日子里图片展”。 （袁鲁宁）

【举办抗战时期人口伤亡和财产损失史实调查图片展】 8月，为纪念反法西斯战争胜利69周年和“八一三”淞沪战争爆发77周年，区委党史研究室、区革命文物陈列馆精选部分长宁区抗战时期人口伤亡和财产损失的史实，制作展板在区机关大楼和区革命文物陈列馆展出。展览共分三个版块：日军侵占长宁概况、日军侵占

区委党史研究室、区革命文物陈列馆联合举办抗战时期人口伤亡和财产损失史实调查图片展（区委党史研究室供稿）

长宁案例、日军侵略长宁后果。区委党史研究室共制作展板 24 张，包含珍贵历史图片 40 余幅。（袁鲁宁）

【出版《中共上海市长宁区委重要文献选编(1990—2011)》】 10 月，由区委党史研究室、区档案(局)馆编纂的《中共长宁区委重要文献选编(1990.1—2011.11)》(简称《选编》)第二、第三辑印制完成，并在区机关和各街道(镇)全面发行。其中，《选编》(二辑)(1990.1—2003.1)共 60 万字，收录文献 65 篇；《选编》(三辑)(2003.1—2011.11)共 58 万字，收录文献 75 篇。《选编》系统汇集和记载 1990 年—2011 年中共长宁区委在推进各领域改革开放及社会主义现代化建设中所开展的重要工作、重大活动和主要业绩。该次出版标志新中国成立以来长宁区区委重要文献完整面世。（袁鲁宁）

【完成 2 篇口述党史资料初步整理工作】 年内，区委党史研究室完成由天山路街道老居民吕达中口述的《我眼中的天山一条街历史变迁》，前中共地下党员、原教育局离休党员贺守华口述的《章华毛纺二厂中共地下党斗争活动和解放的情况》收集工作，并对录音进行初步整理。（袁鲁宁）

【推进长宁区口述党史资料征集工作】 年内，《口述长宁》整理成稿 4 篇。包括：由长宁区中心医院肿瘤科顾问徐幼龙口述的《郭孝达和我国第一台彩色电视纤维胃镜实录》，14 400 余字，定稿 6 300 字；由改革开放后长宁区法律顾问处筹办负责人、长宁区律师事务所第一任主任王宁书口述的《改革开放后长宁区律师行业的起步与发展》，实录 14 500 字，定稿 5 200 字；由 1949 年参与接管国民政府长宁区警察分局，长期在长宁区从警的离休干部翟凤笃口述的《长宁公安分局成立和社会治安的那些往事》，实录 21 000 字，定稿 6 600 字；由全国劳模长宁区中心医院原药剂科主任马竹卿、药物研究室主任何明焕及药剂科副主任裴孙琳共同口述的《长宁区中心医院抗癌药物研究始末》实录 10 400 字，定稿 7 500 字。（袁鲁宁）

（十三）地方志工作

【概况】 2014 年，区地方志办开展年鉴业务培训，修订《长宁年鉴编纂手册》，加强对撰稿员业务指导的针对性。实施年鉴质量考评，提高年鉴编纂质量。全区 10 个街道(镇)全面开展街道(镇)志的编纂工作，《北新泾镇志》《程家桥街道志》2 部街镇志完成评审。（苏莉莉）

【召开年鉴工作会议】 2 月 21 日，《长宁年鉴(2014)》撰稿工作会议在长宁科技进修学院 502 室召开，区党政机关、人民团体、街道(镇)与企事业单位 100 余名撰稿员参加会议。会议对 2013 年年鉴工作进行总结，明确《长宁年鉴(2014)》组稿任务、质量标准和编纂进度要求。区地方志办修订编印《长宁年鉴编纂手册》，作为年鉴编写参考资料发放各单位撰稿员，

2 月 21 日，区地方志办召开《长宁年鉴(2014)》撰稿工作会议（区地方志办供稿）

以加强业务指导的针对性。继续实施年鉴稿件质量考评，细化量化考评指标，严格交稿时间和质量标准。（苏莉莉）

【徐汇区方志办到长宁区交流街道志编纂工作】 4月8日，徐汇区方志办及徐家汇街道志的编辑到长宁区程家桥街道，与长宁区地方志办、程家桥街道志编辑交流街道志编纂工作。徐汇区编辑介绍徐家汇街道志进展情况。徐汇区与长宁区就街镇志编辑队伍、撰稿人员、编目结构等问题展开交流。（苏莉莉）

【洪民荣到长宁区调研地方志工作】 7月2日，上海市地方志办公室党组书记、主任洪民荣一行，到区地方志办调研。长宁区副区长宋宗德出席调研会，长宁区档案局局长（地方志办公室主任）、副局长及区地方志办工作人员参加会议。宋宗德介绍长宁区的区情概貌、经济文化发展、社会管理、精神文明建设等方面情况。洪民荣听取长宁区地方志办公室关于志鉴编纂及开发利用、街镇志编纂、地情资料收集整理出版等工作的情况汇报。洪民荣一行和与会人员就地方志信息化建设、修志人才培养、街镇志编纂人员聘用等问题展开交流探讨。（苏莉莉）

【出版发行《长宁年鉴（2014）》】 12月，《长宁年鉴（2014）》出版，发行1 200册。该年鉴由《长宁年鉴》编纂委员会主持编纂，上海社会科学院出版社出版。该书是长宁区综合性地方年鉴的第14卷，记述2014年长宁区经济、政治、文化和社会生活等诸方面信息。《长宁年鉴（2014）》实现改版，改正文黑白印刷为全书彩印。《长宁年鉴（2014）》新设立集团公司栏目，收录区属企业集团5家，及区域纳税过亿的集团公司9家，以充分反映区域内集团公司的运行情况与长宁区经济发展态势。全书设29个栏目、211个分目、1 312个条目，有照片294张、表格56张，字数88.4万字。（苏莉莉）

【全面推进街道志编纂】 年内，区地方志办走访新启动编纂的7个街道（镇），联系沟通街镇志书的编纂工作，了解修志过程中的困难和问题。坚持街镇志编纂例会制度，通报修志进度，沟通交流修志经验体会，协商解决修志难题。先期试点的《北新泾镇志》《程家桥街道志》完成评审，进入修改验收阶段。（苏莉莉）

（十四）党校工作

【概况】 2014年，区委党校（行政学院）按照《中国共产党党校工作条例》《行政学院工作条例》等有关工作规范和要求，在教学、科研、培训等方面取得系列工作成果。年内，完成各类培训班次36期，培训学员3 008人次，其中党校举办主体班次5期，670人次；行政学院举办主体班次3期，167人次。其中，联合教学基地合作办班32期，培训学员2 400人次。加强与井冈山干部教育学院合作，签署“三联”活动结对协议。安排1期居民区书记培训班学员赴井冈山进行党性教育和革命传统教育专项培训。制定《关于党校课程管理建设的实施办法》，规范新课程的开发流程，健全课程开发、申报、内容、评价、推介等环节的运作系统，并按项目分类梳理出15门新课程，满足日常教学需要。公开发表论文20余篇，其中核心类期刊9篇，中央党校理论网8篇。参与申报国家课题2项，市委党校成功立项《社会资本视角下的村改居社区治理研究》等3项课题，申报数量和立项成功率较往年提高。对接中央党校、市委党校的课题指南，对接区委、区政府中心工作，对接校院课程改革，编制发布2014年度科研指南，共4类77项。校内立项课题14个，其中重点课题7个、一般课题7个。（冯统成）

【市委党校一行到区委党校调研】 5月16日，市委党校校委委员、副巡视员张志伟一行到区委党校就主体班办学质量评估标准、主体班教学大纲修订等进行调研。双方就如何进一步提高主体班教学大纲修订的科学性、针对性和实效性以及主体班办学评估标准的可行性、指导性进行交流探讨。（冯统成）

【召开首届科研项目立项评审会】 5月27日，区委党校召开科研项目立项专家评审会，区委党校学术委员会专家组部分成员出席评审会，14个课题通过评审。申报人汇报开题报告，专家组成员对每个课题进行点评和辅导，在通过的课题中确定7个重点课题和7个非重点课题。（冯统成）

【举办中青年居民区书记访谈】 6月

区委党校组织开展学习习近平总书记关于科学发展系列讲话辅导报告
（区委党校供稿）

12日，区委党校以"在服务群众、服务基层中成长"为主题，举办长宁区中青年居民区书记访谈。访谈特邀区内富有群众工作经验的三名优秀中青年居民区书记作为嘉宾，围绕"走上居民区书记岗位的原因""居民区书记的酸甜苦辣""居民区群众工作的方式方法""如何成为敢于担当的居民区书记"等话题进行，并开展提问互动。（冯统成）

【举办新任副处级干部专题培训班】 10月16日，由区委组织部、区委党校举办的2014年长宁区新任副处级干部专题培训班开班。区委组织部副部长作开班动员，区委党校常务副校长主持。培训为期两天，30名换届以来新提任、军转的副处级干部参加。培训分为"理论学习""能力提升""法治思维""廉政教育"四个专题进行，采用讲授式、研讨式、案例式等多种教学方式，增强教育培训的针对性和实效性。（冯统成）

【举办"十八届四中全会精神解读"教学研讨会】 11月29日，区委党校举办"十八届四中全会精神解读"教学研讨会，复旦大学教授郭建、华东政法大学副教授潘小军、市委党校副教授何海兵、长宁区律师工作委员会主任刘习赟出席研讨会并点评，部分街道党工委副书记参加会议。研讨会分别展示"弘扬法治精神、推进依法治国""让法治精神成为信仰""十八届四中全会精神解读——依法执政专题"等课程。教研室针对"十八届四中全会精神解读"宣讲工作进行专题发言，街道党工委副书记就课程展示和宣讲进行座谈交流。（冯统成）

【召开2014年度科研工作总结交流暨第一届学术年会】 12月20日，区委党校召开2014年度科研工作总结交流暨第一届学术年会，区委常委、区委副书记、区委党校校长李昕出席并讲话，市委党校校务委员会委员、副巡视员张志伟、李宁出席。"关于'凝聚力工程'的实践创新与理论思考""领导干部趋势领导力研究""党校干部教育后培训机制的探索与研究""刍议社会组织的孵化与培育"等部分科研成果进行交流发言，与会专家进行点评，并对科研工作提出希望和要求。（冯统成）

【《长宁党建探索》完成改版】 年内，《长宁党建探索》实现改版彩印，全年共刊发4期，文章更突出前沿性、创新性和指导性，力求做到调研文章有水平，理论文章有深度，咨政文章有高度，思想性强、接地气且具有较强实践指导意义。依托刊物平台，提高理论传播辐射力，凸显党建理论研究和宣传方面的作用。（冯统成）

表1-2 **2014年长宁区委党校重要科研成果情况表**

序号	成果名称	成果类型	发表刊物、出版物名称	作者	级别
1	群众路线的时代特征及实践创新研究	课题	市委党校课题	常俊	市级
2	从单向度到循环：现代公益组织的走向——社会企业与非营利组织的比较研究	课题	市委党校课题	段佳佩	市级
3	社会资本视角下的村改居社区治理研究	课题	市委党校课题	刘海涛	市级
4	关于"凝聚力工程"的实践创新与理论思考	论文	理论网	顾健	国家级
5	中马的西方马克思主义之维	论文	市委党校优秀科研成果	祁程	市级
6	从实践看群众工作方法的创新	论文	上海党史党建	祁程	核心期刊
7	大众文化视野下知识分子与乌托邦的交锋	论文	广西社会科学	祁程	核心期刊
8	党建引领社会协同——上海市长宁区充分发挥社会组织作用开展群众工作的探索	论文	上海党史党建	刘海涛	核心期刊
9	上海市长宁区发展楼宇经济的启示	论文	理论网	刘海涛	国家级
10	自媒体时代的舆论引导	著作	江西人民出版社	祁程、安芳华、李朝军	著作

说明：资料由区委党校办公室提供

表1-3 **2014年区委党校干部培训情况表**

序号	培训班名称	培训时间	培训对象	培训人次	办班单位	备注
1	长宁区处级单位党政主要领导干部学习贯彻习近平总书记系列讲话精神专题研讨班	1月6日—8日	处级单位党政主要领导	100	区委组织部、区委宣传部、区委党校	主体班
2	长宁区处级干部学习贯彻习近平总书记系列讲话精神专题研讨班	1月6日—2月23日	其他处级干部	297	区委组织部、区委宣传部、区委党校	主体班
3	2014年华阳社区青年干部培训班	3月24日—4月17日	华阳路街道青年干部	91	华阳路街道、区委党校	合作班

（续表一）

序号	培训班名称	培训时间	培训对象	培训人次	办班单位	备注
4	长宁区俞静工作室第十七期社区工作者基础知识培训班	3月10日—4月10日	社区工作者	23	区委组织部、区委党校、新华路街道、俞静工作室	合作班
5	2014年度长宁区《党的基础知识》培训班（第1期）	4月1日—4日	入党积极分子	74	区委组织部、区委党校	合作班
6	2014年度长宁区《党的基础知识》培训班（第2期）	4月8日—11日	入党积极分子	65	区委组织部、区委党校	合作班
7	2014年度长宁区新上岗党组织书记培训班	4月15日—17日	新上岗党组织书记	82	区委组织部、区委党校	合作班
8	上海万宏集团党组织书记、厂长（经理）、工会主席培训班	4月16日—18日	党组织书记、厂长（经理）、工会主席	60	万宏集团、区委党校	合作班
9	九华集团2014年青年干部培训班	5月13日—15日	青年干部	65	九华集团、区委党校	合作班
10	2014年长宁区“两新”组织《党的基础知识》培训班	6月7日—7月7日	入党积极分子	101	区社工委、区委党校	合作班
11	长宁区俞静工作室第十八期社区工作者基础知识培训班	6月10日—7月10日	社区工作者	23	区委组织部、区委党校、新华路街道、俞静工作室	合作班
12	2014年长宁区第八期科级领职务公务员任职培训班	6月23日—28日	新提拔的科级干部	40	区委组织部、区公务员局、区行政学院	主体班
13	2014年长宁区青年干部轮训班	7月7日—8月14日	青年干部	48	区委组织部、区委党校、团区委	主体班
14	长宁区2014年“社区服务大学生”培训	7月22日—24日	长宁区选聘的2014年服务社区大学生	19	区委组织部、区委党校、区民政局、俞静工作室	合作班
15	长宁区组工干部干部培训班	8月6日—7日	全区组织系统在职干部	113	区委组织部、区委党校	合作班
16	长宁区基层党代表培训班	8月28日	长宁区基层党代表及联络员	90	区委组织部、区委党校	合作班
17	2014年长宁区新录用公务员培训班	9月9日—19日	新录用公务员	92	区委组织部、区公务员局、区行政学院	主体班
18	2014年长宁区居民区党组织书记初任培训班	9月22日—10月14日	未满一届的居民区党组织书记	34	区委组织部、区委党校、俞静工作室	合作班
19	2014年长宁区新任副处级干部专题培训班	10月16日—17日	部分换届以来新提任、军转的副处级干部	40	区委组织部、区委党校	主体班
20	2014年长宁区非公经济人士研修班	10月23日—11月5日	区非公经济企业家	53	区委组织部、区委统战部、区委党校、区社会主义学院、区工商联	合作班
21	2014年长宁区居民区党组织书记培训班	10月27日—11月28日	各街道（镇）居民区党组织书记	185	区委组织部、区委党校	主体班
22	2014年长宁区人社系统青年干部培训班	10月31日—11月1日	人社系统青年干部	35	区人社局、区委党校	合作班
23	2014年长宁区第九期科级领职务公务员任职培训班	11月10日—15日	新提拔的科级干部	35	区委组织部、区公务员局、区行政学院	主体班
24	2014年虹桥街道青年干部培训班	11月17日—20日	虹桥街道青年干部	76	虹桥街道、区委党校	合作班
25	2014年程家桥街道科级干部学习班	11月17日—12月8日	程家桥街道科级干部	26	程家桥街道、区委党校	合作班
26	2014年长宁区第十九期《社区工作者基础知识培训班》	11月17日—12月18日	社区干部	15	区委组织部、区委党校、俞静工作室	合作班
27	2014年长宁区绿化和市容管理局管理人员培训班（第一期）	11月25日—27日	绿化和市容管理局管理人员	62	区绿化和市容管理局、区委党校	合作班

（续表二）

序号	培训班名称	培训时间	培训对象	培训人次	办班单位	备注
28	2014年江苏社区青年干部培训班（第一期）	11月25日—27日	社区青年干部	45	江苏路街道、区委党校	合作班
29	2014年江苏社区青年干部培训班（第二期）	11月28日—12月1日	社区青年干部	47	江苏路街道、区委党校	合作班
30	2014年长宁区老干部党的十八届四中全会精神理论学习班	12月1日—4日	离退休老干部	100	区委组织部、区老干部局、区委党校	合作班
31	2014年度长宁区组织员培训班	12月12日	组织员	92	区委组织部、区委党校	合作班
32	2014年长宁区绿化和市容管理局管理人员培训班（第二期）	12月23日—25日	绿化和市容管理局管理人员	60	区绿化和市容管理局、区委党校	合作班
33	2014年度机关党员干部系列学习班	6月	机关党员干部	180	区机关党工委、区委党校	合作班
34	2014年度机关党员干部系列学习班	8月	机关党员干部	180	区机关党工委、区委党校	合作班
35	2014年度机关党员干部系列学习班	10月	机关党员干部	180	区机关党工委、区委党校	合作班
36	2014年度机关党员干部系列学习班	12月	机关党员干部	180	区机关党工委、区委党校	合作班

说明：资料由区委党校办公室提供

（十五）社会主义学院工作

【概况】 2014年，区社会主义学院抓住党外代表人士教育培训工作大发展的机遇，发挥“统战教育培训基地、理论研究基地、学习宣传基地”的作用，全年共开展各类统战教育培训、讲座20期，其中，举办培训班16期，参加学习培训的学员共654人次。围绕形势政策和社会热点问题，举办同舟讲坛4期，参加学习培训的学员360人次。（徐　丹）

【召开统战理论研究会全体会员会议】 5月28日，区社会主义学院与区委统战部联合召开2014年度长宁区统战理论研究会全体会员会议。会议报告统战理论研究会工作情况，介绍2014年度统战调研重点方向，宣布《关于调整长宁区统战理论研究会的构成人员的决定》，调整充实统战理论研究会成员。全体会员交流调研工作，讨论调研课题。区委常委、统战部部长刘春景参加会议并讲话。（徐　丹）

【召开社会主义学院复院二十五周年暨专题研讨会】 11月12日，区社会主义学院召开复院二十五周年暨专题研讨会，区委常委、统战部部长、区社会主义学院院长陈志奇，区巡视员、政协党组副书记刘春景，历任区社会主义学院院长、副院长、区委统战部领导班子，以及区各民主党派主委等30人参加会议。（徐　丹）

11月12日，区社会主义学院召开复院二十五周年暨专题研讨会
（区社会主义学院供稿）

【举办各民主党派新成员学习班】 11月27日—28日，区社会主义学院、区委统战部会同区各民主党派区委联合举办“长宁区2014年各民主党派新成员学习班”。市社会主义学院副院长姚俭建作《依法治国与参政议政、民主监督》辅导报告；市委党校教授周建勇作《中国政党制度与政治发展》辅导报告；市委党校教授黄真作《中国周边安全与对外战略》辅导报告；区政协副秘书长、专委办主任徐新霞作《协商民主与人民政协》辅导报告；民建区委副主委程茂源作《如何做好社情民意信息工作》辅导报告。100余名2012年后加入各民主党派组织的新成员参加学习。

（徐　丹）

表1-4　　2014年长宁区社会主义学院培训班一览表

序号	培训班名称	培训时间	培训人次
1	政协新委员培训班	1月2日	9
2	基层新任统战分管领导和统战干部培训班	1月9日	21
3	基层侨联干部学习培训班	2月27日	80
4	全国人大会议精神传达报告会	3月19日	200
5	民建区委扩大学习会	3月26日	40
6	宗教活动场所消防安全培训班	4月10日	40
7	民建收藏讲座	5月7日	90
8	农工党中青班	6月3日—4日	40
9	党派正副主委学习班	6月11日	40
10	长宁区涉外宗教事务监督管理联席学习班	6月26日	20
11	第七届民族联理事培训班	6月27日—29日	30
12	统战信息员培训班	6月27日	30
13	长宁区侨联六届八次全委学习会	7月4日	20
14	民盟、民进骨干班	7月10日	80
15	科普文化讲座	7月25日	50
16	国防安全讲座	8月4日	20
17	民革参政议政大家谈培训班	10月21日	45
18	2014年长宁区非公经济人士研修班	10月23日—24日	54
19	政协新委员培训班	10月28日	5
20	党派新成员学习班	11月27日—28日	100

说明：资料由区社会主义学院提供

（栏目编辑　钱　萍）

(一)综　述

2014年,区人大常委会依法履行各项职责,发挥地方国家权力机关的职能作用。

围绕区域经济,促进平稳健康发展。区人大常委会听取政府关于加快楼宇经济发展情况、国资国企改革推进情况、区经济运行、税收和区级财政收入以及"招留增"情况,为促进区域经济创新驱动发展、经济转型升级建言献策;组织人大代表走访航空物流、商贸商业、电子商务、信息服务、文化创意等重点企业,了解企业经营状况,反映企业的困难和意见;听取区财政局关于财政支出绩效评价情况的汇报,组织部分工委委员、人大代表参与财政支出绩效评价工作。

重视民生保障,加快社会事业发展。区人大常委会组织代表视察儿童脑瘫早期筛查试点项目、婚姻登记、社会救助和宗教等场所建设管理情况等。听取区政府关于食品安全工作的报告,支持区政府全面推行食品安全监管新体制;听取和审议区政府关于贯彻落实市、区中长期教育改革与发展规划纲要,推进基础教育优质均衡发展情况的报告;审议区政府关于"智慧社区、数字惠民"情况的报告;听取区政府关于招生考试工作的报告,督促政府部门严格落实义务教育阶段公办学校"免试相对就近入学"原则;听取区政府关于养老情况的报告,组织代表就"2015年至2025年长宁区养老设施布局专项规划"提出意见建议;跟踪监督医疗卫生体制改革情况以及深化家庭医生责任制建设情况。

聚焦城区管理,推进文明城区复评工作。区人大常委会听取和审议区政府关于实施第五轮环保三年行动计划的报告;到区房管局、区绿化市容局、区建交委等相关部门开展关于市容环境管理"三项顽症""五个周边"的专项调研,听取区政府关于整治违法建筑情况的报告,推进建立巡查发现和及时处置机制;听取区文明办关于迎接全国文明城区复评工作情况通报,先后组织50余名代表到居民区、菜场、学校、宾馆等场所,对全区市容环境、城区建设、窗口服务等开展视察;跟踪《上海市建设工程质量和安全管理条例》贯彻落实情况;听取区政府贯彻实施《上海市城乡规划条例》的报告。

加大司法监督,推动依法治区建设。区人大常委会召开民诉法贯彻执行情况调研,审议区法院关于民诉法贯彻执行情况的报告;到区检察院调研反贪污贿赂工作,专题审议区检察院关于反贪污贿赂工作情况的报告;组织代表到法院旁听庭审83人次,参加区检察院控告案公开听证会;听取政府规范性文件备案审查工作的汇报;听取区贯彻实施归侨侨眷权益保护法、社会团体登记管理情况的报告;召开"深化行政审批制度改革、加快转变政府职能"专项监督工作座谈会;到区司法局调研社区矫正工作,提出对健全社区矫正制度的监督。

规范选举任免工作,依法行使任免权。区人大常委会组织代表选举工作,用制度保障选举过程的依法公开公正;坚持党管干部和人大依法行使任免权的统一,加强任后监督,要求被任命政府部门负责人在任命后一个月内向人大常委会提交就职报告并向社会公布,接受全区人民监督。

(秦悦婷)

(二)重要会议与决定

【概况】 2014年,区人大常委会围绕推进改革发展、社会稳定、民生改善和民主法治,依法履行监督职责,提高监督实效。年内召开区十五届人民代表大会第五次会议、8次常委会会议和14次主任会议,共听取和审议"一府两院"专项工作报告34项。监督区政府和区法院、区检察院的相关工作。

(秦悦婷)

【举行区十五届人大五次会议】 1月13日—15日,举行区十五届人大五次会议。区十五届人大常委会主任朱言文主持会议。区委副书记、区长谢峰作政府工作报告;区财政局局长作关于区2013年预算执行情况和2014年预算(草案)的报告;朱言文作十五届人大常委会工作报告;区人民法院院长陈亚娟作区法院工作报告;区人民检察院检察长陈明作区检察院工作报告。会议表决通过《关于长宁区人民政府工作报告的决议》《关于

表 2-1　　2014 年长宁区人大常委会会议一览表

序号	会议时间	会议名称	主　要　内　容
1	2月28日	区十五届人大常委会第十七次会议	审议和通过有关人事任免事项，通报区十五届人大五次会议代表审议常委会工作报告的情况，审议和通过常委会2014年度工作要点(草案)
2	4月25日	区十五届人大常委会第十八次会议	审议和通过有关人事任免事项，听取和审议区政府关于代表书面意见办理情况的报告，听取和审议区法院关于代表书面意见办理情况的报告，听取和审议区法院关于民诉法贯彻执行情况的报告，审议和通过区人大常委会代表资格审查委员会关于终止乐季准区十五届人大代表资格的报告
3	6月25日	区十五届人大常委会第十九次会议	审议和通过有关人事任免事项，听取和审议区政府关于贯彻落实市、区中长期教育改革与发展规划纲要，推进基础教育优质均衡发展情况的报告，听取和审议区政府关于实施第五轮环保三年行动计划情况的报告，讨论、通过关于召开2014年长宁区人大代表会议的决定(草案)，审议和通过区人大常委会代表资格审查委员会关于终止梁嘉声区十五届人大代表资格的报告
4	8月27日	区十五届人大常委会第二十次会议	审议和通过有关人事任免事项，听取和审议区政府关于以迎接全国文明城区创评工作为契机，加强区市政市容建设与管理的情况报告，听取和审议区政府关于2013年度本级预算执行和其他财政收支审计工作情况的报告，听取和审议区政府关于2014年上半年预算执行情况的报告，审查和批准区政府2013年决算
5	10月29日	区十五届人大常委会第二十一次会议	审议和通过有关人事任免事项，听取和审议区政府关于智慧社区、数字惠民情况的报告，听取和审议区政府关于加快楼宇经济发展情况的报告，并进行专题询问，审议和通过区人大常委会代表资格审查委员会关于终止李忠兴区十五届人大代表资格的报告
6	11月28日	区十五届人大常委会第二十二次会议	听取和审议区政府关于2014年预算调整情况的报告，审议和通过有关人事任免事项，讨论、通过关于召开区十五届人大六次会议的决定(草案)
7	12月22日	区十五届人大常委会第二十三次会议	补选市十四届人民代表大会代表
8	12月19日	区十五届人大常委会第二十四次会议	听取和审议区政府关于2014年预算执行情况和2015年预算草案的报告，听取和审议区政府关于长宁区2015年国民经济和社会发展计划草案的报告，书面听取和审议区政府关于审计整改情况的报告，书面听取和审议区政府关于贯彻落实《上海市城乡规划条例》情况的报告，讨论区人大常委会工作报告(草案)，审议和通过区人大常委会代表资格审查委员会关于补选的区十五届人大代表资格审查的报告，听取区人大常委会代表资格审查委员会关于区人大代表变动情况的报告，讨论、决定关于召开区十五届人大六次会议的有关事项

说明：资料由区人大常委会办公室提供

1月13日—15日，长宁区举行第十五届人民代表大会第五次会议

（区人大办供稿）

长宁区2013年预算执行情况和2014年预算报告的决议》《关于长宁区人大常委会工作报告的决议》《关于长宁区人民法院工作报告的决议》《关于长宁区人民检察院工作报告的决议》。区委书记卞百平讲话。（秦悦婷）

【作出关于召开2014年长宁区人大代表会议的决定】 6月25日，区十五届人大常委会举行第十九次会议，讨论通过《关于召开2014年长宁区人大代表会议的决定》。该决定明确，上海市2014年长宁区人大代表会议7月29日召开，会期1天。（秦悦婷）

【举行2014年长宁区人大代表会议】 7月29日，区十五届人民代表大会召开区人大代表会议。区委书记卞百平

出席，区委副书记、区长谢峰代表区政府向全体人大代表、政协委员报告区政府 2014 年度上半年工作情况。区人大代表分成 10 个代表组对区政府上半年工作情况进行评议。（秦悦婷）

【作出关于召开区十五届人大六次会议的决定】 11 月 28 日，区十五届人大常委会举行第二十二次会议，讨论通过《关于召开上海市长宁区第十五届人民代表大会第六次会议的决定》。该决定明确，上海市长宁区第十五届人民代表大会第六次会议于 2015 年 1 月 20 日召开，会期 3 天。（秦悦婷）

10 月 31 日—11 月 7 日，区人大常委会联手区总工会、区人社局开展职代会贯彻情况监督调研（区人大办供稿）

（三）监督工作

【概况】 2014 年，区人大常委会围绕年度重点工作的安排，依法履行监督职责，发挥监督作用。把推动转变经济发展方式、关注民生改善作为依法履职的重点内容，通过开展各类监督活动，推动区域经济全面协调可持续发展，解决事关群众切身利益的热点问题，促进政府依法行政，法院、检察院公正司法，建立城市管理长效机制。（秦悦婷）

【组织代表对食品安全监督执法检查】 6 月 18 日，由区人大常委会副主任陆继业带队，率市、区人大代表和教工委委员对区食品安全工作进行监督执法检查。代表们听取区食安办关于政府相关部门依法开展食品安全监督管理情况的汇报；并对美天副食品公司虹康集贸市场和西郊百联世纪联华超市进行实地检查。代表重点检查集贸市场的环境卫生、肉类食品进货渠道，检查是否有经营许可证、健康证，进货台账，检查超市食品进货日期、食品包装以及食品保质期情况等。（秦悦婷）

10 月 22 日，区人大常委会视察“智慧社区”“数字惠民”工作（区人大办供稿）

【开展职代会贯彻情况监督调研】 10 月 31 日—11 月 7 日，区人大常委会联手区总工会、区人社局开展《上海市职工代表大会条例》贯彻执行情况和推进厂务公开民主管理的专项监督调研。该专项监督调研成立 3 个监督调研组，召开 10 个非公企业座谈会，分别听取 10 个街道（镇）和 10 个非公企业民主管理制度和职代会制度落实情况，并设立主会场和分会场，21 家企业观摩；20 名区人大代表参加；监督调研组召开由 100 余名职工参加的座谈讨论，听取职工代表意见和建议，并予以书面测评；查看开展活动档案记录。区人大常委会副主任刘英、余小雄分别参加相关活动。（秦悦婷）

【做好预算审查监督工作】 年内，区人大常委会听取和审议区政府 2014 年上半年预算执行情况报告、2013 年决算报告、2013 年预算执行和其他财政收支的审计工作报告，决定批准长宁区 2013 年决算；听取和审查区政府 2014 年预算调整方案，决定批准长宁区 2014 预算调整方案；书面审议区政府审计整改情况的报告，听取和审议区政府关于 2014 年预算执行情况和 2015 年预算草案的报告，开展预算草案初步审查；国有资本经营预算 2014

年第一次纳入总预算，了解政府层面试编情况，做好全口径预算管理监督工作，完善规范国有资本经营预算编制。（秦悦婷）

【加强新法贯彻执行监督】 年内，区人大常委会围绕民诉法贯彻执行情况开展调研，3月，召开驻区律师事务所专题座谈会，邀请新华所、九州所、海华所、君悦所、海耀所、炜衡所、瑞富所等，听取新《民事诉讼法》颁布一年多时间来，在贯彻执行中还需要改进和完善的地方，提出意见建议；同时听取区检察院对民诉法监督情况的报告；4月25日，专题审议区法院关于《民事诉讼法》贯彻执行情况的报告，要求审判机关就该法律贯彻执行情况加强调查研究，确保新《民事诉讼法》有效贯彻执行。（秦悦婷）

（四）视察活动

【概况】 2014年，区人大常委会围绕楼宇经济、智慧社区、数字惠民等专题，组织代表近500人次开展视察和调研。依法履行职责，了解政府各项工作进展程度，推动全区社会经济各项工作任务开展。（秦悦婷）

表2-2 2014年区人大常委会组织的视察活动一览表

视察时间	视察内容	参加人员
2月9日	视察食药监分局，调研食品安全监管工作	区人大常委会主任副主任陆继业、教工委负责人
2月27日	视察周家桥街道天山华庭居民区，调研选区代表联系点（试点）建设工作	区人大常委会主任副主任余小雄、代表工作室
3月25日	视察新泾镇人大，调研人大工作和区委课题推进情况	区人大常委会主任朱言文、副主任余小雄、部分常委会组成人员
3月27日	视察区教育局，听取2014年教育工作重点的汇报	区人大常委会副主任陆继业、教工委负责人
4月18日	视察上海虹桥机场和青浦上海区域空中交通管制中心，实地查看T2航站楼、指挥中心、交管现场等，听取上海机场集团董事长李德润介绍上海机场建设情况和民航华东空管局上海区域空中交通管制中心书记朱士新的情况介绍	区人大常委会主任朱言文，副主任王瑾、陆继业、刘英、余小雄，部分市代表、区人大常委会组成人员
6月11日	视察税务分局，听取税务长宁分局局长洪新卫关于长宁区税收情况的汇报	区人大常委会主任朱言文，副主任王瑾、陆继业，财经工委负责人
7月16日	视察区科委，就如何推进长宁区“精品城区、绿色城区、活力城区”建设，提升城区居民的信息素养和应用技能，推进智慧社区建设，加快推进数字惠民项目落实，不断提升智慧应用水平和惠民实效等进行沟通	区人大常委会副主任陆继业、教工委委员
8月6日	视察区安监局，就长宁区当前安全生产情况进行调研	区人大常委会副主任王瑾、财经工委委员
8月21日	视察区民政局，调研区“民生+科技”社区服务信息化建设情况	区人大常委会副主任陆继业、教工委委员和部分区人大代表
8月22日	视察区司法局，调研社区矫正工作	区人大常委会副主任刘英、内司工委、部分区人大代表
10月22日	视察区市民学习中心、长宁妇幼保健院、区科委，了解区“智慧社区”和“数字惠民”推进情况	区人大常委会主任朱言文，副主任王瑾、陆继业、刘英、余小雄，部分常委会委员
10月28日	视察区妇幼保健院、佳佳母婴GMS筛查室、虹桥社区卫生服务中心，听取区妇联、妇幼保健院新一轮“国务院妇女儿童发展纲要示范区”婴幼儿脑瘫早期筛查试点项目进展情况的介绍	区人大常委会副主任刘英、内司工委部分委员
11月20日	视察婚登中心和救助站，了解《婚姻登记条例》和《城市生活无着落的流浪乞讨人员救助管理办法》在长宁区实施情况	区人大常委会主任朱言文，副主任王瑾、陆继业、刘英、余小雄，常委会委员，部分区人大代表和人大机关人员
12月25日	区十五届人大六次会议会前视察，经济发展、城市建设管理、民生保障、社会事业四个专题，实地察看凌空SOHO项目、财富天地、长宁区行政服务中心、福缘湾项目、临空2号公园、金虹桥国际中心等12个视察点，了解长宁经济社会发展重点项目建设推进情况	区人大常委会主任朱言文，副主任王瑾、陆继业、刘英、余小雄、邱华云以及200余名区人大代表

说明：资料由区人大常委会办公室提供

表 2-3　　2014 年区人大常委会任命的正处级以上干部一览表

时　间	会　　议	姓　名	任　命　职　务
2 月 28 日	区十五届人大常委会第十七次会议	朱　辉	长宁区国有资产监督管理委员会主任
4 月 25 日	区十五届人大常委会第十八次会议	杨东升	长宁区科学技术委员会主任
8 月 27 日	区十五届人大常委会第二十次会议	赵丹丹	长宁区副区长
8 月 27 日	区十五届人大常委会第二十次会议	卞晓清	长宁区监察局局长
10 月 29 日	区十五届人大常委会第二十一次会议	翁华建	长宁区副区长
10 月 29 日	区十五届人大常委会第二十一次会议	夏利民	长宁区市场监督管理局局长

说明：资料由区人大常委会办公室提供

（五）人事任免工作

【概况】 2014 年，区人大常委会依法任免国家机关工作人员 26 人次，任命人民陪审员 77 人次。其中，任免人大常委会工作机构人员 1 人次，任免政府组成人员 10 人次，任免法院和检察院工作人员 15 人次。（秦悦婷）

（六）代表工作

【概况】 2014 年，区人大常委会发挥闭会期间的代表作用，引导和组织代表参与管理地方国家事务，拓宽代表知情知政渠道。组织代表参加常委会组织的各类报告会、区情通报会、讲座和培训，使代表更全面了解当前形势任务、国情市情区情和社情民意。组织代表参加常委会的执法检查、调查研究、视察、专题询问、跟踪督办、公开听证等监督活动，听取代表的意见建议，共邀请代表 57 人次列席常委会会议，200 余人次代表参加各类代表接待选民活动，170 余人次代表下选区传达人代会精神，122 人次代表参加市、区人大组织的座谈会，83 人次代表分批参加旁听法院庭审，300 余名代表代表参加“自贸区建设”的专题讲座和“转型背景下的城市文化软实力”的专题讲座。组织代表参加区“一府两院”各类座谈会、征求意见会和专业性会议，直接反映民情民意，为长宁区发展建言献策。按照法定程序，终止 4 名代表资格，补选区人大代表 6 人，市人大代表 2 人。（秦悦婷）

【开展代表书面意见重点督办】 1 月 13 日—15 日，在举行区十五届人大五次会议期间，区人大常委会对代表提出的书面意见进行登记分送、统计分析，组织现场处理代表意见。闭会期间及时登记代表书面意见，转交区政府办理。起草《常委会领导重点督办书面意见办理方案》，对完善“四医联动”、养老工作、旧区改造、城区管理顽症等书面意见由常委会领导分别牵头开展重点督办。对 2012 年度区人大代表提出的书面意见进行“回头看”，汲取代表意见建议，探索由相关工委进行跟踪督办。收集汇总代表满意度评价，组织推荐表彰优秀代表书面意见。2014 年共收到代表书面意见 120 件，采纳解决 94 件，解决采纳率为 78.3%。（秦悦婷）

【扩大选区人大代表联系点试点】 年内，区人大常委会扩大选区人大代表联系点试点范围，计划在 50%的选区设立选区人大代表联系点，在选区成立一支联系人队伍，依据社区单位的规模设立联系点或联系人，为代表在选区履职提供联系和服务保障。选区联系人协助人大代表收集选民意见建议，代表通过选区联系人将有关政策精神传达给选民，通过“双向预约”解决选民联系代表、代表联系服务群众“最后一公里”问题。8 月起，10 个街道（镇）通过集中授牌和直接挂牌等不同形式设立选区人大代表联系点共 80 个，达到所有选区的 66.7%。选区人大代表联系点试点以来，共接待来信来访 374 人次（件次），收集各类意见建议 233 件，其中通过街道、居民区直接解决的 175 件，转化为区代表书面意见处理的 17 件，市代表书面意见处理的 1 件。（秦悦婷）

区人大代表选区代表联系点成立仪式　　（区人大办供稿）

（七）调研工作

【概况】 2014年，区人大常委会牵头开展“进一步加强人口综合管理，严格控制人口规模、优化人口结构”课题调研，提出长宁区全面加强人口综合管理服务的基本原则和“三管齐下、十项举措”的实施方案建议。指导区人大工作研究会开展关于深化行政审批制度改革等6个课题的调研。指导各街道（镇）人大代表组开展代表调研活动，形成11个调研报告，指导区人大工作研究会开展相关课题调研。（秦悦婷）

【坚持“人大调研日”活动】 年内，区人大常委会将每周四确定为调研日，由区人大常委会领导带队到区工商、税务、科技、教育、公安等部门和新泾镇以及基层企事业单位走访调研，各委室结合工作开展基层调研，形成了关于加快楼宇经济发展、推进义务教育优质均衡发展、区涉外社会组织服务与监管、区域城市建设与管理公共安全情况等14个专题调研报告。（秦悦婷）

【指导区人大工作研究会开展课题调研】 年内，区人大常委会指导区人大工作研究会牵头开展经济建设和社会发展课题，完成《关于完善专题询问的实践与思考》《长宁老年人养老问题调研》《探索“保调衔接”创新医调机制》《关于长宁区境外非政府组织服务与有效监管的调研报告》《关于〈上海市精神卫生条例〉修改的调研报告》和《关于进一步深化长宁区行政审批制度改革工作的调研》6个课题报告，其中《探索“保调衔接”创新医调机制》获上海市三等奖。（秦悦婷）

（栏目编辑　钱　萍）

兆丰十二景之独木傲雪　　（《长宁时报》供稿）

三　长宁区人民政府

（一）综　述

2014年，全区财政收入完成308.03亿元，比上年增长12.33%，其中，区级财政收入完成117.18亿元，比上年增长8.13%，总量继续位居中心城区前列。落实国家信息消费试点，推动产业发展转型、新经济增长点培育、商业模式创新、企业服务优化。产业转型升级成效明显。服务业税收占全区税收比重近97%，其中现代服务业税收占全区税收比重近74%。航空服务业发展态势良好，集聚一批航空管理及专业服务机构、航空业龙头企业。房地产业税收占全区税收比重为16.5%，比上年同期下降2.6%。落实张江长宁园政策，依托大数据、互联网等新技术，与市相关部门联手打造“虹桥互联网金融财富天地”。推动平台经济发展，长宁区3家企业被认定为“2014年上海平台示范企业”。“招留增”服务得到优化，新增跨国公司地区总部3家。围绕楼宇经济发展提升综合服务能力，重点经济楼宇税收落地率提高到53.09%，全区税收“亿元楼”达21幢。落实国务院“营改增”试点范围扩大和小微企业税收减免政策，为各类企业减轻负担。创新推出集股权质押、知识产权出资等为一体的小微企业投融资服务套餐。完善重点区域功能。围绕三大经济组团，加快推进经济楼宇、路网结构、景观灯光等建设。推进来福士广场等21个在建项目，开工项目3个，竣工项目3个、竣工面积达47.7万平方米。建成虹桥古北地区景观灯光提升一期工程，紫云西路完成辟通，遵义路等3条地下通道建设实施。完成临空地区淞虹路、可乐路等道路改建主体工程。启动东片区城市设计和部分市政道路建设。配合推进北翟快速路等市重大工程建设。

深入开展党的群众路线教育实践活动，贯彻落实中央八项规定精神和市委、市政府30条实施办法，全区性大会比上年下降34%，区政府文件比上年下降14%。严格控制“三公”经费支出，全年“三公”经费支出0.4亿元，比上年下降5.1%，因公临时出国(境)减少15批次129人。长宁区在全国“六五”普法中期评估中被评为先进。依法接受区人大及其常委会的监督、主动接受区政协的民主监督，人大代表书面意见和政协提案全部按时办结。“十三五”规划编制工作全面启动。依法主动公开政府信息3 763条、受理依申请公开政府信息申请902条。将财政信息公开范围扩大到部门预决算和“三公”经费预决算，推进政府经济数据、公共服务等信息资源向社会开放。重视发挥微博、微信等新媒体作用。规范机关事业单位用工，清退编外人员588人。

（彭燕晨）

（二）重要会议

【概况】 2014年，区政府召开工作会议4次，区政府经济运行分析会3次，区政府常务会议25次。（彭燕晨）

【召开区政府工作会议4次】 1月28日，区政府召开第九次工作会议暨区安全生产签约大会。区长谢峰指出，2014年是改革统领经济社会发展的一年，是党的群众路线教育实践活动基本贯穿始终的一年，是转型发展、稳定增长、惠及民生任务艰巨的一年。4月16日，区政府召开第十次工作会议。会议要求，全区上下以群众路线教育实践活动为契机，狠抓工作作风转变，力推工作举措落实，做到“双促进、两不误”。7月15日，区政府召开第十一次工作会议。会议要求全区以改革统领全局，推行重点领域改革措施；以全国文明城区创评为抓手，破解社会治理和城区管理顽症难题。10月27日，区政府召开第十二次工作会议。市发改委副主任王思政就“十三五”规划编制工作作辅导报告。（彭燕晨）

【召开区政府经济运行分析会3次】 4月11日，区召开一季度经济运行分析会。区长谢峰指出，要准确把握当前发展形势，切实增强做好经济工作的责任感和紧迫感，按照“时间过半、任务超半”的目标要求，推进二季度工作。7月9日，区政府召开上半年经济运行分析会暨“四个服务”工作推进会。会议要求认清形势、找准问题，增强忧患意识、机遇意识，突破制约发展瓶颈。10月10日，区政府召开第三季度经济运行分析会。谢峰指出，四季度工作要聚焦重点、创新转型，围绕经济发展指标和改革重

点、社会事业与公共服务、城市管理与常态长效、基层基础等重点，科学谋划下年工作。（彭燕晨）

表 3-1　　2014 年长宁区政府常务会议一览表

1	1月27日	人事任免；关于区政府2014年重点工作目标编制情况；关于2014年区人大代表书面意见和政协提案有关情况；关于区与国家开发银行签订支持区建设开发性金融合作备忘录汇报；审议关于《进一步规范长宁区代建项目管理工作意见》；审议关于调整区征地养老人员生活费和节日补助标准
2	3月3日	人事任免；审议《长宁区政府实事项目管理办法（试行）》；审议《长宁区公共安全电子巡查日志工作规定（暂行）》
3	3月10日	传达全国和上海市近期一系列重要会议精神及听取相关贯彻落实工作情况；审议关于《长宁区空气重污染专项应急工作方案》；听取关于区机关事业单位编外使用工收入调整方案；关于成立新天地河滨花园居委会的汇报
4	3月24日	人事任免；关于长宁区应急管理工作相关情况的汇报
5	4月8日	审议2014年对外表彰奖项推荐人选；审议4幅旧改基地核发房屋征收决定
6	4月21日	审议2014年区“两会”期间人大代表书面意见和政协提案办理；审议基金会长宁幼儿园与福泉幼儿园实现“一体化”整合暨拟撤销福泉幼儿园建制的情况
7	5月20日	关于区政府与上海中医药大学开展区校共建工作情况的汇报；关于服务经济工作考核情况汇报；关于向市商务委申请设立商业保理试点区情况；审议《长宁区清洁空气行动计划（2013—2017）》
8	5月26日	关于开展国家基层卫生综合改革重点联系点工作情况；关于区政府与张江管委会签署人才合作意向书的汇报
9	6月3日	关于人事任免的情况汇报；审议区政府发布《长宁区人民政府关于创建“国家信息消费示范城区”的实施方案（2014—2017年）（送审稿）》
10	7月7日	审议市经信委与区政府关于推进发展软件和信息服务业、加强建设社会信用体系合作框架；审议区政府与中国电信上海分公司共建“智慧高地”战略合作框架；关于对华阳路256—272号等4幅旧改地块作出房屋征收决定汇报；关于推荐参评国务院第六次全国民族团结进步模范个人汇报
11	7月15日	审议区政府工作报告
12	7月28日	关于调整长宁区城市网格化综合管理体制情况；关于《上海市长宁区关于进一步加强违法建筑治理工作三年行动方案》汇报；关于《长宁区贯彻落实〈上海市基本公共服务体系暨2013—2015年建设规划〉实施方案》的情况；关于《长宁区土地储备融资和资金管理办法（试行）》的情况
13	8月12日	人事任免；关于区2013年财政决算报告；关于区2014年上半年预算执行情况；关于区2013年度本级预算执行和其他财政支出的审计报告
14	8月25日	审议《长宁区国资国企改革实施意见》；关于对武夷路592、594号等3幅地块作出房屋征收决定的情况；关于以迎接全国文明城区创评工作为契机，加强区市政市容建设和管理的情况汇报
15	9月1日	关于2014年上海旅游节、购物节长宁区活动暨虹桥文化之秋艺术节情况；关于对武夷路491弄旧改基地作出房屋征收决定的情况；关于区政府与浦发银行上海分行签订“全面战略合作协议”及关于区政府与浦发银行上海分行签订“政银战略合作意向书”的情况汇报
16	9月9日	人事任免；审议《关于打造上海虹桥互联网金融财富天地，推进长宁区互联网金融产业发展的建议方案》
17	9月15日	人事任免；关于区2014年度50万元以上政府投资项目预安排中期调整情况的汇报
18	9月23日	关于对115街坊（部分）旧改基地作出房屋征收决定的情况；关于“十三五”规划工作总体方案的情况
19	10月13日	关于区市场监督管理体制改革试点方案；人事任免；关于智慧社区、数字惠民建设推进的情况；关于居委会台账报表清理和社区基本公共服务目录编制工作的情况；关于加快楼宇经济发展情况；关于对安西路（延安西路—云阳路）道路改建工程基地作出房屋征收决定；关于《长宁区突发环境事故应急处置预案》和《长宁区处置核与辐射事故应急预案》编制情况
20	11月10日	区新预算法重要内容汇报；关于制定《长宁区分级分责化解信访矛盾解决群众合理诉求工作制度》汇报；关于修订《上海市长宁区人民政府办理区人大代表书面意见和政协提案办法》汇报；关于区2014年预算调整汇报；关于市金融办与长宁区人民政府签订《战略合作备忘录》；关于申报第四批长宁区非物质文化遗产保护项目的情况
21	11月24日	《上海市长宁区区级城市维护项目管理暂行办法》汇报；关于申请上海红旗车辆厂帮困资金相关情况；关于区—交大医学院合作共建理事会的汇报

（续表）

22	12月1日	关于政府职能转变和机构改革的情况汇报
23	12月8日	人事任免；关于“十三五”规划编制前期工作进展情况；关于2014年度上海市重大工程立功竞赛先进集体和先进个人评选推荐情况汇报
24	12月17日	关于区2013年度本级预算执行和其他财政收支审计查出问题整改情况的报告和关于进一步加强区内部审计工作的意见；关于区2014年预算执行情况和2015年预算安排情况汇报；关于区2014年区政府重点工作目标完成情况；关于2014年区政府实事项目完成情况和2015年预排情况；关于区2014年国民经济和社会发展计划执行情况与2015年国民经济和社会发展计划草案的汇报；关于《上海市城乡规划条例》贯彻实施情况
25	12月23日	关于区2015年度50万元以上政府投资项目预安排汇报；关于《长宁区实施最严格水资源管理制度实施意见》情况汇报

说明：由区政府办公室提供

（三）重要政事与施政纪要

【概况】 全面完成政府实事项目，民生投入不断加大，全年投入公共财政资金42.11亿元，比上年上升6.12%，确保各项民生工作落地。以旧区改造和旧小区综合整治带动居民居住环境改善，全年完成旧区改造面积4.2万平方米，剩余零星旧改地块全部启动签约并生效，完成旧小区综合整治30万平方米。新增公共停车位和临时停车位445个。提高就业、养老和救助水平。完成创业型城区创建指标，建成长宁区创业园区（孵化基地）联盟，全区新增就业岗位33 651个，帮助成功创业649人，安置就业困难人数412人，城镇失业人数控制在市政府下达指标以内。在全市率先完成养老设施布局专项规划编制工作，新增养老机构2家、床位187张。加强医养结合，新增老年护理床位100张。全年实施各类社会救助39.89万人次，资金1.04亿元。区救助管理站建成并投入使用。完成无障碍设施进家庭250户。提高社会事业服务水平。开展群众文体活动5万余场，举办上海长宁戏剧季、虹桥文化之秋等重大活动。长宁区连续三届被评为“全国文化先进区”。 （彭燕晨）

【推广自贸区制度创新】 年内，推行“一口受理”运作模式，成立区行政服务中心，再造内部流程，审批时间缩短30%。实行企业注册资本认缴登记制、“先照后证”登记制，全年新设各类企业3 382户，比上年增长30.23%。海关“分送集报”、食品与化妆品现场检验、“先出货、后报关”等贸易便利“一站式”服务。简政放权有力实施，完成第八批行政审批事项清理工作，取消17项、调整66项、承接下放13项。制定并公布涵盖25个部门、273项行政审批事项的权力清单。企业设立并联审批事项由27项增加到68项，行政审批实行标准化管理。取消8项行政事业性收费项目。（彭燕晨）

【“四新”经济培育取得进展】 年内，全区落实市委、市政府加快发展“四新”（新技术、新产业、新模式、新业态）经济要求，着力培育新经济增长点。落实好张江长宁园政策，依托大数据、互联网等新技术，与市相关部门联手打造“虹桥互联网金融财富天地”，集聚一批有影响力的企业和功能性、平台型机构。推动平台经济发展，区3家企业被认定为“2014年上海平台示范企业”。商业保理试点积极推进。注重从源头引导企业进行商业模式创新，发展体验式商业，推进重点区域商业业态调整。

（彭燕晨）

【加强“智慧社区”建设】 年内，基本建成涵盖11个部门40类公共服务数据的智慧社区云数据中心，实现医疗、交通、就业等9个方面信息实时互动。新增社区综合信息服务屏16台。建成“智慧长宁·乐e生活”网上社区生活服务中心，为居民提供养老助老、物业维修和便民生活等服务。推进社区事务受理信息系统优化试点，深化“一口受理、全区通办、全年无休”模式，全区通办项目扩大到100项。 （彭燕晨）

【提升城区生态宜居环境】 年内，全区开启“夜公园模式”，延长11个公园开放时间。建成中新泾绿地一期等5块公共绿地，新增公共绿地3.23万平方米，建成屋顶绿化7 761平方米、檐口绿化1 310米。完成第五轮环保三年行动计划确定的67项任务，强化大气污染防治，建成空气质量监测体系，实时发布环境空气质量信息，加强节能减排，稳步推进存量楼宇低碳改造，停用和拆除全区最后2台燃煤锅炉，建成“无燃煤区”。加强城市道路保洁，推进生活垃圾分类减量，全年减量13 505吨。加强景观护栏建设和非标道板、非标护栏整治。

（彭燕晨）

【推进实施9项区政府实事项目】 年内，区政府推进安居工程建设，加大小区整治力度，启动70万平方米旧小区综合整治项目，完成天原二村、福泉苑等5个标段11个小区，共计建筑面积30万平方米，占工程总量的43%。完成“家门口工程”74个项目，其中便民设施类14个，车棚雨棚类7个，楼道整治20个，路面整修8个，绿化修整22个，下水道整治3个。加强社区安全管理，提升社区技防水平，加强民众防灾减灾宣传工作，政府补贴安装12 730个窗户限位器；健全食药品网格化管理机制，10月，长宁区市场监督管理局挂牌，对应辖区10个街道(镇)建立11个市场监管所(含临空园区市场监管所);新建1个民防教育培训基地;为区内户籍居民家庭免费发放4万个应急包并组织培训;开展燃气安全普查61 578户,为符合条件的家庭免费更换燃气具1 031台;组织区域民众开展防空防灾综合演练18万人次。提升城区环境品质,加强绿地景观提升,推进环保工作,完成13个居民小区污水二级生化处理实施纳管改造工程;13个建筑工地安装扬尘在线监控系统;餐饮油烟和噪声达标整治50处;新增公共绿地32 300平方米;完成立体绿化建设7 761平方米;完成檐口绿化1 310米;完成世贸空中绿墙946平方米;完成绿篱围墙(破墙透绿)改造1 050米;完成46.6万平方米存量楼宇综合节能改造;完成市三初中、省吾中学等10所中学校园直饮水工程,实现全区中学校园直饮水全覆盖。提升社区公共服务水平,施行无障碍设施进家庭,建设轮椅坡道30处,无障碍设施改造进家庭250户,其中残疾无障碍家庭改造180户,老年无障碍家庭改造70户;新增100张老年护理床位,将机构舒缓疗护床位数增加至30张,开设居家舒缓疗护床位20张,新增居家养老服务人数600人,全区总数达15 800人。全面落实促进就业创业政策,全区新增就业岗位34 333个,完成年度目标的109%;城镇登记失业人数11 909人,控制在市下达控制目标14 820人内;帮助649人成功创业,完成年度目标620人的104.7%。新增精品小区健身示范点1个;新增百姓健身步道4条;完成84个社区健身苑点529件体育器材更新。新增综合信息服务屏15台;菜价实时采集和发布、智慧教育、智慧医疗、体育场馆预定以及就业岗位和培训信息查询服务系统开发完毕并投入使用。新建"社区影视厅"20个,完成千场免费电影放映;百场群众文化团队培训完成192场;优秀文化艺术进社区、园区、商区,配送演出、讲座等106场;中山公园、天山公园、新泾公园、虹桥河滨公园、华山儿童公园、天原公园、水霞公园开放至21点;凯桥绿地、华山绿地、延虹绿地、虹桥公园24小时开放。

(林　泓)

(四)法制工作

【概况】 2014年,区政府法制办清理行政处罚主体和行政处罚事项,理清政府的权力清单。清理后,全区共有行政处罚实施主体46家,其中法定行政机关40家,相对集中处罚权实施机构1家,法定授权组织3家,其他2家。46家行政处罚实施主体共有行政处罚事项2 425项。坚持维护社会稳定与司法强迁并举,继续推动房屋征收工作。办结信访查办件和市民投诉热线13件,办结中央巡视组重要督办件2件,参加各类信访听证会、信访化解、终结方案会。审核、报备161件政府信息公开和规范性文件。以行政复议为抓手,对行政机关进行依法行政的层级监督和指导工作;组织388名新进执法人员进行基本法培训;办理523名行政执法人员执法证换证和申领新证工作。贯彻落实领导参加行政诉讼出庭应诉和旁听工作,截至年底,全区行政机关及下设或派出机构、街道(镇)涉诉案件14件,扣除区教育局和原工商长宁分局各有1件未开庭撤诉,领导干部出庭应诉率为91.67%。行政诉讼涉诉案件开庭审理数量为57件,行政领导出庭应诉为26件,应诉率为45.6%。

(吴建中)

【做好文件审核】 年内,区政府法制办审核各类文件161件,其中区政府文件58件,区政府办公室文件57件,区各委、办、局征求意见稿39件,市有关部门7件。内容涉及组织人事、改革发展、城市建设、信息化建设、民生保障等各领域。区政府法制办结合各职能部门的反馈信息,分别草拟相应修改意见。

(吴建中)

【推进基地旧改】 年内,区政府法制办开展房屋征收(动拆迁)司法强制执行工作。完成381证579户居民的房屋征收(动拆迁)工作,11幅结转基地158证240户未完成。受理区法院移送司法强制执行案件109件,办理113件,代表区政府发出强制执行通知90件,实施司法强迁27件,经协调居民自行搬迁51件,历年来结转基地中经实施司法强迁带动242证397户居民签约。司法强迁数量比上年同期增加8件,上升42.1%,比上年全年总量增加5件。无结存未办理案件。办理涉及的相关结转基地有徐家宅、39街坊伟信置业、延安西路1290弄、江苏北路西块、汇川路北块、天山路680弄、张家宅南块、法华镇路924弄、新华路445弄、潘家塔等10幅。完成延安西路1290弄、法华镇路

区政府法制办组织各行政机关领导参加行政诉讼旁听

(区政府法制办供稿)

924弄、新华路445弄、上钢十厂绿地、徐家宅等5幅旧改基地和威宁路道路改建1幅市政基地的居民征收(动迁)工作。(吴建中)

【做好行政复议和行政诉讼】 年内，区政府法制办共接待复议申请人120余人次，收到行政复议申请75件，以函复、函告以及依法视为放弃申请等方式处理14件，依法受理61件。审结的53件案件中，维持43件、终止10件。以区政府为被告向法院提起的行政诉讼78件，其中63件维持，15件在审理中，案件内容主要涉及房屋征收、补偿决定等。区政府作为被申请人接受市政府复议审查案件共37件，其中32件维持，5件在办理中。案件内容主要涉及房屋征收、补偿决定、政府信息公开等。(吴建中)

【开展违法建筑拆除工作】 年内，经审核，以区政府名义发布的强制拆除违法建筑通告共8件，执行6件。配合区拆违办，参与研究、细化方案、实施拆除的各类违章搭建案件20余件。(吴建中)

(五)人事人才工作

【概况】 2014年，区人社局把区人事人才工作纳入到全区服务企业、服务发展、服务转型、服务人才的工作大局中，统筹抓好各类人才队伍建设，不断优化人才服务环境，为区域经济社会发展提供有力的人才保障和智力支持。推进虹桥人才特区建设，建立上海虹桥临空园区企业(人才)综合服务中心。与张江高新区开展人才合作。做好各类人才推优评选工作，完成2名上海市"千人计划"、10名上海市领军人才候选人、1名享受政府特殊津贴候选人的推荐申报工作。完成新一轮区领军、拔尖人才选拔表彰工作，表彰10名区十大领军人才、52名区第三届领军人才、50名区第八轮专业技术拔尖人才。开展创新团队推荐评选，评选出30个区级创新团队，20个后备创新团队。推出人才公寓500套，入住532人。资助近1 100名优秀人才租房补贴。推进公共人事人才服务，受理居住证积分核定7 470份；受理人才引进177人；受理解决夫妻两地分居38人；办理居住证转常住户口349人。开展公务员和事业编制人员招考录用工作，录用公务员86名，事业单位工作人员406名。推进公务员培训，分类组织开展初任培训、任职培训和法律专项培训，培训917人。区人才服务中心获2013年度"信得过"人才服务机构和服务企业优胜奖。(薛轶君)

【面向社会公开招考录用公务员】 3月—7月，区人社局开展公务员公开招考，面向社会推出公务员职位97个，报考人员1 457名，报考人数与招考岗位数比例逾15∶1，通过网上报名、笔试、面试，共录用86名，其中具有工作经历的51人，占59.3%，硕士及以上学历的35人，占40.7%。(薛轶君)

【国家公务员局副局长带队到长宁区调研】 5月8日，国家公务员局副局长吴云华带队到长宁区开展工作调研。吴云华一行参观上海凝聚力工程博物馆，并与区人社局、华阳路街道领导和有关部门负责人开展座谈交流。吴云华肯定长宁区在开展全国人民满意公务员活动中所取得的成效，对华阳路街道获"全国人民满意公务员集体"称号表示祝贺，希望长宁区以凝聚力工程为载体，以开展党的群众路线教育实践活动为契机，不断加强公务员队伍建设。(薛轶君)

【建立虹桥临空人才服务分中心】 5月26日，上海虹桥临空经济园区企业(人才)综合服务中心正式对外运营，实行公共人才服务一口受理。业务受理范围包括居住证积分管理、居住证转常住户口、人才引进、大学生就业服务、人事档案管理、职称评定受理等，为园区企业和人才提供便捷服务。(薛轶君)

【举行人才工作推进会暨领军拔尖人才命名表彰会】 6月3日，长宁区召开2014年人才工作推进会暨领军拔尖人才命名表彰会，区四套班子主要领导卞百平、谢峰、朱言文、陈建兴，区人才工作协调小组组长马列坚、副组长陈志奇出席会议，张江高新区管委会常务副主任曹振全应邀出席会议。区内新一届领军拔尖人才，大院、大校、大企等区域单位代表以及各部、委、办、局主要领导、人才干部近300人参加会议。会上以短片形式总结回顾2011—2014年长宁区人才工作，并正式揭牌成立上海虹桥临空经济园区企业(人才)综合服务中心。会议对112名获长宁区新一届"十大

6月3日，2014年人才工作推进会暨领军拔尖人才命名表彰会上，对"十大领军人才"进行表彰 (区人社局供稿)

领军人才”“领军人才”以及“专业技术拔尖人才”称号的区域优秀人才进行表彰。推进会上，长宁区与张江国家级高新技术开发区签订人才工作合作意向书。（薛轶君）

【完成机关公务员和参公单位工作人员、机关退休人员津贴补贴调整】 年内，贯彻落实《上海市调整机关公务员津贴补贴实施办法》（沪人社资〔2014〕204号）和《关于调整本市机关退休人员补贴费标准的通知》（沪人社资〔2014〕205号）文件精神，对全区机关和参公单位4 700余名工作人员的津贴补贴及2 100余名退休人员的补贴进行调整，规定从2014年6月起执行新的津贴补贴标准，从2012年1月1日至2014年5月31日的清算补发工作同步完成。（薛轶君）

【推进全区编外用工的规范管理】 年内，结合区社会管理创新工作，开展编外用工规范管理工作。以规范用工、促进管理、提升效能为原则，全面梳理编外用工情况。全区机关事业单位清退编外人员588人，其中退休聘用人员417人，劳务派遣人员（合同到期）116人，协保人员55人。（薛轶君）

（六）外事工作

【概况】 2014年，长宁区组团因公出国（境）30批，127人次；参团16批，18人次，出访国家和地区22个。区政府外事办接待韩国、日本、斯里兰卡、土耳其、捷克、斯洛伐克、波兰、厄瓜多尔、菲律宾、法国、匈牙利、美国、澳大利亚、新西兰、法属波利尼西亚及中国香港等18个国家和地区的来宾37批次，361人次。（莫晓倩）

【与土耳其伊斯坦布尔市马尔泰佩区开展交流】 2月17日，区长谢峰致信马尔泰佩区副区长Mehmet Bingol，回应双方开展友好交流的共同愿望，并邀请对方在2015年来访并进行深入交流，探讨未来两区之间开展友好交流与项目合作。（莫晓倩）

【邬达克纪念室举办第二期邬达克周活动】 3月18日—22日，由匈牙利建筑师协会、上海市长宁区邬达克文化发展中心联合主办的第二期邬达克周活动——“邬达克周—匈牙利设计论坛”在邬达克纪念室举行，副区长陈志奇、匈牙利公共行政及司法部国务秘书莫尼卡·巴拉托尼、匈牙利驻上海总领事施密特等致辞，对邬达克周活动的举行表示祝贺。在为期5天的活动中，有20名来自中匈两国的建筑师、专家、学者举办讲座并进行研讨。（莫晓倩）

【与俄罗斯圣彼得堡海军部区开展交流】 2014年是长宁区与俄罗斯圣彼得堡海军部区签署友好交流意向书12周年。3月31日，俄罗斯圣彼得堡市副市长奥列格·亚历桑德罗维奇·马尔科夫一行到虹桥经济技术开发区考察，与上海虹桥经济技术开发区联合发展有限公司负责人座谈，学习了解虹桥经济技术开发区运作情况，特别是会展业发展现状，探索恢复1992年签署的《上海虹桥经济技术开发区与圣彼得堡商务区的合作意向书》。代表团一行实地参观上海世贸商城。10月20日—23日，区委副书记李昕率团一行6人赴圣彼得堡海军部区就社会综合治理、历史建筑保护及文化传承进行交流访问。代表团参观海军部区政府官方网站和《我们的彼得堡》——圣彼得堡市官方网站，学习俄罗斯信息资源与门户网站工作；拜访海军部区居民社会服务中心、圣彼得堡第二中学、海军部区多功能中心、国家艾尔米塔什博物馆等反映社会治理和历史建筑保护成果的机构。（莫晓倩）

【与韩国首尔市江西区开展交流】 2014年是长宁区与韩国首尔市江西区建立友好交流关系7周年、正式建立友好城区关系1周年。4月18日—21日，由韩国首尔市江西区生活体育会会长李根浩带领的韩国江西区生活体育协议会代表团一行37人到长宁区开展体育交流活动。双方进行羽毛球、网球、保龄球3个项目的友好比赛。江西区体育交流团自2010年4月起，第5次访问长宁区。6月23日—25日，副区长陈志奇率社区卫生代表团访问江西区，参观江西区美滋美迪医院和威尔敦医院，就两地在社区医疗设施建设方面进行交流。9月25日—28日，长宁区代表团访问韩国首尔市江西区，与江西区体育局、生活体育协会座谈，总结和回顾两地开展体育交流项目的成果并探讨拓展新的运动项目。代表团参观麻谷休闲中心、奥运体育中心、许浚博物馆和雨装山洞居民中心，学习当地政府在居民休闲运动、体育设施管理和民生服务等方面的经验做法。10月11日—12日，江西区举办第十五届许浚节，区长谢峰发贺信，江西区区长卢显松回信，表达继续加强两区友好交流的愿望。（莫晓倩）

【与法属波利尼西亚帕皮提市开展交流】 2014年，长宁区与法属波利尼西亚帕皮提市签署友好关系备忘录。4月22日，米歇尔·比亚尔在帕皮提市大选中获胜，再次当选市长，区长谢峰发贺信。8月20日—24日，区委书记卞百平一行6人对帕皮提市进行友好访问，并正式签署《中华人民共和国上海市长宁区和法属波利尼西亚帕皮提市建立友好交流关系备忘录》。代表团受帕皮提市政府、教育界、商界和华人团体友好接待，双方共同探讨今后两地在教育交流、商贸、高端旅游等项目上的合作机制，推动友好交流的实质性项目开展。12月24日，受法属波利尼西亚教育部、帕皮提市政府委托，“中国桂冠”协会会长Noëlle TIARE一行到访长宁区，交流启动2015年3月和8月的中法波中学生交流项目细节，区外事办、区教育局、华东政法大学附属中学、仙霞高级中学、娄山中学负责人出席会议。（莫晓倩）

【非洲国家社会建设与社会管理创新部级研讨班参观长宁区社会管理联动中心】 5月9日，非洲国家社会建设与社会管理创新部级研讨班参观长宁区社会管理联动中心，学习网格化管理、应急指挥中心、市民热线和电子走访日志等城市管理和信息汇

长宁区与法属波利尼西亚帕皮提市签署友好关系备忘录

（区政府外事办供稿）

集系统的运行模式和工作流程。（莫晓倩）

【举办第四届中、日、韩艺术邀请展开幕式】 6月7日，由区政府和市创意产业协会主办的“艺用之美”第四届中、日、韩艺术邀请展开幕式在长宁图书馆举行。第十一届全国政协副主席、上海市创意产业协会会长厉无畏出席活动并宣布邀请展开幕。区委书记卞百平、区委副书记、区长谢峰、区人大常委会主任朱言文为艺术家颁发证书。中、日、韩相关机构就共同做好每年一届的中、日、韩艺术邀请展签署合作备忘录。市人大、市政协、市文广局、市经信委、市外事办相关领导、日本国驻上海总领事馆总领事小原雅博(obara masahiro)、大韩民国驻上海总领事馆总领事代表出席展览。该邀请展是迎接中国文化遗产保护日的一项重要活动，也是上海市市民文化节的主体活动之一。（莫晓倩）

【与澳大利亚新南威尔士州纽卡斯尔市开展交流】 6月16日，副区长解冬一行6人拜访纽卡斯尔市政府，就两地未来的合作领域进行探讨，为下一步两地建立友好交流关系奠定基础；推介长宁区招商环境和服务政策，包括海关、检验检疫部门先行试点等自贸区政策率先辐射长宁区项目，探索引进澳洲优质商品，推动贸易便利化等事宜。（莫晓倩）

【与加拿大安大略省旺市开展交流】 2014年是长宁区与加拿大安大略省旺市签署合作意向书4周年。6月30日，副区长张连城访问加拿大安大略省旺市，实地走访旺市大都会中心（集地铁、商圈于一体的城市综合体在建项目）和多伦多地下城PATH项目（全球最长的地下通道，全长超过27千米，联通地铁、人行步道、商场、停车场、住宅等综合设施）。与加拿大建筑师协会主席理查德·威特会谈，交流加拿大成功规划和使用数十年的地下城经验，计划借鉴到长宁区规划实施的4个地下空间建设项目。9月19日，加拿大四方建筑设计有限公司创始人布赖恩·柯拿和首席执行官理查德·威特拜访长宁区政府，与区规土局、区建交委、区城市管理指挥处置中心负责人洽谈城市地下空间连通建设项目合作。（莫晓倩）

【与新西兰奥塔哥商会和达尼丁市政府开展贸易便利化合作】 7月24日，新西兰奥塔哥商会首席执行官约翰·克里斯蒂(John Christie)、达尼丁市政府中国商务发展经理秦颖(Ying Qin)到长宁区，实地了解区推进贸易便利化的相关情况，并为达尼丁市政府在上海设立教育旅游代表处选址。代表团参观世贸商城，与加中贸易理事会、韩国京畿道上海代表处进行洽谈，进一步了解世贸商城的代表处集聚功能及对代表处的扶持政策；走访上海数字贸易有限公司，了解“金蚂蚁”一站式服务平台运作（实体体验店和网上国别商品中心同步模式）；参观虹桥贸易便利化“一站式”服务中心。10月29日，新西兰达尼丁市长戴夫·卡尔(Dave Cull)一行拜访长宁区，实地了解长宁区推进贸易便利化相关情况，并为新西兰中小企业食品出口寻求合作机遇。代表团参观世贸商城，借鉴日本商品中心的运营模式，了解世贸商城的代表处集聚功能及对代表处的扶持政策；实地走访上海数字贸易有限公司，计划推荐奥塔哥省内的中小企业在“金蚂蚁”一站式服务平台运作，推动出口奶制品、蜂蜜、冰激凌和酒类等商品。（莫晓倩）

【与日本大阪府枚方市开展交流】 2014年是长宁区与日本大阪府枚方市正式建立友好城区关系27周年。9月21日—25日，长宁区代表团参加“第14次中日友好交流会议”，顺访友城枚方市，并参观枚方市终生学习市民中心、综合体育馆、市民会馆等体育、文化设施。双方拟在社会治理创新，特别是日间照料中心、老年社区建设等领域深入开展专业交流。9月—12月，第二十七届“上海市长宁区儿童书画展”在枚方市举行，长宁区与枚方市互赠少儿书画作品100余幅，该书画交流项目自1988年启动以来，连续举办26年。（莫晓倩）

【与波兰滨海省索伯特市开展交流】 2014年是长宁区与波兰滨海省索伯特市签署友好交流意向书9周年。11月18日—19日，区委副书记李昕一行6人赴索伯特市交流，市长加采克·卡诺伍斯基会见代表团。双方就社会救助方式及法规、弱势群体救助以及社会就业孵化器等社会治理中共同遇到的问题进行交流探讨。代表团参观索伯特市阳光之家项目、老年人日间照料中心等。（莫晓倩）

（七）民族宗教事务

【概况】 2014年，长宁区有少数民族同胞1.57万人，涵盖回族、满族、壮族、朝鲜族等44个少数民族成分，区级民族团体1个，区民族联副会长兼秘书长许屹波获“国务院第六次全国民族团结进步表彰大会模范个人”荣誉称号；登记开放宗教活动场所8处，佛教、道教、天主教、基督教信教群众1.2万余人，区级宗教团体2个，宗教界全年捐赠慈善公益事业80万元。 （罗 悾）

【姜光子一行到长宁考察交流】 1月10日，东北三省朝鲜语文协作领导小组副组长、吉林省民族事务委员会党组书记姜光子一行到长宁区考察交流社区民族工作。程家桥社区（街道）党工委副书记、社区民族联分会负责人汇报关于社区民族工作，特别是朝鲜族民族工作等相关情况。

（罗 悾）

【长宁区基督教英语专场礼拜结对资助少数民族学生】 3月5日，长宁区基督教涉外英语专场礼拜结对资助少数民族学生仪式在上海市现代职业技术学校公共实训中心举行。共有9名少数民族学生获奖学金，10名少数民族学生获助学金，来自16个民族的79名少数民族学生获助学物品，总价值近5万元。 （罗 悾）

【开展宗教活动场所消防安全知识培训】 4月10日，区民宗办联合华阳路街道办事处组织开展全区宗教团体、宗教活动场所负责人及有关工作人员消防安全知识培训。授课教师结合区宗教活动场所实际情况，就宗教活动场所防火的重要性和有关消防知识进行讲解，全部学员进行灭火器实操演练。 （罗 悾）

【举行少数民族群众文艺快闪活动】 6月14日，“民族兄弟一家亲”快闪活动在虹桥街道黄金城道下沉式广场“开闪”，百余名少数民族同胞表演具有民族特色的歌舞节目。该快闪活动是区2014年民族宗教法制宣传学习月的主要活动之一。6月3日—30日，长宁区以“发挥正能量，共筑中国梦”为主题，宣传民族宗教政策法规，为民族宗教工作营造良好的社会氛围。

（罗 悾）

【开展优秀少数民族学生夏令营活动】 7月上旬，区教育局会同区民宗办、区民族联到江苏省南京市开展区少数民族优秀中小学生夏令营活动。来自回、满、白、蒙古、彝、畲、朝鲜等7个少数民族的20名少数民族优秀中学生参加活动，参观南京大屠杀纪念馆、中山陵、雨花台革命烈士纪念馆等场馆。 （罗 悾）

6月14日，少数民族开展文艺快闪活动 （区民宗办供稿）

【区民族联欢庆开斋节】 8月6日，长宁区组织区民族联理事、区民族联学习组成员30余人赴松江清真寺学习参观，庆祝一年一度的开斋节。区民族联一行参观南、北讲堂、邦克门，以及寺院大殿、窑殿、穿廊等，了解伊斯兰教有关教义教理以及上海伊斯兰教有关历史和现状。 （罗 悾）

【开展社区统战干部宗教知识培训】 10月9日—10日，区民宗办组织各街道（镇）统战干部和统战社工开展2014年宗教知识培训。邀请市民宗委副处长阿扎提、市佛学院印文法师、区基督教两会主任俞光值、曹家渡堂神甫田愿想、三泾庙道长夏玉东等为学员讲授伊斯兰教、佛教、基督教、天主教和道教有关常识，并实地参观浦东新区法华学问寺。

（罗 悾）

【赵卫星一行视察福缘禅寺】 11月5日，市委统战部副部长、市民宗委党组书记赵卫星，市民宗委副主任王君力，市佛教协会会长觉醒法师、副会长周富根一行视察建设中的长宁区佛教福缘禅寺。赵卫星表示，福缘禅院（后更名福缘禅寺）异地重建，消除闹市居民区中重大消防隐患，造福周边居民和有关信众。区委常委、统战部部长陈志奇等陪同视察，福缘禅寺仁净法师接待。 （罗 悾）

【新华社区清真食品专卖店挂牌】 11月7日，新华社区在杨宅路菜场内进行“清真食品”挂牌仪式。新华社区民族联分会副会长为店主授牌。该专卖店是长宁区第11个清真副食品基本供应点。社区少数民族只需携带有效证件便可以优惠价格购买清真牛羊肉。 （罗 悾）

（八）侨务与港澳事务

【概况】 2014年，区侨办接待海外侨团和侨领25批近200人。办理“三侨生”考试加分证明28件，华侨子女就读证明14件，归侨身份认定18件，华侨回国定居办理复核12件，处理来信4件，接待来电来访500余次。在东银中心和侨资企业力新集团新增两个“新侨人士工作站”。由区侨办牵头，区侨联、区人大侨民宗委、区政协港澳台侨委和致公党区委共同编发《长宁之侨》季刊，共出版2期。区侨办被市政府侨办评为市信息工作先进集体、市侨务信访工作先进集体；获市侨务调研优秀成果三等奖。

（潘颖藻）

【开展“侨帮侨·献爱心”活动】 1月24日，区侨办、区侨联共同举办“‘真情 真心 真爱’——‘侨帮侨·献爱心’义卖会”。全区侨界人士捐赠500余件物品；区侨商分会会长卢国富、顾问许君婉捐赠5万元；区侨商分会会员钱建华为早期归侨捐赠1万元牛奶票；各街道（镇）“侨之家”向侨界困难老人捐赠御寒物品200件；400余名侨界群众到现场购物；活动所筹款项全部捐给“上海市慈善基金会长宁区分会‘侨帮侨·献爱心’项目”，资助侨界困难群众。春节和敬老节期间，区侨办联合区侨联开展“侨界帮困送温暖”活动，慰问困难归侨侨眷2 500人（次），发放慰问款近40万元。9月2日，区侨办与区侨商分会会员企业能达基金、广发证券联合开展“拳拳敬老心、浓浓中秋情”中秋慈善敬老活动，为金福养老院、天山敬老院、天山路街道托老所近200名老人送上月饼和生活用品。

（潘颖藻）

【举办《中华人民共和国归侨侨眷权益保护法》宣传月系列活动】 3月，区侨办围绕“宣传贯彻侨法、保护侨界权益”主题，开展“侨法宣传深入社区、深入园区、深入校区、深入机关”的“四深入”活动，并召开侨界青少年教育政策专题座谈会。侨法宣传月共举行政策咨询、讲座、报告会等128次，举行侨界志愿者活动126次，发放宣传资料3万余份，受众面达13万余人。（潘颖藻）

【与外省市交流合作】 5月14日—15日，区侨办组织25名侨商赴南通考察，参观南通市经济技术开发区、栟茶镇、如东经济开发区和洋口港经济开发区等，并与相关政府部门和经济开发区负责人进行交流座谈。9月9日—13日，参加国务院侨办、市侨办“2014年侨资企业西部行活动”，组织15名侨商赴山西考察，考察太原市城郊综合整治项目、吕梁市华泰洗煤厂、孝义市煤化工业园区等近20个经贸项目，并与相关政府部门和企业召开投资座谈会，并在新能源等领域达成初步合作意向。（潘颖藻）

【举办长宁区第六届侨界艺术节系列活动】 5月—7月，区侨办联手区人大侨民宗工委、区政协港澳台侨委、致公党区委、区侨联共同举办“海上侨韵——长宁侨界艺术节”系列活动。5月9日，举办长宁区第六届侨界艺术节开幕式暨评弹专场欣赏会，邀请上海市评弹团为侨界群众作专场演出；6月23日，举办“侨与中国梦”主题演讲比赛，由侨界群众作主题演讲；6月28日，与市华侨收藏协会联手举办“侨韵臻藏——走进长宁鉴宝专场”，180余名侨界收藏爱好者参与活动，近800件藏品参与免费鉴定；7月25日，举办侨界钢琴比赛，33名侨界群众参加比赛。（潘颖藻）

【开展华文教育工作】 7月16日—30日，区侨办联手长宁海外联谊会与中国华文教育基金会、上海市海外交流协会、上海市青年联合会、上海市海峡两岸交流促进会和复旦大学共同举办“2014年优秀华裔大学生文化参访团”活动，来自美国、加拿大、英国、法国、丹麦、澳大利亚、中国台湾以及上海市的近70名优秀华裔大学生参加，访问团参观新泾镇和虹桥临空经济园区，访问世界500强企业博世（中国）有限公司、联合利华有限公司，以及台资企业统一集团和国资企业上海虹桥国际科技产业联合发展有限公司，并到华阳社区文化活动中心开展中华传统文化活动；8月4日，与中国香港（地区）商会联手，举办“‘放飞青春 成就未来’——2014香港大学生上海暑期实习团走进长宁”活动，组织香港中文大学和香港科技大学的52名大学生参观虹桥临空经济园区、天山商圈、长宁区规划展示厅等，聆听“信仰与国运”主题报告会，并与侨界代表人士开展座谈交流；指导全区10个街道（镇）开展华文夏令营，吸引华侨华人和归侨侨眷子女近300人参加。11月28日，召开区华文教育基地工作会议，区教育局、区图书馆、区少年宫、长宁民俗文化中心、刘海粟美术馆、德润书院和陆汉斌打字机博物馆的负责人以及各街道（镇）的侨务干部和社工参加。

（潘颖藻）

【举办长宁区侨界健康服务系列活动】 8月6日，区侨办开展“‘冬病夏治’养生堂”活动，由中医专家为侨界

长宁区举办第六届侨界艺术节开幕式暨评弹专场欣赏会　（区侨办供稿）

群众和新侨白领作健康讲座；8月15日，开展“午间健康直通车·满载关爱惠新侨”活动，为临空园区新侨白领送上健康测定服务；7月，开展“疾病预防健康来”活动，为65岁以上侨界群众免费接种肺炎疫苗；7—8月，开展“健康关爱到侨家”活动，与社区卫生服务中心医生一同上门看望慰问老归侨和困难侨界群众；9月24日—25日，开展“健康体检护侨行”活动，为早期归侨作免费健康体检。

（潘颖藻）

【举行区侨商分会二届三次会员大会】 9月24日，区侨商分会举行二届三次会员大会。市侨办副主任、市侨商会常务副会长刘建平，区巡视员、区侨商分会名誉会长刘春景，区委常委、统战部部长、区侨商分会名誉会长陈志奇，区侨商分会会长帅鸿元，以及分会顾问、副会长、会员等30余人参加会议。会议通报年度工作情况和下一年度工作打算。3家会员企业分别介绍企业发展情况。刘建平、刘春景和陈志奇讲话。（潘颖藻）

【举行长宁海外联谊会27周年年会】 10月17日，长宁海外联谊会举行第27周年年会。市侨办主任徐力，中国侨联副主席、市侨联主席沈敏，市委统战部副巡视员、上海海外联谊会副会长王建敏，区人大常委会主任、长宁海联会名誉会长朱言文，区政协主席、长宁海联会名誉会长陈建兴，区巡视员刘春景，区委副书记李昕，区委常委、统战部部长、长宁海联会会长陈志奇，区人大常委会副主任、长宁海联会副会长刘英，副区长、长宁海联会副会长赵丹丹，区政协副主席、长宁海联会副会长陆维清，以及长宁海联会海外名誉会长、专家顾问团顾问、副会长、理事、嘉宾等近200人参加会议。陈志奇主持论坛并作年度工作汇报，刘英主持年会。王建敏、李昕、赵丹丹讲话。复旦大学教授倪世雄作“中国新外交与实现中国梦”主题演讲。大会新增补11名海外理事，成立港澳工作委员会。

（潘颖藻）

（九）台湾事务

【概况】 2014年，区台办把握新形势下两岸关系和平发展主题，履行组织、管理、指导、协调、服务的对台工作职能，营造有利于两岸关系和平发展的政治环境和台商、台胞的投资与生活环境。推进长宁区对台交流交往、经贸合作、宣传教育、协调维稳、服务保障等方面工作。举办各类涉台活动和专场涉台形势报告会。注重涉台交流工作成效，全年共接待台湾来长宁区交流人员近230人次。区台办被中央台办宣传局评为“两刊”对台宣传先进单位，被市台办授予2014年度上海市涉台党际交流工作特色奖。（马立水）

【中国国民党台北市松山区党部交流团到长宁区交流访问】 2月19日—23日，中国国民党台北市松山区党部主委夏炳琳率领中国国民党松山区党部交流团一行21人到长宁区进行友好交流访问。2月19日，召开两区党际交流座谈会，双方回顾两区在开展党际交流和经贸、教育、文化及社区建设等方面的合作与交流情况，就进一步加强两区在党际交流及各领域的深化交流与合作达成共识。交流团参观临空经济园区、区社会管理联动中心、长宁区规划馆、华阳路街道文化中心、区法律援助中心、上海凝聚力工程博物馆等。（马立水）

【开展《台湾同胞投资保护法》宣传活动】 3月5日是《中华人民共和国台湾同胞投资保护法》颁布20周年。区台办走访统一企业、仲信国际租赁、第一银行等台资企业，征询台资企业在经营管理、创新发展过程中遇到的重点、难点问题，倾听台资企业和台商对政府部门提升法制化、科学化、规范化管理及服务等方面的意见建议；召开街道分管领导及对台工作干部、居委会干部座谈交流会，学习宣传《台湾同胞投资保护法》及《海峡两岸投资保护和促进协议》等法规。对台资企业相对较多新泾镇、虹桥街道进行重点宣传；利用“数字长宁”的信息化平台，通过机关网络全文登载并介绍法规出台背景及影响等相关内容，开展相关知识竞答活动。在《长宁时报》、各街道社区网站、居民区电子屏幕等媒体和平台上进行宣传。

（马立水）

【举办“血脉相连，情系新华”两岸三地情主题活动】 6月3日，以“血脉相连，情系新华”为主题的长宁区新华社区第九届“两岸三地情”文化联谊活动在新华社区文化中心举办。活动由居住在新华社区的美籍台湾人殷苇婷牵线，邀请美国圣地亚哥州立大学孔子学院的学生及居住在社区的台生、台商、台资企业代表等到新华社区交流中华传统文化。新华社区文化团队通过具有中华文化元素和社区特色的文艺表演，让孔子学院的师生感受到社区团队文化和中国民俗文化的精彩。社区学校剪纸班、书法班以及国画班的成员展示中国剪纸和书画艺术。（马立水）

【台湾彰化县县立儿童弦乐团与长宁区少儿民乐团联合交流演出】 8月26日，由台湾彰化县政府、上海市长宁区台办和长宁区少年宫联合举办的台湾彰化县县立儿童弦乐团与长宁区少儿民乐团的联合演出活动在区少年宫举行。双方希望以音乐交流为契机，通过联合交流，加深感情、增进了解，继续促进和深化两地在经贸、文化等领域的沟通交流。演出活动前，区长谢峰、区委常委陈志奇会见彰化县县长卓伯源一行。双方交流各自经济和社会等领域的发展情况，并就进一步深化两地经济和文化领域的交流与合作提出意见建议。

（马立水）

【第二届“中华杯”两岸三地职业技能邀请赛在长宁区举办】 11月7日，由上海中华职业教育社、上海市成人教育协会、长宁区中华职教社、上海现代职业技术学校联合举办的第二届“中华杯”职业技能“两岸三地”邀请赛在长宁区现代职校开赛。来自香港、台湾和上海的18名青年选手

8月26日，台湾彰化县县立儿童弦乐团与长宁区少儿民乐团的联合演出　（区台办供稿）

参加。该比赛是“中华杯”首次邀请港台选手参加。市中华职教社，长宁区委、台湾中华商业职业教育学会、香港职业训练局等单位领导出席活动。来自港台地区和上海各区县职教社的社员代表50余人参加活动。比赛间隙，港台观摩团的领导和选手参观古北市民活动中心，与市民代表互动交流。（马立水）

（十）机关事务管理

【概况】 2014年，区机管局以“保障法制化、服务规范化、管理科学化”为目标，做好办公用房管理、公务用车管理、会议餐饮服务、设施设备维护、重大活动保障等一系列后勤保障工作。完成保障各类大小会议1 428场、服务与会人员70 381人。完成报纸100种50万余份、刊物220种10万余本、信件18万余件的收发工作，做到日常收发报刊、信件及时、准确、无差错、无投诉。区机管局被国管局、财政部和国家发改委评为“节约型公共机构示范单位”，长宁区被评为“上海市十佳无烟单位”。（丁慧杰）

【党政机关办公用房管理】 年内，区机管局拟定实施《长宁区党政机关办公用房处置管理暂行办法》，起草下发《关于加强全区党政机关办公用房出租租赁管理工作的通知》。完成局级干部办公用房情况核查，完成区法院、区绿化市容局等部门办公用房面积核对。做好新华路294弄5号房产、茅台路298号房产和紫云路369号房产租赁事宜，协调中建五局，落实茅台路298号房产移交和搬迁。（丁慧杰）

【开展党政机关节能减排工作】 年内，区机管局与全区院外重点行政事业用能单位签订《2014年节能减排工作责任书》，并针对性开展节能指导。分析汇总全区公共机构2013年能源消耗情况，对能耗明显上升单位实地走访、了解情况，提出节能管理合理化建议。完成国务院第一批创建节约型公共机构示范单位，牵头落实公安长宁分局、仙霞路街道创建国务院第二批节约型公共机构示范单位各项准备工作。（丁慧杰）

【做好政府集中采购】 年内，完成集中采购项目数约250余个、900余批次（采购的范围包括货物、工程和服务三大类），总预算金额近13.99亿元，实际采购12.77亿余元，资金节约率9%、公开招标金额占比超过95%、采购信息公开率100%；其中，货物服务类采购项目近90个，实际采购金额近1.94亿元。全年政府集中采购做到应采尽采、及时无延误、程序规范得当、对外信息无差错。（丁慧杰）

（栏目编辑　钱　萍）

四 政协长宁区委员会

(一)综 述

2014年,区政协履行政治协商、民主监督、参政议政职能,为推进长宁改革发展做贡献。

学习贯彻协商民主新要求。学习贯彻中共十八大,十八届三中、四中全会精神和习近平总书记系列重要讲话精神,加强对全面深化改革和全面推进依法治国要求的理解把握。以纪念人民政协成立65周年为契机,与区委统战部联合举行专题学习会,组织各民主党派负责人开展学习交流,增进社会各界共识。继续推进政协理论进区委党校、行政学院和社会主义学院,增强党政干部支持和参与政协协商的意识。

主动对接区委重点工作。政协常委会专题听取区发改委、区商务委通报长宁对接自贸区建设情况,主席会议专题听取区临空办、区国资委通报东片区改造升级和国资国企改革情况。围绕旧改工作、上海市同仁医院改建项目等专题,开展主席集体下基层活动。首次以专题通报会形式,邀请副区长作关于长宁城区形态功能方面情况的介绍。坚持将区领导重要讲话和部门重要工作刊登在《长宁政协》会刊上,引导委员更好地知情明政。

围绕区重点工作建言献策。围绕区委交办的重点课题"进一步培育发展社会组织,增强基层社会治理活力"开展调研协商,围绕"航空服务业发展"开展常委会会议协商调研。年初在4次区委常委专题学习会扩大会议上,组织12名委员就"市民参与基层社区治理""完善智慧社区公共服务模式"等作专题发言。

开展提案办理协商。坚持"重要提案区领导阅批制度"和"四办联合交办提案制度",其中41项56件提案得到区委书记、区长以及各分管区领导的批示。结合主席督办重点提案,提升提案办理协商工作实效。围绕政府购买公共服务、学校体育场地向社会开放等提案,组织召开11次提案办理协商会议,推动提案建议得到有效吸纳。首次召开提案办理协商工作座谈会,推动完善提案者、承办单位、政协组织之间办理协商机制。探索扩大提案办理协商的民主评议,对主席督办重点提案和部分组织提案办理的成效加强分析评估。区政协十三届三次会议以来,收到区政协委员、党派团体、区政协各界别、专委会提案200件,立案190件。

发动委员参与民主监督。推荐150名委员参加区机关作风满意度测评,组织部分委员参加区党的群众路线教育实践活动群众测评会。组织25名委员旁听区法院关于经济发展、劳动争议等5个庭审会。支持部门完善特邀监督员工作机制,助推特邀监督员在促进政风行风建设方面发挥积极作用。

注重扩大团结,增强政协组织凝聚力。发挥党派团体在政协的重要作用。坚持主席会议和秘书长会议制度。分头走访党派团体,商议大会发言和组织提案等工作,鼓励各党派团体对接中心工作建言献策。打造"文化政协"品牌,举办"文化名人"讲座,邀请市政协副主席周汉民、全国政协委员罗援少将作报告。以"舞林大会"形式,举办长宁区各界人士中秋联谊活动。举办升学咨询和冬令养生委员服务日活动,开展舞蹈、电影和茶道等委员主题沙龙。扩大与有关方面的合作联系。

注重强基固本,加强自身能力建设。坚持"常委述职"制度,定期召开专委会主任会议,安排专委会主任列席区重要会议。完善主席接待日、主席走访委员和委员单位制度,重点加强对新委员的走访。做好委员履职情况的统计、分析、反馈,对个别履职欠佳的委员进行书面提醒。优化政协会刊、网站、微信公众帐号、长宁政协委员微信群、提案信息等平台。在长宁时报开设"委员话长宁""委员专访"等栏目,扩大对委员履职成果的宣传。(陆慧娟)

(二)重要会议与活动

【概况】 2014年,区政协召开十三届三次全体委员会议2次,十三届四次全体委员会议1次,区政协常委会议8次,主席会议9次。(陆慧娟)

【召开区政协十三届三次会议】 1月12日—15日,区政协召开十三届三次会议。区委书记卞百平在开幕会议上讲话。会议审议通过区政协主席陈建兴代表十三届常务委员会作的工作报告，区政协副主席张谢定代表常务委员会作的关于十三届二次会议以来提案工作情况的报告。大会通过十三届三次会议决议。1月15日，区政协十三届三次会议举行选举会议，马琦、王海英、何贻鸣、沈昕、张慧、林可嗣、胡煜昂、程遐梁当选为常务委员。会议共收到提案184件，经审查立案173件。（陆慧娟）

【召开区政协第十二次常务委员会会议】 1月14日，区政协举行第十二次常务委员会会议。会议听取分组讨论区政府工作报告和区法院、区检察院工作报告的情况汇报；听取分组审议区政协常委会工作报告和常委会关于十三届二次会议以来提案工作情况报告的情况汇报；听取分组审议选举办法（草案）的情况汇报，并通过选举办法（草案）；听取分组审议增选区政协常务委员候选人名单（草案）的情况汇报，并通过增选区政协常务委员候选人名单（草案）；听取分组审议总监票人、监票人名单（草案）的情况汇报，并通过总监票人、监票人名单（草案）；听取分组审议会议决议（草案）的情况汇报，并通过会议决议（草案）；听取会议期间提案审查情况汇报。（陆慧娟）

【召开区政协第十三次常务委员会会议】 2月18日，区政协举行第十三次常务委员会会议暨学习贯彻十八届三中全会精神常委会专题学习会。学习会上，6名政协常委围绕“推进协商民主广泛多层制度化发展”主题交流发言。区政协主席陈建兴讲话。（陆慧娟）

【召开区政府主要领导与区政协各界别活动召集人座谈会】 3月27日，区政协召开区政府主要领导与区政协各界别活动召集人座谈会。12名区政协界别活动召集人就非成套独用旧住房改造、配齐基础教育资源、扶持海归高端人才在长宁创新创业、加快长宁区金融创新步伐、推进银企对接等界别反映的社情民意与区政府领导及部门展开交流。区政协主席陈建兴主持，区长谢峰、副区长张汪耀出席，区发改委等19个部门负责人参加。（陆慧娟）

3月27日，区政协召开区政府主要领导与区政协各界别活动召集人座谈会（区政协供稿）

【举办“蓝天下的至爱——长宁区书画慈善拍卖”活动】 4月24日，“蓝天下的至爱——长宁区书画慈善拍卖会”预展在上海虹桥当代艺术馆开幕。上海市慈善基金会理事长冯国勤、上海市慈善基金会副理事长金闽珠、区委书记卞百平、区政协主席陈建兴、区人大常委会副主任陆继业、副区长宋宗德等出席开幕式。本次义拍活动由长宁区政协、上海市慈善基金会长宁区分会等主办，上海东方国际商品拍卖有限公司等协办。姜建忠、廖炯模、黄阿忠、凌启宁、陈逸鸣、魏景山、夏葆元、周志高、童衍方、曹秀文等沪上百余名艺术家无偿捐出专为此次拍卖精心创作的书画作品112幅。4月24日—28日在上海虹桥当代艺术馆展出。5月15日，举行“蓝天下的至爱——长宁区书画慈善拍卖会”，共筹措善款517万元，用于成立专项基金，帮助长宁区失智老人、自闭症儿童等。（陆慧娟）

【召开区政协第十四次常务委员会会议】 5月28日，区政协举行第十四次常务委员会会议。区政协主席陈建兴主持。会议听取区发改委、区商务委通报长宁对接自贸区建设的有关举措；听取关于2014年区政协十三届三次会议期间政协提案办理工作情况汇报、区领导批阅重要提案情况汇报；听取专委会2014年工作计划和界别活动安排的汇报；通报区政协重点课题调研协商的有关情况；教文体委员会和教育、文艺、体育界别通报社情民意；2名政协常委述职；通报6月份主要工作安排。（陆慧娟）

【区政协举行2014年全体委员会议】 7月29日，区政协举行全体委员会议。列席2014年区人大代表会议，听取区长谢峰作区政府上半年工作报告。区政协8个专委会分组讨论区政府上半年工作报告，委员就区政府下半年工作和长宁未来发展提出意见建议。区委书记卞百平，区委副书记、区长谢峰等区委、区政府领导及有关部门负责人到会听取委员的意见和建议。（陆慧娟）

【召开区政协第十五次常务委员会会议】 8月5日，区政协举行第十五次常务委员会会议。8个专委会汇报区政府上半年工作报告讨论情况。区委副书记李昕，区委常委、副区长张连城到会听取情况。会议听取2名区政协常委述职。（陆慧娟）

5月15日，上海虹桥当代艺术馆举行"蓝天下的至爱——长宁区书画慈善拍卖会" （区政协供稿）

【举办2014年各界人士中秋联谊会】 9月5日，区政协、区委统战部以"舞林大会"为主题，举办2014年长宁区各界人士中秋联谊会。市政协副秘书长齐全胜、市政协区县政协联络指导组组长施南昌、市政协区县政协联络指导组常务副组长张丽，区四套班子领导等长宁各界人士320余人共庆中秋。 （陆慧娟）

【召开区政协第十六次常务委员会会议】 9月12日，区政协举行第十六次常务委员会会议。会议讨论通过区政协增选副主席候选人名单、委员调整工作；讨论通过区政协十三届四次会议议程（草案）、日程（草案）；区政协医药卫生委员会、医药卫生界别就发展长宁健康产业等问题通报社情民意；2名区政协常委述职。 （陆慧娟）

【市政协纪念中国人民政治协商会议成立65周年书法作品展在长宁区举行】 9月15日，"光辉岁月——上海市政协纪念中国人民政治协商会议成立65周年书法作品展"开幕式在上海虹桥当代艺术馆举行。市政协主席吴志明出席并宣布开幕，市委常委、宣传部部长徐麟出席。开幕式上，市政协副主席方惠萍致辞，市政协副主席张恩迪、区委书记卞百平出席，市政协秘书长贝晓曦主持。市政协各专门委员会（指导组）负责人，市政协书法沙龙成员，各区县政协主席、秘书长，长宁区政协委员及书法作品作者近200人参加。此次书法展由市政协和各区县政协共同主办，长宁区政协承担展览筹备工作。9月15日—26日在上海虹桥当代艺术馆展出，共展出市区政协委员、政协之友社成员、民主党派成员等各界人士书法作品144幅。 （陆慧娟）

【召开区政协第十七次常务委员会会议】 9月19日，区政协举行第十七次常务委员会会议。会议通过刘春景辞去区政协副主席职务的请求，听取分组审议选举办法（草案）、选举区政协十三届委员会副主席候选人名单（草案）、总监票人、监票人名单（草案）的情况汇报。 （陆慧娟）

【召开十三届四次会议】 9月19日，区政协召开十三届四次会议。会议选举区委常委、统战部部长陈志奇为区政协十三届委员会副主席。增补陈志奇、赵红旗、余双、康文华、徐姗姗、孙战平、徐历、唐健盛、朱怡佳等9人为十三届区政协委员。方惠萍、杜世杰、金卫峰、朱苏灵、王成宝、陈建忠、赵翔、井晓东、尚尔兵、王家凯、管更新、丁建顺等12人不再担任十三届区政协委员。 （陆慧娟）

【召开区政协第十八次常务委员会会议】 11月5日，区政协举行第十八次常务委员会会议暨"加快长宁航空服务业集聚发展"常委会专题协商会。区委副书记、区长谢峰，区委常委、副区长张连城，副区长翁华建出席会议，区政协主席陈建兴主持会议。 （陆慧娟）

【召开第十九次常务委员会会议】 12月29日，区政协举行第十九次常务委员会会议。区委常委、区纪委书记刘玉鹏通报2014年党风廉政建设的情况。讨论通过委员调整工作。讨论通过2012年度至2014年度表彰工作，区政协常委会工作报告、常委会工作报告汇报人的建议名单及提案工作报告、提案工作报告汇报人的建议名单，以及区政协十三届五次会议筹备工作有关事项。 （陆慧娟）

表4-1 2014年区政协主席会议召开情况

序号	时　间	主席会议	内　容
1	1月13日	十三届十六次主席会议	审议区政协十三届委员会常务委员候选人建议名单（草案）；审议选举办法（草案）；审议总监票人、监票人建议名单（草案）；审议会议决议（草案）；听取关于召开区政协十三届十二次常委会会议建议议程的汇报；听取大会发言准备工作情况的汇报
2	1月15日	十三届十七次主席会议	听取总监票人关于选举增补常务委员计票结果的报告

（续表）

序号	时　间	主席会议	内　容
3	3月7日	十三届十八次主席会议	区委巡察督查室、区府办督查科分别通报“2014年区委督查工作方案”“区政府和部门2014年重点工作目标”；听取区领导阅批重要提案的情况报告；讨论通过主席督办重点提案；讨论区政协重点调研、协商课题有关情况
4	5月23日	十三届十九次主席会议	听取区临空办通报虹桥商务区东片区等改造升级的推进情况；听取专委会2014年工作计划和界别活动安排的汇报；听取关于2014年区政协十三届三次会议期间政协提案办理工作情况汇报
5	9月12日	十三届二十次主席会议	讨论区政协委员调整工作；讨论区政协十三届四次会议议程（草案）、日程（草案）；审议选举办法（草案）；审议总监票人、监票人名单（草案）
6	9月19日	十三届二十一次主席会议	汇报关于免去刘春景区政协副主席职务的说明；通过刘春景辞去区政协副主席职务的请求；审议调整提案委员会部分副主任及委员的建议名单
7	9月19日	十三届二十二次主席会议	听取总监票人关于选举计票结果的报告
8	11月28日	十三届二十三次主席会议	区国资委主任汇报区国资国企改革的推进情况；讨论通过区政协十三届新增补委员安排专委会建议名单；听取2014年区政协各专委会和界别开展调研工作情况的汇报
9	12月26日	十三届二十四次主席会议	讨论区政协常委会工作报告及提案工作报告；讨论2014年度政协活动积极分子、优秀提案和界别社情民意表彰名单；讨论区政协2015年工作要点；讨论通过2015年常委会、主席会、主席集体下基层工作预排表；听取区政协十三届五次会议筹备工作情况汇报；听取区政协十三届五次会议大会发言、联组讨论等筹备情况的汇报

说明：资料由区政协办公室提供

（三）政治协商工作

【概况】 2014年，区政协与区政府开展常委会会议协商1次、专题协商1次，8个专委会分别与区相关部、委、办、局开展对口协商，着力促进区域经济发展、民生改善和社会和谐。

（陆慧娟）

【区政协各专门委员会围绕重点工作协商议政】 年初，区政协在4次区委常委专题学习会扩大会议上，组织12名委员就“市民参与基层社区治理”“完善智慧社区公共服务模式”“跨境电子商务平台发展”“创新依法治区”等内容作专题发言。围绕对接自贸区建设，区政协科技委、经济委邀请相关部门召开“对接上海自贸区，提升长宁贸易功能”政策沟通会，教文体委组织委员赴自贸区学习考察，帮助委员知情明政。围绕区“十三五”规划基本发展思路，区发改委与政协委员进行专题研讨交流，吸纳委员关于法治城区建设、民营经济发展等意见建议。围绕“四新”经济发展，区政协牵头开展“十三五”规划前期重大课题调研，区商务委、区科委、区临空办等部门，部分委员、高校专家和企业代表共同参与，通过走访市区有关部门、企业案例座谈等形式深入开展调研。围绕迎接全国文明城

11月5日，区政协举行“加快长宁航空服务业集聚发展”常委会专题协商会

（区政协供稿）

区政协、区民政局(社团局)、区财政局、区社建办等部门联合开展“进一步培育发展社会组织，增强基层社会治理活力”课题调研　　(区政协供稿)

区复评工作，组织8个专委会80余名委员，对应10个街道(镇)开展小型分散的监督性视察，针对大型商场(超市)、地铁车站、公园、集贸市场、主要交通路口及居民区等32个点位查找具体问题168个，并及时向有关街道(镇)进行沟通反馈，协助推进创评工作。　(陆慧娟)

【区举行“激发社会组织活力，推动基层社会治理创新”专题协商会】 8月19日，区政协就“激发社会组织活力，推动基层社会治理创新”召开专题协商会。区委副书记李昕，区委常委、区委政法委书记钟晓咏，副区长宋宗德出席。区政协主席陈建兴参加会议并讲话，副主席刘春景，区委常委、区委统战部部长、区政协党组副书记陈志奇，区政协副主席陆维清、葛敏，党组成员王惠宁参加会议。区民政局、区社建办等15个部门负责人，部分区政协委员、社会组织负责人、居民区代表，有关专家学者等各界人士参加会议。会上，区民政局、区社建办分别介绍社会组织培育发展情况以及在基层治理中发挥社会组织作用的情况。8名区政协委员、社会组织负责人围绕发挥社会组织在社区治理中的作用、加强社会组织规范化建设、推进青年社会组织能力建设、拓展社会组织筹资渠道、运用社会力量参与社区为老服务、社会组织发展的社会环境等方面提出意见建议。区财政局、区综治办、区文化局、周家桥街道等4名部门负责人对发言给予回应，并就相关工作推进情况进行介绍。李昕、钟晓咏、宋宗德分别讲话。　(陆慧娟)

【与区政府就“加快长宁航空服务业集聚发展”进行常委会专题协商】 11月5日，区政协举行“加快长宁航空服务业集聚发展”常委会专题协商会。区委副书记、区长谢峰，区委常委、副区长张连城，副区长翁华建应邀出席会议，区政协主席陈建兴主持会议。区发改委、区商务委、区建交委等12个部门负责人，部分区政协委员，部分航空业代表人士参加会议。会上，区政协调研课题组介绍航空服务业发展调研报告主要内容。6名区政协常委、委员、党派人士围绕推动保税区功能实现、发挥虹桥公务机基地功能作用、打造航空物流产业、推动航空维修业、加快航空服务业发展、外国航空公司在沪发展脉络及长宁的机会等主题进行协商发言。区发改委、区商务委、区建交委主要负责人对发言进行互动回应，并介绍相关工作推进情况。刘春景作为调研牵头领导对调研过程、其他区县做法以及调研建议作讲话。　(陆慧娟)

(四)参政议政工作

【概况】 2014年，区政协发挥政协优势，开拓思路、创新载体，开展重点调研2次，各专委会与界别根据自身特点，联合开展10个“短平快”调研，为推动全区经济社会发展献计出力。
(陆慧娟)

【开展“航空服务业发展”课题调研】 6月，由政协领导牵头，部分常委、委员和党派成员组成课题组开展调研。课题组走访民航华东管理局、机场集团、东航集团、交银租赁等20家相关单位，就航空租赁、航空维修、公务机发展、航空物流等重点问题进行研究讨论，形成调研报告。在调研基础上，11月5日，区政协召开“推动航空服务业在长宁集聚”常委会会议协商，相关协商意见以常委会建议案形式报送区政府供决策参考。
(陆慧娟)

【开展“进一步培育发展社会组织，增强基层社会治理活力”课题调研】 年内，区政协承接区委交办的重点课题调研，成立由11名局级领导牵头，区民政局(社团局)、区财政局、区社建办和区政协办等20个部门、街道(镇)参与的调研组。采取“走出去、请进来、沉下去”等方式，听取市区有关领导、专家学者、职能部门和基层社区的意见，召开8个专题座谈会，通过走访、访谈等方式接触区内外不同类型社会组织100余家，形成《关于激发社会组织活力，推动基层社会治理创新的实施意见》和项目分解等附件，提交区委决策。区政协妇联、共青团、社保等界别和社法委组织委员参与视察座谈和协商建言活动。
(陆慧娟)

表 4-2　2014 年区政协各专门委员会、界别开展调研活动情况

序号	专委会/界别	调研主题	成果转化	
			形式	完成时间
1	经济委	运用互联网思维优化长宁电子商务发展环境	转化为社情民意专报报区政府	7 月
2	工商联界别经济委	关于支持长宁中小企业在上海股交中心 Q 板挂牌的建议	转化为社情民意专报报区政府	8 月
3	科技委科技界别	关于无线局域网热点(WiFi)覆盖问题的思考与建议	转化为社情民意上报市政协;针对长宁区的建议,转化为组织提案	11 月
4	科协界别	加强信息化支撑,切实为居委会减负	转化为社情民意上报市政协	10 月
5	城建委	建设国际城市治理管理顽症的几点建议	转化为社情民意上报市政协	10 月
6	教文体委	加强各方联动　推进上海国际舞蹈中心融入长宁文化大版图	转化为组织提案	10 月
7	医卫委	开展社区卫生服务中心配药情况的调研	转化为社情民意在常委会上汇报	9 月
8	民宗委少数民族界别	关于推进区清真副食品供应网点建设的建议	转化为平时提案,区商务委对提案建议予以采纳	8 月
9	港澳台侨委	进一步发挥业委会的作用,提升物业管理水平	转化为社情民意报市政协	10 月
10	社法委	进一步培育发展社会组织,增强基层社会治理活力	委员在协商会上交流发言	8 月

说明:资料由区政协办公室提供

(五)提案工作

【概况】 2014 年,区政协收到提案 200 件,经审查立案 190 件,其中大会期间提案 173 件,闭会期间提案 17 件。在立案提案中,有关经济建设和科技发展的 46 件,占总数的 24.2%;有关城区建设和管理的 40 件,占总数的 21.1%;有关教育、文化、卫生、体育的 31 件,占总数的 16.3%;有关民生保障、社会建设等的 73 件,占总数的 38.4%。区委书记、区长等 11 名区领导对 41 项 56 件提案作出批示。经主席会议审定,《关于创建长宁区居家养老新模式的几点建议》等重点提案 7 项 22 件,由区政协主席、副主席领衔督办,同时专门委员会参与督办。区政协办和区政府办形成关于提案办理回复规范性要求的协商意见。区政协召开"长宁区政协提案办理协商工作座谈会",学习贯彻中央和市委关于推进提案办理协商的新要求新任务,区政协主要领导和区委、区政府相关领导就提案办理协商有效性和科学性提出进一步要求。围绕提案办理协商的制度建设、优秀提案表彰、重点提案督办、提案者主体意识、承办单位采纳落实等,在《联合时报》《长宁时报》、微信等载体上加大宣传力度,营造提案办理协商的良好氛围。评选表彰 20 件优秀提案。

(陆慧娟)

7 月 11 日,区政协举行"智慧高地"建设提案协商会　(区政协供稿)

表 4-3　2014 年区政协优秀提案情况

序号	提　案　者	标　　题	主办单位
1	区工商联	关于加快推进长宁混合经济发展力度，鼓励引导非公经济参与长宁转型发展的建议	区国资委
2	农工党区委	关于创建长宁区居家养老新模式的几点建议	区民政局
3	民建区委	关于推进长宁行政审批制度改革的几点建议	区府办
4	区侨联	关于完善商品房小区物业服务收费标准的建议	区房管局
5	致公党区委	关于以虹桥机场东片区改造为契机，加紧打造长宁航空物流集聚区的建议	区商务委
6	民革区委	关于在社会管理创新中，探索推进民主党派参与基层民主监督的建议	区委统战部
7	民盟区委	关于更好解决我区“失独老人”养老困境问题的几点建议	区民政局
8	共青团、社法委社会福利和社会保障界别	关于完善政府购买公共服务的建议	区民政局
9	民进区委	关于完善学校体育场地开放管理激励机制的建议	区教育局
10	港澳台侨委员会	关于进一步重视和加强环保工作的几点建议	区环保局
11	社会福利和社会保障界别	关于加强居民小区入室盗窃案件防范的建议	区委政法委
12	区妇联	关于在长宁社区试点建立“互助式家政服务模式”的建议	区人社局
13	科学技术委员会科技界别	关于抢占智慧高地，创建 WiFi 长宁，营造易商环境的建议	区科委
14	九三学社区委	关于抓住航空服务业发展的契机，助推我区经济转型提升的建议	区商务委
15	王闽兰、韦建、郁真致、罗卫、方惠萍	关于加快培育志愿者队伍，引领公民素质提升的建议	区委宣传部
16	陈子雷	关于做好对接自贸区建设工作的三点建议	区发改委
17	卜智勇	关于完善和丰富“智慧社区”公共服务模式与内容的建议	区科委
18	徐兵、黄妙莉、郝勇、林丽娟、孙臻桦	关于加强对私营小店面开设无证菜场管理力度的建议	区商务委
19	陈建华	关于借势虹桥商务区东片区开发，加快航空服务业发展的建议	区临空办、临空公司
20	龙　伟	关于开放视野下长宁智慧高地建设的建议	区科委

说明：资料由区政协办公室提供

（六）民主监督工作

【概况】 2014 年，区政协深化民主监督制度建设，拓宽民主监督途径，通过提案、视察、社情民意和特邀监督员等多种形式推进监督工作。推荐 90 名委员担任政法、工商、物价、质监、财政、税务、审计、社保、教育、卫生、文化等 21 个行业和部门的特邀监督员。区规土局、区监察局、区质监局、食药监长宁分局、区财政局、工商长宁分局等邀请特邀监督员参与单位教育实践活动共计 62 人次。委员在监督过程中，注意结合拟写提案、社情民意等，扩大监督活动影响和成效。支持部门完善特邀监督员工作机制，推进监督项目化、反馈制度化，助推特邀监督员在促进政风行风建设方面发挥作用。　（陆慧娟）

【开展年中全会前集中视察】 7 月 1 日—3 日，区政协举行年中全会前委员视察活动。区政协主席陈建兴，副主席刘春景、陆维清、王跃林、张谢定、葛敏等，带领近 200 名委员，围绕区委、区政府重点工作，组织委员参加 6 条线路和 17 个视察点的集中性视察，并首次增加跨区考察内容。　（陆慧娟）

【做好反映社情民意信息工作】 年内，区政协建立社情民意信息直报点，在中共、民盟、民进、共青团（青联）等界别中设立 4 个基层直报点，建立工作机制，拓展反映渠道，推动界别联系群众常态化、制度化。区政协共向市政协办公厅报送社情民意信息 210 件，采用率和总分位列各区县政协前列。其中，增强公务员法制观念、减少各类人才计划等信息被全国政协采用，营造良好创新环境建设国际一流科技创新中心、推行“医养结合”发展老年护理事业等信息被市有关领导批示。（陆慧娟）

7月1日—3日，区政协主席、副主席带领委员进行集中性视察　（区政协供稿）

（栏目编辑　钱　萍）

兆丰十二景之荷池清月　（《长宁时报》供稿）

五　中共长宁区纪律检查委员会　长宁区监察局

（一）综　述

2014年，区纪委、区监察局聚焦主责主业，强化执纪监督问责，推进各项改革措施，深化党风廉政建设和反腐败工作。完成清理议事协调机构和区纪委、区监察局机关内设机构调整工作。协助区委落实党风廉政建设主体责任，落实明责、评责、督责等工作环节。调整巡察工作制度，成立区委巡察工作领导小组，组建区委巡察办和2个巡察组，对区体育局、北新泾街道进行首轮巡察。严格落实中央八项规定精神，坚持常态化专项督查，坚持从严处理相关信访举控件。加大纪律审查的工作力度，全年受理信访举报544件，初核169件，立案28件，给予党政纪处分17人。坚持开展反腐倡廉警示教育月、廉政文化宣传阵地集中展示等系列活动。全面履行行政监察职能，加强和改进机关作风建设，以"1＋24"的模式开展联合立项效能监察工作，自2012年起连续三年推进廉政风险防控工作。

（朱　吉）

（二）重要会议与工作

【概况】　2014年，区纪委、区监察局举办重要会议5次，先后召开九届区纪委四次全会、区反腐败协调小组会议、区纪检监察工作推进会议、公共服务提升行动工作推进会、区委巡察工作动员部署会，全面深化党风廉政建设和反腐败工作。

（朱　吉）

【召开九届区纪委四次全会】　2月17日，区纪委召开九届区纪委四次全体会议。区委书记卞百平出席并讲话，全会审议通过区委常委、区纪委书记刘玉鹏所作的《认真履行执纪监督职能，深入推进党风廉政建设和反腐败斗争》，区纪委委员出席全会。区委副书记、区长谢峰，区人大常委会主任朱言文，区政协主席陈建兴，区委副书记李昕等，各部、委、办、局、街道（镇），企业集团及各系统党政领导、纪委书记、纪检干部等220余人列席全会。

（朱　吉）

2月17日，区纪委召开九届区纪委四次全体会议　（区纪委供稿）

【召开区反腐败协调小组会议】　3月21日，区纪委、区监察局召开2014年反腐败协调小组会议，区纪委、区监察局、区检察院通报了2013年反腐败工作总体情况，分析当前形势，部署全年工作。区委常委、区纪委书记、区反腐败协调小组组长刘玉鹏主持会议。区委常委、区委组织部部长马列坚，区委常委、区政法委书记钟晓咏，区检察院检察长陈明，区法院院长陈亚娟等出席会议。

（朱　吉）

【召开区纪检监察工作推进会】　7月25日，区纪委、区监察局召开2014年区纪检监察工作推进会，传达学习市纪委落实监督责任工作汇报会的主要精神，总结分析长宁区党风廉政建设和反腐败工作形势，明确下半年主要任务。区委常委、区纪委书记刘玉鹏出席会议并讲话。区纪委委员，区两院纪检组长，各部、委、办、局、街道（镇），区管企业集团纪委书记（纪检组长），专职干部，以及区纪委机关全体干部共115人出席会议。　（朱　吉）

【召开区公共服务提升行动推进会】9月26日，区纪委、区监察局召开2014年区公共服务提升行动工作推进会，区委常委、区纪委书记刘玉鹏出席会议并讲话。会议通报长宁区公共服务提升行动进展情况，对深入开展文明城区创评工作提出要求。区行政服务中心、区妇幼保健院、国家电网上海市区供电公司在会上交流发言。区30个部门、街道（镇）纪委书记及其对外服务窗口单位负责人，邮政、通信、供电、燃气、自来水、公交等行业分管领导，以及区政风行风监督员、调查组组长共90余人参加会议。（朱　吉）

【召开区委巡察工作动员部署会】10月28日，区委巡察工作领导小组召开2014年区委巡察工作动员部署会，宣读区委关于巡察机构人员的任职通知，明确巡察工作的要求，全面部署首轮巡察工作。区委常委、区纪委书记刘玉鹏出席会议并讲话。区委巡察工作领导小组成员，区委第一巡察组、第二巡察组，区委巡察办全体人员出席会议。　（朱　吉）

（三）体制机制改革工作

【概况】　2014年，区纪委、区监察局全面落实党的纪律检查体制改革工作，深入推进转职能、转方式、转作风工作，完成清理议事协调机构和内设机构调整工作，将更多力量调整到执纪监督的主责主业上。协助区委落实党风廉政建设主体责任，将明责、评责、督责贯穿全年工作始终。调整完善区委巡察工作制度，建立区委巡察办，区委第一、第二巡察组，开展首轮巡察。　（朱　吉）

7月25日，区纪委、区监察局召开2014年区纪检监察工作推进会

（区纪委供稿）

【清理议事协调机构和内设机构调整】　年内，区纪委、区监察局通过两轮清理，将参与的议事协调机构从59个精简到12个。在不增加机构、人员编制和领导干部职数的情况下，调整合并监察综合室、案件检查室、审理法规室和纠正行业不正之风室，组建党风政风监督室、第一纪检监察室、第二纪检监察室、第三纪检监察室以及案件审理室。调整后，区纪委、区监察局机关执纪监督部门6个，占机关内设机构总数的75%，执纪监察部门人员18人，占机关干部总人数的72%，监督执纪力量大幅增加。

（朱　吉）

【协助区委落实党风廉政建设主体责任】　年内，区纪委协助区委制定《关于区党政领导班子落实党风廉政建设主体责任的实施意见》，以项目化方式抓好落实。包括区四套班子主要领导在内的24名局级干部每人自行选定2—3个党风廉政建设重点责任项目，共选定61项，经区委常委会审定，签字背书后在网上公示。全区387名处级党政领导干部同步申报925项责任项目。年末，局处两级领导干部在各级党委会上汇报党风廉政建设重点责任项目落实情况，由党委主要领导点评，并接受党员、干部评议。把落实党风廉政建设主体责任与党建党风责任制合并推进，贯穿全年。年初，区委主要领导与处级部门主要领导签订责任书。年中，抽取5名大口或街道（镇）的主要领导向区委书面汇报主体责任落实情况，分管区领导进行分析点评。年末，区四套班子主要领导和区委常委带队对13个处级部门落实主体责任的情况进行专项检查，区委常委会听取主体责任和党建党风责任制落实情况的专题汇报。　（朱　吉）

【加强和改进巡察监督工作】　年内，区纪委对接中央、市委巡视工作方针，调整原有的巡察督查考核“三位一体”工作机制，制定《中共长宁区委关于实行巡察工作的实施意见》，成立区委巡察工作领导小组，组建区委巡察办和区委第一、第二巡察组。以发现问题、形成震慑为主要任务，紧盯工程项目、公共财政资金、招投标管理等方面的问题，将落实“两个责任”、政治纪律和组织纪律执行情况作为巡察重点，对区体育局、北新泾街道开展首轮巡察。　（朱　吉）

（四）执纪监督工作

【概况】　2014年，区纪委、区监察局聚焦党风廉政建设和反腐败工作，严

格落实中央八项规定精神，强化正风肃纪，加大纪律审查的工作力度，严肃惩治腐败。（朱 吉）

【严格落实中央八项规定精神】 年内，区纪委、区监察局加强对落实中央八项规定精神情况的执纪监督，持续纠正“四风”突出问题。汇编中央八项规定、《党政机关厉行节约反对浪费条例》等制度规定以及中央、各省市的案例通报，编印下发八项规定教育读本，在重要节假日前夕向全区局处级领导干部发送廉政提醒短信。在元旦、春节、中秋、国庆等重要时间节点，联合区财政局、区审计局2次对14个部门和单位开展落实中央八项规定情况的专项督查。区监察局、区财政局、区审计局联合开展公务卡制度执行情况专项检查。全年共受理违反中央八项规定精神的信访举报78件，完成调查核实76件。针对专项督查和信访调查中发现的问题，对15名领导干部进行诫勉谈话，其中处级干部7人。（朱 吉）

【加大纪律审查工作力度】 年内，全区纪检监察组织共受理信访举报544件，比上年上升21%，其中检举控告件494件，比上年上升28%。初核问题线索169件，其中立案28件，比上年上升64.7%；结案17件，给予党政纪处分17人。制定《长宁区纪委、区监察局案件线索管理办法》，成立举控件评估小组，先后8次对167件信访举控件进行集体研判。加强对涉及区属范围内党员干部案件线索的统一管理和跟踪督办。建立办案人才库制度，将11个部门的16名业务骨干纳入纪委办案人才库。制定《长宁区案件审理工作的若干规定》《长宁区案件调查和案件审理办案衔接工作流程》等规章制度。（朱 吉）

区四套班子领导参观反腐倡廉历程展（区纪委供稿）

5月，区纪委、区监察局组织机关干部参与警示教育月活动（区纪委供稿）

（五）宣传教育工作

【概况】 2014年，区纪委、区监察局将5月作为反腐倡廉警示教育月，以“扬新风正气、促勤廉从政”为主题，集中开展“四个专题”系列教育活动。结合党的群众路线教育实践活动，组织开展廉政文化宣传阵地集中展示活动。（朱 吉）

【开展反腐倡廉警示教育月】 5月，区纪委、区监察局开展反腐倡廉警示教育月活动，集中开展“编写专题读本、举办专题报告、举办专题巡展、进行专题剖析”的“四个专题”系列教育活动：编写《正行—长宁区八项规定教育读本》《镜鉴—长宁区案例警示教育读本》，邀请市纪委常委王永伟为局处两级中心组成员作《严守党的章程，加强执纪监督》专题辅导报告，邀请市检察院预防腐败处副处长曾宁为全体科级干部、处级部门下属企事业单位负责人等近1 000人作专题辅导报告。5月5日—5月9日，举办中国共产党反腐倡廉历程展长宁巡展，组织区四套班子领导、各处级部门及区属企业集团中层以上干部共278批次约4 000人参观展览。各部门、单位开展一次自我剖析，查找在廉洁自律方面存在的问题和不足，剖析思想根源，开展批评与自我批评。（朱 吉）

【开展廉政文化宣传阵地集中展示活动】 年内，区纪委、区监察局联合区机关党工委在全区机关、企业、学校、社区、“两新”组织等社会领域开展廉政文化宣传阵地集中展示活动。活动共征集各类作品 400 余件，并通过区公务员内网、长宁纪检监察网、机关党建网等平台上进行集中展示。

（朱　吉）

（六）行政监察工作

【概况】 2014 年，区纪委、区监察局结合党的群众路线教育实践活动和全国文明城区创评工作，开展公共服务提升专项行为。坚持开展机关作风建设满意度测评，持续提高群众对机关作风建设的满意度。全区纪检监察组织把旧改和房屋征收工作作为重点，围绕 24 个特色项目开展效能（执法）监察工作。组织监督员、调查员对政府部门市民热线处理情况进行抽查回访，督促政府部门提高效能。深入开展廉政风险防控工作，全面推广使用“权力公开运行”电子监察平台。

（朱　吉）

【加强和改进机关作风建设】 年内，区纪委、区监察局开展机关作风建设满意度测评，通过优化测评标准、简化测评内容、增加测评对象、扩大暗访窗口等方式，提高测评的科学性、公正性和有效性。制定《长宁区12345 市民服务热线专项行政效能监察办法（试行）》，建立与区联动中心等有关部门会商机制，组织监督员、调查员对 406 个市民热线处理情况进行抽查回访，督促政府部门提高行政效能。强化长宁纠风网群众诉求办理功能，全年共办结群众诉求件 217 件。

（朱　吉）

【深化推进廉政风险防控工作】 年内，区纪委、区监察局通过一次专题汇报、一遍全面梳理、一次防范教育、一次案例分析、一次专项检查等“五个一”的举措，主动对接区委、区政府领导党风廉政建设重点责任项目，巩固提升廉政风险排查防控成果，强化监督检查和考核评估。在 8 家单位试运行基础上，全面推广使用“权力公开运行”电子监察平台，督促各部门在网上公开廉政风险，主动接受社会监督。

（朱　吉）

【开展效能监察联合立项工作】 年内，区纪委、区监察局牵头，11 个处级部门纪检监察组织参与，突出旧改和房屋征收工作重点项目，按照“突出重点、体现特色、上下联合、形成合力”的原则，联合对 24 个特色项目开展效能监察工作，加大监督力度，注重问责问效。

（朱　吉）

（栏目编辑　钱　萍）

兆丰十二景之芳圃吟红　　（《长宁时报》供稿）

六 民主党派 工商联

(一)综　述

2014年,长宁区各民主党派、区工商联在中共长宁区委领导支持下,履行参政议政职能,开展调查研究,反映社情民意。

民革区委下设13个工作委员会,9个基层支部,党员306人,其中在职党员179人。年内召开区委会议11次、主委会议2次、举行活动69个,专委会会议和支部组织生活近百次,参加党员上千人次。在民革市委主办的"水星杯"两岸知识竞赛中,长宁赛区获文明赛区称号。

民盟区委下设8个工作委员会,14个基层支部,盟员413人,在职盟员210人。年内召开区委会议9次,举行重大活动10余个,专委会会议、活动和支部组织生活近百次,参加盟员上千人次。1人被评为市优秀志愿者和市"两新组织"党建之友;2人获"上海市特级教师"荣誉称号。

民建区委下设9个工作委员会,10个基层支部,会员553人,其中在职会员350人。年内召开区委会议4次、主委会议4次、举行重大活动12个,专委会会议和支部组织生活近50次。获民建市委参政议政工作先进组织一等奖。

民进区委下设10个工作委员会,17个基层支部,会员431人,其中在职会员203人。民进区委推动基层支部开展民进市委组织的"创建上海民进先进基层支部活动"。市三女中支部获"民进全国创先争优活动先进基层组织"称号。民进区委获3个上海市奖项,1个支部获全国奖项,8名会员获上海市奖项。

农工党区委下设7个专门工作委员会,10个基层支部,党员322人,其中在职党员135人。党员葛敏被评为2013—2014年度上海市"三八红旗手"光荣称号;顾钧青撰写的《深情的嘱托,殷切的希望》获农工党中央"中国梦·农工情"征文二等奖。

致公党区委下设4个工作委员会,4个基层支部,党员133名。在党内开展致公党优秀人才专项调研工作。2人获致公党市委参政议政先进个人称号,2人获致公党市委优秀党员称号。

九三学社区委下设6个专门工作委员会,10个支社,社员399人。其中高级职称203名,占50.9%,在职社员240名,占60.2%。年内召开2次主委及其扩大会议、5次区委及其扩大会议,13次专委会会议,全体社员组织生活7次,支社组织生活23次。九三学社区委获九三学社中央组织建设先进集体、九三学社市委参政议政先进集体、九三学社市委社情民意一等奖。

区工商联下设10个基层商会和餐饮烹饪协会、进出口企业商会、上市公司沙龙、女企业家联谊会、企业家摄影沙龙、主席联络员沙龙、上海民营经济研究会长宁区工作委员会、法律专家律师团、青年企业家联谊会等十大平台。有会员企业1 804户,个人会员59名。全年发展新会员101家。推荐区工商联3名副主席分别获"第四届全国非公有制经济人士优秀中国特色社会主义事业建设者""第四届上海市非公有制经济人士优秀中国特色社会主义事业建设者"称号,2家会员企业获"上海科学技术奖"。组织450余家非公企业代表参加各类博览会、招商推介、商务考察交流等活动。　(常　念)

(二)中国国民党革命委员会长宁区委员会

【概况】　2014年,民革区委下设13个工作委员会,9个基层支部,党员306人,其中在职党员179人。民革中央委员1人,市委委员2人,其中常委1人,区人大代表1人(区人大常委会副主任)。全国政协委员1人,区政协委员10人,其中区政协常委3人,另有徐汇区政协委员1人、浦东新区政协委员1人、虹桥镇人大代表1人,市区特邀员13人。区委委员12人,正副主委4人。全年发展新党员19人,转入党员1人,去世2人。年内召开区委会议11次、主委会议2次、举行活动69个,专委会会议和支部组织生活近百次,参加党员上千人次;95人次家访慰问30人次党员;出版《长宁民革动态》12期;新增一家社区共建点;就组织发展出台入党前考试制度和考察对象退出机制两项新制度。成立社会法制工作委员会,每月开设一次律师党员服务日活动。长宁一队获民革市委主办的"水星杯"

两岸知识竞赛长宁赛区第二名，长宁二队获徐汇赛区第一名。长宁二队获民革市委“水星杯”两岸和平发展知识竞赛决赛一等奖，长宁赛区获文明赛区称号。五支部获评民革市委“牵手·博爱”活动优秀基层组织。（李文哲）

【创新共建参与基层协商民主】 年初，民革市委到民革区委专题调研社区共建。针对社区违章搭建问题开展调研，形成《关于完善和强化我区违法建筑治理举报通报机制的建议》提交政协年中会议，获区政协领导关注与政府有关部门重视。6月，民革区委七支部与西一社区共建。出台《社区共建工作手册》及《共建联建工作规范化建设标准》。8月，新华社区共建点违章建筑被拆除。11月，承办由民革市委与中共长宁区委统战部在长宁联合主办的“民主党派关注社会治理，推进基层协商民主”专题研讨会。民革区委在推进社区基层治理方面所开展的实践得到肯定。《团结报》头版头条《长宁何以多“安宁”——上海民主党派成员参与社区建设的生动实践》与《澎湃新闻·浦江头条》文章《民主党派参与社会治理，上海弥补居民自治的短板》报道民革区委探索。（李文哲）

【成立长宁区中山文化交流协会】 12月10日，上海市长宁区中山文化交流协会成立大会暨“传承博爱 同心爱国”论坛在锦江饭店锦江小礼堂二楼锦竹厅召开。民革市委副主委、上海市中山文化交流协会会长董波、中共长宁区委常委、区委统战部部长陈志奇出席大会并讲话。会议通过《上海市长宁区中山文化交流协会章程》，选举产生第一届理事会理事，邱华云当选为理事长。协会由民革长宁区委发起，由有志于弘扬中华民族文化传统、促进海外及海峡两岸民间交流的企业、事业单位和党派、团体，及相关人士（或单位）自愿组成的非营利性社会团体。协会宗旨是继承孙中山爱国、革命和不断进步精神，弘扬中华民族文化传统、传承华夏文明，团结和广泛联系海内外各界人士，广泛开展交流合作，推进两岸关系和平发展，服务改革开放、经济建设和文化交流。（李文哲）

12月10日，上海市长宁区中山文化交流协会成立大会　（民革区委供稿）

【开展民革界别政协委员述职评议】 12月16日，民革区委召开民革界别政协委员述职评议。民革界别政协委员及民革党员21人参加会议。其他界别代表及中共长宁区委统战部、区政协机关工作人员应邀出席会议。区政协党组副书记刘春景出席会议并讲话。7名民革界别政协委员从履职情况、联系界别群众情况、履职成效三方面汇报担任第十三届政协委员期间的工作。9名党员对委员履职进行点评。（李文哲）

【履行参政议政职能】 年内，民革区委向区政协提交组织提案4件、大会发言1件、委员个人及联名提案18件。4件组织提案得到区领导批示，3件提案获中共区委区府办列入提案办理实效明显，《关于在社会管理创新中，探索推进民主党派参与基层民主监督的建议》列为区政协主席督办重点提案。10月组织“参政议政大家谈”活动，累计近百人次参与，提出提案线索24条。与民革市委祖统委联合完成中标民革市委调研课题《关于有限度开展台湾经贸类社会组织在大陆合法运作的建议》。开展“我为长宁‘三个城区建设’和‘五个提升目标’献计”为主题的年度社情民意征集活动，共收到155名党员及5个居委会采集点撰写的社情民意453篇，送区政协、民革市委278篇。（李文哲）

（三）中国民主同盟长宁区委员会

【概述】 2014年，民盟区委下设14个基层支部，8个工作委员会，盟员413人，在职盟员210人。民盟市委常委1人，市人大代表1人，区人大代表3人，其中常委1人，区政协委员12人，其中常委4人。现有区委委员14人，正副主委5人。全年共发展新盟员11人，平均年龄35.6岁，转入盟员2人，逝世3人。年内召开区委会议9次，举行重大活动10余个，专委会会议、活动和支部组织生活近百次，参加盟员上千人次；出版《长宁盟讯》4期。年内，有20余名盟员获各级各类荣誉先进。其中1人被评为市优秀志愿者和市“两新组织”党建之友；2人获“上海市特级教师”荣誉称号；1人被民盟市委评为优秀通讯员等等。（倪　俊）

【开展“学实活动”】 年初，民盟区委向各基层支部下发《民盟长宁区委开展“坚持和发展中国特色社会主义学习实践活动”实施方案》，通过结合理论学习、职能履行、自身建设、社会服务等四方面工作，组织系列“学实活动”。5 月，民盟黄浦、浦东、长宁区委青委会联合举办“黄东宁”三区青年盟员交流联谊活动；7 月，民盟区委联合民进区委、区社会主义学院举办了 2012 年暑期骨干学习班；10 月，民盟区委组织新盟员赴民盟传统教育基地“南京梅园新村纪念馆”，进行民盟在新民主主义革命时期与中国共产党紧密合作的光辉历史的教育活动；11 月，民盟区委召开“学实活动”专题座谈会，4 名盟员分别代表老中青和准盟员交流自己对于“学实活动”和“中国梦”的感悟。（倪　俊）

【履行参政议政职能】　年内，民盟区委领导参加中共区委组织的双月座谈会，就如何全面深化改革，推动经济转型发展；如何推动党风政风和干部作风不断改进；如何推进民生改善和激发社会活力，进一步巩固全国社会管理创新综合试点成果；民主党派如何更好地发挥行风政风监督作用以及长宁区重要人事安排、区政协委员调整增补等问题提出意见建议。2 月—11 月，民盟区委结合市情、区情以及老百姓关心的热点、难点问题，形成《长宁教育新发展背景下激励教师不断追求卓越的建议》《关于规范和完善长宁区政府购买公共服务的若干建议》《关于更好解决我区“失独老人”养老困境问题的几点建议》3 件组织提案，其中 1 件作为主席重点督办提案，2 件作为专委会重点督办提案。民盟区委成立“长宁民盟社情民意信息员”队伍，编印《民盟长宁区委社情民意工作手册》，制定《长宁民盟社情民意收集报送工作细则》，年内，民盟区委共收到各支部递交的社情民意案 67 篇，上报 50 篇，其中 4 篇被市政协录用，5 篇被盟市委录用，6 篇被区政协录用。（倪　俊）

【开展社会服务】　年内，民盟区委有 3 名律师盟员参加由盟中央开展的“黄丝带”社区矫正活动，为江苏社区的矫正对象开展法律服务。9 月 23 日，民盟中央副主席龙庄伟到江苏路街道调研“黄丝带”社区矫正工作。11 月，民盟区委联合区法宣办、区律师工作委员会，组织律师在中山公园设立咨询点，向市民提供法律援助和咨询，就市民关心的劳动保障、医疗卫生、房屋纠纷、财产分割等方面问题进行解答。民盟市委副主委周秀芬、民盟区委主委张谢定参加现场活动。年内，民盟区委与江苏路街道开展共建文明社区工作，将盟员捐赠的 2 000 元注入江苏街道帮教基金，并以江苏路街道“凝聚力工程”学会江苏社区分会会员单位身份参与街道多项活动。（倪　俊）

5 月，民盟黄浦、浦东、长宁区委青委会联合举办“黄东宁”三区青年盟员交流联谊活动（民盟区委供稿）

（四）中国民主建国会长宁区委员会

【概况】　2014 年，民建区委下设 9 个工作委员会，10 个基层支部，会员 553 人，其中在职会员 350 人。民建中央委员 2 人，其中常委 1 人；市委委员 3 人，其中常委 1 人；区人大代表 2 人（区人大常委 1 人）。全国政协委员 1 人；区政协委员 13 人，其中区政协常委 4 人，新泾镇人大代表 1 人，市区特邀员 17 人。区委委员 18 人，正副主委 4 人。发展新会员 37 人，转入会员 7 人。12 月，成立法治工作委员会。年内召开区委会议 4 次、主委会议 4 次、举行重大活动 12 个，专委会会议和支部组织生活近 50 次；180 人次上门家访、医院探望慰问会员 120 人次；出版《长宁民建》4 期。获民建市委参政议政工作先进组织一等奖。（邬颖麒）

【履行参政议政职能】　年内，民建区委向区政协提交组织提案 8 件，大会书面交流发言 3 件，委员个人提案 11 件。8 篇组织提案全部得到区领导批示，2 篇提案被区政协推荐为主席督办提案。完成“完善上海电子商务发展环境”“加快航空服务业发展”两项课题调研，均得到市领导批示。报送社情民意信息文章 67 篇，被各上级部门采纳近 30 篇。其中，4 篇分别得到市、区两级领导批示。（邬颖麒）

【开展社会服务工作】　年内，民建区委开展帮困助学活动，为结对共建的华阳路街道辖区内民工学校和贵州毕节地区学校捐赠价值近万元的学习用品。搭建招商引资信息平台，邀请企业家会员参加湖南（上海）投资贸易洽谈周郴州现代服务业招商推介会及四川眉州民建企业招商会。（邬颖麒）

【探索联合组织活动新方式】　年内，民建区委建立民建区委委员联系支部制度，与其他区县组织、民建市委工委会、各基层支部之间互动。8 月，

第四支部和杨浦民建第十七支部联合开展支部生活。10 月，第四支部和第六支部联合到浙江开展调研活动。民建区委联合民建闸北区委举办2014 年骨干成员坚持和发展中国特色社会主义专题培训班。11 月，民建区委与市委综合工委联合举办“歌唱祖国、歌唱党”音乐会。12 月，第九支部和第十支部联合赴苏州高新区考察调研。（邹颖麒）

12 月，民建区委成立法治工作委员会　（民建区委供稿）

（五）中国民主促进会长宁区委员会

【概况】 2014 年，民进区委下设 10 个工作委员会，17 个基层支部，会员 431 人，其中在职会员 203 人。民进市委委员 2 人；区人大代表 4 人；区政协委员 9 人，其中区政协常委 3 人；区委委员 13 人，正副主委 4 人。全年新发展会员 11 人，平均年龄 37.2 岁。民进区委推动基层支部开展民进市委组织的“创建上海民进先进基层支部活动”。各基层支部围绕“学习实践活动”开展支部创优活动，组织会员开展“三好一创”（本职工作好、自身建设好、参政议政好、创行业一流水平）活动，开展支部结对联动活动，加强基层支部建设。市三女中支部获“民进全国创先争优活动先进基层组织”称号。民进区委推荐 1 名会员参加民进市委中青班，2 名会员参加民进市委基层支部骨干会员培训班，27 名新会员参加中共区委统战部和区社会主义学院联合举办的区民主党派新成员学习班，1 名会员增补为区政协委员。编发《民进长宁简报》3 期。民进区委获 3 个上海市奖项，1 个支部获全国奖项，8 名会员获上海市奖项。（吉新晶）

【启动“坚持和发展中国特色社会主义学习实践活动”】 年内，民进区委把理论学习作为开展学习实践活动的“基本动作”，以纪念上海民进地方组织成立 65 周年为契机，加强会员对民进优良传统的学习教育。召开区委会议、主委办公会议、支部主委学习会 5 次，对中共十八大，中共十八届三中、四中全会以及习近平总书记系列重要讲话精神进行专题学习；会同民盟区委、区社会主义学院举办暑期骨干学习班；2 次组织基层支部进行学习交流。（吉新晶）

民进区委组织暑期干训考察活动　（民进区委供稿）

【履行参政议政职能】 年内，在区政协十三届三次全会上，民进区委提交组织提案 3 件，大会发言 1 件；会员中的市、区人大代表、政协委员提交人大议案、政协提案、书面意见共 11 件。正、副主委定期参加中共区委召开的双月座谈会，列席区政府工作会议，为长宁区的规划和发展建言献策。民进区委通过微信、QQ 形式，向会员发送学习资料，推荐学习文章，开展互动交流，增强“好建议”活动辐射力，营造学习交流氛围。民进区委收到基层支部反映社情民意的“好建议”183 件。其中 80 件作为社情民意报送民进市委和区政协，4 篇被市政协采用，34 篇被民进市委、区政协录用。民进区委获“民进上海市 2014 年度反映社情民意工作先进单位”。（吉新晶）

【开展社会服务工作】 年内，民进区委加强与新华路街道共建工作，拓展共建新形式，与民进市委经济委员会、新华路街道联合举行“金融知识进社区”活动。选派小学骨干教师参加民进市委讲师团赴贵州省册亨县支教讲学活动。基层支部开展帮困

助学、为四川甘孜藏民募捐各类活动；5名会员赴海南等地支教，参与智力扶贫工作。（吉新晶）

（六）中国农工民主党长宁区委员会

【概况】 2014年，农工党区委下设7个专门工作委员会，10个基层支部，党员322人，其中在职党员135人，全年发展新党员17名。农工党市委委员3人，其中常委1人。区人大代表2人，其中常委1人。市政协委员1人，区政协委员11人，其中区政协常委2人。党员葛敏被评为2013—2014年度上海市“三八红旗手”光荣称号；顾钧青撰写的《深情的嘱托，殷切的希望》获农工党中央“中国梦·农工情”征文二等奖；顾钧青撰写的《石印玉教授应用经方治疗骨伤科疾病举隅》论文获上海市中医药学会老年病分会2014年学术年会优秀论文奖；李晓荣的书法作品入选政协成立65周年上海市政协书法展。（顾珺珺）

【政协委员向界别群众述职】 11月27日，作为长宁区政协第一批试点的界别，农工党界别召开政协委员向界别群众述职会议。会议邀请区巡视员、区政协中共党组副书记刘春景，区政协秘书长张源出席，区政协副主席、农工党区委主委葛敏，副主委许荣、王家成与20余名农工党党员参与。2名农工党界别政协委员围绕政协委员履职主题，从政协活动参与情况、履职情况、成效和不足等方面进行述职。与会党员在民主评议环节发言。（顾珺珺）

【开展坚持和发展中国特色社会主义学习实践活动】 年内，农工党区委结合坚持和发展中国特色社会主义学习实践活动，组织不同层面学习讨论。3月，农工党区委班子专题学习《农工党中央关于开展坚持和发展中国特色社会主义学习实践活动的通知》（农工党中央〔2014〕3号）和长委统〔2014〕1号文件。成立“坚持和发展中国特色社会主义学习实践活动”领导小组和工作小组，制定《农工党长宁区委关于开展坚持和发展中国特色社会主义学习实践活动的工作方案》及2014年学习时间活动安排，围绕“坚定政治理念”“人才队伍建设”“健康中国”三方面开展活动。成立农工党区委青年写作团队，由各支部青年骨干党员组成，开展社情民意工作和各项调研。5月，农工党长宁区委、农工党虹口区委、农工党黄浦区委举行三区中青年骨干学习班。6月，农工党区委组织区委委员、支部委员和党内青年骨干进行为期两天集中学习，邀请市委宣传部原副部长的朱匡宇作“领导力与执行力”报告，邀请上海市社会主义学院副院长姚俭建作“全面深化改革与统一战线使命——学习十八届三中全会决定”报告，组织党员参观陈云故居等爱国主义教育示范基地。7月，农工党区委与农工党贵州省安顺市委进行对口交流，围绕开展“坚持和发展中国特色社会主义学习实践活动”进行座谈，并就长宁区与安顺市在妇幼保健方面工作进行探讨。（顾珺珺）

【组织社会服务】 年内，农工党区委针对长宁区商务楼宇多，白领中亚健康状况多的现象，开展“健康生活、精彩人生——2014农工党长宁区委健康、医疗服务进楼宇”活动。6月，农工党区委所属10个支部把医疗咨询、健康讲座、医疗服务送到各支部所在区域商务楼，累计服务人次近600人次。通过该次社会服务搭建平台，各支部与社区单位建立长期合作关系：医卫联合支部发挥公共卫生优势，开展食品卫生、用药安全、用水安全等系列健康宣教；天山支部发挥中医治未病优势，与江苏社区相关楼宇达成合作关系，定期开展中医治未病的宣教活动；光华支部多年来与新华社区合作共建，为社区居民开展义务医疗咨询和健康宣传活动，将定期服务对象扩大到附近楼宇的白领群体。（顾珺珺）

农工党区委开展“健康生活、精彩人生——2014农工党长宁区委健康、医疗服务进楼宇”活动（农工党区委供稿）

【履行参政议政职能】 年内，农工党区委提交区政协十三届三次会议《创新居家养老模式，推进养老服务新格局——关于创建长宁区居家养老新模式的几点建议》《关于多措并举，切实帮助精神疾病患者回归社区的建议》《关于大数据时代下规范网络信息管理提升数字长宁品质的建议》《关于建立对医闹、医疗纠纷实行全区范围“警医联动”机制的建议》《关于进一步提升我区“65岁以上老人免费体检”等公共卫生服务项目服务品质的建议》和《关于长宁率先建立轨道交通鼠害监管机制的建议》等6件集体提案，提交《创新居家养老模式，建立医养结合新格局》大会发言1

件，政协委员个人提案10件。

（顾珺珺）

（七）中国致公党长宁区委员会

【概况】 2014年，致公党区委下设4个工作委员会，4个基层支部，党员133名，其中担任致公党市委委员2人，区人大常委1人，市政协委员1人，区政协委员10人，其中常委2人，担任特邀监督员7人。年内发展新党员9人，转入1人。编辑出版2期《长宁致公》期刊，开设"学习实践"主题活动专栏；"五侨"联合出版《长宁之侨》期刊2期。在党内开展致公党优秀人才专项调研工作。2人获致公党市委参政议政先进个人称号。2人获致公党上海市委优秀党员称号。

（张志勇）

【开展慈善义卖活动】 5月，致公党区委组织10余名中青年党员参加致公党市委在四川北路绿地公园广场举行的爱心义卖活动，向上海致公爱心基金募捐5 000余元。6月，致公党区委青委会、致公党浦东区委青委会的20余名中青年党员代表联合上海我爱我家社会公益服务中心和杨浦区慈善物资调剂配送中心，在天山商圈百盛中心广场，开展"为孩子　留下爱"慈善义卖活动。（张志勇）

【履行参政议政职能】 年内，致公党区委提出《关于以虹桥机场东片区改造为契机，加紧打造长宁航空物流集聚区的建议》《关于尽快落实长宁区鼓励扶持"居家就业"有关政策的建议》《关于充分利用城市学校少年宫的优质资源，扩大受益面的建议》和《关于加强中小学生汉字书写能力培养的建议》组织提案4件，10名政协委员个人或联名提案19件。4月，致公党区委举办社情民意活动小组启动与培训活动。组织骨干参加长宁区政协举办的反映社情民意信息工作实务培训班。设立教育、金融、民生、经济、法律和综合等九个专业活动小组，引导中青年党员反映社情民意，建言献策。党员撰写的社情民意《防范乌克兰危机潜在的金融风险对我国经济的影响》报送全国政协，《开启自贸区外资拍卖市场》被致公中央采用，《LED显示屏"危机四伏"，亟待立法监管》受联合时报记者专采访；《关于贺绿汀古迹的社情民意》被市政协2月25日特刊登载，年内征集社情民意60余条，10余条被市政协和市委采用。（张志勇）

5月，致公党区委组织中青年党员参加爱心义卖活动　（致公党区委供稿）

【开展学习实践活动】 年内，致公党区委传达致公党中央《关于开展坚持和发展中国特色社会主义学习实践活动的方案》和中共长宁区委统战部召开的长宁区统一战线坚持和发展中国特色社会主义学习实践活动部署会精神，对学习实践活动作动员和部署。各支部结合"学习实践"行动，开展支部特色创新品牌建设活动，第一支部在位于陕西南路的丰子恺旧居，组织支部成员开展参观、调研与学习，在现场由区委副主委作"提案和社情民意撰写技巧"讲座；邀请上海丰子恺研究会副会长宋雪君作"走近丰子恺，走进中国传统文化"讲座；第四支部开展"游翊园、逛老宅，感受传统文化"主题实践活动，第三支部结合"看上海，走长宁，说变化，献计策"主题实践，组织考察参观松江大学城和在建的广富林遗址公园活动。老年专委会参观上海纺织服饰博物馆活动，考察国内唯一的全面综合反映中国纺织服饰历史和科技知识的博物馆。第二支部结合"博物馆藏品架起沟通的桥梁"的主题，举办"海派民间收藏"讲座。（张志勇）

（八）九三学社长宁区委员会

【概况】 2014年，九三学社区委下设6个专门工作委员会，10个支社，社员399人，平均年龄58岁。其中高级职称203名，占50.9%，在职社员240名，占60.2%。少数民族7人。区委委员14人（其中正副主任委员3人）。特约监督员13人（其中市级2人）。全年发展社员22人，转入社员3人，转出社员5人。九三学社中央委员会委员1人，九三学社市委委员1人，九三学社市委专门委员会成员16人，上海市人大代表1人，市政协委员3人（其中常委1人），区人大代表3人，区政协委员12人（其中常委2人）。年内，九三学社区委召开2次主委及其扩大会议、5次区委及其扩大会议，13次专委会会议，全体社员组织生活7次，支社组织生活23次。设有九三学社长宁区委网站（www.93cn.org.cn），并建立网上交流的公共空间，微信、存储云等。在周家桥社区党员服务中心和九三学社区委办公室设立社情民意采集点，提交社情民意132件，采纳52件。年内，为特困社员送去社市委和中共区委统战部的专项帮困资金，申请并获批九三学社中央“王选帮困基金”上海唯一的一个名额；继续开展青年社员与老社员的结对工作，年初青年社员对口走访老干部109人。坚持对患病、突发困难社员上门慰问，对特困社员定期走访15余人、接待来访20余次。九三学社区委获九三学社中央组织建设先进集体、九三学社市委参政议政先进集体、九三学社市委社情民意一等奖。（濮俊明）

【举行九三学社区委成立30周年暨联欢活动】 11月6日，九三学社区委举行成立30周年暨联欢活动，近180名社员参加。区统战部和九三学社市委领导出席讲话，活动回顾九三学社长宁区委成立30年的发展历程，以支社为单位开展文艺节目表演。（濮俊明）

【学习贯彻九三学社中央文件精神】 年内，九三学社区委学习贯彻九三学社中央《在全社开展坚持和发展中国特色社会主义学习实践活动的实施方案》《关于进一步加强组织建设的若干意见》等文件精神，召开各级学习讲座，组织各支社观看“为了民主与科学”专题视频并交流心得体会。3月19日，举办学习贯彻全国人大专题报告会，九三学社区委全体社员、周家桥社区共建单位领导、区少数民族联合会成员、临空经济园区工作人员和其他民主党派成员，150余人参加。全年组织5次科普文化讲座，分别为“‘中华雅韵’国乐欣赏”“癌症是可以预防的”“我对九三学社的几点认识”“一个新阶层社员的‘主业’和到西部去，见证辉煌，践行理想”以及“环境保护和食品安全”，为社员提供学习交流平台。（濮俊明）

【履行参政议政职能】 年内，九三学社长宁区委向区政协提交组织提案6件，委员个人联名提案3件。《关于“改善临空地区交通瓶颈”的若干建议》组织提案作为大会发言，6件组织提案均成为主席督办重点提案或专委会督办提案，并得到批示。（濮俊明）

【加强对口联系及共建】 年内，九三学社区委与区建交党工委联合召开年度对口联系交流会议，共同参观中国商飞民用飞机模拟飞行国家重点实验室。加强与周家桥街道共建，研究社会服务进社区的议题，继续助学街道少数民族贫困生。与九三学社工程技术大学委员会联手开展对《物业管理的社区共治与居民自治有效机制研究》的课题调研。该课题成为九三学社市委参政议政重点课题，并通过市委专家审核，成为社市委集体提案。九三学社区委与新泾镇和谐家园建设服务站在2个月内为九三学社区委组织多次专家会议，200余人次约谈和走访，1月21日，和谐家园被《团结报》誉为“百姓的智脑”。志愿者团队同时试点与高校共同服务社区，上半年与社工程大委员会建立区校合作联系，下半年与应用技术大学支社共同开展社区服务工作，将科普公益活动送入街道“侨之家”。（濮俊明）

11月6日，九三学社区委举行成立30周年暨联欢活动（九三学社区委供稿）

（九）长宁区工商业联合会

【概况】 2014年，区工商联下设10个基层商会和餐饮烹饪协会、进出口企业商会、上市公司沙龙、女企业家联谊会、企业家摄影沙龙、主席联络员沙龙、上海民营经济研究会长宁区工作委员会、法律专家律师团、青年企业家联谊会等十大平台。有会员企业1 804户，个人会员59名。其中全国政协委员1名、市人大代表2名、市政协委员2名、区人大代表61名、区政协委员83名、市工商联执委12名(其中，副主席1名、市商会副会长2名、常委5名)、区工商联执委144名(其中，主席1名、副主席20名、常委51名)。全年发展新会员101家。年内，区工商联提交《关于加快推进长宁混合经济发展力度，鼓励引导非公经济参与长宁转型发展的建议》《关于进一步加大非公经济参与长宁经济建设的力度建议》等2个组织提案。其中，《关于加快推进长宁混合经济发展力度，鼓励引导非公经济参与长宁转型发展的建议》作为政协全会闭幕式书面发言。在区政协常委会上作《充分发挥工商联界别特色，积极在政协舞台推进协商民主建设》发言，发言稿刊登于《联合时报》，“发挥工商联参政议政界别特色需创新思路”报道刊登于《中华工商时报》。编写《长宁工商联》会刊10期，开通主席微信群、执委常委微信群、各大平台微信群，区工商联官方微博发布信息700余条，区工商联官方网站更新信息200余条，《中华工商时报》《联合时报》《现代工商》《上海商报》等媒体、刊物上发布信息报道 110 余篇（条），其中被国家级部门和刊物录用 3 次，市级部门和刊物录用 100 余次。连续第十次编印《国家、上海市和长宁区引导鼓励企业发展最新政策》1 000册，发送 900 余家企业。编印《长宁非公经济风采录》，收录长宁区 17 家非公企业和 9 名非公企业家代表。与福建省将乐县工商联、江苏省淮安市清河区工商联签订建立合作伙伴关系的协议，与南宁市工商联、新疆克拉玛依市工商联、江西省樟树市工商联开展交流。区工商联代表出席长三角地区城市民营经济和商会工作合作与交流机制第十二次会议并作交流发言。与中国银行、建设银行、交通银行、农商银行、上海银行、民生银行、中信银行、光大银行、农业银行等 9 家银行，共开展银企对接洽谈 23 次，参加企业 134 家，解决融资 1.41 亿元。推荐区工商联 3 名副主席分别获“第四届全国非公有制经济人士优秀中国特色社会主义事业建设者”“第四届上海市非公有制经济人士优秀中国特色社会主义事业建设者”称号，2 家会员企业获“上海科学技术奖”。组织 30 余家非公企业代表参加市工商联举办的劳务派遣新规上海地方细则解读。与区企联会联合举办和谐劳动关系方面讲座，30 家企业参加听讲。组织 450 余家非公企业代表参加各类博览会、招商推介、商务考察交流等活动。（朱轶闻）

1 月 17 日，区工商联举行长宁区非公企业家迎新春话发展座谈会（区工商联供稿）

【举行区非公企业家迎新春话发展座谈会】 1 月 17 日，区工商联在虹桥迎宾馆举行长宁区非公企业家迎新春话发展座谈会。市工商联副主席高开云，区委副书记、区长谢峰，区委常委、区委统战部部长刘春景，副区长解冬，区委统战部副部长、区工商联党组书记及 30 余名企业家出席了会议。与会企业家分别围绕学习中共中央十八届三中全会的体会、企业发展的方法手段、需要政府支持的建议交流发言。（朱轶闻）

11 月 21 日，区工商联与区民政局、武警三支队联合举办“三支队 2014 年度退伍战士与驻地企业双向选择会”（区工商联供稿）

【开展“百企助百老”回报社会感恩行动】 1 月，区工商联与区政协、区委组织部、区委统战部、区总工会、区委老干部局、区民政局、区老龄委、各街道（镇）商会联合开展 2014 年度“百企助百老”回报社会感恩行动，走访慰问 98 名区内老党员、老劳模和老统战人士，发放慰问金每人 5 000 元，共计 49 万元。区工商联被评为“上海市光彩事业优秀组织奖”，3 名主席副主席分别被评为“上海市光彩之星”“上海市光彩事业特别贡献奖”“上海市光彩事业先进工作者”。（朱轶闻）

【召开区工商联第十三届四次执委会】 3 月 27 日，区工商联召开第十三届四次执委会暨长宁区光彩事业促进会第三届六次理事会。区委常委、区委统战部部长刘春景，区委统战部副部长、区工商联党组书记及 130 余名企业家出席会议。会议听取并审议执委会工作报告，听取光促会法人变更申明，增补副主席 1 名、常务委员 6 名和执委会委员 4 名，成立长宁区工商联专家律师团，并聘请街道（镇）商会法律顾问。（朱轶闻）

【开展拥军优属活动】 6 月中旬，区工商联开展法律服务进军营主题活动，与君悦律师事务所到驻区部队和上海警备区特种警备团，开展法律咨询服务。7 月 25 日，区工商联党组书

10月23日—24日，长宁区举办非公经济高级经营管理人才研修班　（区工商联供稿）

记、副主席和部分机关干部在庆“八一”活动中走访慰问武警上海总队三支队官兵，发放慰问金5万元。10月23日，区工商联与区武装部、区双拥办共同组织民营企业家“军营一日行”活动和爱国主义国防教育活动，36名企业家参加活动。11月21日，区工商联与区民政局、武警三支队联合举办“三支队2014年度退伍战士与驻地企业双向选择会”，50余家企业和200余名战士参加活动。（朱轶闻）

【开展基层商会“创优活动”】 7月—12月，区工商联组织开展2014年度上海市工商联基层商会创优活动，两次召开基层商会会长、秘书长和专职干部会议进行部署，实施自评推荐、考核评比和检查验收。新泾镇商会、天山商会、华阳商会被评为2014年度上海市工商联优秀基层商会，新华商会、周桥商会、程桥商会被评为2014年度上海市工商联单项工作先进基层商会，虹桥商会会长汤德顺、北新泾商会会长刘成、江苏商会秘书长任振祥等3人被评为2014年度上海市工商联基层商会工作先进个人。（朱轶闻）

【举办非公经济人士研修班】 10月23日—24日，区工商联与区委组织部、区委统战部、区委党校、区社会主义学院共同举办2014年长宁区非公经济高级经营管理人才研修班，50余名非公经济企业家参加研修班。区委常委、副区长张连城作长宁区经济社会发展形势报告，区委统战部副部长、工商联党组书记作工商联建设报告，区社会工作党委书记作非公企业党建报告，市委党校副教授作当前经济形势报告。（朱轶闻）

【开展非公有制经济人士理想信念教育实践活动】 年内，区工商联继续深入开展非公有制经济人士理想信念教育实践活动。制订《长宁工商联2014年非公经济人士理想信念教育实践活动方案》，巩固和发展理想信念教育实践活动中探索形成的非公经济八项长效服务机制。区工商联“理想信念教育实践活动形成八项制度常抓不懈”被评为上海市工商联工作十大亮点。（朱轶闻）

【开展“十大平台”活动】 年内，区工商联继续开展“十大平台”建设活动。筹备成立电子商务沙龙，成立上海民营经济研究会长宁区工作委员会、青年企业家联谊会、法律专家律师团，并聘请街道（镇）商会法律顾问，街道（镇）商会与律师事务所签约结对。上市公司沙龙、进出口企业商会、女企业家联谊会、餐饮烹饪协会、企业家摄影沙龙、主席联络员沙龙等平台开通微信群和公众号，组织企业家参观考察，举办家庭亲子活动、政策解读会、区情通报会，开展银企对接等。（朱轶闻）

（栏目编辑　钱　萍）

（一）综　述

2014年，区总工会、共青团区委、区妇联、区侨联带领全区广大职工群众、团员青年、各界妇女和归侨侨眷，围绕区委提出的“三件大事”和增强“三个活力”的总体要求，推动长宁区经济建设和社会发展。全区有基层工会组织2 032家，覆盖企业13 856家，共有会员313 703名。全年各级工会走访困难职工家庭3 336户，慰问款物价值计696.91万元。区总工会筹措44.24万元，慰问困难劳模15名，走访困难企业6家，帮扶困难职工1 648人。全区各级工会组织筹措120余万元，帮扶困难职工4 500余人。

团区委重点打造“青春长宁”微信公众平台，获2014年度“上海共青团新媒体工作优秀集体奖”。开展区青年志愿服务先进评选和红领巾志愿服务评选工作，选树先进典型38人、项目28个和集体30个，长宁区青年志愿者协会作为全市共青团系统唯一代表当选民政部全国第二届优秀志愿服务组织。开展423次志愿服务活动，参与志愿服务3 270人次。培育市级青年文明号22家，上海市青年突击队7家，其中标杆青年突击队1家，优秀青年突击队3家；培育上海市标杆青年突击手1名，上海市优秀青年突击队员3名；培育长宁区青年文明号26家，长宁区青年岗位能手43名，长宁区青年突击队4家。推荐市十大杰出青年1名，市十大杰出青商1名，市十大青年经济人物1名，市十大IT青年新锐1名，长三角十大新锐青商1名，市青年五四奖章集体5家，市青年五四奖章个人5名，市“星星火炬奖章”1名，市十佳少先队辅导员1名，市优秀共青团员、团干部7名。

区妇联加大男女平等基本国策宣传力度，保障妇女儿童合法权益，成立“成长的家园·服务大联盟”，推出区妇联23项为民服务实事项目，发挥妇女“半边天”作用，投入长宁区创建全国文明城区复评工作。全区196个“妇女之家”中，培育9个市级示范点。全区20户家庭被评为上海市五好文明家庭。区妇联获上海市示范性家政服务站实事项目优秀组织奖、2013年度深化文明城区创建先进集体等称号。区家庭文明建设协调小组被评为上海市家庭文明建设先进协调小组。区妇联选送的陈岩被评为全国三八红旗手，华阳社区文化活动中心服务管理处、上海申冠置业发展有限公司（华联发展大厦）经营管理部被评为全国巾帼文明岗，张金秀被评为全国巾帼建功标兵。诺扬·罗拿家庭被全国妇联授予首届“全国最美家庭”。顾泉雄家庭、孙祥英家庭被评为第九届全国五好文明家庭。徐莉佳家庭被评为第九届全国五好文明家庭标兵户。上海市同仁医院急诊科等4个集体被评为上海市三八红旗集体、王秀红等17名个人被评为上海市三八红旗手。

区侨联深化为侨服务，引导侨界服务大局，年内走访慰问2 435名侨界群众，发放慰问金37.9万元。获市侨联“侨与中国梦”主题演讲活动“优秀组织奖”；《强化职责　创新载体　发挥基层侨联组织在社会管理中的积极作用》《创建一街一特色工作推动基层侨联会工作再上新台阶》分别获市侨联特色工作（项目）一等奖、二等奖。上海硅酸盐所获第五届中国侨界（创新团队）贡献奖；华阳路街道侨联会获市“示范性街镇侨联分会”称号；东银集团、上海多媒体产业园、新十钢红坊创意园区、易车互动广告公司、力新仪器（上海）有限公司获市企业特色“侨之家”称号。（常　念）

（二）长宁区总工会

【概况】　2014年，区总工会辖有系统、集团（公司）工会19家，街道（镇、园区）工会11家，基层工会组织2 032家，覆盖企业13 856家，共有会员313 703名。区总工会坚持工会工作服务中心、服务大局、服务职工。编印下发12万余册十八届三中、四中全会精神知识宣传手册，开展长宁职工职业道德“双十佳”评选宣传，开展微感言、微镜头、微演讲活动，收到微感言441段，微镜头523个，微演讲79篇，书画作品35幅。召开2014年度庆祝“五一”大会，表彰2名全国五一劳动奖章、3个上海市五一劳动奖章（奖状）、3家上海市工人先锋号以及105家区工人先锋号等先进个人及集体。成立131名劳模组成的劳模志愿者服务队。联合区人社局开展中小微企业平台专项培训。450余名职工参加EBA培训班、女职工周末学校培训班、先进班组长培训班等。开展“安康杯”竞赛活动，1 200余家单位报名参赛。健全“小三级”工会组织网络，夯实基层工会工作基础。深入街道开展调研，提出《关于进一步加强社区（街道）镇工会队伍建设的若干意见》，举办街道（镇）工会干部和党群工作者工会实务培训。制订《关于进一步加强长宁区楼宇（园区）工会联合会建设的若干意见》的配套文件，召开楼宇工会联合会成立现场推进会。建立楼宇（园区）工会联合会15家。制订下发《长宁区总工会关于实地实体型企业工会建设若干问题的意见》，各街道全年新增规范建会企业43家。维护职工合法权益，促进劳动关系和职工队伍的和谐稳定。制定《长宁区总工会关于工会预防化解群体性劳资纠纷工作的实施意见》，推进职工法律援助志愿者队伍“进社区、进楼宇、进企业”服务。全年各级工会维权窗口接待咨询职工552人，工会参与调解纠纷130件，参与处理区群体性劳动纠纷6件，涉及职工646人。制定下发《长宁区工资集体协商工作指导手册》，形成基层工作指南。突破LG公司的三项合同签订。全年完成工资专项集体合同签订，覆盖企业8 130家，覆盖职工14 544人。推进职工实事项目，增强工会组织对职工群众的凝聚力。全年各级工会走访困难职工家庭3 336户，慰问款物价值696.91万元。区总工会筹措44.24万元，慰问困难劳模15名，走访困难企业6家，帮扶困难职工1 648人，组织30家用工单位提供360余岗位，达成就业意向书150余份。全区各级工会组织筹措120余万元，帮扶困难职工4 500余人。举办6场招聘活动，提供就业岗位近2 000个，介绍756名职工就业。129家助学单位为499名困难家庭学生发放助学金52.16万元。全区参加各类医疗互助保障计划28.5万人次，给付4万人次，给付金额3 668万元。制定《长宁区职工服务中心管理办法》，推动工会会员服务卡工作，全年办理52 216张。40批次1 223名一线职工参加市总工会定点疗休养，911名非公企业职工参加定点体检。举办四期心理讲座，为职工提供心理援助服务。全年新增39家“爱心妈咪小屋”。开办“月月送文化、月月有电影”活动，在非公企业新筹建31家“职工书屋”。创办《长宫报》，举办首届长宁职工读书节。拓展“白领海峡联谊会”品牌活动领域，新开设吉他沙龙、主持人培训班。开展长宁职工艺术节、长宁白领职工羽毛球比赛、长宁职工比利球比赛、第二十五届“三八”姉妹运动会等系列文体活动。

（周　君）

3月6日，区举办第二十五届“三八”姐妹运动会　（区总工会供稿）

【召开2013年度直属非公企业工会工作交流会】 1月16日，区总工会召开2013年度区直属非公企业工会工作交流会，包括联合利华、联邦快递、理光（中国）投资有限公司等区内20余家以世界500强等跨国公司为主的非公有制企业工会负责人出席会议。区人大常委会副主任、区总工会主席余小雄出席会议并讲话。各直属非公企业工会负责人以“组织起来，切实维权”为切入点，围绕加强工会组织建设、创建和谐劳动关系、服务凝聚企业职工等内容开展工作交流并提出工作设想。

（万　黎）

【举办“三八”姐妹运动会】 3月6日，由区总工会、区体育局主办的“骏马扬蹄展英姿”第二十五届长宁区“三八”姐妹运动会在上海国际体操中心开幕。市总工会副主席何惠娟、区委副书记李昕、副区长陈志奇向上海市各界的女职工代表赠送《巾帼俏英姿——三八姐妹运动会十二生肖趣味项目集锦》画册。比赛吸引全区各行各业132支队伍、1 500余名女职工参与，参赛队伍及人数均为历届之最。

（王亚文）

【举办第一届长宁职工读书节】 3月19日—11月27日，区总工会、区学习办联合主办“书香长宁　成就梦想”——第一届长宁职工读书节活动。区总工会在全区范围内征集年度读书活动项目，其中长宁区职工“三微”作品大赛、“遇见张爱玲”城市寻访活动等15个项目成为读书节引领项目。各基层工会推出“书香溢警营”“好文润心田”“读书观影”“书香满新泾”“东银楼宇职工读书月”等优秀读书项目。

（刘　菲）

【举行庆祝“五一”国际劳动节大会】 4月29日，举行区庆祝“五一”国际劳动节大会。区委副书记李昕，区人大常委会副主任、区总工会主席余小雄，副区长陈志奇，区政协副主席陆维清等出席。李昕向劳模先进以及全区各条战线上的广大职工致以敬意和节日问候。余小雄为长宁劳模志愿者服务队授旗。陈志奇、陆维清为2014年全国五一劳动奖章获得者周剑、吕洁和2014年上海市五一劳动奖状获得单位联邦快递（中国）有限公司上海分公司及上海市五一劳动奖章获得者彭海霞、章毅颁奖。会议宣布《关于命名2014年长宁区工人先锋号的决定》，并为获2014年上海市工人先锋号的先进班组颁奖。全国劳模安君英带领劳模志愿者代表集体宣誓。区历届劳模代表，区工人先锋号班组代表和职工代表，区属各单位党政分管领导，各系统（集团、公司）、街道（镇、园区）、直属单位工会主席和工会工作者共290余人参加会议。（周　君）

长宁区举行2014年庆祝五一国际劳动节大会　（区总工会供稿）

【举办“遇见 寻找张爱玲”系列活动】 5月18日，区工人文化宫与区图书馆、稻草人旅行社共同举办“遇见 寻找张爱玲”系列活动。作为“书香长宁 成就梦想”第一届长宁职工读书节的重点项目之一，该活动通过微信报名方式，吸引百余名青年白领相聚在区工人文化宫，聆听上海知名女作家淳子讲述张爱玲的传奇人生，并开展以“寻找张爱玲”为主题的寻访活动和文学分享会。（刘　菲）

【区职工服务中心揭牌仪式暨大学生专场招聘会】 6月27日，以“真心维护职工权益、全力满足职工需求”为主题的长宁区职工服务中心揭牌仪式暨大学生专场招聘会在区工人文化宫开幕。市总工会副主席侯继军分别与区委副书记李昕，区人大常委会副主任、区总工会主席余小雄为区职工服务中心及区职工法律援助中心揭牌。市总工会保障部、法律部、职工援助服务中心、职工保障互助会等相关部室负责人以及区各系统、集团、街道（镇）工会主席、专职副主席、工会干部共60余人出席揭牌仪式。招聘会现场应聘人员1 750余人，达成意向567人。（印敏峰）

【举办暑期外来务工人员子女免费电影专场活动】 7月30日，区总工会、区建交委、区文化局、团区委、区妇联等五家单位联手举办暑期农民工子女免费电影放映专场。来自区建交委等单位的外来务工人员携子女共250余人参与观摩。主办单位为到场的外来务工人员子女送上文化学习用品和高温慰问礼包。（王亚文）

【召开区“劳模创新工作室”评审发布会】 11月14日，区总工会召开区“劳模创新工作室”评审发布会，朱国萍等8名劳模和劳模工作室成员参加发布会。各劳模创新工作室候选对象代表按照“五个有”（有劳模领衔、有创新团队、有攻关项目、有创新成果、有场地经费）进行情况演示。区总工会自2012年起，命名了茅爱武介入治疗创新工作室和金祥生隧道防水材料创新工作室两个区级劳模创新工作室。（孙　檬）

（三）共青团长宁区委员会

【概况】 2014年，团区委重点打造“青春长宁”微信公众平台，获2014年度“上海共青团新媒体工作优秀集体奖”。开展区青年志愿服务先进评选和红领巾志愿服务评选工作，选树先进典型38人、先进项目28个和先进集体30个，长宁区青年志愿者协会作为全市共青团系统唯一代表当选民政部全国第二届优秀志愿服务组织。全年开展423次志愿服务活动，参与志愿服务3 270人次。全年培育市级青年文明号22家，上海市青年突击队7家，其中标杆青年突击队1家，优秀青年突击队3家；培育上海市标杆青年突击手1名，优秀青年突击队员3名；培育长宁区青年文明号26家，长宁区青年岗位能手43名，长宁区青年突击队4家。推荐市十大杰出青年1名，市十大杰出青商1名，市十大青年经济人物1名，市十大IT青年新锐1名，长三角十大新锐青商1名，市青年五四奖章集体5家，市青年五四奖章个人5名，市“星星火炬奖章”1名，市十佳少先队辅导员1名，市优秀共青团员、团干部7名。开发建设长宁优秀青年信息库，建立人才评价机制，针对48名青干班学员开展评估工作。完成团的后备干部推荐工作，产生48名团后备干部人选。推进区青年空间公益服务支持中心的枢纽平台建设，完成民非注册，举办3期“公益相对论”青年社会组织公益沙龙。启动第一期“新青年·微公益”青年中心公益项目资助计划，扶持青年社会组织开发4个青年民生项目落地社区。各街道（镇）团（工）委分别与32家青年社会组织合作开发40余个项目。构建青年中心组织网络，在可·当代艺术中心、秦汉胡同等试点挂牌第一批20家青年中心。发布《长宁区青少年发展“十二五”规划指标体系（试行）》2013年数据监测分析和区来沪社区青少年调研情况，完成全区来沪青少年底数排摸工作并形成《关于长宁区来沪社区青少年生存发展状况的研究报告》。接受团中央、最高人民检察院关于重点青少年群体工作第一轮检查督导，成立区综治委预防青少年违法犯罪专项组。开展青年就业“启航”计划，成立“长宁青年创业导师先锋团”，打造“创业青年说”品牌，举办长宁青年精英创新创业大赛。开展“益友圈”交友活动，引导各级团组织开展各类婚恋交友活动20余场。承接市政府实事项目，建立11个“爱心暑托班”，为400余名小学生提供看护服务。开展“冬日阳光”“青春暖意”行动，关心帮助4 662名困难青少年，推进社区青少年工作站（长宁区试点）工作，开发并同步授课14个“七彩”阳光课程。召开区“凝聚力工程”学会青年工作委员会第二届第一次全体会议，推动“携手公益·服务青年——长宁青年公益服务支持中心法律服务项目”等5个区域化团建项目签约落地。建立区域青年工作共建委员会，实行地区系统“双月双街镇联合轮值”例会制度。重点扶植33家重点“两新”团组织，落实61 800元扶持资金，开展“两新”团建项目资助。打造“青春四季曲”青少年社区文明行动，吸引3 000余人参加。打造“长宁青年文化资讯汇”，服务“两新”青年11 000余人次。开展“创先进、争优秀”活动，扩大区五四红旗团组织创建覆盖面。召开中学生社团联盟峰会，在全区中小学开展“长教杯”“希望杯”少先队活动课评课活动。推进全区团干部轮训计划，实施“红领巾芝麻花”少先队辅导员成长计划、青少年事务社工成长计划，举办居民区青年干事培训班。

（戴鹏鸷）

【召开2014年共青团工作会议】 1月20日，团区委举行第十四届委员会第二次全体（扩大）会议暨2014年长宁共青团工作会议，区委副书记李昕出席并讲话，团区委委员、候补委员、各基层团干部100余人出席会议。会议传达团市委十四届三次全体会议精神，总结2013年长宁共青团工作，表彰2013年信息工作先进团组织。

（戴鹏鸷）

【举办第一期区青年社会组织公益沙龙】 2月24日，团区委举办“公益相对论”——第一期区青年社会组织公益沙龙，特别邀请国家民间组织管理局咨询专家、中国社会组织促进会专家委员会委员、中国青少年研究会理事石国亮作题为“从实践探索到顶层设计的飞跃——共青团借势借力激发青年社会组织活力的战略思考”的专题讲座，加强对青年社会组织的枢纽式服务管理，为全区各级团组织与青年社会组织搭建合作交流平台。

（戴鹏鸷）

2月24日，团区委举办“公益相对论”——第一期区青年社会组织公益沙龙

（团区委供稿）

【召开区青年志愿者协会第四次会员大会】 3月5日，长宁区青年志愿者协会第四次会员大会在长宁图书馆十楼报告厅举行。区文明办副主任，团区委副书记以及团市委志愿者工作部、市青年志愿者协会相关人员出席会议。会议就《长宁区青年志愿者协会章程》修改草案作说明，从规范性、适用性与发展性等方面做修改和完善。大会审议并通过《长宁区青年志愿者协会章程》（草案）。会议选举产生新一届理事会，新一届理事会选举产生理事长、副理事长和秘书长。

（戴鹏鸷）

【召开长宁区全国少先队重点教育科研课题开题论证会】 3月28日，区少工委在天山第一小学召开“全国少先队重点教育科研课题开题论证会”，上海市少先队总辅导员赵国强、全国少先队工作学会名誉副会长段镇、上海市少先队名誉总辅导员沈功玲等专家分别对天山第一小学的课题《国际化办学理念下少先队蚂蚁文化活动课程探究》和愚园路第一小学的课题《创建少先队幸福塔校本课程实践研究》进行立项论证和指导。（戴鹏鸷）

【召开区少工委八届二次全委会】 4月1日，区少工委八届二次全委会在区少年宫召开。区少工委主任、区教育局副局长、团区委副书记、区少先队三员、区少工委委员共计30余人参加会议。会议审议通过区少工委主任、委员卸职替补确认案，增补少先队长宁区第八届工作委员会主任及4名委员。会议传达市少工委六届十次全委会精神，总结2013年长宁少先队工作情况，对2014年长宁少先队重点工作进行介绍，发布《长宁区学校未成年人思想道德状况调研报告》，由华东师范大学思想政治教育研究中心副主任邱伟光对调研报告进行解读。（戴鹏鸷）

【举行“长宁青年看改革”五四青春思想分享会】 5月4日，团区委在机关大厦305会场举行"长宁青年看改革"五四青春思想分享会——2014年长宁青年纪念中国共产主义青年团成立92周年暨五四运动95周年主题活动。区委书记卞百平,团市委副书记刘刚,区委副书记李昕,区委常委、宣传部部长章卫民,区委常委、组织部部长马列坚,区人大常委会副主任刘英,副区长陈志奇,区政协副主席陆维清出席。区总工会、区妇联等群众团体,团区委历届老团干和全区各委、办、局、街道(镇)、企业集团、重点单位团的分管领导,区"凝聚力工程"学会青年工作委员会成员单位以及各界团员青年代表200余人参加活动。会上发布短片《改革·青年说》和公益宣传片《爱长宁心飞YOUNG》及《青年的声音——长宁青年看改革》汇编材料,表彰市五四青年奖章、区优秀青年标兵等先进集体和个人。 (戴鹏骛)

5月4日,团区委举行"长宁青年看改革"五四青春思想分享会

(团区委供稿)

【举办长宁区青年工作联席会议专题推进会】 7月4日,团区委在华阳社区文化中心举办"走进青年中心"——长宁区青年工作联席会议专题推进会暨"共青团与人大代表、政协委员面对面"活动,区青年人大代表和政协委员,各街道(镇)团工委书记,青年中心负责人、青年工作联席会议成员单位代表,"凝聚力工程"学会青年工作委员会委员,社区共建委员会委员,青年社会组织领袖参加活动。会议发布长宁区首批20家青年中心,展示首批长宁区青年中心点位分布图。区青年人大代表和政协委员们共同商议青年中心建设,为青年中心发展建言献策。 (戴鹏骛)

【举行社区青少年工作项目中期评估会】 7月29日,社区青少年工作(上海长宁试点)项目中期评估暨项目公益智囊团专题研讨会在天山社区文化中心举行。中国社会工作协会副会长兼秘书长赵蓬奇,中国社会工作协会副秘书长、中社社会工作发展基金会秘书长王红卫,安利公益基金会秘书长彭翔和上海大学、上海市慈善基金会、华东政法大学社会发展学院的专家参加会议。项目组就项目进展进行专题汇报。赵蓬奇肯定项目组工作成效,希望该项目强化青少年社工技能培训,加强各方资源整合,完善项目设计运作,在全市发展推广。 (戴鹏骛)

【团中央城市青年工作部调研区域化团建工作】 8月21日,团中央城市青年工作部部长郭美荐一行,在团市委书记夏科家的陪同下,到长宁区虹桥社区调研区域化团建工作。团区委围绕"着力构建区域化大团建工作格局,创新区域青年工作载体,提升区域共青团整体活力""着力优化社区团(工)委建设,激发社区团建创新,夯实社区团建基础""着力推动'两新'组织建团和团建工作,扩大组织覆盖面,增强团组织影响力"三方面,汇报长宁区区域化团建具体工作,各虹桥社区共建委员会委员单位团组织负责人参加座谈,围绕区域化团建的资源联享、项目联建、人才联育、荣誉联创等开展交流。 (戴鹏骛)

【召开区青年工作联席会议第三次全体会议】 9月16日,长宁区召开区青年工作联席会议第三次全体会议,区青年工作联席会议主任、区委副书记李昕,区青年工作联席会议主任、副区长赵丹丹,团市委党组成员、市社区青少年事务办公室主任周建军出席会议,全区47家成员单位及青年社会组织代表参加会议。会议介绍《长宁区青少年发展"十二五"规划指标体系(试行)》2013年数据监测分析和长宁区来沪社区青少年调研情况,表彰15个2013年长宁区优秀青年民生项目。区卫计委、虹桥社区(街道)党工委作为优秀青年民生项目单位代表发言。 (戴鹏骛)

【召开区少工委八届三次全委会】 9月24日,区少工委召开八届三次全委会。区少工委主任、区教育局副局长,团区委副书记,区少工委副主任、委员40余人出席会议。会议审议通过区少工委委员卸职替补确认案,增补区少工委第八届委员会主任,传达市少工委七届一次全委会精神和市委、市府《关于进一步加强少先队工作 促进少年儿童健康成长的意见》文件的精神。团市委副巡视员、市少先队总辅导员赵国强作题为《怎么开展核心价值观实践活动》的专题报告。 (戴鹏骛)

【召开区青年联合会七届八次常委(扩大)会议】 10月10日,区青年联合会召开七届八次常委(扩大)会议,会议由区青联常务副主席主持,区青联副主席、常委、秘书长、副秘书长30余人出席。会议总结区青联2014年前三季度主要工作,明确第四季度工

作要点，增补4名青联委员。

（戴鹏骛）

（四）长宁区妇女联合会

【概况】 2014年，长宁区有社区（街道）妇联9个、镇妇联1个；居民区妇代会186个。设区教育局、区体育局、工商长宁分局个体私营协会、统战系统各党派妇委会（妇工委）11个，区工商联妇女工作专委会1个。设区级工会女职工委员会团体会员1个，街道（镇）工会女职工委员会团体会员10个。辖妇女发展促进会女性社团组织14个。区、街道（镇）两级妇联执委202人，各级妇女代表1.12万人。区妇联以“中国梦”为引领，围绕寻找“最美家庭”活动，对接“三个城区”建设目标，加大对男女平等基本国策、妇儿发展“十二五”规划及家庭美德的宣传，传递社会主义核心价值观正能量。落实男女平等国策宣传“三进”（进学校、进社区、进党校）活动。全年创评1.5万户区级文明家庭和160户示范户，举办文明家庭表彰会。开展“家庭传递正能量·齐家点赞接力赛”活动，1 000余名机关干部、社区居民参与点赞身边好人。培育发展家庭志愿服务工作室50个。与上海市科学育儿基地联手，分片举办“祖辈家长课堂”活动，开设“好爸爸亲子学堂”。对十个社区“家庭文明指导中心”重点项目进行资助，投入专项经费10万元，提升“家中心”服务水平。创办《成长的家园·服务指南》报，每月一期，每期免费发行29万份。开展报刊、杂志、微信、微博全媒体宣传，引导公众参与全国文明城区创评工作，弘扬社会主义核心价值观。深化妇女代表联系制，开展妇女需求调研月活动，将意见、建议转化为为民服务举措。开展“妇女代表在行动”项目，携手国药控股妇女代表开展“大手牵小手”志愿服务活动，妇女代表与30名自强少年结对。帮扶培育“十二朵金花”女性社会组织，凝聚区域内女企业家、女法律人才、党政女干部、女作家等各行业、各领域优秀女性为区域发展献智献力。做强社区和楼宇“妇女之家”，以蔬菜直供点、“妇女之家”进楼宇系列项目为支撑，推进“妇女之家”品牌化、规范化管理。在全区11个派出所设立“家庭暴力案件受理点”，家暴投诉率始终保持在万分之一以下。依托“开心家园”，推出“幸福课堂”系列团康活动，深化“四位一体”维权工作，共处理来信、来电、来访、来邮等各类信访800余件次，免费为妇女儿童提供心理咨询49件次，法律咨询和援助631件次。坚持“为孩子父母学校”办学25周年，摄制微电影《离婚了，依然是爱你的爸爸妈妈》。实施市政府“示范性家政服务站”实事项目，先后获得市级示范站17家，实现长宁区10个街道（镇）全覆盖。与上海市白玉兰开心家园合作，采用购买社会力量服务方式，开展“永不落幕——长宁区老三八红旗手关爱计划”项目，进一步开展“新老三八红旗手结对帮扶关爱行动”“社区助福行”项目、“家事无忧——长宁区家政服务人员成长计划”项目。举办长宁区“国际家庭日”亲子一日营活动，社区单亲、准孤儿、自强少年等30余户家庭参加。开展对困难群体的帮扶救助工作，为40名妇科重症困难妇女送慰问金80 000元；为27名困难老三八红旗手送慰问金24 600元；为1 401名低保家庭困难妇女购买“姐妹情”健康保险，其中2名妇科肿瘤患者申请“姐妹情”获救助。开展“母亲邮包”捐助工作，捐款51 900元。（杨磊君）

【召开第十一届三次执委（扩大）会议】 1月23日，区妇联召开第十一届三次执委（扩大）会议，会议由区妇联主席主持。会议审议通过《长宁区妇联2013年工作总结》《长宁区妇联2014工作要点》等文件；选举产生区妇联第十一届执行委员会委员、常委、副主席。区委副书记李昕出席会议讲话。区妇联主席、区妇联十一届执委委员和区妇女界别政协委员等出席会议。（杨磊君）

【召开长宁区家庭文明建设协调小组会议】 1月23日，长宁区家庭文明建设协调小组会议暨长宁区实施全国家庭教育指导服务体系试点工作推进会召开。市妇联副主席刘琪，区委副书记、区家庭文明建设小组组长李昕出席。区妇联、区家庭文明建设协调小组作区家庭文明建设领导小组办公室2013年工作总结和2014年工作计划汇报，区妇联介绍长宁区实施全国家庭教育指导服务体系试点工作方案及阶段性推进情况，与会领导为该次试点工作专家咨询团成员颁发聘书。与会人员就区家庭文明建设、全国家庭教育指导服务体系试点工作以及《家庭志愿服务工作室管理办法》等进行讨论并献计献策。

（辛映娜）

【举办“三八”国际劳动妇女节纪念活动】 3月7日，区举行纪念三八国际劳动妇女节104周年大会暨“成长的家园·服务大联盟”成立仪式大型主题集会。大会回顾2013年区妇联系统工作，表彰2012—2013年度上海市巾帼文明岗、上海市巾帼建功标兵等优秀集体和个人，宣布成立“成长的家园·服务大联盟”，通过“实事化、项目化、社会化”创新模式和载体，为民办实事，做好事。女作家、女教师、女医生等各界妇女代表近300人参加。（辛映娜）

【创办《成长的家园·服务指南》报】 3月8日，由区妇联主办、区委宣传部主管的《成长的家园·服务指南》报以4开4版彩色月报形式、每期29万份的发行量出版，免费入户长宁区家庭。报纸致力于为长宁区所有家庭提供全方位的信息和服务，主要栏目设有：家庭文明建设、美德家庭教育、家政示范天地、家庭志愿服务、百姓需求之声、巾帼建功创业、祖辈家长课堂、公益服务指南、健康心灵作坊、婚姻家庭服务等。年内，发行10期共290万份。（杨磊君）

【全国妇联到区妇联调研】 3月24日，全国妇联书记处书记焦扬在市妇联主席徐枫陪同下，到长宁区调研视察“最美家庭”活动开展情况，现场参观古北市民中心，走访新华路街道梅安居委。区委书记卞百平，区妇儿工委主任、副区长陈志奇及区妇联主席班子，虹桥街道、新华路街道领导陪同调研。7月11日，全国妇联儿家部部长张小媛在市妇联主席徐枫、区委副书记李昕陪同下，调研家庭教育工作，参加在华阳社区文化活动中心举办的"心系妇儿—家庭教育空中课堂"公益项目启动仪式。9月16日，全国妇联权益部原部长、中国婚姻家庭研究会副会长蒋月娥，中华女子学院党委书记李明舜带队的全国妇联调研组一行在上海市妇联主席徐枫、副主席刘琪陪同下调研"四位一体"妇女儿童维权工作，参观长宁区劳动人事争议仲裁院"亚红在线"服务平台和"白玉兰开心家园北新泾工作室"。9月21日，全国人大常委会副委员长、全国人大常委会党组成员、全国妇联主席沈跃跃在市委副书记应勇、市委研究室副主任周志军、市妇联主席徐枫陪同下，到长宁调研妇女儿童工作。（辛映娜）

3月7日，区举行纪念三八国际劳动妇女节104周年大会暨"成长的家园·服务大联盟"成立仪式（区妇联供稿）

【启动"绽放精彩——区妇女代表进社区"大型公益行动】 7月21日，区妇联和上海东方女性领导力发展中心合作，启动"绽放精彩——长宁区妇女代表进社区"大型公益行动，近50名妇女代表参加活动。该活动在天山路街道和虹桥街道先行试点，通过市、区级妇女代表"零距离"服务社区女性，深化推进服务型"妇女之家"阵地建设。（杨磊君）

【推荐评选上海市三八红旗手（集体）】 8月，区召开2013—2014年度"上海市三八红旗手（集体）"推荐评审专题工作会议，下发文件及评审要求，征集到公安长宁分局、区体育局等机关单位，长宁图书馆、上海市长宁区第二社会福利院等企事业单位，置信电气、仟游软件等"两新"组织的申报集体23个，申报个人39名。9月25日，区妇联和区总工会女职工委员会、区人社局联合召开2013—2014年度上海市三八红旗手（集体）长宁区推荐评选工作会议，邀请市妇联、区有关部门以及参评候选单位相关负责人共30名嘉宾担任评委，以擂台赛形式评审。区妇联党组在听取所在单位党组织意见基础上，要求各拟上报单位和个人所在单位进行公示，机关事业干部征询所在单位组织人事、纪检监察、计划生育等部门意见。经评审甄选，从申报的23个集体、39名个人中推荐出5个集体和16名个人参与市级评选。（辛映娜）

9月19日，区妇联举办家庭美德讲堂（区妇联供稿）

【举办家庭美德讲堂暨区第六届邻里节主题活动】 9月19日，区妇联举办家庭美德讲堂暨第六届邻里节、十五届家庭文化节、十六届家庭教育宣传周主题活动。该活动在全国妇联和市妇联开展寻找"最美家庭"大背景下，以"中国梦"为引领，以"共建文明长宁·同赞最美家庭"为主题，活动分为唱响邻里情、自省吾家庭、传承中国情、分享好故事、表彰好家庭、共奏幸福曲6个部分。表彰2014年全国"最美家庭"和"五好文明家庭"，上海市"海上最美家庭"、学习型家庭、"五好文明家庭"及长宁区"最美家庭"暨"文明家庭示范户"。市妇联儿童家庭部、市委宣传部领导，长宁区家庭文明建设协调小组成员单位领导，各级妇女干部，家庭志愿者等300余人参加活动。（陈　颖）

【举行上海市妇女代表(长宁团)“妇女需求调研月”活动】 9月,区妇联通过开展市、区妇女代表“面对面接待服务日”活动、结合年中区妇联十一届四次执委会会议,在“妇女需求调研月”活动期间,听取妇女代表的意见。经整理,收集到34名妇女代表的意见45条。其中,关于妇女儿童权益保障方面的建议15条,占所有意见的33.5%;妇女儿童成长发展方面的意见21条,占46.5%;完善项目运行机制建设方面的意见7条,占15.5%;展示优秀女性风采方面的意见2条,占4.5%。（杨磊君）

【开展“菜园果园进家园”蔬果直供点项目】 10月26日,“菜园果园进家园”蔬果直供点项目在虹桥社区虹梅小区(首家)落地。该项目是在2013年与奉贤区妇联联手推出“城乡姐妹手拉手,服务家庭办实事”蔬菜直供点项目的基础上,经过与金山区妇联的联系和对接,将蔬菜直供点项目拓展为“菜园果园进家园”蔬果直供点项目。年内,在新华路、江苏路、华阳路、天山路、虹桥、程家桥、新泾镇等7个街道(镇)的30个居委会和3个社区单位共33个点运行。（杨磊君）

【“家庭教育大讲堂”开班】 11月,区妇联携手上海市科学育儿基地共同开设“家庭教育大讲堂”,聘请相关领域市级专家授课。11月5日—12月10日,“家庭教育大讲堂”之“祖辈家长课堂”课程面向天山、仙霞、虹桥、北新泾和新泾5个社区的家庭启动,课程分别从角色定位、喂养照料等角度开设6节课,近1 800名祖辈家长参加。12月5日—27日,“家庭教育大讲堂”之“好爸爸亲子学堂”首次课程启动,服务江苏、华阳、新华、周桥等4个社区的家庭,为100名爸爸带来专家指导、亲子互动、阅读体验等课程,提升4—6岁幼儿的爸爸在家庭教育的影响力。（辛映娜）

【区家庭服务协会成立】 12月26日,区妇联举行长宁区家庭服务协会成立大会。市家庭服务业行业协会会长,市妇联妇女发展部部长,区妇联主席、副主席及区人社局、区商务委有关领导出席会议。大会审议通过《上海市长宁区家庭服务协会章程》,选举产生区家庭服务协会的第一届领导机构,上海爱君家庭服务有限公司总经理当选家协第一任会长。区家庭服务协会首批30个团体会员代表和20名个人会员参加。（蒋春华）

【开展“相约田园”服务型妇女之家婚恋交友活动项目】 年内,区妇联携手区凝聚力工程学会、区教育局、区卫生局工会、华东民航管理局飞行员协会、商飞上海飞机设计研究院、上海电机集团等单位,分别在长宁国际社区、崇明开心农庄、国际青年旅店和金山山阳田园开展“相约田园”服务型妇女之家婚恋交友活动。该系列活动聚焦年轻女性社交圈小的难题,通过项目化运作的方式,组织蔬菜采摘、游戏互动、DIY等活动,为近400名单身青年男女牵线搭桥。（杨磊君）

(五)长宁区归国华侨联合会

【概况】 2014年,区侨联贯彻落实中共中央办公厅下发的《关于加强和改进新时期侨联工作的意见》精神,深化为侨服务,引导侨界服务大局,加强自身建设,年内走访慰问2 435名侨界群众,发放慰问金37.9万元。获市侨联“侨与中国梦”主题演讲活动“优秀组织奖”;《强化职责 创新载体 发挥基层侨联组织在社会管理中的积极作用》获市侨联特色工作(项目)一等奖,《创建一街一特色工作推动基层侨联会工作再上新台阶》获二等奖;获2014年度《上海侨报》统战侨务宣传工作先进集体称号。上海硅酸盐所获第五届中国侨界(创新团队)贡献奖;华阳路街道侨联会获市“示范性街镇侨联分会”称号;长宁区东银集团、上海多媒体产业园、新十钢红坊创意园区、易车互动广告公司、力新仪器(上海)有限公司获市企业特色“侨之家”称号。（刘婷婷）

【履行参政议政职能】 1月12日—15日,区政协十三届三次会议召开期间,区侨联界别向大会递交提案15件,其中《关于完善商品房小区物业服务收费标准的建议》《关于做大、做强长宁妇幼保健院优质资产的建议》2件组织提案得到区领导批示。（刘婷婷）

【中国侨联、市侨联领导到区调研】 2月26日,市侨联办公室主任携市华侨基金会一行到长宁区就“侨爱心实事工程”进行调研,双方就侨爱心疗休养、早期归侨体检、80岁以上早期归侨“三送”等市慈善项目进行座谈交流。3月12日,市侨联副主席杜宇平一行到长宁区就社区侨联工作进行调研,听取区侨联关于基层侨联组织建设、维权侨界权益、特色品牌培育、侨界志愿者等方面的工作汇报。3月17日,中国侨联副主席康晓萍、中国侨联文化交流部部长陈迈等在中国侨联副主席、市侨联党组书记、主席沈敏的陪同下到华阳社区文化活动中心考察,参观街道“凝聚力工程”发展史、社区文化活动中心图书馆、侨法宣传、心扉家园等为侨服务窗口,与社区编织队、合唱团、侨韵书画社、舞蹈队等侨界群众团队进行交流,并听取社区侨联工作汇报。8月22日,市侨联办公室主任、华东师范大学社会发展学院院长一行到长宁区就“社区和谐侨界建设”进行调研,市侨联介绍“社区和谐侨界”建设内容、具体目标以及评估指标体系,探索以长宁区作为试点推进该项工作。（刘婷婷）

【举办基层侨联干部学习会】 2月27日,区侨联在区社会主义学院举办为期一天的基层侨联干部学习培训班,基层侨联委员、秘书长、社工近80人参加。培训班传达全国侨联九代会、市侨联十届九次全会及区“两会”有关精神,中共市委党校党史党建教研部、政党研究所副教授作十八届三中全会专题辅导,原区侨联主席作业务知识讲座,基层侨联干部进行分组

讨论。（刘婷婷）

【召开六届八次全委会】 7月4日，区侨联在区社会主义学院召开六届八次全委会，区委统战部副部长、区侨联党组书记，区侨联委员20余人参加会议。区侨联专职副主席通报上半年工作，汇报下半年工作打算并递交大会讨论。（刘婷婷）

【召开年度总结表彰大会】 12月5日，区侨联召开2013—2014年度总结表彰大会，市侨联副主席杜宇平，区委常委、统战部部长陈志奇出席会议并讲话。区侨联主席作"凝心聚力促发展，奋发有为作贡献"2013—2014年度主要工作回顾总结；大会对侨界先进集体和个人进行表彰，区侨联主席班子、各街道（镇）分管领导、教育、卫计系统、新侨人士工作站等侨界代表近130人参加会议。（刘婷婷）

12月5日，区侨联召开年度总结表彰大会（区侨联供稿）

【制定《长宁区为侨服务指南》】 年内，区侨联整合区政府有关职能部门资源和侨界志愿者专业知识及特长，制定《长宁区为侨服务指南》，涉及侨务、教育、卫生、计生、出入境、就业、人才、养老等窗口单位35家；设定侨界志愿者为侨服务窗口7类，动员18名侨界志愿者参与志愿服务，为更多侨界群众寻求咨询提供便捷。（刘婷婷）

（栏目编辑　钱　萍）

兆丰十二景之花墅凝香（《长宁时报》供稿）

八 人民武装 民防

（一）综　述

2014年，区人武部打牢听党指挥、加强作战准备、改进作风的工作思路和目标，完成国防动员、后备力量建设、国防教育、征兵和双拥共建等各项工作任务。结合民兵整组、亚信峰会安保备勤、重要目标防卫演练等时机，开展“牢记强军目标，献身强军实践”主题教育实践活动，培育民兵预备役人员当代革命军人核心价值观。组织区应急分队参加亚信峰会安保备勤、重要目标防卫演练等任务。组织开展兵役登记和兵役执法检查，检查100余家企事业单位，适龄青年持证率为77.09%。为部队输送197名新兵（男兵187名，女兵10名），其中大学生占89.8%，兵员质量高于历年。组织区、街道（镇）和机关领导干部过“军事日”活动10余次。协调有关部门和各街道（镇）与井冈山市龙市镇开展“三联”活动，先后5次协调对接赴井冈山市进行支持医疗设备、制作雕塑和纪念场所修缮、市政建设、基层建设等项目，2次协调井冈山市及龙市镇相关人员到上海市学习和培训。开展与井冈山市龙市镇“一对一”结对帮扶（共建）工作，协调全区10个街道（镇）采取各种形式共筹集资金30万元用于龙市镇扶贫帮困，发动民营企业参与，捐赠20万元用于水利设施改造。

区民防办完成民众防护实事项目各项工作。完成市政府实事项目中山公园Ⅰ类应急避难场所建设。完成《上海市长宁区民众防护建设三年行动计划（2012—2014年）》目标，推进区民众防护建设常态长效发展。为4万户家庭发放应急包，组织10个街道（镇）民防干部、185个居民区250余人开展应急包使用培训；建设完成新华路街道指挥所和民防教育培训基地，组织民防宣讲团开设讲座8次25课时，650余人参与；协调大众燃气公司完成燃气安全普查数61 578户，为符合条件的1 031户独居老人、优抚对象、残疾人等家庭免费更换燃气具或安装燃气报警器，并在仙霞路街道开展租赁户燃气安全普查试点。结合全国中小学生安全教育日、“5·12”全国防灾减灾日和“9·20”全民国防教育日，组织区域民众开展防空防灾演练18万人次。其中组织学校师生9万人次，社区群众7万人次、园区员工2万人次，发放各类宣传资料20余万份。组织全区固定警报器和移动警报器执法巡检；警报设施建设、更新、检测和维护保养。根据市民防办统一部署，新建部分民防电子屏，共享部分社区电子屏。完成中山公园Ⅰ类应急避难场所建设。按“八个一”标准完成新华路街道田渡居民区当代新华小区和新泾镇新泾北苑居民区民防特色小区验收。制定《2014年民众防护进园区（楼宇）实施方案》。完成16座老旧公用民防工程风水电及线路老化改造和51座约3.8万平方米民防工程维修养护；完成24家“小旅馆”关停转改；完成25个公用民防工程口部美化改造和84个重点地下空间口部防汛挡板制作安装。全年组织特救队员训练48次624人次；处置化学危险品泄漏等事故25起，出动救灾车辆31辆次，救灾队员80人次。　（常　念）

（二）人民武装

【概况】 2014年，区人装部开展“牢记强军目标，献身强军实践”主题教育实践活动，注重打牢干部职工、基层专武干部和民兵预备役听党指挥、加强作战准备、改进作风的思想基础。围绕“关注国家安全、维护海洋权益”主题，组织第十四个全民国防日教育宣传活动，组织区第五届“国防双拥知识竞赛”活动。以机关领导干部、青年学生和民兵预备役人员三个重点，开展“军事日”和国防教育宣讲等经常性国防教育活动。组织后备力量整组工作，完成民兵预备役人员整组任务。开展反恐维稳和应急救援等训练，亚信峰会执勤期间，出动人员153人次，协助公安遂行12条重要路段巡查和43个高层建筑制高点监控等任务。组织基层武装部民兵训练打靶9个批次，参加人员300余人次，消耗弹药7 875发，完成部分武器弹药移交警备区集中管理，全年安全稳定。协调驻区部队、组织民兵预备役人员与有关单位开展双拥共建活动。协调区委、区政府和有关部门关心支持驻区部队建设、解决部队干部家属就业、子女就学等实际问题。

（马宗瑞）

【召开武装工作会议】 2月26日，区召开2014年人民武装工作会议，区委书记、区人武部党委第一书记卞百平，区委常委、区人武部政委马发明，副区长宋宗德，区人武部部长张平浔等出席会议，各街道（镇）党（工）委书记，相关部、委、办、局主要领导，区国动委“八办”领导，各街道（镇）、企（事）业单位、4所高校武装部部长、干事等70余人参加会议。马发明传达警备区党委十二届三次（全体）扩大会议精神并作武装工作报告，与会领导为10家获得2013年度武装工作先进基层武装部和13名2013年度武装工作优秀专武干部颁奖，会议讲评总结2013年武装工作，部署2014度国防后备力量建设任务，明确新年度武装工作思路和要求。（马宗瑞）

区人武部组织区应急分队参加亚信峰会安保备勤、重要目标防卫演练
（区人武部供稿）

【开展学雷锋活动】 3月4日，区人武部开展“3·5”学雷锋活动，组织民兵预备役人员、协调驻区部队，与上海凝聚力工程学会、华阳路街道共200余人，在中山公园米兰广场开展学雷锋为民服务活动，提供家电维修、理发、医疗以及与老百姓生活密切相关事项的咨询、国防教育和征兵、消防宣传等20余个项目，理发37人次，修理家电、电脑、手表、自行车27余件，医疗咨询173人次，发放征兵宣传资料1 600余份。（马宗瑞）

【征兵工作】 4月—5月，区开展兵役登记和兵役执法检查，各街道（镇）、大学共发放自查表1 841份，区征兵办公室检查100余家企事业单位，区（含四所大学）适龄男性公民共23 481人（4所大学10 548人进行兵役登记，街（镇）12 933人）进行兵役登记，持证率为77.09%。6月13日开始征兵体检，共有479名预征对象报名参加体检，至9月30日，批准197名青年应征入伍（男青年187名，女青年10名），其中在校大学生146名，大专以上学历177人，占入伍总人数89.8%，大学生比例高于历年，超额5名完成征兵任务。（马宗瑞）

【亚信安保备勤】 5月，区人武部制订《长宁区民兵“亚信”安保准备工作方案》，与区政法委对接和修订方案，与街道备勤点负责人协调备勤相关事宜，指派专人和组织备勤分队干部骨干进行现地勘察。5月18日—23日，集中区民兵应急连105人在东华大学执行上海“亚信”安保集中备勤任务。在备勤期间，进行队列训练、警棍盾术、班排防暴战术、上下车、防化救护、卫生救护、紧急出动演练等课目训练。在5月19日、5月20日执勤中，出动人员153人次，在12条重要路段和43个执勤点协助公安执行安保任务，处理一起车辆抛锚和制止醉酒人员闹事等事故。（马宗瑞）

3月4日，区人武部开展“3·5”学雷锋活动　（区人武部供稿）

【组织区领导干部过“军事日”】 7月—10月，区人武部组织开展区委常委议军会议、处级干部国防教育和“军事日”等活动，组织学习南京军区、上海警备区有关文件精神，观看《甲午甲午》纪录片，开展国防教育，提高国防观念。（马宗瑞）

【国防教育日活动】 9月18日，区人武部在中山公园米兰广场围绕纪念新中国成立65周年、甲午战争120周年和第十四个全民国防教育日，开展“第十四个全民国防教育日”集中宣传教育和为民服务活动，突出“关心国家安全，维护海洋权益”主题，组织

宣传展板展示，进行“全面国防教育日”签名活动，筹划现场知识竞答，发放宣传资料4 000余份。10个街道（镇）在各个辖区重要场所组织“全民国防教育日”。各街道（镇）、企事业单位、机关、学校共60余家单位参加区第五届“国防双拥知识”竞赛，收到有效答卷46 129份。（马宗瑞）

（三）民 防

【概况】 2014年，区民防办推进“诚信民防”建设，做好人防战备及民众防护工作，提高地下空间管理水平。年内，走访市民防办机关、各区县民防办、基层企事业单位、园区楼宇、学校、居民区等9类对象开展7次意见建议征询，召开座谈会25场，参加850余人次，发放回收征询表804份。组织召开领导小组会议16次、工作小组会议8次，党支部书记专题培训3次，提炼意见建议15条。组建专项课题调研组，形成“两方案一计划”，明确整改事项20个，建立健全19项整改制度机制。开展人防组织指挥和警报通信体系建设，编修《长宁区人民防空袭方案》（送审稿）；组织全区10个街道（镇）185个居委会编修防空防灾预案，构建区、街道（镇）、居委会三级和重要经济目标单位、人防专业队伍等组成的人防组织指挥体系。“219”指挥所指挥平台引入预备役、防汛和公安指挥信息等内容；建设防空警报信号发放有线控制系统，升级控制系统；全年开展3次警报器执法检查和检测维护，组织80余名警报器管理员培训2次。参加全市防空警报试鸣，完成警报设施鸣响率、统控率和覆盖率目标。完成地下空间视频监控（第四期）项目建设，完成地下空间安全卫士监管项目日常运行，试行地下空间安全管理信息监管流程，调研地下车库防浸水报警机制并配合研发相关安全卫士报警设施。协助建设国家人防办“基于电子屏多媒体多功能防空防灾预警报知系统和民防宣传教育信息系统”，共享长宁区“社区电子屏”资源。年内完成24家“小旅馆”关停转改；制定《长宁区公用民防工程开发利用保护管理规定》（试行），成立公用民防工程开发利用保护领导小组，开展标准化仓库（办公室）建设试点。通过区地下空间管理联席会议与10个街道（镇）签订地下空间安全管理责任书，签约率100%。要求各街道（镇）与辖区内非公用民防工程和普通地下室签订责任书，落实属地化管理责任。亚信峰会期间开展安全隐患整治，制定专项工作方案，成立领导小组和检查小组，联合区综治办、公安长宁分局、区消防支队及相关街道（镇）开展16次联合检查和突击检查，出动161人次，查出隐患34项，处置突发警情1起。协助完成网格化管理购买服务方案，全年区网格化中心立案处置地下空间隐患问题45个。完成公用民防工程购买地下空间综合保险34座，早期公用民防工程风险评估25个。完成2014年全区地下空间普查。年内检查地下空间6 331座次，发现并整治隐患121项。完成80处重点地下空间口部防汛挡板设置，结合重要时间节点开展地下空间防汛防台应急演练，保障地下空间平稳度汛。（李从新）

9月19日，华政附中全校师生开展防空疏散演练　　（王少军供稿）

【开展防灾减灾宣传周活动】 5月10日—16日，区民防办组织开展以“城镇化与减灾”为主题的系列宣传活动。在全区10个街道（镇）设置分会场，进行防灾减灾疏散演练和设点宣传，2万余人参加。5月12日，区委常委、副区长张连城及市民防办相关领导观摩指导“博世中国总部‘5·12全国防灾减灾日’疏散演练”。区民防办、区临空办、长宁消防支队、博世中国总部组织1 500余名员工参加防灾疏散演练、应急救援演练、防灾器材展示及演示。演练活动前，在虹桥临空园区博世大厦广场举行民众防护进园区（楼宇）启动仪式。（李从新）

【开展国防教育宣传系列活动】 8月14日—15日，全区各街道（镇）20余位居委会书记、主任和街道民防干部在上海市民防教育培训基地开展社区民防干部业务培训；组织区民防讲师团开展“人民防空知识”巡讲，并在人流密集场所设置巡讲点，为市民群众和民防宣教试点单位人员进行宣讲；8月20日—9月20日，区民防办开展主题为“关心国家安全，增强人防意识，履行国防义务”宣传月活动。各街道（镇）制定宣传和演练实施方案，结合警报试鸣，组织宣传培训和演练；9月上旬，利用新泾北苑民防教育培训基地开展2期共计140人参加的防空防灾知识宣传培训，并组织各街道（镇）通过组织讲座、座谈讨论、观看民防专题宣传片、举办社区国防、民防教育摄影展和影片播放周、图版展示、黑板报评比、电子屏滚动播放、宣传资料发放等形式，开展防空防灾宣传教育活动；9月18日，新华路街道民防教育培训和志愿者服务基地正式揭牌，长宁区初步形成“街道—社区”两级民防教育培训体系；9月19日，全区59所中小学4.5万名师生开展“三个一”活动（开设一堂以空袭灾害特点、警报信号知识、疏散掩蔽常识等内容为主的人民防空知识主题课；组织一场以板报、宣传栏、与周边社区沟通等形式为主的人民防空宣传活动；展开一次试听警报和师生疏散逃生的防空袭演练）、组织全区初一、初二学生参加上海市民防知识竞赛；9月20日，区人防指挥所设立防空警报试鸣指挥部，指挥全区防空警报试鸣。防空警报按照预先警报、空袭警报和解除警报顺序依次鸣放，历时28分钟，全区5万名民众参与防空袭疏散演练。（李从新）

【新华路街道民防教育培训和志愿者服务基地揭牌】 9月18日，新华路街道民防教育培训和志愿者服务基地正式揭牌。该基地位于法华镇路521号，是长宁区首个社区级民防教育培训与志愿者服务基地，集人民防空组织指挥、民防教育培训和志愿者服务三种功能于一体，建设有人防教育室、消防培训室、地震体验室、自救互救体验室和防空警报试听室。是继2013年建成的新泾镇新泾北苑民防教育培训基地之后第二个对外开放的民防教育培训与志愿者服务场所，长宁区初步形成“街道—社区”两级民防教育培训体系。（李从新）

【开展国庆节前地下空间安全检查】 9月24日，区民防办联合公安长宁分局、长宁消防支队、区安监局、区环保局、区卫计委5个部门，对地下“小旅馆”和娱乐场所联合检查，并组织管理员结合全市消防安全大检查、全市安全生产大检查、“六打六治”打非治违及地下“小旅馆”治理整顿、防汛检查等专项行动，对全区206座公用民防工程进行拉网式检查。出动人员312人次，检查地下空间443座，发现并整改隐患19处。（李从新）

【开展家庭应急包使用暨民防应急箱管理知识培训】 10月15日，区民防办组织10个街道（镇）民防办副主任和干事、185个居民区的民防应急箱管理员，以及有下发应急包任务的居民区培训师资250余人，开展家庭应急包使用暨民防应急箱管理知识培训。经过培训的师资再对每一个拿到应急包的居民进行培训，确保居民掌握包内设备的正确使用。每年定期对民防应急箱管理人员进行培训，保障社区民防应急箱常态管理、长效运行，确保民防应急箱定位放置，定人保管，定向使用，定期检查，并督促各街道（镇）和居民区做到责任落实、经费落实、质量落实。（李从新）

【市民防办调研长宁区民防工作】 11月6日，市民防办主任沈晓苏带领市民防办机关处室负责人在长宁区召开区（县）民防办工作分批调研座谈会。静安、徐汇、普陀、长宁等区民防办及市机管局人防管理中心以及虹桥商务区管理委员会相关处室负责人参加座谈。会议听取各区民防办对2014年重点工作回顾和2015年工作思路，并就“十三五”规划编制、深化改革、转职能、强基础，以及应急避难场所建设管理、老旧民防工程治理等工作进行交流讨论。沈晓苏对2015年长宁区民防办应急避难场所建设、早期民防工程治理、民防执法等工

11月13日，区民防办和松江区民防办联合组织临战人口疏散接收安置演练　（王少军供稿）

作提出要求，并明确长宁区民众防护工作作为全市特色工作。（李从新）

【开展民防专题活动】 11月10日，区民防办、新华路街道党员服务中心、长峰中心物业结合"119"全国消防宣传活动，在长峰中心商务楼开展主题为"找隐患、保平安"的民防专题活动。通过宣传板块展示、现场咨询和发放宣传资料等形式，宣传防灾减灾知识；邀请消防专家为长泉物业30余名工作人员进行消防技能培训；长峰中心保安队现场讲解并演示灭火器材的使用。专题活动普及民众防护知识，提高楼宇企业安保人员的自我防范意识和自救互救能力。

（李从新）

【组织临战人口接受疏散安置演练】 11月13日，区民防办和松江区民防办联合组织临战人口疏散接收安置演练。江苏路、新华路、华阳路3个街道的民防专职干部、居民区民防条线干部和居民等140余人参加演练。锻炼和提高各级民防专职干部战时组织指挥能力和居民综合防护能力，增强国防观念和防空意识，为检验和细化完善人口疏散演练预案提供依据。

（李从新）

【治理整顿地下"小旅馆"】 年内，区民防办梳理全区地下"小旅馆"使用和管理情况，牵头区综治办、公安长宁分局、长宁消防支队等部门和相关街道(镇)联合执法检查，出动警力及机关人员200余人次。根据工程建造年代和安全状况，采取"关停转改"差异化治理整顿方式，关停一批、转改一批。实现关停收回10座(光海旅社、东指招待所、南天招待所、馨香招待所、明馨旅社、珍金招待所、爱家旅馆、奕奕招待所、通腾旅社、冬暖夏凉玉屏店)，转改业态14座(福又富旅馆、天荆招待所、瑞艺招待所、捷东招待所、天力招待所、北万旅社、新元昌招待所、精武招待所、华江招待所、福盈门旅馆、逸宏招待所、冬暖夏凉江苏店、冬暖夏凉定西店、冬暖夏凉天山店)，年底共完成全区24座地下"小旅馆"关停转改的既定目标。（李从新）

（栏目编辑 钱 萍）

兆丰十二景之虹桥蒸雪 （《长宁时报》供稿）

九 公 安

（一）综 述

2014年，公安长宁分局推进“平安长宁”建设和公安基层基础工作，确保全区社会政治和治安形势持续稳定。围绕年内安保警卫工作的特殊要求，完成包括亚信峰会和中央巡视组住地及接待点等在内的安保警卫任务1 647批次，各类大型活动安保任务106场；投入警力66 849人次。全年立刑案5 359起，比上年减少1.5%。侦破各类刑案3 056起，比上年增加0.8%；刑事拘留1 347名，比上年增加0.3%；行政拘留2 169名，比上年减少4.7%；取保候审423名，比上年增加36%。先后侦破案值达200万元的“1·13”特大入民宅盗窃案、“3·26”利用手机软件为载体的侵犯知识产权案、“4·22”伪基站团伙案、“4·27”涉案金额达18万美金的团伙诈骗案、“7·4”特大贩毒案等有影响的案件。开展“迎峰会·保平安”打防管控专项行动，组织7次全区性治安大整治行动、18次临检设卡行动以及系列性专项打击行动。开展破案会战、“百城禁毒”等战役，打击违法犯罪对象。严密巡逻防控网络，专门组建特种机动队，设立6个3分钟到场处置区域，在全区范围内开展机动叠加武装巡逻。全年共出动警力18.1万人次（日均496人次）投入街面巡逻，盘查可疑人员135万人次、可疑车辆54.3万辆次，查扣各类可疑车辆317辆，抓获各类违法犯罪嫌疑人1 968人，比上年增加26%。全年共查处各类交通违法行为36.3万起，其中机动车违法28.5万起、非机动车违法6.4万起、行人违法1.3万起。全年未发生重特大交通事故，交通事故死亡16人，与上年持平。加强消防管理，落实消防安全责任制。全年共发生火灾93起，比上年减少50%，直接财产损失6.27万元，比上年增加41.21%，死亡1人，与上年持平，受伤1人，上年0人。加快信息化与社区警务融合步伐，深化社区电子日志走访工作，健全居民小区及商务楼宇IC门禁信息采集机制，加强社会资源采集广度和深度，扩展信息获取的渠道及处理效率。按照“体制不变，机制先行”原则，完成情报平台与指挥中心的物理位置合并建设，初步实现指挥、侦查、管控三个“一体化”运作。以公安部一级示范刑科所为目标，完成DNA实验室改建和毒化实验室用房建设。加速推进图侦平台建设，完善智能分析，类案串并等功能。完成各派出所图像侦查室组建，深化队所同步上案和案件会商机制。全年共有1名民警获一等功，4个集体、6名个人获二等功，11个集体、403名个人分获三等功和嘉奖，321名民警受到通报表扬。（陆伟斌）

（二）案件侦查

【概况】 2014年，针对全区发案特点，公安长宁分局以入民宅盗窃、扒窃拎包、盗“三车”等案件为主攻方向，以西郊百联、中山公园龙之梦等人群密集场所为重点区域开展打击

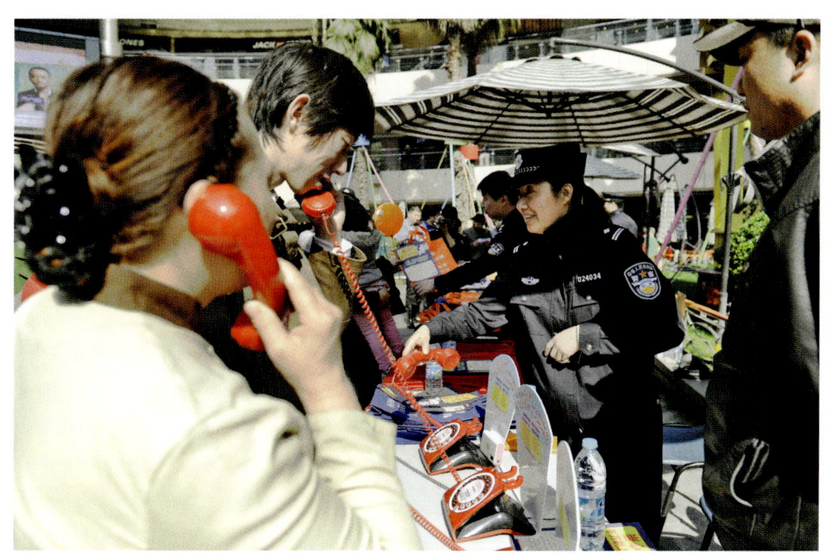

3月16日，公安长宁分局开展反电讯诈骗宣传　（公安长宁分局供稿）

破案。全年共侦破盗窃案件 1 873 起，比上年增加 29.3%；其中入民宅盗窃案件 289 起，比上年增加 3.6%；扒窃拎包案件 626 起，比上年增加 29.1%；盗“三车”案件 404 起，比上年减少 19%。（陆伟斌）

【侦破利用手机应用软件侵犯知识产权案】 3 月 26 日，公安长宁分局接报“安卓读书”软件有大量盗版书下载，即成立由网安和治安支队组成的专案组开展侦查，发现安卓读书开发、运维单位为“福建佳软技术有限公司”，安卓读书所涉嫌盗版侵权电子图书来源于“书朋网”网站，该网站服务器指向“北京本制科技有限公司”电信机房。4 月 25 日，长宁区警方在福建省、北京市同时出击，抓获 4 名犯罪嫌疑人。经查，“北京本制科技有限公司”通过“安卓读书”手机客户端向用户销售，非法所得双方按比例分成。至案发，侵权书籍在网络上出售近万余次，非法获利数百万元。（陆伟斌）

【侦破“4·22”电信诈骗案】 5 月，公安长宁分局刑侦支队在市局刑侦总队、技侦总队指导协助下，运用信息研判、视频侦查手段，捣毁一个利用“伪基站”实施电信诈骗的犯罪团伙。侦查员先后在上海市和陕西省西安市、安徽省芜湖市、福建省泉州市抓获 15 名犯罪嫌疑人，查扣涉案车辆 4 辆、诈骗用“伪基站”设备 3 套、作案用手机 10 部、记账用笔记本 1 本、各类银行卡 43 张，串破涉及长宁、徐汇、宝山、闸北、嘉定等区电信诈骗案件 10 余起。（陆伟斌）

【侦破“7·3”跨省运输贩卖毒品案】 9 月 25 日凌晨 4 时，公安长宁分局刑侦支队在松江区枫泾道口及延长西路一旅馆内分别抓获 3 名犯罪嫌疑人，缴获冰毒 21 千克，成功摧毁一个重大运输、贩卖毒品团伙，切断一条由广东至本市的跨省贩毒通道。（陆伟斌）

【侦破技术型开锁入民宅盗窃案】 7 月 28 日，古北路、水城路分别发生入民宅盗窃案。经公安长宁分局侦查，两案系同一团伙采取技术手段开门入室实施。经并案侦查，犯罪嫌疑人作案后向浙江方向逃窜。侦查员跟踪追迹，8 月 15 日晚，在浙江嘉兴一酒店门口抓获三名嫌疑人。经长宁分局刑事技术室串并确认，该团伙年内先后流窜长宁、徐汇等区作案 10 余起，涉案金额达 160 余万元。（陆伟斌）

（三）社会治安管理

【概况】 2014 年，公安长宁分局围绕“110”信箱、来信来访等获取的情况线索，梳理出 27 处重点场所开展整治。全年取缔无证摊点 800 余个，处理涉黄、涉赌对象 657 人，关停涉黄、涉赌娱乐场所 87 家，自行歇业 122 家；抓获以搭讪、拦截路人等方式“吊模斩客”对象 5 名。全年查处治安案件 17.8 万起，比上年上升 7.3%，其中卖淫嫖娼、赌博、殴打他人、盗窃和扰乱公共秩序等五类多发性案件 9 092 起，比上年减少 7.1%。（陆伟斌）

9 月 22 日，区委和公安长宁分局举办反恐知识宣传活动

（公安长宁分局供稿）

【完成中央督导组驻地和信访受访现场安保工作】 2013 年 7 月 13 日—2014 年 1 月 24 日，中央第九督导组进驻上海市开展工作，公安长宁分局出动警力 3.36 万余人次、保安 5 440 人次，协助中央督导组受访 1.42 万余人次，收信 1.18 万余封，期间未发生一起刑事或治安案件和影响稳定的事件，确保中央督导组驻地和信访受访现场安全有序，满足来访群众要求信访的愿望。（陆伟斌）

【完成亚信峰会安保任务】 5 月 20 日—21 日，亚信峰会在上海市举行。公安长宁分局先后出动警力 2.3 万人次，完成警卫安保任务 32 批 97 批次（其中一级加强 4 批 14 批次，一级 14 批 39 批次），安检人员 4 684 人次、车辆 273 车次。发现并处置试图进入警戒区的精神病人 7 名、其他人员 9 名。期间未发生影响中央首长和外国元首、首脑安全的事件。（陆伟斌）

【举办反恐知识宣传活动】 9 月 22 日，区委和公安长宁分局在中山公园正门广场向现场居民解释宣传反恐知识，通过展示宣传画板、发放《公民防范恐怖袭击手册》、展示应急处突装备等形式，普及反恐知识，提升公众反恐意识。在中山公园正门广场和龙之梦商场外墙大型电子显示屏上滚动播放“反恐小达人”宣传动画短片，扩大宣传效果。（陆伟斌）

【临空经济园区治安派出所成立】 12 月 1 日，公安长宁分局临空经济园区治安派出所启动勤务运作正式成立。临空经济园区治安派出所位于

长宁区通协路23号，负责维护总面积5.14平方千米的临空经济园区的治安环境。（陆伟斌）

交警纠正违章骑行　（公安长宁分局供稿）

（四）道路交通管理

【概况】 2014年，公安长宁分局开展“交通安全大检查”，建设完善道路交通非现场执法设备，加强道路执法管控，对“五类车”（残疾车、正三轮摩托车、电动三轮车、两轮摩托车、电动自行车），行人、非机动车“两乱”（行人乱穿马路、非机动车乱骑行），机动车乱停放等交通违法行为开展持续不断的整治行动，确保道路畅通，秩序良好。截至年底，全区非机动车总量45.03万辆，其中燃气助动车2.37万辆，自行车42.45万辆（脚踏24.65辆，电动17.8万辆），人力车967辆，残疾人专用1 155辆。（陆伟斌）

【开展“全国交通安全日”主题活动】 12月2日，公安长宁分局交警支队会同区文明办、区教育局等部门，依托区青少年交通安全教育基地，邀请部分社区居民和学生通过交通模拟实践、播放警示教育宣传视频等形式，开展安全骑行、行人安全过马路等交通安全常识教育。组织客货运企业安全干部及驾驶员代表开展“抵制七类违法、安全文明出行”的主题宣传教育，督促企业落实交通安全主体责任。通过区委宣传部和公安长宁分局交警支队的微博、微信平台向市民宣传交通安全法规、告知各项管理措施、发布交通安全出行提示，开展交通安全宣传和服务。（陆伟斌）

【采取措施方便超标电瓶车申领临时牌照】 年内，公安长宁分局交警支队通过双休日加班，为超标电瓶车主申领牌照提供方便；同时在辖区天山路中山路、天山路真北路等路口流动设置临时上牌点，对民警在执勤中发现的未上牌的超标电瓶车进行现场上牌，并方便过路群众快捷上牌。（陆伟斌）

临空园区派出所窗口接待受理　（公安长宁分局供稿）

（五）户政与出入境管理

【概况】 2014年，公安长宁分局加强人口控制和管理工作。全区实有人口79.05万人，其中常住户籍人口54.33万人，来沪人员24.72万人（其中境外人员6.82万人）。全年办理中外人员证照27.4万人次，查处外国人“三非”案件636起，查处境外人员违反临时住宿登记类案件840起。侦破市局督办的“6·3专案”等反偷渡案件3起、刑拘10人。（陆伟斌）

【虹桥路派出所建立第二家境外人员服务站】 10月17日，古北国际广场境外人员服务站正式挂牌。该服务站位于境外人员居住率达62%以上的高档涉外小区，是继2012年古北市民中心境外人员服务站建立后的第二家境外人员服务站，为附近境外人员在家门口办理住宿登记、法律咨询等服务提供便利，拓展公安机关加强境外人员的管理渠道。公安长宁分局虹桥路派出所是上海市首个辖区内建有两家境外人员服务站的基层派出所。（陆伟斌）

【加强人口管理工作】 年内，公安长宁分局对全区5个人才类集体户进行清理整顿，户内人数由5.2万人降

公安长宁分局进行消防安全检查　　（公安长宁分局供稿）

至1.91万人。全区共登记实有户籍人员和居住半年以上来沪人员总数为69.2万人，人口总量在市人口控制指标以内。严格执行“居住证管理”制度，有效控制居住证办理总量，获“2014年上海市居住证工作先进集体”称号。牵头政府职能部门，推进房屋编码管理工作，获得市“房屋编码管理工作优秀组织奖”。依托全区187个居（村）委信息采集点，采集人口信息42.3万人次，处罚违反人口、房屋管理规定案件3 476起（其中，警告3 212起，罚款264起）。

（陆伟斌）

（六）消防监督

【概况】 2014年，公安长宁分局与全区392家重点单位全部签订《消防安全责任书》，组织全部居民小区完成消防疏散演练，对高层建筑、人员密集场所、易燃易爆单位、“三合一”场所、地下空间、群租房等进行地毯式排查整治，对全区24家地下旅馆实施强制关停并转，遏制重特大火灾尤其是群死群伤火灾发生。全年整治群租房1 474户，拆除违法隔断4 206间，清理床铺1.09余万床，清退群租人员1.14余万人。

（陆伟斌）

【开展派出所消防监督工作基础培训】 10月11日，公安长宁分局开展贯彻新修订的《上海市公安派出所消防监督工作规定》（简称《规定》）系列培训。公安长宁分局党委成员、中层领导及全体民警参加培训。培训围绕《规定》修订背景、内容，分五个课时对《规定》修订基本情况、派出所火灾调查程序、档案管理、自由裁量权、考核与责任追究等内容进行专题辅导，明晰派出所检查范围、执法程序、职责权益等事项，完善消防第三级监督管理体系。

（陆伟斌）

【建设消防安全电子巡查系统】 年内，公安长宁分局按照“信息化+社会化”发展理念，在全区重点单位和社区安装2 417个电子巡查点，配备249台巡查移动终端，通过菜单式勾选和现场拍照上传，实现隐患发现的及时性和可视化，形成交互式巡查、点对点控管、信息化整改的标准流程。依托标准化处置流程使消防整改周期缩短40%。全年巡查1.8万余次，发现整改安全隐患2 500处，发生火灾情况比上年减少50%。

（陆伟斌）

（栏目编辑　钱　萍）

十 检察

（一）综述

2014年，区检察院强化法律监督，履行法律监督职责，为加快建设“三个城区”提供检察保障。批准逮捕犯罪嫌疑人997人，比上年上升19.7%；提起公诉1 309件1 657人，比上年均上升37.4%。立案侦查贪污贿赂案件19件27人，渎职侵权类案件2件2人。受理民事行政申诉监督申请14件，提请抗诉1件，上级检察院抗诉1件，法院改变原裁判1件。先后向公安机关移送刑事案件线索6件，建议行政执法单位向公安机关移送刑事案件线索8件，公安机关均立案；要求公安机关说明不立案理由1件，公安机关立案1件。针对侦查活动中的不规范问题制发工作通报2份、《纠正违法通知书》1份。针对暂予监外执行法律文书衔接和交付执行不规范、保外就医的鉴定医院不适格等一类问题，制发工作通报2份。针对刑罚执行违法违规问题制发《纠正违法通知书》5份、《检察建议书》4份，就延迟送达法律文书致社区矫正对象漏管超过6个月，向外区法院制发《纠正违法通知书》，督促严格依法交付执行。针对办案中发现的国企车改监管漏洞、拍卖行业协会资格审查不严等问题，制定下发《检察建议书》34份，提出60余项整改措施获采纳。依法保障律师执业权利，开设微信平台24小时受理律师申请，接待律师447人次。向区人大代表、政协委员、社区群众发送情况信息专刊2 000余份、检察工作年报500余份。邀请区相关街道（镇）人大代表团、政协委员、官方微博“粉丝团”、高校学生代表等100余人参加检察开放日活动，介绍检务公开试点等重点工作推进情况。检察长、资深检察官参加上海人民广播电台、东方网等媒体访谈和公诉案件庭审直播节目20余次。年内，区检察院获上海市平安示范单位、上海政法综治宣传工作先进单位等荣誉称号；30个集体、45人次获市、区各项表彰。 （陆　晨）

（二）刑事检察

【概况】 2014年，区检察院依法打击刑事犯罪，参与社会治安综合治理，批准逮捕故意杀人、绑架、强奸、抢劫、诈骗、抢夺、盗窃犯罪嫌疑人416人、提起公诉424人。加大对侵害民生民利犯罪的打击力度，办理涉及制售假药、有毒有害食品、伪劣产品等案件35件52人，围绕办理的“地沟油”“过期奶”等案件，在电视媒体组织播出法治宣传片25部，在官方微博、微信等网络平台发布报道1 200余篇次。办理危险驾驶、交通肇事等案件411件，比上年上升36.5%。年内，对应当逮捕而未提请逮捕、应当起诉而未移送审查起诉的，追捕到案19人、追诉到案54人，不批准逮捕128人，不起诉76人。出台《羁押必要性审查工作实施意见》，受理羁押必要性审查63人，变更和建议公安、

9月23日，区检察院副检察长围绕“深化检务公开提升执法公信力”话题，与东方网网友在线交流 （区检察院供稿）

法院变更强制措施44人。（陆　晨）

【率先发布《上海航空检察白皮书》】 11月20日，区检察院发布《上海航空检察白皮书》，系统梳理2007年以来发生在航空领域的百余件治安类和经济类案件，分析案件特点、发生规律，预测行业面临的违法犯罪风险，剖析“海外代购”、航班延误等热点法律问题，提出推动上海航空业健康发展的检察建言，在全市率先以白皮书形式向航空从业单位发布，为政府决策、行业指导、企业发展建言献策。区检察院把握航空业集聚发展的地区特点，深化落实航空领域案件专办、信息互通、风险预警等10项举措。（陆　晨）

【深化未成年人司法保护】 年内，区检察院遵循“少捕、慎诉、少监禁”的工作要求，对13名涉罪未成年人适用非刑罚处置措施，落实未成年人刑事案件法定代理人到场23人次、合适成年人到场22人次，对未成年人不起诉记录和犯罪记录全部封存。开展涉罪未成年人和未成年被害人心理疏导32人次，帮助修复家庭关系。会同北新泾街道项目化运作蒲公英阳光教育基地，对260户来沪家庭开展家庭法制教育培训。针对未成年人性侵案件呈上升趋势的状况，制作法制教育微电影《红线》，在全市检察机关评比中获一等奖。依托“蒲公英阳光教育基地”“检察开放日”等平台对来沪人员等重点人群进行电影展播和案例讨论。组织“青少年法制夏令营”等活动扩大电影辐射范围，增强未成年人法律意识。（陆　晨）

【推动检务公开工作】 年内，区检察院推进法律文书公开、典型案例发布等10项检务公开工作，建立以司法依据、司法过程、司法结果、职能分工四个“一律公开”和一份包含34项不宜公开事项的“负面清单”为核心的检务公开工作机制。完善综合性受理接待中心建设，依托官方微信、微博、网站三位一体的数字化检务公开服务平台，公开法律文书400余份、案件程序性信息1 000余条，线上线下同步服务，方便群众查询和监督；在依法公开的同时，依据“负面清单”不予公开法律文书4份，保护诉讼参与人合法权益；强化法律文书释法说理工作，修订10种法律文书模板，列举近60项释法说理要点，使法律文书内容表述更清晰易懂，更具说服力。（陆　晨）

（三）查办与预防职务犯罪

【概况】 2014年，受理各类举报线索91件，其中属于区检察院管辖的82件。立案侦查21件29人，均为大案，涉案金额1 400余万元，其中处级干部要案3件，“三机关一部门”案件3件3人。针对国有企业销售、采购、业务外包等重点环节集体腐败多发的特点，集中精力在深挖窝串案上下工夫，立案查处橡胶制品行业贿赂案件6件9人、航空企业营销环节贪污案件3件6人、房地产建设领域贿赂案件4件5人。立案查处在审查起诉一酒驾案件中发现的市公安局交警总队高架支队民警徇私枉法、受贿案。开展虹桥国际舞蹈中心、北横通道、虹桥商务区东片区综合改造等重大工程创“双优”活动，深化东航“文化＋制度＋科技”立体预防腐败机制建设。与区纪委共同编撰《镜鉴——长宁区系列警示教育读本》，组织廉政警示教育月活动，促进公职人员依法规范履职。探索开展菜单式党风廉政警示宣传教育，为区域党政机关和企事业单位提供预防服务80余次，受众达3 600余人。（陆　晨）

11月20日，区检察院发布《上海航空检察白皮书》，并向航空从业单位赠送白皮书（区检察院供稿）

【优化侦查方式提升反贪办案实效】 年内，根据橡胶制品行业外包加工业务中“潜规则”，侦破上海橡胶制品研究所贿赂窝串案6件9人；将办案工作重心前移，借助初查导图，综合运用询问、调取证据、查询存款汇款等手段开展取证工作，及时收集、固定和保全；建立以被举报单位或个人为关键词的“线索管理数据库”，对可突破线索实行“即时成案，即时增补”的“蓄水池”管理模式；完善缓查、存查线索电子台账，出台《初查不立案线索材料归档管理规定》，规范管理不立案线索。将前期难以查证的线索与新线索比对串联，在航空企业营销环节立案2件5人。（陆　晨）

【严查新型考试泄密窝串案】 年内，区检察院对电子证据、书证、犯罪嫌疑人供述等加强综合分析整理，深挖余罪新案线索。在查办章某考试泄密案中，查阅数千条网络聊天信息并标注整理，根据考试泄密案件的作案特点，锁定售卖试题及答案的上家周某。区检察院从市保密局调取有关保密规范性文件，向国家医学考试中心、人社部人事考试中心等单位发函征询，最终认定相关试题及答案属于国家秘密。案件办理后，区检察院形成《关于进一步规范职业资格考试秩序维护公平公正考试环境的调研报告》，市职业能力考试院等职能部门采纳相关对策建议。撰写《国家级考试监管薄弱引发犯罪需引起重视》等材料，通过上级院上报党委政府。（陆　晨）

11 月 13 日，区检察院与东航集团举行推进行贿犯罪档案查询工作签约仪式
（区检察院供稿）

【推进行贿犯罪档案查询工作】 年内，区检察院将行贿犯罪档案查询制度拓展到环境环卫、消防装备、金融信贷、航空货运等领域，向社会提供查询服务 3 100 余次，促进社会诚信体系建设。安排专职行贿犯罪档案查询人员，建立查询人员 AB 角互补工作制度，对材料齐全的申请人当场出具查询结果告知函。实行引导查询、受理申请、查询审核、结果告知等一站式办理。策划宣传周活动，依托基建金融卫生电信预防网络、社区检察室、上海国际舞蹈中心工程现场等平台，展示宣传展板 20 余块，发放宣传册 200 余份，并在院官方微博同步发布。（陆　晨）

（四）民事行政与控告申诉检察

【概况】 2014 年，区检察院贯彻最高人民检察院《民事诉讼监督规则》，构建民事行政检察多元化监督格局，加大对民事诉讼活动全过程的监督力度。接待民事行政申诉监督申请 178 件，受理 14 件，提请抗诉 1 件，上级检察院抗诉 1 件，法院改变原裁判 1 件，对不服法院正确裁判的申诉案件做好服判息诉工作，有效维护司法权威。加大民事执行监督力度，通过依职权审查等途径，受理执行监督案件 6 件，就法院未及时采取查封冻结措施制发《检察建议书》1 份并获采纳。依法处理群众来访 615 批 793 人次、来信 294 件，对 17 名生活有困难的被害人或其家属发放救助款 11 万余元。（陆　晨）

5 月 15 日，区检察院举行“微粉团走进检察院”检察开放日活动
（区检察院供稿）

【拓宽民事行政监督渠道】 年内，区检察院通过检察开放日及区院数字化检务公开服务平台等渠道，加强宣传修改后民诉法，详细解读民事行政检察职能、监督范围、程序和成效，增进社会各界对民事行政工作的了解，提高社会认知度。举办民事行政检察工作专题讲座，围绕房产、婚姻家庭及继承纠纷等民生问题，提供现场法律解答，把化解矛盾与法律监督相结合。民事行政部门加强与控申、社区检察等部门联系，通过联合接访、座谈研讨、合作办案等方式，强化业务协作，挖掘各类监督线索，拓宽监督渠道。（陆　晨）

【推进涉法涉诉信访工作改革】 年内，区检察院依法处理群众来访 793 人次、来信 294 件，比上年分别上升 23.2% 和 29.1%。将 273 件涉及法律救济请求的信访事项从一般信访中区分出来，导入法律程序办理。建立由控申部门负责、业务部门专人联络、全院联动的执法办案风险评估预警工作机制，从源头上防范和减少涉检信访。加大对控告申诉案件的司法听证力度，对部分案件进行公开审查，邀请区人大代表、政协委员、特约检察员等担任听证员并发表意见，化解当事人对检察决定的猜忌顾虑。（陆　晨）

（五）诉讼监督

【概况】 2014年，区检察院整合监督力量，通过法律监督加强人权司法保障。加强对涉及人身自由、财产权益的司法措施和侦查手段的监督，推进对公安派出所刑事执法活动监督和非监禁刑罚执行监督。以专项检察为抓手，开展对刑事执法活动重点环节和问题的监督，捕捉基层执法监督中的新问题、新动向，剖析基层执法工作中的深层次问题和原因，提出检察建议和意见。

（陆 晨）

【加强立案和侦查活动监督】 年内，区检察院筹建区"两法衔接"联动中心，加强与行政执法单位协调配合，向公安机关移送刑事案件线索6件，建议行政执法单位向公安机关移送刑事案件线索8件，公安机关均立案。对应当逮捕而未提请逮捕、应当起诉而未移送审查起诉的，追捕到案19人、追诉到案54人。要求公安机关说明不立案理由1件，公安机关立案1件。对侦查活动中不规范问题制发工作通报2份、《纠正违法通知书》1份。

（陆 晨）

【加强刑事审判、刑罚执行和监管活动监督】 年内，区检察院依法提出刑事抗诉2件，上级检察院支持抗诉1件，法院改判1件。开展减刑、假释、暂予监外执行专项检察2次，针对暂予监外执行法律文书衔接和交付执行不规范、保外就医的鉴定医院不适格等问题，制发工作通报2份。针对刑罚执行违法违规问题制发《纠正违法通知书》5份、《检察建议书》4份，就延迟送达法律文书致社区矫正对象漏管超过6个月，向外区法院制发《纠正违法通知书》，督促严格依法交付执行。依法提出刑事抗诉2件，上级检察院支持抗诉1件，法院已改判1件。

（陆 晨）

【加强对基层司法活动的监督】 年内，区检察院开展"派出所办案区的安全规范使用"专项检察，检查案件70件88人，随机调取检查办案监控录像160余小时，审查讯问笔录等案卷材料90余份，针对犯罪嫌疑人看管隐患、人身安全检查不到位等问题制发工作通报12份。开展监外执行日常监督和专项检察，针对发现的6类违法违规情况，先后向外省市及上海市相关法院、司法局制发《纠正违法通知书》4份、《检察建议书》1份。

（陆 晨）

（栏目编辑 钱 萍）

兆丰十二景之旧园遗韵 （《长宁时报》供稿）

十一 审判

(一)综 述

2014年,区法院受理各类案件28 741件,连同上年存案共审结和执结28 258件,比上年分别上升39.9%和37.5%,收结案创历史新高,审判质量、效率多项数据指标继续位居全市基层法院前列。区法院陈建明、傅为高、顾鸣香等撰写的《网络反腐:从民意向制度迈进》获2013年度上海市监察学会理论研讨征文活动二等奖;傅为高、顾鸣香撰写的《廉政保证金:廉政激励机制的"试验田"》获2013年度上海市监察学会理论研讨征文活动三等奖。区法院诉调对接中心获2012—2013年度上海市社会管理综合治理先进集体。区法院工会被市总工会评为上海市"模范职工之家"。区法院关工委获"上海市五好基层关工委先进集体"荣誉称号。区法院立案二庭获"2012—2013年度上海市信访系统先进集体"荣誉称号。区法院获2013年度上海法院"调研工作先进集体"。区法院少年审判庭被团市委、市人社局授予"上海市青年五四奖章集体"称号。区法院在2013年上海法院系统学术讨论会论文推荐选送工作中获组织工作先进奖。区法院少年审判庭审判长顾薛磊当选为第十七届"上海十大杰出青年"。

(杨 楠)

(二)刑事审判

【概况】 2014年,区法院受理各类刑事案件1 260件,审结1 260件,比上年分别上升36.4%和37.4%,判处罪犯1 589人,其中判处五年以上有期徒刑66人。严厉打击"两抢一盗""黄赌毒"等危害公民生命财产安全和社会管理秩序的犯罪案件476件,维护区域安全稳定。加大打击酒驾等危害公共安全犯罪力度,审结危险驾驶、交通肇事等案件399件,比上年上升57.1%。打击危害食品药品安全犯罪,重点惩处非法制售假药、地沟油等案件11件,保障公民生命健康安全。稳妥审理"泛鑫保险"非法吸收公众存款系列涉众型经济犯罪案件21件。审结贪污贿赂、挪用公款、滥用职权等职务犯罪案件12件,18名国家公职人员被追究刑事责任。优化轻微刑事案件快速办理机制,开展刑事案件速裁程序试点工作,审结案件457件,平均审理时间6.5天。强化刑事法律援助力度,为233名被告人指派律师辩护,比上年上升80%。

(杨 楠)

【开通"菁菁法苑"官方公众微信平台】 2月10日,区法院少年庭正式开通"菁菁法苑"(微信号"cnfysnft")官方公众微信平台,在2月17日发出首条微信。该微信公众服务平台的启用,是区法院少年庭继开通"小顾法官在线""菁菁法苑"双微博后,开拓青少年法制宣传和沟通交流的又一举措,形成"微博、微信公众服务平台"双位一体的自媒体形式。微信平台主要面向辖区内青少年及青少年事务工作者,每周向订阅者推送两条微信,内容包括"少年法庭动态""少年法庭故事""典型案例""法官风采""一问一答""心理港湾"等栏目,长宁法院少年庭将公众微信号推广至现代职校、西南位育中学、华政附属中学。

(杨 楠)

【市人大常委会未成年人保护法执法检查座谈会在区法院召开】 5月13日,市人大常委会未成年人保护法执法检查座谈会在区法院召开。市人大常委会委员、教科文卫副主任委员施荣范、张辰率部分市人大代表出席会议,市高院副院长邹碧华、市高院少年法庭指导处处长及闵行区法院等单位领导陪同调研。区法院党组书记、院长陈亚娟汇报区法院未成年人司法保护工作情况,邹碧华从当代世界未成年人司法保护的主流现状、上海法院的做法和面临的突出问题,以及如何加快立法等方面作交流发言。

(杨 楠)

【举办长宁区青少年法制夏令营】 7月16日,区法院联合长宁区关工委、区检察院,区司法局共同举办第四届长宁区青少年法制夏令营暨"我与长法零距离"公众开放日青少年专场活动,全区10个街道(镇)和相关学校、社区的青少年及区关工委老干部、社工约80余人参加活动。区法

5 月 13 日，市人大常委会未成年人保护法执法检查座谈会在区法院召开（区法院供稿）

院党组成员、副院长，区关工委常务副书记分别致辞，区检察院副检察长、区司法局党组书记向小营员代表授旗。夏令营活动组织安排青少年参观区检察院未检工作陈列展、一中院法治文化长廊。举办青少年安全自护法制讲座、进行警用装备展示和急救知识讲解，举行法律知识有奖竞赛，区法院少年庭官方微信“菁菁法苑”进行全程报道，扩大法制宣传范围。（杨 楠）

【刑释“三无”未成年人“一路阳光”专项护送活动跨区域发展】 年内，区法院少年庭与徐汇区检察院未检科、徐汇区救助管理站、长宁区看守所共同签订《关于开展“三无”未成年罪犯刑释护送专项活动的协议》，决定对区法院判决的由徐汇区检察院指控犯罪的未成年人，在其刑满释放后开展“一路阳光”专项护送活动，标志区法院该专项活动实现跨区域发展。推进少年司法“社会一条龙”和“司法一条龙”的有效衔接。（杨 楠）

【优化轻微刑事案件快速审理程序】 年内，区法院适用快速审理方式审结轻微刑事案件 335 件，平均审理时间 6.6 天。专门指定 2 名法官集中办理轻微刑事案件，与公诉人实现专人对接，确保诉判快速流转，保证裁判集中性。根据法庭配置情况确立相对固定时间的庭审排期机制，合理调配现有法庭资源，保障法官合理安排庭审档期。实现对被告人身份庭前核对、诉讼权利庭前告知、法律后果庭前释明、程序选择庭前确定。简化法庭调查和法庭辩论，听取被告人最后陈述意见后当庭作出宣判。列明案件证据情况、量刑情节，实现轻微刑事案件审理报告表格化。（杨 楠）

【陈佳林一行专题调研】 年内，全国人大法工委社会法室副主任陈佳林一行到区法院专题调研撤销监护资格问题。座谈会上，区法院党组书记、院长陈亚娟，党组成员、副院长秦明华对区法院审结的全市首例撤销监护权案件情况进行介绍，区法院与调研人员围绕案件中存在的法律障碍与制度障碍进行研讨，并就少年司法中的相关司法实践问题与区法院少年庭法官展开交流。陈佳林希望区法院在从事未成年人司法保护事业过程中为立法完善提供更多建议。（杨 楠）

（三）民商事审判

【概况】 2014 年，区法院受理各类民商事案件 22 453 件，审结 22 077 件，比上年分别上升 48.1%和 45.6%，结案标的额 37.3 亿元。依法审结劳动争议、损害赔偿、物业纠纷等与民生密切相关的案件 8 195 件。构建心理异常当事人心理干预机制，促使多起矛盾激化离婚案件平稳审结。发布涉老特别程序案件审判白皮书和监护人指定工作操作指引，为老龄事业健康发展建言献策。审结因旧改引发的共有产分割、所有权确认等案件 70 件，维护当事人合法权益。成立上海市首个旅游纠纷审判专项合议庭，受理各类旅游纠纷 21 件，审结 19 件，平均办案天数 65.2 天，未出现一起改判发回案件。应对经济形势变化导致的商事纠纷激增态势，审结金融借款、融资租赁等融资类商事案件 887 件，比上年上升 9.2%。妥善审结金

7 月 16 日，区法院举办第四届长宁区青少年法制夏令营（区法院供稿）

融服务方式创新引发的 P2P 网络借贷纠纷 12 件，促进互联网金融规范发展。在国内首发《融资类纠纷案件司法审判系列白皮书》，发挥司法对金融市场引领规范作用。依托临空经济园区巡回法庭，为优化提升临空园区管理机制提供法律服务。（杨　楠）

【举行消费纠纷巡回法庭揭牌仪式】 3 月 13 日，区法院在区消保委举行“消费纠纷巡回法庭”揭牌仪式，市消保委秘书长陶爱莲，区法院党组书记、院长陈亚娟，工商长宁分局局长，区消保委常务副主任等出席，为“上海市长宁区人民法院消费纠纷巡回法庭”揭牌。消费纠纷巡回法庭的设立是区法院在新形势下发挥审判工作专业、快速的优势，面向群众、面向基层的尝试。（杨　楠）

4 月 16 日，全市法院首个“旅游纠纷审判专项合议庭”在长宁区法院揭牌成立（区法院供稿）

【发布上海市首份融资类纠纷案件司法审判系列白皮书】 4 月 10 日，区法院举行“2011—2013 年融资类纠纷案件司法审判系列白皮书”发布会。区法院党组书记、院长陈亚娟出席发布会并致辞，区法院党组成员、副院长主持会议，市高院民五庭庭长、市金融办地方处副处长、银监会上海监管局法制处副处长、市第一中级人民法院民六庭副庭长、区政法委副书记等，以及上海市法学会金融法研究会会长、华东政法大学经济法学院院长、教授吴弘，华东政法大学国际金融法律学院院长、教授罗培新等专家学者出席发布会。区法院民二庭通报审判系列白皮书主要内容。该份白皮书是上海法院首次就小额贷款、融资担保、融资租赁等融资类案件发布白皮书，提高司法服务在金融审判领域的针对性和有效性。（杨　楠）

【举行 2009—2013 年涉老特别程序案件审判白皮书发布会】 10 月 28 日，区法院举行“2009—2013 年涉老特别程序案件审判白皮书暨监护人指定工作操作指引”发布会。区法院党组书记、院长陈亚娟出席发布会并致辞，党组成员、副院长主持会议，市高院民一庭副庭长余冬爱、区政法委副书记、区民政局副局长等以及区检察院、区司法局、区残联、各街道（镇）相关部门负责人、部分司法所、居委会代表出席。民四庭负责人发布《2009—2013 年涉老特别程序案件审判白皮书》及《监护人指定工作操作指引（建议稿）》具体内容。陈亚娟向街道（镇）、居委会、区老龄事业发展中心代表赠送《监护人指定工作操作指引（建议稿）》。（杨　楠）

（四）行政审判

【概况】 2014 年，区法院受理行政案件 167 件，审结 156 件，比上年分别上升 92% 和 79.3%。坚持合法性审查标准，依法判决撤销违法行政行为案件 1 件，经协调后撤诉案件 5 件，行政机关败诉率为 3.8%。判决维持行政机关具体行政行为 12 件，驳回原告起诉和诉请 94 件，裁定撤诉 47 件，移送管辖 2 件，发挥监督行政机关依法行政和保护行政相对人合法权益的职能作用。强化行政拆迁案件的司法审查，受理强制拆迁案件 122 件，比上年上升 165.2%，依法裁定准予执

3 月 13 日，区法院在区消保委举行“消费纠纷巡回法庭”揭牌仪式（区法院供稿）

行112件，申请人撤回申请2件，审查和解8件，推进区域旧改工作。依法加大对行政执法的支持力度，审查涉劳动报酬、无证经营等行政非诉执行案件73件，准予执行61件，被申请人主动履行义务12件。加强行政案件协调化解，推进房屋拆迁、劳动保障、民行交叉等领域行政争议的实质性化解。坚持合法性、合理性和可执行性结合的司法审查标准，完善立审执会商、多元协调化解等行政争议解决机制，引导行政相对人理性表达利益诉求，47件行政案件以原告自愿撤诉的方式妥善解决，行政案件和解撤诉率达30.1%。创新行政争议化解方法，通过建议行政机关完善或变更行政决定、妥善开展心理干预、发送化解矛盾建议函等方式，成功化解涉旧改拆迁征收、医疗事故及工伤认定等矛盾激化行政案件和司法强迁案件共计95件。促进行政执法规范化。围绕房屋征收补偿程序、政府信息公开等问题，向相关职能部门制发司法建议3份并全部得到反馈。针对集中整治群租、违法建筑等专项治理工作，以类案研讨、政策论证等形式强化行政执法规范意识。连续9年向区政府发送行政审判白皮书，连续3年围绕旧改房屋拆迁征收、行政领导出庭应诉等撰写专项白皮书。严格落实行政机关负责人出庭应诉制度，区发改委等部门主要领导出庭参与诉讼，促进行政机关负责人提升运用法治思维和法治方式解决问题的能力。支持区政府完善行政领导旁听庭审制度，全区35个委、办、局及街道（镇）主要领导到院旁听行政案件庭审。

（杨　楠）

【旁听行政案件庭审】 11月11日，区法院第七法庭组织各行政机关领导旁听“章静华诉长宁区环保局，要求被告履行相应的监督管理职责”一案。就行政作为与不作为方面的规定，通过典型案例对行政领导进行法制教育。区委常委、副区长张连城率全区行政机关50余名负责人出席旁听。上海电视台、上海法治报等新闻媒体现场采访，上海电视台进行晚间新闻报道。（杨　楠）

【召开房屋征收政府信息公开案件法律适用问题研讨会】 年内，区法院召开房屋征收政府信息公开案件法律适用问题研讨会。会议由区法院党组成员、副院长主持，市高院、一中院、市法制办复议处、市办公厅信息处、市房管局法规处、征收处、区法制办及相关职能部门等领导专家，区法院院长助理、行政庭全体法官出席座谈。长宁区多幅旧改征收地块进入扫尾阶段，被征收人通过向区房管局、区规土局、区建交委、区发改委等机关申请政府信息公开以维护自身征收补偿权益呈爆发态势，具有申请人相对集中（主要为四幅地块6名居民）、关联申请数量大（数十至数百件）、涉诉比例高、群体性矛盾激化明显等特征。与会人员结合典型案例，重点围绕申请公开本户或本基地未经登记建筑的调查、认定和处理结果信息、申请公开房屋征收补偿协议（决定）档案信息、关于请示、报告是否属于过程性信息的审查判断等法律适用难点问题展开讨论，达成初步共识。（杨　楠）

（五）执行与审判监督

【概况】 2014年内，区法院执结案件4 697件，比上年上升9.1%，标的额达到7.94亿元。推进涉民生案件专项集中执行活动，执结各类涉民生案件395件，执行标的清偿率达92.2%，被最高法院评为涉民生案件专项集中执行工作先进集体。以“五查”专项整治活动为契机，完善执行案件代管款长效管理机制。加大对规避执行行为的惩治力度，对拒不履行生效判决的被执行人采取司法拘留39人次，实施限制出境165人次、限制高消费1 770人次。向社会曝光389例失信被执行人信息，以信用惩戒督促被执行人主动履行义务。加强与区公共信用信息服务平台的互联互通，促进区域信用体系建设。依托区域联动执行平台，化解历时数年的上海工人疗养院房屋租赁纠纷等矛盾激化案件。发挥“司法拘留疏导室”矛盾化解和教育疏导作用，32名被执行人履行义务。（杨　楠）

【召开人民陪审工作总结表彰大会】 4月11日，区法院召开2013年度人民陪审员工作总结表彰大会。区法院党组书记、院长陈亚娟，区人大内司委主任，区法院副院长及政治部主任、院长助理等出席会议，相关部门负责人和全院80余名人民陪审员参加会议。会议对区法院2013年度人民陪审员工作进行回顾总结，宣布《关于表彰2013年度人民陪审员先进个人的决定》，人民陪审员代表作交流发言。（杨　楠）

【开展上海市首例最高法院远程视频接访】 6月27日，区法院开展上海市首例最高法院远程视频接访工作。信访人在区法院信访接待室通过远程视频接访系统与最高法院的法官进行远程视频对话，向最高法院直接表达信访诉求。信访人对接访方式表示满意。远程视频接访的模式便于信访人向最高法院法官直接表达诉求，减少经济、时间、精力成本，防止信息层层传递、过滤造成的信息壁垒及失真现象，为各部门联动协调，实现对案件的甄别、终结和信访矛盾的最终化解奠定基础。

（杨　楠）

【赵传灵一行区法院调研】 8月14日，贵州省高院党组成员、副院长赵传灵，贵州省铜仁市中院党组书记、院长祝铭，贵州省遵义市中院党组书记、院长刘力一行到区法院调研指导工作。区法院党组书记、院长陈亚娟等陪同。区法院执行局负责人围绕执行流程管理信息化系统作专题汇报，并现场演示执行信息化管理操作流程。赵传灵一行参观区法院立案大厅、诉调对接中心、少年法庭、文化长廊、执行事务中心、技术室机房。

（杨　楠）

【杨为栋一行到区法院调研】 9月24日，云南省高院党组副书记、常务副院长杨为栋率云南省17家中级法院院长到区法院调研指导信息化建设工作。市高院党组成员、副院长顾伟

区法院举行“我与长法零距离”公众开放日活动，区人大代表、区政协委员及社区居民参加活动 （区法院供稿）

强，区法院党组书记、院长陈亚娟等陪同参观立案大厅、诉调中心、少年法庭、文化长廊、执行事务中心、信息技术中心等，就区法院自行研发应用的分段式执行流程管理系统、信访督办流程管理系统、云计算数据集中管理系统等信息化特色工作作交流汇报。 （杨 楠）

【举行“志愿者法律服务窗口”签约揭牌仪式】 10月8日，区法院举行与华东政法大学“志愿者法律服务窗口”签约揭牌仪式。市高院党组成员、副院长顾伟强，华东政法大学副校长林燕萍，长宁区委常委、政法委书记钟晓咏，区法院党组书记、院长陈亚娟出席仪式并共同为“志愿者法律服务窗口”揭牌，华东政法大学研究生教育院相关领导与学生代表及该院干警代表共20余人参加。区法院与华东政法大学研究生教育院签署《志愿者法律服务窗口合作共建协议》。该窗口体现高校、法院与社会治理创新模式的“三合一”，为在校研究生提供实训平台，也为社会综合治理创新作出尝试。 （杨 楠）

【召开第八届机关党委换届选举大会】 12月26日，区法院召开第八届机关党委换届选举党员大会。区法院党组书记、院长陈亚娟，区机关党工委副书记，区法院第七届机关党委书记及全体党组成员出席，全院党员干警参加会议。经与会党员投票选举，区法院9人当选为第八届机关委员会委员，并直接选举金练红为第八届机关党委书记。 （杨 楠）

【举行“我与长法零距离”社会公众开放日活动】 年内，区法院举行“我与长法零距离”公众开放日活动，区人大代表、区政协委员及社区居民共30余人参加活动。参加人员旁听一起由民四庭审理的法定继承案件。并在案件审理结束后与承办人进行沟通交流。活动参加人员在区法院讲解员引导下，依次参观法院文化长廊、少年圆桌法庭、诉调对接中心、执行事务中心、立案大厅等，了解当事人到区法院进行诉讼的流程，了解法院各方面工作文化氛围。9月17日，区法院举行“我与长法零距离”公众开放日活动，来自区司法局、区调解协会、周家桥街道的20余名基层调解工作者参加活动。参加人员旁听一起由民三庭法官审理的房屋租赁合同纠纷案件，并与承办法官进行互动。 （杨 楠）

（栏目编辑 钱 萍）

十二　司法行政

（一）综　述

2014年，区司法局受理各类民间纠纷17 613件，比上年下降3.41%；经调解解决17 045件，调解成功率为96.68%。其中民事纠纷委托人民调解11 349件，调解成功10 888件，调解成功率95.94%，涉及金额5.65亿元；房地物业类纠纷1 625件，调解成功1 554件，调解成功率95.63%，涉及金额6 642.10万元；交通事故纠纷1 056件，调解成功1 043件，调解成功率98.77%，涉及金额1 915.76万元；劳动争议116件，调解成功113件，调解成功率97.41%，涉及金额78.26万元；消费纠纷238件，调解成功188件，涉及金额53.56万元；医患纠纷237件，调解成功198件，调解成功率83.5%，涉及金额836.5万元，启动专家咨询程序82件，司法确认25件。调处群体性纠纷19起，防止其他民转刑19起。提供法律咨询10 240人次。"110"公安、司法联动接处警4 553件，比上年下降5.13%。制作各类人民调解协议书6 951份，无当事人反悔或法院依法予以撤销。截至年底，长宁区有律师事务所108家，律师1 375人，全年业务收入达到14.1亿元，总创收位居全市第三，人均创收位居全市第一。长宁区律师担任各类单位、个人法律顾问966家，办理刑事诉讼辩护案件1 069件，民事诉讼代理案件8 183件，行政诉讼代理案件49件，非诉讼法律事务7 970件。（刘　俊）

（二）人民调解

【概况】 2014年，区人民调解工作围绕创新社会治理工作要求，完善长宁大调解服务中心功能建设。推动访调对接平台搭建，建立人民调解与信访对接联动机制，将涉法涉诉信访逐步纳入法制轨道解决。协调指导街道调解组织社会化运作，推进基层人民调解工作规范化与制度化。健全联调联动工作机制，建立"政法牵头、多部门协同、专业调解平台跟进"的疑难纠纷合力化解机制。"联动增效、服务群众的区域化大调解体系建设"课题报告入选2013年度上海市"创新社会治理，深化平安建设"十佳示范案例。出台《长宁区关于进一步加强医患纠纷类信访与人民调解工作对接的实施意见》，化解医患纠纷类信访积案。（刘　俊）

【区医调委与北京炜衡(上海)律师事务所签订合作共建协议】 4月22日，区医调委与北京炜衡（上海）律师事务所（简称"炜衡上海分所"）签订共建合作协议。由区医调委为炜衡上海分所提供青年律师法律实务见习平台，炜衡上海分所为长宁区医调委提供律师人才和专业法律支持，引导有医学、法学背景律师参与区域疑难医患纠纷化解工作。（刘　俊）

【召开区访调对接工作会议】 6月12日，区司法局与区信访办联合召开区访调对接工作会议，商讨建立访调对接联动机制和区信访纠纷人民调解工作室筹建等事项，并讨论通过《长宁区关于人民调解组织参与信访矛盾化解工作的实施办法》，标志长宁区访调对接平台实质启动。（刘　俊）

【开展医调工作档案规范性自查】 8月5日，区司法局开展医患纠纷人民调解案件材料自查，并从协议书制作规范标准、归档卷宗材料齐全充分，以及装订格式等方面进行逐卷审查，对于存在问题及时督导承办调解员补齐补正，提升区医调工作规范化建设水平。（刘　俊）

（三）公　证

【概况】 2014年，长宁公证处坚持便民、高效、优质、公正原则，优化办证流程，规范服务标准。受理各类公证业务2.88万件，其中国内公证业务1.33万件，涉外公证业务1.55万件，全年公证业务收入达3 239万元。（刘　俊）

【数字化公证档案系统建成并启用】 4月，长宁公证处启动数字化公证档案系统建设，年底初步建设完成并批量录入数据，标志长宁公证处在全市公证行业中率先实现公证档案数字化。（刘　俊）

【开展公证服务社区行活动】 6月—10月，长宁公证处在全区10个街道(镇)社区开展公证服务社区行活动，发放《便民问答20问》宣传册，举办法律知识讲座并就日常生活中常见的公证事项和纠纷为社区居民提供咨询服务。 (刘 俊)

【开展公益服务月活动】 9月—10月，长宁区司法局启动为期一个月的“为80岁以上老年人免费办理遗嘱公证、为60岁以上老人免费办理保管遗嘱”的公益服务月活动。截至10月底，长宁公证处共开展预约办理遗嘱公证541件，预约遗嘱保管74件；年底，办结免费遗嘱公证369件，免费遗嘱保管40件。 (刘 俊)

【为共有产权保障住房选房现场会公证】 12月23日—26日，长宁公证处办理长宁区2014年共有产权保障住房(经济适用房)选房现场监督公证。该批次符合购买经适房条件的家庭有913户，分4天7场进行。长宁公证处派出6名公证人员，对选房身份确认、正式选房、房源确认等3个环节进行现场监督，确保整个选房过程公正、规范。 (刘 俊)

(四)律　师

【概况】 2014年，长宁区律师业开展属地化管理模式专项调研，完善区域法律服务业发展环境。启动“律动常青”培训项目，为青年律师提供学习交流机会。开展律师事务所年度检查和律师考核工作，规范律师执业环境。推动律师参与政府信访接待、“双结对”等公益活动，提升法律服务参与社会治理水平与实效。君悦律师事务所党支部与海华永泰律师事务所党支部被市社会工作党委授予上海“五星级社会组织”党组织称号。长宁区律工委主任、君悦律师事务所高级合伙人刘刁赟律师被市社会工作党委授予“上海市第四届‘两新’组织优秀党建之友”称号。 (刘 俊)

【召开法律服务业重点单位迎春座谈会】 1月24日，召开区法律服务业重点单位迎春座谈会。副区长解冬出席并讲话。区司法局、区发改委、区商务委、区人社局、区财政局等职能部门领导以及法律服务业重点单位负责人参加座谈。会议就搭建职能部门合作联动机制，加大对区域法律服务业发展相关配套措施及公共服务平台支持研发力度以及加快推进区域法律服务业专业化、规模化和国际化发展等事项达成共识。 (刘 俊)

【陈乃蔚一行到长宁区调研】 3月10日，市律师协会副会长陈乃蔚一行到长宁区开展工作调研。陈乃蔚提出要加强律师队伍建设，有效发挥政府法律顾问作用，健全完善区律工委等行业组织自律功能。 (刘 俊)

【召开2014年法律服务业工作会议】 4月24日，长宁区召开法律服务业工作会议。区委常委、政法委书记钟晓咏出席。会议总结回顾2013年区法律服务业工作情况，对2014年长宁法律服务业工作进行部署并通报表彰2013年度区优秀律师团队和先进公证员。金杜律师事务所、君悦律师事务所与海华永泰律师事务所作主题交流发言。 (刘 俊)

【召开法律顾问代表座谈会】 6月12日，长宁区召开法律专家顾问团、街道(镇)商会法律顾问代表座谈会。区工商联、区司法局和顾问律师等30余人出席并就如何深化法律结对项目，丰富结对内容与形式等内容进行交流探讨，达成共识。 (刘 俊)

【举办区政府法律顾问团学习会】 11月12日，区政府法制办、区司法局联合举办区政府法律顾问团学习会。会议邀请华东政法大学教授邹荣作“十八届四中全会学习体会”主题报告。区政府法律顾问团全体成员参加学习会。 (刘 俊)

(五)法律援助

【概况】 2014年，区法律援助中心扩大法律援助覆盖面，推出多项便民惠民服务举措。全年接待来访咨询2458件，比上年下降2%；“12348”专线咨询7870件，比上年上升17%；受理法律援助案件428件，比上年上升7%，其中刑事法律援助案件360件，民事法律援助案件68件。 (刘 俊)

【举行劳动法实务培训】 4月24日，区法律援助中心举行全区法律援助从业人员业务培训。会议邀请区劳动仲裁院资深仲裁员作《中华人民共和国劳动法》和《中华人民共和国劳动争议仲裁法》等政策法规解读。 (刘 俊)

11月12日，区政府法制办、区司法局联合举办区政府法律顾问团学习会
(区司法局供稿)

9月4日，长宁区召开法律援助志愿律师对口社区学校工作推进会

（区司法局供稿）

【举办残疾人权益保护专题讲座】 5月15日，区法援中心与区残联联合举办以“保障残疾人民生、维护残疾人权益”为主题的法律专题讲座，并在现场开展宣传咨询服务活动。法律援助志愿律师围绕残疾人康复、就业、子女就学、社会保障等残疾人士关心问题，结合《残疾人保障法》等法律精神开展现场法律咨询和提供法律援助。（刘　俊）

【举行法律援助志愿律师结对社区学校工作推进会】 9月4日，长宁区召开“法律援助，关爱成长，守望幸福”法律援助志愿律师结对社区学校工作推进会。20名法律援助志愿律师与辖区内10个街道（镇）社区及83所中小学、幼儿园开展工作结对。市法律援助中心、区教育局、区司法局等部门领导出席会议。20名法律援助志愿律师为结对办学机构提供推进依法治校、化解校园伤害纠纷等志愿法律服务。（刘　俊）

（六）安置帮教与社区矫正

【概况】 2014年，区安置帮教和社区矫正工作以预防和减少重新违法犯罪为工作目标，建立“1+2”教育矫正基地，全面整合区域教育矫正资源。搭建“审矫对接”工作平台，前移矫正对象入矫监管关口。开展刑事执法操作规范与工作技巧培训，提高基层矫正队伍专业执法水平。探索特殊人群“就业培训及荐业稳岗”项目，解决特殊人群就业安置困难等问题。长宁区“两类特殊人员”的重犯率低于全市平均水平，入户率、安置率、帮教率均高于全市平均水平，呈现“三高一低”工作态势。（刘　俊）

【特殊人群重新犯罪风险评估课题研究取得成果】 1月3日，上海市刑释解教人员重新犯罪风险评估体系建设研究课题评审会在区社区矫正中心举行。上海政法学院教授章友德、华东师范大学教授陈国鹏等专家学者及各区县司法局职能部门负责人参加。市司法局副局长蔡永健、市社区矫正工作办公室主任陈耀鑫出席会议。区司法局参与设计完成《刑释解教人员重新犯罪影响因素平衡表》等评估量表并形成《上海市刑释解教人员重新犯罪风险评估体系建设研究课题报告》。（刘　俊）

【参与社区矫正实时定位监管工作立法调研】 1月16日，区司法局召开“长宁区社区矫正工作座谈会”。区委政法委书记钟晓咏，市人大内司委，市矫正办、区人大、区检察院、区法院、区司法局等相关部门负责人参加座谈。区司法局就加快推进社区矫正实时定位监管工作立法提出相关意见。市人大代表、君悦律师事务所主任刘正东起草《关于尽快规范和完善社区矫正实时定位监管措施的书面意见》，将向市人代会提出相关书面意见，启动立法程序。（刘　俊）

【开展亚信峰会期间区域特殊人群管控工作】 3月17日，区司法局召开亚信峰会期间特殊人群管控工作部署会议。5月15日，区司法局在社区矫正中心举行亚信峰会特殊人群突发

12月17日，区司法局举行教育矫正项目总结交流展示活动

（区司法局供稿）

事件处置应急演练。全区各司法所、新航长宁社工站以及区众扶协会部分志愿者代表参加演练。（刘　俊）

【郭建安一行考察区矫正中心】 8月7日，司法部外事司司长郭建安一行到长宁区调研社区矫正工作，参观社区矫正中心集中教育室、矫正宣告室、训诫室等执法功能场所，观摩运用北斗卫星电子定位信息技术对重点管控对象开展点对点跟踪的模拟操作演练，并听取关于使用电子监控设备的社会效果和开展分类矫正项目化运作成效的相关汇报。

（刘　俊）

【黎荣调研社区矫正工作】 9月9日，市妇联副主席黎荣到长宁区开展社区矫正工作调研。黎荣要求长宁区司法行政部门加强与工、青、妇等群体性组织合作，维护好特殊人群中妇女、青少年对象的基本权益，为构建和谐社会发挥作用。（刘　俊）

【举行教育矫正项目总结交流展示活动】 12月17日，区司法局举行教育矫正项目总结交流展示活动。市社区矫正管理局与市新航社区服务总站等单位负责人参加会议。区司法局集中展示了长宁区规范"一月一主题，四周一轮动"集中教育项目、拓展"新上海一家门"来沪社区服刑人员分类矫正项目、深化"魔力爱"社区矫正青少年关怀分类矫正项目以及完善两类特殊人群未成年子女关爱活动项目等教育矫正项目开展情况及成效。（刘　俊）

（七）法制宣传教育

【概况】 2014年，区法制宣传教育工作通过落实"谁主管、谁普法、谁执法、谁普法"工作责任机制，建立普法重点对象主管部门牵头、相关单位参与的分工合作机制，健全大口党委分类管理其他单位的二级联络机制，完善普法领导小组会议和联络员制度，保障普法工作深入推进。持续推进法律"六进"活动（进机关、进企业、进学校、进社区、进工地、进军营）。创新普法宣传形式，开通"长宁法宣"微信公众平台，加强公众参与互动，提升普法教育成效。聚焦"公共安全巩固行动"等"八项整治"项目，启动平安长宁建设专项普法治理活动。服务全国文明城区创评等主题，启动"法治大讲堂"系列活动，邀市法治研究会副会长包志勤担任首讲专家。长宁区被评为全国"六五"普法中期先进区。（刘　俊）

【召开2014年法制宣传教育工作会议】 5月28日，长宁区召开2014年法制宣传教育工作会议，总结2013年法制宣传教育重点工作，部署2014年法制宣传教育重点工作。区委常委、区政法委书记、区法制宣传教育领导小组组长钟晓咏出席会议。区法制宣传教育领导小组成员单位、相关委、办、局，街道（镇）等40余家单位法宣分管领导参加会议。会议就创新法制宣传方式方法，提升法制宣传实效，统筹推进法制宣传工作，实现普法与执法有效对接等工作达成共识。

（刘　俊）

【举行整治"群租"专题普法宣传活动】 6月6日，区司法局举行"长宁区整治'群租'专题普法宣传"活动，在《长宁时报》开设"群租5问"专栏，向各街道（镇）社区服务中心发放"群租"治理宣传折页5000份，邀请区域知名律师对群租进行法律解读，帮助群众认识"群租"的社会危害性，自觉抵制"群租"等违法行为。（刘　俊）

【举办电商企业守法诚信主题活动】 7月30日，区法宣办、区食安办、区司法局、区科委等部门联手举办"价值＝诚信＋品质"守法诚信主题活动。银联电子、易贸集团、分众传媒、菜管家、易果网、百视通、蜘蛛网、美华系统、威达高科等区域内9家电商企业负责人参与并在《长宁区电商企业诚信经营倡议书》上签署诚信经营承诺。（刘　俊）

【开展法治公益广告大赛】 7月，区法宣办在全区开展法治公益广告征集活动，区相关委、办、局、街道（镇）、企业及社会各方参与。公益广告作品聚焦违反交通规则、乘坐黑车、欺行霸市、电讯诈骗等社会反应强烈、公众关注度高的问题，活动获评的优秀公益广告通过微信、微博、网站、普法基地等渠道进行展示。

（刘　俊）

【"长宁法宣"微信公众号启动】 10月8日，"长宁法宣"微信公众号正式上线启动运行。微信平台通过定期宣传介绍法律法规以及案例解读等方式，弘扬法治精神，引导广大群众理解公正

7月30日，区法宣办、区食安办、区司法局、区科委等部门联手举办电商企业守法诚信主题活动　（区司法局供稿）

与法治的社会价值取向，形成有利于道德提升的法治环境。（刘　俊）

【举行“贯彻党的十八届四中全会精神”辅导报告会】 11月17日，长宁区举行局处中心组联组学习报告会，专题开展“贯彻党的十八届四中全会精神”辅导报告暨上海第二届浦江法治讲坛区县专场活动。长宁区四套班子领导、区各部门党政主要负责人及部分基层执法人员等450余人参加专题学习。会议邀请上海市人大常委会法工委副主任施凯、复旦大学教授刘建军、上海大学教授顾骏等三名专家作相关精神解读。（刘　俊）

【举行“法治电影展播周”启动仪式】 11月28日，由市法宣办，上海电影（集团）有限公司主办，区委宣传部、上海东方电影频道、区法宣办和区司法局承办的，“法治电影展播周”启动仪式在龙之梦影城举行。区委常委、宣传部部长章卫民，市司法局副局长陈春兰，上影集团党委副书记程坚军及相关市区领导出席。来自社区、学校、企事业单位等100余名群众参与。（刘　俊）

【开展宪法宣传周大型广场咨询活动】 12月6日，区法宣办、区司法局与市教卫系统法宣办联合上海市大学生普法志愿者总队在中山公园广场举办以“弘扬宪法精神 建设法治文化 加快法治长宁建设”为主题的“宪法宣传周”活动，开展宪法宣传、法律咨询和法律援助等专题活动，华东政法大学等高校大学生普法志愿者与法学专家参与活动。该活动标志2014年上海市第二十六届“宪法宣传周”正式启动。（刘　俊）

（栏目编辑　钱　萍）

兆丰十二景之林苑耸秀　（《长宁时报》供稿）

十三 经济行政管理

（一）综　述

2014年，长宁区经济行政管理部门围绕创新驱动、转型发展要求，全面深化改革，突出功能提升，区域经济发展稳中求进，保持良好发展态势。区发改委以创新精神推动全区改革，做好现代服务业推进，开展“三个城区”指标体系评估，推进商务楼宇低碳改造，启动和开展软课题研究，完成第三次经济普查，落实价格诚信建设，启动长宁区“十三五”规划编制。区财政局推进区级财政收入，保障各类财政支出，完善政策扶持机制，推动财政改革，提升理财效能，加大财政监督力度，推进绩效评价，强化政府投资项目建设管理和政府采购管理，规范全区财务会计管理。税务长宁分局完成依法治税任务，深化税收征管改革和绩效管理改革，抓好纳税服务标准化建设工作和自贸区服务举措扩大试点。区统计局加强统计基础建设，继续推进统计信用体系建设，做好统计法制工作。区物价局抓好物价服务大局工作，落实主副食品价格监测、日用工业消费品价格监测、房地产价格监测、行政事业性收费等工作，规范教育收费行为，完善涉案物品询价网络。区市场监管局以机构整合融合为契机，深化改革创新，强化市场监管，区域内有各类企业24 601户（分支机构7 292户），企业注册资本额3 127.27亿元，特种设备9 946台，特种设备注册登记率超过98%，食品生产加工企业3户，流通领域食品经营单位3 963户，餐饮业单位3 659户。原工商长宁分局（天山所）获2013—2014年度“全国敬老文明号”，原区质监局获“上海市依法行政示范单位”称号，原食药监长宁分局获2013年度长宁区深化全国文明城区创建先进集体。区审计局拓展审计视野，深化审计内容，创新审计技术方法，履行审计法定职责，实现对公共资金、国有资产、国有资源的审计监督全覆盖，开展审计和审计调查项目26个，审计查出管理不规范金额超18 276万元，被采纳审计建议45条。区安监局落实企业主体责任，开展安全生产责任制签约承诺，开展事故调查和联合检查，加强安全监管，开展宣传培训，区域内安全生产形势持续稳定好转。区国资委深化国资国企改革，提升区域经济社会发展，全年实现主营业务收入94.5亿元，净利润6.79亿元，国有资产保值增值率110.3%，净资产收益率109.5%。　（常　念）

（二）发展与改革

【概况】　2014年，区发改委把握“创新驱动、转型发展”的要求，突出转型发展、功能提升，做好年度重点工作目标落实。截至12月底，现代服务业

11月13日，长宁区对接自贸区建设进展情况及下一步考虑会议

（区发改委供稿）

完成税收224亿元，比上年增长15.9%。虹桥涉外商务区完成全区税收144.9亿元，比上年增长14.3%。2014年万元生产总值综合能耗完成市政府下达目标(比上年下降3.5%)。（宣 骏）

【推进改革工作】 年内，区发改委筹备第一次改革领导小组会议，拟订《长宁区改革工作领导小组及下设机构的相关工作制度》，明确改革领导小组及下属机构职责及相关制度。向区委、区政府汇报关于完善临空经济园区运作体制机制建议方案。与区财政局、区商务委联合发布《关于做实临空经济园区招商主体的实施意见》。根据市发改委专题会议精神，学习研究并借鉴周边兄弟城区经验，结合长宁区发展需要，形成《长宁区对接中国(上海)自由贸易试验区建设的初步考虑及建议》专题报告。做好工商、质监、食药监、物价检查合并与区市场监督管理局的“3+1”改革各项工作。区发改委从方案设计、职责梳理等方面稳步推进。物价检查所9人已全部转移至市场监督管理局。（宣 骏）

【启动“十三五”规划】 年内，区发改委梳理国家和市对规划编制工作的相关精神和要求，启动区“十三五”规划编制工作，制定《长宁区“十三五”规划编制工作总体方案》，推进14项前期重大研究课题，完成外包课题招标工作，撰写《区“十三五”规划基本思路》，向区政府专题汇报。（宣 骏）

【开展经济运行分析】 年内，区发改委组织开展经济运行分析，与市发改委及其他兄弟城区沟通，了解横向情况；与区财政局、税务长宁分局、区商务委、区科委等部门沟通，加强重点服务业企业监测，了解行业和企业异动情况；每季度召开经济运行网络小组会议，为全面细致地进行经济运行分析做准备；完成经济运行分析报告的修改和完善，向区长办公会和区委常委会汇报。（宣 骏）

【做好服务业发展引导资金工作】 年内，区发改委组织长宁区企业开展2014年度市服务业引导资金申报工作，召开专题会议，筛选转报项目19个，做好项目的备案、核准等工作。加强对已获市、区两级服务业引导资金扶持项目的监管，对项目的建设情况跟踪了解。对区服务业发展引导资金的使用和管理办法修订。组织专家组做好8个已建成项目的验收工作。（宣 骏）

【推进节能减排工作】 年内，区发改委加大与楼宇业主的沟通交流，加强既有建筑节能改造政策宣传，主动对接节能服务公司的项目信息，宣传长宁区改造政策及运作模式，完成千禧海鸥、兆丰多媒体办公楼、扬子江大酒店、世贸商城、申亚金融大厦等5个既有建筑改造项目，合计建筑面积46万平方米，节能3 574吨标煤，超额完成区政府目标任务17%。完成虹桥银城、协泰中心、远东国际等楼宇改造前期方案编制工作。（宣 骏）

【深化区校合作】 年内，区发改委做好2013年度区校合作政策兑现工作，召开2013年度区校合作政策兑现项目评审会，开展政策兑现工作，推动区域内高校园区发展。会同区科委、区人社局等相关部门对《关于进一步完善长宁区大学生科技创业基金管理的实施意见》《长宁区促进与高等院校合作的实施意见(试行)》进行修改完善。（宣 骏）

【推动区基本公共服务实施方案】 年内，区发改委完成《关于2013年区委基本公共服务重点调研课题转化项目进展情况的汇报》，总结10个转化项目的落实情况，分析推进中存在的问题及努力方向，向区委常委会汇报。修改《长宁区贯彻落实〈上海市基本公共服务体系暨2013—2015年建设规划〉实施方案》，征求相关部门、街道(镇)、居委及群众意见，优化调整实施方案。结合教育实践活动整改，做好实施方案的宣传工作，制作宣传折页，向市民发放，方便群众了解查阅区实施方案基本内容。（宣 骏）

【做好人口机制建设】 年内，区发改委对接“人口发展战略、中长期战略规划制定”新职能，研究提出《关于加强人口机制建设的考虑》。调研撰写“进一步加强人口综合管理，严格控制人口规模、优化人口结构”课题，形成人口课题报告，纳入区委总课题。协助公安长宁分局(人口办)推进区房屋编码管理工作。按照《2014年市管党政领导班子绩效考核工作方案》，完成区人口总量控制目标完成情况自评，形成《关于人口调控和管理服务工作完成情况的汇报》和《2015年加强人口管控的总体安排》。（宣 骏）

(三)财 政

【概况】 2014年，区财政局执行区十五届人大第五次会议审议通过的各项预算及审议意见，优化财政支出结构，落实财政扶持政策，推进财政改革，强化预算支出执行管理，加大财政监督力度，预算执行情况总体良好。区财政总收入完成308.03亿元，比上年增收33.81亿元，增幅12.33%。其中，区级财政收入117.18亿元，增幅8.13%；市级收入72.18亿元，增幅7.49%；中央级财政收入118.67亿元，增幅20.24%。区公共财政预算支出126.79亿元，增支10.44亿元，比上年增长8.98%；其中区级财政支出124.31亿元，中央及市财政下拨专项支出2.48亿元。区级财政收入加上市区财力结算补助款6.72亿元，收回以前年度部门专项结余资金3.1亿元，调入预算稳定调节基金1亿元，调出水利建设基金0.74亿元，实际可使用财力127.26亿元，收支相抵，当年结余0.47亿元，财政收支基本平衡。当年区政府性基金收入15.63亿元，加上市财政财力补助4.38亿元，收回以前年度结余资金0.84亿元，调入公共财政预算资金1.28亿元，实际可用财力22.13亿元。其中，安排政府性基金支出合计19.42亿元，上解市财政统筹农田水利建设基金0.46亿元，当年结余2.25亿元。当年区国有资本经营收益收缴4 243

万元，收回以前年度结余资金 237 万元，实际可用财力 4 480 万元。其中，用于区域公益性项目建设 4 100 万元，用于国资监管等其他支出 350 万元。收支相抵，当年结余 30 万元。

（袁　乐）

表 13-1

2014 年长宁区公共财政预算收支总表

单位：万元

收入		支出	
项目	2014 年决算数	项目	2014 年决算数
增值税	306 908.55	一般公共服务支出	68 384.90
营业税	193 079.63	国防支出	3 433.64
企业所得税	128 698.13	公共安全支出	85 894.76
个人所得税	105 595.35	教育支出	171 121.79
城市维护建设税	49 265.82	科学技术支出	51 149.08
房产税	86 144.66	文化体育与传媒支出	27 924.57
印花税	19 332.31	社会保障和就业支出	122 895.64
城镇土地使用税	3 320.70	医疗卫生与计划生育支出	75 661.86
土地增值税	163 460.78	节能环保支出	3 714.20
车船税	5 980.07	城乡社区支出	461 557.29
契税	66 459.53	农林水支出	1 954.34
其他税收收入	—	资源勘探信息等支出	118 282.29
专项收入	41.94	商业服务业等支出	1 030.10
行政事业性收费收入	10 431.87	援助其他地区支出	4 179.72
国有资源(资产)有偿使用收入	21 290.50	国土海洋气象等支出	1 914.40
其他收入	11 778.36	住房保障支出	62 681.96
		粮油物资储备支出	782.90
		其他支出	5 369.39
公共财政预算收入合计	1 171 788.20	公共财政预算支出合计	1 267 932.83
上级补助收入	152 225.15	年终结余	4 721.87
上解上级支出(以负数表示)	−84 980.08		
动用上年结余	0.00		
调入资金	31 021.43		
调出资金(以负数表示)	−7 400.00		
调入预算稳定调节基金	10 000.00		
总　计	1 272 654.70	总　计	1 272 654.70

说明：资料由区财政局提供

【促进区域经济健康发展】 年内，区财政局提升四个服务能级，推动贸易转型升级、加快以贸易为引领的现代服务业的发展，支持企业自主创新，落实支持经济发展资金 16.7 亿元；以贸易为引领的现代服务业对全区经济增长支撑作用明显，现代服务业税收占全区税收比重近 74%。运用地方教育附加专项资金，鼓励企业自主开展职工技能培训，对 240 户企业拨付培训补贴款 7 379.8 万元；发挥人才在长宁经济社会建设中的保障和支撑作用，落实人才专项资金 0.5 亿元；落实节能减排资金 0.17 亿元，推进节能减排工作，支持节能环保、低碳发展、绿色发展；加强与三大政策性担保公司合作，为中小企业提供贷款担保金额 1.38 亿，其中为科技企业提供贷款担保金额占比 39.43%。

（袁　乐）

【加大民生领域财政支出力度】 年内，区财政局坚持为民理财理念，加大民生领域财政支出力度，完善公共财政服务体系。促进教育优质均衡发展，落实教育经费 17.11 亿元；加大医疗卫生经费投入，落实医疗卫生资金 32.57 亿元，其中公共财政投入 7.57 亿元；推进旧区改造等安居工程，落实相关资金 16.5 亿元；加大促进就业和鼓励创业资金投入，重点保障“四医联动”等各类社会保障措施，落实促进就业和社会保障资金 12.29 亿元;支持群众文化体育活动开展,落实文化体育经费2.79亿元;保障社区管理与服务经费,落实社区公共财政保障经费9.79亿元;加大政府购买服务制度实施力度,落实相关经费0.32亿元;完善公共安全体系,推进"平安长宁"建设,落实公共安全经费8.59亿元,质监、食品药品安全、安全生产等日常监督经费0.33亿元;加大对公益性菜场支持力度,落实主副食品价格稳定及菜市场扶持经费0.11亿元;统筹区、镇财力500万元,推进"家门口"工程,对部分居民小区实施楼道粉刷、车棚花坛维修、路面修整、污水管道修理、无障碍改造等服务。

(袁　乐)

【推进财政改革】 年内,区财政局完成权责发生制政府综合财务报告试编工作,利用报表及报表附注有关信息,对政府的资产、负债、收入、费用和盈余等情况研究分析,科学服务政府决策;编制对象包括区级财政、313家预算单位和230家国有企业;在9个街道和区人社系统的34家单位,试点账务核算一体化系统,为实现部门预算编制、国库单一账户支付、总预算会计核算、预算单位会计核算、财政资金监管等功能一体化财政管理打好基础;稳步推进"营改增"试点改革,拨付扶持资金1.52亿元,惠及企业229户。(袁　乐)

【加强预决算管理】 年内,区财政局结合长宁实际,明确公共教育服务、劳动就业和社会保险、基本社会服务、基本医疗卫生服务、计划生育服务、基本住房保障服务、公共文化服务、公共体育服务和残疾人基本公共服务等9大类基本公用服务领域经费保障标准。对所有财政资金形成的结转结余资金进行分类管理,收回各预算单位已结束或由于情况发生变化不再实施的专项结余资金。严格"三公"经费和一般性行政经费管理,明确机关会议费、培训费、差旅费、外宾接待、因公临时出国和因公短期出国培训费用等经费开支标准和范围、报销流程、结算方式等。推进预决算信息公开工作,国有资本经营预算首次向社会公开;政府总决算公开内容进一步细化,其中教育、科学技术、医疗卫生与计划生育、农林水事务等部分重点支出功能科目细化到"项"级;部门预决算公开范围扩展至45家主管部门及其下属事业单位,公开内容包含部门预决算信息和"三公"经费预决算信息;区18项中央财政补助下级财政专项资金和3项市级专项资金实现联动公开,9项绩效后评价项目评价结果首次公开。

(袁　乐)

【强化政府投资建设项目管理】 年内,区财政局联合区发改委严格审核区50万元以上政府投资建设项目预算安排。梳理全区政府性投资项目建设情况,完成2013年度区财政性投资基本建设项目固定资产报表编制工作。加强政府投资建设项目监管,从加强工程造价控制、提高基建项目会计核算水平、严格财务监理管理和推进竣工财务结算等方面提高项目监管精细化水平。加强旧改项目实地走访力度,积极应对土地出让收入调减困局,按时保障项目所需资金。执行区级廉租房收支两条线管理,确保租金收入及时足额上缴国库。

(袁　乐)

【加大财政监督检查力度】 年内,区财政局统一规范财政监督检查流程,制定年度财政监督检查计划,严格开展各项检查,督促问题整改落实。对60家行政事业、15家企业开展预算收支、预算执行、非税收入、会计信息质量、基本建设项目检查等8类日常监督检查。联合区纪委、区审计局开展贯彻执行中央八项规定严肃财经纪律和"小金库"专项治理工作,组织全区404户行政事业单位和社会团体开展自查自纠工作,自查自纠率达100%;对区卫计委、区卫生监督所、区司法局、区法律援助中心、区工商联、区科协等6家单位进行重点检查。

(袁　乐)

【推进绩效评价工作】 年内,区财政局扩大绩效目标编报范围,对2014年45个项目、11.95亿资金实施绩效目标管理;在2015年部门预算编制中,各预算单位编报绩效目标的项目预算金额不得低于部门项目支出预算的45%,且200万元以上政府投资建设项目及信息化项目均须编报绩效目标。选择区卫生系统2015年中医惠民项目首次开展绩效预算前评价,邀请区人大代表、区人大、区审计局和行业专家对项目可行性、预算申报等内容开展评审。对2014年19个项目、4.43亿资金实施绩效跟踪管理。对2013年47个项目、11.3亿资金开展以预算部门(单位)为主体的绩效自评;对其中9个项目、1.17亿资金开展绩效后评价工作。(袁　乐)

【推进行政事业单位资产管理】 年内,区财政局优化资产管理信息平台资产处置网上审批流程,提高网上审批效率。完成2013年全区行政事业单位资产年报统计。做好行政事业单位资产处置。开展区级事业单位资产清查、核实和产权登记,制定《长宁区区级事业单位国有资产清查核实办法》,通过公开招标委托15家中介机构对220家事业单位开展资产清查。加大区行政事业单位国有资产管理相关办法的宣传力度,通过召开座谈会、加强走访等方式,提高预算单位资产管理意识和管理水平。

(袁　乐)

【强化政府采购管理】 年内,政府采购预算金额18.48亿元,实际采购17.16亿元,节减资金1.32亿元,资金节约率7.12%;其中货物类、工程类、服务类采购金额分别占采购总额的20.89%、61.69%、17.42%;公开招标采购金额15.64亿元,占采购总额的91.14%。区财政局严审2014年政府采购预算,推动政府采购预算与部门预算有机结合。完善政府采购购置标准,通用办公设备通过设定最高限制单价控制预算;专用设备采取市场比价方式控制价格;金额较大、配置复杂的项目邀请行业专家参与审定。探索"配置需求标准化,集中采购集约化",以通用办公电脑为试点,采用批量集中采购方式,提高政府采购效率和效益。稳步运行市政府采购平台，确保各单位政府采购活动有序开展。加强政府采购监管力度，对集中采购机构开展考核，对20家预算单位开展专项检查。（袁　乐）

【规范会计管理】　年内，区财政局完成2013年度国有、集体、金融企业决算年报收缴汇总工作，收缴各类年报总数9 414户，合理运用报表数据，加强区域经济运行状况分析。贯彻新的事业单位财务会计制度，对事业单位财务人员开展专题培训，提高其财务核算能力水平。稳步推进行政事业单位内部控制规范建设，邀请专家对试点单位内控建设进行指导评估，总结5家试点单位内控建设成效，在全区范围推广。加强小微企业财务人员培训咨询基地建设，开设专业培训11期，培训涉及1 400余人次。制定并实施2014年继续教育实施方案，提高全区财会人员专业技能。（袁　乐）

（四）税　务

【概况】　2014年，税务长宁分局依法组织税收收入，落实各项税收政策，推进税收征管改革和绩效管理改革，发挥税收职能作用，促进区域经济发展，完成全年各项税收工作任务，创建市依法行政示范单位，在市税务系统绩效管理考评中被评为优秀。全年税收总收入302.9亿元、区级税收收入112亿元。税务长宁分局纳税户管数28 021户，其中内资企业19 311户，外资企业4 510户，个体工商户4 200户。年税收50万元以上重点税源企业2 853户，占户管总数的10.7%，缴纳税收占税收总收入的87.5%，其中，267户总局级重点户的税收占61.56%，224户市局级重点户的税收占4.8%，742户税务长宁分局级重点户的税收占15.03%，1 620户税务所级重点户的税收占6.02%。各级重点税源企业主要分布在工业、商业、服务业、交通运输业、金融业、房地产业等，6大行业累计实现税收282亿元，占税务长宁分局税收收入总量的93.11%。（戴　莹）

《行政单位会计制度》专题培训会　（区财政局供稿）

【实现税收收入302.9亿元】　年内，税务长宁分局税收总收入302.9亿元，首次突破300亿元，比上年增收33.9亿元，增幅12.6%；区级税收收入112亿元，比上年增收8.9亿元，增幅8.64%。全年税收总量位列中心城区第四，增幅位列第一；区级税收收入位列中心城区前三，增幅位列第五。从运行态势看，全年税收的累计增幅总体呈递减态势，税收总量的增幅从一季度的26.10%下滑至全年的12.60%；中央级收入增长快于地方级收入，中央级收入增幅达到20.21%，地方级收入增幅为8.18%。从税种结构看，增值税和企业所得税增幅较大，分别增长29.70%和18.26%，合计增量贡献率为84.56%；部分地方税收入下滑，营业税、契税等税种比上年下降7.70%和5.09%。从行业格局看，工业、商业、服务业、交通运输业、金融业、房地产业等六大行业“五升一降”，其中交通运输业引领增长，增收7.86亿元，增幅41.18%，商业和服务业增长稳健，税收分别增长14.47%和19.73%，交通运输业、商业和服务业三大行业合计贡献90%的税收增量；房地产业税收比上年下降4.68%，减收2.86亿元，区域税收对房地产业的依赖度下降。从税源类型看，重点税源支撑作用凸显，全年四级重点户税收增速16.17%，占税收总量87.46%，税收集中度提升。（戴　莹）

【加强税收法治】　年内，税务长宁分局创建成市依法行政示范单位；组织撰写并初步完成《依法行政白皮书》；严格执行各项执法管理制度，规范行使自由裁量权；依法清理15种基层执法文书；依法依规清理多缴税金；建立健全防范税收执法风险工作机制；梳理排摸存量房交易税收征管18个风险点；建立新型内部监管模式；统一行政处罚程序，规范税务法制模块运用；健全依法规范的维权服务体系；完善救济保障纳税人合法权益。实行按月采集需求，对个性需求及时反馈落实，对共性需求以报告形式按季发布，全年采集有效需求21件；完善纳税服务需求闭环联动机制，推送咨询类热点难点问题77个，举办专题培训17期，推出优化办税流程类措施8项；全年受理各类诉求585件；做好纳税服务投诉、涉税举报、涉税争议前置处理、信访、涉税证明等各类诉求的“一口式”受理和分类处置工作；依法开展2起行政复议案件的受理、审查、听证、回复工作和1起行政诉讼案件的应诉工作。（戴　莹）

【落实“营业税改征增值税”试点扩围工作】　年内，税务长宁分局落实“营业税改征增值税”（简称“营改增”）试点扩围工作，完成电信业扩围企业前期调研和确认，确定15户企业新纳入试点范围；以政策宣讲、专题恳谈会、点对点政策辅导等形式开展政策

表 13-2 **2014 年税务长宁分局分税种税收情况表**

税　　种	年内(亿元)	增减额(亿元)	增减幅(%)
增值税	103.55	18.49	21.74
其中:改征增值税	24.89	8.80	54.71
其中:免抵调库	21.84	−0.22	−1.00
消费税	3.39	0.14	4.40
营业税	31.77	−2.65	−7.70
企业所得税	64.40	9.95	18.26
个人所得税	48.98	4.91	11.13
城建税	7.89	0.90	12.83
房产税	10.94	0.72	7.02
印花税	1.95	−0.20	−9.44
土地增值税	20.43	2.12	11.59
车船使用税	0.59	0.00	0.53
土地使用税	0.67	−0.04	−5.85
契税	8.31	−0.45	−5.09
收入合计	302.88	33.89	12.60

说明:资料由税务长宁分局提供

表 13-3 **2014 年税务长宁分局分行业税收情况表**

行　　业	年内(亿元)	增减额(亿元)	增减幅(%)	增量贡献率(%)
商　　业	93.86	11.89	14.5%	35.1%
房地产业	58.16	−2.86	−4.7%	−8.4%
服 务 业	66.68	11.06	19.9%	32.6%
交通运输业	44.44	3.29	8.0%	9.7%
其中:免抵调库	17.55	−4.51	−20.4%	−13.3%
工　　业	9.51	4.61	94.1%	13.6%
其中:免抵调库	4.29	4.29	—	12.7%
金 融 业	9.35	2.37	34.0%	7.0%
其　　他	20.88	3.53	20.3%	10.4%
合　　计	302.88	33.89	12.6%	100.0%

说明:资料由税务长宁分局提供

宣传和涉税业务辅导;开展效应分析和试点评估,做好运行情况的动态监控。配合“营改增”试点工作扩围,11月起开展增值税发票系统升级试点,受理143户新增增值税纳税人领用税控系统设备,完成515户存量纳税人的增值税发票系统升级工作。

（戴　莹）

【加强企业所得税管理】　年内,税务长宁分局入库企业所得税64.4亿元,比上年增长9.9亿元,增幅18.17%。其中汇算清缴入库13亿元,比上年增长44.44%。税务长宁分局采用项目审核与行业审核相结合深化事中审核,查出有问题企业161户,调增应纳税所得额8 941万元;国际税收与汇缴管理联动助推关联申报率100%,增幅49.15%,7户企业自行调增应纳税所得额1 179万元;开展汇缴后续管理,应补税2 269万元,调增应纳税所得额15 622万元。

（戴　莹）

【规范个人所得税管理】　年内,税务长宁分局受理个人年所得12万元以上纳税人自行申报人数58 596人,超过目标人数1 503人,较上年增加8 201人,增幅16.27%,共计补税约494万元。税务长宁分局采取目标分解、进度通报、重点催报的方式提升申报质量;运用多平台、多渠道宣传税收政策;采取主动走访企业、上门现场受理申报等服务举措,确保申报进度。

（戴　莹）

【实施土地增值税管理】 年内，税务长宁分局完成土地增值税清算项目44个；土地增值税清算入库17.32亿元，较上年增收4.24亿元，增幅32.42%。税务长宁分局制定《关于组织土地增值税历史项目和动迁项目清算的实施意见》，运用监控指标，查出7项企业漏报项目，进行补充登记，防止税源流失；协调解决历史项目，形成案例进行推广，加快清算力度；试行《长宁区税务局关于土地增值税征收管理办法》，建立土地增值税征收管理的长效工作机制。

（戴 莹）

【实施国际税收管理】 年内，税务长宁分局完成7户企业的反避税调查。对2户企业进行立案，其中，结案的1户企业补税入库6 220万元，另1户补税2 400余万元。开展非居民享受税收协定待遇备案和情报交换工作，完成非居民享受税收协定待遇备案报告51件，应纳税所得额519.96万元，减免税额129.99万元。非居民享受税收协定待遇减免审批通过75件。完成日本专项情报回函3份。规范统一非贸出证工作，严格审核标准，细化操作手册，规范操作流程，开展培训辅导，非贸易税务备案企业所得税入库7.41亿元。开具服务贸易等项目对外支付税务备案3 239份，缴纳税款14.08亿元，增幅32.67%。

（戴 莹）

【落实税收优惠政策】 年内，税务长宁分局专项部署，广泛宣传，部门联动，强化服务，确保各项税收优惠政策落实。符合小型微利条件的企业9 841户，其中实际享受优惠政策1 335户，减免企业所得税739.3万元。落实中小企业增值税、营业税起征点从2万元提高到3万元政策，全区70%营业税纳税人和60%增值税小规模纳税人享受减免，减免税款600万元。落实跨境服务免税政策，政策告知3 300余户企业，完成跨境免税备案合同560余份，涉及合同金额283亿元。对91户企业进行跨境服务免税清算，完成32户企业退税5 050万元。完善出口退税审批机制，缩短出口退税办理时间，平均审批时间从26个工作日缩短至13个工作日。全年共审批出口退税45亿元，实际办理退税40.53亿元，比上年增长7.53亿元，增幅22%。其中外贸退税25.13亿元，生产企业退税0.71亿元，零税率企业退税14.69亿元。

（戴 莹）

【推进税收征管】 年内，税务长宁分局落实修订后的非正常户和注销登记管理办法，加强对非正常户管理、代开发票、注销、欠税等检查和管理。加强失控增值税专用发票管理和风险监控。建立完善协税办征收管理机制，规范私房出租税收征管，优化申报缴税管理，继续落实申报制度改革工作，推广应用财税库银横向联网工作。年内，采集走逃户等失控户32户、失控专票1 274份；采集认证时失控专票和认证后失控发票企业30户、涉及发票197份。对95户企业、564份认证后失控发票进行了专项核查，对失控增值税专用发票涉及的货物、劳务与服务的真实性进行检查，共计进项转出增值税款932.15万元，补税101.42万元，1户企业转稽查处理。征收私房出租税收13 237.41万元，较上年减少337.89万元，下降2.49%。

（戴 莹）

【深化纳税遵从度评价】 年内，税务长宁分局遵从度评价工作获市社会信用体系建设优秀成果评选一等奖。对405户集团型大企业进行纳税遵从度评价，评出遵从度高的企业364户，占评价户数的89.88%。通过深化纳税遵从评价的结果运用，创新推行列名企业红字发票管理办法，对遵从度高的纳税人作为列名企业实施分类管理，实行报送优化、预约登记、加速审批、留存备查的红字发票管理制度，优化办税服务。

（戴 莹）

【开展税收宣传】 年内，税务长宁分局建立宣传咨询“同步通知、同步宣传、同步解读、同步咨询”的“四同步”机制，对外开展所得税汇算清缴、年金个人所得税、跨境应税服务免税、全国税收调查、网上涉税事项办理、出口退税等重要工作的宣传咨询。组织开展全国第23个税收宣传月活动，策划制作税收宣传动漫《布拉拉之创业指导》，获全国税收动漫大赛二等奖；举办小微企业税企恳谈会，倾听诉求，提升服务；提供便民办税服务清单，制作发放1万份纳税服务年报，促进税法遵从度和社会满意度的双提高；纳税人课堂开课48场，3 895人次参加，纳税人满意度95%以上；汇算清缴期间，子网站课堂点击量5 000余次；继续做好税务微博工作，市局录用微博稿件152篇，较上年增长一倍；开设“长宁评论”账号，发布评论83篇；开展“最美税务人”“时间都去哪儿了”主题微博活动。开通“长宁税务”微信公众号，发布14期42项具体内容，形成具有长宁特色的综合性微信服务平台；在《长宁时报》上开设《局长话税收》专栏并刊登6期。

（戴 莹）

【提升办税服务效能】 年内，税务长宁分局创建示范办税服务厅，服务厅受理业务量355 172户次，每月平均受理约3万户次，日受理约1 400户次。完善首问责任、冲突处理、争议协调、服务应急预案等36项制度建设，汇编《办税服务厅制度汇编》；将新办税务登记申请表由7张精简为3张，减少纳税人60%重复填写内容，改进税务登记流程，由4个工作日办结缩减为当场审核办结；推出个人所得税完税证明打印“年度预约”服务；推出移动终端自助充电、ARM机紧急求助等个性化便民服务措施；加强网上办税服务厅应用，上线119个涉税受理业务，纳税人主动网上申请办理391户次，网上办税服务厅内部使用率43%，外部使用率39%；对内制定网上办税服务厅管理办法和培训计划，规范网上办税服务厅标准化操作流程；对外加大宣传和辅导力度，推广纳税人常用涉税事项的网上办理，组织70余户纳税人参加网上办税培训，外经证业务网上办理量增加5倍；完善办税服务提醒功能，通过短信平台做好每月3次的申报催报催缴提醒服务和重点工作的信息推送服务，推送短信438批、213 552条，电

税务长宁分局为年迈老人提供便民服务 （税务长宁分局供稿）

子申报客户端平台推送22批次、27万条，子网站发布稿件262篇，响应网上提问120件。（戴 莹）

【做好涉税咨询】 年内，税务长宁分局12366热线累计咨询51 344人次，较上年增长17.46%，平均接通率97.09%，转办工单73件。解答汇算清缴、全国税收调查等相关问题逾2 400人次。依托业务科室专家咨询团队支撑，现场咨询室共受理各类复杂、疑难咨询700余件，其中，通过痕迹化记录管理的事项130余件。通过办税服务厅导向台、各窗口咨询专窗、各管理所和审批所，做好对纳税人的分级分类咨询服务。办税服务厅全年的咨询量1.18万件。

（戴 莹）

【开展大企业税收管理】 年内，税务长宁分局制定《关于进一步加强大企业服务与管理的实施意见》，推出税企高层论坛、涉税事项事先裁定、涉税风险提示、办税绿色通道、快速响应涉税诉求、常态化走访等六大服务举措。举办首届税企高层论坛，为大企业发展创造良好税收环境。在探索实施集团企业"一体化"管理模式的基础上，加强大企业风险管理，完成36户总局定点联系企业名册核实；完成2户烟草企业重点涉税风险核实，确认6个风险点，补税973万元；完成8大总局级企业集团中7户成员单位企业税收风险管理，补税41万元；完成4户中石化企业税收风险复查，未发现问题；梳理汇总冶金矿产、建筑安装、电子机械、技术服务等四大行业税收风险特征库，上报204项风险点。（戴 莹）

【实施税收风险防控管理】 年内，税务长宁分局形成风险控制制度体系，分类梳理各部门风险源，发布季度《风险源情报汇编》，加强部门间协作和信息交换；规范风控项目绩效管理，完成绩效评价工作报告；细化日常监控管理要求，形成对风险事项动态监控管理，开展"管评互动"的风险应对工作，形成闭环运转的风险管理链条，实现"以评促管"的成效。年内，承接11批20个市级专项项目，其中16个项目已结项，查补税款及滞纳金1 870.44万元，调增企业所得税应纳税所得额2 223.29万元，企业所得税亏损调减21 257.17万元；启动并完成23个区级项目，查补税款及滞纳金3 152.48万元，调增应纳税所得额518.8万元。（戴 莹）

【实施专业化涉税审批】 年内，税务长宁分局处理涉税审批事项3 300余件。通过制定内部审批操作规范、制作23个签报模板，提升审批的专业化、标准化水平。审核出口退免税申报5 800户次，处理机审疑点30万条，处理需人工筛选疑点1.8万条，审核应退增值税55亿元，生产企业免抵税额18亿元。完成"集中审批结果消息推送、后续管控"软件系统开发并投入使用，实现向税收管理员直接推送审批结果与风险提示信息，监控风险提示处理情况，防范集中审批涉税事项风险。全年推送25 600条集中审批结果通知，涉及14 731户纳税人、72类审批项目。依托该系统运用，管理所对607项审批事项进行风险识别，发现9户纳税人的9项审批事项存在后续管控风险并加强应对。强化审批制度改革后的风险监控管理。制定减免税"先备后核"操作办法，选取软件即征即退、跨境免税备案等20余个事项试行。实行"即时发起"和"定期发起"两个"先备后核"流程。梳理制作"即时发起"项目清单和流程图，对政策执行效果有一定滞后性的减免税项目定期抽取数据进行复核。（戴 莹）

【实行税收业务资料标准化管理】 年内，税务长宁分局税收业务资料档案中心进入实质性运转，户管资料由业务资料档案中心实行集中管理，涉税资料次年纳入业务资料档案中心管理，制定税收业务资料归档管理方案，明确管理流程和部门职责，规范税收业务资料采集、整理、归档、利用各环节，完成税收业务资料档案中心的装修改造施工。（戴 莹）

【开展税收检查】 年内，税务长宁分局开展税务自查，对376户企业下达自查任务，通过自查补税完成税收收入3.31亿元，增长34.89%。协助市局稽查处组织6户企业完成600余万元的税收自查入库任务。协助稽查局完成145户企业查补税款和行政处罚的执行工作，征补入库税款、滞纳金及罚款3 425.28万元。开展日常协查和发票协查工作，收到协查函53户，涉及265张增值税专用发票，回复36份。收到稽查四局网上协查36份，涉及301张增值税专用发票，回复34份。向海关、税务局、稽查局等单位发出38份协查函涉及15份普通发票，通过稽查四局对66户企业的777份增值税专用发票发出协查。接待和配合外省市相关稽查局调查取证工作10余次。继续做好打击假发票工作，查处纳税户违法企业84户、非法发票779份，查补税款71.16

万元，罚款 3.04 万元。查处非纳税户违法企业 10 户、非法发票 22 418 份。（戴 莹）

【做好“招留增”工作】 年内，税务长宁分局加强“招留增”管理涵养税源。成立“招留增”工作小组，建立工作联席会议制度；落实工作要求，制定税源管理工作方案；调整三个税务所对口街道（镇）招商部门和协税办，建立定期联系制度；与区商务委、工商局建立定期信息互换机制，严格依法对漏征漏管户加强管理，做好重点企业的稳定工作、重点楼宇税收落地率和流动性税源监控管理，税务落地率 99.4%。（戴 莹）

【推进“四评一回访”工作机制】 年内，税务长宁分局持续推进“四评一回访”工作机制，提升政风行风成效。在测评内容中加入对税务长宁分局当前重点工作开展完成情况的评价，在测评信息中加入对测评企业相关信息的收集，及时掌握企业满意度的分布情况。在每季度测评前增加对被测评部门征询意见建议的环节，尽可能避免工作盲区，切实提升测评结果的有效性，为强化测评结果运用奠定基础。纳税人满意度有提升，其中，2 708 户次企业对管理所的总体满意度为 98.19，270 户次随机拦截访问的纳税人对窗口工作总体满意度为 96.04，123 户被评估企业接受电话问询对评估所的总体满意度为 94.89。（戴 莹）

（五）统计管理

【概况】 2014 年，区统计局关注全年经济运行走势，围绕区的中心工作和统计重点工作任务，转变作风，强化服务，改革创新，继续加强统计基础建设，推进统计信用体系建设，做好统计法制工作等各项统计工作。（宣 骏）

【推进第三次经济普查各项工作】 年内，区统计局完成第三次经济普查各项工作。登记 23 441 户法人单位和产业活动单位，1 万余户个体经营户；对拒报单位发放《法律义务告知书》，开展相关催报及执法工作；组织开展普查数据的街道（镇）级审核和修改工作，组织开展区级阶段工作数据质量抽查工作，填报差错率 0.5%；做好普查登记主表和续表的各项国家、市和区级查询反馈工作；着手开展普查资料开发准备，开展普查资料服务和开发课题选题等工作。（宣 骏）

9 月 28 日，区统计局给街道作统计数据网上直报操作培训（区统计局供稿）

【推进“三个城区”指标体系评估】 年内，区统计局在 2013 年首次评估的基础上，总结经验，查找不足，力求更为准确反映“三个城区”建设的推进情况。召开 2013 年评估工作专题会，与相关部门进行沟通；与区民政局、区商务委联手委托零点公司完成居家养老服务满意率及贸易便利化程度综合评价两项主观调查；完成 2013 年相关指标数据及自查报告的收集和整理工作；委托上海市统计科学应用研究所完善评估方法；召开 2014 年主要部门评估专题会，采集 2014 年相关指标的推进情况；按照反馈意见修改完善工作汇报稿，形成评估工作汇报稿。（宣 骏）

【强化能源统计工作】 年内，区统计局加强能源统计数据分析和调查研究，加强预测预警，及时反映新情况、新问题。对全年的能耗统计情况开展研究和分析，对“十二五”节能降耗目标任务的完成进行预测分析，提出建议举措。对长宁区约 400 家重点企事业单位举办 2014 年能源统计业务知识培训。（宣 骏）

【推进各类统计调查】 年内，区统计局承接并组织实施、顺利完成包括非公有制领域企业人才状况抽样调查、城乡一体化住户调查等 8 项专项调查，以及投入产出调查、采购经理指数调查等 10 项小型统计调查。完成 1%人口抽样调查试点、年中人口评估、妇儿监测等工作。开展 2014 年固定资产投资统计制度方法改革试点。在各项调查过程中严把数据质量关，按时高质量完成各类调查任务。（宣 骏）

【优化统计数据产品】 年内，区统计局出版《2013 年长宁区国民经济和社会发展统计公报》；改版《2014 年统计月报》，增加环境质量和张江高新区长宁园等统计内容，对人口变动、房产交易、重点服务业发展情况等内容进行扩充；编辑《2014 年统计汇编》；定期开展长宁区文化创意产业、张江高新区长宁园数据等统计测算工作。（宣 骏）

【开展统计执法检查】 年内，区统计局加强统计法制宣传力度，提高企业对统计工作的重视和配合度。强化对统计数据的执法检查，对长宁区190家企业开展统计督导和执法检查，对检查中发现统计数据有差异的单位及时发放整改通知书，对相关单位进行跟踪反馈。 （宣 骏）

（六）物价管理

【概况】 2014年，区物价局落实国家和上海市的总体部署和安排，坚持清正廉洁，树立贴近民生、服务基层的工作理念和方向，认真履行职责。推进价格诚信建设，做好价格监测和价格鉴定，保障区价格总体水平的稳定。 （宣 骏）

【落实价格诚信建设】 年内，区物价局按照市区统一安排，推进区价格诚信建设工作的开展，筹备召开"长宁区价格诚信建设工作动员大会"，编印《长宁区价格诚信建设宣传手册》。开展医疗医药行业、商品零售行业及农贸市场等二期价格诚信建设培训。完成对《2014年长宁区市信用体系建设工作要点（征求意见稿）》的修改意见；编制《长宁区物价局价格信用信息管理制度》《长宁区物价局价格处罚信息目录》，填报《2014年宣传创建活动表》。 （宣 骏）

【做好价格监测工作】 年内，区物价局按照市价格监测与成本价的统一部署，主副食品的采价品种由原来47种升级到57种，实行新的采价规范。走访各采价单位，帮助采价员学习新系统操作，保证日常采报价工作正常进行。与部分街道和兄弟区县单位进行情况沟通，了解有关低收入户的界定标准情况，查阅街道民政救助资料，对原有15个调查户的基本情况重新进行核实调整。会同区农办走访长宁区菜篮子电价补贴工作的养殖场，开展实地调研，制定《长宁区对养殖场发放菜篮子电价补贴的工作程序备忘录》，支持区养殖业的可持续发展。配合新采价规范的实施，升级在长宁政务微博、区发改委网站和小区电子阅报栏发布的内容和频次，发布品种由22种增加到47种，发布频次由每周1次增加到2次，供市民参考。 （宣 骏）

【做好价格举报处理工作】 年内，区物价局登记受理价格举报投诉93件，价格政策咨询172件，办结255件（举报件办结83件，咨询件办结172件），办结率96%，退还消费者多收价款49.58万元。制定《价格举报文书示范文本实施细则》，完成"12358"全国价格举报管理信息系统业务处理平台需求，调研收集报送"12358"全国价格举报管理信息系统《数字证书申请表》。 （宣 骏）

第二期价格诚信工作培训会 （区物价局供稿）

【做好涉案物品价格鉴定】 年内，区物价局为进一步做好涉案物品的价格鉴定工作，为基层办案单位提供快速、便捷的服务，对特殊案件的价格鉴定，缩短办结时间，做到急件急办，隔天办结的操作流程，得到公安等委托单位的好评。通过提前介入的方法，把价格鉴定的具体要求，形成《涉案物品价格鉴定须知》《涉案侵权和伪劣商品价格认定须知》两份告知书，进行事先告知，让委托单位的经办人员对价格鉴定需提供的材料、委托书的填写等要求有详细的了解，方便经办人员的操作，价格鉴定委托一次送鉴成功率有明显的提升。（宣 骏）

（七）工商行政管理

【概况】 2014年，区市场监督管理局以机构整合为契机，深化市场准入机制创新，强化事中事后监管，创新社会治理方式，服务长宁经济转型发展、社会和谐稳定。截至年底，长宁区有各类企业（含分支机构）24 601户，其中内资企业3 361户，私营企业15 323户，外资投资企业5 917户；个体工商户10 098户。长宁区实有企业注册资本总额3 127.27亿元，其中内资企业1 353.93亿元，私营企业853.72亿元，外商投资企业919.62亿元。查办各类违法违规案件1 246件，其中不正当竞争案件118件。受理消费者申诉、举报3 977件，为消费者挽回经济损失225万元。整治取缔各类无照经营768户，其中餐饮无证经营203户；疏导办照161户。

（张小林）

【成立区市场监督管理局】 10月23日，区市场监督管理局举行挂牌仪式，市工商局、市质监局、市食药监局、市物价局及区四套班子领导出席仪式。区市场监督管理局由原区工商行政管理分局、区质量技术监督局、区食品药品监督管理分局及区物价局有关价格监督检查职能整合而成，承担辖区范围内涉及生产、流通、消费环节的市场和质量监管职能。

（张小林）

表 13-4　　2014 年长宁区新设企业注册登记情况表

企业类型	户数(户)	比上年增长(%)	注册资本(亿元)	比上年增长(%)
内资企业	251	13.06	79.45	76.52
私营企业	2715	49.67	201.57	83.91
外资企业	415	−21.71	29.21	−35.16
合　　计	3381	30.18	301.23	54.82

说明：资料由区市场监管局提供

【推进工商登记制度改革】 年内，区市场监督管理局放宽注册资本等准入条件，推行注册资本认缴登记制，贯彻落实“先照后证”，扩大和激活市场主体；主动复制、推广自贸区经验做法，实施外商投资企业设立一口收件直接受理制度；优化窗口设置，实现企业注册“一口咨询、一口受理、一口发照”，窗口工作能级显著提升。（张小林）

【开展企业走访活动】 年内，区市场监督管理局聚焦重要产业、重大项目、重点企业，强化企业的“对口”服务，为企业出主意、解难题。走访企业 241 户，收集企业提出的建议问题 172 件。（张小林）

【拓展企业投融资渠道】 年内，区市场监督管理局拓展企业投融资渠道，积极开展股权质押、动产抵押，鼓励企业运用股权、债权和知识产权出资，帮助企业解决融资难题。完成企业股权出质登记 40 户，质押股权数 38.29 亿元，被担保债权数额 151.64 亿元；办理动产抵押登记 3 件，主合同金额 2.96 亿元。（张小林）

【开展企业年报公示】 年内，区市场监督管理局抓好《企业信息公示暂行条例》宣传培训和企业年报公示工作，发放张贴各类材料 7 600 份，培训 5 314 人次，完成 2013 年年报公示企业 9 735 户，占应报企业数的 50.61%。（张小林）

【加强广告监管服务】 年内，区市场监督管理局支持广告业健康发展，落实《关于加快促进长宁区广告业发展的实施意见》，优化广告业发展环境。共新增广告经营单位 309 户，辖区有

区市场监管局挂牌成立　　（区市场监管局供稿）

广告经营单位 1 550 户。加强广告监管，以医疗服务、美容服务、教育培训等行业为监管重点，加大对重点类别违法广告的整治力度，全年查办各类虚假违法广告案件 132 件。（张小林）

【加大商标发展保护】 年内，区市场监督管理局开展著名商标申报培训、指导，帮助企业做好新型商标注册、驰(著)名商标申报等工作。完成著名商标申报 8 户、重新认定 11 户。加大商标保护力度，着力解决市场售假、特卖会售假等突出问题，查处商标侵权案件 139 件，查获侵权商标 3 925 件。（张小林）

【加强依法行政工作】 年内，区市场监督管理局整合、统一局执法办案程序和相关法律文书，梳理编制主要执法依据目录 528 项。围绕监管重点和主要法律法规，开展 3 次全员培训和 10 余次专业培训，涵盖注册许可、特种设备、食药监管等原工商、质监、食药监和物价检查部门职能的业务知识，涉及人员 1 000 余人次。（张小林）

【开展网络交易监管工作】 年内，区市场监督管理局推进网络经营企业网上亮照工作，企业网上亮照率 100%。开展网络交易信息及行为的搜索和监测，加大对网络商品交易违法行为的查处力度，全年查办网络违法案件 155 件。（张小林）

【加强消费者权益保护工作】 年内，区市场监督管理局整合“12315”“12365”“12331”“12358”“12345”“962347”等市民服务热线，建立完善公众诉求统一处置平台，处理消费者投诉、举报 3 977 件，按期办结率 100%，为消费者挽回经济损失 225 万元。协助区法院在区消保委成立“消费纠纷巡回法庭”，联合区商务委等 14 家单位设立“长宁区百城万店无假货——天山路购物放心街消费维权工作站”。（张小林）

"3·15"活动现场咨询 （区市场监管局供稿）

（八）审计监督

【概况】 2014年，区审计局履行审计监督职责，加强自身建设，发挥审计在服务区域经济社会发展中作用。完成审计和审计调查项目30个，审计查出主要问题金额174 357万元，其中损失浪费金额1万元、管理不规范金额174 356万元；促进财政增收节支、避免和挽回损失9 643万元，核减不实投资1 034万元。向司法、纪检监察机关和相关主管部门移送处理事项3件，推动建立健全制度2项。在区审计局推荐下，春秋航空股份有限公司审计部获得中国内部审计协会授予"2011至2013年度全国内部审计先进集体"称号，成为上海市唯一一家获该称号民营企业。 （高洁楠）

【出台内部审计意见】 年内，区审计局为加强内部审计业务指导，推进内部审计机构和队伍建设，发挥好内部审计作用，出台《关于进一步加强长宁区内部审计工作的意见》。开展42家单位（35家行政机关和7家国有及国有控股企业）内部审计工作调研，其中设立独立专职内审机构6家、设立合署办公内审机构2家、没有设立内审机构由兼职人员开展内审工作17家、没有设立内审机构和内审兼职人员17家。全区配备专职、兼职内审人员104人。 （高洁楠）

【建成"区县数据式审计平台"】 年内，区审计局推进与财政等重点领域数据信息资源互通共享和联网查询，初步实现定期把在区财政平台统一核算单位财务数据自动、批量导入到审计平台进行相关系统性分析，建成"区县数据式审计平台"；编制完成区审计局信息化发展规划，首次尝试开展导入490个账户财务数据分析，编写5个审计方法，探索开展1个信息系统审计，推广"总体分析、系统研究、发现疑点、分散核查、精确定位"数字化审计方式。 （高洁楠）

【开展财政审计】 年内，区审计局完成2013年度区级财政预算执行及区发改委、江苏路街道等6个部门预算执行情况审计，盘活上年度预算安排中未充分使用资金7 770.53万元，收回长期结存未及时清理资金433.46万元；组织对近300家预算单位公务卡制度执行情况、区部分重点单位贯彻执行国库单一账户改革情况专项审计，清理不规范账户18个；开展市财政存量资金同步审计调查，配合做好政府存量债务清理甄别，为政府债务分门别类纳入全口径预算管理奠定基础。 （高洁楠）

【做好经济责任审计】 年内，区审计局作为牵头部门，有序推进市审计局对区委、区政府主要领导任期经济责任审计整改工作；完成11个经济责任审计项目；依托经济责任审计工作联席会议平台，统一审计评价和责任界定；完成或参与完成区贯彻执行中央八项规定精神、严肃财经纪律和

对上海虹桥临空经济园区发展有限公司朱平同志经济责任审计 （区审计局供稿）

"小金库"专项治理、国有企业工资内外收入监督检查、教育政风行风和秋季规范教育收费等专项治理,加强对权力运行监督。 (高洁楠)

【完成政府投资项目审计】 年内,区审计局完成政府投资项目竣工决算审计 3 项、专项审计调查 1 项,审计内容涵盖道路、公共设施、社区等政府投资领域,重点对区 63 个预算单位 2008—2012 年 900 余个 50 万元以上政府投资预安排项目开展专项审计调查,在规范投资项目管理、提高项目质量和效益等方面发挥作用;研究制定《长宁区审计局关于政府投资项目分类审计管理制度》、拓展政府投资项目审计领域、扩大购买社会中介机构审计服务范围,扩大政府投资审计覆盖面。 (高洁楠)

【开展民生和资源环境审计】 年内,区审计局组织开展城镇保障性安居工程、住宅小区(售后公房)一体化管理激励资金、消除老旧住宅电梯安全隐患专项资金、"四医联动"专项经费、促进就业专项资金等 5 项审计和审计调查,揭示和查处损害群众利益、政策落实不到位、资金分配不合理、管理不严格等问题;聚焦生态文明建设,围绕市政养护、机关办公用房等,开展独立型资源环境审计项目 2 个。 (高洁楠)

【加强委托社会审计工作】 年内,区审计局完成第三轮委托社会审计招投标工作,13 家单位入围并签约;出台《长宁区审计局委托社会中介机构参与审计项目业务操作规程》,修订《委托审计计费办法》;加强对参与审计社会中介机构人员指导和培训,提高委托审计质量,控制委托审计风险。 (高洁楠)

【推动审计信息公开】 年内,区审计局公开政府信息 23 个,比上年增长 35%,其中公开 9 项单项审计结果(部门预算执行审计结果 6 项、专项审计调查结果 3 项),基本实现部门预算执行审计结果公开常态化。在主要媒体刊播涉及区审计局报道近 75 篇,其中中央、市媒体报道 40 余篇,1 篇审计项目信息首次刊登在《中国审计报》头版,被上海市审计局授予"上海市审计机关审计信息宣传工作先进单位";出版《政府审计案例》,总结和展示区审计工作发展轨迹和成功经验,加大审计信息公开力度。 (高洁楠)

表 13-5　2014 年长宁区审计局审计工作统计表　单位:万元

完成审计项目(个)	审计查出主要问题金额	审计处理情况					出具审计报告和审计调查报告(篇)	提出审计建议(条)	提交审计信息(篇)
		审计处理处罚				移送处理事项(件)			
		应上缴财政	应减少财政拨款或补贴	应归还原渠道资金	应调账处理金额				
30	174 357	0	713	8 501	146 563	3	50	58	136

说明:资料由区审计局提供

(九)质量技术监督

【概况】 区市场监督管理局挂牌成立后,经过职能整合,履行质量监督管理职能。年内,达到"特种设备安全无责任事故、产品质量安全稳中有升、单位内部安全和谐稳定"的工作目标,原区质量技术监督管理局获"上海市依法行政示范单位"荣誉称号。年内,出动特种设备监察人员(含协管员)1.1 万余人次,检查特种设备使用单位 8 500 余家次,设备 3.6 万余台次,消除安全隐患 568 处。办理特种设备使用和注册登记 467 台,特种设备报废、报停 316 台,注销、移装 31 台,特种设备施工告知备案 524 台,作业人员审批 1 万余人;立案查处 7 件,罚没款 6 万余元;企业产品标准备案 99 份,完成 28 家集贸市场 2 000 余台在用电子计价秤的强制检定,完成 1 084 台次水银血压计免费校准、小修服务;12 家企业的 13 个产品和服务荣获"上海名牌"称号,2 家企业获评上海名牌辉煌之星;30 项标准、4 个标准化示范试点项目获得区政府标准化战略政策资助 195.2 万元;指导 3 个项目申报第一批国家级社会管理、公共服务标准化示范试点项目以及国家级服务业标准化试点项目,成功获批立项,其中华阳社区服务管理综合标准化试点项目成为全国首批、上海唯一的社会管理和公共服务综合标准化试点。 (凌　丽)

【签署院局合作备忘录】 1 月 29 日,市特检院与区质监局共同签署"市特检院支持长宁区质监局特种设备安全工作合作备忘录"。《合作备忘录》明确合作的指导思想和工作内容,确立双方主要开展开通特种设备检验绿色通道;提供特种设备监察业务培训;深化电梯风险和节能评估专项合作;加强特种设备分级分类专项合作;行风监督促合作共赢五方面合作内容。 (凌　丽)

【开展机动车安全整治工作】 2 月,区质监局按照市质监局《机动车安全整治工作实施方案》和专项整治工作会议的部署,开展机动车安全隐患大检查。针对长宁区无机动车生产企业的特点,将重点放在机动车安检机构、"4S"店及修理厂上,制定有效的检查计划。出动执法人员 35 人次,对 3 家机动车安检机构、7 家汽车"4S"店和 1 家汽车修理厂展开检查。对其中 3 家有修理业务的"4S"店的现场和零配件仓库进行重点检查,抽查 12 种涉及生产许可或"3C"的汽车主要零配件产品,均符合有关要求。 (凌　丽)

【开展"3・15"专项行动】 "3・15"

期间，区质监局结合新修订的《中华人民共和国消费者权益保护法》，开展专项行动。对2家家用汽车修理企业开展检查；联合区消防支队、工商分局等部门开展消防产品专项检查；启动为期三个月的非法客运专项整治行动；开展10家以上餐饮企业计量专项检查；对公共聚集场所开展特种设备安全检查；继续开展锅炉安全隐患专项整治；做好消费者维权咨询服务和“12345”市民热线申诉举报处理工作。出动执法人员60余人次，检查各类企业、单位近40家次，受理“12345”“12365”申诉举报3件，发放宣传册300余份，接受消费者咨询100余人次。对检查中发现的部分餐饮企业电子计价秤未检定等问题，责令整改。（凌　丽）

【召开上海名牌工作会议】 4月11日，为更好地鼓励区内企业加强品牌建设，深入推进质量强区工作，区质监局召开2014年度长宁区名牌工作会议，区内上海名牌企业负责人等近40名企业代表出席会议。会议部署2014年上海名牌、政府质量奖、质量教育基地等工作，为荣获2013年度上海名牌的企业颁发证书，有近40名企业代表参加。（凌　丽）

【举办市中小企业质量管理培训会】 5月20日，由市质量技术监督局主办、区质监局和上海质量体系审核中心承办的2014年第五期上海市中小企业质量管理体系知识培训会在长宁召开，近70家企业代表参加培训。培训主题为“强化产品责任，防范安全风险”，特邀全球产品安全和责任风险防范领域的权威专家兰道尔·古登担任主讲。培训从产品责任风险产生原因、防范手段、售后服务等方面介绍发达国家在产品责任风险防范的种种做法和经验教训，阐述做好产品责任风险防范的重要性，要求企业加强质量管理，做好产品风险的评估和预判。（凌　丽）

【参与“安全生产月”宣传咨询】 6月16日，长宁区“安全生产月”宣传咨询日活动在西郊百联购物中心广场举行，区质监局与区安监局、公安长宁分局、区建交委、区民防办、新泾镇、燃气公司等多家单位参与现场咨询。发放《特种设备安全法》《电梯使用管理与日常维护保养规则》《电梯宣传画册》《特种设备安全知识读本》等宣传资料1 560份，接待市民咨询特种设备问题38次，讲解遇到突发事件时如何应急处置和自救等与日常生活相关的特种设备安全常识。（凌　丽）

【进行“质检利剑”专项检查】 7月1日，区质监局对中山商圈内的苏宁电器、国美电器两家大型家电卖场进行“质检利剑”专项检查。对电磁炉、煤气灶、燃气热水器、空调、冰箱、洗衣机、电视机、计算机等家用电器几十个品牌，100余件产品进行检查。检查总体状况良好，对于存在同一台家用电器上粘贴多个能效标识，旧款电器上摆放“新款”标志等问题，当场责令整改，并向受检单位宣传贯彻相关法律法规。（凌　丽）

开展质量检查　（区市场监管局供稿）

【开展电梯维修保护专项整治工作】 8月，区质监局为进一步贯彻落实《特种设备安全法》，规范长宁区电梯维修保护行为，保障电梯安全运行，对区域内7 500余台电梯维保情况进行调查、统计和分析，开展电梯维保专项整治工作，组织区域内有电梯维保业务的162家电梯单位分两批召开专项整治部署工作会议，邀请区房管局、区安监局参加，从相关专业条线的角度加强对电梯维修保护工作的指导，宣传贯彻《特种设备安全法》，对电梯维保安全事故的案例进行分析。（凌　丽）

【召开质量强区工作推进会】 9月12日，长宁区召开2014年质量强区工作推进会暨质量安全工作领导小组会议，市质量安全工作领导小组办公室成员、区质量安全工作领导小组成员、联络员共70余人参加会议。会议总结和部署质量强区工作，对质量考核工作的准备进行动员，并邀请专家就《区(县)政府质量工作绩效评价指南》开展专题培训。市质监局副局长陈晓军、区质量安全工作领导小组副组长、副区长解冬出席会议指出，要完善质量强区工作的领导机制和工作机制；要总结经验，形成长效；要以人为本，加强创新。（凌　丽）

【开展高校学生用品质量安全检查】 9月30日，区质监局对所在辖区内高校周边的学生用品经营企业进行专项检查。执法人员对上海对外贸易学院周边的教育超市、东华大学内部的教育超市、酒店以及华东政法大学周边的教育超市展开检查，重点检查棉絮制品等床上用品以及电扇、电热水壶、台灯、接线板等生活用品。检查总体状况良好，未发现相关问题。

（凌　丽）

【召开特种设备安全工作联席会议】 12月24日，长宁区召开2014年度特种设备安全工作联席会议，区府办、区法制办、区综治办、区社建办、区财政局、区房管局、区安监局、区市场监管局、各街道（镇）等成员单位的分管领导和联络员参加会议。区市场监管局作2014年特种设备安全工作总结和对2015年特种设备安全工作思考的报告。区房管局、区安监局、华阳路街道等成员单位针对电梯安全隐患的整改落实措施和经验进行交流发言。副区长翁华建出席会议，对2014年特种设备安全工作取得的成绩予以肯定，对2015年的特种设备安全工作提出要求，要总结好的经验做法，进一步研究、创新、推广好的联动工作机制，加大力度破解长宁区部分小区电梯安全隐患的难题；要认真落实"三个责任"，明确主体责任、监管责任、属地管理责任的界限，并落实要到位；要加强锅炉的监管力度，责任到人，街道（镇）要将小型和常压热水锅炉纳入重点监控对象，严厉查处违法违规行为。（凌　丽）

（十）安全生产监督

【概况】 2014年，长宁区安全生产工作坚持"安全第一、预防为主、综合治理"，落实企业主体责任，加强安全监管，开展宣传培训，安全生产形势持续稳定好转。长宁区共发生生产安全死亡事故4起，亡4人，实现区政府下达的"确保不发生较大生产安全事故，力争生产安全死亡人数控制在市政府下达指标内"的工作目标。

（李劲茜）

【落实安全生产责任制签约承诺】 1月28日，长宁区召开区政府第九次工作会议暨2014年度安全生产签约大会，区政府各部门主要负责人、各街道办事处主任、新泾镇镇长和有关企业集团主要负责人出席会议。区安委会主任、区长谢峰与区建交委、周家桥街道、仙霞新村街道、万宏集团等签约单位代表的第一责任人进行签约，并作重要讲话。通过签约达到自上而下签订责任书，自下而上逐层递交安全生产承诺书的成效，形成一级抓一级、一级对一级负责、层层抓落实的工作格局。（李劲茜）

【开展"安全生产月"活动】 年内，区安委办制定下发《长宁区安全生产委员会办公室关于开展2014年"安全生产月"活动的通知》。以"强化红线意识、促进安全发展"为主题，营造"关爱生命、安全发展"的安全文化氛围。在长宁有线电视台、居民区电子屏幕播放安全生产月活动宣传片、宣传口号，在《长宁时报》刊登"安全生产月"活动专版，营造安全生产舆论氛围，扩大社会影响。6月16日，在百联西郊购物中心举行"安全生产宣传咨询日"活动，吸引2 000余名市民群众参加。"安全生产月"期间，深入全区各机关事业单位、社区、企业，发放《强化红线意识、促进安全发展》《生命的红线》《盲洞组・迷途》等宣传资料，组织各单位悬挂"安全生产月"活动横幅280余条，张贴"安全生产月"宣传画1 600余幅，宣传标语2 700余条，购买各类安全生产书籍7 000余本，购买安全生产宣传资料金额9.2万余元。（李劲茜）

【查处工矿商贸生产安全伤亡事故】 年内，区安监局查处工矿商贸生产安全死亡事故4起，其他各类事故1起，收缴罚没款54.95万元。在事故查处中严格事故报告制度，及时迅速向有关部门报告事故情况。严格事故调查，依法会同区监察局、公安长宁分局、区总工会等单位组成事故调查组，通过现场勘查、调查取证、综合分析等，查明各事故发生原因，形成事故调查报告。严格责任追究，坚持局长办公会讨论制度，依法对责任人和责任单位进行处罚，事故查处情况及时向社会公布。通过严格程序、时限，保持行政复议和诉讼零的纪录。

（李劲茜）

【开展安全生产教育培训】 年内，长宁区举办农民工安全生产知识培训班37期，培训4 784人，符合发证条件的4 416人，涉及建筑业、物业管理、餐饮服务、物流等多个行业，超额完成4 000人的培训指标。开展"三项岗位"人员培训，其中电工初训171人，合格130人；复训234人，合格232人；安全生产管理人员培训226人，合格212人；生产经营单位负责人培训138人，合格126人。开展安全生产专项培训，为区体育局、区疾控中心、区民防办、新长宁集团等相关单位进行安全生产法律法规及管理业务专项培训4次。开展长宁区2014年度安全生产监管人员业务培训班，对相关委、办、局及各街（道）镇90余名一线执法人员进行培训，提高基层一线执法人员的执法水平。开展居委会干部专题培训，对全区185个居委会书记（主任）进行安全生产专题培训，发挥居委会的一线力量。

（李劲茜）

【做好亚信峰会期间安全生产工作】 为确保亚信峰会期间安全生产工作稳定可控，4月29日，长宁区召开安全生产专题会议，就亚信峰会期间的安全生产工作进行专题部署，全区27家安全生产签约单位主要领导、分管领导和安全干部到会，区安委会副主任、副区长张连城出席并作重要讲话。4月30日、5月19日，区委常委、副区长张连城带队先后检查明馨旅馆、刘海粟美术馆、上海城三期等14家单位，对检查出的隐患提出整改要求。区安监局分3个检查组，分别对小建筑装潢、职业健康、危险化学品等场所开展安全生产检查，共检查小建筑装潢18家、建筑工地7家、危险化学品经营、使用单位31家；联合区民防办、区卫计委、区教育局对24家地下空间、部分医院、部分学校进行检查。（李劲茜）

【开展"六打六治"专项行动】 为吸取"8・2昆山中荣金属制品有限公司粉尘爆燃重大生产安全事故"的教训，长宁区落实"六打六治"专项行动，结合区域特点，制定下发《长宁区安委办关于集中开展"六打六治"打非治违专项行动的通知》，8月至12月底，在全区范围内集中开展以危险化学品、油气管道、交通运输、建筑施工、消防、特种设备为重点的“六打六治”打非治违专项行动。按照“全覆盖、零容忍、严执法、重实效”和“五个要严”（检查要严、执法要严、整改要严、追究责任和处罚要严、各项制度的落实更要严）的总体要求，严格落实部门监管责任和企业安全生产主体责任。专项行动期间，建筑施工方面的行政处罚结案30起，罚款97.36万元；出动特种设备安全监察人员111人次，检查特种设备使用单位48家，检查特种设备185台套，发出安全监察指令书5份，出动协管员5 200人次，检查特种设备使用单位2 570家；地下空间方面，共出动1 254人次，对全区在用地下室、小旅馆和人员密集场所等1 662家次地下空间进行排摸检查，对15座老旧公用民防工程风水电即老化线路进行改造，关闭地下小旅馆24家；道路交通方面，查处“五类车”违法53 989起，扣车4 487起。其中，查扣残疾车81辆、正三轮摩托82起、电动三轮车46辆、二轮摩托车2 936辆以及超标电动车1 342辆，行政拘留323人次，强拆非法搭棚43辆，扣四轮黑车65辆，查处克隆出16辆。（李劲茜）

【组织安全生产应急预案演练活动】 为提高长宁区生产安全事故应急处置能力，区安监局制定下发《区安监局关于切实加强安全生产应急预案演练活动的通知》，要求各单位加强组织领导，强化检查指导，提高应急预案演练的效果，提高应急处置能力。年内，各签约单位组织开展应急综合演练36场次，专项演练27次，参加演练总人数6 000余人次。6月19日，区安监局联合中油浦东分公司，在长宁区中石油绿畅加油站开展应急救援综合演练活动，6支应急救援队伍先后进行6个科目的应急救援演练。演练检验了加油站事故应急预案的实用性和可操作性，锻炼应急队伍的处置能力。（李劲茜）

【宣传贯彻《中华人民共和国安全生产法》】 新修订的《中华人民共和国安全生产法》于12月1日起正式实施，区安监局以宣传贯彻《中华人民共和国安全生产法》为抓手，普及安全生产法律法规知识，提高政府部门负责人、安全生产监管人员、企业安全负责人、安全干部的安全法律意识。年内，举办多层次专题培训班，组织安全生产签约单位分管、安全干部、街道镇安全生产监管人员、机关干部、企业负责人等400余人开展培训。（李劲茜）

【工贸企业安全生产标准化建设】 年内，区安监局根据国家安全监管总局的工作部署制定下发《长宁区安监局关于本区2014年工贸行业企业安全生产标准化建设工作的通知》，明确各街道（镇）、集团工作任务，提出摸清底数、细化方案，突出重点，抓好培训，推动创建，按时申报的工作要求。截至年底，全区规模以上企业创建完成38家，小企业创建完成50家。（李劲茜）

【建立健全职业卫生各项工作制度】 区安监局职业卫生工作形成“二、三、四”的工作格局，即：二支队伍（街道镇、园区和企业两支职业卫生检查和管理员队伍）；三级档案体系（区级备案发证，街道镇、园区档案备份和企业管理档案）；四项制度（企业建立职业危害申报制度、检测监控制度、检测结果存入职业卫生档案并及时向劳动者公布制度和警示告知制度）。年内，长宁区涉及职业危害并已申报企业32家，其中汽修企业14家、加油、加气站11家，一般企业7家，主要涉及：笨、甲苯、二甲苯、乙酸乙酯、电焊烟尘等，涉及的危害种类相对集中。全年职业卫生执法检查86家，联合执法检查16家。（李劲茜）

【开展春节前安全生产大检查】 2014年春节前，长宁区区长和副区长带队开展春节前安全生产检查。区长谢峰带队到刘海粟美术馆工地、虹珠市场、北万旅馆和众艺网络（网吧）2处地下空间场所以及俪人街市场检查消防安全工作，要求各责任部门、各行业主管单位落实安全生产主体责任，强化安全生产监管力度，消除隐患。副区长张汪耀带领相关部门检查美天菜市场、华联超市和饶州旅馆，要求相关部门和街道彻查死角，消除安全盲区，确保隐患彻底消除；副区长张连城带队到临空园区SOHO广场工地、联合利华上海研发中心、中油绿地加油站等单位突击检查，要求有关部门和单位做好在建工地、人员密集场所和易燃易爆场所的安全生产隐患排查工作，落实监控措施和值守制度，严防事故发生；副区长曹新平带队检查茂鑫加油站和缤谷广场等存放易燃易爆品危险场所和人员密集场所，要求开展火灾隐患排查整治工作，严防火灾事故发生；副区长陈志奇到区精神卫生中心、同仁医院和上海国际体操中心开展消防安全检查，要求开展安全隐患的自查、自纠、自改工作，确保春节期间安全稳定；副区长解冬对天山中医医院、兆丰世贸大厦2家特种设备使用单位开展安全检查，要求有关单位严格规范使用特种设备，加强设备日常维护和保养，确保完好运转；副区长宋宗德带队到江苏路街道社区服务中心、虹桥敬老院、长宁区颐养敬老院突击检查，要求抓好安全生产工作，做好隐患排查治理，落实值班制度和应急预案，有效处置突发事故。（李劲茜）

【国务院安委会督查组检查指导】 3月18日，国务院安委会第四督查组一行4人在市安监局、市发改委、市建设管理委、市消防局和市规土局领导的陪同下到长宁区，就安全生产专项工作的展开情况督查。区安委会主任、区长谢峰出席会议，区安委会副主任、副区长张连城作专题汇报。督查组专题听取汇报，查阅相关台账，重点检查油气输送管线等安全专项工作情况后提出要对近期全国几起重大安全事故的教训引以为戒；要落实政府和部门的安全生产监管责任；要督促企业安全生产责任落实，强化企业法人为安全生产第一责任

人的意识。（李劲茜）

【区人大领导督查安全生产工作】 8月7日，区人大常委会副主任王瑾到区安监局开展调研、督查。听取长宁区安全生产工作专题汇报，要求区安监局吸取“8·2昆山中荣金属制品有限公司粉尘爆燃重大生产安全事故”的教训，严格落实部门监管责任和企业安全生产主体责任，完善监管制度、创新监管方式方法，强化宣传，形成氛围，加强民众的安全意识，发挥安委会的平台作用，确保城区的安全稳定。（李劲茜）

国务院安委会第四督查组开展安全生产大检查（区安监局供稿）

（十一）食品药品监督管理

【概况】 区市场监督管理局挂牌成立后，经过职能整合，履行食品药品监督管理职能。年内，着力突出监管重点，强化监管举措，确保区域餐饮食品安全和药品安全总体平稳、可控，全区未发生重大食品安全事件。截至年底，全区有食品生产加工企业3户，流通领域食品经营单位3 963户，餐饮业单位3 659户，零售药店111家，医疗器械经营企业395家。抽检各类主副食品1 400件，合格率92.64%，比上年上升0.2%；抽检餐具环节1 940件，合格率96.34%，与同期持平；主要食品合格率97.28%，比上年同期上升。共查处涉及食品安全违法案件324件，罚没款114.5万元，吊销餐饮服务许可证1户，移送公安部门1件；查处涉及药品安全违法案件22件，罚款40.52万元，没收违法所得28.43万元，没收物品价值5.17万元。（钱锦华）

【简化服务企业程序】 区市场监管局坚持服务前置、关口前移，行政许可归口统一，做到申请人自首次递交图纸的5个工作日内到实地指导，将法定20个工作日内完成的行政审批缩短到10个工作内完成。全年核发餐饮服务许可证新证337户，变更78户，延续144户，注销127户；核发食品流通许可证新证194户，变更151户，延续401户，注销103户；变更药品经营许可证63家、换发4家、注销1家；核发医疗器械经营许可证15家、变更86家、换证20家、注销8家。（钱锦华）

端午节食品检查（区市场监管局供稿）

【完成节日期间食品安全专项检查】 年内，区市场监管局针对节日餐饮消费集中的大型餐饮、超市商场、集贸市场等重点单位，开展“两节两会”“五一”等节日专项执法行动，出动2 340人次，检查954户次。（钱锦华）

【开展学校集体供餐单位专项检查】 年内，区市场监管局向区域内学校发放《学校食堂食品安全自查表》，对长宁区所有学校食堂开展全覆盖监督检查，出动监督员477人次，抽检食堂48户次，餐具238件，合格235件，合格率98.74%，不合格餐具涉及学校3户督促整改。（钱锦华）

【确保养老机构供餐安全】 年内，区市场监管局对21户现场加工老年助餐点及28户养老机构进行全覆盖监督检查，出动监督员161人次；对39户养老机构食堂或老年助餐点加工点进行监督抽检，抽检餐饮具195件，

合格率为93.33%。（钱锦华）

【组织流通环节专项行动】 年内，区市场监管局完成“烤鱼片专项检查”“婴幼儿配方乳粉经营者集中清理”“鱼肝油市场专项检查”等6项专项检查任务，对烤鱼片标签标注和原料鱼种类、婴幼儿配方乳粉经营者底数情况和许可资质等情况进行全面掌握与监管。（钱锦华）

【加强上海生物制品研究所疫苗血液制品监管】 年内，区市场监管局对上海生物制品研究所开展日常监督检查，完成上海生物制品研究所2个生产基地日常监督检查4次，开展日常批签发现场抽样24人次。完成成都蓉生药业有限公司向上海生物制品研究所内部原料调拨到货入库过程现场监督4次，对上海生物制品研究所向武汉生物制品研究所有限责任公司调拨检疫期不合格血浆出库装车过程现场监督1次。（钱锦华）

【开展药品专项检查】 年内，区市场监管局开展亚信峰会药品安保工作、医疗器械“五整治”专项整治行动，对川贝母和金银花、“迎两节”滋补类中药材饮片、中药鳖甲质量、春节前药品、妇女儿童用药(械)、西洋参及中药饮片质量开展专项监督检查行动。检查药品单位844家，完成药品抽样864件，医疗器械抽样45件，药品包装材料3件，药品合格率97.46%。（钱锦华）

【完成药品抽检】 年内，区市场监管局检查药品单位140家，完成计划内药品抽样598件，医疗器械抽样42件，药品包装材料3件，收到药品检验报告452份，合格率98.89%。（钱锦华）

【保障重大活动食品药品安全】 年内，区市场监管局承担亚信峰会等重要会议活动的食品安全保障工作。峰会期间，保障28个餐次，4 724人次的用餐安全，现场快速检测33件，合格率97%。（钱锦华）

(十二)国有(集体)资产管理

【概况】 2014年，区国资委以深化国资国企改革为重点，以提升区域经济社会发展贡献度为目标，稳步推进国资国企改革、发展、监管等各项工作。区国资系统企业全年实现营业收入131.6亿元，净利润7.9亿元，国有资产保值增值率111%，净资产收益率8%；区国资系统企业全年完成税收9.20亿元，其中区级税收4.57亿元。区国资系统企业累计完成招商引资39个，目标34个，完成率114.71%；其中有规模有实力24个，目标15个，完成率160%。新增就业岗位162个。截至年底，区属企业有上海长宁国有资产经营投资有限公司、上海新长宁集团、上海服装集团、上海九华商业集团、上海万宏工业投资集团、上海中山建设实业总公司、上海东虹桥文化发展有限公司、上海金鹿建设集团、上海新虹桥企业有限公司及受托管理企业。（朱梦君）

【推进国资国企改革】 年内，区国资委经过前期走访调研和征求意见，起草《关于进一步深化长宁国资国企改革的实施意见》(以下简称《实施意见》)，区委、区政府联合发文。《实施意见》明确改革的路线图、时间表和责任主体，是长宁国资国企改革的总纲。根据《实施意见》，研究制定《长宁区国资国企改革三年推进计划》，提出2014—2016年国资国企改革的八个方面任务：完善国资监管体制；建设国资投资运营平台；集聚国资力量聚焦临空；优化调整国资布局；推进区属企业归并管理；发展混合所有制经济；探索长宁国资证券化的突破；盘活资源、资产，提高国资国企贡献度。着手制定《长宁区国资监管清单》《长宁区国有企业分类定位方案》《长宁区国有企业分类考核办法》《长宁区国有企业领导人员分层分类管理办法》《长宁区国有企业领导人员薪酬管理办法》等五个改革配套文件。（朱梦君）

【完善国资监管】 年内，区国资委委派12户会计师事务所对监管的328户企业进行经济指标和财务决算专项审计工作，对审计结果采取分类个性化整改方法，根据企业不同情况下达整改落实通知书，明确时间节点和具体整改措施。强化《长宁区出资监管企业重大事项请示、报告的暂行规定》的执行力度，根据《长宁区国资监管企业投资监督管理实施细则(试行)》制度，要求企业根据投资管理制度，做好重大投资项目的上报。（朱梦君）

国资国企改革专题培训会（区国资委供稿）

【实施会计准则】 年内，国资委指定相关审计事务所协助企业顺利完成会计准则转换的前期准备工作，邀请专家和已经执行准则的试点单位进行指导。截至年底，委托监管企业全面实施会计准则。（朱梦君）

【开展旧改动迁工作】 年内，区国资委发挥国资国企在长宁基础建设的作用，开展旧区改造项目。江苏北路西块（3 街坊）基地完成签约 48 证，完成率 61.5%；天山路 680 弄基地（共 1 000 证）完成 28 证，完成率 62.2%；汇川路基地签约率 97.55%。（朱梦君）

【推进民生项目建设】 年内，美天太阳菜市场、平塘菜市场、程家桥菜市场分别于 1 月、5 月和 7 月营业，全年运营情况良好。其中，平塘菜市场为区首家超市式菜市场；虹顺菜市场自完成装修改建工作后摊位布局、场容场貌、整体形象大幅提升。（朱梦君）

【推进政府实事工程项目建设】 年内，福缘湾·九华商业广场 1 号楼、2 号楼地下二层结构完毕；缤谷文化休闲广场完成地下室及相关工程；虹桥文化艺术中心结构封顶，二、三层墙体砌筑，墙面粉刷基本完成，电影厅钢结构平台完成施工，北立面窗框安装完毕。（朱梦君）

【做好国有企业信访维稳工作】 年内，区国资委多措并举，稳步推进国有企业信访维稳工作，接待来访人员 425 人次，会同相关企业集团，聚集人力、物力、财力，做好红旗车辆厂、动拆迁、旧区改造、退休教师补贴、事转企等信访矛盾化解工作，其中红旗车辆厂信访矛盾经市委市政府信访专题会、区政府常务会研究，与区信访办、万宏集团共同制定完善“上海红旗车辆厂帮困资金使用方案”，明确帮困资金使用的原则、程序、监督管理等，得到职工代表认可，矛盾基本化解。（朱梦君）

（栏目编辑　查斐佳）

兆丰十二景之绿茵晨辉　　（《长宁时报》供稿）

十四 外经贸 招商引资 对口援助

（一）综　述

2014 年，长宁区引进外资企业 138 家；引进合同外资 7.01 亿美元，比上年增长 2.15%；外贸进出口总额 95.55 亿美元，比上年增长 1.88%，其中进口总额 55.68 亿美元，比上年上升 1.61%，出口总额为 39.86 亿美元，比上年递增 2.25%。从进出口国别分析，主要以美国、日本、德国市场为主；从进出口商品分析，商品主要以车辆、航空器、船舶；机电、音像设备及其零件，纺织原料及纺织制品，塑料及其制品、橡胶及其制品，化学工业及其相关工业进出口为主。区政府合作交流办根据市对口支援工作总体部署和对帮扶地区情况安排，对红河州金平县、石屏县和青海省果洛州甘德县帮扶资金 3 836 万元；举办青海中小学教务主任管理创新专题培训班、红河州城乡建设发展培训班等人力资源开发培训项目；组织同仁医院医疗专家赴果洛、红河医疗培训当地医疗工作者，为当地医院捐赠医疗设备。（张亦易　常　念）

（二）对外经济贸易

【概况】 2014 年，长宁区引进外资企业 138 家，比上年减少 38.67%；投资总额 10.28 亿美元，比上年增长 3.95%；注册资本 7.31 亿美元，比上年增长 3.75%；引进合同外资 7.01 亿美元，比上年增长 2.15%。服务贸易企业占引进外资比重大，吸引商业企业 109 家，合同外资数 0.85 亿美元，其中包括道福科达尔化学（上海）有限公司等知名企业。有序推进国别商品中心建设。（张亦易）

【网上国别商品中心正式上线】 7 月 7 日，由上海数字贸易有限公司建设的网上国别商品中心和虹古路实体体验店在虹古路 150 号正式上线和开业。为配合网上国别商品中心的上线，由上海跨境电子商务行业协会主办的“2014 上海国际新品展”同期在虹古路实体店正式开幕。展会主题“微世博，走进您的生活”，展期一个半月，分为 10 个国别商品馆，1 个企业馆、1 个零售馆和 1 个综合服务馆，主要展现海外中小企业精品。（张亦易）

虹古路网上国别商品中心揭牌仪式　（区商务委供稿）

【引进地区总部 3 家】 年内，区商务委引进好侍食品（中国）投资有限公司、康宝莱（上海）管理有限公司、横河电机（中国）有限公司共 3 家地区总部，累计 45 家，形成长宁总部集聚效应。（张亦易）

【引进外商直接投资企业 138 家】 年内，区商务委引进外商直接投资企业 138 家，其中合资企业 9 家，独资企业 129 家；外商投资主要来源地：日本 18 家，欧洲国家 16 家，韩国 10 家，新加坡 6 家，美国 4 家，加拿大 3 家，离岸群岛 13 家，中国香港 46 家，中国台湾 11 家，其他国家和地区 11 家。（张亦易）

表 14-1　　2014 年长宁区引进外资项目情况表

序号	企　业　名　称	性质	国别(地区)
1	瑞泰环保科技(上海)有限公司	独资	中国香港
2	纽洛克商业(上海)有限公司	独资	英　国
3	宴鸿餐饮管理(上海)有限公司	独资	中国台湾
4	播多米国际贸易(上海)有限公司	独资	西 班 牙
5	柰木(上海)玩具有限公司	独资	韩　国
6	末广贸易(上海)有限公司	独资	日　本
7	上海森之暮贸易有限公司	独资	日　本
8	枚如禧(上海)商贸有限公司	独资	日　本
9	上海瞳悦贸易有限公司	合资	英　国
10	环震环保科技(上海)有限公司	独资	塞 舌 尔
11	上海慧佳贸易有限公司	合资	日　本
12	威蒂贸易(上海)有限公司	独资	克罗地亚
13	上海安璧斐贸易有限公司	独资	法　国
14	爱派克斯国际物流(中国)有限公司	独资	中国香港
15	亚西艾广告(上海)有限公司	独资	中国香港
16	瑞族(上海)家用电器有限公司	独资	瑞　士
17	台亚(上海)贸易有限公司	独资	维 尔 京
18	迷丝布贸易(上海)有限公司	独资	中国香港
19	爱波洛伊(上海)贸易有限公司	独资	日　本
20	上海嘉沛特国际贸易有限公司	独资	中国香港
21	上海雅梵商务信息咨询有限公司	合资	中国台湾
22	上海强川微电子有限公司	独资	维尔京(英属)
23	雷孚斯(上海)化工贸易有限公司	独资	德　国
24	凯皮特沃德(上海)食品贸易有限公司	独资	维 尔 京
25	英冈贸易(上海)有限公司	独资	新 加 坡
26	薇拉麦迪卡(上海)健康咨询有限公司	独资	新 加 坡
27	上海戴乐达智能科技有限公司	独资	法　国
28	上海清潭威兹商务信息咨询有限公司	独资	中国香港
29	舒菲健身(上海)有限公司	独资	中国香港
30	晋霆食品商贸(上海)有限公司	独资	中国香港
31	上海林得纳建筑装饰工程有限公司	独资	德　国
32	上海家利来家政服务有限公司	合资	日　本
33	星珂(上海)商贸有限公司	独资	意 大 利
34	欧艾堤希信息科技(上海)有限公司	独资	中国香港
35	道福科达尔化学(上海)有限公司	独资	新 加 坡
36	威富(上海)采购咨询有限公司	独资	中国香港
37	艾缌都筑纺织(上海)有限公司	独资	日　本
38	喜繁喜(上海)商贸有限公司	独资	中国香港
39	上海沛思迪电子有限公司	独资	瑞　士
40	埏普医疗器械贸易(上海)有限公司	独资	中国台湾

（续表一）

序号	企 业 名 称	性质	国别(地区)
41	上海韩荟商贸有限公司	独资	韩 国
42	上海祝咔菲餐饮管理有限公司	独资	中国香港
43	上海祝淘易贸易有限责任公司	独资	中国香港
44	上海橄榄健身咨询有限公司	独资	加 拿 大
45	倍珞蒂机床贸易(上海)有限公司	独资	意 大 利
46	上海屹筑管理咨询有限公司	独资	新 加 坡
47	至衡餐饮(上海)有限公司	合作	中国香港
48	上海岱勒商务信息咨询有限公司	独资	中国台湾
49	浩耶(上海)信息技术有限公司	独资	开曼群岛
50	上海慕逸世商贸有限公司	独资	日 本
51	金林源融资租赁(上海)有限公司	独资	中国香港
52	品琉(上海)餐饮管理有限公司	独资	中国香港
53	麦修斯品牌策划(上海)有限公司	独资	中国香港
54	朔威贸易(上海)有限公司	独资	意 大 利
55	长元(上海)信息科技有限公司	独资	美 国
56	谷道偲园商务信息咨询(上海)有限公司	独资	中国香港
57	客桉数码产品(上海)有限公司	独资	意 大 利
58	康是富生物科技(上海)有限公司	独资	中国香港
59	上海戴和商贸有限公司	独资	日 本
60	上海卓港智能科技有限公司	独资	中国香港
61	泰谋企业管理咨询(上海)有限公司	独资	澳大利亚
62	邑锋(上海)信息科技有限公司	独资	萨 摩 亚
63	三研(上海)商贸有限公司	独资	日 本
64	德倍礼(上海)商务咨询有限公司	独资	中国香港
65	上海迪雅德思包装设计有限公司	独资	法 国
66	上海鑫眸医疗器械有限公司	独资	中国台湾
67	纽西之谜(上海)国际贸易有限公司	独资	中国香港
68	贤桥(上海)贸易有限公司	独资	日 本
69	傲程信息技术(上海)有限公司	独资	中国香港
70	世汉贸易(上海)有限公司	独资	韩 国
71	上海富路丽喜文化传播有限公司	独资	韩 国
72	绿岚环保技术(上海)有限公司	独资	开曼群岛
73	上海千寿企业管理咨询有限公司	独资	中国香港
74	颖众国际贸易(上海)有限公司	独资	中国香港
75	倍思恩医疗器械(上海)有限公司	独资	英 国
76	懿臻尚品建筑方案咨询(上海)有限公司	独资	新 加 坡
77	奥朵(上海)电子科技有限公司	独资	中国香港
78	驿程(上海)数据处理有限公司	独资	中国香港
79	圣特可(上海)企业管理咨询有限公司	独资	日 本
80	徹思企业管理咨询(上海)有限公司	独资	日 本

（续表二）

序号	企　业　名　称	性质	国别(地区)
81	上海漾莱医疗器械有限公司	独资	中国台湾
82	三之三教育科技(上海)有限公司	独资	中国台湾
83	上海合正货运代理有限公司	独资	英　国
84	上海双邦钮扣有限公司	独资	中国香港
85	上海播思医药咨询有限公司	独资	美　国
86	上海米喆投资咨询有限公司	独资	萨摩亚
87	思派森商务信息咨询(上海)有限公司	独资	英　国
88	爱搽(上海)餐饮管理有限公司	独资	中国台湾
89	璞毅网络科技(上海)有限公司	独资	中国香港
90	上海弘升光学眼镜有限公司	合资	中国香港
91	畅食屋餐饮管理(上海)有限公司	合资	新加坡
92	狄勇(上海)贸易有限公司	独资	中国香港
93	美求(上海)餐饮管理有限公司	独资	日　本
94	上海银曼商贸有限公司	独资	中国香港
95	上海艺革华贸易有限公司	独资	韩　国
96	朵露曼美光(上海)生物科技有限公司	独资	萨摩亚
97	上海迎喜天浩餐饮管理有限公司	独资	中国香港
98	上海翱飞贸易有限公司	独资	韩　国
99	柏曼(上海)餐饮管理有限公司	独资	中国香港
100	上海金氏厨具有限公司	独资	韩　国
101	花笙云网络科技(上海)有限公司	独资	中国香港
102	上海多儿贸易有限公司	独资	韩　国
103	上海赐佳贸易有限公司	独资	塞舌尔
104	宓莱卡贸易(上海)有限公司	独资	意大利
105	莎咖艾化妆品(上海)有限公司	独资	日　本
106	戈蒂尼户外用品(上海)有限公司	独资	美　国
107	禾秝发贸易(上海)有限公司	独资	萨摩亚
108	上海胜吉餐饮管理有限公司	独资	塞舌尔
109	上海何陈商务咨询有限公司	独资	中国香港
110	程泽医疗器械(上海)有限公司	独资	中国台湾
111	上海擎康贸易有限公司	独资	中国香港
112	上海然睿国际贸易有限公司	合资	澳大利亚
113	星苹创展(上海)新材料科技有限公司	合资	中国香港
114	丰匀图文设计(上海)有限公司	独资	中国香港
115	奈尔可(上海)文化发展有限公司	独资	日　本
116	赫翰(上海)贸易有限公司	独资	加拿大
117	玖唐国际贸易(上海)有限公司	独资	中国台湾
118	雷斯康信息技术(上海)有限公司	独资	德　国
119	利巴特(上海)酒业有限公司	独资	中国香港
120	上海淳水堂商贸有限公司	独资	中国香港

（续表三）

序号	企业名称	性质	国别(地区)
121	欧礼斯(上海)商贸有限公司	独资	萨摩亚
122	上海多雷米营销策划有限公司	独资	中国香港
123	上海云奇投资顾问有限公司	独资	中国香港
124	威士兰乳业(上海)有限公司	独资	新西兰
125	玛斯浦贸易(上海)有限公司	独资	韩国
126	巴理克营销策划(上海)有限公司	独资	加拿大
127	桂研信息科技(上海)有限公司	独资	中国台湾
128	上海印如贸易有限公司	独资	美国
129	上海荣双记餐饮管理有限公司	独资	中国香港
130	集思共利企业管理咨询(上海)有限公司	独资	中国香港
131	阳宏投资咨询(上海)有限公司	独资	维尔京(英属)
132	上海维扬电子科技有限公司	独资	萨摩亚
133	得柯司贸易(上海)有限公司	独资	中国香港
134	尼欧斯(上海)商贸有限公司	独资	日本
135	上海韩加浓餐饮管理有限公司	独资	韩国
136	特殊技研(上海)商贸有限公司	独资	日本
137	康宝莱(上海)管理有限公司	独资	卢森堡
138	上海安能物流有限公司	独资	毛里求斯

说明：资料由区商务委提供

（三）招商引资

【概况】 2014年，区商务委完善“招留增”体制机制，使“招留增”工作适应形势发展的需要。做好康宝莱、好侍食品、兰卫医疗、罗宾森等国内外知名大企业引进工作，优化服务企业水平。完善“一事一议”政策审批流程。以行政服务中心搬迁为契机，提高行政效能，加强队伍建设。引进有规模、有实力、有产业、有实效标准的“四有”企业343家，引进企业产税6.8亿元；由各街道（镇）、部门负责服务推进的纳税100万元以上重点企业总体发展良好，66幢重点商务楼宇税收落地率53.1%；产税率每平方米4 266元，与上年相比持平；亿元楼21幢，比上年增加1幢。

（张亦易　常　念）

行政服务中心内景　（区商务委供稿）

【做好招商引资工作】 年内，区商务委优化“招留增”工作，理顺“招留增”体制机制，对中介招商、功能招商、产业招商及服务引商进行探索，对“招留增”目标和考核进行完善，突出条线部门参与“招留增”工作的力度。加强队伍建设，开展招留增队伍的培训计划，提升全区企业服务工作的水平。制定定向服务企业的工作机制，在区商务委内部形成业务与指导相交叉的工作网络。　（张亦易）

【启用行政服务中心】 年内，区招商服务大厅更名为“长宁区行政服务中心”。区商务委以行政服务中心搬迁为契机，提高行政效能。按“企业设立、专业部门、建设项目”三大功能设立服务窗口，对专业部门和建设项目窗口的审批、服务功能进行整合，由“一门式”向“一口式”转变，窗口服务由单一变为综合，窗口人员由“专科医生”向“全科医生”转变；面对行政服务中心新功能和新特点，管理单位和窗口单位，相互配合、相互支持和谅解，协力做好对外接待服务工作；建章立制，用规章制度提升和保证服务质量，8月1日起施行《行政服务中心管理办法》；强化培训，学习新知识、扩大新业务、增加参与度，提升“一口受理”的运行效能。行政服务中心运行中部分审批项目可当场受理当场发照，审批时间缩短30%，日均接待批次700余次，较原来翻倍。（张亦易）

【引进“四有”企业343家】 年内，区商务委引进有规模、有实力、有产业、有实效的“四有”企业343家，其中有产业企业22家、有规模企业234家、有实力企业9家、有实效企业78家。（张亦易）

表14-2　**2014年长宁区引进“四有”企业项目一览表**

序号	企业名称	注册资金		产业
		人民币(万元)	美元(万元)	
1	上海迪雅德思包装设计有限公司	100		有产业
2	上海洛夫特投资管理有限公司	300		有产业
3	上海新视界眼科医院有限公司	500		有产业
4	上海脉通文化传播有限公司	1 000		有产业
5	上海皓业广播传媒有限公司	100		有产业
6	上海光之翼广告有限公司	150		有产业
7	上海舜元企业管理有限公司	600		有产业
8	上海商隐文化传播有限公司	100		有产业
9	上海绘映文化传播有限公司	100		有产业
10	上海齐贤医疗科技有限公司	100		有产业
11	上海万秋网络科技有限公司	100		有产业
12	皓赢(上海)信息科技有限公司	120		有产业
13	上海波辣兔信息科技有限公司	121		有产业
14	达弥多媒体(上海)有限公司	100		有产业
15	上海锐合新信创业投资管理有限公司	500		有产业
16	上海中纺美缘影像有限公司	100		有产业
17	上海依咪喋文化传播有限公司	300		有产业
18	上海美巨科技有限公司	100		有产业
19	上海嘉汉国际货运代理有限公司	500		有产业
20	上海夕元投资管理有限公司	200		有产业
21	上海赛俊投资管理有限公司	100		有产业
22	上海尤玺体育发展有限公司	100		有产业
23	光唯尚眼镜商贸(中国)有限公司			有规模
24	上海坤麟金属有限公司	1 000		有规模
25	上海渚晟金属有限公司	1 000		有规模
26	上海联铜投资有限公司	1 000		有规模
27	美鑫投资(中国)有限公司			有规模
28	上海数威汽车科技发展有限公司	1 000		有规模
29	上海子初投资管理有限公司	1 000		有规模
30	泓基文化传播(上海)有限公司			有规模
31	上海百庙汇实业有限公司	1 000		有规模

（续表一）

序号	企　业　名　称	注册资金		产　业
		人民币（万元）	美元（万元）	
32	上海泊卡停车管理有限公司	1 000		有规模
33	上海方颐建筑规划设计咨询有限公司	1 000		有规模
34	上海复古鸿服装有限公司	1 000		有规模
35	上海禾草实业有限公司	1 000		有规模
36	上海衡进投资管理有限公司	1 000		有规模
37	上海瑾易贸易有限公司	1 000		有规模
38	上海堃馨实业有限公司	1 000		有规模
39	上海联商供应链管理有限公司	5 000		有规模
40	上海童摩文化传播有限公司	1 000		有规模
41	上海欧栀商贸有限公司		520	有规模
42	上海金鹿金融信息服务有限公司	1 000		有规模
43	上海栗瑞实业有限公司	2 000		有规模
44	世界连合时装（上海）有限公司		200	有规模
45	上海玄云网络科技有限公司	1 000		有规模
46	宜航（上海）航空技术有限公司	2 000		有规模
47	上海朗荣投资管理有限公司	1 000		有规模
48	上海蓝鼎信息科技有限公司	1 000		有规模
49	上海允石投资有限公司	2 000		有规模
50	上海采协实业有限公司	1 000		有规模
51	上海龙祚金属材料有限公司	1 000		有规模
52	禄卡斯（上海）投资管理有限公司	1 000		有规模
53	上海岱中实业有限公司	1 000		有规模
54	上海典盟金融信息服务有限公司	1 000		有规模
55	上海立思辰信息安全科技有限公司	1 000		有规模
56	上海莱泽意供应链管理有限公司	1 000		有规模
57	上海缔盾信息安全技术有限公司	1 000		有规模
58	上海顶城投资控股有限公司	5 000		有规模
59	上海固拓企业管理咨询有限公司	3 500		有规模
60	上海慧毓信息系统科技有限公司	1 500		有规模
61	上海宜航通用航空有限公司	2 000		有规模
62	上海金鹿财行财富投资管理有限公司	1 000		有规模
63	威来纳米科技（上海）有限公司		100	有规模
64	上海锦璨会务有限公司	1 000		有规模
65	上海优佳文化传播有限公司	1 000		有规模
66	上海奔菁资产管理有限公司	1 000		有规模
67	上海海加生物科技有限公司	1 000		有规模
68	天空树环保科技（上海）有限公司	1 000		有规模
69	上海火印广告有限公司	1 000		有规模
70	上海阶升文化传播有限公司	1 000		有规模

（续表二）

序号	企　业　名　称	注册资金		产　业
		人民币（万元）	美元（万元）	
71	上海拉普达文化传播有限公司	1 000		有规模
72	上海品龙投资管理有限公司	1 000		有规模
73	上海姝均投资有限公司	1 000		有规模
74	上海傲翔投资管理有限公司	2 050		有规模
75	上海东还信息科技有限公司	1 000		有规模
76	上海淦坤投资管理有限公司	5 000		有规模
77	上海河萍进出口有限公司	1 000		有规模
78	上海谦恒置业有限公司			有规模
79	沃普（上海）生态科技发展有限公司			有规模
80	上海靖琪文化传播有限公司（迁入）	100		有规模
81	清华同方环境（上海）有限责任公司	2 000		有规模
82	上海霖申贸易有限公司	3 600		有规模
83	上海东藏文化传播有限公司	1 000		有规模
84	上海格林斐尔置业有限公司	2 000		有规模
85	上海柳里建材有限公司	1 000		有规模
86	上海藏艺文化传播有限公司	1 000		有规模
87	上海奕华信息技术有限公司	1 100		有规模
88	上海迅扬投资管理有限公司	1 000		有规模
89	上海妙荣金融信息服务有限公司	1 500		有规模
90	上海昂采实业有限公司	3 000		有规模
91	上海博酉文化传播有限公司	1 000		有规模
92	上海大准室内设计有限公司	1 000		有规模
93	上海东阁达蒙得科技发展有限公司	1 200		有规模
94	上海瀚翔教育科技有限公司	1 000		有规模
95	上海君潭投资发展有限公司	2 000		有规模
96	上海峻滢投资管理有限公司	1 000		有规模
97	上海康贺医疗投资管理有限公司	1 600		有规模
98	上海璐熙国际贸易有限公司	2 000		有规模
99	上海宣品文化传播有限公司	1 000		有规模
100	上海银宗资产管理有限公司	1 000		有规模
101	忻媛国际贸易（上海）有限公司	1 000		有规模
102	中视微影网络信息（上海）有限公司	2 000		有规模
103	中视微影艺术品投资管理（上海）有限公司	2 000		有规模
104	上海劳瑞尔贸易有限公司	1 000		有规模
105	上海宇化腾机电科技有限公司	1 000		有规模
106	上海弘基君龙资产管理有限公司	5 000		有规模
107	上海创邑资产管理有限公司	5 000		有规模
108	上海美莱医疗美容门诊部有限公司	5 000		有规模
109	上海芜迪实业有限公司	1 000		有规模

（续表三）

序号	企　业　名　称	注册资金		产　业
		人民币（万元）	美元（万元）	
110	上海愚园文化创意发展有限公司	1 000		有规模
111	上海宾余货运代理有限公司	1 000		有规模
112	上海山影贸易有限公司	1 000		有规模
113	上海帝臣资产管理有限公司	1 000		有规模
114	舜元（上海）装饰工程有限公司	1 200		有规模
115	上海珩泰实业投资有限公司	5 000		有规模
116	上海申亚投资控股（集团）有限公司	10 000		有规模
117	上海一元真互联网健康管理有限公司	1 000		有规模
118	上海壹配适供应链管理有限公司	1 000		有规模
119	上海溢全投资管理有限公司	3 200		有规模
120	上海周盛空间设计有限公司	1 000		有规模
121	慕轩财富管理（上海）有限公司（增资）	20 000		有规模
122	上海国智融资担保有限公司	15 000		有规模
123	台亚（上海）贸易有限公司		500	有规模
124	上海已立实业有限公司	4 000		有规模
125	上海寻梦信息技术有限公司	1 000		有规模
126	上海久诺企业发展有限公司	1 000		有规模
127	上海娃兮实业有限公司	1 000		有规模
128	上海山影贸易有限公司	1 000		有规模
129	泰则（上海）医药科技有限公司	1 000		有规模
130	得捷电子（上海）有限公司			有规模
131	上海锦辉艺术传播有限公司			有规模
132	上海日名环贸易有限公司			有规模
133	上海尚庭酒店管理有限公司			有规模
134	塔欧（上海）贸易有限公司			有规模
135	巴测商贸（上海）有限公司			有规模
136	欧艾堤希信息科技（上海）有限公司			有规模
137	以旺贸易（上海）有限公司			有规模
138	利锦分离技术（上海）有限公司		160	有规模
139	道福科达尔化学（上海）有限公司			有规模
140	卡莱（梅州）橡胶制品有限公司上海分公司			有规模
141	杜龙卡浦刀具贸易（上海）有限公司			有规模
142	京二（上海）机电科技有限公司			有规模
143	仲佑投资管理咨询（上海）有限公司			有规模
144	上海谷欣投资有限公司	3 000		有规模
145	上海世茂文化传媒有限公司	2 000		有规模
146	慧思弘智（上海）儿童文化用品贸易有限公司		101	有规模
147	上海亚峰投资管理有限公司	4 309		有规模
148	欧叶贸易（上海）有限公司		102	有规模

（续表四）

序号	企　业　名　称	注册资金		产　业
		人民币(万元)	美元(万元)	
149	上海威廉投资有限公司	1 000		有规模
150	上海神盾商贸有限公司	1 000		有规模
151	上海卷夯贸易有限公司	1 000		有规模
152	上海中瑞通用航空有限公司	2 000		有规模
153	友融投资管理(上海)有限公司	1 000		有规模
154	上海威逊威尔智能控制科技有限公司	1 000		有规模
155	上海策延建材有限公司	3 300		有规模
156	上海荣寰贸易有限公司	3 500		有规模
157	挞普医疗器械贸易(上海)有限公司		100	有规模
158	上海佳晔镸清股权投资基金管理有限公司(迁移)	5 000		有规模
159	中和天佑(上海)实业有限公司	1 000		有规模
160	肯维(上海)投资咨询有限公司		200	有规模
161	上海博瑾投资中心	10 100		有规模
162	上海城云投资有限公司	100 000		有规模
163	上海桓浩资产管理有限公司	5 000		有规模
164	上海寰程资产管理有限公司	1 000		有规模
165	上海凯冠铭投资有限公司	5 000		有规模
166	上海蓝点建筑装饰设计有限公司	1 000		有规模
167	上海满声实业有限公司	1 000		有规模
168	上海上铭实业有限公司	1 000		有规模
169	上海墅嘉建筑装饰工程有限公司	2 000		有规模
170	上海信懋医疗投资管理有限公司	1 000		有规模
171	上海耀和置业有限公司	1 000		有规模
172	上海中目建筑工程有限公司	1 000		有规模
173	上海中阒资产管理有限公司	1 000		有规模
174	上海卓呈信息技术有限公司	1 050		有规模
175	亚历山大王(上海)商贸有限公司		140	有规模
176	友融企业管理(上海)有限公司	2 000		有规模
177	上海柯林布瑞信息技术有限公司	1 000		有规模
178	上海汉香缘文化发展有限公司	1 000		有规模
179	上海互家联家庭服务有限公司	1 000		有规模
180	上海怀驰实业发展有限公司	1 000		有规模
181	上海利楼福企业管理咨询有限公司		170	有规模
182	欧叶贸易(上海)有限公司		102	有规模
183	上海乾玺投资管理有限公司	1 000		有规模
184	上海远鑫实业有限公司	2 000		有规模
185	上海褐石投资发展有限公司	50 000		有规模
186	衡茂(上海)包装贸易有限公司	2 000		有规模
187	上海彦田国际贸易有限公司	1 000		有规模

（续表五）

序号	企　业　名　称	注册资金		产　业
		人民币（万元）	美元（万元）	
188	上海刻乘贸易有限公司	1 000		有规模
189	上海长丰拍卖有限公司	1 000		有规模
190	上海寅舸睿文化传媒有限公司	2 000		有规模
191	美萨珑科技(上海)有限公司	1 000		有规模
192	上海振封贸易有限公司	1 000		有规模
193	上海铭励金融信息服务有限公司	5 000		有规模
194	上海瑞茵健康产业有限公司	1 000		有规模
195	蓝盒宝宝(上海)文化创意有限公司	1 000		有规模
196	上海昂星科技发展有限公司	2 000		有规模
197	上海宝钢长宁置业有限公司	15 800		有规模
198	上海飞船进出口有限公司	980		有规模
199	上海国智融资担保有限公司	15 000		有规模
200	上海联弘国际贸易有限公司	1 000		有规模
201	上海浅深投资管理有限公司	1 000		有规模
202	上海新宸会议展览有限公司	1 000		有规模
203	至衡餐饮(上海)有限公司		100	有规模
204	雷孚斯(上海)化工贸易有限公司	1 200		有规模
205	上海迅途票务代理有限公司	1 500		有规模
206	上海迎顺金融服务有限公司	5 000		有规模
207	上海跃研科技发展有限公司	5 000		有规模
208	上海雨卿资产管理有限公司	5 000		有规模
209	希姆通智能系统集成(上海)有限公司	2 000		有规模
210	上海千般爱网络科技有限公司	1 000		有规模
211	上海天市信息技术有限公司	2 000		有规模
212	上海厚盟电子科技有限公司	2 000		有规模
213	上海涤蓝能源科技有限公司	5 000		有规模
214	上海金力仕商业管理有限公司	3 000		有规模
215	上海昌隆国际贸易有限公司	5 000		有规模
216	上海万枘贸易有限公司	1 000		有规模
217	艾福莱飞机设计有限公司	5 000		有规模
218	诺尔供应链管理(上海)有限公司	1 000		有规模
219	上海阿超投资管理有限公司		200	有规模
220	上海发贸文化传播有限公司	1 000		有规模
221	上海翰典金融信息服务有限公司	3 000		有规模
222	上海灏煊投资有限公司	2 000		有规模
223	上海红厘实业有限公司	1 000		有规模
224	上海厚盟企业管理有限公司	1 000		有规模
225	上海华点云生物科技有限公司	1 500		有规模
226	上海基镓电力技术有限公司	1 000		有规模

（续表六）

序号	企　业　名　称	注册资金		产　业
		人民币（万元）	美元（万元）	
227	上海凯密尔物流有限公司	1 000		有规模
228	上海雷亭实业有限公司	1 000		有规模
229	上海灵宵建设工程有限公司	2 000		有规模
230	上海凌鸿建设项目管理有限公司	1 000		有规模
231	上海隆太医院投资管理有限公司	5 000		有规模
232	上海盟庆投资管理有限公司	5 000		有规模
233	上海瑞筹投资管理有限公司	1 000		有规模
234	上海赛宸国际贸易有限公司	1 000		有规模
235	上海社购实业有限公司	1 000		有规模
236	上海邑菲文化传播有限公司	1 000		有规模
237	上海昱之行网络技术有限公司	1 000		有规模
238	上海煜炜实业有限公司	3 000		有规模
239	中远上银投资发展有限公司	8 000		有规模
240	上海乾玺投资管理有限公司	1 000		有规模
241	爱波洛伊（上海）贸易有限公司		100	有规模
242	上海亚峰投资管理有限公司	4 309		有规模
243	联康（上海）葡萄酒有限公司	1 000		有规模
244	上海茂沁投资管理有限公司	1 371.77		有规模
245	上海威廉投资有限公司	3 000		有规模
246	卓之信（上海）文化投资有限公司	1 000		有规模
247	翔汇国际货运代理（上海）有限公司		110	有规模
248	上海博惠实业有限公司	1 000		有规模
249	嘉謦贸易（上海）有限公司	1 000		有规模
250	金林源融资租赁（上海）有限公司		5 000	有规模
251	上海杰英文化传播有限公司	1 000		有规模
252	上海荣硕投资有限公司	3 333		有规模
253	上海世稼进出口有限公司	1 000		有规模
254	上海威廷物业管理有限公司	1 000		有规模
255	养芳集（上海）企业管理有限公司	1 000		有规模
256	海翰实业有限公司	30 000		有实力
257	司贝克斯投资管理有限公司	30 000		有实力
258	上海智德信集团有限责任公司			有实力
259	上海经怡实业发展有限公司	19 445		有实力
260	海润光伏（上海）有限公司	20 000		有实力
261	上海携程资产管理有限公司	25 000		有实力
262	上海金图信息科技有限公司	25 000		有实力
263	互程（上海）网络技术有限公司	57 533		有实力
264	上海勐马仕航空投资有限公司	20 000		有实力
265	上海兰博卫医疗科技有限公司			有实效

（续表七）

序号	企 业 名 称	注册资金		产 业
		人民币（万元）	美元（万元）	
266	英国克莱德联合泵业（中国）控股有限公司上海代表处			有实效
267	北京迪爱慈广告有限公司上海分公司			有实效
268	远迅（上海）数码科技有限公司			有实效
269	上海卡利迪广告有限公司			有实效
270	上海颐慧实业有限公司			有实效
271	电化创新（上海）商贸有限公司			有实效
272	奥地利帕尔菲格股份公司上海代表处	2 000		有实效
273	岛精荣荣（上海）贸易有限公司		210	有实效
274	上海秀捷经贸有限公司	100		有实效
275	赛诗丽商贸（上海）有限公司		100	有实效
276	上海新亿海金属材料有限公司	2 000		有实效
277	奇瑞捷豹路虎汽车有限公司上海分公司			有实效
278	上海聚巅经贸有限公司			有实效
279	上海锦赟资产管理有限公司	8 000		有实效
280	元祯化工贸易（上海）有限公司		1 000	有实效
281	华澄股份有限公司			有实效
282	北京近铁运通运输有限公司上海分公司			有实效
283	凯码（上海）能源技术有限公司			有实效
284	宜信卓越财富投资管理（北京）有限公司上海长宁分公司			有实效
285	上海普天阳医疗器械有限公司			有实效
286	上海雨祥食品有限公司			有实效
287	基德儿童用品贸易（上海）有限公司		500	有实效
288	利星行融资租赁（中国）有限公司上海分公司			有实效
289	上海美加乐农贸市场经营管理有限公司	50		有实效
290	上海云蒸餐饮管理有限公司（迁入）	50		有实效
291	上海罗宾升国际货运有限公司	1 200		有实效
292	上海博望投资中心（有限合伙）	20 001		有实效
293	国泰君安证券股份有限公司上海分公司			有实效
294	上海博逸投资中心（有限合伙）	60 006		有实效
295	庞贝捷涂料（昆山）有限公司上海长宁分公司			有实效
296	深圳市明源软件股份有限公司上海分公司			有实效
297	上海香鹿志投资咨询有限公司	80		有实效
298	上海长宁赣信小额贷款有限公司	10 000		有实效
299	上海枫琦贸易有限公司			有实效
300	维酷公共关系咨询（上海）有限公司		150	有实效
301	蜜儿乐儿乳业（上海）有限公司		400	有实效
302	富陶（上海）实业有限公司			有实效
303	上海利统生化制品有限公司		36	有实效
304	上海乐丽网络科技有限公司	100		有实效

（续表八）

序号	企　业　名　称	注册资金		产　业
		人民币（万元）	美元（万元）	
305	康宝莱（上海）管理有限公司		200	有实效
306	毕恩建筑工程咨询（上海）有限公司		163.5	有实效
307	华升富士达电梯有限公司上海分公司			有实效
308	优友（上海）商贸有限公司			有实效
309	上海盛高投资有限公司	6 000		有实效
310	上海新盛典当有限公司	4 800		有实效
311	卓郎（江苏）纺织机械有限公司上海分公司			有实效
312	扬伦（上海）贸易有限公司			有实效
313	新文越婴童用品（上海）有限公司			有实效
314	中银金融商务（昆山）有限公司上海分公司			有实效
315	三木普利（天津）有限公司上海分公司			有实效
316	优倍快网络技术咨询（上海）有限公司			有实效
317	瑞族（上海）家用电器有限公司		260	有实效
318	远翔投资（中国）有限公司		3 000	有实效
319	特灵空调系统（中国）有限公司上海研发分公司			有实效
320	上海索迪斯万通服务有限公司		980	有实效
321	捷恩智纤维贸易（上海）有限公司	50		有实效
322	上海清和商贸有限公司	100		有实效
323	上海分众软件技术有限公司		200	有实效
324	上海水晶石数字科技有限公司	100		有实效
325	爱玛客服务产业（中国）有限公司上海第一分公司	0		有实效
326	上海昂立优培教育培训有限公司	1 600		有实效
327	适马贸易（上海）有限公司		122	有实效
328	上海布鲁爱电子商务有限公司	550		有实效
329	上海昱辉能源科技有限公司	100		有实效
330	上海凯逸商务国际旅行社有限公司	200		有实效
331	易特驰汽车技术（上海）有限公司		200	有实效
332	上海艾德韦宣商务咨询有限公司	1 500		有实效
333	捷温汽车技术咨询（上海）有限公司		100	有实效
334	库博汽车标准配件（昆山）有限公司上海分公司			有实效
335	博世汽车服务技术（苏州）有限公司上海分公司			有实效
336	亚萨合莱保安制品（深圳）有限公司上海分公司			有实效
337	上海锐邦文化传播有限公司	100		有实效
338	沃科声（上海）商贸有限公司		1 000	有实效
339	丹比贸易（上海）有限公司	3 750		有实效
340	博隆福斯船舶设备贸易（上海）有限公司		14	有实效
341	华福证券有限责任公司上海分公司（已产税 404 万）			有实效
342	乃村工艺建筑装饰（北京）有限公司上海分公司（已产税 149 万）			有实效
343	上海澄铭实业有限公司		100	有规模

说明：(1)资料由区商务委办公室提供；(2)注册资金一栏空格的企业是分公司或代表处

（四）对口援助

【概况】 2014年，长宁区对口支援与合作交流工作立足于贯彻落实国家区域发展总体战略和主题功能区战略，完善工作机制、落实项目推进、提升服务效能，安排帮扶资金1 620万元用于云南省红河州金平、石屏县19个对口帮扶项目建设；落实市级统筹资金、区级推进的援青模式，帮扶青海省果洛州甘德县2 216万元；加强对口地区人力资源开发培训；加大结对金山区农村综合帮扶力度；接待兄弟省市及对口援建地区考察代表团33批526人次。 （韦 玮）

【对口支援云南省红河州金平、石屏县工作】 年内，按照《2014年上海市对口支援云南省项目资金计划安排》，安排帮扶资金1 620万元用于红河州金平、石屏县19个对口帮扶项目建设，包括12个整村推进、4个产业培植项目、3个新纲要示范村。

（韦 玮）

【对口支援青海省果洛州甘德县工作】 年内，根据《2014年上海市对口支援青海果洛藏族自治州项目资金计划安排》，区援青帮扶项目采用市级层面统筹资金、区级层面推进的模式开展，市统筹资金对口帮扶果洛州

表14-3 **2014年长宁区援建整村推进、产业培植和新纲要示范村项目情况表**

编号	类 别	项 目 名 称
1	整村推进	金平县者米乡巴哈村委会苏鲁村
2		金平县者米乡巴哈村委会莫乌村
3		金平县者米乡巴哈村委会东沙小寨村
4		金平县下新寨村委会金竹寨村
5		金平县下新寨村委会牛底村
6		金平县顶青村委会地棚村
7		金平县顶青村委会古灯寨村
8		金平县顶青村委会东风村
9		石屏县坝心镇坝心村委会坝心六组
10		石屏县坝心镇坝心村委会坝心七组
11		石屏县海东村委会龙井村
12		石屏县老街村委会陆来村
1	产业培植	金平县者米乡油茶产业示范园
2		石屏县坝心镇2 000亩杨梅早熟品种示范基地
3		石屏县坝心镇新海资村委会枇杷示范基地
4		石屏县坝心镇王家冲村委会猕猴桃示范基地
1	新纲要示范村	金平县者米乡下新寨村委会下良竹村新纲要示范村建设
2		金平县蝴蝶谷标水岩民族文化生态旅游示范村
3		石屏县坝心镇坝心村委会坝新村新纲要示范村建设

说明：资料由区政府合作交流办提供

表14-4 **2014年长宁区实施对口支援地区人力资源培训项目情况表**

序号	项 目 名 称	经费（万元）	培训人次（人）
1	果洛州甘德县后备干部来沪挂职	7	6
2	果洛州甘德县医疗卫生人员来沪培训	5	2
3	果洛州中小学教务主任培训班	23	50
4	长宁区医疗卫生专家赴果洛州甘德县开展培训	9	400
5	红河州城乡经济培训班	23	50
6	长宁区医疗卫生专家赴红河州开展培训	7	200
总 计		74	708

说明：资料由区政府合作交流办提供

甘德县 2 216 万元，用于农牧民定居点配套设施改造、生态畜牧业产业化等 5 大类帮扶项目。（韦　玮）

【开展对口地区人力资源培训】 年内，做好与市经济干部管理学院及援滇干部、援青干部共同研究制定并实施人力资源开发培训项目，举办青海中小学教务主任管理创新专题培训班、红河州城乡建设发展培训班；组织同仁医院医疗专家赴果洛州、红河州培训当地医疗工作者；为当地医院捐赠价值 50 万元的医疗设备；承接青海甘德县 6 名干部于 11 月赴长宁区开展一个月的挂职锻炼。

（韦　玮）

2014 年金山西甜瓜节开幕式在黄金城道举办　（区合作交流办供稿）

【结对金山区农村综合帮扶工作】 年内，举办"金山草莓节""金山西甜瓜节"及"金山施泉葡萄节"，现场销售农产品价值 100 余万元，配送农产品价值 200 余万元。开展长宁区中小学对金山区中小学托管工作，完成兴塔幼儿园创建一级园项目及金山教育系统干部到长宁区挂职。新华、虹桥、周桥、程桥、北新泾、江苏社区卫生服务中心分别与金山区开展结对，启动家庭医生制服务、社区医护等 10 大类合作项目。完成海棠小学网球进校园 16 周培训课程，开展落实金山羽毛球、游泳项目带队带教。组织"金长有戏"沪剧送戏下乡活动 20 余场。采购部分适合农村阅读的书刊，分期分批赠送金山"农村书屋"。联手推进"菜园 · 果园 · 进家园"——"妇女之家"蔬果直供点项目。在新华路、江苏路、华阳路、天山路、虹桥路、程家桥、新泾镇 7 个街道（镇）的 23 个居委会和 4 栋商务楼宇建立 27 个直供点。（韦　玮）

【赴对口支援地区慰问考察】 6 月，区政协副主席、区卫计委主任葛敏带队前往云南省红河州金平、石屏县调研考察，长宁区的同仁医院与石屏县人民医院签订医疗共建帮扶协议；8 月，区委组织部副部长程敏带队前往青海果洛州调研考察，慰问援青干部，送去 30 万元的援建资金用于当地学校添置教学设备等。（韦　玮）

【参展第二届南亚博览会暨第二十二届昆明进出口商品交易会】 区政府受市对口支援领导小组委托，以长宁区临空办、上海服装集团、博世（中国）投资等 16 家区重点企业及机构共同组成上海市经贸团，由市领导带队参加 6 月 6 日至 10 日在昆明国际会议中心举办的第二届南亚博览会暨第二十二届昆明进出口商品交易会。参与展示展销的长宁区重点企业销售各类商品超过 80 余万元，接待 46 个国家和地区、24 个国内各省市的逾 5 万名观众。展会期间，市政协副主席蔡威，市合作办副主任姚新，区政协副主席、区卫计委主任葛敏等带队多次到上海 · 长宁馆参观并指导。（韦　玮）

（栏目编辑　查斐佳）

十五　工　业

（一）综　述

2014年，长宁区工业经济稳步发展，全区实现工业总产值58.17亿元，比上年增长12.8%；其中，规模以上企业实现工业产值55.91亿元，比上年增长14.1%。全区实现工业销售产值55.28亿元，比上年增长0.2%；其中规模以上企业实现工业销售产值53亿元，比上年增长0.7%。工业产品销售率95%，比上年减少11.9个百分点。工业高技术产业产值22.76亿元，占全区工业总产值的39.1%。全区规模以上工业企业中，国有企业实现工业总产值1亿元，比上年下降13.6%；股份制企业实现工业总产值21.86亿元，增长45.9%；外商及港澳台投资企业实现工业总产值24.1亿元，增长0.3%。加强创意园区的规范运作管理，引进文化创意企业，推动创意园区建设向高集聚度、高效益方向发展，创意产业成为长宁现代服务业内涵不断丰富和经济贡献度不断提高的有效补充和创新动力。

（张亦易　常　念）

（二）工业管理

【概况】　2014年，区商务委指导促进中小企业发展，推进区中小企业服务体系建设，持续推进中小企业改制上市工作，促进区中小企业健康、持续和创新发展。（张亦易）

【完善中小企业服务体系】　年内，区商务委在全市率先将中小企业服务体系延伸到10个街道（镇），建立区中小企业服务中心各街道（镇）分中心，并延伸到6个主要科技创意园区。建立园区分中心，为中小企业提供有效、便捷的服务。动员专业服务机构申报加入市级中小企业公共服务机构，有17家中小企业专业服务机构被纳入全市的中小企业公共服务机构体系。（张亦易）

【推进中小企业改制上市】　年内，区商务委推动企业进入资本市场的工作获得成果，2家企业在创业板上市，1家企业获准在上交所主板上市，5家企业在“新三板”挂牌，2家企业向上海证监局备案；2家企业获准“新三板”挂牌，1家企业向“新三板”提交挂牌申请材料，近20家企业启动“新三板”挂牌的准备工作。组织企业赴“新三板”交易所协调审核相关工作。

（张亦易）

【举办第二届上海（国际）中小企业精品展】　6月26日—28日，“第二届上海（国际）中小企业精品展”在上海世贸商城召开。长宁区作为主办方之一，组织区“专精特新”企业中的携程、大众点评、易果、菜管家、蜘蛛网、百视通、分众传媒、新好耶、新大陆翼码、埃谛尔10家互联网相关企业以“智慧长宁——互联网时代的生活”为主题联合参展。长宁区主题展台设计新颖，吸引参观者的广泛关注，得到市政府、市经信委领导的肯定，突现长宁区“四新”（新技术、新产业、新模式、新业态）企业发展的新面貌，展示互联网给人们生活带来的在消费模式、消费行为方面的变化。

（张亦易）

上海市“专精特新”精品展在世贸商城举办　（区商务委供稿）

（三）行业、产品与技术创新

【概况】 2014年，区商务委引导区中小企业申报国家和市里扶持政策，指导和帮助工业企业建立技术创新机制，推动技术进步和高新技术产业化、工业信息化。有区级“专精特新”企业160家。34家企业申报国家、市和区有关专项扶持资金。（张亦易　常　念）

【确定并扶持区级“专精特新”中小企业名单】 长宁区共有区级“专精特新”企业160家。年内，区商务委对第一批纳入区级“专精特新”中小企业培育名单的114家企业落实一次性扶持资金570万元，其中34家企业被纳入2014年度市级“专精特新”中小企业培育名单，占区实体经济中小企业总数的0.42%。组织第二批纳入区级“专精特新”中小企业培育名单的企业的申报工作，有46家企业被纳入区级“专精特新”培育名单。（张亦易）

【组织“专精特新”企业申报项目】 年内，区商务委组织34家企业申报国家、市和区有关专项扶持资金，涉及的项目有国家中小企业发展专项、市重点技术改造专项、市知识产权优势企业专项、市总集成总承包专项、市电子商务双推、市中小企业发展专项资金、区级企业技术中心认定等。19家企业通过评审获得立项，获国家和市专项扶持资金1 073万元，区财政给予337万元配套扶持资金支持。组织专家和有关部门对第一批“专精特新”企业的区级项目进行审核，17个项目获得通过，扶持资金340万元。（张亦易）

（四）创意产业园区

【概况】 2014年，区商务委加强创意园区管理，提高园区产业集聚度和贡献度，完成创意园区年审工作，加快引进文化创意重点企业，促进文化创意产业发展。13家市创意产业集聚区，可出租面积14.5万平方米，出租率98%，入驻企业479家，全年总营业收入24亿元，税收1.97亿元，比上年增长2%；举办2014环东华时尚周暨国际时尚论坛。（张亦易）

周家桥创意产业之门　（区商务委供稿）

【加强创意园区的管理与服务】 年内，区商务委对市创意产业集聚区开展年度评估。根据市文创办关于文化与创意园区融合发展的部署，组织企业申报市文化创意园区，德必易园、多媒体产业园、新十钢红坊、上海时尚园、周家桥、湖丝栈、映巷创意工场、法华525、慧谷白猫、创邑河、华联创意广场、聚为园12家园区获市文化创意园区称号。（张亦易）

【举办2014环东华时尚周暨国际时尚论坛】 4月23日，2014环东华时尚周暨国际时尚论坛开幕式在世贸商城四楼展厅举行。中国纺织工业联合会副会长张莉、2015米兰世博会中国企业馆执委会主任陈安杰、副区长解冬及国外知名服装院校领导出席。东华大学校长徐明稚致欢迎辞，并举行揭幕仪式和“风尚上海”平台启用仪式。开幕式上举行了海派原创校服设计作品发布、香港理工大学优秀毕业生作品发布和2014“雅莹·东华杯”中日合资班优秀毕业生作品发布。（张亦易）

【加快引进文创重点企业】 年内，区商务委注重引进和培育文化企业，加快数字内容、文化会展、时尚创意等重点文化产业集聚发展，引进泓基文化传播（上海）有限公司等20家文化创意类企业，其中注册资金千万元以上企业10家。（张亦易）

【举行市文化创意园区挂牌仪式】 12月25日，市文化创意园区长宁区挂牌仪式在长宁区举行，市文创办副主任、市经信委巡视员陈跃华出席仪式并讲话，强调要充分认识园区融合发展的重要性；注重园区品牌建设，提升服务水平，加强日常管理；主动对接园区产业发展大局，更好为文创产业发展作贡献。会上宣读区第二批文化创意园区名单，德必易园、多媒体产业园等12家园区获得市文化创意园区称号，德必易园和慧谷白猫两家园区作交流发言。（张亦易）

（栏目编辑　查斐佳）

十六 建筑业

(一)综　述

截至年底,长宁区在地统计具有资质的建筑业企业172户。其中特级资质1户,一级资质21户,二级资质48户,三级资质75户,劳务分包资质24户,其他资质3户。全年建筑业企业完成施工产值235.02亿元,比上年增长8.3%;施工面积2 350万平方米,比上年增长6.2%;竣工面积584.32万平方米,比上年增长5.5%。建筑企业按总产值计算的全员劳动生产率达到人均48.59万元,比上年提高31.9%。区建交委对接"重点领域改革推进、党的群众路线教育实践活动推开、全国文明城区复评迎检",推进经济楼宇开竣工、虹桥地区地下人行通道、中山公园一号门地下空间工程、中山公园二层平台等重点项目快速启动、稳步实施。严把稳控城区运行安全底线,围绕重点节点开展建筑工地生产和消防安全大检查,组织"安全月"和"质量月"活动,开展大型机械、深基坑、保障性住房等专项检查;开展农民工工资支付情况专项检查,妥善化解江苏路40号等欠薪纠纷;协调处理程桥二村、复旦西校、来福士广场、淮海名邸、泰安路109弄3号、绿城广场等涉民矛盾,消除隐患。区建管中心以标准化建设为抓手,以规范管理为目标,优化服务,创新理念,努力开拓区建筑业管理工作的新格局。

(常　念　王欣欣　胡实希)

(二)建筑业综合管理

【概况】 2014年,区建交委推进建筑企业诚信体系建设,已有诚信记录190条,涉及建设单位61家、施工单位99家、监理单位10家;配合做好长宁信用平台建设工作;严格施工企业资质审核管理,推进招投标监管标准化,开展招投标代理单位考核工作;在区建设工程监管体系的基础上,推进实施《建设项目后评估管理办法(试行)》《小型项目招投标管理办法(试行)》和《进一步规范建交委建设项目监管的会议纪要》等相关制度,规范项目建设单位。年内,区建筑业管理署更名为长宁区建筑业管理中心,发挥"市场"与"现场"联合监管优势,抓好招投标管理工作程序监管、建筑企业资质动态管理,强化对施工现场参建各方行为的检查,促进区建筑市场规范有序发展。完成承发包管理项目151项,招投标项目102项;受理报建项目113项,安质监申报121项;受理新办企业资质7家,增项3家;完成区属企业注册资金、法定代表人变更等工作。以专项治理为抓手,遏制在劳务及专业分包工程中的违法违规用工行为,做好矛盾纠纷和不安定因素的调处、化解工作,维护在建工地安全稳定。

(王欣欣　胡实希)

【加强安全知识培训】 年内,区建交委对新开工地及工期较短的装修工地,进行一线操作人员安全生产知识教育培训,提高农民工的安全意识,保护务工人员的合法权益,推动建设工地安全生产工作。全年累计培训5 936人。

(王欣欣)

【推进区级建设工程立功竞赛】 年内,区建交委召开区建设工程立功竞赛动员大会,各在建工地响应活动倡议,签署承诺书。8月,为加强过程控制,区建交委对区域内的上海国际舞蹈中心、刘海粟美术馆迁建工程、上海城三期综合楼项目等16家在建工地进行中期考核。通过对安全生产、文明施工、临时设施、内业资料等4方面内容检查,推进工地立功竞赛的积极性,实现现场安全生产、文明施工等方面管理效果。

(王欣欣)

【开展技术业务培训】 年内,区建交委参加市、区组织各类培训、专题讲座和观摩活动20次;邀请专家开展专题讲座,组织监督人员专题轮流讨论。通过各类培训、学习,提高监督人员业务水平,丰富业务知识,为更好开展监督工作打下基础。

(王欣欣)

【推进工程创优】 年内,区建交委在工程创优工作中提出"宣传、引导、扶持、拓展"的总体思路,联合区建筑业协会,完善工程创优推荐与检查工作方法,通过加强事先告知、开展廉政承诺、建立健全检查内容及评分机制、引入讲评反馈机制等四项措施,加大企业创优积极性。共创建区优质结构工程15项、区天山杯2项、区文明工地15项、"安全生产月"区观摩工地1个、市优质结构2项，白玉兰3项、市绿色施工工地2项、市文明工地8项。 （王欣欣）

【组织职业技能竞赛】 11月20日，区建交委在缤谷广场二期工地3楼现场联合区人社局等相关部门开展2014年长宁区职业技能竞赛活动，17家企业报名参赛，152名一线工人参加钢筋工、砌筑工、木工等3个工种的技能比武。 （王欣欣）

【加大招投标监管力度】 年内，区建管中心启用暂估价招标服务系统，推行网上公正度评价，加强对招标代理机构的监管力度，确保建设项目施工招投标"公开、公平、公正"和有序运行，提高资金使用效率，保证工程质量，全年完成承发包管理项目151项。 （胡实希）

【做好农民工维权工作】 区建交委为预防因拖欠农民工工资而引发群体上访等不安定事件的发生，在日常检查中督促施工单位增强规范劳务用工的责任意识，建立健全劳务用工管理台账等手段对农民工工资支付情况进行督察。区建管中心加强施工现场用工管理日常监督和专项治理，遏制在劳务及专业分包工程中的违法违规用工行为，调处、化解矛盾纠纷和不安定因素。完善农民工投诉、举报的接待、协调处理制度，确保应急突发事件处置到位，维护在建工地安全稳定。全年处理农民工工资拖欠纠纷21起，涉及人数977人，涉及金额1 239.1万元，解决率100%。 （王欣欣 胡实希）

（三）建设工程管理

【概况】 2014年，区建交委加强项目管理规范，施行小型建设项目管理工作，加强对财政投资项目的监管，保证各建设工程项目健康有序实施。年内，长宁区在建工地138个，建筑面积约246万平方米，总工程量140亿元。其中公建项目58个，建筑面积208万平方米，住宅9个，建筑面积38万平方米，含保障房项目2个，建筑面积6万平方米，装饰装修项目49个，工程量5亿元，市政项目22个，工程量3亿元。年内，新增监督项目106个，总建筑面积47万平方米，总工程量41亿元，其中住宅项目9个，总建筑面积38万平方米。完成竣工项目90个，建筑面积82万平方米，工程量46亿元。 （王欣欣 胡实希）

【规范建设工程项目管理】 年内，区建交委完善小型项目管理规定，理顺监管小组工作架构和工作程序，重新修订建交委项目监管小组议事规则、招标代理单位和审价单位选取办法以及后评估管理办法等，从源头上规范工程项目的立项、招投标、报建等环节。为30万—200万元的各类工程项目的实施，在源头上进行制度的有效掌控。完成小型工程项目19项，其中施工类7项，勘察设计监理类12项，涉及金额14 197.32万元。 （王欣欣）

【强化建设工程质量安全监管】 年内，区建交委组织春节前后专项检查、防汛防台、亚信峰会、绿色护考巡查、大型机械专项检查、防空坠落检查、农民工工资清欠等各类安全专项检查和整治活动25次。开展保障性住房质量、深基坑、重大工程立功竞赛中途检查等专项检查及综合质量大检查及评优推荐活动30次；督促各建设责任主体做好工程质量、安全报监工作，严格查处"六无"工程，力求新建土建工程报监率100%，改扩建及装饰装修工程报监率95%。区建管中心规范日常监管巡查制度，月有常规检查、季有专项检查、半年有讲评会通报；结合落实亚信峰会安全保障工作，巩固全国文明城区创建成果，有针对性开展专项整治工作，加大对建设领域违规现象的监管力度，确保监管的覆盖率和可控率。组织开展保障性住房质量、深基坑、重大工程立功竞赛中途检查等专项检查及综合质量大检查及评优推荐活动30次。 （王欣欣 胡实希）

【开展质量安全主题月活动】 6月，区建交委开展以"强化红线意识，促进安全发展"为主题的一系列安全生产宣传教育活动。通过召开动员部署会、举办"安全生产管理"专题讲座、开展"安全生产月"专项检查、组织现场观摩和应急演练，提高安全隐患预防意识和应急处置能力。活动期间，举办"建设工程质量控制培训班"，组织2次专题观摩，与市安质监

区建交系统建筑工地流动党员驿站开展组团式服务系列活动

（区建管中心供稿）

在来福士广场项目组织安全生产月的消防和防台防汛应急预案演练

（区建管中心供稿）

总站两级联动，开展4项综合性检查及专项检查。（王欣欣）

【开展主题月活动】 区建管中心为强化参建各方管理意识，于6月开展以“强化红线意识，促进安全发展”为主题的安全生产月活动；9月开展以“推动三个转变，建设质量强国”为主题的质量月活动。（胡实希）

【规范行政执法】 年内，区建管中心在日常检查和各类专项检查整治活动中，对建设参与方质量、安全、市场违规行为实施行政处罚41起，共处罚金116.15万元，违法处罚率100%。每月每季按时上报处罚月报和季报，有情况及时向区建委上报有关统计数据及资料，正确及时率100%。（胡实希）

（四）施工企业

【概况】 2014年，企业工商注册所在地为长宁区、且经常到区建管中心办理业务的施工企业有76家。其中，具备施工总承包序列三级资质、专业承包序列三级资质、劳务分包序列资质的施工企业共50家，由区建管中心承担资质许可、后续监管职责；其他施工企业由国务院、上海市相关建设主管部门负责监管。区域内，划归市管的建筑施工企业承接市、区和外省市重要建筑施工项目较多的企业有上海建工七集团有限公司、上海金鹿建设（集团）有限公司、上海新长宁集团建筑装饰实业有限公司、上海永达市政建设工程有限公司等。（胡实希 常 念）

【上海建工七建集团有限公司】 公司系建设工程总承包特级企业，上海建工集团股份有限公司全资子公司。年内，七建集团在上海拓展世博央企、迪士尼、滨江、临港和虹桥商务区等建设热点区域，推进国内市场的开拓，在京津、海南、西安及长三角地区中标大批重要项目。完成中标工程合同签约额210.66亿元，比上年增长7.83%；实现营业收入159.45亿元，比上年增长6.07%；实现施工产值160.12亿元，比上年同期增长6%；在建项目125个，在建施工面积1 000万平方米，其中市重大工程45项。获市科技进步奖4项，授权专利12项，申请专利技术26项，其中发明专利12项，获国家级工法1项；获国家级工程质量奖7项，其中建设工程鲁班奖1项，国家装饰奖3项，全国用户满

表16-1　2014年长宁区部分区管建筑施工企业情况表

序号	单位名称	资质类别	资质等级	经济类型
1	柏克德（中国）工程有限公司	房屋建筑工程	二级	外资企业
2	宝钢建筑系统集成有限公司	房屋建筑工程	三级	一人有限责任公司（法人独资）
3	创真（上海）建筑装潢有限公司	建筑装修装饰工程	三级	港、澳、台独资经营企业
4	福陆（中国）工程建设有限公司	化工石油工程	一级	外资企业
5	高宝装饰工程（上海）有限公司	建筑装修装饰工程	三级	有限责任公司（港、澳、台法人独资）
6	国誉装饰技术（上海）有限公司	建筑装修装饰工程	二级	外资企业
7	浩德科技股份有限公司	机电设备安装工程	三级	股份有限公司
8	户田建设工程（上海）有限公司	房屋建筑工程	三级	外资企业
9	美施威尔（上海）有限公司	机电安装工程	一级	外资企业
10	三机建筑工程（上海）有限公司	建筑装修装饰工程	三级	外资企业
11	上海艾弗森防腐保温工程有限公司	防腐保温工程	三级	有限责任公司
12	上海澳润建筑劳务有限公司	木工作业分包	二级	有限责任公司
13	上海宝骏市政工程有限公司	市政公用工程	三级	有限责任公司
14	上海标建建筑装饰工程有限公司	建筑装修装饰工程	二级	有限责任公司

（续表一）

序号	单　位　名　称	资质类别	资质等级	经　济　类　型
15	上海滨晟建筑装饰设计工程有限公司	建筑幕墙工程	二级	有限责任公司
16	上海博群建筑装修装饰工程部	建筑装修装饰工程	三级	集体企业
17	上海长龙市政工程有限公司	市政公用工程	三级	有限责任公司
18	上海长宁建设工程总承包有限责任公司	房屋建筑工程	二级	有限责任公司
19	上海长啸建筑劳务有限公司	砌筑作业分包	一级	有限责任公司
20	上海长信防水工程有限公司	建筑防水工程	三级	有限责任公司
21	上海常乐消防工程有限公司	消防设施工程	二级	有限责任公司
22	上海常晓安保设备工程有限公司	消防设施工程	一级	有限责任公司
23	上海朝杰市政工程有限公司	市政公用工程	三级	有限责任公司(国内合资)
24	上海潮汕建筑劳务有限公司	砌筑作业分包	一级	有限责任公司
25	上海晨瑞建筑装饰工程有限公司	建筑装修装饰工程	二级	有限责任公司
26	上海承安消防设备有限公司	消防设施工程	一级	外资企业
27	上海诚节建筑安装工程有限公司	消防设施工程	三级	有限责任公司(国内合资)
28	上海川科机电工程有限公司	建筑装修装饰工程	三级	有限责任公司(国内合资)
29	上海创宏建设集团有限公司	房屋建筑工程	一级	有限责任公司
30	上海大华装饰工程有限公司	建筑装修装饰工程	一级	有限责任公司(中外合资)
31	上海得伟消防工程有限公司	消防设施工程	二级	有限责任公司
32	上海电气集团股份有限公司	电力工程	一级	股份有限公司
33	上海电气菱电节能控制技术有限公司	机电设备安装工程	三级	有限责任公司(中外合资)
34	上海鼎晟照明科技有限公司	城市及道路照明工程	三级	有限责任公司
35	上海东湖工程公司	建筑装修装饰工程	三级	国有企业
36	上海飞灵建筑工程管理有限公司	砌筑作业分包	一级	有限责任公司
37	上海风神环境设备工程有限公司	机电设备安装工程	一级	有限责任公司
38	上海复旦网络信息工程有限公司	消防设施工程	三级	有限责任公司
39	上海复陆建筑工程有限公司	房屋建筑工程	二级	有限责任公司
40	上海富标建筑劳务有限公司	砌筑作业分包	二级	有限责任公司
41	上海富凯网络信息技术有限公司	建筑智能化工程	二级	有限责任公司
42	上海高多艾装潢有限公司	建筑装修装饰工程	三级	有限责任公司
43	上海高架养护管理有限公司	市政公用工程	三级	一人有限责任公司(法人独资)
44	上海古北电子技术工程有限公司	建筑智能化工程	三级	有限责任公司(国内合资)
45	上海贯申建设工程有限公司	机电设备安装工程	三级	有限责任公司
46	上海浩建建筑工程有限公司	房屋建筑工程	三级	有限责任公司
47	上海合胜计算机科技股份有限公司	建筑智能化工程	三级	股份有限公司(非上市)
48	上海和众钢结构有限公司	建筑装修装饰工程	三级	有限责任公司
49	上海华盛技术开发有限公司	机电设备安装工程	三级	有限责任公司
50	上海寄乐建筑施工有限公司	砌筑作业分包	二级	有限责任公司
51	上海江森房屋设备有限公司	机电设备安装工程	三级	中外合资经营企业
52	上海金鹿建设(集团)有限公司	房屋建筑工程	一级	有限责任公司
53	上海金鹿装潢制品有限公司	金属门窗工程	一级	中外合资经营企业
54	上海金属腐蚀与防护技术有限公司	防腐保温工程	三级	股份有限公司

（续表二）

序号	单 位 名 称	资质类别	资质等级	经 济 类 型
55	上海锦仑市政基础工程有限公司	地基与基础工程	三级	有限责任公司
56	上海经达实业发展有限公司	消防设施工程	二级	有限责任公司
57	上海精慧机电设备安装工程有限公司	机电设备安装工程	三级	私营企业
58	上海净防建筑安装有限公司	建筑装修装饰工程	三级	有限责任公司
59	上海巨水克建筑材料有限公司	建筑防水工程	三级	有限责任公司
60	上海巨筑建筑工程有限公司	房屋建筑工程	三级	有限责任公司（国内合资）
61	上海君和建筑装饰工程有限公司	建筑装修装饰工程	三级	有限责任公司
62	上海凯弘防火工程设备有限公司	消防设施工程	二级	有限责任公司
63	上海康宁建筑装饰有限公司	建筑装修装饰工程	三级	有限责任公司
64	上海科克雷蒙建筑工程有限公司	房屋建筑工程	三级	外资企业
65	上海科太计算机系统集成有限公司	建筑智能化工程	三级	有限责任公司
66	上海伦明建设（集团）有限公司	房屋建筑工程	一级	有限责任公司
67	上海民航华东空管工程技术有限公司	电子工程	三级	一人有限责任公司（法人独资）
68	上海欧坊建筑装饰工程有限公司	房屋建筑工程	三级	有限责任公司（国内合资）
69	上海平易装潢材料有限公司	建筑幕墙工程	三级	有限责任公司
70	上海浦江缆索工程有限公司	起重设备安装工程	三级	有限责任公司
71	上海润都照明设计有限公司	城市及道路照明工程	三级	有限责任公司
72	上海新长宁集团建筑装饰实业有限公司	房屋建筑工程	二级	有限责任公司
73	上海新长宁集团仙霞物业有限公司	建筑装修装饰工程	三级	有限责任公司
74	上海置信电力建设有限公司	送变电工程	三级	一人有限责任公司（法人独资）
75	上海仲盛建设工程有限公司	房屋建筑工程	一级	有限责任公司
76	舜元建设（集团）有限公司	房屋建筑工程	一级	有限责任公司

说明：资料由区建管中心提供

表 16-2　**2014 年长宁区市管建筑施工企业情况表**

序号	单位名称	经济类型	办 公 地 址
1	柏克德（中国）工程有限公司	外资企业	凯旋路龙之梦雅仕大厦 37 楼
2	宝钢建筑系统集成有限公司	一人有限责任公司（法人独资）	周家嘴路 1229 号
3	创真（上海）建筑装潢有限公司	港、澳、台独资经营企业	愚园路 1258 号绿地大厦 910 室
4	福陆（中国）工程建设有限公司	外资企业	红宝石路 500 号东银中心北裙房 3 楼
5	高宝装饰工程（上海）有限公司	有限责任公司（港、澳、台法人独资）	冠生园路 223 号 3 号楼 5 楼
6	国誉装饰技术（上海）有限公司	外资企业	上海市长宁区天山西路 568 号统一企业大厦 A509 室
7	浩德科技股份有限公司	股份有限公司	延安西路 726 号 1 楼 B 座
8	户田建设工程（上海）有限公司	外资企业	上海市长宁区镇宁路 9 号九尊大厦 6A 室
9	美施威尔（上海）有限公司	外资企业	恒丰路 436 号 10 楼
10	三机建筑工程（上海）有限公司	外资企业	娄山关路 83 号新虹桥中心大厦 3204 室
11	上海艾弗森防腐保温工程有限公司	有限责任公司	瓶北路 150 弄 138 号
12	上海澳润建筑劳务有限公司	有限责任公司	通州路 188 号 8 号楼 C 座 2207 室
13	上海宝骏市政工程有限公司	有限责任公司	芙蓉江路 276 弄 1 号 105 室
14	上海标建建筑装饰工程有限公司	有限责任公司	仙霞路 350 号 14 幢 216 室

（续表一）

序号	单位名称	经济类型	办　公　地　址
15	上海滨晟建筑装饰设计工程有限公司	有限责任公司	上海市长宁区延安西路1590号
16	上海博群建筑装修装饰工程部	集体企业	武夷路555弄4号601室
17	上海昌宏建筑设备安装服务有限公司	有限责任公司	协和路787号D南1楼
18	上海长龙市政工程有限公司	有限责任公司	武定西路1409号
19	上海长宁建设工程总承包有限责任公司	有限责任公司	泉口路9号8楼
20	上海长啸建筑劳务有限公司	有限责任公司	武夷路179号
21	上海长信防水工程有限公司	有限责任公司	金桥路2446号306室
22	上海常乐消防工程有限公司	有限责任公司	天山支路138弄9号103室
23	上海常晓安保设备工程有限公司	有限责任公司	广顺路33号8幢2楼西部
24	上海朝杰市政工程有限公司	有限责任公司(国内合资)	江苏北路30号1号楼4楼C6
25	上海潮汕建筑劳务有限公司	有限责任公司	定西路650号804室
26	上海晨瑞建筑装饰工程有限公司	有限责任公司	定西路650号818室
27	上海承安消防设备有限公司	外资企业	合川路3136号4号楼4楼
28	上海诚节建筑安装工程有限公司	有限责任公司(国内合资)	定西路1016号8层4室
29	上海川科机电工程有限公司	有限责任公司(国内合资)	天山路641号1号楼903室
30	上海创宏建设集团有限公司	有限责任公司	法华镇路555号C座11楼
31	上海大华装饰工程有限公司	有限责任公司(中外合资)	钦州北路1089号52号楼5楼
32	上海得伟消防工程有限公司	有限责任公司	天山支路168号708室
33	上海电气集团股份有限公司	股份有限公司	钦江路212号
34	上海电气菱电节能控制技术有限公司	有限责任公司(中外合资)	伊犁南路566号16楼
35	上海鼎晟照明科技有限公司	有限责任公司	中山西路179号2GH室
36	上海东湖工程公司	国有企业	威海路755号801室
37	上海飞灵建筑工程管理有限公司	有限责任公司	上浦西路299号
38	上海风神环境设备工程有限公司	有限责任公司	上海市长宁区昭化路357号A幢3楼西
39	上海复旦网络信息工程有限公司	有限责任公司	逸仙路135号
40	上海复陆建筑工程有限公司	有限责任公司	可乐路99号
41	上海富标建筑劳务有限公司	有限责任公司	定西路685号12楼D座
42	上海富凯网络信息技术有限公司	有限责任公司	武宁路19号23楼
43	上海高多艾装潢有限公司	有限责任公司	虹中路375号北2楼
44	上海高架养护管理有限公司	一人有限责任公司(法人独资)	中山西路435号1幢三、四层
45	上海古北电子技术工程有限公司	有限责任公司(国内合资)	长宁区水城南路51弄6号102室
46	上海贯申建设工程有限公司	有限责任公司	殷高西路331弄2号604室
47	上海浩建建筑工程有限公司	有限责任公司	宛平南路788弄1号8E室
48	上海合胜计算机科技股份有限公司	股份有限公司(非上市)	广顺路33号A(北)幢3层
49	上海和众钢结构有限公司	有限责任公司	新丹路518号
50	上海弘标建筑装饰有限公司	有限责任公司	定西路685号5楼A座
51	上海弘升建筑装饰有限公司	有限责任公司	延平路83号2001室
52	上海鸿开建筑劳务有限公司	有限责任公司(自然人投资或控股)	宛平南路788弄
53	上海沪公报警设备公司	国有企业	番禺路37弄7号2A室
54	上海华虹计通智能系统股份有限公司	股份有限公司	锦绣东路2777弄9号11号楼

（续表二）

序号	单位名称	经济类型	办公地址
55	上海华盛技术开发有限公司	有限责任公司	番禺路300弄7号鑫汉森商务中心401室
56	上海寄乐建筑施工有限公司	有限责任公司	浦东高科西路599号
57	上海江森房屋设备有限公司	中外合资经营企业	法华镇路555号3F—C
58	上海金鹿建设(集团)有限公司	有限责任公司	平塘路195号
59	上海金鹿装潢制品有限公司	中外合资经营企业	古北路585号A座603室
60	上海金时建筑装饰有限公司	有限责任公司	新华路569弄77号1号楼101室
61	上海金炎建筑工程有限公司	有限责任公司	莲花南路1500弄11号303室
62	上海金兆建筑劳务有限公司	有限责任公司	水城南路59号22楼
63	上海金属腐蚀与防护技术有限公司	股份有限公司	商城路518号内外联大厦19楼
64	上海锦仑市政基础工程有限公司	有限责任公司	定西路650号704室
65	上海经达实业发展有限公司	有限责任公司	建国西路285号科投大厦11楼
66	上海精慧机电设备安装工程有限公司	私营企业	春申路2329弄52号
67	上海净防建筑安装有限公司	有限责任公司	仙霞西路885弄113号301室
68	上海巨水克建筑材料有限公司	有限责任公司	中山西路669弄3号楼205室
69	上海巨筑建筑工程有限公司	有限责任公司(国内合资)	长宁支路150号
70	上海君和建筑装饰工程有限公司	有限责任公司	斜土路2200弄29号1808室
71	上海凯弘防火工程设备有限公司	有限责任公司	仙霞路1225弄110号402室
72	上海康宁建筑装饰有限公司	有限责任公司	法华镇路235号
73	上海科克雷蒙建筑工程有限公司	外资企业	长宁区延安西路728号14E室
74	上海科太计算机系统集成有限公司	有限责任公司	定西路1277号308室
75	上海乐通管道工程有限公司	有限责任公司(港、澳、台与境内合资)	徐民路788号
76	上海莲森建筑劳务服务有限公司	有限责任公司	双流路28号1楼
77	上海莲森建筑装饰有限公司	有限责任公司	新渔东路800号
78	上海联丰万豪建筑工程有限公司	有限责任公司	曹安路1509号903室
79	上海凌翌建设工程有限责任公司	有限责任公司	定西路1277号2003室
80	上海龙乐市政建设工程有限公司	有限责任公司	哈密路431号4幢201室
81	上海隆茂建筑装潢有限公司	有限责任公司	华阳路92号三楼
82	上海路昕交通安全设施工程有限公司	有限责任公司	上海市长宁区延安西路719号705—B室
83	上海路远装饰服务有限公司	有限责任公司	桂平路481号桂中园18号楼3楼东
84	上海绿叶广告装饰有限公司	有限责任公司	仙霞西路500弄34号102室
85	上海伦明建设(集团)有限公司	有限责任公司	中山西路933号2401室
86	上海伦明建筑工程管理有限公司	有限责任公司	中山西路933号虹桥银城大厦2402室
87	上海民航华东空管工程技术有限公司	一人有限责任公司(法人独资)	上海市虹桥机场空港一路238号
88	上海民航华东通信网络发展有限公司	有限责任公司	虹桥机场空港一路121号空管局2楼
89	上海墨根建筑劳务有限公司	有限责任公司	遵义南路8号锦明大厦4楼G，H室
90	上海南辰建筑工程有限公司	有限责任公司	肇嘉浜路789号22楼
91	上海南淮建筑装饰工程有限公司	有限责任公司	长宁路1277号9号楼901室
92	上海欧堡建筑装饰有限公司	私营企业	天山路30号甲906—907室
93	上海欧坊建筑装饰工程有限公司	有限责任公司(国内合资)	天山路641号1号楼402A室
94	上海平易装潢材料有限公司	有限责任公司	吴北路188号

(续表三)

序号	单位名称	经济类型	办　公　地　址
95	上海浦江缆索工程有限公司	有限责任公司	康桥路 789 号
96	上海润都照明设计有限公司	有限责任公司	天山西路 165 号 522 室
97	上海山信建筑工程有限公司	有限责任公司	茅台路 270 弄 7 号
98	上海申宁消防工程技术有限公司	有限责任公司	中山西路 2368 号 1504 室
99	上海申强机械施工有限公司	有限责任公司	龙华西路 81 弄 76 号 101 室
100	上海申源电子工程技术设备有限公司	有限责任公司	仙霞路 88 号西塔 W2FA3
101	上海市建工设计研究院有限公司	一人有限责任公司(法人独资)	武夷路 150 号
102	上海帅克门窗安装工程有限公司	有限责任公司	纪翟路 1525 弄 109 号 3 幢
103	上海斯奈尔系统工程技术有限公司	有限责任公司	延平路 312 弄 1 号 101 室
104	上海索能广告装饰工程有限公司	有限责任公司(国内合资)	四平路 778 号 1403 室
105	上海腾达科技有限公司	有限责任公司	长宁路 1027 号 29 楼 2 室
106	上海腾天节能技术有限公司	国有企业	长宁路 1027 号 2106 室
107	上海万贝空间结构实业有限公司	有限责任公司	愚园路 1293 弄 4 号
108	上海万圣建筑劳务有限公司	有限责任公司	广顺路 78 号 4 楼
109	上海望佳建筑工程服务有限公司	有限责任公司	王港镇小湾村张家宅 14 号
110	上海威煌消防工程设备有限公司	有限责任公司	长寿路 285 号 22FB 座
111	上海伍诚建设工程有限公司	一人有限责任公司(自然人独资)	天山路 600 弄 2 号 27C
112	上海协丰电力工程有限公司	有限责任公司	茅台路 870 号 917 室
113	上海欣纺装饰工程有限公司	有限责任公司	镇宁路 545 弄 61 号
114	上海新长宁集团建筑装饰实业有限公司	有限责任公司	武夷路 179 号
115	上海新长宁集团仙霞物业有限公司	有限责任公司	茅台路 298 号 3 楼
116	上海新汇坤建筑装饰工程有限公司	有限责任公司	古北路 373 弄 9 号 202 室
117	上海新晶瑜钢结构建筑装饰有限公司	有限责任公司	漕溪北路 860 号
118	上海鑫电电气设备安装有限公司	有限责任公司	协和路 787 号 F 楼
119	上海鑫枫建筑劳务有限公司	有限责任公司	天山西路 799 号 2 号楼
120	上海鑫牛广告装潢有限公司	其他企业	仙霞路 350 号科创楼 916 室
121	上海兴法建设劳务有限公司	有限责任公司	龙茗路 1458 弄 129 号
122	上海兴宁建筑装饰有限公司	有限责任公司	愚园路 1280 弄 23 号
123	上海兴宇建设工程有限公司	有限责任公司	淮海西路 432 号 14 楼 E 座
124	上海亚辰建筑工程有限公司	有限责任公司	剑河路 592 号 201 室
125	上海奕海建设管理有限公司	有限责任公司	定西路 1310 弄 16 号 201 室
126	上海羿富建筑工程服务有限公司	有限责任公司	浦东新区金新路 58 号银桥大厦 4 楼
127	上海永达市政建设养护工程有限公司	有限责任公司	茅台路 282 号
128	上海由远环保科技有限公司	有限责任公司(自然人投资或控股)	天山路 601 号 705 室
129	上海驭尊机电设备工程有限公司	有限责任公司(国内合资)	延安西路 2077 号 1303 室
130	上海裕宁建筑装饰有限公司	有限责任公司	娄山关路 764 弄 9 号
131	上海誉帆环境科技有限公司	有限责任公司(国内合资)	哈密路 442 号 501A 室
132	上海远动科技有限公司	一人有限责任公司(法人独资)	杨浦区控江路 1555 号 12 楼
133	上海悦浩建筑工程有限公司	有限责任公司	闵行区南华街钱更浪小区 38 弄 5 号
134	上海云峰建筑装饰工程有限公司	有限责任公司	长寿路 295 弄 8 号 11 楼 A 座

（续表四）

序号	单位名称	经济类型	办 公 地 址
135	上海增真道装潢有限公司	有限责任公司	芙蓉江路100弄3号
136	上海振宁建筑装饰有限公司	有限责任公司	愚园路749弄15号甲
137	上海志升机电安装有限公司	有限责任公司	南翔镇翔江公路299弄231号
138	上海致龙建筑施工有限公司	有限责任公司	漕溪北路860号2楼
139	上海置信电力建设有限公司	一人有限责任公司(法人独资)	天山西路1028号
140	上海置信节能环保有限公司	一人有限责任公司(法人独资)	天山西路588号
141	上海中电电子系统工程有限公司	有限责任公司	上海市徐汇区桂平路481号18号楼2楼东侧
142	上海仲盛建设工程有限公司	有限责任公司	延安西路1566号龙峰大厦8楼D座
143	上海众通城市市容景观艺术装饰工程有限公司	有限责任公司	恒丰路610号2号楼2楼
144	上海住乐机械施工有限公司	有限责任公司	定西路391号
145	施美高(上海)工程有限公司	外资企业	天山路641号2楼202室
146	舜元建设(集团)有限公司	有限责任公司	江苏路398号29楼
147	台瑞机场设备技术(上海)有限公司	有限责任公司(港、澳、台法人独资)	定西路685号14楼B座
148	优冠装饰(上海)有限公司	有限责任公司(港、澳、台法人独资)	遵义南路8号23楼A室
149	中饰建设(上海)有限公司	有限责任公司(国内合资)	万航渡路2453号15幢1层F室
150	住设机电工程(上海)有限公司	外资企业	上海市茅台路1068号天祥大厦308室

说明:资料由市建筑建材业行政管理服务中心提供

意工程1项,改革开放三十五年百项经典工程2项;获省、直辖市级工程质量奖113项,其中市90项,沪外23项;获全国AAA级诚信文明工地1项、省直辖市文明工地32项;4项工程被列为市观摩工程。七建集团大力推进工程总承包业务和能力发展,在继续保持和巩固核心技术优势的基础上,开展信息化技术、BIM技术、绿色施工技术和预制装配技术的研究,增强科技创新和支撑能力;强化集团和工程公司两级监管和分工,推进劳务准入,增强分包队伍素质,提高施工质量和现场管控水平;坚持"围墙之内是一家"的理念,探索工地文化建设实践,增强企业内在活力和市场竞争力,促进了企业持续健康发展。年内,七建集团获全国优秀施工企业、全国建筑业先进企业、中国建筑业竞争力百强企业、全国守合同重信用企业等称号,并在上海市建筑施工企业综合实力30强排名中连续第四年名列第一。

（邓东明）

【上海金鹿建设(集团)有限公司】 公司系国家房屋建筑工程一级资质的施工总承包企业,具备建筑装饰装修工程专业承包一级资质、具有市政公用、钢结构、消防设施、智能化、机电设备安装等资质以及房地产开发经营、物业管理、建筑工程代理、建筑工程咨询等。公司设5个控股子公司和9个分公司。有中高级职称人员111人,国家注册建造师94人。公司连续11年获"长宁区纳税贡献奖单位"的荣誉;获市、区优质工程300余项,获代表上海建筑业十年最高荣誉的"上海市(1989—2008年)创白玉兰奖工程优秀单位"称号;先后7次被授予上海市建筑施工行业30强企业,先后16次在上海市重点工程实事项目立功竞赛中获优秀公司称号。公司近年来施工产值达10余亿元。年内,公司完成施工产值18亿元。施工面积157万平方米,其中新开工面积57万平方米,实际竣工面积23万平方米,签订相关合同17亿元。

（陈 悦）

【新长宁集团建筑装饰实业有限公司】 年内,新长宁集团建筑装饰实业有限公司完成施工产值2.5亿元,上缴税金1 112.86万元。完成长宁区338街坊保障性住房项目2标段,上海佛教协会福缘禅院,昭化路公租房改建项目,长宁区中心医院新行政楼、门急诊楼项目,延安中学科技楼项目,旧住房小区综合整治修缮项目,优秀历史建筑修缮项目及上海银行,东华大学逸夫楼,江苏街道网络中心等土建、装饰项目。工程的进度、质量、安全、文明施工等方面,得到上级肯定;其中公租房改建、旧居住小区综合改造项目,公司凭借服务居民的工作经验,及时做好施工现场周边居民的稳定工作,确保工程如期竣工,得到居民的称赞。公司获2014年度上海市住宅建设实事立功竞赛先进公司,2014年度全国"安康杯"竞赛优胜班组称号。

（顾冬星）

【永达市政公司】 公司围绕区重点工作和党建工作目标推进全年工作。

年内，在保障亚信峰会任务方面，公司召开专题会议动员部署，组建待命抢险队伍，投入80万元养护经费对区内重点道路开展整治；在长宁区创建全国文明城区阶段，公司对四个养护标段加强巡视，重点对车行道加大整修力度。在开拓市场，提高项目标书的质量方面，公司承接非标人行道道板整治项目、天山西路跨线桥桥梁大修工程、可乐路道路改建工程、福泉路道路辟建工程等项目，主营业务收入超过1亿元，确保完成国有资产保值增值率目标。 （周　洋）

长宁区338街坊保障性住房项目 （新长宁集团建筑装饰公司供稿）

（五）设计企业

【概况】 2014年，办公场所在长宁区，由市建筑业监督管理办公室管辖的建筑设计企业15家，其中外资企业2家、私营企业3家、有限责任公司10家。区域内，市管建筑设计企业承接市、区和外省市重要建筑设计项目较多的设计企业有上海三益建筑设计院有限公司、上海建工设计院有限公司、上海光华设计院有限公司及上海欧坊装饰设计有限公司等。

（常　念）

【三益建筑设计有限公司】 公司创立于1984年，为全国十大民营设计机构之一，城市综合体、商业地产及大型居住社区设计领域的领跑者，提供从概念方案到施工图的全过程设计与咨询服务，商业地产设计第一品牌。有独特商业背景、全产业链服务模式、国际化的专业设计团队、持续的创新能力、严密的系统管理、高完成度的精细设计，为华润、绿地、保利、龙湖、凯德等在内的各大型开发商设计大型城市综合体、住宅地产、商业地产及各类项目，作品遍及全国200余个城市，累计项目服务总规模逾1亿平方米，其中商业地产6 000万平方米。年内，公司全年完成设计项目155个，完成项目总规模678万平方米；公司成为首批上海绿色建筑设计单位，获“最具影响力建筑设计机构奖”；公司设计的上海碧海金沙嘉苑二期BCD区获“2014年度上海市优秀住宅设计二等奖”；公司设计的常州华润国际花园二期3号楼、上海绿地景汇佳园三期—G—2号楼、

表16-3　**2014年长宁区市管建筑设计企业情况表**

序号	单位名称	经济类型	办公地址
1	柏克德（中国）工程有限公司	外资企业	凯旋路龙之梦雅仕大厦37楼
2	福陆（中国）工程建设有限公司	外资企业	红宝石路500号东银中心
3	浩德科技股份有限公司	股份有限公司	延安西路726号
4	上海班申景观规划设计有限公司	私营有限责任公司	天山路600弄1号
5	上海大华装饰工程有限公司	有限责任公司（中外合资）	钦州北路1089号
6	上海东江建筑勘察设计工程有限公司	有限责任公司（国内合资）	北翟路790号西
7	上海光华勘测设计院有限公司	有限责任公司	茅台路868号
8	上海海波建筑设计咨询有限公司	有限责任公司（国内合资）	中山西路1279弄
9	上海润都照明设计有限公司	有限责任公司	天山西路165号
10	上海三益建筑设计有限公司	一人有限责任公司（法人独资）	愚园路1107号
11	上海盛捷土木工程结构设计事务所	私营企业	宜山路508号
12	上海市建工设计研究院有限公司	有限责任公司	古井南路88号1号楼
13	上海意格环境设计有限公司	有限责任公司	天山西路789号
14	上海中福建筑设计院有限公司	有限责任公司	中山西路1279弄6号
15	上海欧坊装饰设计有限公司	有限责任公司	天山路641号1号楼

说明：资料由市建筑建材业行政管理服务中心提供

上海御品园林D地块住宅及绿地惠南镇富强花苑2号地块四个项目获“2014年度上海市优秀住宅设计三等奖”；公司设计的虹口凯德龙之梦获“优秀商业设计项目”；公司设计的余姚众安时代广场获“最佳BIM普及应用奖”。 （沈 新）

【上海市建工设计研究院有限公司】 公司围绕“深化改革增活力，开拓创新攀新高”主题，以“提升能力促发展，加快发展求跨越”为主线，经济运行保持平稳较快发展的态势，产值比上年增长45.5%。公司贯彻“立足上海、辐射江浙、面向全国”的经营方针，初步构建以上海及长三角为中心，辐射中西部地区的国内市场布局。上海、江苏、江西、陕西和海南等5个区域市场承接设计任务均超千万元，上海及长三角的设计合同额占比近70%，其中上海市场合同额超过1亿元，比上年增长47%，为上海市工程建设作出贡献，承接中国海运大厦（浦东新区，总建筑面积7.3万平方米）、阳光城·MODO（唐镇地铁上盖综合体，总建筑面积26万平方米）等市内大型项目。完成长宁区协信虹桥的基坑围护工程等。公司技术中心2014年获“长宁区企业技术中心”。公司蝉联“上海市立功竞赛优秀公司”“上海市平安单位”等荣誉，获“上海市五一劳动奖状”荣誉称号。 （杨 玮）

【上海光华勘测设计院有限公司】 公司位于茅台路868号光华大厦。创建于1984年11月，前身为上海光华勘测设计院。1997年10月，按照现代企业制度的要求，改制为国有控股的企业。2002年6月，根据建设部的规定，改制为民营企业。2008年11月，公司依据产权、经营权分立的原则，控股设立上海光华建筑规划设计有限公司和上海光华岩土工程勘测设计有限公司，是集建筑工程设计、工程勘察、工程测绘、基础工程施工和科技咨询服务为一体的综合性勘察设计单位。年内，按照资质管理要求，公司对上海光华建筑规划设计有限公司和上海光华岩土工程勘测设计有限公司进行试运行，增强制度管理企业的意识。两个独立的公司承接设计、勘察、测量项目276个。其中，完成区内平改坡项目25万平方米外商投资的物流，油脂厂、精油加工企业等项目8个。在青浦完成动迁安置房设计19万平方米；在河南完成商品房设计35万平方米；承接和完成徐州境内的高铁勘察项目20千米。公司贯彻职代会条例，获上海市“厂务公开十佳”企业和上海市五一劳动奖状殊荣。 （徐国良）

欧坊与家装联盟其他企业家们为贵州民族学校建设教学楼

（欧坊国际设计有限公司供稿）

【欧坊国际设计有限公司】 公司倡导“绿色、环保、节能”的科学选材理念，打造整合设计、施工、建材、服务等为一体化的国际性家装品牌。开展公益活动，与家装联盟其他爱心企业同为贵州民族学校的“同心助学工程”建设“上海家装希望学校”教学楼。在市设计装修行业协会特别支持、上海十大家装联盟与《室内装饰》杂志联合主办的“2013百姓喜爱的装饰品牌”年度评选中，欧坊国际设计获“2013年百姓喜爱的家装品牌”称号，是欧坊国际设计连续5年、第5次获取此项殊荣，也是欧坊继“上海市著名商标”“上海家庭装潢五星级企业”“家装行业满意度前十企业”之后再获的荣誉。欧坊国际设计获“红旗党组织”称号。年内，欧坊国际设计有限公司参加多场交易会和设计赛。4月19日—20日，欧坊国际设计作为信得过的装饰龙头企业代表之一参加市第十一届信得过装潢企业装潢交易会。5月23日—25日，欧坊国际设计为答谢沪上业主17年来的信赖与支持，在上海世贸商城举行“海派家居装饰装修交易会暨2014—2015国际家居潮流趋势发布会”，国际权威机构首席设计师Annie公布八大流行风格，中法埃菲尔学院模特用服饰演绎八大室内装饰风格魅力。6月21日，公司主办首届“欧坊杯”上海市大学生室内设计大赛获奖入围作品答辩会，评选出一、二、三等奖，特色奖项及优秀入围奖等奖项。是日，公司于天山路白猫慧谷科技园举办“竞猜世界杯，尽享装修折上折”活动。9月6日—8日，公司作为主办方之一的第三届海派装饰装修博览会在上海世贸商城开幕，展示360度实景样板房及全新专利施工工艺，8大主流房型零距离接触，7大智能家居空间诠释，30家国内一线建材品牌，600款14年热销产品参加博览会。 （张世琴）

（栏目编辑 查斐佳）

十七 房地产业

(一)综 述

2014年,区房管局推进旧区改造房屋征收和土地收购储备工作,继续开展旧小区综合整治和提升物业管理水平,完善以廉租房、经适房、公共租赁房和配套安置房为内容的住房保障体系;房屋市场管理、交易登记、新建住宅配套管理等工作有序进行。区规土局发挥统筹引领作用,开发土地利用保护功能,提升建设项目审批效率,加强景观雕塑建设和管理,做好土地管理各项工作,促进区域经济社会建设发展。新长宁集团着力推进临空园区产业楼、多媒体产业园、兆丰嘉园、青浦徐泾别墅、缤谷文化休闲广场二期等中高档住宅和商务办公楼宇的开发建设。

(沈 凡 钱 霞 袁 洋)

(二)住房保障

【概况】 2014年,区房管局扩大住房保障受益面,开展市筹公共租赁住房供应工作,继续筹措公共租赁住房房源,探索公共租赁住房筹措新模式,加强公租房运营公司建设,多渠道有效宣传廉租租金补贴新政策,让符合条件的家庭纳入廉租住房保障体系;开展2014年度廉租实配新政策下廉租住房实物配租工作,做好实物配租家庭的签约和入住;推进2014年经济适用住房的复审、公示、摇号轮候、选房和签约。

(沈 凡)

【开展廉租住房工作】 年内,区房管局按照廉租租金配租政策,确保"应保尽保",扩大廉租住房受益面。享受租金补贴的户数2 372户。年内新增租金配租家庭421户,签订租金协议382户。1月起,按照廉租新政,开展租金配租的新申请和复核,受理、审核廉租新申请464户,复核50户,长宁区完成廉租复核2 358户,登录1 205户,复核率99%。在廉租实物配租方面,对所有符合廉租的申请家庭开展实配供应工作。8月8日,完成实配家庭公开摇号,915户申请家庭确定了轮候序号。12月9日,市下达租金评估价格。12月14日—17日,安排选房家庭看房。12月23日—26日,召开选房大会,近800户廉租家庭参加选房。

(沈 凡)

【完成共有产权保障住房受理】 年内,区房管局开展共有产权保障住房的宣传咨询、受理审核、配售工作。10月20日,长宁区2014年共有产权保障房申请受理启动,咨询9 000余人次,受理2 026户。

(沈 凡)

【推进公共租赁房工作】 年内,区房管局筹措可供应房源,推进公共租赁住房工。11月,西陶浜B2项目167套房屋转换为公共租赁住房上报市房管局备案,落实房屋用途转换,完成公租房筹措目标。全年新增可供应公租房943套,其中包括改建昭化路项目(晨飞公寓)、新建虹梅路3990号公租房项目(晨韵公寓)及收购长宁区338地块(协和家园)的公租房。

2014年廉租实配摇号 (区房管局供稿)

市筹公租房供应方面，公租房公司开展市筹公租房“馨宁公寓”等项目的咨询受理接待和审核工作。接待来电、来访咨询8 000余人次，受理申请2 316份，发放准入资格确认书2 126份，入住1 150人。（沈 凡）

【推进保障性住房项目建设】 年内，区房管局推进保障性住房建设。338街坊保障性住房项目于2011年10月30日开工建设，占地面积约5万平方米，总建筑面积约12.8万平方米。按7：3分别建设配套房和公共租赁房，11月，完成竣工交付；虹梅路3990号公租房项目、昭化路68号公租房项目年底完成竣工，共943套。推进西陶浜B2地块保障性住房建设工程，工程结构封顶，总工程量完成80%。（沈 凡）

（三）土地使用与管理

【概况】 2014年，区规土局做好土地供应工作和土地日常管理工作。完成划拨供地审批4件，土地面积12.13万平方米；供地审批1件，土地面积1.07万平方米；储备供地审批6件，土地面积10.61万平方米；旧区改造审核10件，土地面积2.56万平方米；用地预审9件，土地面积2.76万平方米；农转用征地报批2件，土地面积3.87万平方米；核发建设用地批准书11件，土地面积18.5万平方米；划拨决定书7件，土地面积12.94万平方米；完成土地竣工登记4件，土地面积5.04万平方米；土地确权修测12件，土地面积10.11万平方米。（雍晓蕾）

【完成房屋土地测绘工作】 年内，长宁区建设用地勘测定界项目49个，面积约52万平方米；竣工结案项目11个，面积约11.8万平方米；变更修测项目30个，面积约63.9万平方米。区房管局完成长宁来福士T3项目、融真商务广场（北块）、西郊紫薇花园等商品房预测项目13个，建筑面积50.5万平方米；完成协和家园配套商品房及公租房项目等实测项目14个，建筑面积39.3万平方米；完成房屋实地调查项目47个，私房测绘6个；配合区旧改重点工作，完成延安西路1289弄等10幅零星地块的土地勘测面积以及46户待征房屋的建筑面积测绘。（沈 凡）

【完成土地一级市场2幅地块出让】 年内，区规土局完成土地一级市场的长宁区71街坊8/3丘（原上钢十厂）、长宁区71街坊5/4丘（威宁路—天山路）共2幅地块的土地公开出让，土地出让面积5.87万平方米，合同金额18.17亿元。（雍晓蕾）

【完成工业用地现状情况梳理】 年内，区规土局完成区工业用地梳理和现场调研。对接市工业土地管理新政，开展长宁区工业用地现状情况梳理，梳理出存量工业用地213幅，土地面积122.4公顷，为进一步挖掘存量工业用地资源提供可靠依据。（雍晓蕾）

【完成土地收购储备工作】 年内，区房管局完成171街坊威宁别墅拆除地面建筑物，土地平整并移交；完成28街坊凯桥绿地全部土地平整；完成临空16号上冲厂土地收购协议签署，除地下电缆在协调相关部门迁移外，完成全部土地平整；完成延安西路1234号太平洋（集团）土地收购协议签署，2月8日移交公租房运营中心；继续推进临空12号红双喜收购谈判；完成204街坊九华置业集团土地收购协议和土地平整；办理243街坊原龙溪中学征地手续；完成上航公司续租南北园—1协议；完成135街坊古北集团、3街坊上海新虹桥企业联合体、113街坊沧达公司收储协议；完成天山路680弄等13幅地块的投资估算、收地批文等前期手续办理；完成71街坊出让地块土地平整工作。（沈 凡）

【加强拆房工地管理】 年内，区房管局监管拆房工地47个，面积101万平方米，其中报监工地19处，面积18万平方米，总竣工17处，面积20.4万平方米。监管工地30处，总面积73万平方米。受监区域内未有重大安全事故发生。工地监管方面，区房管局坚持拆房企业安全例会制度，加强拆房工地巡视检查，注重拆房工地开工前现场安全教育，加大对重点工程监管力度，针对难点提出专业建议，确保监督无死角。完成21起涉嫌违法拆除承重结构案件中的鉴定工作；配合市局相关部门进行保护建筑管理和对违规行为的查处5次，完成长宁区优秀历史普查及“一幢一测”建档管理工作。（沈 凡）

（四）物业管理

【概况】 年内，长宁区有房屋面积3 500余万平方米，其中居住房屋2 300余万平方米；有居住小区694个，其中商品房小区319个，售后房小区375个。区房管局继续完善“四位一体”物业管理组织架构，提升物业管理服务水平；指导业主大会、业委会规范化建设，与各街道（镇）对接业主大会、业委会组建换届等相关工作；开展物业相关人员培训及消防安全检查等基础性工作；继续开展旧居住小区综合整治及成套率改造、“一平方米”改造等民生工程。（沈 凡）

【发挥“962121”服务作用】 年内，区房管局发挥“962121”物业呼叫平台服务作用，解决市民在物业管理尤其是房屋维修方面的“急、难、愁”问题。处理报修1 510件、投诉593件，合计2 103件，完成网格化案卷88件。（沈 凡）

【推行物业管理一体化激励机制】 年内，长宁区售后公房物业一体化管理涉及小区申报数量362个，总建筑面积约1 033万平方米。严格执行根据审计意见和财政绩效评价而制定完善的《操作细则》，对物业企业的申报资格、申报小区的范围与面积、住宅小区管理收支的核算等相关规定，加强对物业企业申报事项的审核及各方主体的测评考核，完善对售后公房物业管理的一体化激励工作，提高

一体化激励资金的规范性和使用效率。（沈　凡）

【强化行业监管】 年内，区房管局会同物价部门做好第二轮全区售后房物业管理费调整工作，配合开展商品住宅物业管理收支状况的抽样调研工作。与各街道（镇）保持紧密联系，对业主大会组改建等工作提供政策支持和业务指导，及时化解社区物业管理矛盾纠纷。对辖区内着手业委会换届工作的居委会工作人员和已完成换届的业委会成员进行物业管理方面的专业培训，培训业委会成员320名、居委会干部120名。加强维修资金管理，督促各住宅小区定期公布维修资金账目，维护维修资金所有者的合法权益，保障住宅共用部位、共用设施设备的维修和正常使用。支持缴存职工家庭住房公积金消费，组织全区物业服务企业开展职工家庭提取住房公积金支付物业服务费的专题培训。（沈　凡）

（五）房地产市场与权籍管理

【概况】 2014年，区房管局贯彻国家和市各项房地产市场调控政策，规范房地产市场秩序；继续做好代为经组和房产租赁矛盾化解，确保私房落实政策工作的问题定推进；做好开发企业资质管理和中介企业级经纪人备案；加强房屋租赁行政管理，遏制“群租”现象蔓延；完成业主共有房地产和公益性房地产的确认；加强住房制度改革、私房落实政策工作；有序推进新建住宅配套的市政、公建项目。区域房地产市场坚持调控，执行限购、房产税、贷款等政策。成交房屋总套数、交易面积、成交金额比上年下降。区房管局交易中心严格执行市场调控政策，在登记和网上房地产业务基础上，针对房产税、限购等相关查询业务的激增，调整窗口功能，增强人员力量，优化服务流程，确保查阅工作顺利开展。年内，区房屋总成交套数、面积、金额分别为10 588套、113万平方米、261.3亿元。（沈　凡　常　念）

综合改造前的旧小区（区房管局供稿）

【加强房产市场行政管理】 年内，区房管局办理房产中介经纪机构备案22家，年检181家，注销19家，跨区移址3家，租赁备案12 597户。发放商品房销售方案备案证明3份。完成3个项目业主共有房地产和公益性房地产的确认，完成房屋权属公告12件。办理上海生物制品研究所“大产证”。办理番禺大厦“小产证”181户，金麟公寓“小产证”正在办理中。（沈　凡）

【开展房屋权籍确认工作】 年内，区房管局完成有限产权接轨206套、未确权房屋代售户21套；开具外省市房改证明22份。完成私房落实政策国内人员私房落政代经户2户；处理历史遗留问题2户。（沈　凡）

【做好新建住宅建设工作】 年内，区房管局有序推进新建住宅配套的市政、公建项目。施工61.1万平方米；新开工面积12.5万平方米；竣工住宅16幢，面积11.52万平方米。（沈　凡）

【开展群租整治】 年内，区房管局加大打击群租工作力度，会同街道（镇）和相关职能部门，对全区的“群租”现象开展集中整治，遏制“群租”现象蔓延趋势，重点整治存在安全隐患、居民反应强烈的“群租”行为。整治“群租”1 448户，拆除分割4 086间、床位10 790张。（沈　凡）

【完成房地产市场交易】 年内，长宁区房屋总成交10 588套，比上年同期下降22.20%；面积112.95万平方米，比上年同期下降7.72%；金额261.28亿元，比上年同期下降16.93%。（沈　凡）

（六）住宅建设

【概况】 2014年，区房管局依照相关法律法规，提前服务，严格把关，做好区域内各项住宅建设工作。完成1所学校新开工。累计施工面积61.1万平方米新建住宅；继续推进迎乐路、广虹路、绥宁路、金钟路、安西路前期手续办理；完成福缘寺景观桥桥梁土建施工。全年，经济楼宇开工项目3个，建筑面积32.7万平方米；在建项目21个，建筑面积224.27万平方米；竣工项目3个，建筑面积47.69万平方米。（沈　凡　常　念）

【做好前期审批工作】 年内，区房管局继续推进迎乐路、广虹路、绥宁路、金钟路、安西路前期手续办理。广虹路完成施工许可证的办理，进行施工。绥宁路（分二段实施）：绥宁路

综合改造后的旧小区　　　　（区房管局供稿）

（天山西路—广虹路）完成用地收储，完成面积核实，绥宁路（广虹路—仙霞西路）权属报告完成，由市规土局核实办理用地收储。迎乐路环境影响评价完成，办理工程规划许可证。金钟路启动办理建设工程规划许可证，金钟路上相关土地拆迁补偿工作洽谈中。安西路用地收储批文完成办理，国有土地划拨及建设用地批准书的证件，已交市规土局审批。

（沈　凡）

【推进住宅建设】 年内，全区计划施工面积60万平方米，已施工61.1万平方米，其中住宅面积38万平方米，占年度计划的102%，低于上年同期的66.5万平方米。在建项目总数13项，开发单位12家。计划新开工12万平方米，已开工住宅项目4项，建筑面积12.5万平方米，完成全年计划的104%，低于上年同期的18.2万平方米。计划住宅竣工10万平方米，已竣工16幢，竣工住宅面积11.52万平方米，完成年度计划的115%，低于上年同期的15.5万平方米。

（沈　凡）

【推进中小学和幼儿园配套建设】 年内，房管局继续推进中小学和幼儿园配套建设。市三女中体育馆进入桩基阶段，青少年活动中心（新建）前期方案进行调整。

（沈　凡）

【加强居住区绿化建设】 年内，房管局完成居住区绿化建设2.27万平方米，完成年度计划的113%。其中集中绿地1.17万平方米，占年度计划117%。

（沈　凡）

（栏目编辑　查斐佳）

十八 商业

（一）综 述

2014 年，长宁区商业消费市场表现良好，实现商业税收 17.38 亿元，比上年增长 7.5%；实现消费品零售总额 255.09 亿元，比上年增长 7.9%，其中吃的商品零售额 78.92 亿元，占 30.9%；穿的商品零售额 76.17 亿元，占 29.9%；用的商品零售额 90.45 亿元，占 35.5%；烧的商品零售额 9.55 亿元，占 3.7%。按行业分，批发零售业商品销售额 214.39 亿元，住宿餐饮业商品销售额 40.7 亿元，商业销售总额 469.8 亿元。区商务委加大调整与宣传力度，促进区域商业繁荣繁华；聚焦中山、虹桥重点商圈，加大调整力度，提升重点商圈和商业街影响力；深化完善临空园区商业业态布局；推进社区商业和商业特色街建设；开展元旦、春节、五一、国庆等传统节庆营销活动，促进商旅文融合发展。 （张亦易）

（二）商业行业管理

【概况】 2014 年，区商务委发挥行业管理作用，做好区域商业企业的跟踪、指导和服务工作；组织商品市场监控，规范流通秩序；做好全国文明城区商业复查工作，指导企业提升服务水平、提高安全意识。 （张亦易）

【做好全国文明城区复查和文明指数测评工作】 年内，区商务委制定《2014 年长宁区创建全国文明城区重点商业企业工作方案》，落实重点商业企业的氛围布置及营造，按时间节点落实公益宣传易拉宝、未成年人保护宣传台卡、摄像头监控标志等各百余个，分别放置于商场入口和服务台等显眼处。专门协调制作符合高端商场环境形象的宣传展架等放置在尚嘉中心等商场。针对自查巡访中发现的问题，及时反馈至相关企业，督促企业开展整改，对企业存在的疑问及时上报协商解决。 （张亦易）

【走访商业企业调研】 年内，区商务委先后走访尚嘉中心、高岛屋百货、龙之梦购物中心、百联西郊购物中心、虹桥友谊商城、天山百盛、汇金百货虹桥店、巴黎春天中山公园店、华宁弘基生活中心、上海小马路等长宁区主要商业企业，了解企业经营情况，沟通、交流最新信息，听取意见和建议，分析企业面临的问题和解决的途径，为推动区域商业发展打好基础。 （张亦易）

【做好商业单用途预付卡备案工作】 年内，区商务委根据市商务委关于开展单用途商业预付卡发卡企业的备案要求，继续推进预付卡企业备案工作。截至年底，长宁区备案企业 25 家，其中区内规模企业 19 家。耐心回复针对预付式消费的投诉、退卡诉

市商务委领导视察平塘市场 （区商务委供稿）

求，在规定的职能范围处理。及时将发现的问题上报市商务委，会同区工商部门协助市商务委进行监督干预、约谈企业负责人，防止发生群体性投诉事件。 （张亦易）

【推进灵活就业企业备案】 4月，区商务委启动对长宁区家政企业灵活就业登记开展备案条件的前置审核。审核家政企业在“962512”平台提交的相关材料是否齐备。审核申请企业3家，其中区诚意家政服务所提供材料经过调查与实际经营情况不符，不予进行备案；上海路萍保姆介绍所和上海景叶家政服务有限公司符合相关材料要求，完成备案。

（张亦易）

（三）商业业态

【概况】 2014年，区商务委加强中山、虹桥重点商圈业态调整，促进商业繁荣繁华。围绕优化提升中山商圈，加快调整虹桥商圈要求，做好重要区域和主要商业街的商业业态布局及调整优化，提升商圈能级。

（张亦易）

【做好重要商业载体跟踪服务】 年内，区商务委下发《关于金虹桥国际中心开业列入长宁区2014年重点服务项目的告知函》，强化专人负责跟踪对接的重要商业载体服务制度。对接、推动其他重点项目开业和调整筹备工作。与虹桥上海城、巴黎春天天山店、玫瑰坊、兆丰广场等企业现场对接，做好区域内重要商业载体的跟踪服务。 （张亦易）

【开展“智慧商圈”建设的探索】 年内，区商务委通过创新的信息化手段，加快线上与线下的融合，信息与消费的融合，推动智慧商圈建设，联合相关部门和企业，结合全国“信息消费”试点，启动新虹桥和中山公园商圈“智慧商圈”建设的准备工作。

（张亦易）

【金虹桥国际中心部分商家试营业】 金虹桥国际中心位于茅台路、娄山关路口，占地面积3.55万平方米，总建筑面积约26万平方米，其中，金虹桥国际中心商场——“金光绿庭”的建筑面积约8.5万平方米，围绕“国际性、休闲型、家庭式”主题，打造时尚生活型购物中心。地下二层为生活家居和风尚美食，地下一层为儿童天地和精品服饰，一层为时尚天地和名表珠宝，二层为淑女天堂和潮流前线，三层为位珍厨阁和娱乐时光，四层为雅致花园和西餐酒吧等。9月26日，金虹桥国际中心“雅品嘉 APiTA 超市”和“稻香”等部分餐饮商户对外试营业。

（张亦易）

金虹桥国际中心 （区商务委供稿）

（四）商务楼宇与商务活动

【概况】 2014年，区商务委推进商务楼宇白领午餐便利联盟工作。围绕元旦、春节、五一、国庆等传统节庆，统一策划、协调、宣传，开展商圈整体营销活动，带动区内消费。龙之梦购物中心 VERO MODA“绿野迷惑”在“百联杯”2014年上海最佳商业形象作品大赛中获十大最佳商业形象作品，高岛屋百货“樱桃小丸子主题展”和华宁弘基生活中心“缤纷奇妙之旅”获优胜奖。 （张亦易）

【推进白领午餐建设】 年内，区商务委对新申报的26家“白领午餐”定点挂牌餐饮企业（食堂）经过资质排查、组织初评和复评，确定14家新增“白领午餐”挂牌餐饮企业（食堂）。截至年底，定点挂牌就餐点47家，其中38家位于商务楼宇及经济、技术园区中。总面积约2.57万平方米，总餐座数约9 400个，每餐人均价格15元至25元。总体运行情况良好，白领接受度较高。为解决原料、租金等上涨带来成本压力及供应白领就餐平价需求之间的矛盾，区商务委携手金山区农委，组织区内多媒体园区食堂、慧谷白猫园区食堂、万宝国际商务中心食堂、国际贸易中心食堂等12家定点挂牌餐饮企业（食堂）赴金山区草莓研发中心、金山区强丰蔬果种植专业合作社、金山区银龙农业发展有限公司，开展农副产品对接。构建双方直接采购的渠道，减少中间环节的成本支出，缓解原料、租金等上涨压力，为企业稳定货源、降低运营成本提供支持。 （张亦易）

【开展市场营销活动】 年内，区商务委按照“政府搭台，企业唱戏”的原则，在营销活动和宣传推介中搭建整体平台，将政府、协会和企业的资源更好地整合，发挥企业的积极性和作用。推出“虹桥冬之韵　跃马迎新春”2014新春营销活动、“春魅虹桥　享购五一”2014上海消费促进月长宁区活动和“品味虹桥　畅享消费”2014上海购物节长宁区活动。元旦、春节、五一期间长宁区主要商业企业销售分别比上年增长20.73%、28.5%和11.4%，列全市中心城区前茅。2014上海购物节长宁区活动推出“创新意·聚消费”“国际潮·汇虹桥”“时尚风·领先秀”“新数码·新生活”“社区行·惠民生”“爱美食·乐无忧”和“网络购·E时代”七大篇章51项主题活动，购物节期间，区内主要商业企业比上年增长13.95%。其中，10月1日—7日销售额比上年增长11.7%，均高于全市平均增速。

（张亦易）

【开展金山农副产品直供对接】　年内，区商务委在家乐福古北店举办2014金山草莓节活动。在黄金城道步行街举办2014金山西甜瓜节开幕式，进行展示销售。金山区19家合作社和农业企业参加展示销售，金山四大名瓜齐聚长宁，两天的现场展示销售，总销售额120万元，其中现场销售65万元，种植基地预约配送55万元。

（张亦易）

（五）社区商业

【概况】　2014年，区商务委以便民利民为宗旨，完善社区商业布局，推进社区商业建设。发挥“商业示范社区”对社区商业的引领作用，使商业活动更加贴近社区、贴近居民，展示社区商业魅力和风貌。（张亦易）

康霖小厨白领午餐点　　（区商务委供稿）

【加强便民行业网点规划】　年内，为优化城区商务发展环境和宜居生活环境，促进美发美容、沐浴、足浴行业规范化、专业化、特色化发展，区商务委委托市商业信息中心完成相关行业《网点布局规划》编制。《网点布局规划》以总量调控，功能提升为抓手，以商业街区的功能定位、个性特色、业态规模为目标，规划形成布局合理，层次分明、功能健全、经营有序、可持续发展的服务网络，对重点区域和重点路段的美容美发、沐浴足浴等行业网点数量进行规划调控，明确各路段的规划控制指标。　（张亦易）

仙霞美食节　　（区商务委供稿）

（六）餐饮业

【概况】　2014年，区商务委举办2014仙霞美食文化节，扩大影响，提升餐饮企业知名度。开展文明餐桌专项行动，倡导不铺张浪费的氛围。

（张亦易）

【举行2014仙霞美食文化节】　9月19日、20日，区商务委、仙霞新村街道联合主办，仙霞餐饮同业协会承办的缤纷仙霞美食汇暨“食尚仙霞　韵味长宁”——2014仙霞美食文化节开幕式在缤谷广场隆重举行。餐饮企业代表向全区餐饮业发出参与“爱心驿站”公益活动的倡议，为城市环卫工、绿化养护工、交通民警人员提供避暑、避寒的歇息场所；丰收日集团、宝燕壹号、碟翠轩、海立阁、美林阁、状元楼、沙田轩、小神鲜、泰妃阁、东北人、汤是灵、黑三娘、吴记麻辣火锅、新饭碗等15家沪上知名饭店，在现场各自拿出富有创意、体现上海韵味，造型惟妙惟肖的食雕、风味冷盆、热炒、煲汤类招牌特色大众菜肴，现场促销，免费品尝，发放优惠信息，将实惠带给消费者和周边居民群众。

（张亦易）

【开展“文明餐桌”专项活动】 年内，区商务委制定《2014 年文明餐桌行动实施方案》，在大型餐饮、饭馆、宾馆以及重要路段的餐饮企业摆放《宣传海报》《易拉宝》《创建文明餐桌示范店标准》《文明用餐台牌》等形式各异的“文明餐桌”宣传品，覆盖率 90％以上。组织区市场监管局等部门举办长宁区“诚信经商”专题培训，通过宣讲、解读法规政策，强化企业依法经商、诚信经商的意识。联合街道（镇）开展市民巡访检查行动，推动企业自觉参与“文明餐桌”创建，指导企业建章立制，规范行为，文明服务。开展“文明餐桌示范店”创建评选活动，对 24 家自愿申报参与“文明餐桌示范店”评选企业进行实地检查评比，结合区市民巡访团日常巡访情况以及市餐饮服务食品安全示范单位标准进行对照复评，13 家餐饮企业被评为区文明餐桌示范店。（张亦易）

（栏目编辑　查斐佳）

兆丰十二景之石亭夕照　　（《长宁时报》供稿）

十九　现代服务业

(一)综　述

2014年,长宁区现代服务业的统计口径为信息服务业、专业服务业、航空及物流业、现代商贸业、会展旅游业、社会服务业、金融服务业。全年现代服务业实现税收223.98亿元,比上年增长15.9%。其中,信息服务业实现税收28.39亿元,增长14.7%;专业服务业实现税收36.74亿元,增长19.8%;航空及物流业实现税收53.73亿元,增长8.8%;现代商贸业实现税收60.71亿元,增长16%;会展旅游业实现税收8.25亿元,增长26.0%;社会服务业实现税收7.23亿元,增长17.8%;金融服务业实现税收28.95亿元,增长22.9%。

(常　念)

(二)信息服务业

【概况】 2014年,长宁区落实各类科技创新项目。认定技术合同508个,合同金额13.44亿元(目标10亿元);新认定上海市高新技术企业12家(目标10个);新认定市区技术创新资金项目20个(目标10家)。获上海市科技小巨人工程(含培育)项目立项的企业6家(目标6家)。其中,市小巨人企业3家,市小巨人(培育)企业3家。新增认定软件企业13家(目标10家)。拨付各类三项经费(科技投入)2.85亿元,涉及企业601家次,其中拨付科技政策扶持资金6 108.2万元,涉及企业460家次。区科委基本完成智慧社区综合服务平台建设,在东方有线数字电视和电信IPTV上推出"智慧长宁"频道,在手机屏推出"智慧长宁"移动服务门户(APP),新建社区综合信息服务屏,更新和推送报刊、杂志、社区活动信息,以及交通路线查询等便民服务信息;丰富数字惠民内容,推进"白领送餐"、智能停车、售后公房小区视频监控等新项目建设。上海多媒体产业园发挥融资平台作用,调整兆丰广场商场业态,实现税收9.7亿元。

(常　念)

【长宁区入选首批国家信息消费试点城市(县、区)】 2013年12月31日,国家工信部公布首批国家信息消费试点市(县、区)名单,全国68个城市列入其中。长宁区入选并成为上海首批纳入国家信息消费试点城市的两个城区之一,另一入选的是杨浦区。

(李　辰)

【召开2014年上海市物联网产业推进大会】 3月27日,2014年上海市物联网产业推进大会在长宁区召开。工信部、市经信委、相关区县物联网主管部门、相关行业协会、企事业单位代表约200人出席会议。区科委主要领导代表区县做交流发言,就促进物联网产业与智慧高地建设的融合发展方面提出要以推动应用为抓手,着力促使物联网技术与"智慧高地"建设项目的有效融合;要以政策引导为依托,着力营造良好的市场服务环境;要以企业创新为主体,着力将长宁打造成集物联网技术研发、公共信息服务、示范应用和产品认证五位一体的物联网产业集聚区。

(李　辰)

【推进智慧高地建设】 4月9日,由区科委、区商务委共同组织召开推进长宁"国家信息消费试点区"工作会及群众路线教育实践活动联组学习会,市经信委机关党委委员、软件和信息服务业处朱宗尧处长应邀出席,区科委、区商务委全体机关干部参加会议。区政府各部门和街道负责信息化建设的干部、多媒体产业园党委及各支部的代表、部分信息消费重点科技企业的代表150人参加会议。朱宗尧处长在报告中对国际国内信息产业的发展现状和趋势、推动信息消费与发展互联网经济及建设智慧城市的关系进行讲解,针对上海贯彻《国务院关于促进信息消费扩大内需的若干意见(国发〔2013〕32号)》的精神,介绍上海信息消费行动纲要的十个专项行动、八个产业专项和五个基础工程。提出要通过建立市区联动机制,主动对接市里的重大工程,加快软件与信息服务业的发展;尽快出台长宁促进信息消费的专项政策;重视培育四新产业(新产业、新业态、新技术、新模式),加大引进高端、新兴、总部型的企业;加强软件信息服务业的载体和基地建设,抓住信息消费试点契机,使长宁智慧高地建设迈上新台阶。

(李　辰)

上海多媒体产业园召开政策宣讲会　　　　（上海多媒体产业园供稿）

【发挥多媒体融资平台作用】 8月21日，上海多媒体产业园与中国银行、上海银行合作举办园区中小企业政策性融资平台宣讲会，园区内十余家高新技术企业、软件企业、文化创意类企业参加会议，区科委、区财政局出席会议，就长宁区促进中小微企业发展，支持与服务企业融资出台的政策进行解读和现场答疑。年内，园区融资平台审批放贷4笔，放贷金额1 400万元。 （李　辰）

【上海多媒体产业园实现税收9.7亿元】 年内，上海多媒体产业园实现税收9.7亿元，园区核心楼宇兆丰广场办公企业及注册型企业共179家，落地企业152家，落地率84.9%，以兆丰广场纯商务办公面积7万平方米，兆丰广场每平方米每年产税逾6 200元。 （李　辰）

（三）专业服务业

【概况】 2014年，长宁区专业服务业稳定有序发展，对区域经济发展贡献度不断提高，是区域经济发展的重要产业。区专业服务业主要由律师业、广告业、经济咨询业、外国企业代表处和其他专业服务等细分行业组成。区商务委按照中央、市加快发展服务业的具体要求，结合长宁实际，明确专业服务业产业结构，优化调整专业服务业及其他产业中的企业，推动专业服务业又好又快发展。长宁区专业服务业实现税收37.48亿元，比上年增长18.97%，税收绝对值增加5.98亿元。其中经济咨询业完成税收8.85亿元，比上年增长11.12%；房屋租赁业完成税收6.92亿元，比上年减少9.04%；其他专业服务业完成税收11.29亿元，比上年增长49.75%；外国企业代表处完成税收3.29亿元，比上年减少8.96%；广告业完成税收4.88亿元，比上年增长53.05%；律师行业完成税收2.24亿元，比上年增长41.67%。 （张亦易）

【推进重点行业突破】 年内，区商务委引进外国大型专业服务企业在长宁设立代表处，重点扶持一批品牌专业服务企业。加大对国内外知名律师事务所、广告公司等的引进力度，发展一批能承接国际业务的优秀本土企业，提升长宁专业服务水平。理顺政府与行业协会、中介机构的关系，发挥行业协会、中介机构的作用，推进各类专业服务机构的发展、壮大。发挥外国企业代表处集聚的优势，推进外国企业代表处升格为企业，提高长宁区利用外资的水平和效益。 （张亦易）

【加强政策和资源聚焦】 年内，区商务委建立专业服务业信息沟通机制，加强与区市场监管局、税务长宁分局等部门的沟通和协调，不定期研究分析专业服务业发展中存在的新问题，制定对策措施。整合楼宇载体、高管人才奖励政策等各类资源，完善工作举措，提高服务质量，做好大企业安商助商工作和中小专业服务企业的服务工作。 （张亦易）

【法律服务业】 2014年，长宁区律师业开展属地化管理模式专项调研，完善区域法律服务业发展环境。优化律师执业环境，促进区域法律共同体健康发展，为法律服务业发展争取政策支持。推动律师参与政府信访接待、“双结对”等公益活动，提升法律服务参与社会治理水平与实效。截至年底，长宁区有律师事务所108家，律师1 375人。区律师担任各类单位、个人法律顾问966家，办理刑事诉讼辩护案件1 069件，民事诉讼代理案件8 183件，行政诉讼代理案件49件，非诉讼法律事务7 970件。刘习赟、颜学海律师被授予“长宁区第三届领军人才”称号，赵晓红、傅平律师被授予“长宁区第八轮专业技术拔尖人才”称号。长宁公证行业坚持便民、高效、优质、公正原则，优化办证流程，规范服务标准。受理各类公证业务2.88万件，其中国内公证业务1.33万件，涉外公证业务1.55万件。法律援助覆盖面扩大，推出多项便民惠民服务举措，接待来访咨询2 458件，比上年下降2%；“12348”专线咨询7 870件，比上年上升17%；受理法律援助案件428件，比上年上升7%，其中刑事法律援助案件360件，民事法律援助案件68件。 （刘　俊）

【召开法律服务业工作会议】 4月24日，召开2014年区法律服务业工作会议。区委常委、区政法委书记钟晓咏等出席。会议总结回顾2013年区法律服务业工作情况，对2014年长宁法律服务业工作进行部署并通报表彰了2013年度区优秀律师团队和先进公证员。金杜律师事务所、君悦律师事务所、海华永泰律师事务所在会上作交流发言。 （刘　俊）

【开展公益服务月活动】 9月—10

月，区司法局启动为期一个月的“为80岁以上老年人免费办理遗嘱公证、为60岁以上老人免费办理保管遗嘱”的公益服务月活动。截至10月底，长宁公证处开展预约办理遗嘱公证541件，预约遗嘱保管74件；截至年底，办结免费遗嘱公证369件，免费遗嘱保管40件。（刘　俊）

【举行百名律师义务法律咨询活动】 11月2日，区法宣办、民盟区委、区律工委在中山公园正门广场共同举办“百名律师义务法律咨询（长宁分会场）”。区域内知名律师事务所的资深律师和100余名市民群众参加活动。志愿律师重点围绕房地产、婚姻家庭、财产权属、人身权益、动拆迁、劳动争议等与市民群众日常工作生活密切相关案例开展法律咨询服务。（刘　俊）

百名律师义务法律咨询长宁分会场　（民盟长宁区委供稿）

（四）航空与物流业

【概况】 2014年，长宁区航空及物流业税收继续保持两位数增长，实现税收53.72亿，占全区税收17.74%，其中百万税收企业82家，税收35.7亿元，航空及物流业已成为长宁区经济发展中重要的支柱产业。虹桥机场全年起降航班25.33万架次，比上年增长3.9%，占全市两大机场起降航班总量的38.7%；国内进出港旅客3 511.15万人次，增长6.5%，占全市国内航线进出港旅客总量的57.8%；国际进出港旅客124.21万人次，增长14.6%，占全市国际航线进出港旅客总量的5.9%；货物吞吐量43.22万吨，下降0.7%，占全市货物吞吐量的12%。（张亦易　常　念）

【航空及物流业企业呈集聚效应】 年内，区商务委通过开展招商引资，引进航空及物流行业企业，航空及物流行业企业在长宁呈集聚效应。集聚一批国内龙头航空公司，国内前四大航空公司南方航空、中国国航、东方航空、海南航空（扬子江快运）设立分公司落户长宁区；集聚中国最大的货运公司中国货运航空有限公司、中国最大的民营航空公司春秋航空、亚洲最大的公务机公司金鹿航空和国内首家专业培训飞行员的宜航航空等行业类的著名企业；集聚上海机场集团、华东空管局、中航油华东分公司、民用航空审定中心、中国航空器材华东有限公司等在航空行业内具有垄断地位的航空运营服务与配套企业；集聚北京康捷空、联邦快递、川崎物流和欧西爱司物流等世界著名的货代物流企业。（张亦易）

霍克公务机　（区商务委供稿）

【召开航空服务业重点单位和企业座谈会】 11月7日，长宁区召开航空服务业重点单位和企业座谈会，听取航空服务业重点单位和企业对打造上海虹桥航空服务业创新试验区的意见和建议，与会单位围绕试验区建设如何承接自贸区的制度复制；借鉴兄弟省市已取得的经验，在现代航空服务业能级提升及衍生产业集聚上需要市、区政府提供的支持；航空服务业对外开放的程度等议题开展热烈讨论。长宁区副区长翁华建、副巡视员龚明，区发改委、区商务委、区临空办等相关部门、区域内10家航空服务业重点单位和企业相关负责人参加会议。（张亦易）

（五）现代商贸业

【概况】 2014年，长宁区有现代商贸业企业4 096家，占全区纳税企业的20.04%；现代商贸业企业累计完成税收60.7亿元，比上年增长16.04%，占全区总税收的20.04%。长宁区现代商贸业稳步发展，成为区域经济发展的支柱产业。区商务委推动区内特色商贸企业做大做强，打造跨行业、跨地域的大型商社、会社，提高企业贸易实力；把握长三角一体化发展机遇，发挥虹桥综合交通枢纽交通优势，鼓励商贸业内外贸一体化发展；推动电子商贸和实体商贸协同发展，鼓励商贸企业积极发展线上交易，推动专业批发市场平台建设。

（张亦易）

【组织商贸业企业申报重点示范企业】 年内，区商务委组织区内企业申报电子商务示范企业，菜管家、比特路时装、瀚海信息技术等10家企业申报电子商务示范企业和企业运营费用资助，经过区商务委等相关部门的审核，获得扶持资金331.79万元；指导企业完成服务外包人才培训统计工作、汇总并上报上年度外包合同和收汇凭证工作；完成2014年服务外包人才培训专项资金审核工作，完成6家企业审核，审定通过人数179人次，获得国家资金扶持80.55万元；协助和指导欧计斯软件、神州数码通用软件完成市服务外包重点企业复审工作。

（张亦易）

【关注新经济和传统企业共同发展】 年内，区商务委搭建传统贸易企业与新业态企业间的沟通交流平台，组织"携手促转型"活动，邀请10余家传统贸易与电商企业参加，促进企业之间交流；邀请企业参加临空园区组织的"大数据时代的电商变革""移动电子商务的未来发展趋势""互联环境下的组织变革"等电商系列讲座；组织"移动电子商务头脑风暴"活动，邀请区内外贸企业参加。

（张亦易）

【组织申报市平台示范企业】 年内，区商务委做好长宁区内互联网平台经济重点项目申报，组织5家企业申报市平台示范企业，经市商务委评审，上海易贸投资集团有限公司、瀚海信息技术（上海）有限公司（大众点评）、携程旅游网技术（上海）有限公司等3家企业被认定为"2014年上海平台示范企业"。

（张亦易）

【调整兆丰广场商场业态】 2月，上海多媒体产业园发展有限公司与优衣库商贸有限公司就兆丰广场商场东侧一层场地开设优衣库专卖店确立租赁意向，租赁使用面积2 153平方米。5月，签订租赁合同。10月1日，优衣库兆丰广场店对外营业，定位为品牌旗舰店，场地规模为上海区域第三大店，销售男、女、童全系列时尚服装。4月—5月，公司与似鸟控股株式会社（Nitori）中国区店铺开发部就兆丰广场商场东侧二、三层北块场地开设家居专卖店意向洽谈。10月，双方签订租赁意向书，租赁使用面积5 296.14平方米。12月，公司与明应商贸（上海）有限公司就兆丰广场商场东侧二、三层北块场地开设家居专卖店签订租赁合同，店铺定位为中国旗舰店，销售家具、家饰系列商品。

（李　辰）

对接上海自贸区提升长宁贸易功能政策沟通会　（区商务委供稿）

（六）会展旅游业

【概况】 2014年，长宁区会展企业总体保持良好的发展态势。在长宁区举办的国际展49个，展会数量比上年增加4个。展会安全、有序，未出现安全事故、骗展等重大问题。实现会展旅游业税收8.25亿元，比上年增长26%，区百万元以上税收重点会展企业累计税收1.42亿元，比上年增长9.8%。上海世贸商城、上海国际展览中心、上海农业展览馆举办展会96场，展览涉及艺术收藏、生活消费、精密制造等各领域。区旅游局推进长宁旅游业规范发展，以商旅文结合为契机，策划实施上海旅游节长宁区活动，以智慧文明旅游为抓手，宣传与推介长宁，使全区旅游业快速、健康发展。全年旅行社、旅游饭店和旅游景区等共接待境内外旅游者586.30万人次，实现收入111.22亿元。全区旅行社总数77家（其中有出境游资质8家）；三星级及以上宾馆21家（其中五星11家、四星3家、三星7家）；区42家主要宾馆（饭店）全年营业收入30.5亿元。

（张亦易　王瑞英）

【"上海世界旅游博览会（WTF）"获"金五星"优秀旅游展会奖】 年内，长宁区内上海万耀企龙展览有限公司旗下"上海世界旅游博览会（WTF）"获2014年度全国会展业"金五星"优秀旅游展会奖，是该项目继2013年之后二度获此荣誉。

（张亦易）

【举办2014中国(上海)国际茶业博览会】 5月16日—19日,由中国茶叶流通协会、上海市商业联合会、上海市茶叶行业协会等共同主办,上海东贸展览服务有限公司承办的"2014中国(上海)国际茶业博览会"在上海世贸商城和上海国际展览中心联合举行。展会融历史回顾、品牌展示、招商推介、高峰论坛、名茶评选、专家指导、工艺展示和茶艺表演于一体,为茶企展示自身文化、加强品牌建设、扩大营销渠道、全面掌握市场信息提供理想商贸平台。展会面积近2万平方米,吸引600余家企业参展、接待观众1万余人次。 (唐晓华)

2014(第十八届)上海艺术博览会 (上海世贸商城供稿)

【举办2014上海(国际)中小企业精品展】 6月26日—28日,由市经济和信息化委员会、市人民政府合作交流办公室、市人民政府台湾事务办公室、市长宁区人民政府主办的"第二届上海(国际)中小企业精品展"在上海世贸商城举行。展会聚焦"专精特新",培养行业"隐形冠军",宣传"上海制造",借上海"自贸区"建设之重要机遇,建设中小企业品牌推广和产品交易的新载体,发挥市场在资源配置中的决定性作用,推动中小企业开拓国内外市场。展会汇聚上海"专精特新"中小企业精品,云南、贵州、黑龙江等兄弟省市中小企业特色产品,以及海外企业、台资企业、侨界企业等的特色产品。展会面积5 000余平方米,设展位200余个,吸引近5万人次观众观展。 (唐晓华)

【举办2014年上海国际海上风电及风电产业链大会暨展览会】 7月2日—4日,由上海国际展览有限公司主办的"2014上海国际海上风电及风电产业链大会暨展览会"在上海世贸商城举行。展会汇聚国内外各大风电开发商、设备制造商、产业链配套商及运营维护服务提供商等,为参展商和观众提供前瞻性的平台,为相关企业就海上风电项目的设计、安装、运营,海上风电机组的研发、配套,陆上和海上风电场运维专业技术等领域提供互相见面、交换信息、展示产品的机会,推动中国风电市场和行业的健康发展。展会吸引英、美、法、德、荷、日等18个国家和地区的150余家企业参展,接待近1.3万余名专业观众洽谈合作。 (唐晓华)

【举办2014上海国际礼品、促销品、家居用品创意展览会】 8月29日—31日,由北京励展华群展览有限公司主办的"2014上海国际礼品、促销品、家居用品创意展览会"在上海世贸商城举行。展会集合上海世贸本地终端客户资源、国际展商资源及展馆地理优势,打造高质、高效、高回报的礼品贸易盛会。展会面积近2万平方米,吸引近2万人次观众观展。 (唐晓华)

【举办2014亚洲制造业商谈会】 9月3日—4日,由上海世界贸易商城有限公司主办、工场网信息咨询(上海)有限公司承办的"2014亚洲制造业商谈会"在上海世贸商城举行。展会旨在为亚洲制造业的中小企业在中国寻找供应商及市场销路的专业平台。展会面积近2万平方米,吸引近1万人次专业观众洽谈。 (唐晓华)

【举办2014 YO'HOOD全球潮流新品嘉年华】 9月20日—21日,由南京新与力文化传播有限公司主办的"YO'HOOD全球潮流新品嘉年华"在上海世贸商城举行。展会集合超过100家国内外顶尖时尚潮流品牌展出,结合新品发布、明星活动、复古集市等诸多活动,展现潮流文化,现场突破传统购买模式,全程无线网络覆盖全场,以无现金交易、无购物袋的线上消费体验结合线下实体展示的活动形式,让消费者直接参与到新一季货品的购买中,展会吸引2万余名观众到场。 (唐晓华)

【举办2014(第十八届)上海艺术博览会】 11月13日—16日,"2014(第十八届)上海艺术博览会"在上海世贸商城举行。展会创办于1997年,每年在上海世贸商城举办一届,展期4天。本届展会展示面积2万余平方米,吸引来自20余个国家和地区的画廊或艺术经纪机构参展;数千件国画、油画、雕塑、版画、摄影、装置等艺术品参与展示和交易;观众人数约6万人次。上海艺术博览会成功举办18届,成为亚洲规模最大、国际化程度最高的艺术博览会之一,众多世界著名大师的原作通过这个平台在国内甚至亚洲首次亮相,在世界与上海、大众和艺术之间架起桥梁,为国内艺博会谱下范式。2012—2014年连续三年成交额突破亿元。 (唐晓华)

【主办第九届中国国际养老及康复医疗博览会】 5月26日—28日,第九届中国国际养老及康复医疗博览会在上海世博展览馆举行。展会由中国民政部、全国老龄工作委员会办公室、中国残疾人联合会指导,上海市民政局、上海市老龄工作委员会办公室和上海市国际贸易促进委员会主办,中国老龄产业协会联合主办,上海国际展览中心有限公司和上海市老龄事业发展中心共同承办。16个国家和地区的300余家企业展出新产品、新技术,展览面积超过2万平方米。36个国家和地区的2.6万余位专业观众到场参观,观众数量为历史最高。 (严敏洁)

【主办第九届中国国际轨道交通展览会和第七届中国国际隧道与地下工程技术展览会】 6月17日—19日,第九届中国国际轨道交通展览会和第七届中国国际隧道与地下工程技术展览会在上海新国际博览中心同期举行,展出面积2万平方米,德国、法国、意大利、中国等14个国家和地区的180余家知名企业参展,展会现场中国北车、中国南车的有轨电车,市域快轨等实物展示吸引媒体关注,进行现场电视采访。展会期间举办"2104轨道交通线网规划与设计研讨会"获好评,展会吸引41个国家和地区的1.5万余名专业观众。 (严敏洁)

【主办中国(上海)国际食品加工及包装机械展览会】 9月25日—27日,中国(上海)国际食品加工及包装机械展览会在上海国际展览中心举行。展出面积6 000平方米,来自英国、法国、德国、荷兰、意大利、丹麦、比利时、西班牙、美国、瑞典、奥地利、中国大陆和中国台湾等近10余个国家和地区企业参展,展示最新的产品和技术设备。6 000余名专业人士参观展会。同期举办的食品加工及包装产业发展论坛对促进行业发展起到推动作用。 (严敏洁)

【主办中国(上海)国际乐器展览会】 10月8日—11日,2014中国(上海)作为全球重大音乐产业盛事的国际乐器展览会在上海新国际博览中心举行。29个国家和地区的1 775家企业参展,11个国家和地区展团,展览会面积增至9.8万平方米,创历史新高。除传统的国乐、提琴活动外,展会首次增设音乐教育展区,拓展展会内涵;开设儿童音乐体验区域,助推音乐普及;展后发起"音乐为星星点灯"的公益活动,关爱自闭症儿童。为期4天的展会吸引来自海内外86个国家和地区的7万余名观众,比上年增长14%,在业内备受推崇。 (严敏洁)

【主办上海国际专业灯光音响展览会】 10月8日—11日,2014上海国际专业灯光音响展览会在上海新国际博览中心举行。展出面积3.5万平方米,吸引421家品牌企业参展,澳大利亚、加拿大、捷克、丹麦、法国、德国、意大利、日本、韩国、葡萄牙、俄罗斯、新加坡、瑞士、英国、美国、中国大陆、中国香港及中国台湾等18个国家及地区。展会吸引88个国家及地区的2.4万余名观众参与,海外观众人数比上年增长10%,展会效果获得业内高度认可。展会汇集专业灯光、专业音响、视频设备、LED大屏幕、会议系统、公共广播等各类演艺设备产品,展示了专业灯光音响行业的科技创新及发展趋势。 (严敏洁)

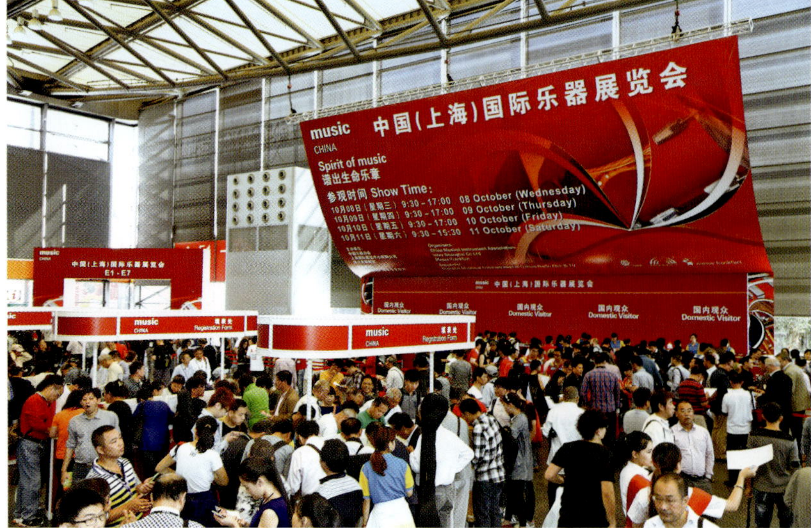

中国(上海)国际乐器展览会 (上海国展中心供稿)

【主办第十五届中国国际润滑油品及应用技术展览会】 11月20日—22日,第十五届中国国际润滑油品及应用技术展览会在北京·中国国际展览中心举行。展览会面积创新高,突破1.5万平方米,吸引美国、英国、德国、中国等18个国家和中国香港及中国台湾地区近190家企业参展,30余个国家和地区的海内外专业观众7 530人次参观。展览会同期举办探讨行业发展趋势和最新技术动向的高峰论坛及各种专题技术和市场研讨会议10场。 (严敏洁)

【举办2014广州国际盆栽植物及花园花店用品展览会】 "2014广州国际盆栽植物及花园花店用品展览会(2014 IPGEXPO)"于11月27日—29日在广州花卉之都举办。荷兰、意大利、美国、英国、比利时、瑞典、丹麦、挪威、以色列、日本、斯里兰卡、马来西亚、中国大陆、中国台湾等14个国家及地区的150余家国内外企业齐聚亮相,展览面积近万平方米,中国台湾以展团形式参加。展会期间举办立体绿化论坛、家庭园艺论坛、插花表演、组合盆栽表演及技术交流会等,3天展期,有5 000余名专业观众参观。 (严敏洁)

【承办2014新春农副产品大联展】 1月17日—20日,由市农业委员会、市经济和信息化委员会、市商务委员会、市合作交流办、光明食品(集团)有限公司等单位联合主办,上海农业展览馆等单位共同承办的2014新春

第十五届中国绿色食品博览会 （上海农展馆供稿）

农副产品大联展在上海农业展览馆举行。展览面积 7 600 平方米，设展位 273 个。已连续举办 13 届的大联展首次尝试结合旅游农业、花卉博览、休闲水族、民间艺术等特色活动，成为集上海农业产品、农村、农民文化于一体的采购、娱乐年货嘉年华。

（施嘉嘉）

【上海农业展览馆举办 16 场公益性展览】 年内，上海农业展览馆举办各类展览 16 场，上海市郊以及安徽省、江苏省、江西省、广西壮族自治区及黑龙江省哈尔滨市、安徽省安庆市等地区优质农副产品参展。其中，政府展 7 场、社会展 2 场、自办展 4 场，参与外省市或农业部举办的展览 3 场。

（施嘉嘉）

表 19-1 **2014 年在上海农业展览馆举办的部分展览会情况表**

序号	展览日期	展览名称
1	1 月 1 日—3 日	第十四届安徽省名优农产品、绿色食品(上海)交易会
2	1 月 9 日—13 日	2014 上海年货节
3	1 月 17 日—20 日	2014 新春农副产品大联展
4	8 月 15 日—17 日	上海郊区优质果品展销会
5	9 月 9 日—13 日	第三届上海国际养生食品博览会
6	9 月 19 日—22 日	2014 长三角休闲农业与乡村旅游博览会
7	9 月 26 日—29 日	第六届广西名特优农产品(上海)交易会
8	10 月 10 日—13 日	2014 年第九届上海国际休闲水族展览会
9	11 月 6 日—9 日	第十五届中国绿色食品博览会
10	11 月 21 日—23 日	第十二届江苏名特优农产品(上海)交易会
11	11 月 28 日—12 月 1 日	首届安庆名优农产品(上海)交易会
12	12 月 5 日—8 日	第十届江西鄱阳湖绿色农产品(上海)展销会
13	12 月 19 日—22 日	2014 哈尔滨绿色食品展

说明：资料由上海农业展览馆提供

【承办2014长三角休闲农业与乡村旅游博览会】 9月19日—22日，由市农业旅游经济协会主办，上海农业展览馆、市农业发展促进中心承办的2014长三角休闲农业与乡村旅游博览会在上海农业展览馆举行，该展会是首届以长三角休闲农业与乡村旅游为主题的展览。展览面积7 500平方米，设3个展区，主要以“走进美丽乡村，体验农游乐趣”为主题，搭建展示平台，展示各地乡村旅游和农家乐产品，培育和挖掘生态农庄、农家乐和乡村旅游文化要素，促进休闲农业与乡村旅游的转型升级。（施嘉嘉）

【承办第十五届中国绿色食品博览会】 11月6日—9日，由农业部中国绿色食品发展中心、市农业委员会主办，中国绿色食品协会、农业部农产品质量安全中心、中粮集团协办，市绿色食品发展中心、上海农业展览馆共同承办的第十五届中国绿色食品博览会在上海农业展览馆举行。绿博会展示全国安全、优质、品牌的农产品和食品，推动绿色食品产业发展，促进绿色食品市场贸易。（施嘉嘉）

【开展旅游市场专项检查】 1月6日—2月1日，区旅游局为进一步贯彻实施《旅游法》，根据长宁区质量强区工作三年行动方案，在各旅行社自查的基础上，对区注册的72家旅行社和19家外省市旅行社在沪分社进行旅游市场专项检查，出动检查人员290人次，开展专项检查91次。针对各旅行社是否与游客签订旅游合同、有无超范围经营旅游业务、是否存在虚假宣传发布旅游信息、误导旅游者、是否做到营业部“四统一”、有无承包挂靠、以不合理的低价旅游诱骗旅游者等情况开展检查。通过落实措施整改，提高旅游从业人员守法意识，规范旅行社经营行为，形成长效工作机制。7月—8月，区旅游局联合区文化执法大队对辖区内旅行社展开专项检查，有效规范旅行社的经营行为。（王瑞英）

【参加云南红河州在沪旅游推介会】 4月10日，云南省哈尼族彝族自治州在上海城市规划馆举办主题为“云上梯田——梦想红河”的旅游推介会，区旅游局组织区内春秋国旅、大家好旅行社、欣荣旅行社等10余家旅游企业参加。推介会就红河旅游文化资源、产品、线路、服务作全方位介绍，春秋国旅在推介会上发布红河旅游系列产品。4月11日—16日，红河旅游摄影展在上海无限度广场、中山公园、星光摄影城、春秋国旅等门店展出。

【做好旅游安全工作】 4月21日，区旅游局召开全区旅游行业旅游安全工作会议，120余家旅行社、宾馆、旅馆、景点等出席会议。会议传达市旅游局《关于做好2014年本市旅游安全工作的意见》精神，通报旅行社行业专项检查中发现的问题，对五一假期的旅游安全工作提出具体要求：重申加强对旅游运载工具资质监管，严禁使用无客运经营资质的车辆、异地经营的外地车辆和挂靠车辆；杜绝使用带“病”运营、超载运营、超时运营、驾驶员疲劳驾驶等危及旅客安全的行为；杜绝导游无证带团等行为；强调随队导游应持有国家规定的导游证，并应兼任旅游团队的“旅游安全宣传监督员”，承担安全宣传提醒及安全行车监督、应急处理、事故报告等职责；要求各旅行社加强对旅游团队档案管理，加强值守和重大事件报告责任制度，确保专人24小时电话值班，完善重大事故报告制度。9月4日，为确保“黄金周”的旅游安全，区旅游局召开旅行社旅游安全工作会议。强化“安全是旅游业发展的生命线“的观念。对区内73家国内旅行社在黄金周期间的旅游安全和规范经营等工作作专题布置和检查，对旅行社进行走访或电话联系，督促其加强旅游安全和规范服务工作，确保黄金周期间旅游安全和服务质量。（王瑞英）

【召开旅游统计工作会议】 4月21日，区旅游局在区工人文化宫召开旅游统计工作会议。旅行社、景点、宾旅馆等共计100余家单位的统计人员出席会议。会议对2013年旅游统计工作进行总结，扬子江万丽大酒店、国际机场宾馆、瑞泰酒店等16家单位被评为优秀单位；虹港大酒店、喜天游大酒店、巴黎春天大酒店等40家单位被评为表扬单位。最后，会议要求各单位继续做好2013年度旅游行业财务信息年报、2014年度旅游企业订报、五一假期旅游统计工作。（王瑞英）

【参加区县巡礼报道】 4月23日，区旅游局参加市局与东广联合举办的“区长带你游上海”电台直播。上海动物园和春秋国旅提供200份互

区旅游局与稻草人旅行社合作举办“遇见老故事”微旅行活动

（区旅游局供稿）

动礼品。11月3日—5日，区旅游局参加2014“区县巡礼”之喜欢上海的理由——“寻踪上海请你猜”深度交互报道活动。区内的上海银星皇冠假日酒店、上海动物园和春秋国旅参与此次活动，分别以“新华路上一座与电影相关的地标性建筑是什么”“西郊公园”是上海现在哪座公园的曾用名、“猜一道移动的红色风景，上海的城市名片，串联起上海各个著名旅游景观等问答形式介绍长宁的旅游特色、风土人情，宣传长宁的旅游景点及旅游产品。（王瑞英）

【参加上海世界旅游博览会】 5月9日—11日，第十一届上海世界旅游博览会、第十六届上海旅游商品博览会在上海展览中心举行。区旅游局组织区内旅游企业上海凯逸商务国际旅行社有限公司、上海行之旅国际旅行社有限公司、上海春秋国旅等参加。向市民介绍旅游线路、解答旅游咨询、发放《细品愚园路》《漫步新华路》《长宁360°笑纳食汇》等旅游宣传资料千余份，上海春秋国旅在博览会中，推出六大精彩主题展区，现场销售超过220款特价产品、春秋独家产品等，线路涵盖国内、港澳台、日韩、东南亚、欧美等。通过展会，春秋国旅营收1 170万，比上年上涨68.6%。（王瑞英）

【开展长宁微旅行活动】 5月18日，区旅游局与稻草人旅行社合作举办“遇见老故事”微旅行活动，结合长宁文博宣传月，免费开放老洋房、陈列馆、名人故居。活动设置各种任务，吸引150人报名参加。9月20日，开展“上海的金枝玉叶——悠享长宁”微旅行活动。活动由微旅行分享会，精编版 Citywalks，和下午茶分享会三部分组成。9月21日，开展“长宁夜太美——观光巴士派对”微旅行活动。夜游路线包含长宁夜景中的精华和亮点，巴士上安排精彩的音乐派对，搭乘双层敞篷巴士以吉他、音乐、啤酒形式欣赏长宁夜晚。（王瑞英）

【加强与金山区旅游互动】 1月1日，区旅游局联合金山区旅游局开展“新年第一游·‘快’来金山观日出”活动。在丁字坝码头组织赏景摄影，参观上海首个佛教类4A景区——东林寺，体味佛教文化并观摩寺前鱼苗放生活动。4月18日，区旅游咨询中心全体工作人员赴金山区学习交流。参观考察金山区旅游咨询服务中心、金山农业生态园及枫泾文化古镇。6月28日，区旅游局联合金山区旅游局在中山公园商圈开展“你需要一个金周末，金山旅游走进中心城区”大型广场宣传活动。通过民俗表演、互动游戏和农特产品展示，在游客感受“上海金郊外”的魅力与精彩。（王瑞英）

【加强与浙江丽水松阳地区合作交流】 年内，区旅游局加强与浙江丽水松阳旅游局之间的合作与交流。6月9日—20日，“走进松阳——摄影作品、旅游线路系列展”在中山公园、区机关、宋庆龄陵园等多地巡回展出；6月10日，“田园松阳影展”在人民广场地铁站开幕展出；6月23日，区旅游局组织协办“浙江丽水松阳地区生态休闲旅游资源推介会”；6月28日—30日，区旅游局组织区内春秋、山川、东怡、凯逸等旅行社赴松阳开展两地对接和考察活动。（王瑞英）

【组织小主人海外欢乐游】 8月8日，由区旅游局创办的经典亲子游品牌“小主人欢乐游”首次走出国门，联合春秋旅游，新民晚报，绘本作家贵图子，搭乘歌诗达维多利亚号邮轮，打造专属小主人欢乐游之小小航海家主题活动。海上航行期间，开展广场寻宝、学绘画、学做披萨和学习意大利语等六场集宝奇兵活动任务。春秋旅游邀请邮轮上的小主人们以作文或绘画的形式记录下5天4夜的邮轮之旅，参加“《小主人航海日志》——第二届春秋小作家征文/绘画比赛”。9月27日，区旅游局邀请获奖小主人参与“放飞梦想·相约奉贤·欢乐海湾”亲子一日游活动。（王瑞英）

【举行第十七届上海德国啤酒节】 9月10日—21日 第十七届上海德国啤酒节在扬子江万丽大酒店举行。扬子江已连续成功举办16届，是上海市唯一认可的官方啤酒节，已连续16年纳入上海旅游节重点活动项目。啤酒节共计接待宾客1.1万人次，为提升长宁国际城区形象和影响力，促进长宁商旅文联动发展、促进中德友好文化交流起推进作用。（王瑞英）

【开展市旅游节长宁区主题活动】 9月16日，区旅游局举行“文荟长宁·乐享金秋”——2014年上海市旅游节、购物节长宁区活动暨虹桥文化之秋艺术节，开幕式主会场设在金虹

2014年上海市旅游节、购物节长宁区活动暨虹桥文化之秋艺术节

（区旅游局供稿）

桥国际中心，以互动演出为主，伴以花车巡游队伍带领市民游客走进三节；百联西郊购物中心分会场邀请七支来自不同国家和地区的表演团队，为长宁居民进行表演。11 月 28 日闭幕式上，对节庆期间在商业、旅游、文化方面作出贡献的单位和个人进行表彰，春秋国际旅行社、扬子江万丽大酒店、稻草人旅行社、上海动物园、宋庆龄陵园等旅游企业分获优秀组织奖。　（王瑞英）

【开展文明旅游宣传活动】 年内，区旅游局通过《长宁时报》文明创建专版对文明出行、文明旅游所需要注意的细节进行宣传。设计、策划、制作“文明旅游 · 快乐旅程”“过暮不忘——夜长宁的 N 种玩法”等宣传册，在旅游节庆、中山集市及旅游进社区活动中向市民发放，累计发放资料 13 万份。设计制作文明旅游宣传片，以春秋出境旅游说明会为主要内容，由长宁有线台于黄金时段集中播放，使文明旅游的理念渗透到长宁的千家万户。结合“2014 智慧旅游年”，利用新媒体手段，将长宁区的商业、旅游、文化及体育赛事，进行资源整合，推广长宁区的商旅文体资源和节庆活动信息。建成长宁旅游局官方微博、微信公众平台，发布文明旅游相关信息；建成手机 APP 公众服务平台，开辟文明旅游专栏；开通智能电视终端数字电视/IPTV，播放文明旅游宣传片；长宁旅游综合门户网站初建成功。　（王瑞英）

【举办中山公园旅游集市】 区旅游局于 4 月 12 日—13 日、10 月 25 日—26 日，在中山公园米兰广场，举行以“文明旅游 · 快乐旅程”为主题的中山公园旅游集市春秋专场。活动以宣传文明旅游、安全旅游、品质旅游、诚信旅游为宗旨，引导市民和游客关注和提升文明旅游素养，促进理性消费、旅游安全等相关信息。活动安排文艺表演以及“价格猜猜猜”“整点限卖”“有奖互动”“文明游客大礼包抽奖”等活动。发放文明旅游宣传资料 5 000 份。11 月 15 日—16 日，由区旅游局与上航假期共同举办的第八届中山公园旅游集市上航专场在中山公园米兰广场拉开序幕，并以“文明旅游，我承诺”为活动主题。参与本次旅游集市的旅游企业“共栽”一棵“文明公约树”，承诺在旅游系统中实施“行前说明、行中引导”，履行对游客进行文明旅游宣传引导的义务。活动获得现场市民游客的支持和参与，纷纷在文明旅游倡议书上签名，并在“文明旅游公约树”上按上手印。区旅游局设置“最美导游”上海地区选票活动投票箱，向市民发放 2 000 余份报纸和选票，选出心目中最受欢迎的“最美导游”。上航假期旅行社现场发放文明旅游宣传品 1 万份，吸引 2 万人次市民游客参与。　（王瑞英）

“文明旅游 · 快乐旅程”旅游集市　（区旅游局供稿）

【协助苏州太湖国家旅游度假区旅游宣传】 11 月 9 日，苏州太湖国家旅游度假区上海市民推介会在中山公园米兰广场举行。区旅游局携区内 20 余家旅游企业参加。推介会上介绍苏州太湖国家旅游度假区旅游资源及特产，旅游企业等工作人员派发宣传资料，进行互动抽奖等活动。　（王瑞英）

【完成旅行社评定复核】 11 月 19 日，根据市旅游局《关于开展本市旅行社等级评定工作的通知》及市旅行社等级评定委员会制定的《关于开展等级旅行社复核工作的若干意见》精神，区旅游局召开 A 级旅行社 2014 年复核工作会议。12 月，在各旅行社自查的基础上，区旅游局对 A 级旅行社开始进行复核评定。大家好、辰光等 11 家 3A 级旅行社属三年评定性复核，10 家通过评定复核，钟山旅行社未通过；海鑫、东立等 11 家 3A 级旅行社属年度复核，全部通过。经市旅行社等级评定委员会审核验收，凯逸商务国旅被评定为 4A 级旅行社。　（王瑞英）

【开展行业管理教育培训】 年内，区旅游局对旅游企业进行行业管理培训。7 月，组织 25 家星级宾馆参加“文明旅游”“优化服务”、推进“文明餐桌”等专题培训；9 月，对 70 余家旅行社开展文明旅游专题培训，落实“组团关”“行程关”和“落地关”，强化组团的质量及加强导游员引导市民文明旅游习惯的力度。开展市级骨干旅游企业(A 级景区点、出境社)专题培训、旅游专项应急预案培训班及研讨会，组织旅游企业参加东方讲台讲座，以提高长宁旅游的规范、健康、文明。　（王瑞英）

【创建绿色饭店】 今年，区旅游局继续推进绿色旅游饭店创建工作，新增龙之梦大酒店 1 家金叶级绿色旅游饭店。注销银河宾馆、龙柏饭店2家金叶级绿色旅游饭店和上海新苑宾馆1家银叶级绿色旅游饭店。至年底,区内共有西郊宾馆、虹桥迎宾馆等9家金叶级绿色旅游饭店,绿洲大厦、虹桥云峰宾馆等10家银叶级绿色旅游饭店。（王瑞英）

【复核评定旅游星级饭店】 年内,区旅游局根据市星评办的要求,开展年度星级宾馆与复核评定工作。国际机场宾馆、兴华宾馆、航友宾馆、三湘大厦、绿洲大厦、虹桥云峰宾馆、锦江达华共7家三星级宾馆,依据《旅游饭店星级的划分与评定》(GB/T14308—2010)要求,虹桥云峰宾馆、锦江达华宾馆实施三年一度的评定性复核;兴华宾馆、航友宾馆、三湘大厦等5家实施年度评定,全部合格通过。新苑宾馆与亭枫宾馆由于全面装修与功能转变,没有进行复核工作。（王瑞英）

表19-2　**2014年全区旅行社、旅游饭店、旅游景区情况表**

类别	旅行社			旅游饭店							旅游景区			
	总数	其中		星级饭店总数	其中					其他饭店	A级景区总数	其中		
		有出境游资质	外资		五星	四星	三星	二星	一星			5A	4A	3A
数量	77	8	2	21	11	3	7	0	0	21	1	0	1	0
上年数量	70	3	1	25	11	4	9	1	0	21	1	0	1	0

说明:资料由区旅游局提供

(七)社会服务业

【概况】 2014年,长宁区社会服务业实现税收7.23亿元,比上年增长17.8%。区文化局完成招商任务16家,区文化创意产业推进领导小组办公室32个项目和市文化创意产业推进领导小组评审配套的15个项目进行政策资金扶持。区域内有民营医疗机构122家,个体诊所34家,各级各类医疗卫生机构246所,实有病床6 760张,各级卫生技术人员11 413人,家庭病床3 599张。区卫计委推进公立医院体制机制改革,深化特殊人群社会管理创新,9街1镇建立社工站的三级组织管理架构,加强对社会医疗机构培训,开展医疗质量管理制度督导,举行民营医院院长圆桌论坛,加强区内社会办医疗机构监管与服务;区属体校、场馆运动场地面积3.6万平方米,有18个单项体育协会、25个体育俱乐部。区属上海国际体操中心、长宁温水游泳池、长宁网球场等公共体育场馆全年接待103余万人次,体彩销量1.07亿元。（常　念）

表19-3　**2014年区文化局招商引资完成情况表**

序号	企业名称	注册资金(万元)	产业	行业	类型
1	上海羽多文化传媒有限公司	100	有产业	文化服务业	新办
2	泓基文化传播(上海)有限公司	1 000	有规模	文化服务业	新办
3	上海拉普达文化传播有限公司	1 000	有规模	文化服务业	新办
4	上海优佳文化传播有限公司	1 000	有规模	文化服务业	新办
5	上海乐升文化传播有限公司	100	有产业	文化服务业	新办
6	上海藏艺文化传播有限公司	1 000	有规模	文化服务业	新办
7	上海音朗文化传播有限公司	100	有规模	文化服务业	新办
8	上海世茂文化传媒有限公司	2 000	有规模	文化服务业	新办
9	上海绘映文化传播有限公司	100	有产业	文化服务业	新办
10	上海商隐文化传播有限公司	100	有产业	文化服务业	新办
11	蓝盒宝宝(上海)文化创意有限公司	1 000	有规模	文化服务业	新办
12	上海寅舸睿文化传媒有限公司	2 000	有规模	文化服务业	新办
13	上海依咪喋文化传播有限公司	300	有产业	文化服务业	新办
14	上海泰南文化传播有限公司	1 000	有产业	文化服务业	新办
15	上海愚园文化创意发展有限公司	1 000	有规模	文化服务业	新办
16	普丽生(上海)文化传播有限公司	300	有产业	文化服务业	新办

说明:资料由区文化局提供

【扶持文化创意企业发展】 年内,区文化局梳理国家和市区两级政府对文化产业在市场准入、价格调节、财税优惠、政府补贴、金融支持等方面的相关政策措施,会同区发改委、区商务委对长宁区重点文创企业进行排摸,综合企业纳税额、营业额以及行业因素,对涉及多媒体、咨询服务、广告及展览展示、软件及通信、休闲娱乐等文化创意行业进行资金扶持,32个项目获535.2万元的资金扶持。 (徐裕洲)

【加强区内社会办医疗机构监管与服务】 年内,区内有民营医疗机构122家,个体诊所34家,其中8家民营医疗机构为医保定点或单病种医院。区卫计委举办区内所有社会医疗机构参加"法律法规培训班",就社会医疗机构如何规范医疗服务、开展医疗安全防范进行培训。对区域医保医疗机构及部分专科医院进行医疗设备计量专项检查。区医疗质量控制组每半年对社会医疗机构开展医疗质量管理制度督导,将美容整形、中医及康复新增入督导范围,督导单位增加至74家,增加"飞行检查"项目,检查后召开督导反馈点评大会。开展医疗质量管理制度集中培训,对问题较为严重的机构进行约谈和限期整改。组织社会医疗机构参加2014年区卫计系统"康泰杯"三基竞赛活动,上海新视界眼科医院、上海爱尔眼科医院、上海普瑞眼科医院分别荣获团体比赛前三名。区社会办医协会组织部分社会医疗机构经营管理者参观考察深圳天大集团下属的博爱医院和远东妇儿科医院;组织上海普瑞眼科医院、上海美健门诊部、上海兰卫医学检验所参加星级医院的评选,三家医疗机构被市社会医疗机构评审委员会评为星级达标单位(三级);举行民营医院院长圆桌论坛,就如何提升社会医疗机构发展的核心竞争力,更好地为百姓服务,提高社会满意度,树立良好社会形象为主题进行讨论交流。 (殷晓椿)

【加强体育设施建设和服务】 年内,区体育局完成3条百姓健身步道建设,新建5个健身点、1个社区公共运动场、1个园区百姓健身房,更新84个健身苑点529件体育器材。全区近8万人参与各项全民健身赛事活动。上海国际体操中心、长宁温水游泳池、长宁网球场等公共体育场馆全年向社会开放,接待市民103余万人次,其中,免费接待3.5万人次。区域内70家游泳场所向社会开放,接待30余万人次。区9 000余人次参加免费体质测试。 (夏莉莉)

(八)金融服务业

【概况】 2014年,区金融办谋划长宁金融健康发展方向,在推动金融服务实体经济、开展产业引导基金工作、小贷公司及担保公司日常管理、金融风险防范等方面开拓前进,为区域经济健康发展做出贡献,为金融企业发展提供平台。 (宣 骏)

【做好长宁金融发展规划】 年内,区金融办根据市金融办《关于商请提供上海市金融集聚区布局规划(2020—2040)有关部分材料的函》的要求,结合长宁区经济基础,对长宁区金融特色功能定位进行建议。开展金融服务业"十三五"规划相关工作,查阅国内外金融服务业发展相关资料,总结前4年金融服务业发展的特点和经验,分析区实际情况及相对优势,为做好规划奠定基础。 (宣 骏)

【推动金融服务实体经济】 年内,区金融办组织区内8家有特色的金融机构,代表长宁参展"第八届上海中小微企业金融洽谈会"。通过推选第三方支付、金融信息运营平台等非传统金融机构与银行等传统金融机构为中小微企业提供多元化的金融产品和服务。与区工商联合作举办"银企对接会",活动加强对区中小企业和企业白领提供金融便利服务,有效缓解融资扶持政策以及金融产品信息不对称等难题,促进区域实体经济的发展。 (宣 骏)

【加强区引导基金管理】 年内,区金融办为完善区引导基金参股及直投项目日常联络机制,引导各项目健康发展,就基金联络机制向市创投进行学习,形成《关于完善区引导基金参股及直投项目日常联络机制的建议》。从区引导基金的管理机制、决策操作流程、目标、投资方式等方面进行优化建议。于2月、10月召开区引导基金理事会议,审议商投磐石基金、联创永钦基金的二次出资申请,听取各参股基金年度运行情况以及关于建立虹桥互联网创业投资基金的设想,梳理区引导基金对各参股直投项目派驻代表。 (宣 骏)

【做好小贷和担保公司管理】 年内,区金融办召开区小贷公司和担保公司防范和化解风险事件信息沟通会,通报小贷公司和担保公司2014年度现场检查中发现的问题及涉金融重要信访事件处理及相关情况。提出区金融办推动小贷、担保接入央行征信系统及区工商局全面了解非持牌金融机构情况,弄清基础数据和机构底数等六点建议。对小贷公司、担保机构、非融资担保公司等3类机构开展一次非法集资风险专项排查。开展涉及小贷、担保信访的调查、走访,及时与市金融办保持密切沟通与合作,市、区两级金融办共同约谈东虹桥小贷和东虹桥担保董事长、总经理及实际控制人。 (宣 骏)

【落实区反假币工作】 年内,区金融办根据《上海市反假币工作综合治理考核评价细则》要求,确保反假货币各项工作制度与要求落实到位,主动走访银行业金融机构,牵头组织反假货币宣传工作,增强反假货币宣传工作。9月14日,联合中国银行长宁支行在黄金城道针对外籍人士开展反假货币宣传月活动。11月初,形成总结上报央行上海分行。 (宣 骏)

【做好文明城区银行网点对接工作】 2014年是长宁区创建文明城区复评年，银行窗口是文明城区创建复评检查的重要组成部门，区金融办配合区文明办开展银行网点对接工作，实地走访银行网点，向银行网点负责人讲解文明城区复评工作及相关检查要求，对照检查要求进行现场检查，将检查中发现的问题及时向银行相关负责人进行反馈。（宣　骏）

【工商银行长宁支行】 位于延安西路895号。支行设综合管理部、人力资源部、业务管理部、内控管理部、个人金融业务部、市场发展部、公司业务部、信贷管理部八大部室，下辖31家营业网点。截至年底，支行本外币三项存款余额超490亿元，其中，人民币三项存款余额逾480亿元，外币三项存款余额逾2亿美元。本外币各项贷款余额近200亿元，其中人民币各项贷款余额逾140亿元，外币各项贷款余额逾9亿美元。实现拨备前利润超10亿元，存款、贷款、中间业务、利润等主要指标均排名同业第一。支行开展警示教育，提升内控管理水平，加强保卫工作。年内，保卫部门被公安局长宁分局评为“长宁区治安保卫先进集体”。防范各类诈骗。成功防范阻止电讯诈骗19笔，挽回金额196.95万余元。（陈　晨）

【中国农业银行股份有限公司上海市长宁支行】 位于定西路998号。支行设办公室、人力资源部、内控合规部、信贷管理部、财会运营部、公司金融部、个人金融部、国际业务部8大部室，下辖14家营业网点。年内，在外部经济形势严峻、金融环境竞争激烈的情况下，支行人民币各项存款出现较大幅度的下滑，但在资产业务方面仍取得较好的经营成效。截至年底，人民币存款余额153.87亿元，比上年下降12.46亿元，其中人民币储蓄存款余额78.96亿元，比上年下降2.93亿元；人民币对公存款余额74.92亿元，比上年下降9.52亿元；人民币法人贷款余额117.99亿元，比上年增加15.53亿元，其中法人实体贷款余额100.13亿元，比年初增加22.2亿元；票据贴现融资业务余额17.86亿元，比年初减少6.67亿元；个人贷款余额40.21亿元，比年初增长4.24亿元。2014年中间业务收入1.41亿元。全年实现拨备前利润4.30亿元。（刘　宏）

【中国银行长宁支行】 位于红宝石路500号东银中心大楼A座5楼。支行成立于1987年11月，下设6个职能部门和19家营业网点（含营业部），有7家依附式自助银行、6家离行式自助银行、各类自助服务机具130台，员工402人。年内，支行各项本外币存款超229亿元，贷款余额超102亿元，利润保持稳定增长。人民币企业存款（日均）、人民币零售贷款等指标增速在区域四大行中名列第一，人民币企业存款（时点）、人民币对公贷款（时点）、外币企业存款、外币企业存款日均、中间业务收入等指标增速在区域四大行中名列第二。支行紧跟自贸区发展机遇，到园区进企业召开多次自贸区政策宣讲会，及时和客户传达自贸区各类新动向新措施，通过境外借款、跨境电商、人民币跨境资金池业务等自贸区业务的探索和破冰，为区域企业提供金融支持。支行注重优化网点布局，完成古北新区支行迁址装修（新址：黄金城道823号），实施国贸中心支行扩租装修、仙霞路支行局部改建，设立金虹桥自助银行（茅台路179号金虹桥国际中心商场L130131号商铺）。支行致力于“担当社会责任做最好的银行”，配合公安系统打击电讯诈骗，支行成功阻止电信诈骗案件6起，堵截金额47.11万元，堵截率在区域同业居首位，全年未发生案件和安保事故，获2014年上海市安全保卫先进集体荣誉称号和“上海市平安单位”称号。支行加强全员客户服务意识，全面提升窗口品质，19家网点上门至长宁区97个绿色账户试点小区开展135场金融服务进社区活动，成效较好。获2013—2014年“上海市文明单位”称号。（程　琼）

【建设银行长宁支行】 位于仙霞路8号6楼。支行成立于1988年12月，有员工390人，设15个职能部门、18家营业网点（含营业室）和两家财富管理中心，有8家附行式24小时自助银行。年内，支行以推进业务转型、深化双基管理、提升经营能力为抓手，改进服务质量、抢抓发展机遇、加快业务稳步发展。截至年底，支行本外币日均存款余额224.17亿元，各项贷款余额105.45亿元，利润保持稳定增长。人民币一般性核心存款余额区域四行排名第二，新增排名第一，各类存款余额均较上年份额提升。支行不良贷款减少，不良贷款率持续下降。建设银行长宁支行支持国家重点项目建设。在总、分行的大力支持下，与上海博览会会展综合体项目签订银团合作框架协议，为国家会展中心项目建设提供资金支持。该项目荣获年度银行同业公会银团贷款最佳项目奖；建设银行长宁支行注重优化网点布局。9月22日，建行虹桥路支行从虹桥路1088号搬迁至虹桥路1288号（近宋园路口）营业。搬迁后营业面积提升30%，配置更合理的高低柜台，更专业的服务团队，提供更高效、优质、安全的金融服务；建设银行长宁支行致力于担当社会责任。组织全员开展防范电讯诈骗培训，深入社区、园区开展防范电讯诈骗宣传，加强营业大堂安全巡视，防范可疑交易。年内，建设银行长宁支行所辖网点共堵截电讯诈骗17起，堵截金额34.1万元，堵截虚假存单及虚假开户两起，涉案金额2 350万元。被市公安局评为“治安防范先进集体”。（颜　才）

【交通银行上海长宁支行】 位于江苏路508号。支行有员工259人，设综合管理部、内控合规部、经营管理部、零售业务部、公司业务部、国际业务部6个职能部门；所辖路支行9个，本部营业部1个，10个对外营业网点，分别为支行营业部、娄山关路支行、番禺路支行、古北新区支行、威宁路支行、虹康支行、顺义路支行、黄金城道支行、虹桥支行、金沙江路支行。支行经营范围为人民币存款、贷款、结算业务，人民币储蓄业务，外汇存款、汇款，外币兑换，境内居民个人购汇业务。年内，支行启动理财服务进万家活动。网点以金融知识普及和社会公益为载体，进单位、进街道、进社区、送宣传单页、送饮料、送金融书籍。宣传理财产品及反假币、防电信诈骗等内容，拓展社区金融服务，满足客户需求。支行联合区工商联举办自贸区银行业务培训。长宁支行就自贸区金融的最新政策进行分析和解读，将现有的自贸区企业可操作以及银行提供的服务作介绍，突出跨境离岸业务给长宁创造的机遇。通过活动，树立交行专业、专注、细致的品牌形象。（施　磊）

【上海银行长宁支行】 位于古北路666号嘉麒大厦20楼。支行下设14个营业网点，主要经营人民币存款、贷款、结算业务，人民币储蓄业务，外汇存款、贷款，外币兑换、国际结算、结汇、售汇以及经中国人民银行批准的其他业务等。截至年底，支行本外币存款规模为159.6亿元，本外币贷款余额为74亿元。年内，上海银行第一家试点微型智能网点——水城路支行正式开业。网点打造5大功能区域：自助银行区、电子银行体验区、客户服务区、客户休息区以及便民服务区。营业时间为周一至周日的11—19点。配置2名营销服务人员，兼顾咨询和理财人工服务，利用移动营销平台等电子渠道来开拓业务发展，提升客户的体验度。微型智能网点作为一种新的网点形式，配备智能化的机具设备，通过错时延时营业、智能自助服务为周边居民带来专业、便捷、贴心的金融服务。

（李莹莹）

表 19-4　**2014年上海银行股份有限公司长宁支行营业网点一览表**

序号	网点名称	地址	电话
1	长宁支行营业部	仙霞路320号	62095115
2	愚园路支行	愚园路999号	62405506
3	天山支行	天山路765号	62416087
4	临空经济园区支行	天山西路568号	62381485
5	凯旋支行	虹桥路953弄2号	62953023
6	曹家渡支行	长宁路388号	62119987
7	江苏路支行	延安西路1066号	32200897
8	古北路支行	虹桥路1452号	62741473
9	武夷路支行	武夷路729号	62741941
10	新泾支行	仙霞西路642号	62397012
11	番禺路支行	定西路738号	62825826
12	仙霞路支行	仙霞路476号	62955327
13	威宁路支行	天山路324号	62901365
14	水城路支行	水城路55号	62419837

说明：资料由上海银行长宁支行提供

【中信银行长宁支行】 位于江苏路398号舜元企业大厦。成立于2002年，是中信银行在上海最早设立的支行之一。支行设有营业部、零售银行部以及公司业务部等职能部门。长宁支行的经营范围主要有：吸收公众存款，办理各类型的个人和企业贷款，办理企业代发工资业务，代理销售基金、保险、贵金属，办理美国签证缴费和代传递签证材料业务，办理投资银行、金融同业和各类国际业务等。年内，支行细分市场、准确定位、抓住重点，在经营业绩方面稳步增长。公司业务方面，支行与区工商联等机构建立联系，为区内企业提供金融咨询服务，响应“互联网＋”的发展模式，结合虹桥互联网经济园区，协同区内企业在互联网金融领域快速发展；零售业务方面，支行完善厅堂服务流程，提升员工的服务意识和服务水平，更好地适应销售化转型的需要，提升客户的满意程度，通过深入社区，为社区的居民提供专业的理财业务咨询、普及金融知识；企业社会责任方面，支行参加江苏路街道等举办的慈善义卖、运动会等社区活动，履行社会责任，树立良好的企业形象。（田一辰）

【人保财险上海市长宁支公司】 年内，人保财险上海市长宁支公司为长宁区政法部门、各行政执法单位执法人员承保“执法人员责任保险”。主要针对执法人员在执行公务过程中遭受到不法伤害、突发疾病、交通事故等造成人身伤害或下落不明等情况下给予一定的保险赔偿，解除执法人员依法履职的后顾之忧，是根据长宁区执法人员量身定制的一款保险产品，开创全市执法人员责任保险先河，是保险公司积极参与平安建设工作的成功尝试。该保险合同的“执法人员”是指公安、检察、法院、司法行政、工商、税务、城管、食药监、安监、质监、劳动监察、文化执法等政法部门、行政执法单位的所有执法人员及其辅助执法人员。保险责任包括：在执行公务过程中，遭受暴力或不法侵害、交通事故、自然灾害造成人身伤害或下落不明或突发疾病死亡的；在非执行公务过程中，因工作原因遭受打击报复致人身伤害或下落不明；在抢险救灾等维护国家利益、公共利益活动过程中遭受人身伤害或下落不明等。 （丁建荣）

【太平洋产险长宁支公司】 位于定西路1010号。成立于1991年，营业面积1 150平方米，有工作人员33人，其中党员10人，共青团员11人。年内，公司业务建设持续快速发展，实现签单保费1.53亿元，业务结构良好。公司是保险行业首家被中国质量协会评为全国现场管理星级评定四星级门店，被市总工会授予工人先锋号，是第十六、十七届市文明单位。公司继续独家承保上海市公安局警用直升机综合保险和警航人员人身意外伤害保险。连续七年中标，总保额11.5亿元，其中新引进的Ka-32A直升机在参与城市公共安全、应急处置、减灾防灾等城市管理工作方面，在有效解决高层建筑灭火、快速救援救助等城市管理难题方面发挥作用。继续独家承保上海市公安局机动车车辆保险，为市公安局警务保障部2 000余辆机动车提供全面、主动、专业、准确、高效、便捷的保险服务。7月8日，公司响应保监会号召，在定西路1010号门店开展主题为“爱无疆　责任在行”的“7·8全国保险公众宣传日”活动，普及保险知识、提升全社会保险意识。

（张丽菊）

【国泰君安证券上海江苏路营业部】 位于江苏路369号。营业部设客户服务部、研究咨询部、创新产品部等13个部门。提供多套咨询平台、交易渠道、一户通综合理财及君弘财富俱乐部等为客户提供个性化全方位服务。年内，营业部以“改革创新，开拓新局面”为契机，推广创新产品、创新渠道及创新服务。上海江苏路营业部获上海总工会颁发的“第五届上海市五一巾帼奖（集体）”、被共青团上海市委员会评为“上海市五四红旗团支部”获上海市文明单位、上海市青年文明号、和长宁区经济发展“突出贡献奖”等多项称号。营业部参与总公司对口帮扶南汇宣桥镇路桥村的帮困助学活动，与青村镇吴房村困难家庭小朋友结对帮扶，组织党、团员参与社区公益活动，慰问孤老、残障、维护公共秩序等。 （马　洋）

（栏目编辑　查斐佳）

二十 三大经济组团

(一)综 述

2014年,三大经济组团推进实施重大工程项目,税收实现增长,现代商业和服务业作出贡献,凸显"调结构、稳增长"成效。虹桥国际贸易中心全年实现税收78.42亿元,比上年增长14.74%,占虹桥涉外商务区税收总量的54.2%,占全区税收总量的25.90%。在房地产业税收出现负增长27%的情况下,总量保持14个百分点的增长,现代商业和现代服务业分别比上年增长24.63%和20.01%。

中山公园商业中心全年实现税收29.49亿元,比上年增长12.32%,占虹桥涉外商务区税收总量的20.40%。在房地产业税收比上年负增长55.42%的情况下,总量保持12个百分点的增长,信息服务业和现代商业比上年分别增长40.70%和25.29%。商圈内业态调整持续进行;商圈环境提升完善。

虹桥临空经济园区实现税收37亿元,比上年增长15%,占全区税收的12.2%。推进2个项目,共计7.9万平方米开工建设;竣工项目3个,共计33万平方米;实现综合税收37.62亿元,比上年增长15%,其中功能区税收34.43亿元,比上年增长15.6%;园区通过2014年度环境认证审核;获批上海市第二批智慧园区试点单位;园区62家企业获长宁区经济发展贡献奖;园区企业携程入选"上海企业文化创新十佳品牌"。 (常 念)

(二)虹桥国际贸易中心

【概况】 2014年,虹桥国际贸易中心全年实现税收78.42亿元,比上年增长14.74%,占虹桥涉外商务区税收总量的54.2%,占全区税收总量的25.90%。在房地产业税收出现负增长27%的情况下,总量保持14个百分点的增长,现代商业和现代服务业作出贡献,分别比上年增长24.63%和20.01%。年内,金虹桥国际中心商务楼接纳入驻企业,金虹桥·金光绿庭购物中心开业;虹桥南丰城(原虹桥上海城一期)开业;娄山关路九华美天副食品公司配送中心改扩建竣工开业。改善商圈内综合环境配套设施,古北路(红宝石路—古羊路)绿化带改造项目、虹桥公园改造项目竣工;紫云西路(娄山关路—古北路)辟通工程竣工通车;12个公共自行车租赁站投用;商圈内重点路段景观灯光改造竣工亮灯;遵义路沿线三条地下人行道开工兴建。SOHO绿城广场、上海国际舞蹈中心、虹桥文化艺术中心、新虹桥俱乐部改建等在建项目按计划推进。虹桥经济技术开发区内注册外资企业全年实现销售收入161.15亿元,与上年持平;实现利润16.6亿元,比上年增长196.24%;上缴税金16.4亿美元,比上年增长40.75%。开发区累计引进外资项目533个,总投资48.47亿美元,合同外资37.94亿美元,实际利用外资36.52亿美元;开发区累计实现营业收入1 593.12亿元,利润总额142.97亿元,上缴税金122.43亿元。古北(集团)有限公司实现主营收入8.19亿元,净利润6.76亿元,净资产收益率24.82%,资产负债率68%,在建施工面积约30.26万平方米,全年完成销售面积8.18万平方米,回笼资金29.311 6亿元,缴纳税金4.13亿元。

(姚志康 周乐昇 周俭辛)

【黄金城道设置巨型城雕】 1月,由古北集团斥资250万元,上海油雕院国家一级美术师杨冬白创作的"青山绿水"巨型不锈钢城雕在黄金城道古北路入口处落成。雕塑顶高7米,占地120平方米,重量13吨。城雕借鉴传统水墨画写意手法,将顶部塑成起伏的"青山"造型,内置LED光源,夜晚显出波动的"绿水"。 (姚志康)

【遵义路沿线三条人行地道开工兴建】 3月,遵义路沿线四条人行地道规划中的三条开工兴建,分别是虹桥天都至SOHO绿城广场、SOHO绿城广场至上海城(三期)、尚嘉中心至虹桥友谊商城。上海城(一期)至尚嘉中心的人行地道暂缓开工。开工的三条人行地道总长度105米,宽度分别为6米、6.9米和8米,总投资1.460 8亿元。 (姚志康)

【2014"音乐小天使"器乐演奏友谊赛开幕式在尚嘉中心举行】 4月18日,由区文化局、区虹桥办主办,上海

禾乐文化艺术有限公司承办，上海爱乐乐团协办的2014（第四届）“音乐小天使”器乐演奏友谊赛开幕式在尚嘉中心举行。开幕式上，历年三届获奖小选手登台表演。该赛事是长宁区培育的公益文化品牌。（姚志康）

【虹桥、古北地区重点路段景观灯光实施改造提升】 5月1日，虹桥、古北地区重点路段景观灯光改造工程（一期）亮灯。一期涉及延安高架沿线世贸商城、万都中心、国贸中心等7幢楼宇。整个工程涉及33幢楼宇，总投资5 061万元，分两期施工。二期10月启动，年末进入调试。改造后的虹桥地区景观灯光，体现“七彩虹桥”的区域风貌；通过点（万都中心白玉兰）、面（世贸商城立面）结合的投影效果，体现远景视觉效果；通过古北地区居民楼宇顶部天际线的刻画，提升人文居住品位。（姚志康）

【虹桥地区公共自行车租赁站建成投用】 5月，虹桥地区12个公共自行车租赁站点、450辆“永久”牌自行车投放使用，为该区域白领在上下班搭乘地铁或公交的途中提供便捷。此项便民工程由区低碳办牵头实施。采取政府购买服务的方式，与永久自行车公司合作开发运营。“永久”公司提供车辆及维护，区政府每年支付一定的经费。（姚志康）

【九华美天副食品公司配送中心改扩建竣工开业】 6月，娄山关路九华美天副食品公司办公楼及副食品配送中心改扩建工程竣工开业。引入面包房、便利店、药店、内衣专卖店等业态。为支持区内“六个便利”活动开展，业主方九华集团辟出一楼200平方米的商业面积，无偿提供给属地天山路街道，作为白领中心使用。（姚志康）

【古北路绿化带改造竣工】 6月，由区绿化市容局、区虹桥办牵头，区绿化管理署实施的古北路（红宝石路—古羊路）东侧绿化带改造竣工。改造涉及调整绿化景观及停车位、公厕等设施；改造面积2.68万平方米，总投资1 190万元，施工周期20个月。（姚志康）

黄金城道入口的“青山绿水”不锈钢城雕（姚志康供稿）

【虹桥公园改造竣工】 8月，由区绿化市容局、区虹桥办牵头，区绿化管理署实施的虹桥公园改造项目竣工。改造涉及部分绿化调整，并新增5个可用于休闲茶饮等商业服务的景观构筑物，提升虹桥商圈的配套功能。总投资850万元，施工周期10个月。（姚志康）

【金虹桥·金光绿庭购物中心试营业】 9月26日，位于金虹桥国际中心裙楼的金虹桥·金光绿庭购物中心试营业。商场从地下2层至地上4层，建筑面积8.5万平方米。功能定位：时尚生活。引入APITA超市、服饰专卖、风味餐饮、儿童用品等业态。（姚志康）

【2014上海艺术博览会在世贸商城举行】 11月13日—16日，由上海文化发展基金会主办的2014（第十八届）上海艺术博览会在世贸商城举行。12个国家的148家画廊参展，数千件国画、油画、雕塑、版画、装置、陶瓷等艺术品参与交易。展会面积2.4万平方米，设四大展馆173个展位。观众人次约为5万，全部成交量约为1.4亿元，与2013年创造的上海艺博会历届最高成交纪录持平。（姚志康）

【虹桥南丰城购物中心（一期）试营业】 11月26日，虹桥南丰城购物中心（原虹桥上海城）经过2余年的改造装修、重新招商，进入试营业阶段。商场面积6.5万平方米，功能定位：年轻、时尚、生活。引入Ole超市，服饰、运动专卖，美妆护理，时尚家居，中外餐饮，亲子乐园，电影院等业态。（姚志康）

【115街坊旧改征收签约速度创上海“新高”】 截至12月19日，115街坊（四至范围：东至娄山关路、南至仙霞路、西至远东国际广场大厦、北至紫云西路，地块面积1.5万平方米）土地征收所涉及的410证的动迁户完成404证的签约，签约率98.54%。该地块从11月12日起进入签约期（为期45天），至11月15日中午，两天半时间，签约率85%；至11月19日，签约率96.85%，创全市中大型基地签约生效速度新纪录。（姚志康）

【紫云西路（娄山关路至古北路）辟通工程竣工通车】 12月下旬，该路段辟通工程竣工通车，比原计划推迟半年。推迟原因系建设方与沿线一动迁单位发生补偿争议，延误工期。辟通段全长295米，按规划20米道路红线一次实施到位，工程总投资5.97亿元。该路段辟通有利于改善虹桥商圈核心区内道路交通状况。（姚志康）

4月18日,2014年"音乐小天使"器乐演奏友谊赛开幕式在尚嘉中心举行
（姚志康供稿）

【上海国际舞蹈中心建设完成总投资33.20%】 截至年末,上海市"十二五"重大文化设施建设项目上海国际舞蹈中心累计完成投资3.56亿元,完成总投资的33.20%。（姚志康）

【新虹桥俱乐部改造项目结构封顶】 年内,新虹桥俱乐部改造项目外立面幕墙龙骨施工全面铺开,楼层内风管、排水管、消防管等安装工程施工。该项目获上海市文明工地及上海市绿色施工样板工地称号。

（周乐昇）

【配合区政府实事工程】 年内,虹桥经济技术开发区建立公共自行车租赁项目,配套设置六处公共自行车租赁服务站点,投入230辆公共租赁自行车。配合区体育局健身进社区活动,新虹桥中心花园内建设健身步道、羽毛球场、篮球场等运动场地。

（周乐昇）

【完成领馆建设】 年内,虹桥经济技术开发区通过与泰国领馆方面协调沟通,完成泰国领馆新建馆舍项目建设。日本领馆改扩建工程完工,扩建后的日本领馆用地面积5 236平方米,建筑面积3 963平方米。

（周乐昇）

表 20-1　**2014年上海虹桥经济技术开发区新批外资情况表**

序号	2014年项目名称	数　值	序号	2014年项目名称	数　值
1	新批准外商直接投资企业(个)	49	3	合同外资(万美元)	10 214.5
2	总投资额(万美元)	13 946.5	4	实到外资(万美元)	9 539

说明:资料由虹桥经济技术开发区办公室提供

表 20-2　**上海虹桥经济技术开发区历年外商投资情况表(1985－2014)**

序号	国家和地区	企业数(个)	总投资额(万美元)	合同外资额(万美元)	合同外资比例(%)
1	中国香港	105	147 199	128 434	33.85
2	日本	256	142 048	113 792	29.99
3	亚洲其他国家	77	76 692	49 285	12.99
4	美国、加拿大	36	38 914	28 255	7.44
5	欧洲	40	72 449	53 218	14.05
6	非洲	1	44	32	0.01
7	澳大利亚	3	2 035	2 029	0.53
8	其他太平洋岛国	15	5 319	4 344	1.14
合　计		533	484 700	379 389	100

说明:资料由虹桥经济技术开发区办公室提供

(三) 中山公园商业中心

【概况】 2014年,中山公园商业中心税收保持2013年增长势头,全年实现税收29.49亿元,比上年增长12.32%,占虹桥涉外商务区税收总量的20.40%。在房地产业税收比上年负增长55.42%的情况下,总量保持12个百分点的增长,信息服务业和现代商业作出贡献,比上年分别增长40.70%和25.29%。年内,商圈内业态调整持续进行;商圈环境提升完善;景观灯光提升工程竣工亮灯;汇川路北块旧区改造土地征收完成97.7%;中山公园1号门东侧地下空间开发(一

期)开工兴建。（姚志康）

【中山公园1号门东侧地下空间开发(一期)破土兴建】 5月，中山公园1号门东侧地下空间开发(一期)破土兴建。一期工程系穿越长宁路的地下人行通道，北端为中山公园1号门东侧，南端为定西路、长宁路交汇口的金诚福安广场(下沉出口)，全长60米，建筑面积523平方米，工程总投资5 000万元，计划2015年11月竣工。

（姚志康）

【“上海最爱购物地”中山公园商业中心排名第五】 10月，在市商务委组织的消费者和专家的“上海最爱购物地”评选中，中山公园商业中心在全市17个区的35个商圈、商业街中，被评为“2014上海最爱购物地第5名”，超过淮海路、豫园、陆家嘴等老牌商圈受欢迎程度。（姚志康）

【兆丰广场东楼综合改造后进行业态调整】 年内，兆丰广场(原多媒体生活广场)进行东楼综合改造。东楼建筑改造面积约2.5万平方米。截至年末，完成广场构筑物“猫屎咖啡”“浮生若茶”等休闲业态；东楼1层日本优衣库专卖店；4层日本料理“和庭风院”引进开业。2层、3层在招商中。

（姚志康）

【巴黎春天中山公园店引入餐饮业】 年内，巴黎春天中山公园店面对电商对实体店的冲击，打破百货业中餐饮比重不超过20%的陈规，压缩百货业面积，大力引进餐饮业。先后引进1楼的COSTA COFFE咖啡；2楼的绿茶餐厅；3楼的“呷哺呷哺”“台金兰”“韩嘉人”等特色餐饮。该店餐饮比重约占2万平方米营业面积的40%。

（姚志康）

【中山公园地区景观灯光提升工程竣工】 年内，提升工程涉及长宁路两侧19幢楼宇、3处绿地，总投资约5 400万元。该工程融入“多楼宇灯光联动”创新技术，使楼宇在无线控制系统下实现实时交互、整体联动的动画效果。该项技术在全国范围处于领先水平。标志性建筑龙之梦购物中心设计定位为“光之树”，通过LED点光源的表现形式，大厦在夜空中幻化出一棵参天的光之巨树，烘托中山公园地区绿色主题。（姚志康）

【长宁来福士广场项目工程进度过半】 截至年末，由凯德置地(中国)投资有限公司投资建造的长宁来福士广场(长宁88街坊32—8丘地块)工程进度过半。项目中3号楼(基地西北侧)的机电安装和精装修完成90%；2号楼(基地西南侧)实现结构封顶；项目东片两幢建筑的基坑进入施工。预计2016年可实现3号楼与2号楼竣工；2017年底项目全面竣工。

（姚志康）

【汇川路北块旧改基地动迁完成97.7%】 截至年末，汇川路北块旧改基地(四至范围：东至兆丰嘉园、南至汇川路、西至凯旋路、北至中山公园，征收土地面积6 000平方米)完成678证742户签约搬离，余16证18户，完成率达97.7%。该地块内有694证760户，2013年11月25日实施动迁。

（姚志康）

(四)虹桥临空经济园区

【概况】 2014年，虹桥临空经济园区紧扣“商居办”融合发展定位，稳步推进2个项目，共计7.9万平方米开工建设；竣工项目3个，共计33万平方米；年内实现综合税收37亿元，比上年增长15%，其中功能区税收34.43亿元，比上年增长15.6%，产业能级不断提升；上海虹桥互联网金融财富天地揭幕；上海虹桥航空服务业创新试验区建设推进；“上海虹桥临空经济园区景观联控机制”出台实施；临空体制机制调整课题进一步深化；园区获批上海市第二批智慧园区试点单位；园区62家企业获长宁区经济发展贡献奖；园区企业携程入选“上海企业文化创新十佳品牌”。

（蒋　溟）

【贝奥路生物公司获国家发明奖】 1月10日，2013年度国家科学技术奖励大会在北京举行，大会表彰在科学技术进步活动中作出突出贡献的单位和个人代表。上海贝奥路生物材料有限公司的“磷酸钙类生物活性陶瓷和骨修复体模板法仿生制备新技术及临床应用”被授予国家技术发明二等奖。（蒋　溟）

【召开知识产权工作总结表彰大会】 1月22日，临空园区召开2013年度知识产权工作总结表彰大会，向希姆通信息技术(上海)有限公司、上海瑞华(集团)有限公司等15家单位授予“2013年度临空园区知识产权工作先

4月12日，本田HONDA重机摩托车综合服务中心开业（区临空办供稿）

7月24日，库博标准(亚太)技术中心落户临空园区　（区临空办供稿）

进单位”称号，向上海华虹计通智能系统股份有限公司的RFID应用项目组等11个团队授予“2013年度临空园区知识产权工作创新团队”称号，向芯讯通无线科技(上海)有限公司王蕾等15人授予“2013年度临空园区优秀知识产权创造者”称号，向希姆通信息技术(上海)有限公司郑爱群等11人授予“2013年度临空园区优秀知识产权工作者”称号。（蒋　溟）

【召开重点楼宇招商联席会议】 3月27日，临空园区召开首次重点商务楼宇招商联席会议，园区重点商务楼宇业主、中介机构负责人、园区楼宇税租联动办公室成员、园区楼宇招商负责人及专管员等出席会议。会议通报园区重点商务楼宇招商联席会议机制方案和园区商务楼宇税租联动机制运行情况，并听取神州数码、融真国际、新长宁等园区重点楼宇代表的意见及建议。（蒋　溟）

【企业入驻临空园区】 4月，本田HONDA重型摩托车综合服务中心入驻协和路文洋大楼一楼。该服务中心是本田HONDA在中国开设的第一家大重型摩托车综合服务中心，面积约1 000平方米，集展示、销售、维修服务等功能于一体。4月12日，本田HONDA长三角代理商上海新本车业有限公司举行了开业仪式。4月，中国最大的自营式电商企业京东将其华东区总部迁至临空园区。京东华东区总部新址办公面积约3 000平方米，员工约200名。7月24日，全球领先的汽车密封件、燃料、制动器、流体传输系统的减震系统供应商美国库博标准(亚太)技术中心落户临空园区。库博亚太区总部新址办公面积为762平方米。（蒋　溟）

【园区企业(人才)综合服务中心揭牌】 6月3日，上海虹桥临空经济园区企业(人才)综合服务中心举行揭牌仪式，副区长、区人才工作协调小组副组长陈志奇参加。综合服务中心整合临空园区企业(人才)服务中心、培训管理中心、综合管理中心等三大中心功能。（蒋　溟）

【临空24号地块改造工程开工建设】 7月，临空24号地块(原卜蜂莲花)改造工程开工建设。该项目位于天山西路淞虹路口，由上海泰琳实业有限公司负责改建。新建筑层高不变，扩建为地上5层、地下4层，总建筑面积140 928平方米，地下将预留停车场，并建设大型超市。该项目预计2018年竣工。（蒋　溟）

【举行虹桥互联网金融财富天地高峰论坛】 10月28日，上海虹桥互联网金融财富天地高峰论坛在临空园区举行。市张江高新区管委会副主任侯劲、市经信委副主任邵志清、市金融办副主任吴俊、区长谢峰、副区长翁华建出席活动，互联网金融千人会创始人易欢欢，你我贷、陆金所、宜信财富、拍拍贷、投石金融等互联网金融相关企业代表200余人参加论坛。上海虹桥互联网金融财富天地是长宁区为推进互联网金融产业创新发展而全力打造的新地标。（蒋　溟）

【凌空SOHO揭幕】 11月1日，巨型商业楼宇凌空SOHO在临空园区亮灯揭幕，潘石屹、任志强等地产巨头出席揭幕仪式。该项目占地逾8.6万平方米，总建筑面积约35万平方米，外观宛如四列巨型高铁蓄势待发，由

7月，临空24号地块改造工程开工建设　（区临空办供稿）

著名建筑师扎哈·哈迪德担纲设计。

（蒋　溟）

【举行首届人力资源发展论坛】 11月27日，园区“精英讲堂”联手国内最大和最具影响力的人力资源会员组织“智享会”举办第一届组织发展与人才培养建设发展论坛。该论坛旨在帮助长宁区企业了解标杆企业人力资源最新实战案例和有效管理方法，为企业组织发展、人才队伍建设提供灵感与经验。区105家企业的143名人力资源管理者及企业高管参加活动。

（蒋　溟）

【园区多家企业分获各类创新扶持】 年内，园区近20家企业获各类企业扶持或称号。其中，万丰、史泰博、菜管家、比路特等4家企业获电商政策资金扶持，携程、博辕、卓然工程、泓智等4家企业获上海市科技小巨人（培育）企业资金扶持，领意、指端、房盟、菜管家、盖讯、神州数码通用、瀚讯等7家企业获上海市科技型中小企业技术创新资金扶持，瑞华、中颖、声望声学、明基等4家企业获上海市科技型中小企业技术创新资金扶持。

（蒋　溟）

（栏目编辑　钱　萍）

兆丰十二景之双湖环碧　　（《长宁时报》供稿）

二十一　集团公司

（一）综　述

2014 年，长宁区有企业 24 601 户，比上年增长 6.9%。国资委系统企业完成营业收入 131.6 亿元，税收 9.20 亿元，招商引资 39 个。上海易贸投资集团有限公司、瀚海信息技术（上海）有限公司（大众点评）、携程旅游网技术（上海）有限公司等 3 家企业被认定为“2014 年上海平台示范企业”。中国东方航空股份有限公司、中国石化销售有限公司华东分公司、春秋航空股份有限公司、和记黄埔地产（上海）古北有限公司、上海电气集团股份有限公司、中国联合网络通信有限公司上海市分公司、上海海烟物流发展有限公司、仲利国际租赁有限公司、新百伦贸易（中国）有限公司、米其林（中国）投资有限公司税收排名前十位。（常　念　张亦易）

（二）区属企业集团公司

【概况】 长宁区属企业有上海长宁国有资产经营投资有限公司、上海新长宁集团、上海服装集团、上海九华商业集团、上海万宏工业投资集团、上海中山建设实业总公司、上海东虹桥文化发展有限公司、上海金鹿建设集团、上海新虹桥企业有限公司及受托管理企业。全年国资委系统企业完成营业收入 131.6 亿元，实现净利润 7.9 亿元，国有资产保值增值率 111%，净资产收益率 8%；完成税收 9.20 亿元，其中区级税收 4.57 亿元；完成招商引资 39 个，目标 34 个，完成率 114.71%；其中有规模有实力 24 个，目标 15 个，完成率 160%。新增就业岗位 162 个。

（朱梦君　常　念）

【上海新长宁（集团）有限公司】 年内，集团完成主营业务收入 27.93 亿元，实现净利润 3.32 亿元，净资产收益率 8.67%，国资保值增值率 110.7%，上缴国资收益 1 459.17 万元，公益性捐赠、赞助支出 166.09 万元。集团获上海市重大工程立功竞赛优秀公司 21 连冠；获国家工商总局 2012—2013 年度“守合同重信用”企业荣誉资格；获第二届中华慈善突出贡献奖。集团推进临空园区产业楼、多媒体产业园、兆丰嘉园、青浦徐泾别墅、缤谷文化休闲广场二期等中高档住宅和商务办公楼宇的开发建设。动拆迁工作围绕各征收基地情况稳步推进；加快西陶浜 B 块二期动迁安置房项目建设，338 街坊保障性住房项目完成竣工交付；公共租赁住房建设与运营有序开展。年内，集团各物业公司新接管产业 55.9 万平方米，其中非居住类物业 12.6 万平方米，公租房等保障性住宅 15.4 万平方米，存量商品房 16 万平方米，售后房 11.9 万平方米，截至年底，管理产业总量 1 141 万平方米。3 月，上钢十厂绿化基地最后一户居民完成签约，顺利交地。5 月 17 日，江森自控亚洲地区总部大楼项目开工仪式在上海虹桥临空经济园区 11-3# 地块举行。项目总建筑面积 5.43 万平方米，地上五层，地下一层，其中地上总建筑面积 3.52 万平方米，地下总建筑面积 1.90 万平方米，总建筑高度 23.91 米。项目将集办公、产品研发、企业展示等功能于一体。6 月 7 日，西淘浜 B 块二期项目结构封顶。建设用地面积 2 万平方米，方案设计总建筑面积 4.68 万平方米，容积率 1.67，建筑密度 24%，绿地率 35%，规划总户数 327 户，是市动迁安置房项目。6 月 30 日，天山路 680 弄旧改征收基地最后一户居民补偿决定确认。截至年底，完成 27 证，完成比例62.2%，21 证未搬（含 3 证签约未搬），签约比例 98.3%。7 月 16 日，新长宁集团以 3.41亿元竞买取得威宁路商办楼地块。该项目为商业办公用地，容积率 2.00，建筑高度控制 45 米，建筑密度 35%，绿化率 25%，可建地上建筑面积 2.13 万平方米，其中包含 2 000 平方米文化产业用房并无偿上交区政府。9 月 22 日，位于协和路 239 弄、323 弄，长宁区协和路与仙霞西路交口的 338 街坊保障性住房项目竣工。总建筑面积 13.12 万平方米，地上建筑面积 9.87 万平方米，容积率 1.84。工程用地用于建设公共租赁房和配套商品房，其中公共租赁房 558 套，配套商品房 849 套。9 月 28 日，虹桥商务区北片区 08 号地块项目开工。占地总面积 4.39 万平方米，总建筑面积 14.1 万平方米，地上建筑面积 8.6 万平方米，地下建筑面积 5.5 万平方米，为商住办用地。11月7日，首批区筹公共租赁住房晨飞公寓、晨和公寓启动申请受理，面向符合申请条件的区企业职工和居民开放。晨飞公寓是由区公租房公司投资改建的区筹公共租赁住房，位于昭化路68弄，原为上海飞乐股份有限公司厂房，总用地面积4 060平方米，总建筑面积1.14万平方米，有房源229套；晨和公寓是由区公租房公司通过购买方式筹措的区公共租赁住房，位于协和路239、323弄的协和家园小区，总用地面积5.86万平方米，总建筑面积13.05万平方米，其中公租房占5栋楼，建筑面积2.62万平方米，有房源558套。两个项目房源均以小户型为主，适合青年职工的居住需求。12月，完成公开选房摇号排序，住户签约入住。11月19日，临空10-3[#]地块“尚·品都汇”商办综合体项目竣工交付。总建筑面积9.28万平方米，地上建筑面积5.21万平方米，项目由公寓式酒店、公寓式办公、商业、会展中心四类产品组成。12月16日，福缘禅寺竣工。位于哈密路1333号(淞虹路916号)，占地总面积3 500平方米，总建筑面积7 176.4平方米，容积率1.34。年内，江苏北路西块基地征收完成48证，完成比例61.5%，已签未搬余12证。（袁　洋）

临空10-3# 会议中心俯瞰图

（上海虹桥国际科技产业联合发展有限公司供稿）

【上海服装(集团)有限公司】 年内，集团制定2015—2025年总体发展规划，明确未来发展目标，优化企业治理结构，围绕主业、园区、创新三大板块，提升集团内部战略协同发展。坚持内外贸并举，服装主营业务收入14.22亿元，占集团主营业务收入的83.6%，其中，外贸出口创汇2.02亿美元，内贸收入2.3亿元，比上年增长1 603万元。坚持做强产品品牌，推进“3U”新三板项目；大地品牌荣获上海老字号品牌；“3U”和“T&A”等品牌举办品牌发布会、亮相南亚博览会，以微信营销、特卖促销等形式，提升自有品牌的市场影响力；探索混合所有制，与民营企业合作打造“大地”品牌；加大科研投入，推进职业服定制，全年累计销售1 804.3万元。坚持发展平台经济，继续与光大会展中心合作，成功举办第四届“上服”羽博会，98天营业额3 740万元，比上年增长87%。“上服城市奥特莱斯”营业收入达18 063.6万元；环东华智尚源项目实现结构封顶，2015年装修；初步形成上服集团技术中心方案和服装定制O2O平台方案。1月28日，上服集团旗下上海环东华智尚源投资管理有限公司与中国建设银行上海长宁支行签署项目合作协议。2月18日，上海服装集团企业发展有限公司与上海工程技术大学科技园发展有限公司举行工程大国家大学科技园中山西路基地合作签约暨揭牌仪式，双方签约，为园区揭牌。3月1日—5日，第二十四届上海华东进出口商品交易会在上海浦东新国际博览中心举办，上服集团进出口公司延续惯例，租用4个服装服饰特装展位，公司下属祥申服装服饰有限公司参展。3月3日，环东华产学研对接交流会在东华大学举行，环东华智尚源投资管理有限公司董事长刘立汎代表上服集团介绍环东华智尚源项目。4月8日，上海众泉创业孵化基地经虹桥街道、区科委、区人社局审核通过，开始运作。7月8日，在东华大学第三教学楼二楼演讲厅，举办“2014年长宁区创业文化活动(第二季)暨深化‘三区联动’创业合作机制现场会”，共250余人出席，虹桥街道第三期创业训练营“创新、创意、创享、创业梦”主题活动在会上举行开营仪式。4月11日，市文创办专家组验收通过环东华时尚创意产业服务平台(一期)项目，标志环东华时尚创意

上海众泉创业孵化基地正式开营 （上海服装（集团）有限公司供稿）

产业集聚区建设向前迈出坚实的一步。6月6日—10日，第二届中国—南亚博览会暨第二十二届中国昆明进出口商品交易会在云南昆明举行。上海服装集团联合服饰有限公司、上海三由户外用品有限公司代表上服集团作为上海参展商参加。联合服饰展示区以T&A品牌女装代表作品参展。三由展示区域以露营为主题进行环境布置，配以帐篷、睡袋、登山包、防潮垫、炉具等用品，展现三由"走进自然、实现真我"的品牌理念，并创新使用微信服务平台进行宣传及产品在线销售。6月20日，上服集团为配合市"智慧城市"建设发展，促进服装集团园区、楼宇管理和运营模式转变，实时掌握全市创意园区行业信息和发展动态，经上海市智慧园区发展促进会第一届理事会审议通过成为首批会员。 （庄逸晖）

【上海九华商业（集团）有限公司】 集团隶属于长宁区国有资产监督管理委员会。主营国内贸易、广告装潢、房地产开发经营、物业管理、实业投资，系统内资产经营管理，烟酒专卖、食品、副食品经营、废旧物资收购等。以市场为导向，坚持实体经营与资本运营同步发展，运用科学化、精细化的管理，提升企业核心竞争力。年内，集团实现业务收入15.8亿元，应缴税收2 048万元，净利润1 860万元。集团年报范围内，下属国有企业26家，集体企业26家，对外投资（参股）3家，其中二级公司7家。总资产13.25亿元，净资产2.46亿元。商业网点23.83万平方米，在编职工1 743人。年内，建设用地面积1.13万平方米，建筑总面积3.17万平方米的福缘湾·九华商业广场项目完成建筑主体施工，招商工作同步推进，现场招商处10月启用，按计划项目2015年竣工。位于娄山关路500号的"九华·汇智尚都"酒店式人才公寓娄山店，11月26日开业标志"九华·汇智尚都"酒店式人才公寓

"九华·汇智尚都"酒店式人才公寓娄山店内景 （九华集团有限公司供稿）

品牌运作跨入连锁模式。年底入住率达79.17%。上海新锦华商业有限公司完善再生资源回收体系，产业园区正式运营，废纸加工量达每天60吨，废金属加工量每天100吨。形成新锦华站、点管理制度，升级完善IC卡，对从业人员的管理制度，被市商务委升为上海市行业标准。为推进市府实事项目，在长宁区内投放"阿拉环保"电子废弃物回收箱，建设废品回收站2处。至年底，上海美天副食品有限公司拥有13家标准化菜市场和6家菜店，提前实现集团公司"十二五"期末美天菜市场占全区菜市场45%以上的目标，达48%。美天太阳菜市场、美天平塘菜市场、美天程桥菜市场、美天虹顺菜市场相继装修改建竣工开业。其中，美天平塘菜市场成功实施传统菜市场转型升级改革，成为上海菜市场转型升级2.0版模式之一在全市推广。太阳菜店、天山五村菜店竣工开业，娄山菜店经过调整恢复供应。年内，九华集团以服务企业提升软实力，开展系列职工文体活动；以服务党组织增强活力，集团各基层党支部与社区居委会联建共建，开展每月送一家"九华爱心菜"等帮困活动；以服务党员培育先进性，开展身边人、身边事优秀事迹宣讲会，弘扬先进；以服务凝聚力工程抓好落实，注重和谐企业建设。形成集团"一访四助十项全覆盖"工作举措；以服务企业人才培养需求，开展集团青年干部培训班，完成第一轮人才梯队工作验收考核。

（黄融咏）

【上海万宏工业投资（集团）有限公司】 集团隶属长宁区国有资产管理委员会，是以先进制造业为主的都市型工业集团，总资产10.15亿元。年内，集团实现工业总产值4.33亿元。主体产品涉及矿用输送装备、地下工程防水橡胶、工程橡胶、机械电器、印刷包装、服装服饰诸多行业，以及新能源动力、环境监测仪、轨道交通装备等产业。集团企业行政建制班子精简至14家，其中上海市高新技术企业4家、知识产权示范企业1家、知识密集型、技术密集型企业2家；有产品专利技术300余项；参与国家863计划等重大项目。集团下属企业分别通过ISO9001质量管理体系、ISO14000环境管理体系和TS16949技术标准等认证。集团下属3家企业申请并受理专利8项（1项PCT国际发明，7项实用新型）；获专利授权5项；5家企业申报科技项目共11项，申报成功9项，获批政府科技扶持资金237.6万元。集团工业销售产值40 258.5万元，净利润1 734.2万元，年利税6 472万元，出口交货值3 916.5万元，国资保值增值率103%。集团继续推进"2+3+3"重点企业产业发展战略提出"三增、三减、两加强、一扶助"（即增加新产品开发、增加人才引进、增加现金流；减少粗放型产品生产、减少企业冗员、减少企业人力成本；强化企业基层组织建设、强化国资与集资管理；扶助弱势群体，深化帮扶机制）的工作思路。高罗公司在保持上亿规模运行的基础上，将产品转向轻型带扣发展，成功开发快速胶粘接头业务，在上海"上交会"和广州"中博会"上推广相关产品；公司研发团队获得"上海市工人先锋号"。橡胶基地在保持上亿规模运行的基础上，与北京易科路通公司签订战略合作协议，通过CRCC（铁路产品认证）认证，为2015年进入高铁市场打下基础。企业配合市重大项目动迁，与动迁组签订动迁协议，拟定异地迁址重建生产基地。企业获国家颁发的市"2012—2013年度守合同重信用"证书。万宏动力公司完成两个国家"863"计划项目的验收，获专利授权5项，获批张江园区专项重点项目发展扶持资金。达吉斯公司生产车间搬迁新址，调整经营模式，精简直销网店，拓展网络销售渠道，增加市场销售额。万宏印刷公司开发新型快递减震袋，与日本伊藤忠公司达成合作，自动生产线基本成型，已投入生产部分订单。公司生产的家用泳池泡沫遮盖布出口德国，总量十个集装箱，为万宏印刷的新产品打开了海外市场。纪本公司承建的"长宁区环境监测站所需空气自动监测系统项目"投入运行，成为市大气环境监测系统的一个子站。企业通过ISO9001质量管理体系认证。

（邹一平）

【上海中山建设实业发展总公司】 公司隶属长宁区国有资产管理委员会。长期参与市、区两级政府一系列重大实事工程建设，承接内环线、外环线、中环线、地铁轨道线和城市"三横三纵"主干道等重大工程的前期动迁（征收）工作。公司下属的长宁中山投资管理有限公司承接了一批长宁区政府投资项目的建设管理工作。发扬"唯实、求实、务实"的企业精神，坚守国有企业的政治责任和社会责任。11月12日，公司承接的长宁区最大一块，也是年内最后启动的115街坊（部分）旧改征收项目启动，仅用两天半的时间使居民签约率85.12%，刷新市旧区改造房屋征收签约生效率的纪录。公司主动对接区委、区政府目标任务，推进结转基地的收尾工作，先后完成徐家宅、伟信置业两块结转基地的收尾工作。公司承接的虹桥文化艺术中心代建项目位于天山路888号（原为天山电影院），5月16日完成结构封顶。项目总建筑面积14 301平方米，为一幢地下一层、地上三层建筑，为确保轨道交通2号线运行安全，减少对周边居民的影

万宏印刷减震袋生产线　　（万宏工业投资（集团）有限公司供稿）

中山建设实业发展总公司与115街坊党建联建

（中山建设实业发展总公司供稿）

响，采用基坑支撑切割施工、开挖及回填土的新工艺新方案，公司采取有效措施开展地下结构施工。公司承接的长宁区中心医院门急诊楼、精神卫生中心地下车库、虹桥地区信息架空线入地（一期）和可乐路（淞虹路—哈密路）等项目的相继建成并交付使用，为改善城市环境和百姓生活发挥着积极作用。公司投资控股的上海万博欣园房地产开发有限公司继成功开发位于闵行区的《盛世虹桥》Ⅰ期后，又成功开发《盛世虹桥》Ⅱ期——万博欣园商品房项目，总建筑面积约5.6万平方米，由7栋11层住宅和1栋三层楼高的会所共同组成，项目已完成销售，交付使用。

（刘晟嘉）

【上海金鹿建设（集团）有限公司】 参见十六建筑业（四）施工企业

（三）区域企业集团公司

【概况】 2014年，区商务委引进和培育有活力、有质量的企业，加快数字内容、文化会展、时尚创意、航空物流、融资租赁等重点产业集聚发展。全区引进注册资金百万元以上文化创意类企业20家，其中千万元企业10家。关注新经济、新模式，携手传统企业共同发展，重点推进平台企业的发展。上海易贸投资集团有限公司、瀚海信息技术（上海）有限公司（大众点评）、携程旅游网技术（上海）有限公司等3家企业被认定为“2014年上海平台示范企业”。年内，驻区企业集团公司税收前十位企业为中国东方航空股份有限公司、中国石化销售有限公司华东分公司、春秋航空股份有限公司、和记黄埔地产（上海）古北有限公司、上海电气集团股份有限公司、中国联合网络通信有限公司上海市分公司、上海海烟物流发展有限公司、仲利国际租赁有限公司、新百伦贸易（中国）有限公司、米其林（中国）投资有限公司。

（常　念　张亦易）

【中国东方航空股份有限公司】 年内，东航克服竞争加剧、冲击增多等困难，加强基础管理，推进改革转型，实现安全工作严控求稳，主营业务进步明显，服务质量稳步提升，全年利润总额11亿元，获第九届樟宜航空大奖“最佳合作伙伴奖”，是自樟宜机场航空奖开办以来，中国大陆航空企业首次获得该奖项。1月7日，东航最后一架注册号为B2308的A300-600PtoF货机完成最后一次飞行任务，东航所有该型号货机全部退出运营。1月15日—16日，东航运送贝鲁特维和部队赴贝鲁特执行任务，并迎接在一线战地十个月的工兵团回国。1月24日，东航与迪士尼目的地国际部在上海正式签署合作谅解备忘录。3月2日，东航完成全国“两会”上海代表团航班运输保障任务，125名全国政协委员和120名全国人大代表分别搭乘MU7239和MU7241航班从上海前往北京参会。3月3日，东航与中国航信在北京签署2014年战略合作协议。3月5日，东航A319-115飞机飞达青海海西德令哈机场，该机是德令哈机场迎来的第一架民航客机。3月7日，东航中联航在北京获由京华时报、京华旅游周刊主办的第三届京华旅游新榜样“最佳品牌推广”奖。3月8日，东方通航接上海海事局通知，舟山基地国王B-3552号飞机进入对马航MH370失联航班应急搜救的随时待命状态。3月21日，俄罗斯联合航空制造集团公司、俄罗斯驻上海领事馆及中国商飞公司组成的18人代表团到东航，就远程宽体民用飞机项目等议题进行交流和讨论。3月24日，东航与通用电气公司在上海签署战略合作框架协议。3月26日，东航公布2013年度财务会计报告，2013年东航实现净利润23.76亿元，连续五年实现盈利。3月28日，东航物流公司整合后顺利完成首次国家任务，CK256航班在两架战斗机的护航下，搭载437具志愿军遗骸、38个遗物箱降落沈阳桃仙机场。是月，国务院国资委公布中央企业落实法制工作第三个三年目标第二年度的考评结果，东航集团连续两年获得A级评价，成为唯一一家获得A级评价的公共航空运输企业。4月15日，东航联合九江长运推出江西地区“空巴通”空地联运产品，为旅客提供航空与长途巴士无缝衔接的出行服务。4月29日，东航集团与港中旅集团签署战略合作协议。5月5日，东航集团与招商银行签署战略合作协议。5月23日，上航在上海机场国际宾馆举行品牌建设推进会，上航微信公众平台上线。5月31日，由深圳飞往上海虹桥的MU5320航班安全降落，标志着服役25年的空客A300机型完全退出东航运营。6月19日，东航在上海虹桥国际机场举办反劫、防炸机实战综合演练。6月25日，使用A340-600机型开通上海至加拿大多伦多定期往返航线，这是东航首次运营加拿大多伦多航线。7月2日，中联航正式转型成为低成本航空公司，东航成为中央企业中首家集“传统的全服务经营模式”和“低成本经营模式”于一体的“混合经营制”大型航空运输集团。7月7日—15日，东航投入三架飞机支援“同心·共铸中国心云南行”大型医疗公益活动，运送近300名医疗专家和志愿者赴云南迪庆开展为期一周的医疗公益活动。7月23日，东航联合中国电信完成中国大陆首个卫星宽带空地互联商业测试航班飞行任务，开创旅客在万米高空实现上网商业应用的先河。8月5日，东航向云南昭通地震灾区捐款2 000万元，其中现金600万元，运力投入和免费运送人员、物资折合1 400万元。8月18日，由东航实业、东航旅业、杭州疗养院、东航物业四家单位整合组建的东航实业集团有限公司成立，是继东航集团新传媒产业后东航非航产业改革第二家挂牌成立的公司。9月2日—4日，东航在云南临沧启动“爱在东航、情系临沧”对口帮扶系列活动，全国人大常委会委员、全国人大民族委员会主任委员李景田应邀出席。9月9日，东航举行全新视觉识别系统VIS发布会，东航新LOGO、基准品牌色、辅助图形和各类延展应用组成的东航VIS正式亮相。9月26日，东航引进的首架波音777-300ER飞机从美国西雅图顺利飞抵上海虹桥机场，开启上海、北京、广州三地的静态展示之旅。10月7日，云南省普洱市景谷傣族彝族自治县发生地震，东航调配飞机第一时间运送工作组和救援部队飞赴灾区。11月6日，东航和中国银联在万米高空联合发布全球首个“空地互联云支付平台”，被誉为“全球海拔最高的在线收银台”在航空业与金融业实现多个历史性突破。11月11日，东航与中国银联在珠海航展期间签署营销合作协议。是日，第十届中国国际航空航天博览会在珠海开幕，东航展台位于一号馆中心位置，每天循环推出客运、物流、航空保障、通用和公务航空专场等主题日活动，通过3D投影对东航新LOGO和波音777-300ER新机型进行展示。11月15日，东航启用全球顶级配置的新一代波音777-300ER飞机执行上海往返纽约航班，是该机型在东航国际远程航线上的首次商业载客飞行。11月17日，国家主席习近平与澳大利亚总理阿博特在堪培拉出席并见证东航集团与澳航签署联合营销合作协议，东航集团总经理刘绍勇和澳航董事长Alan Joyce分别代表双方签字。11月19日，29名执行援非抗疫紧急包机运输任务的东航机组及工作人员返回上海，空中飞行时间46小时，飞越20个国家领空，航程4万余千米，承运219名传染病专家和军队医护人员前往西非疫区。11月22日，四川省甘孜藏族自治州康定县发生地震，东航于次日执行首架民航救援客机任务。11月28日，中国民航首家企业研究院——东航飞行安全技术应用研究院在上海揭牌，是中国民航第一家企业性质的研究院，是继中国民航科学技术研究院后，中国第二家从事专业航空安全研究的科研机构。12月7日，东方航空电子商务有限公司和东方航空技术有限公司在上海成立。12月18日，东航开通班号为MU773/4的昆明直飞巴黎航线，采用空客A330-200飞机执飞，每周一、四、六各一班，结束云南省没有洲际远程航线的历史。 （郭晓静）

【中国石化销售有限公司华东分公司】 位于愚园路819号，系国有大一型企业，是集管道、铁路、水路等多种运输方式并存的华东成品油区域物流中心。公司资产总额121.5亿元。公司按照“资源统一运作、设施统一管理、物流统一优化、配送统一组织”的职能定位，加强资源统筹，优化物流运行，为炼厂疏通后路，将质优量足的成品油资源及时地配送到市场，保障华东地区成品油供应。截至年底，公司有在营油库三座：陈山油库，位于浙江乍浦，主要承担华东区成品油储备和上岸油品的收储以及浙苏成品油管线首站等职能，总库容43.5万立方米；南京栖霞首站油库，主要承担苏南地区成品油储备和苏南管线首站等职能，库容11.5万立方米；玉带首站油库，主要承担苏北地区成品油储备和苏北管线首站等职能，库容16万立方米。华东区在营成品油管道共7条2 166千米，其中公司直营成品油管道三条，为浙苏管线、苏南管线和苏北管线，浙苏管线全长222千米；苏南管线主干线全长365千米，苏南管线金陵扬子连接线全长15千米；苏北管线设计里程618千米。在资源配置上，华东分公司每年

东航完成贝鲁特维和部队包机运输任务

（中国东方航空股份有限公司供稿）

中国石化销售有限公司华东分公司陈山油库

（中国石化销售有限公司华东分公司供稿）

完成资源收购 3 800 余万吨。向省市供应成品油近 3 000 万吨，向军队、民航、铁路等直销用户供应成品油近 800 万吨。成品油配置计划完成率每年达到两个百分之百；在物流优化管理上，华东区智能调度系统的上线和铁路自备龙组的投入运行，实现公司对水路与铁路运监管和控制能力；在管道安全运行上，油库、管道实现每年安全事故为零，外管道管理每年实现“零占压、零打孔、零第三方破坏”的“三零目标”；在员工队伍建设上，公司有高级职称 26 人，中级职称 86 人；技师 4 人，高级工 53 人，中级工 86 人，初级工 76 人。推行“人尽其才，才尽其用”的用人理念。建立经营管理、专业技术和技能操作三个序列的职位体系，根据实际开展各种技术技能培训，为员工的发展创造条件和机会。在履行社会责任上，公司参加各类社会公益事业，开展节能减排和绿色环保，打造“高度负责任、高度受尊敬企业”。获第四届全国文明单位称号，连续 6 届被评为上海市文明单位。2014 年，公司成品油进货总量 3 746 万吨；销售总量 3 735 万吨；营业收入 2 584 亿元，上缴税费 16.1 亿元；2014 年度上缴长宁区政府税费 8.73亿元。（姚　祥）

【春秋航空股份有限公司】 年内，春秋航空公司安全平稳运行 46 架空客 A320 飞机，比上年增加 17.9%。有飞机 46 架，全年平均客座率 95.4%。经营国内航线 90 条，国际和地区航线 30 条，飞行员 583 名，其中机长 238 名，人机比 5.17，副驾驶 345 名，其中外籍飞行员 71 名，中国台湾飞行员 15 名，并获国台办、民航局招聘 18 名台湾飞行员的配额。2014 年累计运送客 1 144.70 万人次，比上年增长 8.49%，货邮运输量 4.7 万吨，比上年减少 4.52%。上海地区的旅客运输量 851.15 万人次，其中国内旅客运输量为 702.82 万人次，国际（地区）旅客运输量 148.33 万人次。上海地区的货邮运输量 3.30 万吨，其中国内货邮运输量 3.07 万吨，国际（地区）货邮运输量 0.23 万吨。斥资 2 亿元的模拟机培训中心建成，1 月 1 日运行，可满足 150 架机队规模训练。公司注重飞行员队伍建设，签订 198 名飞行学员招生合同，等待改装的飞行学员 60 名，在国内外航校学习的 553 名。公司创新营销方式，推出商务经济座，即经济舱的价格享受高于经济舱标准的服务，保持 60%的增长。电子商务（B2C）占比 85%，行业第一，手机客户端累计下载量约 420 万次，国内航空排名第一，公司微博、微信、Facebook 粉丝约有 500 万人，粉丝量居国内航空公司之首。市场部成立“春卷俱乐部”，在各重要城市开展粉丝见面会，120 家媒体参与，59.70 万次曝光，获 2014 中国数字创新大奖。公司诚信经营，节能减排，保护环境，提高燃油效率，吨千米油耗 0.25，节油位行业前列。5 月 21 日，董事长王正华和首席执行官张秀智等 24 名老股东捐资 1 500 万元，在河北省康保县启动 4 000 亩荒漠地生态修复工程。7 月 18 日，春秋航空成立首个海外基地——大阪基地，开辟大阪至天津、武汉、重庆航线。8 月 1 日，春秋航空日本株式会社首航，开通成田至佐贺、香川、广岛三条航线。公司参加首届中国民航飞行签派员岗位职业技能大赛，获团体第一名。10 月 15 日，春秋航空首次公开募股成功过会，即将上市，将成为中国低成本航

春秋飞行培训体验式招聘　　（春秋航空股份有限公司供稿）

空第一股、中国民营航空第一股。春秋航空获国家发改委、民航局批复2018年100架机队规划。11月1日，春秋航空网国际域名CH.Com正式启用。春秋航空董事长王正华被评为第四届全国非公有制经济人士优秀中国特色社会主义事业建设者。公司财务获民航财务司"2013—2014编报工作先进集体"称号。（史纪萍）

公司卷烟配送车队 （上海海烟物流发展有限公司供稿）

【上海海烟物流发展有限公司】 成立于2002年，是集现代物流、商品流通、品牌营销、信息服务于一体的大型国有企业。经历十余年的建设与发展，已形成了以物流分拣配送为主，集卷烟营销、非烟经营在内的三项业务，对上海烟草零售终端实行统一配送，对卷烟、酒类、食品等上千种商品开展批发经营。2014年，公司卷烟营销方面以品牌建设为重点，发挥公司新品培育的孵化器作用，使现代商超和大型终端成为新品培育的主战场，服务集团新品培育，促进结构提升。在新品推广活动上，公司结合各连锁集团客户的特色非烟商品，策划开展8种形式的营销活动40次，涉及全市18个区域，基本实现对时间维度和区域维度的全覆盖。在营销手段策划上，公司总结提炼通俗易懂的广告宣传语用于品牌推介，以驻店营销的载体为零售客户提供示范，引导客户发挥营销推荐的主观能动性。制定《零售终端分业态形象标准》，引导客户自愿出资改造门店品牌形象，自觉整理陈列出样，使卷烟销售形象得到整体提升。公司非烟经营方面探索从传统经营向现代流通，服务主业的转变，服务上海烟草商业体系以及行业合作共赢的发展。市内完善以宝山烟草为试点的商品供应库存了解模式，正式启动与普陀烟草的管理对接，基本形成服务有限公司的管理框架和模式；市外以非烟交流订货会为载体，吸引7个省市的兄弟烟草合作，开展商品信息的互为交流合作。公司企业管理方面根据国家相关劳动法规，结合公司实际，逐步开展业务外包工作，以带教指导为抓手，以文化融合、管理同质化为目标，克服及解决外包交接初期业务运作压力大、人员思想波动多等问题，外包业务整体运作稳定，各类业务工作有序开展。公司企业文化方面围绕"同一个梦想，同一首歌"主题，开展升旗仪式、员工运动会、主题参观等。公司工会选送的踢踏舞获集团"我的中华我的梦"基层文艺节目一等奖的荣誉；持续深化行为规范主题季活动，各党支部开展行为规范活动；策划文化传承系列活动，在学习型团队创建过程中，卷烟配送客户服务班组获得优秀团队的称号，卷烟配送客户服务班组、人力资源部获上海市青年文明号荣誉。（于倍晶）

仲利国际租赁亚太MA融资租赁人才计划座谈现场

（仲利国际租赁有限公司供稿）

【仲利国际租赁有限公司】 成立于2005年，总部位于长宁区临空经济园区，是进入大陆的首家台资融资租赁公司，为中国台湾租赁业龙头企业中租控股股份有限公司100%投资。仲利国际借助母公司30余年的金融事业经验迅速扩展，下设30家分公司及数个专业金融服务事业部门，业务遍布全国。仲利国际另设2家子公司——仲利国际贸易（上海）有限公司和仲津国际租赁有限公司。成立以来，仲利国际业务投放额近400亿元，服务企业超1万家，为促进国内经济及产业发展作出贡献。截至年底，仲利国际总资产153.28亿元，净值37.4亿元。仲利国际经营范围为生产设备、通信设备、医疗设备、科研设备、检验检测设备、工程机械、交通运输工具等机械设备的直接租赁、转租赁、回租赁、杠杆租赁、委托租赁等融资性租赁业务。发挥融资租赁快捷便利的特点,对各行业提供设备融资租赁服务。凭借股东的国际信誉、资本实力和全球化的信息优势,在中国大陆地区广设服务网点,提供金融服务,成为中小企业成长伙伴。12月,新设昆山、徐州、金华、西安、南昌5家分公司,在中国大陆的分公司达30家。为支持大陆教育事业发展,奖励在校优秀学生,仲利国际在上海交通大学、华东师范大学等10所高校捐资设立"仲利国际奖学金",鼓励学生在金融领域进行学习和研究。

(周 蓓)

【米其林(中国)投资有限公司】 位于红宝石路500号1号楼12楼。公司成立于2001年,投资者为注册于瑞士的COMPAGNIE FINANCIERE DU GROUPE MICHELIN,"Senard et Cie"(即米其林财务公司,是总部设立于法国克莱蒙费朗的米其林集团旗下的控股公司)。公司注册资本2.24亿美元。全资设立、参股米其林集团在中国大陆设立的上海米其林轮胎有限公司等生产型企业,以及致力于产品分销渠道建设的驰加(上海)汽车用品贸易有限公司。米其林(中国)投资有限公司先后被市政府和商务部认定为跨国公司地区总部。为保持全球统一的产品和服务质量,更好地为客户服务,米其林集团在中国的公司致力于生产和提供世界领先的产品和服务,倡导"引领进步之道",执行严格质量控制体系,通过完善的分销网络和专业化的售后服务满足消费者需求,并培训和提高员工的业务能力和职业素质,以使员工和企业共同成长和发展。米其林在中国主要推广的产品品牌有"米其林"("MICHELIN")、"百路驰"("BF-Goodrich")、"永耐驰"("U niroyal")等;主要推广的服务品牌有"驰加"("TYREPLUS")、"无忧行"("WUY-OUXING")等。米其林始终将创新作为开发和发展的推动力。在上海,米其林集团成立研发机构,研发机构根据中国的路况研发新技术,满足中国自有品牌以及合资品牌车辆制造商对车辆配套轮胎的技术需求,为天然橡胶和钢材供应厂家等轮胎原材料供应商提供技术指导。2014年,米其林将研发中心从2 100平方米扩至11 800平方米,除原有的原材料测试、轮胎检测和供应商认证职能外,研发中心还承担新产品配方研究的工作,推进满足中国市场需求的轮胎产品开发。2014年,公司自由现金流强劲,达7.22亿欧元;公司连续5年实现价值创造,投资资本回报率11.1%;扣除非经常性项目前的营运利润21.7亿欧元。米其林的企业文化和价值观专注于"一个使命"以及"五大价值观"。"一个使命"是通过改进旅行的自由度、安全性、效率和乐趣,为人和货物的移动性进步作出贡献。米其林的技术创新的轮胎产品和移动性辅助系统、为司机和旅行者提供帮助的地图和指南、通过探索新能源和新技术来推广人类可持续发展移动性的"必比登挑战赛"、推广使用"绿色轮胎"和回收废旧轮胎等环保行动,以及促进道路安全的各种活动等所有业务活动都是围绕这一使命开展。"五大价值观"是尊重客户、尊重员工、尊重股东、尊重环境、尊重事实。在2002年推出的《米其林绩效与责任宪章》表明"五大价值观"就是公司的核心价值观。米其林推广《米其林绩效与责任宪章》旨在全球业务中执行这种价值观,促进公司使命的更好理解和实践,助力公司自身的可持续发展。

(刘 真)

第十二届米其林必比登挑战赛 (米其林(中国)投资有限公司供稿)

【上海易贸投资集团有限公司】 成立于1999年,总部位于上海长宁区,分别在北京、烟台、广州、香港及新加坡设分公司,员工逾千人。集团始于大宗商品领域的信息资讯服务,发展至信息咨询、商务会展、交易经纪、供应链管理、融资服务、交易平台、云计算和大数据七大业务模块,覆盖大宗商品及其中下游200余个垂直细分行业,为B2B(企业对企业营销)垂直行业提供电子商务解决方案。经过10余年的行业洞察,对产业链上游、中游及下游信息和数据的广泛累积,易贸集团与产业链各方分享资源,协力优化交易过程,创建降低总体成本、提升效能的全新电子商务生态系统,帮助客户获取最佳商业价值,构筑全新商业生态系统。在交易平台方面,集团集现货交易、供应链管理、融资服务为一体的大宗商品交易平台,以现货交易为核心,通过标准化、专业化的平台服务,帮助大宗商品产业链上下游实现交易的直接对接,降低交易费用,提高交易效率,发现价格空间,增强市场透明度;在信息咨询方面,易贸在化工行业始创价格信息服务,估价形成中国价格基准,与全球领先的咨询服务提供商Reed

Business Information 建立战略合作伙伴关系，共同为行业客户提供全面高质量的即时新闻和市场趋势，成为中国大宗商品领域最权威的定价中心；在商务会展方面，易贸商务专注于在国内外策划和主办高端峰会、专业展览、行业培训以及商务考察等活动，致力于成为客户的交流合作平台和商业关系助手。2002 年起，在石化、油气、新能源、金属、浆纸、制品、医药及物流等领域，为各细分市场产业链的上下游客户举办 2 000 场以上的活动，汇集产业研究的资深专家、行业重要企业及精英，共同打造信息分享、商机合作及宣传推广的平台；在交易经济方面，集团业务覆盖化工、油气、有色金属、煤炭和船运等行业，客户是全球范围内的生产商、贸易商、下游制造企业等各垂直行业参与者，以及银行、期货与金融投资机构；在供应链管理方面，易贸供应链管理是开放共享的大宗商品第四方物流服务平台，整合专业的供应链集成服务，为交易平台的客户提供仓储物流以及融资监管等一体化解决方案；在质押监管方面，集团为现有大宗商品客户提供融资质押监管服务，向银行推荐制定监管仓库，提供《仓库监管能力的评估调查分析报告》，联合第三方商品检验机构、对监管货物的质量出具检验报告，自主开发用于仓储管理和融资监管的 WMS 和 EMS 系统，对接整合各仓储监管企业原有管理系统，为银行实时提供监管货物在库数量和位置信息，以及收发、保存等环节的风险预警；在融资服务方面，集团为大宗商品产业链客户提供交易资金监管及交易融资等各类综合性金融服务，为客户提供安全、高效和便捷的交易环境。与中国建设银行联合推出大宗商品网络银行“E 贷款”融资产品，包括订单融资和仓单质押两个融资品种，申请、质押、放款、还款全部在线上完成，最快三小时资金到账，适用于橡胶和液化产品；在云计算和大数据方面，易贸创想是国内云计算和大数据领域的专业技术公司，核心业务包含互联网数据服务、垂直 B2B 电子商务平台的咨询和建设，企业级云计算平台的构建与基于云架构的应用集成解决方案。

（何邵伟）

易贸大楼　　（上海易贸投资集团有限公司供稿）

【携程旅游网络技术（上海）有限公司】 创立于 1999 年，总部设在中国上海长宁区，有员工 3 万余人，在北京、广州、深圳等国内 17 个城市设有分公司。2009 年和 2010 年，携程旅行网先后投资台湾易游网和香港永安旅行社，将服务版图扩展至大中华区域。2014 年，投资途风旅行网，将触角延伸至北美洲。携程旅行网向超过 2.5 亿注册会员提供酒店预订、机票预订、旅游度假、商旅管理及携程攻略社区等全方位旅行服务；在全球 200 个国家和地区拥有约 75 万家国内和国际会员酒店；机票产品覆盖全球六大洲 5 000 余个大中城市，在业内首推 1 小时飞人通道，为会员提供电子机票极速预订服务。在旅游度假线路方面，携程旅行网提供千余线路，覆盖海内外国家和地区超过 100 个，目的地城市近 1 000 个，景点数量近 8 000 个，可以从上海、北京、广州、深圳、成都、杭州、厦门、青岛、南京、武汉和沈阳等 60 余个城市出发。在无线应用方面，携程继续发展无线应用，为用户提供预订（酒店、机票、火车票、门票、旅游、购物、租车、当地玩乐）、查询（目的地攻略、国内外航班航次、国内火车车次）、分享（微信、微博）等一站式旅行服务。截至年底，携程旅行 App 主动下载量超过 6 亿、累计激活量 2 亿，无线交易额单日峰值超过 3 亿。酒店业务无线占比约 70%、机票业务无线占比约 55%，火车票业务无线占比约 80%，作为领跑国内无线领域的“一站式旅

携程员工会议　　（携程旅游网供稿）

行”服务商，被誉为国内旅游行业第一App。在平台化战略方面，携程开启平台化进程，依托携程的品牌优势吸引更多供应商的加入，扩充携程酒店、机票、旅游、租车、火车票、门票等的产品线，使产品丰富度提升、价格竞争力跃升，满足更多用户的个性化需求。为保证平台化后的产品质量、价格及服务，携程公布以“放心的价格、放心的服务”为主题的核心服务理念，秉承以用户为中心的服务理念，考虑用户的实际需求，完善产品与服务的质量。携程开启对于旅游大数据的研究，做到从(T+1)数据分析向(T+0)实时数据分析的转变。依托对大数据的研究，开发出包括个性化酒店点评排序功能、个性化酒店推荐功能、个性化官网首页专区等多项新技术。携程将大数据理念应用至无线端，开发出领先业内的语音搜索及全站式搜索功能。携程旅行网净收入73亿元，比上年增幅超36%；住宿预订营业收入32亿元，比上年增幅45%；票务服务营业收入30亿元，比上年增幅36%。（应长天）

【上海机场(集团)有限公司】 2014年，上海机场集团实现第15个安全年，是自1988年民航体制改革后虹桥机场连续实现的第27个安全年。全年，上海浦东机场和虹桥机场共保障飞机起降65.55万架班次(其中，浦东40.22万架次，虹桥25.33万架次)，比上年增长6.56%；完成旅客吞吐量8 962.20万人次(其中，浦东5 166.18万人次，虹桥3 796.02万人次)，比上年增长8.25%；完成货邮吞吐量361.02万吨(其中，浦东317.82万吨，虹桥43.20万吨)，比上年增长7.33%，预计继续位居全球第三。截至2014年底，共有94家国外航空公司开通上海的定期航班(其中，国内27家，国际及港澳台地区67家)，航线通达46个国家和地区的256个通航点(其中，国内142个，国际及港澳台地区114个)。浦东机场年内新增10家国内外航空公司、6个通航点，开通上海直飞非洲大陆的远程航线，年旅客吞吐量首次突破5 000万人次。虹桥机场持续加厚加密京沪、沪深、沪穗3条优势商务航线，已形成13条精品快线和准快线。2月，经国际航空服务测评机构Skytrax服务测评，虹桥机场T2航站楼获评国内首座“五星级航站楼”。在西班牙巴塞罗那举办颁奖典礼上虹桥机场囊括“中国最佳国内机场”第一名，“全球3 000万至4 000万旅客吞吐量机场最佳服务”第二名，“全球最佳国内机场”第二名，“中国最佳国际机场”第二名等奖项；虹桥机场2号航站楼同时获得“全球最佳机场航站楼”第四名。3月，机场集团与均瑶集团(吉祥航空母公司)举行战略合作协议签字仪式。4月，由上海机场集团、美国国家公务航空协会合作举办，上海展览中心联合承办的2014年亚洲公务航空会议及展览会在虹桥机场公务机基地开幕，机场集团和美国国家公务航空协会签署协议，办展期延长至2021年。5月，上海机场集团公司完成亚信峰会保障工作，浦东和虹桥机场共保障专机28架次，包机、要客航班、公务机144架次，保障进出港要客、贵宾2 283人次。是月，浦东机场获2013年度国际机场协会(ACI)全球机场旅客满意度测评4 000万人次以上组第三名。6月，机场集团公司与湖南省机场管理集团签署了战略合作框架协议，加强沪湘两地长期合作，促进湖南融入长江经济带。第二十八届亚洲货运及供应链大奖(AFSCA)在沪揭晓，浦东机场获全球最佳货运机场，是上海机场首次获此殊荣。7月，浦东机场第四跑道工程竣工验收。民航专业工程质量监督总站华东地区监督站全程监督验收。工程项目包括：飞行区道面工程、地基处理及土石方工程、飞行区排水及消防给水工程、助航灯光工程、安防工程、飞行区配套设施工程及档案资料等。是月，由上海机场(集团)有限公司、中国东方航空股份有限公司、无锡客运有限公司三方合作打造的上海(浦东/虹桥)机场无锡航站楼正式启用，这是继2011年昆山城市航站楼之后，上海机场与基地航空公司、地方政府合作推出的第2座异地航站楼。9月，机场集团公司与布里斯班机场公司签署《合作备忘录》，双方将建立友好机场关系，共同致力于挖掘市场需求，拓展航线网络，提供高质量的服务；虹桥机场T1航站楼B楼适应性改造工程经5个余月施工通过验收，11月启用。该工程为B楼新增10个值机柜台、10根安检通道、1个出港行李转盘以及2个远机位候机厅，总建筑面积6 702平方米。10月，副市长蒋卓庆到浦东机场调研上海航运中心建设情况。浦东、虹桥机场在民航华东地区“平

虹桥机场经2014年国际航空服务测评机构Skytra测评获荣誉
（上海机场(集团)有限公司供稿）

安机场建设”专项行动考核中，总评为A级。由国航B747-8机型执飞的CA1501次北京—虹桥航班在虹桥机场成功降落，是该客机在虹桥机场首次亮相。国航B747-8洲际客机是目前美国波音公司民用飞机序列中最大最先进的客机，该机翼展68.4米，机长76.3米，设计载客365人，相当于2架B737-800客机，属巨型宽体客机。目前，虹桥机场可接收除空客A380之外其余波音和空客宽体客机。11月，中国东方航空的空客A330-200大型客机在浦东机场第四跑道试飞成功，标志着历时近3年建设的浦东机场第四跑道工程已全面具备飞行营运条件，预计下年一季度将投入使用，上海将成为国内第一个拥有两个机场六条跑道的城市。12月，上海市建设交通委科技委召开《上海虹桥国际机场T1航站楼交通中心工程初步设计》评审会。专家组认为虹桥机场T1航站楼交通中心工程初步设计总体布局符合《上海市人民政府关于同意〈虹桥商务区东片区控制性详细规划〉批复》要求，初步设计通过评审。年内浦东机场通航15年来，年旅客吞吐量首次突破5 000万人次，正式跨入5 000万人次世界超大型枢纽机场“俱乐部”。公司总裁景逸鸣向幸运旅客颁发第5 000万名旅客纪念证书并赠送浦东机场T2航站楼模型，航空公司代表向旅客赠送飞机模型；标志着上海虹桥商务区东片区综合改造首个建设项目上海虹桥国际机场T1航站楼改造工程正式启动。改造工程包括对T1航站楼的改造，在T1航站楼东侧新建一个交通中心，新建迎宾五路、出租车地下通道、人行地下通道、出租车蓄车场等配套设施的市政一期工程项目；由民航华东地区管理局组成验收委员会对浦东机场第四跑道工程进行行业验收。国家民航局局长李家祥、中国商飞公司总经理金壮龙等一行搭载编号为B-938L的APJ21-700客机，从位于浦东机场飞向北京，标志着国产ARJ21客机已经完成从立项到试飞取证的所有正式交付商用飞行前的准备工作，顺利取得由中国民航局颁发的商用飞机型号合格证，历时12年。

（陈来生）

【联合利华服务（合肥）有限公司上海分公司】 系世界领先的食品、家庭护理和个人护理用品提供商之一，产品畅销190余个国家，全球有17.2万名雇员。2014年销售额484亿欧元。公司超过一半的业绩来自快速增长的发展中及新兴市场。联合利华旗下有奥妙、多芬、家乐、Domestos、好乐门、立顿、和路雪、Marmite、梦龙和凌仕等世界最知名的品牌。联合利华在中国的历史可追溯至80年前。2000年起，联合利华以上海为管理和科研中心，以安徽合肥等地为生产加工基地，生产范围涵盖家庭及个人护理产品以及茶叶加工。2006年，联合利华在长宁区临空园区设立大中华地区总部，一批联合利华亚非区及全球的管理机构落户上海，使上海地区总部具有全球功能。2009年，联合利华全球研发中心紧邻中国地区总部大楼落成，成为全球六大研发中心之一。2011年，联合利华大中华区地区总部升级为北亚区地区总部，负责管理中国大陆、香港、台湾，以及韩国和日本地区业务，总部设在上海。联合利华连续数十年获道琼斯可持续发展指数认可，2014年在自身领域名列榜首。公司入选富时社会责任指数榜，环境评分达最高分5分，在富时社会责任指数环境领袖欧洲40强中处于领先位置。2014年，在全球知名民意调查公司GlobeScan进行的年度可持续调查中，联合利华连续第四年名列前茅；联合利华被LinkedIn评为2014年度全球最受欢迎雇主前三名，快消领域最受欢迎雇主第一名。截至年底，联合利华在中国累计投资20亿美元，引进多项先进的专利技术，直接雇用超过7 000名中国员工，间接提供超过2.3万个就业机会。

（郑天慧）

联合利华

【上海申亚投资控股（集团）有限公司】 集团母体是区房管局1988年在海南三亚市注册成立的申亚实业开发总公司，是第一代房地产企业。1989年6月，为建设海口申亚大厦，申亚实业开发总公司联合中建上海分公司等9家企业，成立海南申亚实业联合总公司。1992年，申亚公司在上海成立上海申亚房地产有限公司，经过发展成为申亚集团的核心。1994年，企业进行改制，成为长宁区第一批现代企业制度试点企业，是完全依靠市场化运作成长起来的企业。经过26年的发展，集团有近20家子公司，形成以房地产开发为核心，延伸商业、旅游、农业、教育、金融等领域的多元化业务格局，开发的项目主要在上海市中心、郊区，海南海口及三亚。房地产开发经营作为集团核心产业和主营业务，先后投资了海口申亚大厦，三亚亚龙湾申亚山庄一、二期，上海延安西路、江苏路口的申亚金融广场，新华路的新华花苑和申亚新华府，中山公园版块的笠园，昭化

申亚投资控股(集团)有限公司投资的亚龙湾壹号总体鸟瞰图　（申亚投资控股(集团)有限公司供稿)

路的申亚臻悦商苑，延安西路、镇宁路口的申亚瑞庭等一批高档办公楼和住宅。2014年，集团在三亚亚龙湾旅游区投资60亿的亚龙湾壹号项目奥特莱斯——亚龙湾壹号小镇继续推进。项目2013年启动，预计2016年中完成。整体项目建筑面积约35万平方米，小镇建筑面积约9.5万平方米，是集高端度假别墅、体验式旅游精品奥特莱斯、精品度假公寓、国际设计师品牌社区和国际五星级度假主题酒店为一体的多元化、复合型国际旅游度假胜地。集团提出"互联网+4.0版奥特莱斯"的概念，把上海的商业资源和最新的互联网管理理念植入到项目中，"移动网购折后再折"、"全时段多覆盖购物送货"、"积分制移动终端APP"是集团用互联网思维经营奥特莱斯的关键。项目结合上海石库门、成都宽窄巷子、欧式庭院建筑等各种文化符号和建筑元素，围绕"旅游胜地、购物福地、文化天地、智慧高地"四大理念，为中高端游客提供休闲感、体验感强烈的购物环境。　（蔡荣华）

（栏目编辑　查斐佳）

二十二 城市建设与管理

（一）综　述

2014年，长宁区城市建设与管理稳步推进，城区面貌加快改善。区规土局强化规划引领统筹作用，发挥土地资源利用效益，提高项目审批服务效能，加强景观雕塑建设和管理，加大规划监督执法力度，提升城建档案管理水平，完善地名管理工作，推进城区转型发展和区域功能形态提升。区建交委负责实施的经济载体建设有3个项目开工、1个项目预备开工、21个项目在建、3个项目竣工。区房管局推进旧区改造和房屋征收、旧小区综合整治、保障性住房体系建设工作、实施土地收购储备、强化物业行业管理、加强拆房管理和房屋检测、完成房屋土地测绘等各项工作。区市管中心开展区道路设施、桥梁设施技术状况检测，实施跨线桥整治、非标道板更新和路面整治工程。区河道所新建护岸0.23千米，疏浚河道7.2千米，对11.69千米的河道堤防、20.39千米的护栏进行维修和养护。长宁供水管理所完成供水改困、接水、排管工程施工等便民工程。市区供电公司营销部水城路营业站和武定路营业站对区域内供电业务和供电设施进行管理，开展电力客户经理社区服务活动。大众燃气营业所长宁区办事处、大众燃气输配部长宁管线管理站、大众燃气急抢修中心长宁急修组等站点对区域内供气业务进行管理。区绿化市容局推进园林绿化建设提升、推进城区精品景观建设、保障市容环境常态长效、强化环境卫生管理工作、强化城管执法力度、加大违法建筑拆除力度。长宁区在2014年上海市市容环境卫生状况公众满意度测评中长宁区位列第三位。区环保局推进污染减排和环保宣传、推进环境监管、监察和监测业务。提前一年完成市政府下达的“十二五”四项污染源各减排10%的指标，建成“无燃煤区”，在年度城市环境综合整治定量考核中位列中心城区第一名。市邮政公司市西分公司各网点完成业务收入9 798.5万元。中国电信上海公司与区政府签订“智慧高地”战略合作框架；在长宁区启动“智慧长宁·乐e生活”社区生活服务中心项目；助推长宁区WiFi网络建设，建成WiFi场点516个。区城市管理行政执法局执法大队依法维护城区建设与管理秩序，完成案件6 576件，行政处罚110万元。

（常　念　钱　霞）

（二）规　划

【概况】 2014年，区规土局提升规划编制水平，推进规划项目10项（研究类4项，调整类6项），完成7项，其中4项调整类项目获市政府批复同意。提高项目审批效率，核发建设工程规划许可证32件，面积69.9万平方米；建设用地规划许可证14件，面积27.8万平方米；设计要求19件，面积5.4万平方米；方案批复15件，面积38.4万平方米；选址意见书9件，面积19.1万平方米；临时建设工程规划许可证7件，面积0.5万平方米。推进行政审批制度改革，组织设计方案并联审批会8次。严格门面装修和户外广告设置审批，核发门面装修规划许可证共5件；户外广告方案意见5件；户外广告建设工程规划许可证4件。加大规划土地监督检查力度，完成开工验线20件，面积67.86万平方米；竣工验收17件，面积78.78万平方米；土地核验9件；拆除存量违法建筑3 181平方米。核发建设项目（工程）档案验收合格证17件。办理主动信息公开186件，依申请公开108件。开展规划公众参与6件，项目公众参与19项。长宁规划展示厅全年接待参观15批次322人次。（钱　霞）

【完成《长宁区总体规划评估深化报告（初稿）》】 区规土局按照市新一轮总体规划编制的工作部署和市第六次规划土地工作会议要求，全面开展长宁区规划现状调研，经过规划研究、部门意见征集、专题讨论分析等工作。8月，完成《长宁区总体规划评估深化报告（初稿）》，为长宁谋划未来发展提供可靠依据。（蒋瑜琪）

【完成虹桥—银河宾馆双拼项目控详调整】 年内，区规土局完成虹桥—银河宾馆双拼项目控制性详细规划调整，获市政府批复同意。推进锦江集团对虹桥—银河宾馆双拼改造，加快虹桥涉外贸易中心建设，提升长宁都市观光、时尚购物、商务会展、文化

虹桥—银河宾馆双拼项目效果图　　（区规土局供稿）

旅游功能。调整后项目建筑面积增量1.5万平方米，打造成集“酒店＋商业＋国际会议中心”为一体的生态绿色环保综合建筑体。（杨颐栋）

【完成中新泾市政用地项目控详规划局部调整】　年内，区规土局完成中新泾市政用地项目控制性详细规划局部调整，获市政府批复同意。为促进地区整体城市设计实施，提升福缘湾周边功能布局和景观效果，规划将淞虹路、哈密路交接处约4 000平方米市政用地与新泾港野奴泾处绿化用地进行等面积换地。换地后，中新泾公共绿地总面积3.5万平方米。（杨颐栋）

【完成区人民法院项目控详规划局部调整】　年内，区规土局完成区人民法院项目控制性详细规划局部调整，获市政府批复同意。项目用地面积调整7 229平方米，容积率控制在2.6以下，新建建筑高度不超过24米，改扩建建筑高度不超过原有高度。经控详调整，建筑面积增加7 400平方米，有效缓解区法院审判用房不足问题。（杨颐栋）

【完成凯旋变电站控详调整】　年内，为保障中山公园地区建设发展的电力供应，满足周边日益增长的用电需求，区规土局完成凯旋变电站控制性详细规划调整，获市政府批复同意。规划就地升压改造凯旋变电站由35千伏升至110千伏。新建凯旋变电站仍沿凯旋路设置，位于原址北侧，用地性质为规划市政供应设施用地（110千伏变电站），用地面积保持1 118平方米不变。（顾芳玉）

【完成区县首例“三维审批”试点工作】　年内，长宁区率先完成区县首例“三维审批”试点工作。以虹桥31号地块项目为试点，通过建立电子模型，将拟建项目方案与周边现状建筑、城市环境等要素进行三维展示模拟，研究评价31号地块项目对虹桥地区城市公共空间的影响，记录与相关规划控制要素比对结果，达到辅助建筑管理审批的效果。试点工作的成功，为长宁区推进项目审批“全要素管理”提供有力支撑，提高审批管理的现代化水平。（任　真）

【发挥规划委员会平台作用】　年内，区规划委员会发挥平台作用，深化统筹协调效能。召开专题会议3次，审议光华中西医结合医院迁建方案、《长宁区总体规划实施评估研究报告》与《关于今后规划土地管理工作的主要思路》（讨论稿）、新华路商办综合体项目概念方案。区规委办召开主任（扩大）会议3次，听取《苏州河游艇码头概念规划》《临空园区景观规划整合与设计提升概念规划及设计控制导则》《虹桥第五大道景观控制导则设计》《临空园区城市家具、标识标牌设计方案》汇报。（马　骥）

【加强景观雕塑建设和管理】　年内，区雕塑委员会推进雕塑建设和管理，加强景观建设审核，发挥专家作用，严格审批制度。召开专题会议1次，评审凝聚力工程博物馆景观雕塑方案。完成雕塑《印迹》的移建新址工作和雕塑《瞬间》的改造提升。协调推进临空10—3地块、明基地块等项目配建雕塑建设。（马　骥）

【完成区地名命名、更名10件】　年内，区地名管理事务中心完成区内地名命名、更名10件，其中命名7件、更名2件、名称范围扩大1件。（陆惠敏）

表22-1　　2014年长宁区地名命名、更名一览表

序号	批准名称	地理位置	申请单位	批准日期	批准文号	备注
1	西郊紫薇园	茅台路南、威宁路西、仙霞路北	上海宝舜房地产开发有限公司	1月23日	沪长名〔2014〕第001号	翰林雅苑更名
2	逸都	延安西路南、江苏路西	上海青莲房地产开发有限公司	2月24日	沪长名〔2014〕第002号	
3	金光绿庭广场	娄山关路西、茅台路南	上海金虹桥国际置业有限公司	4月7日	沪长名〔2014〕第003号	金虹桥　生活时尚广场更名

（续表）

序号	批准名称	地理位置	申 请 单 位	批准日期	批准文号	备 注
4	天山搜候广场	天山路南、遵义路东	上海绿城广场置业有限公司	4月29日	沪长名〔2014〕第004号	
5	虹桥联合大厦	伊犁路东、凯虹路南	上海虹桥经济技术开发区联合发展有限公司	6月11日	沪长名〔2014〕第005号	
6	虹桥新都	伊犁路东、凯虹路南	上海虹桥经济技术开发区联合发展有限公司	6月11日	沪长名〔2014〕第006号	
7	虹桥上海城	遵义路东、紫云路南	上海华天房地产发展有限公司	7月1日	沪长名〔2014〕第007号	原名范围扩大
8	晨飞公寓	昭化路68弄	上海长宁公共租赁住房运营有限公司	7月15日	沪长名〔2014〕第008号	
9	晨韵公寓	虹梅路东、虹桥路南	上海长宁公共租赁住房运营有限公司	7月15日	沪长名〔2014〕第009号	
10	北平南园	西陶浜路南、平塘路西	上海新长宁(集团)有限公司	7月15日	沪长名〔2014〕第010号	

说明：资料由区地名管理事务中心提供

（三）旧区改造与房屋征收

【概况】 2014年，长宁区着力推进旧区改造和房屋征收工作，对列入征收计划的全区剩余零星旧区改造地块启动征询和签约；继续推进征收、拆迁结转基地，完成旧改居民房屋征收签约1 199户，旧改面积4.2万平方米。（沈 凡）

【完成旧区改造工作】 年内，长宁区完成旧区改造面积4.2万平方米，征收旧改居民1 199户。完成结转基地9幅，其中旧区改造基地5幅，市政基地4幅。剩余旧区改造零星地块已全部作出征收决定(包含通过协议方式解决的1幅)，均启动并生效，其中9幅基地签约率100%。（沈 凡）

【开展旧居住小区房屋综合整治】 年内，区房管局完成2013年结转项目，总建筑面积71.8万平方米。2014年的整治项目于6月25日区居住小区综合管理联席会议审议通过，第一批41万平方米10月开工，完成30万平方米，占工程总量的43%。其中完成纳入市住房保障任务的有9个小区，建筑面积17.4万平方米，涉及受益居民约2 400户。（沈 凡）

【做好房屋征收拆迁工作】 年内，区房管局继续推进房屋征收拆迁结转基地工作。受理拆迁基地裁决申请38件，裁决36件，协调1件；受理征收基地补偿决定申请64件，协调8件，作出征收补偿决定71件；申报法院司法强迁征收(拆迁)102件；司法强迁27件。（沈 凡）

（四）城市建设管理

【概况】 2014年，长宁区加强经济楼宇建设。开工项目3个，建筑面积32.7万平方米；在建项目21个，建筑面积224.27万平方米；竣工项目3个，建筑面积47.69万平方米。亚信峰会召开前后，区建交委完成重点保障区域的市容环境整治；建立工作例会制度和建立网格化文明创建事部件巡查机制，对市政道路、交通设施、建筑工地等进行检查整改，做好全国文明城区创建的迎检工作。（常 念）

【推进经济楼宇建设】 年内，长宁区有序推进经济楼宇建设。开工项目3个，包括蒲松北路北块项目、临空24号地块和古北5—2地块，建筑面积32.7万平方米。在建项目21个，建筑面积224.27万平方米。竣工项目3个，包括临空15号街坊(SOHO)项目、春秋国旅总部办公室和明基电脑明沪大楼，建筑面积47.69万平方米。（王欣欣）

【开展城区管理整改落实】 年内，区建交委结合党的群众路线教育实践活动，对照突出问题，形成20个整改事项，确定9个整改内容，确定16项制度，着力解决公交出行、渣土运输、道路保洁、二次供水、大型居住区配套、窨井盖管理、道路照明等市民关心的问题，提升城区建设管理水平。（王欣欣）

【做好亚信峰会市容环境保障工作】 会议保障期间，区建交委全面排摸重点部位和重点单位，制定应急处置预案，完成重点保障区域的市容环境整

延安西路虹许路进行“马路医生”工作　　（区建交委供稿）

治。峰会召开期间，区建交委进行值班、巡查，对建筑、市政、河道等工程安全生产和文明施工加强管理，重点检查区域内建筑工地安全生产和市容环境。对重点保障区域增加保洁频次、加大保洁力量，每日巡查全区6个出土工地，安装监控设施，清理工地渣土。完成虹桥路（古北路—外环）、迎乐路（仙霞西路—联虹路）、青溪路（龙溪路—剑河路）、中山西路延安西路高架桥孔高护栏等道路路面及道路附属设施整治，完成虹桥路（伊犁—虹许）景观护栏由铁护栏更换为绿化景观护栏的提升工程，确保在亚信峰会期间市容景观的较高水准。（王欣欣）

【做好文明城区创建迎检工作】 年内，区建交委通过建立工作例会制度和自查巡检制度等机制，加强对创建工作的力度；完成42个围墙517块公益广告设置，解决通协路等11条道路路面坑塘，水城路等2条道路彩板松动问题，建立网格化文明创建事部件巡查机制，发现并整改159件市政道路及设施，6件交通设施问题，1件河道绿化带侧石损坏问题；开展建筑工地文明施工、围墙公益广告检查，检查项目53个，检查人次159人次，开具整改通知单4份，对42处暴露垃圾、跨门营业、乱设摊市容顽症点位进行抽查，针对发现的问题，加大整治力度，新增公共停车位253个，道路停车场4处140余个泊位，完成停车诱导系统三期工程建设，有效减少车辆在道路上因寻找车位导致的反复行驶。（王欣欣）

（五）市政设施管理

【概况】 2014年，长宁区稳步推进重大市政设施建设，开展道路、桥梁设施技术检测，跨线桥整治，人行地道工程建设，道路非标更换、道板整治、无障碍设施进家庭等各项城市设施建设管理。2月，长宁区市政工程管理署更名为长宁区市政工程管理中心（简称区市管中心），单位性质及业务范围不变。截至年底，长宁区有市管中心直管道路120条，4 145 472平方米，下水道548 230米；非直管道路3条，75 493平方米；小市政道路80条，138 638平方米，下水道18 880米；直管公共通道道路85 488平方米，公共通道下水道14 816米；非直管公共通道10 651平方米。直管桥梁32座、人行天桥3座、地道1座，共49 744平方米。市政设施包括内环线高架（含匝道）、延安西路高架（含匝道、延安西路立交）、外环线（含沪青平立交桥等7座桥及长宁道路部分）、虹桥机场道路（13条）、北翟路高架（与外环、中环相交高架部分）、仙霞西路地道等，共5 429 610平方米。（沈佳磊　常　念）

【开展区道路设施技术状况检测】 年内，经市路政局技术检测，区主干道的路面行驶质量指数（RQI）为3.59、次干道为3.57、支路为3.24，达到优良水平；路面损坏状况指数（PCI）分别为90.81、86.26和88.72，全部达到优良级水平；主干道、次干道、支路的路面结构强度指数（DEF）分别为68.62、86.53和92.18。（沈佳磊）

【开展区桥梁设施技术状况检测】 年内，区市管中心实施区域桥梁设施状况检测工作，总体状况良好。在受检的桥梁中，39座桥梁被评为A级桥梁，桥梁平均全桥指数（BCI）评分在90分以上，属优良状态；4座桥梁BCI评分在80—89分之间，为B级桥梁；无C、D、E级桥梁。经检测，长宁区桥梁平均全桥BCI指数93分，与上一年持平，桥梁结构完好，安全受控。广顺北路纵泾港桥等6座桥梁完成结构检查。（沈佳磊）

【实施天山西路跨线桥整治工程】 年内，区市管中心启动天山西路跨线桥桥梁大修工程，总投资1 968万元，资金由区财政拨款，工程年内完工。工程对桥面铺装层凿除，重新浇筑10厘米钢筋混凝土铺装层，内设单层钢筋网，并加铺4厘米式沥青砼，原板梁铰缝予以更换。结合道路状况，在实施桥梁大修同时对天山西路（广顺—协和）段进行大修工程。（沈佳磊）

【实施非标道板更新和道板整治工程】 年内，区建交委加强对区域内非标护栏和非标道板的整治。延安西路、水城路等道路约30千米非标护栏于6月底完成。新华路、愚园路等道路约9万平方米非标道板于6月底完成。区市管中心实施 2015 年非标道板更新工程，总投资 3 389 万元，资金由区财政拨款，工程年内完工。工程包括愚园路、新华路、宁康路等 18 条道路的非标道板整治，其中愚园路、新华路按照融合道板提升一体化设计方案实施，其余 16 条道路进行人行道板更新，新建人行道结构采用 10 厘米碎石，10 厘米商砼，3 厘米黄沙，6 厘米彩板。（王欣欣　沈佳磊）

协和路非标道板整治　（区建交委供稿）

【做好亚信峰会市政设施保障工作】 5 月 20 日—21 日，亚信峰会在上海世博中心举行，为保障峰会顺利召开，区市管中心对区域内主要道路和重点区域进行重点养护、检查巡视及重点整治。对延安高架、中山西路高架投影面下高护栏进行粉刷；加强掘路修复质量管理，整治公共事业井下沉、残障等现象；做好重点路段护栏保洁、路名牌清洗、道路补塘及局部灌缝等工作；保持对道路每日巡视，保证市政设施安全运行。完成市政道路整治 17 970 平方米，护栏修缮 4 230 米，连管修复 150 米。（沈佳磊）

【启动定西路路面整治工程】 年内，区市管中心启动实施定西路（长宁—安顺）路面整治工程。工程按照城市支路标准实施，北起长宁路，南至安顺路，全长约 2 066 米，采用原有横断面布置，翻排侧平石，调换防沉降自调式窨井盖框，车行道挖补烂塘，铣刨加罩 8 粗、4 细沥青砼；损坏雨水口及连管同步修复。工程总投资 1 144 万元，资金由区财政拨款，工程年内启动前期准备，由于道路景观方案调整和天气因素未能按期开工，2015 年继续实施完成。（沈佳磊）

【推进重大市政设施建设】 年内，虹桥地区遵义路（虹桥天都—绿城 SOHO）、紫云路（绿城 SOHO—上海城三期）和仙霞路（尚嘉中心—友谊商城）人行地道建设顺利推进。中山公园一号门地下空间工程一期工程完成管线保护和绿化搬迁，施工围挡完成搭建，进行桩基施工；二期工程已经取得区发改委项目建议书批复和市规土局核发的规划设计要求通知决定。中山公园地区二层平台一期工程已完成初步设计批复和施工图编制，正在进行施工招投标，年内开工建设；二期已完成规划选址方案。继续推进北横通道、北翟路快速路、轨道交通 15 号线、外环西河工程等市政项目建设。（王欣欣）

【优化区域路网结构】 年内，区建交委完成年紫云西路（娄山关路—古北路）道路辟建工程，种德桥路（延安西路—昭化路）、可乐路（淞虹路—哈密路）道路改建工程道路主体工程；完成淞虹路（新泾路—哈密路）道路改建工程主体工程；完成桥福缘寺景观桥梁土建施工。临空核心四街坊地下勾连工程根据北翟快速路进度，同步开工建设。完成虹桥地区信息架空线入地一期工程。（王欣欣）

（六）河道管理

【概况】 截至年底，长宁区有河道 36 条，其中市管河道 2 条，长度 15.34 千米；区管河道 34 条，长度 24.83 千米。年内，区河道所新建护岸 0.23 千米，疏浚河道 7.2 千米，对 11.69 千米的河道堤防、20.39 千米的护栏进行维修和养护，对 6 座水闸泵站进行日常维护，维修河道警示牌 357 块，完成水域保洁面积 51 万平方米，清捞水面垃圾及水生植物 777 吨，实现水域保洁全覆盖。（刘　申）

【实施周家浜疏浚河道整治工程】 周家浜疏浚等河道整治工程 2013 年 8 月开工，2014 年 6 月底完工。工程主要涉及河道及箱涵疏浚，朱家浜生态景观改造等。河道疏浚总长 7.2 千米，实际疏浚土方 6.86 万立方米；朱家浜河道完成亲水平台（主体结构）5 个，不锈钢栏杆 245 米等。工程加强了区域水资源调度能力，促进河道的水体良性循环，提高了长宁临空经济园区的滨水环境，为周边市民提供舒适的办公生活环境。（刘　申）

【整治陆家浜防汛墙薄弱段】 陆家浜防汛墙薄弱段整治工程 7 月开工，9 月底完工。工程主要对平塘路 700 弄、淞虹路 805 弄两段陆家浜防汛墙薄弱段进行整治加固，全长约 226 米，同时新建围墙 78 米。该工程加强了区域水资源调度能力，保障了陆家浜河道的防汛排涝能力。陆家浜河堤的绿化建设及小区围墙重建等工作，为周边市民提供了更舒适的生活环境。（刘　申）

【完成北新泾泵闸大修理项目】 12月24日，长宁区通协河水闸大修理项目竣工验收。北新泾泵闸位于上海市水利分片综合治理中的“淀北片”，建造于区西北部的吴淞江（苏州河）支流新泾港上，为长宁新泾港主要泵闸之一，在防汛排涝与引清调水的使用频率较高，作用重大。北新泾泵闸2007年建成后，2010年进行过一次大修理检查。此次大修理主要包括，水泵检查、流道检修、集水井水泵检修、电气设备检修、计算机监控系统检修、视屏系统设备检修、仪表维修保养、起重设备检修、节制闸门检修、设备管道栏杆油漆及泵房内外墙粉刷等内容。通过大修理确保新泾港河流排涝和水资源调度，致力于防汛排涝安全和调水作用，促进水体良性循环改善水质。 （刘 申）

【加强引清调水和深化治理】 引清调水和深化治理是改善水质的有效手段。年内，区河道所加强对日常河道水质的监测，对许渔河、南渔浦支流、陆家浜等有污染源的河道进行经常性监测，掌握水质变化状况；与北临空、排灌站沟通，克服施工与引水的矛盾，进行目标引换水，每天引水不少于5个小时，共引水1 420.32万立方米；在纵泾港进行生态河道建设，设置水生植物种植槽、种植挺水植物、沉水植物等，改善河道生态。在直挺浜、南渔浦、北夏家浜、陆家浜等重点水质监测断面，对水生植物进行补种、加密，以调节和改善水质。对水城路周家浜等河道进行曝气机养护，提高河水溶解氧含量，改善鱼类等水生动物生存环境。 （刘 申）

【强化河道养护】 年内，区河道所将苏州河堤防日常巡查工作与苏州河堤防景观养护工作相结合，坚持每周对全区河道进行巡查，对重点河道和敏感河道加强检查，做好巡查记录和河道设施检查巡查记录。年内养护河道堤防11 685米；栏杆20 393米；绿化、水生植物35.46万平方米；防汛通道23 840米；截污纳管1 872米。 （刘 申）

【加强网格化管理】 年内，区河道所把网格化管理工作作为河道长效管理工作的重要举措之一，处理网格河道案件25起，其中事件9起，部件16起，处置及时率98%以上，11次获得区网格化月度考核100分。（刘 申）

【推进水政执法和水务行政许可】 年内，区河道所推行实施《长宁区水务行政执法责任制》，共出动行政检查86次，人员172人次，发现问题2处，全部完成整改。区水政管理所受区建交委委托开展水利设施等方面的行政许可事项受理、审核、审批工作，受理审核水务行政许可8起，无逾期办结，举报、投诉等情况发生。 （刘 申）

一体化养护 （区河道所供稿）

【落实河道保洁】 年内，区河道所根据现有河道情况，签订河道保洁合同，深化河面保洁和河岸保洁一体化机制。合理安排人员，明确河道巡查的内容及要求，分片到人。为保障水域市容环境，杜绝二次污染，区河道管理所与区绿化市容局联手合作，设立“打捞—堆放—清运”工作程序，每个环节各司其职发挥各自优势，共同维护水域环境卫生。全年共计清除河道、河岸垃圾、水草、绿萍等水生植物清理777吨。 （刘 申）

【实施一体化养护管理模式】 年内，区河道所在总结多年养护工作经验的基础上，对以北翟路以北区域的6条河道（联泾港、朱家浜、通协河、联通河、双泾枝、纵泾港）按照星级、景观河道的养护标准，实施一体化的养护管理模式。通过市场公开招投标，择优选取符合养护作业条件的施工企业对6.44万平方米水域面积进行日常保洁，9.6千米护岸、1.68万平方米防汛通道、3.99万平方米河道绿化及0.7万平方米水生植物等日常养护。 （刘 申）

【开展“世界水日”主题宣传】 3月26日，区河道所在中山公园1号门广场开展长宁区第二十三届“世界水日”暨第二十八届“中国水周”系列宣传活动，活动主题为“珍惜水资源，保护水环境”。宣传现场设水环境宣传专区，摆放水环境知识宣传牌、发放水环境整治社会调查表100余份，区河道所执法人员开展法律法规咨询和市民意见接待等。区水环境志愿者及热心群众等200余人参与活动。 （刘 申）

（七）应急管理与防汛防台

【概况】 2014年6月1日—9月30日，长宁区累计实测降雨量（长宁区政府站）813毫米，单日（24小时）降雨量超过50毫米以上的4次，一小时降雨强度超过30毫米的4次，分别为6月1日、7月15日、8月24日和9月1日。启动防汛防台预警响应行动15次，其中蓝色预警5次，黄色预警10次。区防汛办在汛期内注重防汛值班管理和防汛预警响应，开展防汛值班制度建设和防汛预警响应行动的制度建设。完成虹桥路1077弄小区排水小包围设施建设，对22个易积水小区开展后评估，进行道路下立交防汛安全专项检查，对外环西河工程施工沿线涉及防汛安全影响问题开展专项整治。 （王欣欣）

【落实防汛防台应急预案】 年内，区河道所为确保安全度汛，制定《2014年度防汛防台专项应急预案》《泵闸防台防汛分预案》和《内河水位控制专项预案》，落实汛期24小时值班制度，开展专项防汛演习，与防汛责任单位落实签约责任。通过5次联合检查，7次专项检查，对防汛物资储备情况、在建水利工程对周边设施影响、保洁社及河道设施、河道堤防、泵闸设施设备等进行全面调查摸底。整个汛期经历5次蓝色警报，14次黄色警报；9次天文大潮汛；经受住“娜基莉”“凤凰”等台风的考验。北新泾等六座泵闸根据防汛要求完成排水每立方米543.4万，实现安全度汛的工作目标，完成2014年度防台防汛的各项任务。 （刘　申）

【加强市政汛期应急工作】 区市政工程管理中心全年汛期区域总降雨量为414毫米，包括1次台风和1次强热带风暴，18次强降雨。整个汛期共出动防汛防台人员2 260人次，抢险待命3 263人次，动用各类防汛车辆308车次。汛期内，实施24小时值班制，应急抢险人员、量放水人员、机动人员随时待命，做到平稳度汛。 （沈佳磊）

防汛措施 （区河道所供稿）

（八）水、电、气

【概况】 2014年，原上水市南公司更名为上海城投水务（集团）有限公司，在长宁区成立长宁供水管理所，管理区域内供水业务，完成计划工程187项，其中供水改困60项、接水工程120项、排管工程施工7项，总体管道施工长度26 153米。区域内供电业务和供电设施管理由国家电网上海市区供电公司营销部水城路营业站和武定路营业站管辖，区内全年开展电力客户经理社区服务活动254次，惠及居民近1.3万余户。区域内供气业务管理由上海大众燃气有限公司管辖，设有大众燃气营业所长宁区办事处、大众燃气输配部长宁管线管理站、大众燃气急抢修中心长宁急修组等站点。地下供气管线设备管理由大众燃气输配部长宁管线管理站负责。地上供气管线设备管理由大众燃气营业所长宁区办事处负责。地下燃气管线设备抢修和应急处置由大众燃气急抢修中心长宁急修组负责。区域内全年天然气销售总量9 694.17万立方米；燃气地下管道达908千米；天然气用户29.55万户。

（许征峰　陆义婷　陆　佳）

【长宁供水管理所开展便民实事工程】 12月26日，原上水市南公司正式更名为上海城投水务（集团）有限公司，在长宁区成立长宁供水管理所。年内，完成一批便民实事工程，“962740”供水服务热线全年接到长宁区报修信息10 679件，其中涉及无水及水小类用水问题1 377件、红虫及其他水质问题186件，维修室外水管管道及表箱设备2 685件，维修室内套室表具6 431件。上水市南公司长宁区营业站点加强抄表自查工作，发现问题及时解决，查处解决3 086件表具故障。全年完成计划工程187项，其中供水改困60项、接水工程120项、排管工程施工7项，总体管道施工长度26 153米。 （许征峰）

【提升供电服务质量】 年内，国家电网上海市区供电公司营销部围绕“你用电，我用心”的企业服务理念，从营业受理、用电申请、抄表收费和电力抢修四大服务渠道着手，促进服务质量的提升。对外公开服务承诺、服务标准和程序，坚持“一口对外”，落实首问负责制和限时办结要求，推行窗口“一柜通”服务，实现各类业务同城异地办理；对内依托“95598热线处理监督系统”“客户诉求管理信息平台”等监督平台，实行多维度考核，固化月度讲评会制度，建立“专业管控，各

负其责，闭环管理”的客户投诉处理机制，实现供电服务全流程的监管。 （陆义婷）

【拓展社区电力客户经理制度】 年内，国家电网上海市区供电公司营销部完善“社区客户经理制度”。与长宁区内多家社区居委会签订、续签《电力、社区共建服务协议》，将“电力客户经理联系卡”落地更多的居民小区。通过台区管理、线损管理、社区管理三者有机结合，形成服务网格化管理，建立各街道、居委的联动机制，常态化开展社区供电服务工作，宣传电力法规、解答居民咨询，定期收集居民用电需求，及时解决用电难题，为弱势群体提供上门服务、业务代办等亲情服务，使小区居民享受到“管家式”服务，形成电力特色服务品牌。全年，区内共开展电力客户经理社区服务活动254次，惠及居民近1.3万余户。 （陆义婷）

（九）邮政、电信

【概况】 2014年，长宁区境内邮政业务归属上海市邮政公司市西分公司。市西分公司长宁邮政支局、天山路邮政支局、新华路邮政支局、北新泾邮政支局、仙霞路邮政支局及下设网点共完成业务收入9 798.5万元。区内员工开展理想信念宗旨意识主题教育活动，秉承“用户是亲人”的服务理念，开展邮政志愿服务，积极服务融入长宁经济社会发展。市西分公司被评为2012—2013年度上海市志愿服务先进集体、2013年度上海市平安示范单位、2013年度邮路安全防范工作先进集体、2013年度长宁区深化全国文明城区创建先进集体。中国电信上海公司在长宁区有江苏路营业厅、金珠路营业厅、临虹路营业厅、仙霞路营业厅、天山路营业厅、安顺路营业厅、中山公园营业厅、天山西路营业厅8家营业厅。公司履行企业社会责任，参与长宁区大型公益活动。长期参加长宁区“凝聚力工程”江苏社区义卖活动，所得款项用于帮助社区困难群体；结合行业特性，参加长宁区志愿者“农”情嘉年华活动，为农民工兄弟提供通信帮助；多次进入社区开展便民服务，为居民免费提供电信设备及微信、易信自助服务等使用指导。上海公司西区局连续多年获江苏路社区“凝心聚力 共沐阳光”爱心义卖活动慈善之星及长宁区深化全国文明城区创建先进集体称号。 （沈璟一 王 勇）

【市西邮政局更名为市邮政公司市西分公司】 3月3日，根据上海市邮政公司《关于做好各区邮政局企业更名工作的通知》要求，上海市邮政公司市西邮政局更名为上海市邮政公司市西分公司，相应的党团组织名称一并更名。原市西邮政局下属支局网点暂不更名。 （沈璟一）

上海市邮政公司市西分公司 （市西分公司供稿）

【制作长宁戏曲艺术欣赏季纪念邮品】 3月6日—31日，市西分公司为长宁戏曲艺术欣赏季设计制作“我是戏迷——长宁戏曲艺术欣赏季”纪念封，在仙霞路邮政支局启用“我是戏迷——长宁戏曲艺术欣赏季”邮资机宣传戳，供集邮爱好者、戏迷集藏。 （沈璟一）

【启用交通卡收藏展示交流会邮资机宣传戳】 9月13日，市西分公司受区收藏协会委托，在长宁邮政支局启用“第八届上海交通卡收藏展示交流会”邮资机宣传戳，供集邮爱好者加盖集藏。 （沈璟一）

【投递创评全国文明城区市民手册】 12月，市西分公司受区精神文明建设委员会委托，设计、制作并投递25万份《长宁区创评全国文明城区市民手册》，配合长宁区做好创建全国文明城区评比知识的宣传入户工作，推动创评知识家喻户晓。 （沈璟一）

【改善用户用邮环境】 年内，市西分公司对长宁支局、新泾三村邮政所等营业网点进行了装修改造，增加办理邮政金融业务柜台，扩大对外营业面积。 （沈璟一）

【助力长宁区智慧城市建设】 8月28日，中国电信上海公司与长宁区政府签订“智慧高地”战略合作框架。围绕长宁区加快建设“三个城区”、努力实现“五个提升”的目标任务，明确提升长宁区信息化基础设施能级，完善长宁区城市光网建设，提升4G网络覆盖率，加大公共区域及商务场所WiFi覆盖，探索WiFi大数据服务与商圈发展有机结合；深化长宁区社会治理应用，推进智慧社区服务，探索智能化小区、智慧出行、智慧教育、智慧医疗等方面解决方案；完善道路和社区监控，提升长宁区综合防控和应急处置能力；助推长宁区产业环境提升，依托云资源和物联网技术，在智慧商圈、智慧园区建设等方面提供网络支撑和整体解决方案。通过签约上海公司西区电信局与长宁区政府合作打造全国领先的信息化基础设施，创建高度信息化的“智慧高地”城区。 （王　勇）

【助建“智慧长宁·乐E生活”社区生活服务中心】 年内，长宁区启动“智慧长宁·乐e生活”社区生活服务中心项目。上海公司西区局为长宁区定做解决方案，攻克平台建设瓶颈，顺利完成“智慧长宁·乐e生活”呼叫中心的建设。市民只需拨打长宁区市民热线“962347”，即可一站式享受政策查询、业务办理和上门服务预约等服务。为配合“智慧长宁·乐e生活”社区生活服务中心项目的推进，上海公司西区电信局结合NFC技术提供社区上门服务的解决方案。服务中心工作人员通过“962347”热线接收居民上门预约需求，使用电信NFC手机与居民家中的“一键通”终端互动，完成实名认证、签到和签退，实现上门服务电子化、一体化。该项解决方案将率先应用在长宁区“智慧养老”项目中。 （王　勇）

【建设长宁区WiFi场点】 上海公司西区局全力助推长宁区WiFi网络建设，全年建成WiFi场点516个（iShanghai场点467个），覆盖中山公园商圈、虹桥临空经济园区以及各街道（镇）社区卫生服务中心等重要区域。电信的WiFi场点无论在网络质量还是设备数量上均处于领先地位，各iShanghai场点至少提供100 M上联端口。 （王　勇）

（十）交通运输

【概况】 年内，长宁区全力推进静态交通建设与管理工作，缓解社区“停车难”的现状。按照《2014年度公共停车设施建设任务分解表》的目标要求，完成新增居住区挖潜泊位数454个（基本目标值450个）、新增医院挖潜泊位数40个（基本目标值40个）、新增公共停车泊位数90个（基本目标值85个），年度基本目标任务完成。 （王欣欣）

【编制静态交通规划和道路停车场专项规划】 《长宁区静态交通规划》通过需求调查、现状分析、优化完善，基本编制完成，《长宁区道路停车场专项规划》完成中间成果，规划新增道路停车场14条段，新增道路停车泊位262个。启动《道路停车场设置导则》编制，通过对现有路内停车泊位设置规范的梳理，建立数学模型，确定量化指标，为科学合理地设置道路停车泊位提供支撑。《长宁区公共交通规划》通过评审并结题，统筹结合两项规划，实现静态交通与公共交通的均衡发展。 （王欣欣）

【加强停车配建审核工作】 年内，区建交委开展新改建项目配建机动车停车场（库）审核及竣工验收工作。完成配建机动车停车场（库）项目设计方案审查12项、设计文件及初步设计审查9项、停车场（库）专项竣工验收1项。全年规划新增配建停车位2 371个。 （王欣欣）

【加强道路停车管理】 年内，区建交委做好道路停车标志、标线维护工作，保障道路停车设施完好；落实道路停车协管单位管理成本预算制，建立道路停车管理考核机制，在全市首次引入区级层面道路停车第三方考评，将管理经费的划拨与管理水平相挂钩。通过严格管理，对停车协管单位的信访投诉率下降，年度收费金额增长37%。 （王欣欣）

【缓解停车矛盾】 年内，区建交委在居住区、医院、学校等停车矛盾突出区域试点使用既有土地建设停车场（库），推进凯桥绿地地下车库改建工程、临空1号公园地下车库配建工程；利用延安中学等中小学操场启动地下车库改建工程；在居民区内，通过街坊道路改造、小区道路拓宽等方式挖潜新增泊位；在全市率先实施高架桥孔停车场租赁权招标，为社会停车提供规范服务。 （王欣欣）

【提升停车管理信息化水平】 年内，区建交委为提升道路停车管理水平，推进道路停车手持POS机应用，在中山公园主要路段开展试行；完成金虹桥大厦智能停车库建设，推进车位反向查询，网络车位预定、手机在线支付等功能的应用；推进50个泊位以上公共停车场库电子收费系统改造工作；将停车诱导设施纳入网格化监管范围，目前诱导系统覆盖区内近40%的公共停车场库。 （王欣欣）

【做好行业日常管理工作】 年内，区建交委加强区内142家公共停车场（库）（21 343个泊位）和43条道路停车场（1 611个泊位）的日常监管和执法监管；做好公共停车场库备案证明换发工作，对18家场库停发备案证明；严格落实开展停车场（库）质量信誉考核工作，申报创建3A级公共停

新时空广场停车诱导屏 （区建交委供稿）

车场(库)6 家;完成道路停车协管员星级评定以及道路停车场协管单位管理效能评价;协调停车场库企业安装新能源车公共充电桩设施。

(王欣欣)

(十一)市容绿化

【概况】 2014 年,区绿化市容局以"精品化建设、精细化管理"为主线,聚焦亚信峰会市容环境保障、全国文明城区创评,推进绿化、灯光、市容等精品景观建设提升及养护作业市场化改革,完善"大门责"与网格化相结合等管理机制,破解无序设摊、违法建筑等顽症难题。在 2014 年上海市市容环境卫生状况公众满意度测评中长宁区位列第三位。(申全鑫)

【开展全民义务植树】 3 月 19 日,区绿化市容局在中新泾绿地(二期)组织开展春季全民义务植树活动,区四套班子领导带头,相关企业、志愿者积极响应,现场栽种香樟和紫玉兰 22 株。(申全鑫)

【完成亚信峰会市容环境保障】 年内,区绿化市容局亚信峰会市容环境保障任务,围绕西郊宾馆等"三馆九路"重点区域,着力提升市容景观,完成重点路段店招店牌、围墙门头等整治提升;整治违规户外广告设施 15 处、拆除临时性户外广告设施 16 处;加强城市保洁,增加保洁频次;提升绿化景观,完成虹桥路等地铁站点绿化改造整治面积 3.84 万平方米;布置重点路段花卉约 1 500 平方米。"市 001 指挥电台"在运行期间未发现长宁问题。(申全鑫)

【开展市容顽症专项整治】 年内,区绿化市容局在全区开展市容顽症专项整治,以暴露垃圾、跨门营业、乱设摊、夜排档和菜场环境为整治目标,细化各项工作标准;将全区 138 条道路固化成严禁、严控和控制区域,贯彻差别化管理;落实责任、考核、巡查机制。万航渡路江苏北路、安西路安化路、新渔东路等 5 个街面乱设摊集聚点基本消除,玉屏南路等 10 条跨门营业相对集聚道路市容明显改善;有效管控时段内,区内大规模乱设摊集聚点全部消除。(申全鑫)

【优化市民诉求处置平台】 年内,区绿化市容局完善"12345"市民服务热线和区网格化受理平台的统筹运作,成立局行政事务和网格化综合受理联动中心,实现一口受理,提升市民诉求处置满意度。对投诉处置的派单、协调、回访、督查和考核等一体化管理,全年联动中心共受理市平台投诉 658 件(其中"12345"市民热线 372 件,"12319"及其他 286 件),处置率 99.39%,市民满意率 89.97%;区网格化案件 84 077 件,处置数为 83 969 件,处置率为 99.87%。(申全鑫)

【开放夜公园】 年内,区内直管的 11 座公园绿地开放夜公园,其中,中山公园、天山公园、新泾公园、虹桥河滨公园、华山儿童公园、天原公园、水霞公园开放至晚上 9 点,凯桥绿地、华山绿地、延虹绿地、虹桥公园 24 小时开放。(申全鑫)

【加强公共绿地建设】 年内,区绿化和市容管理局完成中新泾绿地一期、周桥 4 号地块、外环 400 米林带(绥宁路以西地块)、丝绸厂绿地一期、北翟路 205 街坊等五处公共绿地建设(不含集中区公共绿地),新增公共绿地面积 3.23 万平方米。(申全鑫)

【推进立体绿化建设】 年内,区绿化市容局继续推进屋顶绿化、绿篱围墙等立体绿化建设,促进城区绿化景观向纵深发展,完成虹桥天都、新虹桥中心大厦、工商长宁分局大楼、日航酒店等处屋顶绿化建设 7 761 平方米;完成世贸商城、虹桥天都、新虹桥中心大厦、延安西路凯旋路等处檐口绿化建设 1 310 米;完成世贸空中绿墙建设 946 平方米;完成虹桥城市花园、西郊宾馆、虹桥迎宾馆、朗诗小区等处绿篱围墙(破墙透绿)建设 1 050 米。(申全鑫)

【推动西部地区六座公园绿地建设】 年内,区绿化市容局推动西部地区六座公园绿地建设。临空二号公园竣工;新泾公园建设完工;临空一号公园完成立项、选址、设计方案和土地预审等前期报批手续;苏州河 50 米绿带 11—3 段完成设计方案、可研报批等手续,11—1 段待施工通道完工后建设,11—2 段完成立项、设计方案等工作;外环 400 米林带完成威宁路以西绿化建设,地上主体建筑和地下空间完成前期工作,"三通一平"工作同步完成;中新泾绿地二期完成前期各项报批工作。(申全鑫)

【强化"三乱"治理力度】 年内,区绿化市容局进一步完善市场化清除(乱张贴、乱刻画、乱涂写)管理标准和相关的考核制度,确保"三乱"处置工作及时、快速、高效,全年共受理"三乱"案卷 529 件,处置率 100%。(申全鑫)

【强化"大门责"与网格化相结合市容综合管理】 年内,区绿化市容局深化大门责与网格化相结合机制,完成与全区 10 个街道(镇)责任区网格对接,将城管队员、市容管理所、门责指导员、环卫作业班组长纳入网格,建立自律、作业、管理、监督、执法的"五位一体"模式,明确流程、清晰权责;牵头街道(镇)每月开展"六个一"市容环境卫生集中整治;加强门责宣传,强化考核奖惩,组织街道(镇)互查互评,提高商家自律自责;建立微信平台,推进多头发现,快速处置的扁平化管理。(申全鑫)

【推进城区精品景观建设】 年内,区绿化市容局提升仙霞路、娄山关路市容景观建设;完成虹欣小区、虹仙小区、新泾八村等精品小区打造,虹桥古北地区一期 7 幢、二期 22 幢楼宇的景观灯光建设提升;推进黄金城道步行街景观灯光提升工程;完成新泾镇景观亮化、虹许路和平鸽、E 时代两处

景观灯光小品大修。（申金鑫）

【推进生活垃圾分类减量】 年内，全区生活垃圾进入末端的日均处置量535吨，完成市级减量指标。垃圾分类新增161个居住区，覆盖居民75 011户；继续巩固和维护已推进的437个居住区、58个机关企事业单位、49所学校、28家集贸市场、13处公园绿地的垃圾分类成果。启动“上海绿色帐户”工作，覆盖3.70万户。（申金鑫）

【开展道路洁净工程】 年内，区绿化市容局在全区138条(段)道路加强人力、物力配置，添置设施设备，实现机械化清扫、冲洗全覆盖。组织开展道路保洁和垃圾清运文明行业创建，提升硬件设施水平，抓好员工业务素质、职业道德教育，先后培训2 131人次；制定《长宁区公厕管理和道路保洁质量检查考核办法》，加强质量监督和处置，并通过调整作业时间、改进工艺流程、更新环卫装备、加大执法力度、建立志愿者队伍、推进道路保洁市场化机制等举措，提升道路总体保洁管理水平。（申金鑫）

【加强废弃物综合管理】 年内，区绿化市容局完善餐厨垃圾全覆盖管理，推进完成辖区内145家餐厨产生单位，实现日均50余吨餐厨垃圾的有效分离；填埋废弃物处置中心全年共吞吐生活垃圾22万吨、预处理粪便13.45万吨、预处理通沟污泥3 191吨、预处理大件垃圾59吨、预处理有机垃圾1.66万吨。共受理建筑垃圾、工程渣土、泥浆相关排放处置163.33万吨，发放车船处置证(副本)2 343张。（申金鑫）

【完成环卫设施设备更新改建】 年内，区绿化市容局推进环卫设施更新、改造，改建11座公厕、104座垃圾箱房、5座道班房、1座倒粪站（小便池）、3座小型生活垃圾压缩站，改建分类垃圾箱房43座。协调区采购中心完成环卫车辆、生活垃圾桶、分类垃圾桶、不锈钢废物箱招投标；推进公厕达标创建，树立优质窗口服务形象。（申金鑫）

“小小垃圾分类志愿者”社会实践活动（区绿化市容局供稿）

【开展户外设施巡查整治】 年内，区绿化市容局加大户外设施巡查频率，继续开展广告基础信息普查、专项整治“山寨”广告指示牌，细化对旗等管理办法。全年开具户外广告设施整改通知书426份、双向告知书56份；整治户外设施255处，其中拆除广告91处、修复广告设施80处、规范店招店牌84处。（申金鑫）

【推进违法建筑治理】 年内，长宁区制定《上海市长宁区关于进一步加强违法建筑治理工作三年行动方案》，调整区违法建筑治理工作领导小组，明确违法建筑治理工作的机构和部门，形成条块结合、各司其职、协同治理、联动执法的违法建筑治理格局。以“人口调控和管理服务”“平安建设实事项目”等重点工作任务为抓手，推进违法建筑治理工作，区拆违办全年受理违法建筑信访216件，办结率100%；编发《长宁拆违动态》18期；拆除新增违法建筑358处；通过强制拆除、综合整治等方式，拆除存量违法建筑317处，拆除面积2.06万平方米。（申金鑫）

（十二）环境保护

【概况】 2014年是第五轮环保三年行动计划收官年，第五轮环保三年行动计划67项目标任务全面完成；第六轮环保三年行动计划编制启动，共安排水环境、大气环境、固体废物、生态绿化、低碳与循环经济、土壤与地下水、环保惠民、保障机制等8个专项领域65项具体任务；启动环保“十三五”规划、清洁空气行动计划和清洁水行动计划编制工作；做好土壤污染防治行动计划编制前期工作。全区河道水质综合指数0.87，水质达标率55.2%；空气污染综合指数0.61，空气质量优良率72.9%；区域降尘5.4吨/平方千米·月，内环道路降尘、放射道路降尘、中环道路降尘量分别为8.3、8.1、8.1吨/平方千米·月。全年共审批环评222项，竣工验收307项，试运行16项。编制并组织实施《长宁区空气重污染专项应急工作方案》，应对重雾霾天气。全区最后两家燃煤单位红双喜乒乓球厂和上海航空公司虹桥基地全面消除燃煤锅炉，提前建成“无燃煤区”，实现二氧化硫“零排放”。完成爱都公寓、当代新华、中山大楼等13个居民小区生活污水二级生化设施纳入管道改造。开展服装干洗行业挥发性有机物整治，梳理出开启式干洗机 63 台，启动象王集团所属企业的开启式干洗机淘汰更新工作。开展汽车维修行业调查摸底，梳理出 18 家。完成 50 处餐饮油烟和噪声达标整治。全区 16 个新建工地安装扬尘在线监控，试点开展 20 户餐饮企业油烟在线监控。全区年工业企业废水化学需氧量排放量 59.2 吨，氨氮排放量 6.4 吨，均控制在“十二五”减排目标责任书范围内。完成 124 家核技术利用单位、162 家医废单位、6 家新化学物质单位、7 家消耗臭氧层物质单位、67 家危废单位现场检查工作，环境安全监管率 100%，未发生环境安全事故。严格执行辐射安全许可证制度，新审批许可证 9 家、办理许可证延期 12 家，130 家有证核技术利用单位的辐射安全报告提交率 100%。受理信访投诉 419 件，调处率 100%；立案 20 起，作出行政处罚决定 10 件，处罚金额 21.65 万元。完成 3 个空气自动监测站、28 条河道 31 个断面，12 个交通噪声和 10 区域噪声点，16 个扬尘点的定期监测，完成监督性监测 32 次、委托性监测 15 次、信访监测 22 次。华阳、仙霞、动物园三座空气自动监测站与市环境监测中心数据平台对接，6 月 5 日起实时发布长宁区空气质量状况。公开重点企业排污信息 265 条、违法企业名单 2 批次、新建企业环评受理、审批和验收信息 409 项，发布全区环境质量状况公报。新创建和复验环保绿色小区 40 个，绿色单位 20 家，绿色家庭 2 580 户，全区绿色小区占比 34%。开展“6·5”世界环境日活动。（金　晶）

【提高环评审批效率】 年内，区环保局及时取消不产生油烟的小型餐饮项目、美容美发、棋牌健身等有关建设项目环评文件的审批。分行业制定环评文件审批办事指南，根据企业性质分门别类制定餐饮业、医疗机构、旅馆业、卡拉 OK、游乐场、建设工程等九个行业相应的受理材料清单。将建筑工地扬尘噪声在线监控、新建住宅阳台增设污水管、餐饮油烟在线监控等纳入环评审批内容。将“污染物总量控制”理念引入大型餐饮业，在上一年试点的基础上，开展全区所有餐饮中心环评审批项目“批项目、核总量”工作，提高餐饮行业的规范化管理，位全市前列。（金　晶）

【整治小燃煤设施】 年内，区环保局会同各街道（镇）对农贸市场、商贩店铺、中小旅馆浴室等场所小型燃煤设施进行分批整治，收缴取缔一批煤球炉、加热炉等小型燃煤设施，防止小型燃煤设施回潮。（金　晶）

长宁区空气自动监测站华阳站　（区环保局供稿）

【开展机场地区专项整治】 年内，区环保局就辖区内机场河周边直排河道企业开展 2 次专项执法，立案整改 5 家，处罚 3 家；对机场范围内的排污口进行排摸梳理，共设置污染物排放标志牌 21 处。（金　晶）

【推进移动执法试点】 长宁区作为上海市四个“环境监察移动执法”的试点区之一，区环保局通过 3 G 网络平台，实现网格、污染源、事件的实时监管，全面推进环保移动执法试点工作。（金　晶）

【落实“绿色护考”工作】 高考及中考期间，区环保局对区域内 3 个高考和 7 个中考考点周边 200 米内施工工地、娱乐场所、大型室内装修场所、加油站、公交车停靠站等场所开展排查；成立 2 个应急巡视组，4 台车 32 人次流动督察、巡查考场周围情况；安排 12 人次进驻高考考场、28 人次进驻中考考场，定岗定职，及时发现和处置考场附近的环境污染问题；安排 3 人负责 2 部应急电话联系，及时受理考场周边环境问题的投诉。（金　晶）

【开展“6·5”世界环境日宣传活动】 6 月 5 日是联合国第 43 个世界环境日，区环保局会同区相关委、办、局和 10 个街道（镇），开展“全民行动，向污染宣战”纪念“6·5”世界环境日主题宣传活动。活动设 10 个点，社会各界人士及居民区群众 1 000 余人参加。区委常委、副区长张连城出席新华路街镇、新泾镇宣传点活动，向环保绿色小区授牌、参观环保展示、与环保志愿者互动交流。（金　晶）

【通过环境监测标准化建设】 年内，区环保局通过全国环境监测站标准化建设达标验收和上海市环境监测站标准化建设达标验收；通过上海市辐射和土壤重金属监测能力扩大项目计量认证工作，拓展辐射和土壤重金属监测能力。（金　晶）

【开展查处黄标车联合执法】 7月，全市开展黄标车外环路限行，区环保局联合公安长宁分局开展为期10天的查处黄标车违法进入限行区行驶专项行动，对长宁区外环路进入市区的4个道路节点开展联合检查，拦停检查车辆483辆次，发现黄标车11辆，处罚9辆，劝阻2辆。 （金 晶）

【开展整治违法排污企业保障群众健康环保专项行动】 区环保局制定《长宁区2014年深入开展整治违法排污企业保障群众健康确保环境安全专项行动实施方案》，8月—11月，区环保局、区建交委、区市场监管局、区绿化市容局等8个部门联合开展2014年整治违法排污企业保障群众健康环保专项行动，整治内容涉及大气环境污染、医药行业环境污染、污染减排重点企业以及2013年环保专项行动后督察等四个部分。

（金 晶）

【确保"亚信"峰会期间环境安全】 区环保局亚信峰会环境安全保障工作方案和应急预案。检查13家放射性同位素使用和销售单位，联合区卫计委开展63家医疗卫生单位闲置和报废放射源专项清查活动。 （金 晶）

【开展土壤环境安全风险防控】 年内，区环保局联合区房管局、区规土局、区建交委、区商务委和区绿化市容局制定《关于落实〈关于保障工业企业及市政场地再开发利用环境安全的管理办法〉的实施意见》，明确承担环境调查、风险评估和治理修复的责任主体。对于已经完成土地征收的项目，要求责任主体补充环境调查、风险评估和治理修复工作，并作为项目环境影响评价的重要依据。年内完成外环生态林带项目、上海热处理厂和上海中华药业有限公司土壤环境安全风险评估或修复工作。

（金 晶）

【探索公共场所社会生活噪声自治管理新模式】 年内，区环保局加大噪声治理力度，探索在公共场所制定社会生活噪声控制规约，制定《长宁区社会噪声管理办法》，华山绿地、中山公园、姚虹绿地作为首批试点单位制定社会生活噪声控制规约，华山绿地和姚虹绿地完成噪声实时显示屏的建设，10个街道（镇）试点安装公共场所噪声在线监测显示屏。 （金 晶）

【举行核与辐射事故应急处置演练】 12月5日，区环保局和上海兰卫临床检验有限公司共同组织核与辐射事故应急处置演练，演练模拟非密封放射性试剂Ⅰ-125泼洒造成环境污染的事故。 （金 晶）

【创新环保宣教模式】 年内，区环保局加强环保志愿者队伍建设，在5个小区、5个公园绿地建立固定环保志愿服务站点，为市民提供环保志愿服务。开展环保"六进"系列活动，建立环保宣讲团，定期进社区、楼宇、学校、园区、企业等开展环保宣传，介绍环境法律知识、环境管理技能和环保科普常识。全年开展培训10余批次，涉及对象近千人。为加强环保媒体宣传，在《长宁时报》开设环保之窗，每月报道环保专项工作成效，《文汇报》《新民晚报》《青年报》《中国环境报》等新闻媒体公开报道长宁区环保工作成效10余次。 （金 晶）

城管大队进社区提供法律咨询服务 （区城管执法大队供稿）

（十三）城管监察

【概况】 2014年，长宁区城市管理行政执法局执法大队围绕亚信峰会重大保障、全国文明城区创评迎检和党的群众路线教育实践活动，提前完成列入全市三年行动计划（取缔无序设摊集聚点）的5个街面乱设摊集聚点"销项"任务，道路大规模集聚性乱设摊基本消除，执法取缔困扰居民多年、投诉反映强烈的水城路非法夜市，样板化建成北新泾天山西路便民疏导点、曹家渡商圈临时疏导点，被媒体多次曝光的天山五村脏乱差现象得到彻底整治，创建成为市城管执法行业"标准化大队"，在年度考核中获评全市中心城区组"优秀"。全年完成案件6 576件，比上年上升12.22%；行政处罚110万元，比上年上升52.98%，涉及绿化管理方面最高罚额5万元。 （沈 蒙）

【取缔水城路非法夜市】 年内，仙霞路街道、公安长宁分局、区城管执法大队牵头，区府办等部门组成区水城路夜市联合整治工作领导小组，对水城路夜市（水城路沿线夜间集聚性夜排档及小商品地摊）开展联合整治。建立联合整治三级响应机制，落实仙霞地区夜间街面长效防控，高度关注水城路夜市取缔后夜排档在全区流向，组织各街道（镇）面上防控，协同闵行虹桥镇中队对虹梅路“两区三方”交界地带新出现集聚性夜排档开展联合整治，遏制蔓延势头。水城路非法夜市取缔成为全市乱设摊治理经典案例，被《解放日报》《文汇报》等各主流媒体报道，大队在全市无序设摊综合治理工作推进会上作经验交流发言。水城路夜市执法取缔经验在于注重宣传劝导与氛围营造相结合，注重占领阵地与联合整治相结合，注重跟踪整治与全区协防相结合，注重常态管控与长效管理相结合。（沈　蒙）

【开展全员百日作风纪律教育整顿活动】 1月1日—4月10日，区城管执法大队组织以“以廉政勤政、积极作为、执法为民”为主题的全员百日作风纪律教育整顿活动，研究制定建队以来第10个综合工作绩效考核方案，以责任与利益挂钩、激励与约束并重、绩效与考评结合、公正与公平为基本原则，建立实行“一事一奖”“后位考核”“队员记分与干部问责”考核配套制度；开展以行为规范为中心内容的专项督察，严格规范队员言行举止和执法行为，组织举办队列会操展示比赛，展现作风纪律教育整顿活动后队伍精神风貌；举办“依法行政十讲”系列知识讲座活动，邀请华东政法大学专家讲师团开展相关法律知识讲座，加强执法队伍执法素养；推进城管执法“五进”服务活动，研究制定改进完善“五进”工作机制文件，促进城管执法与服务水平“双提高”。（沈　蒙）

【完成亚信峰会保障任务】 5月1日—22日，长宁区进入亚信峰会保障阶段，实行“双休日干部值班、夜间干部带班”勤务工作要求，推动一线岗勤作为，围绕西郊宾馆、虹桥迎宾馆、兴国宾馆3个核心保障点位以及虹桥路、华山路、兴国路3条核心保障道路，加强执法保障；落实对口增援，借助市局牵头建立的对口增援机制，嘉定城管执法大队20人、市水管处10人增援大队，在保障范围关键点位设立巡守岗；强化应急保障，组织突发公共事件应急处置演练和联动整治，组织两次片区联动夜排档区整治，增强应急联动能力。区执法保障基金会对亚信峰会期间政法、公安、行政执法单位“严格执法”先进工作人员表彰，大队8人受到表彰奖励，受表彰人数位列全区第二。（沈　蒙）

【提升“问题道路”市容面貌】 全国文明城区复评迎检期间，区城管执法大队聚焦玉屏南路、新渔东路、安西路安化路3条脏乱问题突出道路开展专项整治。推动无照经营取缔、门责自律、道路保洁、非机动车停放管理、占道设摊机动车整治、道路技防设施跟进与城管执法同步推进，强化综合治理，从根本上提升管理实效；强化综合执法，借助区市场监管局的力量，加大执法力度，执法取缔玉屏南路8家无照无证跨门营业店面；实施差别化管理要求，推动门责队伍覆盖到位并在岗履责，改善安西路安化路街面乱象；以瞄准打击“市霸”为突破口，基本消除新渔东路集聚性乱设摊情况。（沈　蒙）

【完成标准化大队创建达标】 3月—5月，区城管执法大队将标准化大队创建与规范化中队建设、城市管理经验总结提升、落实市局年终考核、推进大队年度工作相结合，完善规章制度；深化“三班四岗”勤务模式，强化督察保障，基本形成街面实效管理、“三班四岗”运作、队员岗勤作为、队伍行为规范“四位一体”督察跟进机制；借助公安现有公共场所电子监控系统，建立勤务指挥、实效监督实时监控平台；推进办公信息系统改造升级，完善通知公告、报表统计、材料报送等功能配置；机关办公用房完成整体改造，落实布局调整和设施配置，做好城管执法形象标识统一化工作。7月15日，市城管执法局组织实施考核验收，批准区城管执法大队为“上海市城管执法系统标准化大队”。（沈　蒙）

【开展全区跨门营业相对集聚道路集中治理】 8月—10月，区城管执法大队在法华镇路、东诸安浜路、武夷路等10条跨门营业问题突出道路开展集中整治，针对跨门营业店铺建立“一户一档”，加大处罚力度整治底线，强化“普处罚”意识，探索权属制约等社会协作共治，总结归纳“综合执法联动”基本整治方式，即打通借法取缔、社会共治、门责管控、“两法”结合“四个通道”，10条道路跨门营业平均发生率从集中整治前的50%以上降低到集中整治后的25%以下。（沈　蒙）

【推进疏堵结合整治乱设摊】 区城管执法大队确定集中、定期、联动、严处、持续“十字勤务应对指针”打集聚性乱设摊；推动建立街道（镇）牵头搭建平台，城管、公安紧密联动的“三位一体”工作机制，推动基层中队对道路集聚性乱设摊常态化整治与整治联动化。列入全市三年行动计划（取缔无序设摊集聚点）的5处街面乱设摊集聚点（安西路88弄、安化路安西路、昭化路陶家宅居委会周边、曹家渡江苏北路桥两侧、新渔东路）基本消除，样板化建成北新泾天山西路便民疏导点、华阳曹家渡商圈临时疏导点。（沈　蒙）

（栏目编辑　查斐佳）

二十三　科学技术

(一) 综　述

2014 年,区科委以创建国家信息消费示范城区为契机,提升区域科技实力和潜力,加强科技创新中心和"智慧高地"建设,加快构建社会信用体系,改善区域信息化基础设施条件,抓好科技信息化事业与区域经济社会的深度融合、协同发展。区科委推进智慧社区和数字惠民等相关工作,以信息化手段支撑和服务民生,形成以"一云多屏"(云:区级层面的云计算中心,屏:电视屏、手机屏、综合信息服务屏等媒介)为服务模式的智慧社区综合服务平台架构。建成上海市信用信息应用平台长宁区子平台,编制公共信用信息归集目录,收录涉及 23 个政府部门的法人、自然人登记类、资质类、监管类信用事项 1 118 项,其中反映区属特性信息 92 项。推进信用信息发布,开设区公共信用信息发布专栏,发布法院失信被执行人、企业环境违法、企业欠税、食品药品处罚、严重违反劳动保障等涉及 9 个部门的 18 类法人与自然人负面信用记录,建立并逐步完善"三个清单"(数据清单、应用清单、行为清单)的编制及应用。区科委加强与区域科技型企业、大院大所、科研机构以及创新创业型团队的沟通和对接。调研走访苏河汇、UCLOUD 手游加 U 站、百视通、携程、大众点评等创新创业型企业,主动为企业做好服务,加快科技政策的制订和兑现,营造"大众创业、万众创新"的良好环境。通过构建"旗帜、品牌、载体、政策、基金、交流平台"打造虹桥互联网金融财富天地,吸引众多创新创业型企业集聚。区科委获 2014 年度上海市区县科普测评工作"综合奖"、2014 年度上海市区县知识产权战略实施工作先进集体,市经信委对全市各区县智慧城市发展水平开展综合评估,长宁区排名第三。

2014 年,区域内的国家级科研院所继续发挥创新引导示范作用。上海微系统所在研项目(课题)428 项,合同经费 14.9 亿元。申请专利 241 项,授权专利 165 项。上海硅酸盐所在研项目 487 项,申请专利 259 项,其中发明专利 249 项;授权专利 142 项,其中发明专利 132 项;发布国际标准 1 项,国家标准 2 项,行业标准 7 项,企业标准 10 项。(李　辰　常　念)

(二) 科学管理与服务

【概况】 2014 年,区科委加强科学管理与服务,召开科技政策宣讲会,加强科技、金融政策宣传力度,加强科技人才队伍建设。加强企业走访,了解企业发展动态与需求,拓宽宣传渠道,推出科技创新直通车——长宁科技和信息化微信公众服务平台,为企业获取科技政策咨询、了解长宁区科技动态,提供新型、便捷、广覆盖的交流互动平台。区科委获 2013 年度科技创新创业服务先进集体称号。(李　辰)

【分众传媒进驻上海工程技术大学】 3 月 12 日,经区科委、上海工程技术

上海虹桥互联网金融财富天地路标　(区科委供稿)

大学和上海工程技术大学科技园管理公司三方协调，通过改建上海工程技术大学报告厅，并调整通信楼2个层面，共提供6 000平方米场地作为分众传媒新公司的技术研发和中央控制中心办公用房。分众传媒集团公司于2003年在长宁区成立。随着业务整合拓展，该集团注册成立新公司，注册资金为200万美元，新成立的公司主要从事无网费、免流量的“极速下载信息分发系统”等项目研发。（李 辰）

【召开科技中介管理工作推进会】4月3日，区科委组织召开科技中介管理工作推进会，会议邀请市科技党委巡视员、科技纪工委负责人杨广生以及纳入长宁区政府采购服务序列的科技中介单位负责人参加座谈。会议明确长宁区科委将结合市科技党委领导和专家提出的工作思路与科技中介机构的意见和建议，加大工作力度，规范对科技中介的管理，引导科技中介更好地为企业发展提供优质服务。（李 辰）

（三）知识产权保护

【概况】2014年，长宁区专利申请总量1 884件，其中发明专利1 078件，占申请总量的57.2%。授权总量1 154件，其中发明专利402件，占授权总量的34.8%。专利专项资助申请量163件，申请资助金额29.39万元。加快知识产权试点创建，上海工程技术大学科技园被认定为上海市知识产权试点园区；5家单位被评为上海市专利试点单位，1家单位被评为上海市专利示范单位，14家单位被认定为长宁区知识产权重点培育企业。开展知识产权专题宣传、执法检查活动，通过开展“4·26”世界知识产权宣传周活动、落实专利实施情况调查、专利联合执法、推进天山茶城国家级知识产权保护规范化市场培育工作、汇金百货等商业单位“真牌真品”创建活动，宣传普及保护知识产权知识和法律法规。区知识产权局获2014年度上海市区县知识产权战略实施工作先进集体。（李 辰）

【开展专利联合行政执法检查】4月10日，区知识产权局联合闸北区知识产权局，对长宁区内的国美电器长宁店和汇金百货虹桥店两家商场进行专利联合行政执法检查。该次行动主要对国美电器长宁店内的专利产品标注情况进行检查；督促汇金百货虹桥店对专利产品进行规范化管理，并重点对其“真牌真品”标识的摆放、张贴情况进行检查。在对两家门店的执法过程中未发现涉嫌假冒专利的商品，对于专利标注不规范的商品当场要求商场进行整改，并结合相关法律、法规对商场进行专利保护和专利管理工作的宣传和指导。（李 辰）

【举办知识产权宣传周活动】4月26日是第14个世界知识产权日，为加强知识产权宣传普及，提升全社会保护和运用知识产权意识，由区知识产权局组织，面向全区发起主题为“保护·运用·发展”的知识产权宣传周活动。4月25日，知识产权日现场咨询活动在多媒体生活广场举行。咨询活动由区知识产权局主办，工商长宁分局、区质监局、食药监长宁分局、区文化执法大队以及区商业联合会等职能部门均派员参加。该次咨询活动通过向市民现场解答有关知识产权的问题，宣传普及知识产权在市民日常生活中的渗透力和重要性；鼓励市民参与知识产权创造和保护，营造知识产权创造、保护、运用氛围。（李 辰）

【长宁区每万人口发明专利拥有量居全市第三位】6月30日，上海市专利情况发布会公布数据显示，至2013年年底，长宁区每万人口发明专利拥有量30.4件，比全市平均水平多出10件，居全市第三位。每万人口发明专利拥有量是衡量一个地区专利质量的重要指标，标志着长宁区科技创新能力的持续提升。（李 辰）

（四）科技产业

【概况】2014年，长宁区坚持以龙头企业带动，促进产业集群发展，推动“产、学、研、用”合作。4家企业的4个产学研项目被上海科技成果转化促进会认定为2014年“联盟计划”项目，并获得资金资助；9家企业的12个被科技部或市科委认定的重点科技项目获得长宁区技术创新成果产业化项目资金匹配；获得市科技小巨人（含培育）项目立项的企业6家；引进格瓦拉等知名企业32家，通过构建“旗帜、品牌、载体、政策、基金、交流平台”打造虹桥互联网金融财富天地，吸引互联网金融千人会上海分会、大数据产业化中心、南极圈咖啡馆3家功能性机构及多家互联网金融企业入驻。全年35家企业的35个项目被认定为上海市科技型中小企业创新资金项目。3家企业承担的项目获2013年度上海市高新技术成果转化“百佳”项目称号。（李 辰）

【6家企业获市科技小巨人工程（含培育）立项】6月20日，上海市科委、上海市经信委公布2014年度上海市科技小巨人工程（含培育）立项名单，长宁区长城电子信息网络有限公司、上海博辕信息技术服务有限公司、上海卓然工程技术有限公司、携程旅游网络技术（上海）有限公司、上海泓智信息科技有限公司、上海兰卫临床检验有限公司6家企业获得立项，共获专项资金资助1 500万元。长宁区有市级科技小巨人企业（含培育）48家，区级小巨人培育企业50家。（李 辰）

【互联网金融科技风险与治理高峰论坛在沪举办】7月18日，由上海市经信委、上海市科委和长宁区政府指导，上海市信息安全行业协会主办的互联网金融科技风险与治理高峰论坛在沪举办。上海市经信委副主任刘健、长宁区副区长解冬等出席峰会并致辞，互联网、金融、信息安全领域的多名嘉宾出席，第三方支付、电子商务与互联网金融企业高层代表等200余人参加。在该次峰会上，上海市信息安全行业协会联合国内传统金融企业、互联网金融企业、互联网安全厂商、安全服务机构等发起成立上海互联网金融科技联盟。

（李　辰）

【举行上海虹桥互联网金融财富天地高峰论坛】 10月28日，上海虹桥互联网金融财富天地高峰论坛在长宁区通协路258号一楼会议大厅举行，张江管委会、市经信委和市金融办等市区部门领导出席，互联网金融功能机构和区内金融机构及相关企业代表参加。互联网金融千人会上海分会、南极圈咖啡馆、大数据产业化中心等3家功能性机构和银联电子支付等10家首批企业代表签署协议，入驻虹桥临空经济园区内的虹桥互联网金融财富天地。互联网金融千人会上海分会、浙江分会、江苏分会联合发起并签署《互联网金融千人会长三角联盟长宁宣言》。互联网金融千人会创始人易欢欢作主题演讲，参会人员相互交流沟通，开展以"互联网金融未来"为主题的头脑风暴。

（李　辰）

（五）科技创新与成果转化

【概况】 2014年，区科委推动上海瀚讯无线技术有限公司承担的"基于TD-LTE移动基站组网的专网设备研发和示范"被列为市级重点项目，上海置信电气股份有限公司的"SF-BH15型光伏发电用油浸式非晶合金分裂变压器"、上海精益电气厂有限公司的"万能式断路器HA60-4000"2项科技新产品获评"2014年度国家重点新产品"计划。推动高新技术成果研发转化，3家企业承担的项目获2013年度上海市高新技术成果转化"百佳"项目称号；2个科技项目分获上海市科技进步一等奖和三等奖；4个科研项目获"联盟计划"立项资助。推动科技研究成果惠及民生，长宁区妇幼保健院的"出生缺陷产前筛查应用示范体系建设"项目被市科委认定为"区（县）科技惠民"重点项目并获得市、区两级资金扶持。加快物联网应用建设，中科院上海微系统与信息技术研究所等5家长宁区单位获上海市物联网应用示范工程奖，获奖单位数量居全市各区县之首。

（李　辰）

10月28日，上海虹桥互联网金融财富天地高峰论坛举行　（区科委供稿）

长宁公共信用信息发布专栏　（区科委供稿）

【上海市物联网产业推进大会在长宁区召开】 3月27日，2014年上海市物联网产业推进大会在长宁区召开。来自工信部、上海市经信委、相关区县物联网主管部门、相关行业协会、企事业单位代表约200人出席会议。百视通公司小红OTT机顶盒、富凯网络公司防盗门等跨领域创新产品引起与会者的兴趣。中科院上海微系统与信息技术研究院等5家长宁区单位获2013年上海市物联网应用示范工程奖，长宁区获奖单位数量居全市各区县之首。长宁区科委主要领导代表区县作交流发言，就促进物联网产业与“智慧高地”建设的融合发展提出意见建议。（李　辰）

【2个科技项目获上海市科学技术奖】 4月1日，上海市科学技术奖励大会在上海展览中心举行，市政府对获得2013年度上海市科学技术奖的298个科技项目和科研人员进行表彰。长宁区上海未来宽带技术股份有限公司的“下一代广播电视网(NGB)重大工程”和上海树脂厂有限公司的“空间级高苯基硅橡胶连续生产技术”分获上海市科技进步奖一等奖和三等奖。（李　辰）

（六）科技园区

【概况】 2014年，区科委深化张江高新区长宁园建设。研究产业发展趋势，初步完成《长宁区软件和信息服务业产业分析报告》和《长宁区推进移动互联网产业发展行动计划(2014—2017年)》。推动科技创新创业服务平台建设，建设基于园区企业的创新服务联盟平台、长宁园人才服务平台、科技融资服务平台、科技中介服务平台等政策性平台。培育上海新一代数字技术孵化器、上海多媒体孵化器、东华大学科技园孵化器。加强市、区联动，百视通网络电视技术发展有限公司等8家企业的8个项目获2013—2014年度软件和集成电路产业发展专项资金专项扶持。集聚和服务好科技人才，17家企业的17个创新团队获得表彰。287名优秀科技人才共获得租房补贴275万元。（李　辰）

【上海多媒体产业园通过国家现代服务业产业化基地复核】 4月，以上海多媒体产业园为核心的上海国家现代服务业数字媒体产业化基地被核定为2013年度国家A类现代服务业产业化基地，根据复核评审规定(国科高函〔2014〕18号)，全国有10家A类现代服务业产业化基地。（李　辰）

【长宁区与张江管委会签署合作意向书】 6月3日，长宁区召开2014年人才工作推进会暨领军拔尖人才命名表彰会，会上张江高新区管委会常务副主任曹振全与长宁区区长谢峰签署《长宁区政府与张江高新区管委会人才工作合作意向书》，促进高新技术人才的培育和发展。（李　辰）

（七）信息化建设

【概况】 2014年，区科委按照以全区统一建设为基本框架、以整合共享公共服务资源为基本思路，以“一云多屏”为服务模式的架构基本完成智慧社区综合服务平台建设。通过创新电子政务管理提升行政管理效能，细化电子政务云顶层设计。完善政务平台及操作系统，保障电子政务信息安全。严格信息化项目审批，推进以支付控制为手段的信息化项目全过程管理。建成区公共信用信息服务平台，推进信用信息归集、查询、发布等应用。信用制度逐步完善，在区级层面形成工作推进机制，在科技领域信用制度先行先试，在相关部门逐步建立信用制度。“纳税遵从度评价体系的建设与运用”与“依托强制执行参与构建社会信用体系的探索与实践”2个项目分获市社会信用体系建设优秀成果一、二等奖。（李　辰）

【“智慧长宁”平台全面上线运行】 1月—5月，“智慧长宁”平台在电视(东方有线、电信IPTV)和手机终端全面上线。该平台的建设以“体现百姓需求、突出便民利民”为原则，集社区管理、民生保障和互助服务于一体，在电视、手机终端和社区综合信息服务屏上开通多个栏目。其中，在东方有线数字电视和电信IPTV上推出的“智慧长宁”频道载有菜价信息、交通出行、就业指导、长宁热线、幸福养老、名师讲堂、医疗卫生、文化体育

智慧长宁平台全面上线运行之电视频道　（区科委供稿）

智慧长宁平台全面上线运行之手机APP　（区科委供稿）

等方面13个一级栏目和39个二级栏目;手机"智慧长宁"APP应用包括学习教育、医疗卫生、文化科普、体育健身、交通出行、幸福养老、求职就业、民生服务和旅游资讯等9类便捷应用。 (李　辰)

【推进政府机关使用正版软件】 4月16日,上海市政府软件正版化专项检查组对长宁区政府机关软件正版化工作进行检查,随机抽查区政府办公室、区科委、区财政局和江苏路街道等部门。长宁区政府与区属各部门主要负责人签订责任书,建立工作联络机制,区科委技术支持并抽查重点部门,发现有私装非正版软件的情况要求立即整改。长宁区政府机关软件正版化工作进入常态化。

(李　辰)

【推出"白领送餐服务"项目】 8月1日,长宁区科委联手大众点评网推出"白领送餐服务"项目,该项目以政府引导、市场运作、整合资源、加强监管为原则,依托大众点评网服务平台和运营团队,整合区域内96家优质餐饮品牌,先行在虹桥临空经济园区、慧谷白猫科技园和上海多媒体产业园3个园区进行推广,覆盖约4万名白领。园区白领通过大众点评手机客户端扫描二维码,就可以链接到活动页面进行点餐,部分商户有不同程度的折扣优惠,同时提供外卖服务。

(李　辰)

【开展区级公共信用信息服务平台使用培训】 10月9日,区科委举办长宁区公共信用信息服务平台的使用培训会,针对信用信息查询和数据批量比对进行实务培训,35个部门派员参加。长宁区公共信用信息服务平台建设在区"三个实有"平台基础上,整合来自工商、司法、民政等16个委、办、局涉及企业和自然人具有区属特性的信用信息资源,推进市区两级政府部门与司法部门掌握的企业和自然人信用信息资源在部门间全部共享,并与市平台进行对接,为各部门提供信息查询、数据推送、信息统计、监测预警等服务。 (李　辰)

【"户外电子阅报栏"建设提前完成】 11月,由区科委牵头推进的区政府2014年度实事工程"户外电子阅报栏"建设提前完成。根据实事项目推进要求,新增16台电子阅报栏(含室内1台)全部建成并投入使用。户外电子阅报栏为社区居民实时提供最新的《新民晚报》等17种报纸、《食品与健康》等42种杂志和社区活动等信息。针对社区居民生活需求,阅报栏特设有科普之窗、菜价查询、周边公交索引、社区资讯以及法律指南、法律援助等便民助民服务板块。截至年底,长宁区建成综合信息服务屏(即"电子阅报栏")66台(含室内1台)。

(李　辰)

(八)中国科学院上海微系统与信息技术研究所

【概况】 中国科学院上海微系统与信息技术研究所(简称上海微系统所)有职工740人,其中一线科技和管理人员630人。有中国科学院院士2人,美国国家科学院外籍院士1人,研究员及正高级工程技术人员87人,有国家"千人计划"入选者6人,国家"青年千人"入选者2人,国家杰出青年科学基金获得者4人,国家"百千万人才工程"入选者5人,国家基金委创新群体1个,上海市科技领军人才9人,上海微系统所所长王曦受聘为上海市决策咨询委员会委员。

上海微系统所是国务院学位委员会批准的首批博士、硕士学位授予单位之一,设有电子科学与技术、信息与通信工程两个专业一级学科博士/硕士研究生培养点和材料物理化学专业二级学科博士/硕士研究生培养点,设有电子科学与技术、材料科学与工程两个专业一级学科博士后流动站,微电子学与固体电子学专业被列入中科院重点学科。有在读研究生419人,其中硕士生249人、博士生170人,在站博士后26人。

2014年,上海微系统所在研项目/课题428项,在研项目合同经费14.9亿元。宽带无线传感网大规模服务于国家战略,完成多个战略重点方向的装备建设,并应用于南水北调中线工程安防系统。独创"微创手术"MEMS技术,研制超高g值加速度传感器,建成中国首个8英寸0.13微米SOI(Silicon-On-Insulator,绝缘体上硅)100纳米/145纳米双薄工艺集成电路设计平台。超导纳米线单光子探测器件(SNSPD)指标国际领先,实现中国首次超导电子高端核心器件的国际销售。自主研发的PCRAM(Phase Change Random Access Memory,相变存储器)芯片、爆炸物探测仪代表中国纳米科技领域,参加2014年俄罗斯"开放式创新"莫斯科国际创新发展论坛暨展览。科研原创水平大幅提升,在石墨烯、光互连等领域取得一系列重要原始创新突破。在国内外刊物发表论文503篇,其中SCI(科学引文索引)收录170篇,EI(工程索引)收录174篇。申请专利241项,授权专利165项。

2014年,上海微系统所产研结合取得重要突破。上海微技术工业研究院创新体系初步成型,面向集成电路和物联网两大国家重大战略需求,建立起"研究所+工研院+企业"的创新链,加速度计、磁传感器等"超越摩尔"产品实现突破,孵化出矽睿科技、芯赫科技等高科技企业。矽睿科技在国内8英寸规模制造平台上率先实现C-SOI MEMS与ASIC单片集成传感器规模化制造和业界领先的WL-CSP单芯片磁传感器规模生产,批量应用于国产智能手机,三轴AMR磁传感器、三轴加速度计规模销售超千万只。工研院在产品技术突破、创新公司孵化等方面取得重要成果入选2014年《上海科技进步报告》,被列为上海2015年科技工作重点和建设具有全球影响力科创中心的"四梁八柱"。

2014年,上海微系统所深化与德国于利希研究中心的合作,举办双边研讨会,共同发表论文20余篇,联合培育研究生19人。主办2014国际RF-SOI研讨会、第七届超快现象与太赫兹波国际研讨会、第二届超导传感器和探测器国际研讨会等国际会议，与上海科技大学、美国博通公司共同签订可穿戴设备芯片方案合作备忘录。控股的上海新傲科技股份有限公司与全球排名首位的SOI企业法国Soitec公司签订战略合作协议，推进国际化发展。（肖宏广）

【远距离全自动3D摄像系统拍摄影片获国际卢米埃奖】 2月18日，上海广播电视台利用上海微系统所自主研制的远距离全自动3D摄像系统拍摄的3D纪录片《大山的精灵—神农架金丝猴》在美国洛杉矶获国际卢米埃奖。卢米埃奖被誉为全球3D影视产业的奥斯卡奖。该摄像系统采用的3D自动标定和视差及基线自动控制技术为世界首创。（肖宏广）

【发现新型相变材料】 5月8日，上海微系统所信息功能材料国家重点实验室在国际上最先发现Ti-Sb-Te新型相变材料其功耗与速度比Ge-Sb-Te更低、更快的基础上，通过计算证明Ti八面体在可逆相变过程中分子级的存在，是其高速、低功耗关键的相变机理，研究成果发表在*Nature Communications*，5:4086，2014。（肖宏广）

【物联网联合创新中心揭牌】 8月20日，物联网联合创新中心揭牌。该中心由上海微系统所、上海微技术工研院与美国博通公司共同创立，旨在集结优势资源，提升上海及长三角地区的物联网产业水平，推动可穿戴、智能家居等物联网领域市场发展。揭牌后举办物联网高峰论坛。（肖宏广）

【举办第十三届全国超导薄膜和超导电子器件学术研讨会】 8月26日，第十三届全国超导薄膜和超导电子器件学术研讨会在上海召开。会议由中国电子学会超导电子学分会主办，上海微系统所、上海超导中心和信息功能材料国家重点实验室承办，来自全国近30个机构的186名代表参加该学术研讨会，设8个大会邀请报告、43个分会报告和59个墙报。（肖宏广）

【举办2014 FD-SOI产业论坛】 9月22日，由SOI产业联盟、上海微系统所、芯原股份有限公司共同主办的2014年全耗尽绝缘体上硅产业论坛在上海召开。国家科技重大专项02专项总工程师、微电子所所长叶甜春、美国商业战略公司主席兼首席执行官Handel Jones、意法半导体公司技术及产品战略副总裁Laurent Remont、IBM技术联盟副总裁Tom Reeves等来自全球7个国家的100余名高管和专家参加该论坛，上海微系统所所长王曦主持论坛。（肖宏广）

【举办第二届超导传感器和探测器国际研讨会】 11月5日，第二届超导传感器和探测器国际研讨会在上海微系统所召开，来自全球7个国家的74名专家学者参加研讨会。与会代表们就SQUID、SNSPD、MMC、TES、Qubit等超导传感器和探测器主题进行交流，并研讨IEC&IEEE的超导国际标准。（肖宏广）

【超导纳米线单光子探测器量子保密传输创世界纪录】 11月6日，上海微系统所研发的全自主超导纳米线单光子探测系统（SNSPD）器件性能大幅提升，探测效率、暗计数等性能指标国际领先。与中国科技大学合作，在国际上首次实现200千米实验室和30千米现场的测量器件无关的量子密钥分发试验。成果发表于《物理评论快报》，被审稿人评论为"实用量子密钥分发的重要里程碑"和"物理和技术上的重大进展"，中央电视台《朝闻天下》进行专题报道，并入选"两院院士评选2014年中国十大科技进展新闻"。（肖宏广）

【准二维超导/石墨烯异质结研究取得突破】 12月8日，上海微系统所信息功能材料国家重点实验室通过机械剥离实现石墨烯/超薄超导$Bi_2Sr_2CaCu_2O_{8+x}$（Bi2212）异质结，在单层晶胞乃至半层晶胞厚的Bi2212材料中发现高于液氮温度的超导转变，研究成果发表在*Nature Communications*，5:6708，2014。（肖宏广）

（九）中国科学院上海硅酸盐研究所

【概况】 2014年，中国科学院上海硅酸盐研究所（简称上海硅酸盐所）有职工682人。其中科技人员554人、科技支撑人员128人，中国科学院院士2人、中国工程院院士3人、第三世界科学院院士2人、研究员及正高级工程技术人员104人、副研究员及高级工程技术人员179人，中国科学院"百人计划"入选者26人、国家杰出青年科学基金获得者6人，"上海市千人计划"4人、国家海外高层次人才培养计划（"千人计划"）2人（其中1人为青年千人）。上海硅酸盐所设有材料科学与工程、物理学、化学3个一级学科研究生培养点；材料物理与化学、材料学和物理化学（含化学物理）3个二级学科博士和硕士招生专业；无机化学、分析化学、凝聚态物理、光学4个二级学科硕士招生专业；材料工程、化学工程、生物工程3个二级学科专业学位硕士招生专业，并设有材料科学与工程学科博士后流动站。在读研究生473人，其中硕士生273人、博士生200人，在站博士后15人。

2014年，上海硅酸盐所在研项目487项，其中承担国家重点基础研究发展计划（"973计划"）和重大科学研究计划6项，国家高技术研究发展计划（"863计划"）4项，国家自然科学基金重点项目11项，国家杰出青年科学基金项目2项，中科院战略性先导科技专项和重点部署项目18项，工信部稀土专项项目3项，与地方政府合作项目81项。发表论文566篇（第一单位），其中SCI论文478篇，影响因子大于10的28篇。申请专利259项，其中发明专利249项；专利授权数142项，其中发明专利132项。发布国际标准1项，国家标准2项，行业标准7项，企业标准10项。获省部级以上科技奖励6项。上海硅酸盐所主办的《无机材料学报》入选"中国最具国际影响力学术期刊"，获上海市期刊编校质量优秀奖。

2014年，上海硅酸盐所组织筹办国际学术会议5次，新签约国际合作协议7项，赴国外执行各类交流项目158人次，接待国外学者600余人次。上海硅酸盐所研究员董绍明在世界陶瓷科学院第15次院士选举中当选世界陶瓷科学院院士。研究员常江入选英国皇家化学会会士。研究员罗豪甦获第六届全国优秀科技工作者称号。（张爱琼）

【多项成果应用于嫦娥三号任务】 1月2日，上海硅酸盐所召开该所研制的13种关键材料成功应用于嫦娥三号新闻发布会。嫦娥三号着陆器、巡视器顺利完成互拍成像，标志中国探月工程二期取得成功。上海硅酸盐所在该次探月工程中承担多项研制任务，热控及高温合金抗氧化涂层、高摩擦抗冷焊涂层、高温隔热屏及低温多层隔热组件、碳化硅光学部件、二氧化碲声光晶体等均应用于探月工程嫦娥三号任务。（张爱琼）

【主办第九届亚洲铁电学暨电子陶瓷联合国际会议】 10月26日—30日，上海硅酸盐所在上海主办第九届亚洲铁电学暨第九届亚洲电子陶瓷联合国际会议。来自泰国、韩国、日本等23个国家和地区的700多名物理、化学、材料等领域的知名专家和学者以及20家企业和出版单位参会。与会代表就铁电、弛豫材料的相变和临界现象、压电材料及应用等16个主题进行学术交流。（张爱琼）

【主办第十四届亚洲生物陶瓷大会】 10月28日—30日，上海硅酸盐所在上海主办召开第十四届亚洲生物陶瓷大会。来自瑞士、法国、日本等10个国家和地区的160余名代表出席大会。与会代表就用于组织再生的生物陶瓷及复合材料、用于疾病诊断/治疗的纳米无机材料、生物陶瓷涂层材料、用于药物释放的纳米无机材料4个主题进行学术交流。（张爱琼）

10月28日，第十四届亚洲生物陶瓷大会（上海硅酸盐所供稿）

【稀土上转换发光生物医用材料取得重要进展】 年内，上海硅酸盐所研究员施剑林带领的研究团队，通过组分调控、结构设计和性能优化，分别研制单模态、双模态及三模态医学影像探针，该种以多功能稀土纳米诊疗剂构建的集医学影像诊断和原位治疗于一体的新技术，成功应用于血管病（动脉粥样硬化斑块）、脑部神经疾病（原位脑胶质瘤）的高灵敏影像检测与诊断。在此基础上，针对肿瘤诊疗中的瓶颈难题，系统开展乏氧肿瘤的高灵敏无损成像检测和放疗X射线诱导下的光动力学与放疗高效协同治疗研究。（张爱琼）

【碳化硅光学部件首次应用于空间遥感系统】 年内，上海硅酸盐所先进碳化物陶瓷材料课题组突破制约遥感光学部件研制的技术瓶颈，完成超大口径碳化硅光学部件的图纸设计、力学稳定性分析、原料制备和模具生产，研制出的国产碳化硅光学部件首次应用于空间遥感系统，为亚米级空间分辨率、多光谱综合光学遥感数据的获取提供保障，填补中国在相关应用领域的空白。（张爱琼）

【新型压电陶瓷应用研究成果获上海市技术发明一等奖】 年内，上海硅酸盐所压电陶瓷材料与器件研究课题组针对压电陶瓷在高温应用时的共性技术难题，从压电陶瓷的高温导电机理、热退极化机理和多场耦合失效机理出发，通过组成设计方法和制备技术的创新，开发出具有自主知识产权的系列高温高稳定压电陶瓷新材料，在航空航天、油气勘探和医疗检测等领域得到成功应用，打破国外对高端装备及其关键部件的垄断和技术壁垒，相关研究成果《高性能压电材料及其应用》获2014年度上海市技术发明一等奖。（张爱琼）

【新一代弛豫铁电单晶获重要应用】 年内，上海硅酸盐所突破弛豫铁电单晶材料研制的关键技术，研制出第二代弛豫铁电单晶PIMNT，实现其居里温度和矫顽场的大幅提升。弛豫铁电单晶作为高性能压电、热释电材料，具有远超传统陶瓷的压电和热释电性能，在水声换能器、红外探测等领域有着重要的应用前景。将“铌铟酸铅—铌镁酸铅—钛酸铅”（简称PIMNT）晶体应用于新型宽带大功率水声换能器，性能指标达到国际先进水平，并在中科院声学所、船舶等用户单位获得成功应用，相关成果获军队科技进步二等奖。采用锰（Mn）掺杂铌镁酸铅—钛酸铅（简称PMNT）单晶制备的电压模式和电荷模式红外探测器，性能为国际商用高端红外探测器的4倍，在气体探测等领域具有明显优势，与国内外相关企业和产业投资公司组建国内首个产业联盟。（张爱琼）

【**高功率激光晶体研究获新进展**】 年内，上海硅酸盐所与上海交通大学教授谢国强、钱列加等合作，采用 LD 泵浦实现 103 飞秒的被动连续（SESAM）锁模超短脉冲激光输出，这是国际上首次在掺钕（Nd）的激光晶体中实现百飞秒锁模激光输出。与中科院物理所研究员魏志义合作，实现以钕、钇：氟化锶（简称 Nd、Y：SrF_2）晶体高效率的飞秒（332 飞秒）锁模激光输出：激光斜率效率最高达 67%，是迄今钕激光晶体中飞秒激光输出的最高效率（*Applied Physics Express*，2014，7：092704）。该晶体在高能重频激光系统中展现出良好的应用前景。 （张爱琼）

【**碳化硅—发光二极管技术取得突破性进展**】 年内，上海硅酸盐所与半导体所通过联合攻关，在碳化硅—发光二极管（SiC-LED）技术路线方面中涉及的核心技术，如 SiC 单晶衬底、外延、芯片和灯具封装等方面取得突破性进展，研制出多种结构的 SiC-LED，并封装成灯具，完全打通 SiC-LED 技术路线，为 SiC-LED 技术在半导体照明产业领域的推广打下基础。 （张爱琼）

【**发明新型羟基磷灰石耐火纸**】 年内，上海硅酸盐所研究员朱英杰带领的科研团队发明新型羟基磷灰石耐火纸。该新型纸具有高柔韧性、可任意卷曲、不燃烧、耐高温、生物和环境友好、可书写和打印等特点，可应用于需长久安全保存的档案及其他书写、印刷文件。该纸还可应用于其他领域，如作为从废水中有效去除有机污染物的可再生吸附剂、药物控释载体、骨缺损修复材料、医用纸、阻燃材料和耐高温材料等。相关研究成果发表在 *Chemistry-A European Journal*，20，1242（2014）上。 （张爱琼）

（责任编辑 苏莉莉）

兆丰十二景之水榭絮羽 （《长宁时报》供稿）

二十四　教　育

（一）综　述

2014年区教育系统有机构104所，其中中学26所（包括高级中学4所、完全中学6所、初级中学14所、九年一贯制学校2所），小学23所，职校1所，幼儿园36所，特殊教育学校3所，专门学校1所，业余大学1所。另有托儿所19所，社会力量办学院校90所。全区在校学生56 144人，其中中学生18 313人、小学生21 240人、幼儿园（包括托儿所）幼儿13 044人、职校生1 008人、夜大学生1 758人。全区教育部门办学在职教职工6 123人，其中中学教职工2 505人，小学教职工1 703人，幼儿园教职工1 017人，职校教职工184人，特殊教育教职工223人，其他教育机构教职工491人。离退休教职工7 282人。

区域教育改革重点项目取得成效。推进以学生身心健康指数、学习生活幸福指数、学业成就发展指数"三个指数"为重点的教育教学评价改革。完成2013年中小学"三个指数"测评调研，将测评结果以一校一报告的形式向学校反馈，促进学校改进教育教学和管理行为。建构"三个指数"数据的分析网络平台，为实现大数据分析提供技术支持。《上海教育》《文汇报》《光明日报》等媒体对学校专访，并对长宁区学生身心健康指数、学习生活幸福指数、学业成就发展指数"三个指数"的实践给予好评。分学段推进课程和教学改革。学前阶段，以"主题—运动"项目评价为抓手，开展第三次幼儿运动发展评价，海贝、金钟等6所幼儿园向全区开放混龄混班运动。小学阶段，围绕"快乐拓展日"课程建设，汇编《长宁区小学课程方案集》和《长宁区小学校本课程特色科目方案集》。深化"作业效能"研究和"基于课程标准的教学与评价工作"，《区域联动提升小学作业效能的实践探索》获基础教育国家级教学成果二等奖。初中阶段，设计与实施"分层作业"，推进"阅读领航计划"。高中阶段，推进"主题轴"综合课程建设，推动区域高中多样化特色发展。全国教育科学规划课题和市教育科学研究重点课题《区域推进高中多样化特色发展的行动研究》结题。根据市教委高考改革方案，指导学校研究政策、调整课程计划和教学方式。推进教育优质均衡发展。优化学前教育资源布局，上海市"儿童世界"基金会长宁幼儿园与福泉幼儿园"一体化"整合，撤销福泉幼儿园建制。长宁区新实验幼儿园成功申报市一级园，区域内一级园数量达12所。推动"新优质学校"建设。开元中学、天山初中和绿苑小学3所市级项目学校，虹桥中学、长宁中学、泸定中学、省吾中学、古北路小学、复旦小学、新虹桥小学、北新泾第二小学8所区级项目学校明确特色发展方向，探究教学方式改革，以"家长开放日"活动向家长、社会展示"家门口的好学校"。推进教育国际化和信息化发展。召开长宁教育国际联盟会议，推进校本化课程建设。为全区小学和10所初中配备全职外教。拓宽教师境外培训渠道，组织部分学科带头人赴美培训，9名教师经市教委选拔赴英、美、德及荷兰等国交流。完成第十一届上海教育博览会教育国际化展，举办中澳优质教育方法比较与借鉴专题活动，与法属波利尼西亚帕皮提市建立师生友好交流项目。实施"智慧高地"有关"智慧教育"建设项目，推进"未来学习中心""网络课堂"等资源应用，建设学生自主学习平台，促进信息技术与教育教学融合。

结合2014年长宁区教育"德育年"活动，加强未成年人思想道德建设。开展"中华经典诵读"项目等中华优秀传统文化教育活动，评选出15节区本精品课。长宁区学生在市小学生"美丽汉字，追梦少年"汉字书写应用比赛中获金奖。与团区委共同组织中小学"美德少年"和"最美少年"评选和推广活动，推出玉屏南路小学孔维楷等60名"美德少年"和复旦中学旺姆等10名"最美少年"。新增古北路小学、天山第一小学、延安初级中学、省吾中学和仙霞高中5所城市学校少年宫和新泾中学1所乡村学校少年宫，城市（乡村）学校少年宫试点学校达16所，丰富青少年活动平台。依托上海凝聚力工程博物馆、长宁区法院、携程旅行网等24家区中小学生社会实践基地，开展暑期主题教育活动，参与学生1 686人次，使区域资源成为促进未成年人健康成长的社会课堂。开展"我们的价值观，我们的中国梦——精彩课堂"等各类主题活动，弘扬以爱国主义为核心的民族精神和以改革创新为核心的时代精神。深化“明德尚法杯”校园模拟听证活动，开展第26个宪法宣传周活动，区教育局获全国“六五”普法中期先进单位。推进学校心理健康“医教结合”项目，完成第二批15所学校心理健康达标校的评估验收，通过率61.5%，达到市标准。组建护校特保队，保障校园及周边安全。警校联合，开展法华镇路第三小学、姚连生中学和西郊学校3所学校的公共安全教育试点。

开展学校体育卫生工作。“三课两操两活动”“学生每天一小时校园体育活动”落实到位。举办区首届青少年篮球联赛。组织中小学“青春杯、希望杯”39项体育运动竞赛，组队参加市阳光体育大联赛11项比赛，取得良好成绩。39 472名学生参加中小学生健康体检，约占全区中小学生总数的97.32%。做好防近视、防肥胖和防龋齿工作。举办儿童伤害预防系列教程“2014年儿童用药安全——教师能力培训(上海长宁)”，组织“2014年区红十字青少年现场急救包扎竞赛活动”(小学组)。拓展素质教育途径，推进青少年创新素养培育项目。长宁区学生在市第二十九届青少年科技创新大赛中获一等奖58项、在全国青少年科技创新大赛中获一等奖12项。长宁实验小学获2014 DI全球青少年创新思维大赛小学C组冠军，是上海首次在该类挑战题中夺冠。举办“飞的梦想”2014长宁国际青少年科技探索活动。组织以“戏剧校园行，少年中国梦”为主题的区学生戏剧节，举办“五朵金花绽芳华”2014年区青少年民族文化展示活动。延安中学和上海市第三女子中学被评为“十二五”期间第二批市校园文化环境建设示范校。

发展职业教育和终身教育。深化全国社区教育示范区建设，推动社区学院转型发展。10月，启动长宁市民学习中心，为市民提供教育服务，共享学习资源。依托社区教育三级网络，实现教学点全覆盖。建立22个社区教育睦邻点，将三级网络延伸到第四级。开展第五轮教学点规范化建设评估，推动学院教师转型。完善“区街一体化”数字学习平台，推广移动学习，建设“云视课堂”。整合六个便利服务联盟、临空经济园区和携程旅行网等企业资源，开展学习便利进楼宇服务。组织市第十届全民终身学习活动周。推进现代职校国家中等职业教育改革发展示范学校建设。开展国家“十二五”规划课题《基于实训中心的项目课程开发与实施的实证研究》研究。参与教育部共建共享教学资源库建设项目，承担《计调业务》课程资源库的开发和建设。4门课程被市教委立项为市级精品课程。参加全国第六届职业院校技能大赛，参与市代表队的项目6项。由市教委授予计算机网络和高星级饭店运营与管理专业市级教师企业实践培训基地。促进教育服务业发展。新设5所民办非学历教育机构，非经营性教育培训机构93所。完成90所民办非学历教育机构学杂费专用账户督查调研，学杂费专用账户正常使用率77.5%。

注重师德、师能，加强干部、师资队伍建设。长宁实验幼儿园周剑获全国五一劳动奖章、延安中学蔡文学获评全国模范教师称号、天山第一小学秦禹玲被评为全国优秀教师。获上海市园丁奖34人、上海市特级教师7人。确保创新团队、区名校长培训、高端人才培养、出国境培训、国际学校交流合作5大人才项目的实施。选派名校长培养对象参加长三角名校长培养、全国骨干校长高级研修班等国家和市级培训项目。推进区域教师教育工作。总结和展示初中教师参加上海师范大学高端培训项目阶段性成果。产生第二轮教坛新秀209人、教学能手584人，第四期优青项目承担人31人，第七轮学科带头人193人，其中优秀学科带头人46人。2014年，招录教师214人，其中硕士研究生及以上学历55人。完成2013学年度122名见习教师的规范化培训。开展志愿服务活动。教师、学生志愿者完成上海亚信峰会志愿服务，推进平安志愿者和教师义工队服务活动，完成教育志愿服务中心建设。2014年，教育系统获评市杰出志愿者2人、市优秀志愿者5人、市优秀志愿者集体1家、市优秀志愿者组织者1人。

完善教育基础设施建设，落实教育经费保障。复旦中学西部校区项目教学区施工完成实验办公综合楼结构封顶、生活区施工完成宿舍楼六层建设。完成姚连生中学总体改造项目桩基工程。新建仙霞高中体育馆项目、西郊学校整体修缮项目、虹桥中学等初中转型发展学校功能提升项目、仙霞路第二幼儿园一级园复验项目等年度修缮项目完成并交付使用。完成10所学校的直饮水工程项目的管网改造工程和设备公开招标及安装，实现中学校园直饮水全覆盖。2014年，长宁区加大教育投入力

9月4日，法律援助集会在绿苑小学举行 (区教育局供稿)

度，保障教育优质均衡发展。区财政教育经费拨款 17.03 亿元，高于区财政经常性收入增长 0.86 个百分点；生均事业费 3.95 万元，生均公用经费 1.49 万元，教师人均年收入 12.38 万元。落实全学段帮困助学政策，全年投入帮困资金 614.73 万元，惠及困难学生 5 773 人次；投入资金 1 025.16 万元用于义务教育阶段免费教科书，资助学生 67 720 人次。

至年底，长宁区有部、市属全日制高等院校（长宁校区）5 所。东华大学获国家自然科学基金 54 项，国家社科基金 6 项，教育部人文社会科学研究项目 5 项；获国防科技工业局颁发的武器装备科研生产许可证。华东政法大学获国家社科基金 28 项，国家自然科学基金 2 项，教育部人文社科课题 10 项，司法部课题 9 项，中国法学会课题 12 项。上海对外经贸大学获国家级项目 12 项，与上海市政府发展研究中心合作发布 18 项自贸区专题研究项目，新增一个省部级研究基地——上海市人民政府发展研究中心孙海鸣工作室。上海工程技术大学获批国家自然科学基金 16 项，国家社科基金 5 项，获批教育部社科基金课题 5 项，"轨道交通运营安全检测与评估服务中心"成为上海市协同创新中心。上海交通大学安泰经济与管理学院获国家自然科学基金 18 项，创新群体 1 项，重点项目 1 项，国家社会科学重大项目 2 项，成为国内唯一一家获得全部三大国际最高认证的商学院。

（戴　泓　常　念）

（二）教育管理与教学研究

【概况】 2014 年，长宁区教育工作以"为了每个学生更好地学习与成长"为目标，提高教育质量，深化教育教学改革，推动义务教育均衡发展，满足人民群众对优质教育的需求。接受国家教育督导组对长宁区落实义务教育均衡发展督导检查。《上海 17 个区县政府推进义务教育均衡发展工作得分表》显示，在 37 个指标点、满分为 100 分值中，长宁区得分 96.60 分，在全市排名第三位。坚持立德树人，从健全德育内容体系、拓展德育实施途径、创新德育工作机制、营造合力育人多赢氛围方面开展德育工作。实施素质教育，提升教育国际化和信息化水平。（戴　泓）

9 月 10 日，区庆祝第 30 个教师节主题活动在建青实验学校举行

（区教育局供稿）

【通过国家义务教育均衡发展督导检查】 3 月 17 日，以国家督学、陕西省政府教育督导团总督学曹普选为组长的国家教育督导组一行 4 人到长宁区，就义务教育均衡发展情况进行督导检查。区长谢峰、副区长陈志奇会见督导组。谢峰指出，长宁区委、区政府重视义务教育均衡发展，履行政府公共管理与公共服务职能，坚持把义务教育摆在优先发展的战略地位，率先推动义务教育的优质均衡发展，以改革精神推动义务教育形成区域特色。3 月 17 日—18 日，督导组成员通过查阅资料、召开座谈会、发放调查问卷等形式，并走访虹桥机场小学、上海市第三女子初级中学等 12 所学校，多角度、多方面地开展检查。督导组肯定长宁区在义务教育发展基本均衡方面所做的工作，认为长宁区义务教育接纳符合条件的适龄来沪人员随迁子女，率先做到公平教育全覆盖。（戴　泓）

【庆祝第 30 个教师节】 9 月 10 日，区庆祝第 30 个教师节主题活动在建青实验学校举行。区委书记卞百平，区委常委、宣传部部长章卫民，副区长赵丹丹，区教育基金会理事长刘雅琴出席。区各部、委、办、局、各街道（镇）分管领导，社会各方代表，教育系统各单位党政工代表和师生、家长代表参加。活动以"精彩三十　奠基未来"为主题，回顾长宁区教育 30 年的发展，弘扬高尚的师德师爱，激发教师教书育人的责任感和使命感。活动对全国五一劳动奖章获得者、市教书育人楷模周剑，全国模范教师蔡文学，全国优秀教师秦禹玲，以及 2014 年度市、区园丁奖，区教书育人模范、教书育人先进集体进行表彰。

（戴　泓）

【举行区初中教师高端培训项目汇报会】 9 月 29 日，区初中教师高端培训（教育硕士）项目汇报会在上海市第三女子中学召开。市教委副主任王平、上海师范大学教授张民选、区教育局领导，以及部分初中校长、初中教师高端培训的导师和学员参加会议。区教育局领导用"带好路，指好路，走好路"9 个字概括区域师资队伍建设的做法。带好路，即开展见习教师的规范化培训工作；指好路，即在构建"区基础教育教师专业生涯发展规划"的基础上，搭建"三级六层"的教师培训课程建设平台；走好路，

即优化教师管理和考核方式，创新教师教育方式。高端培训项目的5名学员代表小组、负责培训的导师分别作汇报。区初中教师高端培训项目于2012年根据《长宁区人民政府与上海师范大学基础教育发展区校合作框架协议》，从区域内各校选拔出优秀初中教师参加，采用小组研讨式，同时在基础教育学校和大学学习，分散学习进度。高端培训学员于2013年赴英国国家与领导力学院开展为期3周的培训。年内，大部分学员在上师大进修教育硕士。 （戴 泓）

【成立心悦工作室】 11月12日，区教育工会、区教育基金会成立长宁区教师心理健康辅导互助会——心悦工作室。该工作室整合区未成年人心理健康中心资源，聘请一支由高校心理专业教授、市学生心理发展中心教授和区心理教研员组成的志愿者队伍，发挥服务学生、教师的作用。设有4个服务项目：心理咨询热线；心理健康辅导；举办普及心理健康常识、自我舒缓压力和人际沟通艺术的讲座和沙龙。区教育工会在对教职工幸福指数调研的基础上，开展教师职业幸福实事工程，组织“区青年教师与青年白领联谊活动”“当年退休教师疗休养”“帮困送温暖”“一校一品文化建设”等实事项目，满足不同层面教职工的精神文化需求。心悦工作室为教职工普及心理健康常识，增强心理健康意识，有助于提升教师职业幸福感，营造和谐校园文化。 （戴 泓）

【承办道德讲堂活动】 12月12日，区道德讲堂（总堂）第19讲在区图书馆举行。该活动由区教育局承办，主题为“育人梦、创新梦，美梦成真”，近200名教师代表参加活动。活动以“自我反省”环节为序幕，由主持人引导现场观众，在音乐声反省自我、净化心灵。随后演唱《公民道德歌》，诵读《大学》经典语句，从经典中汲取生活的智慧。在“学模范”环节，观众们通过观看视频、聆听演讲，了解全国模范教师、延安中学高级教师蔡文学的先进事迹。在“发善心”和“送吉祥”环节，志愿者们为观众送上纪念品“延安书签”。 （戴 泓）

【教育服务惠民取得成效】 年内，区教育局以党的群众路线教育实践活动为契机，解决群众关心的教育热点、难点问题，落实教育服务惠民。坚持育人为本，促进学生健康成长。创新爱心晚托班运行机制，开设105个爱心晚托班，覆盖全区23所公办小学。深化学生教育社会化探索，确立爱国主义教育、经济管理、文化艺术等6个大类24个中小学社会实践基地。拓展学校少年宫的服务功能，加大对社会开放力度。在原54个开放点的基础上，新增延安初级中学和泸定中学体育场2个夜间开放点。坚持服务导向，助力学校活力发展。通过盘活空编岗位、增强区内流动、保留机动编制及政策向特殊情况倾斜的方法，合理配置师资。加强教师培训和基建项目管理，制定《区教育系统基建设备项目储备管理办法》和《区教育系统基建设备项目论证会审管理办法》。推进教育服务进社区楼宇活动，组织教师志愿者队伍在百联西郊、联合利华和博世等企业总部设点解答青年白领关心的教育问题。推进终身学习服务平台建设，创建长宁市民学习中心，展示区学习型城区建设成果。 （戴 泓）

12月12日，区道德讲堂第19讲在区图书馆举行 （区教育局供稿）

（三）学前教育与基础教育

【概况】 2014年，区教育局促进教育内涵发展，推动“十二五”规划各项目标和任务的完成。深化教育综合改革，推进以“三个指数”为重点的教育评价改革、分学段课程和教育改革及义务教育阶段新优质学校项目建设。举办市“活力课堂，优+学习，基于课程标准的教学与评价”校本化实践研讨活动。复旦中学通过市实验性示范性高中创建工作中期评审。 （戴 泓）

【召开教研年总结表彰会】 3月21日，以“聚焦转型，提升长宁教育品质”为主题的2013年教研年总结表彰暨2014年德育年启动会在建青实验学校举行。区教育局领导、区教育系统各单位科研和德育工作分管领导及教育代表近300人参加会议。会议回顾总结2013年科研年主要工作。2011—2013年，区教育系统有4项课题获得国家级立项，23项课题获得市级立项。在长三角教科研评选中，有50余项获奖。大会宣读区第十一届教育科研成果获奖名单、区第九届教育科研先进集体和个人名单，以及区2013年“长教杯”“希望杯”论文获奖名单。长宁区推进素质教育综合改革探索，推出一系列教育教学改革项

目:成立作业效能检测中心;提出“三个指数”;教育科研在改革探索中发挥引领作用。（戴　泓）

【参加第二十九届市青少年科技创新大赛】 3月22日,以“创新·体验·成长”为主题的第二十九届市青少年科技创新大赛在黄浦区青少年科技活动中心举行。长宁区申报290个项目,获310个奖项,包括一等奖58项(其中青少年科技创新项目40项)、二等奖93项、三等奖104项、专项奖53项以及优秀组织奖2项。长宁区在该次大赛中实现两个突破:入围第二十九届全国青少年科技创新大赛的19个项目涉及范围广泛,包括青少年科技创新项目、科幻画、教师创新成果和实践活动;延安初级中学学生叶心仪的课题《猪笼草瓶状体消化液酸碱度调节机制的初步探索》获市科学技术协会主席奖。该奖项仅设3个名额,用以奖励大赛中最优秀、最突出的青少年科技创新项目。

（戴　泓）

【举行校本化实践研讨活动】 4月22日,由市教委基教处和市教委教研室主办、区教育局和区教育学院承办的“活力课堂,优+学习”教学观摩研讨活动在绿苑小学举行。绿苑小学作为首批市新优质学校项目成员校,以“活力课堂,优+学习”为校本化实践研究主题,参与市“基于课程标准的教学与评价”试点工作。市教委副巡视员、市政府督导室主任杨国顺,市教委基教处领导,长宁区各小学校长、教师,部分学生家长及社区代表出席活动。与会人员参观学校“问题云”广场,观摩《诸葛亮和小皮匠》和《唐老鸭新传》展示课。区教育局和绿苑小学分别对“基于课程标准的教学与评价”在区域内的推进情况作介绍。长宁区初步建立“行政支撑,专业引领,多方监督”的保障机制,引导学校根据学生身心发展和教育教学特点,围绕育人目标进行教学设计和科学评价。杨国顺肯定长宁区将市教委推出的“零起点”教育落脚点在守望孩子的幸福,肯定“活力课堂,优+学习”给予孩子的无限想象,并就推进“基于课程标准的教学与评价”提出建议。（戴　泓）

5月13日,中小学创新实验室阶段性建设调研工作组考察古北路小学GBB科学实验室（区教育局供稿）

【复旦中学接受市实验性示范性高中创建工作中期评审】 5月5日—6日,市教育评估院对复旦中学创建市实验性示范性高中工作进行中期评审。市教委基教处副处长颜慧芬、市教育评估院常务副院长陈效民等参与评审。复旦中学校长以“走在历史的路上”为主题,分“御风而行”“磨砺以须”“行愿复旦”3个部分汇报自通过创建市实验性示范性高中规划评审以来学校开展的各项工作及取得的成效,并回答评估专家组成员的提问。专家组通过座谈访谈、问卷调查、查阅资料、观摩课堂教学、实地观察等方式,对复旦中学的创建工作进行全方位的考察评估。5月6日,专家组从“办学思想、实验项目和教育科研”“德育工作”“课程与教学工作”“师资队伍建设工作”“学校管理”“办学条件”等6个方面反馈评审意见。专家组肯定学校在办学思想、文化建设、博雅课程建设、留白式课堂建设、教育教学质量及内高班等方面的工作“是卓有成效的”,学校在教师队伍和干部队伍建设方面成长明显,学生生源及素养得到提升。（戴　泓）

【接受中小学创新实验室建设阶段性调研工作组考察】 5月13日,由市教委基教处、市教育技术装备中心组织的中小学创新实验室建设阶段性调研工作组到长宁区调研。该调研由市教育技术装备中心率队,上海交通大学、同济大学的教授及黄浦区教育学院教科室主任组成专家组,对区教育系统的创新实验室建设工作进行点面结合的考察。工作组考察开元学校的劳动技术创新实验中心、华东政法大学附属中学的“明德尚法”创新实验室和古北路小学的GBB科学实验室3个2013年市级重点跟踪项目。法华镇路第三小学“菌宝宝”实验室、虹桥中学《自然笔记》课程创新实验室、延安初级中学现代生物学实验室和创造性戏剧工作室4个项目作为2013年市级重点跟踪项目代表,仙霞高中地理信息化互动学习室和上海市第三女子初级中学都市农业与园艺生态园2个项目作为第一、二批创新实验室案例编写学校代表,分别从项目概述、课程建设、设备配置、经费使用、实施成效及下阶段工作计划等几方面介绍各自项目情况,展示取得的成效。区教育局向工作组作汇报。工作组认为区教育系统创新实验室项目建设富有特色,体现校长较强的课程领导力和资源整合力，希望学校能够以创新实验室项目建设为契机，完善特色课程建设，促进教师职业发展，提高学校办学质量，促进学生健康发展。 （戴 泓）

【获 DI 全球青少年创新思维大赛 C 组项目总冠军】 5 月 24 日，2014 DI 全球青少年创新思维大赛在美国田纳西州诺克斯维尔市闭幕。DI 是英语“Destination Imagination”的缩写，意思是“目的地想象”。该赛事关注对青少年，包括从学龄前儿童到大学生的创新思维的培养，内容涉及科学、技术、人文、音乐、美术等方面，旨在以快乐且富有意义的方式培养参与者的创造能力、问题解决能力和团队合作精神。2013 年 11 月，长宁实验小学以小学组第一名的成绩获得参加 2014 DI 全球青少年创新思维大赛的资格，并最终获得大赛 C 组项目全球总冠军，这是中国代表队参加 DI 全球青少年创新思维大赛以来首次在 C 组获得全球总冠军。 （戴 泓）

【区少年宫民乐团与台湾儿童弦乐团开展交流演出】 8 月 26 日，由中国台湾省彰化县县长卓伯源率领的县立儿童弦乐团一行 47 人访问区少年宫。区少年宫民乐团与彰化县县立儿童弦乐团进行交流演出。市台办副主任李骁东，区委常委、统战部部长陈志奇，区教育局和区台办领导和全区 200 余名学生观看演出。台湾彰化县县立儿童弦乐团带来台湾民谣《四季红》《雨夜花变奏曲》，以及《邻家的龙猫》等卡通曲，区少年宫民乐团献上弦乐合奏《战马奔腾》《马车夫之歌》等乐曲，两支乐队同台合奏《夜来香》。台湾彰化县县立儿童弦乐团举办过多场表演，在台湾具有一定的影响。区少年宫民乐队是市优秀学生艺术团，在全国及市学生艺术团等重大比赛中获奖，并多次应邀参与市重大活动和演出。 （戴 泓）

【长宁区教师参加“美国年度教师中国行”活动】 9 月 23 日—24 日，长宁区约百名校长、教师参加“美国年度教师中国行·上海站”活动。该活动由上海教育报刊总社主办，邀请丽贝卡·米沃基（Rebeeca Mieliwocki）、贾斯汀·埃塞克·明凯（Justin Issac Minkel）、朱莉·利玛·波义耳（Julie Lima Boyle）、戴安·斯莫克罗维斯基（Dyane Smokorowski）4 名美国年度教师作为演讲嘉宾。活动第二部分“美国年度教师中国行·长宁站”活动在娄山中学举行，为时半天，由美国年度教师贾斯汀面向长宁区教师开展培训。贾斯汀以《我的教学观》为题简要介绍他的教学情况，在互动环节，长宁区教师围绕小组合作学习、工程学项目教学、弱势群体教学等问题与贾斯汀进行讨论。区教育局和上海教育报刊总社领导总结发言。区教育局领导从教师在学生成长中的作用、当教师的意义、教学过程中学生的角色、教育目标的确定四个方面交流感受。上海教育报刊总社领导从教育新闻媒体举办培训项目的意义讲起，针对有价值的、有效的、专业的培训作交流。 （戴 泓）

8 月 26 日，台湾彰化县县立儿童弦乐团与区少年宫民乐团共同演奏

（区教育局供稿）

【举行中澳优质教育方法比较与借鉴研讨会】 10 月 16 日，中澳优质教育方法比较与借鉴研讨会在建青实验学校举行。区委书记卞百平、区政协主席陈建兴、副区长赵丹丹、澳大利亚财政事务影子部长伯克、金融服务和公积金影子部长瑞伯尼和一二三教育集团代表出席。赵丹丹和伯克分别致辞。赵丹丹介绍长宁区“一流教育”目标、四学段综合改革、新优质学校建设的概况，希望中澳之间加大合作力度，共同推进优质教育发展。伯克介绍澳大利亚的幼儿教育，希望中澳教育合作能够整合两国的教育优势，促进双方教育的提升。在主题发言中，区教育党工委领导介绍以学生培养为核心，以教师培训为手段，以校长能力提升为抓手，以国外先进课程为基础，通过教育国际化促进优质教育发展的情况。澳大利亚商会总经理介绍澳大利亚商会在教育方面的举措。双方都希望能够建立长期教育合作关系，形成合作项目，实现中外双方教育的互赢互利。建青实验学校校长、长宁教育学院院长、上海市第三女子中学校长、一二三教育集团和东方启音言语治疗（中国）有限公司代表就优质教育方法进行交流发言，双方签署备忘录。

（戴 泓）

【举行长宁国际青少年科技探索活动】 10 月 25 日，由区教育局、区科委主办，区少年科技指导站承办的“飞的梦想”——2014 长宁国际青少年科技探索活动在天山公园举行。包括上海耀中国际学校、包玉刚实验学校在内的，来自中国、日本、德国、新西兰和波兰等 10 个国家和地区的 300 余名青少年科技爱好者组成 30 支代表队，参与该次活动。科技探索活动围绕主题"飞的梦想",以保护生命、完成外星球探索任务为活动背景,对学生的科技素养进行更为多样的考验。学生在登陆、勘测和抵达3个活动环节中,要自主设计投射装置完成鸡蛋抛射任务,自行设计纸车、纸船完成运载任务,并编织纸绳将装置送达指定高度。绿苑小学和泸定中学分别获得小学组、中学组团体金奖,而X星登陆、水质勘测、地表勘测和顺利抵达的单项金奖则分别由绿苑小学、江苏路第五小学、包玉刚实验学校、姚连生中学、省吾中学和泸定中学获得。（戴　泓）

（四）职业教育、特殊教育与终身教育

【概况】 2014年,区教育局加大民办非学历院校监管力度,拓展公共服务平台功能,培育特色教育和教育文化培训品牌项目。区社区学院从"六个便利"到"e学社"、从"网上学校"到社区体验中心,从"白领学堂"到"残疾人教育服务"、从"校企合作"到女子学苑、从"教师下社区"到学校所有课程向社会免费开放,打造继续教育和终身学习平台。参与由市教委推动的职业教育学历证书和职业资格证书的"双证融通"专业改革试点,参加全国职业院校技能大赛,开展中职教师企业实践培训工作。（戴　泓）

【长宁市民学习中心启动】 10月11日,长宁市民学习中心在区社区学院举行启动仪式。市教委副主任袁雯、中国成人教育协会常务副会长谢国东,区委常委、宣传部部长章卫民,副区长赵丹丹,上海开放大学、市教委、市学习型社会建设服务指导中心办公室、区教育局领导出席活动。赵丹丹在致辞中指出长宁市民学习中心是展示区域学习型城区建设成果的窗口,是为市民提供教育服务、体验、学习资源共享的平台,也是社会治理创新的探索之一。市民学习中心的建设旨在丰富市民精神文化生活、提升市民整体素质、提高市民幸福指数和城区和谐程度。袁雯、章卫民和仙霞新村街道晚晴读书会的市民代表为长宁市民学习中心揭幕。中国成人教育协会和长宁区签约,成立终身教育和学习研究中心。长宁市民学习中心致力于开发学习资源、丰富学习方式,服务终身学习,推进创建智慧、文明城区和学习型城区建设。（戴　泓）

【参加作业治疗与物理治疗培训】 12月10日—12日,市盲童学校教师参加由美国帕金斯盲校的作业治疗师凯特(Kate)和物理治疗师丹妮尔(Daneille)举办的作业治疗与物理治疗培训。两名治疗师在聆听市盲校多重障碍班级的课程教学后,对教师开展为期3天的培训。凯特和丹妮尔从人体的运动方式、运动的评估、平衡和体位姿势、作业治疗的诊断、作业治疗的评价及治疗方法等几个板块开展培训。培训形式多样,除集中讲座以外,治疗师为教师们安排现场体验、学生案例分析和针对盲童学生的现场治疗、讨论环节。通过培训,教师对物理治疗和作业治疗的概念定义、诊断、治疗手段和意义有了全新的认识,形成新的康复理念。通过与治疗师的交流和探讨,教师们加深了解"前庭觉""本体觉"对视障者的意义不弱于触觉,学习通过改变环境、改变任务、依据学生能力设计不同的教学活动的方法。（戴　泓）

【举办陆杰上海城市影像展】 12月13日,由区学习办、区社区学院、区图书馆共同举办的陆杰上海城市影像展在区图书馆开幕,展出历时一个月,其间,举办城市对话活动。区政协、区教育局、区文化局、区档案局、区机关摄影协会领导及复旦大学社会学专家出席开幕式。该次活动的策划及承办方为区业余大学(即区社区学院),影像展的主角是上海画报首席摄影师、陆杰城市影像工作室负责人陆杰。陆杰坚持30余年用镜头记录上海的发展,积累20万张胶片,该次展出的100余幅照片,大至浦江两岸城乡变迁,小至里弄人家生活场景,展现上海的城市风光和人们良好的精神风貌,尤其是长宁区虹桥开发区的变化。开幕式上,陆杰将一幅虹桥开发区的老照片赠送给区档案馆。该次影像展是社区学院深化转型发展,对接区域文化需求,打造摄影和城市文化品牌,推进摄影文化在长宁区成长发展的载体。（戴　泓）

【开展教师企业实践培训】 年内,开展中职教师企业实践培训工作,加强"双师型教师"队伍培养。现代职业技术学校教师分别参加百丽集团、斯柯达交运起成4S店、上海贵都国际大酒店教师企业实践培训项目,培训时间为10天至2个月不等。部分教师参加计算机网络班,并进行"DCNE神州数码网络工程师"认证考试。在岗位实践过程中,教师深入生产和服务一线,亲身体验工作流程、生产和服务规范,在操作过程中学习和提升专业技能。由企业业务骨干、技术主管担任的"导师"带领学员进入真实工作场景,采用企业化培训模式,有效提高教师培训效果。企业实践培训满足职业教育教师继续教育和专业化发展的需要,成为教师成长、搭建校企合作的新平台。（戴　泓）

（五）未成年人保护工作

【概况】 2014年,区教育局制定《关于进一步深化培育和践行社会主义核心价值观工作的实施方案》。结合全国文明城区复评工作,推进学校文化十大项目建设,将社会主义核心价值体系融入校园文化建设全过程。完成《长宁区中小学生梦想调查报告》、围绕"体验文化之旅,畅享快乐暑期"的主题,组织"我们在传承、我们在践行、我们在成长"主题活动、参加市首届中华优秀文化进校园之"我是非遗小传人"活动。开展中学生"健康好声音"和小学生"健康好技能"竞赛,吸引全区31支中学生队伍和23支小学生队伍参加。开展"健康校园行——长宁区医生进校园系统讲座"。加强平安校园建设,区教育局和公安、消防、综治、青保、食品卫

生管理部门建立综合联动机制，开展安全培训，组织专项检查。（戴 泓）

【"警校联手，推进中小学公共安全教育工作"签约】 4月30日，区"警校联手，推进中小学公共安全教育工作"签约仪式在法华镇路第三小学举行。市教委青保处、公安长宁分局和区教育局领导出席。区教育局和公安长宁分局签订合作推进中小学生公共安全教育试点工作协议书，授予新华、天山、新泾3个派出所"区公民警校基层办学点"铜牌，并为法华镇路第三小学、姚连生中学和西郊学校颁发长宁区中小学公共安全教育试点学校证书。区教育局和公安长宁分局联合开发中小学生公共安全教育课程，实施教学试点，以提升中小学生安全防范意识，提高学生的自救自护能力，帮助学生养成良好的公共安全行为习惯。（戴 泓）

【举行小学生红十字现场急救比赛】 5月7日，为纪念5月8日"世界红十字日"和5月12日"全国防灾减灾日"，为在学生中推广、普及群众性救护技能，区教育局和区红十字会在天一小学举行"人道心、中国梦——红十字'救'在我身边"2014年区小学生红十字现场急救比赛，来自全区22所小学的学生代表参加比赛。为提高学生对现场急救的感性认识，比赛前，区红十字社区志愿者以车祸为背景开展模拟救护示范演练，向学生展示规范的操作流程和救护技术。根据小学生的年龄特点，比赛内容以止血、固定和包扎三大技术为主。通过赛前培训和比赛，学生们基本掌握现场应急救护知识技能。（戴 泓）

【举办区首届青少年篮球联赛】 5月16日，区首届青少年篮球联赛启动仪式在复旦中学举行。该次赛事由区教育局和区体育局联合举办。副区长陈志奇，区教育局和区体育局领导出席，裁判员及46支参赛队伍参加启动仪式。篮球联赛采用校内班级间比赛和全体学校参加的校际主客场制比赛的竞赛办法，46所学校的6 500余名学生参加总计956场比赛，其间，穿插啦啦队比赛、摄影比赛、征文比赛等内容，具有参与面广、活动形式丰富、营造体育文化氛围的特点。（戴 泓）

【举行法律援助主题集会】 9月4日，围绕"法律援助、关爱成长、守望幸福"主题，区青保办联手区法律援助中心组织区中小幼师生代表在绿苑小学集会，共同研讨法律援助工作在中小幼安全管理和安全教育中的价值、内涵和举措。市法律援助中心、区教育局和区司法局领导共同按动启动球，标志着法律援助志愿律师对口社区学校工作启动。志愿律师担任区各街道（镇）青保办、中小学、幼儿园的法律顾问，不定期地到结对社区和学校参与各种形式的法律宣传教育活动、提供法律咨询服务，为师生或家长举办法律讲座，为推动依法治区和学校依法办学提供法律帮助。区学生代表以文艺演出和微感言的形式表达对律师进校园、关心青少年成长的感谢。主题集会后各中小学、幼儿园领取《法律援助律师结对社区学校工作指导手册》。（戴 泓）

【上海昆剧团携经典剧目走进校园】 10月29日—31日，区教育局、区艺教委邀请上海昆剧团在区少年宫演出经典昆剧《孙悟空三打白骨精》，9所中小学的1 200名学生观看。《孙悟空三打白骨精》是上海昆剧团的经典剧目，该次演出是大部分中小学生首次接触到以昆曲这一传统艺术形式来表现的西游记故事。作为第十届上海优秀儿童剧展演系列活动之一，该演出既是"高雅艺术进校园"，也是区虹桥文化之秋艺术节期间区教育局组织的群文活动，更是区教育局提升区域美育教育的实践。活动旨在引导中小学生亲近传统、感悟经典，激发学生对了解、学习和传承优秀中华传统文化的兴趣，提升中小学生艺术审美素养。（戴 泓）

5月16日，区首届青少年篮球联赛启动　　（区教育局供稿）

【举行学生午餐安全质量评比】 11月3日—4日，区学生午餐安全质量评比在区教育局安全管理中心举行。由区疾病预防控制中心医生、区市场监督管理局领导及区政府教育督导室督学担任评委，区政风行风监督员承担监督职能，对区域内公办中小学午餐安全质量进行评比。评比由区教育局安全管理中心工作人员在各中小学食堂随机抽取一份学生午餐作为样品。中学组抽取29份学生午餐，小学组抽取23份学生午餐。评委分别从卫生安全（干净卫生、烧熟煮透）、基本情况（荤素搭配、色泽搭配、蔬菜种类）、数量（荤菜、小荤、蔬菜）、口味（荤菜、小荤、蔬菜、汤）4个方面对每份菜进行评价，并将评价结果反馈

学校，促进供餐工作改进。（戴　泓）

【举行中小学生健康教育主题活动】 12月3日、5日，区教育局、区卫计委和区红十字会联合开展2014年区中小学生健康教育主题活动。该活动根据学生年龄特点，分别以中学生“健康好声音”和小学生“健康好技能”的形式举行。中学生“健康好声音”活动以声音为载体，阐述日常健康生活方式和理念，如慢性病、传染病和伤害防治的方法和心得。全区12所高中、19所初中参加“健康好声音”活动，学生们通过歌唱、快板、小品、朗诵、相声、沪剧等形式的表演，提高健康素养、增强自我保健意识。小学生“健康好技能”活动展示洗手、刷牙和眼保健操三项基本技能的全过程，培养和巩固小学生有效洗手、规范刷牙和正确眼保健。区域内23所小学(部)，约140名学生参加。

（戴　泓）

【举行区青少年民族文化展示活动】 12月2日，为展示以“五朵金花”戏曲教育品牌项目为代表的长宁区艺术教育和青少年民族文化培训活动的阶段性成果，由区教育局主办、区学校艺术教育委员会协办、区少年宫承办的“五朵金花绽芳华”——2014年区青少年民族文化展示活动在区少年宫举行。节目有姚连生中学评弹团的《唐诗吴韵》、延安初中昆曲团的《红梨记·亭会》、娄山中学京昆团队的京剧《坐宫》、省吾中学越剧团的《十八相送》、新泾中学沪剧艺术团的《母亲》、长宁实验小学京剧团的《萧何月下追韩信》和愚园路第一小学向红分校小主人京剧团的《精忠报国》。长宁区自1990年在学生中普及戏曲教育，建成以昆曲、京剧、评弹、越剧、沪剧5个剧种为代表的学生戏曲团队，并发展成为“五朵金花”戏曲教育品牌。姚连生中学评弹团和延安初中昆曲团为市级学生艺术团，获区县组一等奖；新泾中学沪剧艺术团、愚园路第一小学向红分校小主人京剧团分别获初中组一等奖、小学组二等奖。娄山中学京昆团队(原新古北中学京昆团队)、省吾中学越剧团、长宁实验小学京剧团等也在各类艺术展演中获得佳绩。（戴　泓）

(六) 东华大学

【概况】 2014年，全校各类学生31 012人，其中本科生14 810人，研究生6 356人，博士生973人，成人教育学历生4 173人，留学生4 700人。年内招收本科生3 582人，硕士生1 983人，博士205人。毕业生整体就业率97.93%，获评全国大学生就业最佳企业评选优秀组织高校。

学科专业建设。对接国家发展战略和上海经济转型升级，打造纺织为“一体”，材料与设计为“两翼”的学科特色新高峰，完善重点学科布局；启动纺织、材料和设计3个优势学科的提升计划、7个上海高校一流学科建设计划、11个新一轮校级重点学科建设计划；纺织产业关键技术协同创新中心通过第一轮专家评审认定，上海市高性能纤维与复合材料产学研开发中心挂牌上海市协同创新中心，海派时尚设计及价值创造知识服务中心通过上海市教委专家组的筹建验收。新增化学生物学二级学科博士、硕士授权点，会计硕士、公共管理硕士2个专业学位硕士授权类别。

人才培养。获国家级教学成果奖二等奖1项、国家级视频公开课1项；卓越新闻传播人才教育培养基地获批立项；管理决策虚拟仿真实验教学中心获评国家级实验教学示范中心。获国家级奖项44个，省市级奖项21个，其中获第八届“挑战杯”上海市大学生创业大赛金奖3项、银奖3项、铜奖5项。学校材料科学与工程国家级实验教学示范中心教师吴文华及其团体自主研发的微型共混仪及注塑机，获全国高校自制实验教学仪器设备一等奖(最具推广价值)。信息学院辅导员王乔松获第三届全国高校辅导员职业能力大赛华东赛区一等奖。建成150门网络课程，“基于易班的互动教学建设”获批立项；易班网获2014年度上海市优秀网站称号，《基于易班的手机客户端应用》获上海市易班网建设优秀项目奖。获全国优秀博士学位论文提名，6篇博士论文和12篇硕士论文获上海市研究生优秀学位论文；研究生论文上海市“双盲审”全部通过，异议率首次为0；试点推进硕博一体化长学制研究生培养，实施“本硕一体化”公共英语课程教学改革；教授朱美芳当选第四届全国工程专业学位研究生教育指导委员会委员；东华大学—上海纺织(集团)有限公司联合培养实践基地获评全国示范性工程专业学位研究生联合培养基地。获批上海市研究生教育创新计划项目3个、上海市研究生创新创业培养专项14项；学生创业团队获上海市大学生科技创业基金资助60余项。

科学研究。学校教授顾利霞主持的“新型共聚酯MCDP连续聚合、纺丝及染整技术”获国家技术发明二等奖；学校教授王子栋、沈波参与的“基于环境约束和多空间分析的机器人操作理论研究”获国家自然科学二等奖。获国家自然科学基金54项，资助经费3 188万元；获国家社科基金资助6项、教育部人文社会科学研究项目5项、上海哲学社会科学基金项目8项。与中共中央编译局合作共建“中共中央编译局东华大学国外马克思主义与中国问题研究中心”；“高性能纤维成形及其结构调控”教育部创新团队结题获评“优秀”，进入教育部创新团队滚动支持计划。获国防科技工业局颁发的武器装备科研生产许可证，军工“三证”(武器装备科研生产单位保密资格证书、武器装备质量体系认证证书、武器装备科研生产许可证)体系建设基本完成，正式跨入国家军工科研生产准入体系。

队伍建设。学校教授丁永生、顾伯洪入选“长江学者奖励计划”特聘教授；各有1人入选上海千人长期和短期、1人入选上海“东方学者”、8人入选曙光、浦江等人才计划；选拔特聘研究员2人，新聘兼职特聘教授4人。专任教师队伍具有博士学位的比例达56.2%。公派出国(一年以上)47人，学成回国55人。

国际合作与交流。与英国爱丁堡大学合办的东华大学上海国际时尚创意学院(SCF)获教育部批准成

7 月 28 日，长宁区“凝聚力学会”第六次会长会议在东华大学召开
（东华大学供稿）

立，9 月，第一次招生，开设服装与服饰设计、环境设计专业；与伦敦时装学院等院校洽谈合作，开创一对多合作办学新模式。新增国际教育合作协议 17 项，续签 3 项。推进“中非高校 20＋20 合作”教育援非项目，与肯尼亚莫伊大学共建的第一所孔子学院获批设立。获批 5 个高端外国专家项目，新增 2 个学科创新引智基地、1 个海外名师项目、2 个学校特色项目。师生因公出国（境）短期交流 759 人次，接待来宾 388 人。校际学生交换、交流项目 33 个，派出 257 人，10 个项目获国家留学基金委优秀本科生项目资助。建立校际接收交换生全英语授课平台，首批设立 4 个模块 20 余门课程。举办国际电化学能源科学与技术大会、国际纺织生物医用材料论坛暨“111 计划”年会、上海国际服装文化节国际时尚论坛、时尚传播与社会发展国际论坛等大型国际会议。 （高兰兰）

【成立上海国际时尚创意学院】 2 月 27 日，根据教育部《关于同意设立东华大学上海国际时尚创意学院的函（教外办学函〔2014〕17 号）》精神，学校成立东华大学上海国际时尚创意学院。4 月 24 日，在 2014 上海国际服装文化节国际时尚论坛举办期间，校党委书记朱民、副校长兼服装・艺术设计学院院长刘春红与爱丁堡大学校长蒂莫西・欧希爵士、副校长克里斯多福・布里渥共同为东华大学上海国际时尚创意学院揭牌。9 月 21 日，上海国际时尚创意学院举行开学典礼，首批招收 26 名新生。学院为学校下属二级学院，是不以营利为目的的非独立法人且具有公益性的中外合作办学机构。学院以时尚创意学科为核心，引入国际一流艺术设计学院办学模式，与爱丁堡大学开展服装与服饰设计、环境设计 2 个专业的合作办学，本科学生将在英国爱丁堡大学学习两年。 （高兰兰）

【承办中国工程院项目研讨会】 4 月 14 日—15 日，由中国工程院环境与轻纺工程学部主办，学校和上海大学、上海市中国工程院院士咨询与学术活动中心共同承办的中国工程院项目研讨会举行。来自相关高校、科研院所、行业协会、企业以及政府等 70 余名专家就中国工程院咨询项目——“产业用纺织材料现状及发展前景”展开研讨。东华大学副校长俞建勇院士，中国工程院院士周翔、郁铭芳、孙晋良、蒋士成、姚穆、丁传贤、江东亮、王威琪，中国工程院二局副巡视员王元晶，中国纺织工业联合会副会长孙瑞哲等出席。孙晋良作《产业用纺织品的现状与发展战略思考》报告。与会代表就中国产业用纺织品行业拓展升级、产业用纺织品的现状与发展战略等展开研讨，为完善和提升咨询项目研究报告、制定国家产业用纺织品“十三五”发展规划提供支撑。 （高兰兰）

【举办上海国际服装文化节国际时尚论坛暨环东华时尚周】 4 月 23 日—27 日，由学校承办的以“时尚・梦”为主题的 2014 上海国际服装文化节国际时尚论坛暨环东华时尚周举行。论坛含主论坛和特色论坛两大板块。来自巴黎、米兰、伦敦、东京、纽约五大时尚之都的设计院校与机构专家参加主论坛，就流行趋势预测及发布进行交流，探讨未来时尚发展方向。特色论坛举办上海品牌发展论坛并发布海派时尚流行趋势。时尚周期间，全国大学生立体服装裁剪大赛、海派时尚设计师专场服装发布会、校企合作毕业设计作品展演等 11 场动态秀举行，展出海派雕塑展、海派服饰时尚展、上海历史图像记忆等 6 场静态展，并开展创意市集、时尚剧场等活动。期间，教育部批准成立的东华大学上海国际时尚创意学院揭牌，上海市副市长周波会见来访的英国爱丁堡大学校长蒂莫西・欧希爵士一行。 （高兰兰）

【举办时尚传播与社会发展国际论坛】 4 月 26 日，由学校主办的时尚传播与社会发展国际论坛举行。上海市委宣传部副部长燕爽，上海市社会科学界联合会党组书记、专职副主席沈国明，中国新闻教育学会会长高钢及校党政领导出席。论坛包括 6 场主题报告和 5 个主题分论坛，近百名国内外时尚界、传播界专家学者参会，就时尚传播、社会政治、品牌传播、研究范式、新媒体、文化生活等展开研讨。其间，学校时尚传播研究中心作为国内首家时尚传播研究机构，发布《中国时尚传媒发展状况分析报告》。 （高兰兰）

【入选小平科技创新团队】 8 月，在第九届中国青少年科技创新奖颁奖大会上，由学校教授郁崇文、副教授张兴群指导，博士生丁若垚为负责人的“麻类纤维生物脱胶技术产业化集

成研发团队”入选大学生“小平科技创新团队”，获得中国青少年科技创新奖励基金资助。该团队是以纺织学院和化工生物学院的研究生和本科生为主，自2009年开始自主研发新型生物脱胶技术，研究脱胶菌种的高效、规模化、低成本制备及相关脱胶工艺。其研发成果——“年产3万吨级麻类纤维生物脱胶技术产业化应用”获第十二届“挑战杯”全国大学生课外学术科技作品竞赛一等奖、第十二届上海市大学生课外学术科技作品竞赛特等奖、第十三届“挑战杯”全国大学生课外学术科技作品竞赛累进创新金奖、上海高校学生创造发明科技创业杯二等奖以及中国专利年会校园发明与创新优秀奖。基于技术的创业项目获第八届“挑战杯”全国大学生创业计划大赛金奖、第七届上海市大学生创业计划大赛金奖。团队拥有自主知识产权授权国家发明专利15项，发表论文20余篇，省部级以上奖励10余项。（高兰兰）

【蜘蛛丝蛋白质基因研究取得进展】 8月，学校化工生物学院孟清教授课题组蜘蛛丝蛋白质基因研究成果被*PLoS Biology*（影响因子超过13）作为封面文章公开发表。该课题组继2012年在世界上首次克隆获得大腹园蛛编码的捕获丝蛋白质基因（MiSp）之后，与国外专家共同对MiSp的C—端（CT）结构和功能进行解析。获得的蜘蛛编码捕获丝蛋白质基因，其编码的捕获丝蛋白质MiSp，结构划分为N—端非重复区（NT）、三个中间重复区（C）、2个间隔区（Spacer）和C—端非重复区（CT）。在*PLoS Biology*发表的是CT结构和功能解析的研究结果。该研究将为人工制备材料学性能类似甚至超过天然蜘蛛丝的仿生蜘蛛丝纤维奠定坚实的理论和技术基础，为开发蜘蛛丝蛋白质在疾病治疗和创伤修复等生物医学工程领域的应用提供天然生物材料。（高兰兰）

【设立国外马克思主义与中国问题研究中心】 9月13日，学校与中共中央编译局马克思主义研究部共建的东华大学国外马克思主义与中国问题研究中心举行签约、揭牌仪式。中央编译局副局长俞可平、上海市委宣传部副部长李琪、校长徐明稚等出席成立仪式。该中心以社会问题和社会需求为研究导向，结合基础研究、理论研究、现实研究、文本译介，从学理性、现实性、个案性、文本学四个维度开展研究。仪式后，举行主题为“财产权与正义”的全国学术研讨会，70余名专家学者参加。（高兰兰）

【举行香港桑麻基金会颁奖典礼】 11月22日，2014年香港桑麻基金会颁奖典礼在学校举行。副校长、院士俞建勇主持。香港桑麻基金会主席查美龙，香港桑麻基金会高级顾问、受托人、中国纺织工业联合会会长王天凯，香港桑麻基金会高级顾问、受托人、中国纺织工业联合会副会长孙瑞哲，校长徐明稚，中国工程院院士郁铭芳、蒋士成、姚穆，上海市教委副主任李瑞阳，香港桑麻基金会受托人查美莉，香港查氏纺织集团董事、香港桑麻基金会受托人王羽盛等出席大会。学校有104名师生获得各类奖项。其中，材料学院张玉梅等12名教师分获桑麻纺织科技奖、桑麻奖教金，孙立军等92名学生获桑麻奖学金。（高兰兰）

【一项目获批“智慧课堂”建设】 年内，学校“基于易班的互动教学建设”项目获上海市教委批准立项。该项目顺应互联网教育发展趋势，融合信息技术与教育教学，打造大学“智慧课堂”，改革传统课堂教学模式。市教卫工作党委副书记、市教委副主任高德毅出席立项会。学校自2009年作为全国第一批试点高校开展易班建设以来，以“服务学生的成长与发展”为目标，开展易班教学资源库、名师工作室和网络思政教育等建设工程，建成147个网络“易课堂”，涵盖学校思政、数学、物理、外语等各大类公共基础课程，专业大类的学科基础必修课程和选修课程。易班网被评为首届上海市教育系统优秀网站、第六届全国高校百佳网站、上海市优秀网站（教育类）。4月，上海高校易班建设工作推进交流会在学校召开，教育部思政司副司长王光彦、校党委书记朱民出席。（高兰兰）

（七）华东政法大学

【概况】 2014年，学校设有18个学院（部），13个博士点、32个硕士点、5个专业学位硕士点、24个本科专业，设有法学博士后流动站。有1个国家级重点学科、2个国家级本科教学团队、1个国家级实验教学示范中心、4门国家级精品课程、5个省（部）级重点学科、2个教育部高等学校特色专业建设点。学校是教育部首批卓越法律人才教育培养基地，是上海市卓越法律人才、新闻传播人才教育培养基地。建有140余个科研机构。出版《法学》《华东政法大学学报》《青少年犯罪问题》等法学类核心期刊，《法学》被评为法学学科两个权威期刊之一，《青少年犯罪问题》首次入选社会学学科扩展期刊。图书馆藏书223余万册，中外文法学类数据库位列全国第一。

在校生2.1万余人，其中全日制本科生12 159人、硕士研究生3 418人、博士研究生304人、留学生777人。招收全日制本科生2 989人、研究生1 658人。本科毕业生就业率95.3%，研究生就业率96.6%，获2014年度全国毕业生就业典型经验高校称号。教职工近1 400人，其中专任教师720人；具有高级专业技术职务教师360人，其中教授115人、副教授245人。享受政府特殊津贴11人，国家百千万人才2人，全国先进工作者1人，全国优秀教师4人，全国十大杰出青年法学家3人，上海领军人才8人，东方学者8人。

人才培养。首次入选上海市卓越新闻传播人才教育培养基地；新增卓越法律人才培养班2个，总数增至7个。6部教材入选“十二五”国家级规划教材（第二批）。获国家级教学成果二等奖1项，上海市教学成果一等奖3项、二等奖6项。新增市级精品课程3门，体育和健康教育精品课程、全英语示范课程、共享课程中心课程各1门。获国家级大学生创新创业训练计划项目50项。创设上海市生涯工作室，为学生职业规划提供指导。设立松江大学城高校医教结合咨询服务站点，开展学生心理健康服务工作。在全国和上海市各类学科、文艺竞赛中获奖50余次，体育比赛获奖68次，其中冠军26个。推进研究生教育管理体制改革。以专业学位综合改革试点为平台，探索校内导师、校外律师双导师制研究生高端法律服务人才培养模式。新增专业学位硕士点3个、博士点1个。创办《法律与社会科学》杂志，搭建学术交流平台。2篇硕士学位论文获评上海市研究生优秀成果（学位论文）。举办首届研究生高端法律创新人才夏令营，主办首届两岸青年社会科学学术论坛、2014年MOOT上海国际模拟仲裁庭邀请赛。学校获教育部2014年度全国毕业生就业典型经验高校称号。

科学研究。新增上海高校人文社会科学重点研究基地2个、上海法学重点研究基地2个。216项课题获得立项，其中，国家社科基金项目28项（含重大项目7项、重点项目3项）、国家自然科学基金项目2项、教育部人文社科课题10项、司法部课题9项、中国法学会课题12项、上海市哲学社会科学规划课题17项。4人获第五届钱端升法学研究成果奖，4人获第六届高等学校科学研究优秀成果奖，1人获霍英东教育基金会第十四届青年教师奖三等奖，1人获第十届邓小平理论研究与宣传优秀成果二等奖，21人获上海市第十二届哲学社会科学优秀成果奖（其中一等奖6项）。8个学科项目获中央财政支持地方高校发展专项资金支持，经费达1 740万元；近30个学科获得上海市“085工程”项目经费支持。

队伍建设。首次实施校聘教授制度，16人获聘校聘教授（研究员）。新聘博士生、硕士生导师61人，兼职教授83人。引进高层次人才14人。分别有1人获评全国优秀教师、全国杰出专业技术人才、全国十大杰出青年法学家、全国高校社科期刊优秀主编、上海市五一劳动奖章；分别有1人入选国家高层次人才特殊支持计划、全国高校优秀中青年思政课教师择优资助计划；1人获评上海领军人才，2人获评东方学者，分别有1人获首届上海高校青年教师教学竞赛一等奖、上海辅导员职业能力大赛一等奖；分别有1人入选上海千人计划、浦江人才计划、人才发展资金资助计划。承办全国辅导员骨干专题培训、首届松江大学园区8校学工论坛，首次获评上海高校辅导员工作室。新招博士后58人，在站博士后138人，是全国单一法学博士后流动站中规模最大的流动站。32人获中国博士后科学基金资助201万元；34人入选首批上海高校师资博士后资助名单，是受资助人数最多的高校。

合作交流。与国内12家政府单位、法律服务机构签署合作协议。新增20所境外合作院校，新签交流协议、谅解备忘录22份；230名学生获市教委高校学生海外实习、海外学习资助项目资助；接受中国政府奖学金留学生25人、中外合作办学项目学生125人。首次承办教育部来华留学高端硕士学位奖学金项目，新设哈佛大学律师领导力培训项目，新入选2个海外名师项目。作为发起单位，参加首届金砖国家法律论坛。与世界知识产权组织合作，做好暑期学校首次落户中国的准备工作。

校园文化。“华政青年”微信平台获评2014年度上海共青团新媒体工作优秀集体奖；《华政青年报》线上报道被《中国青年报》引用1次，被团中央官方微信、微博平台全文转载3次；“法援之音”获2014年度上海市易班十佳应用称号。国际标准舞协会获评团中央全国百佳体育公益社团；承办外交部2014年APEC青年节上海赛区比赛；设立首个上海地铁法律公益服务车站。与中国作家协会共建，联合推出“名家大讲堂”活动。通过设立团团基金、实施“牵牛花”计划、筹建华政希望小学、组建首批研究生支教团、开展“爱·回家”春节助困等活动，推进校内外帮困助学工作。

综合管理。完善公务卡、经费使用、财务报销等制度。完成各类审计343项，取得直接经济效益189.65万元。全面推进实训大楼建设工作，完成节能监控平台建设、新一轮物业招投标、五期学生公寓回购交接工作。完成移动校园平台建设、两校区裸光纤互联等工程。完成对馆藏外文原版图书和部分民国版图书数字化加工工作。加强校友联络工作，建有各类校友组织77个；规范教育发展基金会管理，筹集教育发展基金近3 000万元。 （付 晓）

3月6日，与海关总署缉私局、上海海关学院签约共建

（华东政法大学供稿）

【举行中韩法律论坛】 4月19日，第四届中韩法律论坛在校举行。来自中韩两国的专家学者就二战民间受害者的权益救济、国际航道的法律地

位与通行权、东亚地区的海洋划界争端以及自由贸易区与双边投资协定等诸多议题展开讨论。 (付 晓)

【刘宪权获"全国杰出专业技术人才"称号】 9月22日，学校教授刘宪权获第五届"全国杰出专业技术人才"称号，是全国法学界、上海市教育系统唯一当选的文科教授。刘宪权是刑法学知名专家，主持国家社科基金项目3项(其中重大项目1项)、省部级项目10余项，发表论文600余篇，出版著作、教材40余部，在经济犯罪领域的研究成果填补了国内空白。从教30余年来，培养博士50余人、硕士190余人、本科生数万人，创设刑法学课程分段式教学模式，获教改成果10余项，带领1支市级优秀本科教学团队，主讲2门市级精品课程。2010年获评全国先进工作者；2011年获评首届上海市教书育人楷模，是唯一当选的高校文科教师；2012年入选国家万人计划，全国法学界仅2人入选；2013年获评上海市教育功臣。 (付 晓)

【举行自贸区法治研讨会】 10月12日，学校和上海市法学会主办的中国(上海)自贸试验区法治建设一周年回顾与展望研讨会在校举行，上海市及自贸区相关领导、其他院校专家学者80余人出席。与会人员围绕上海自贸区未来改革创新的内容与路径等问题进行探讨。 (付 晓)

【举行竞争合规和行政性垄断国际研讨会】 12月1日，2014竞争合规和行政性垄断国际研讨会在校举行，联合国贸易和发展会议竞争与消费者政策署署长哈桑·卡卡亚，国家发改委、国家工商总局等国内外竞争执法机构及司法机构的代表，国内外著名学者、律师、企业界代表60余人出席会议。与会专家学者围绕竞争效果评估、针对行政性垄断的竞争执法、针对行政性垄断的司法审查等主题展开研讨。 (付 晓)

【中国网络社会学专业委员会成立】 12月6日—7日，中国社会学会网络社会学专业委员会成立大会暨高端论坛在校举行，学校当选为秘书处常设单位。来自全国各高校、党校、行政学院及研究机构的专家学者作专题发言，对网络社会问题和大数据研究方法进行探讨。网络社会学专业委员会是中国社会学会下属的从事网络社会学研究的全国性学术研究团体，由华东政法大学社会发展学院和广州大学社会学系联合发起建立，旨在开展网络社会学教学与研究，发展网络社会学学术事业，为建设富强民主文明和谐的社会主义现代化国家服务。 (付 晓)

【参加第一届金砖国家法律论坛】 12月11日—12日，第一届金砖国家法律论坛在巴西举行。学校作为金砖国家法律论坛的发起单位之一，与中国法学会、巴西律师协会、南非律师协会、开普敦大学、印度律师协会和俄罗斯律师协会共同签署论坛战略发展指导性文件《巴西利亚宣言》。宣言中明确建立金砖国家法律论坛的目的是为满足新兴市场经济体和发展中国家的共同利益，目标是推进金砖国家法律界、政府和商界的交流与合作，为各成员国全面发展提供法律支持。 (付 晓)

(八) 上海对外经贸大学

【概况】 2014年，学校有教职工954人，其中教授110人，副教授320人；有各类学生11 735人，其中研究生1 619人，本科生9 172人，专科生335人，留学生141人，成教生468人。

学校完善人事管理制度，修订或制定《绩效工资实施方案》《骨干教师教学激励计划》等管理文件；学校获2013年上海市级教学成果奖一等奖5项，二等奖6项；1名教师入选高校与新闻单位从业人员互聘"千人计划"教师，4名教师的科研成果获得省部级奖项。

学校成立"高峰高原"学科建设工作领导小组，完成高峰高原学科建设申报工作；全年获得各级纵向科研项目77项，其中国家级项目12项。学校推动上海自贸区协同创新中心建设，与上海市政府发展研究中心合作发布18项自贸区专题研究项目，其中自设8项；与上海财经大学共同撰写自贸区协同创新中心的认定书；发布《2014中国(上海)自由贸易试验区蓝皮书》以及《中国战略性大宗商品发展报告(2014—2015)》；新增一个省部级研究基地——上海市人民政府发展研究中心孙海鸣工作室。

学校制定《本科专业设置与调整管理办法》；21个"085工程"全球通用商科人才培养本科专业建设项目正式建设；3门课程被批准立项为2014年上海高校示范性全英语教学课程建设项目；2门课程获上海高校示范性全英语课程称号；4门课程被授予上海高校市级精品课程称号；3个项目获批2014年度上海高校本科重点教学改革项目；"全球通用商科人才实验班实践与探索"通过上海高校本科重点教学改革项目验收；"上海市卓越传播人才教育培养基地(国际型)"获批立项；3种教材及参考书入选第二批"十二五"国家级规划教材；以"转观念、减学分、加课程、拓知识、深理论"为原则的通识教育课程建设改革启动；学校ACCA项目班的审计、税法科目通过率居全国高校之首。学校专业硕士全面覆盖经济、管理、文学、法学四大学科，研究生培养布局优化完善。

学校新增合作院校11家，中国政府奖学金工作进入良性发展，再次获得上海市"来华留学生管理优秀工作者"称号。学校在中东欧的孔子学院达到3所。5月23日，中共中央政治局委员、国务院副总理刘延东视察学校的萨格勒布大学孔子学院。

学校创造多元化综合素质提升平台。学校易班工作站获上海市2014年度十佳学生工作站称号；1个辅导员团队项目获教育部2014年高校辅导员工作精品立项；2项课题获准立项上海市学校德育实践研究课题。学生团队或个人获得2014年上海市大学生网络商务创新应用大赛本科组冠军、第八届"挑战杯"上海市大学生创业大赛银奖、全国大学生英

5月23日，中共中央政治局委员、国务院副总理刘延东视察萨格勒布大学孔子学院 （上海对外经贸大学供稿）

语竞赛C类特等奖、全国大学生数学建模竞赛上海赛区一等奖等奖项。学校获2014年全国大学生就业优秀组织高校称号。 （陈 成 王胤卿）

【举办上海自贸区首场经贸人才专场校园招聘会】 3月14日，上海自贸区首场经贸人才专场校园招聘会在学校古北校区举行。招聘会由学校和中国（上海）自由贸易试验区管委会、上海市教委学生事务中心联合主办。来自外贸、物流、金融、会计、法律、旅游、服务咨询等行业的130家企业，提供包括财务管理、金融经纪、理财顾问、外销员等1 600余个岗位，其中56家企业来自上海自贸区。招聘会上，学校党委书记张小松就自贸区人才培养问题接受媒体采访。 （王胤卿）

【举行“新丝绸之路经济带与中国国际战略”学术研讨会】 3月30日，学校国际战略与政策分析研究所与上海市国际关系学会联合举行“新丝绸之路经济带与中国国际战略”学术研讨会。来自同济大学亚太研究中心、复旦大学美国研究中心、上海社会科学院、上海市美国学会、上海国际问题研究院、上海外国语大学等高校科研机构的专家学者从中国国家发展大战略的高度，就“新丝绸之路经济带”提出的背景、内容以及面临的问题和挑战提出看法。 （王胤卿）

【举办更名后首届“学术活动月”】 5月6日，学校首届“学术活动月”启动。学术活动月安排“TPP谈判的新发展——地区影响与中国对策”国际学术研讨会、中国（上海）自由贸易试验区协同创新中心蓝皮书发布会暨高层论坛等25场研讨会、论坛、学术报告、沙龙等活动，为学校全面提升学科建设水平夯实基础。 （王胤卿）

【举办“TPP谈判的新发展——地区影响与中国对策”国际学术研讨会】 5月10日—11日，学校与上海市对外文化交流协会共同举办“TPP（跨太平洋伙伴关系协议）谈判的新发展——地区影响与中国对策”国际学术研讨会。来自韩国、新加坡、印度、美国以及中国社会科学院、中国国际问题研究所、南开大学、山东大学、浙江大学、复旦大学、上海财经大学、上海社会科学院、上海国际问题研究院等国内外教育、研究机构的专家学者及商务部领导参加。会议围绕TPP谈判进程、TPP对亚太区域经济和政治的影响、TPP对国际贸易、投资规则的发展、中国的对策、TPP与上海自贸区建设等议题展开讨论。 （王胤卿）

【成立孙海鸣工作室】 11月17日，上海市政府发展研究中心、上海发展战略研究所孙海鸣工作室揭牌仪式在学校古北校区举行，校长孙海鸣与上海市政府发展研究中心主任肖林为工作室揭牌。上海市政府发展研究中心副主任周国平、科研处处长吴苏贵、开放处处长郭爱军，学校副校长徐永林出席揭牌仪式。这是学校明确应用研究型大学定位，在培养高层次国际经贸人才的同时，成立的第三个发展战略研究工作室。该工作室侧重于国际经贸治理中大宗商品的供给与需求以及价格形成机制的研究，建立和完善大宗商品数据库，创新分析方法，结合现实问题，尤其是研究大宗商品政府管制的策略和方法，探讨大宗商品相关的金融市场建设及其在上海“四个中心”建设过程中的作用，为市政府提供决策咨询服务，发挥学校的特色和优势。

（陈 成）

（九）上海工程技术大学

【概况】 2014年，学校有22个院、部，10个校级科研机构，1个教育部和上海市实验教学示范中心，1个国家大学科技园。学校有4个一级学科硕士点，2个专业硕士学位授权点，16个二级学科硕士点，86个本、专科专业（含专业方向），全日制本专科生近1.85万人，硕士研究生1 417人。学校深化产学合作教育、卓越工程教育、拔尖创新人才培养模式改革，推进内涵建设，促进现代化特色大学建设，成为首批上海市属骨干教师教学激励计划试点院校之一，首批试点建设现代大学制度院校之一。

办学特色。学校坚持与行业“协同育人、协同办学、协同创新”的办学与人才培养模式。逐步实现产学合作教育由“工学交替”向“工学交融”的转变。扩大产学合作教育覆盖面，64个专业9 511名学生参与产学合作教育。新建产学合作基地119家，基地总数779家。在中国高教学会产学研合作教育分会2014年会上，学校有6篇论文获奖，其中原校长、教授丁晓东撰写的《"三协同模式"产学合作教育的理论创新与实践探索》获得论文成果一等奖。

协同创新。"轨道交通运营安全检测与评估服务中心"成为上海市协同创新中心,"高强激光智能加工装备关键技术产学研开发中心"完成去筹验收。大学科技园在国内成立第一个分园——海宁分园,园区11家企业获得国家创新基金项目,全面启动与3D多媒体产业巨头Unity(中国)公司的战略合作,学校科技园蝉联上海市大学生科技创业基金工作第一名。科学研究。获批国家自然科学基金16项,国家社科基金5项,获批教育部社科基金课题5项,SCI论文85篇。学校服装学院科研成果《高性能纳米光触媒功能性纺织品的加工关键技术及产业化》获上海市科技进步二等奖。学校申报的《"十三五"战略性新兴产业发展研究》首次获批国家发改委重大课题,是2014年上海地方高校唯一获批该课题的单位。

教育教学。获得国家级教学成果(《政产学研用"五位一体"培养国际邮轮紧缺人才的创新实践》)二等奖1项,上海市级奖17项,其中高等教育成果特等奖1项,一等奖5项,二等奖9项,职业教育成果一等奖1项,二等奖1项,实现学校市级教学成果奖特等奖"零"的突破,成果获奖总数为历年最高。

学生竞赛。2014年参与学科竞赛的本科学生数比上年增加300余人,获奖261项。其中,全国一等奖4项、二等奖16项、三等奖7项,上海市特等奖4项、一等奖46项、二等奖69项、三等奖117项。其中"飞思卡尔"智能车竞赛实现全国一等奖零的突破,大学生数学建模国家级获奖数在上海高校中位居第四,"创青春"全国大学生创业竞赛获铜奖2项。注重社团精品文化建设,单车社获全国大学生十佳自行车社团,OM创意联盟社获第三十五届世界头脑奥林匹克大赛全国第一名,世界第三名的好成绩。研究生在"第十届华为杯全国研究生数学建模竞赛"中获全国一等奖1队,二等奖24队,三等奖24队,位列全国高校第5名。

国际交流与合作。2014年,学校新增签约合作交流院校7所,新签合作交流协议15项。新增中瑞合作办学项目1项,新增学生海外学习交流项目9项,开拓学生双学位项目9项,其中研究生双学位项目8项,首次选派研究生参加硕士双学位项目。与韩国蔚山大学签署《联合培养博士研究生项目合作协议书》。

研究生教育。获批工程硕士和艺术硕士2个硕士专业学位授权点,研究生教育由学术型硕士培养扩展到学术型和专业型硕士培养。实施"交通运输工程一级学科硕士点建设"与"纺织材料改性与功能化交叉学科研究生拔尖人才培养平台"研究生拔尖人才培养平台项目(获批于上海市学位办),多渠道建立产学研联合培养基地,拓宽研究生培养途径。

职业教育。构建现代职业教育体系,创新高技能人才培养模式。"机电一体化技术"和"电气自动化技术"专业实现中高职贯通并招生,"模具设计与制造"专业获批"085工程"建设立项,实施"宝钢—工程大企校联合办学",共同培养适应企业需求的高技能人才。

校园文化。深化内涵建设大德育体系,培育和践行社会主义核心价值观。开展校训主题教育、校友访谈、校庆与校友返校日等活动,将社会主义核心价值观教育与爱校荣校教育相结合,引导学生将中国梦与实现个人价值相结合,构建覆盖全体学生的大德育体系。以易班教育为载体,弘扬中华优秀传统文化。实施"广富林"计划,构建中华传统文化教育的长效机制,切实践行中华优秀传统文化。开通学校官方微信、"工程大青年"微信等新媒体,多渠道强化意识形态的引导,增强师生对学校文化和价值的认同感,凝心聚力,传播和弘扬学校特色和工程大精神。　（冯　洁　宋　娟）

【签订多项产学研框架协议】 1月16日,与宝钢股份有限公司签订产学研战略框架协议,引入"双地点""双身份""双师资""双教材"的传统德国"双元制"职教模式,3月10日,联合办学的"宝钢机电一体化班"开班。3月18日,学校科技园与海宁市签署海宁园区合作协议,为创业企业孵化、高新技术成果转化、创新创业人才培养搭建首个设在沪外的服务、技术和培训平台。10月24日,与上海团结普瑞玛激光设备有限公司"激光智能制造工程技术中心"签订产学研战略框架协议。

（宋　娟）

【"小甜橙"志愿者服务队获全国铁道团委表彰】 学校"小甜橙"铁路志愿者服务队荣获由全国铁道团委、全国铁路青年志愿者协会颁发的2014年"铁路春运青年志愿者先进集体"称

上海工程技术大学志愿者"小甜橙"在上海站为旅客指引检票

（上海工程技术大学供稿）

号。学校6名志愿者获全国铁路春运优秀青年志愿者称号。"小甜橙"志愿服务队作为学校团委培育青年公益品德、服务社会的重要平台，由约200名来自不同学院的学生志愿者组成。2008年—2014年服务于上海站和虹桥站的春运第一线，从服务日起至小年夜，完成每天10小时、最高峰近15万人流量的任务，用实际行动践行着学校校训，诠释着学校价值取向，涌现出一大批先进楷模和感人事迹，受到《解放日报》等多家媒体报道，成为全市铁路服务的典范。（宋 娟）

【服务企业面对面创业服务指导站揭牌】 6月10日，"聚力谋发展 扬帆齐远航"——服务企业面对面第一季启动暨仙霞新村街道创业服务指导站揭牌仪式在上海工程技术大学国家大学科技园举办。长宁区人社局、仙霞新村街道办事处、上海工程技术大学科技园及创业指导团队、创业后援团成员、创业企业代表等相关人员出席活动。服务指导站旨在整合社区、校区、园区创业资源，从人员信息、政府金融信贷补贴信息、技术指导等方面搭建平台，提供资源共享与服务，做创业者的后援团，为创业者提供系统服务。（宋 娟）

【承办第三届中国创新创业大赛分赛】 7月11日，上海工程技术大学国家大学科技园承办的2014年第三届中国创新创业大赛（上海赛区）互联网与移动互联网团队分赛在学校长宁校区举行。该比赛有155个项目参赛，61个项目获得晋级。学校科技园企业上海幻橙网络科技有限公司获得大赛移动互联网领域全国第四名。（宋 娟）

【中标轨道交通16号线项目】 10月18日，上海市交通委员会轨道办公室公布上海政府采购项目招投标结果，学校轨道交通运营安全检测与评估服务中心"上海市轨道交通16号线（龙阳路站—罗山路站）工程试运营基本条件认定"项目中标。11月26日—28日，学校轨道交通运营安全检测与评估协同创新中心主持，邀请交通运输行业协会轨道交通专业委员会协助，组织该项目的试运营基本条件的专家评审工作。该项目的中标和评审，是学校在轨道交通领域里提升行业影响力的一次突破性的进展。（宋 娟）

【联合举办第二届长三角高教所所长沙龙】 11月6日，由学校和上海市高等教育学会联合举办、江苏省高等教育学会协办的第二届长三角高教学会、高教所所长沙龙在学校图文信息中心第三报告厅举行。会议主题为"特色办学与人才培养机制创新"。10余名专家学者围绕高等院校人才培养机制、模式创新、办学特色等作发言交流，就深化高教改革力度的难点与重点、人才培养机制创新点等问题进行探讨。该次沙龙是"2014上海市社联学会学术活动月专题研讨活动"之一。上海市高教学会会长张伟江、常务副会长杨德广、秘书长谢仁业，江苏省高教学会名誉会长葛锁网，安徽省高教学会秘书长张晶，浙江省高教学会常务副秘书长杨天平，以及来自长三角地区的50余名高教研究专家学者出席会议。（宋 娟）

【召开泛函分析国际学术会议】 11月7日—9日，泛函分析国际学术会议暨全国泛函空间理论联络组工作会议在学校松江校区举行。该次会议由上海工程技术大学、全国泛函分析空间理论联络组主办，由上海工程技术大学基础教学学院承办。会议展示与交流国内外空间理论及其在相关应用领域取得的科研成果，研讨前沿科研课题。会议以加强学科间交叉与融合，促进学科的繁荣与发展为宗旨，国内外教授围绕泛函空间理论和应用作大会报告。（宋 娟）

（十）上海交通大学安泰经济与管理学院

【概况】 2014年，学院建有管理学院和经济学院，设市场营销系、运营管理系、组织管理系、会计系、管理科学系、管理信息系统系、经济系、应用经济系、金融系、创新与战略系10个系，以及系统工程研究所、人力资源研究所、交通运输研究所、市场营销研究中心和现代金融研究中心等30个研究机构，建有管理科学与工程、工商管理、应用经济学3个博士后流动站。

教学与人才培养。学院招收本科新生213人，其中工商管理专业恢复招生69人，2015届50名获推免资格的本科生全部被985高校硕士招录，推免直升比例23.70%。学院通过优才夏令营招录的硕士生优质生源比例87%。博士生通过硕博连读、入学申请和统考三种途径招录，优秀生源比例80%。13门课程获校优质课程认定，9门课程获得校全英语课程认定，校级教材立项6本，关于"改进的经管类本硕博教学质量评估体系"项目获上海市教学成果二等奖。MBA项目列英国《金融时报》全球百强商学院排行榜第77位；提前面试申请人数达2 566人，国家联考报名人数达2 122人，报名人数和参加面试人数继续领先上海各大商学院。EMBA项目列英国《金融时报》排行榜全球第17，中文项目第一，福布斯中国最有价值EMBA项目位列第二。

科学研究。学校教授李垣领衔团队首次获得国家自然科学基金委创新群体，教授曾赛星获上海市科委"优秀学术带头人"；教授刘益领衔团队获教育部创新团队。完成"985"三期高水平文科建设项目的验收（3个一级学科点、1个二级学科点、8个基地、研究中心以及安泰实验中心建设）；国际期刊 *Journal of Management Analytics* 创刊；管理科学与工程硕士项目（MSC）排名获得英国《金融时报》排行榜第44位，连续六年进入前五十强。发表3篇UTD论文（全校6篇）；发表A、A-、B、C论文61篇，发表SSCI论文64篇，CSSCI论文114篇；在分类改革中期检查工作中取得文科院系第一；获国家自然科学基金18项，创新群体1项，重点项目1项，国家社会科学重大项目2项，省部级项目21项（包括上海浦江人才4项），其他横向课题21项；获上海市哲学社会科学优秀成果奖一等奖1项、二等奖6项，曙光人才计划 1 项；合计到账科研经费约 2 884.14 万元，其中纵向经费 2 138 万元。整合完善 2 个实地实验室，新建 1 个眼动实验室，创建和推广 3 个虚拟实验室。

人才队伍建设。截至 12 月，学院共有教师 180 人，其中正高职称 60 人，副高职称 72 人；具有博士学位人数占教师总数的 90.6%，具有海外博士学位的比例为 32.2%。从海外引进教师 6 人，均具有海外博士学位，包括副教授 1 人，助理教授 5 人；从国内引进高端人才 2 人；从海外引进教授 1 人；申报国家长江学者 4 人，国家千人计划 2 人，上海市千人计划 2 人，中组部青年拔尖人才计划 2 人；获得国家杰出青年基金 1 项；获评特聘教授 1 人，学科带头人 1 人；学校讲席教授候选人 1 人，学校特聘访问教授候选人 1 人，学科带头人候选人 1 人。邀请海外知名教授 20 余人到校授课，举行学科研讨、学术交流、合作研究等数十场会议；获得国家留基委全额资助 1 人，获学校青年骨干留学资助 3 人。

国际化发展。拓展包括芝加哥大学等在内的 10 所海外交流合作院校，共有海外合作院校 95 所，世界百强院校比例上升至 51%；全球暑期项目招收来自 22 个国家的 50 名国际学生，生源多来自剑桥大学、美国西北大学、悉尼大学等院校；全院国际学生在校 102 人，数量居全校之首；MIB 入学 38 人，分布在 18 个国家(地区)；在原有的 5 个双学位项目基础上，新增与美国南卡大学摩尔商学院的硕士双学位项目以及与西班牙 IE 商学院的 MBA 双学位和 MIB 双学位项目。各交流项目派出本科生与研究生合计 204 人，一学期以上的交流学生 159 人，比上年增长 25%；到北美著名院校的比例从上年的 30%增加到 60%；学院接收海外优秀高校的交换生的数量居学校之首，本科生与硕士生合计 180 人；基本囊括学校国家留基委国际交流资助，本科生 19 人(全校 26 人)，硕士生 35 人(全校 35 人)，有 13 个本科交换项目入选国家留基委“2014 年优秀本科生国际项目”(全校 16 个)。组织申报的“东盟—中国商学院联盟”项目被评为国家级教育对外交流项目(全国 10 项，上海交通大学仅此 1 项)；申请获得“985”三期国际化发展基金、国际化环境建设基金等。全年接待来自 30 余个国家超过 100 个国际院校代表团来访，约 150 人次；学院赴欧美等地参加国际会议、交流访学 80 余团次。召开第五届全球商学院院长论坛，来自五大洲 38 个国家和地区的 260 余名全球知名商学院院长参与该论坛，来自美国杜克大学、康奈尔大学、西班牙 ESADE 商学院、北京大学等国内外知名院校的 40 余名院长进行大会演讲，该论坛是亚太地区规模最大的商学院院长级高峰论坛。通过 EQUIS 再认证，获得 EQUIS 最高标准的五年期再认证，启动 AACSB 再认证工作；学院成为国内唯一一家获得全部三大国际最高认证的商学院。

(沈良基)

【交大安泰恢复建院 30 周年庆祝大会举行】 6 月 11 日，上海交大安泰经济与管理学院恢复建院 30 周年大会在徐汇校区文治堂举行。上海市人大常委会副主任、上海交通大学党委书记姜斯宪，全国 MBA 教指委主任、国家自然科学基金委员会管理科学部主任吴启迪，上海交通大学校务委员会名誉主任、原校党委书记马德秀，原校长谢绳武等领导，校机关部处有关领导，校友代表，学院师生等逾千人参加。安泰经济与管理学院院长周林作院庆报告，党委书记余明阳主持大会。姜斯宪指出，管理学科作为上海交大重要支柱学科之一，是学校高水平办学、创一流品牌的重要标志，在全校学科布局、科技创新、文化引领、服务社会等多个领域发挥着不可替代的作用，是学校建成“综合性、研究型、国际化”世界一流大学的重要组成。周林回顾学院 30 年的发展历程，总结学院在国际论文发表、科研基金申请、师资队伍建设、应用型人才培养、人才引进、国际化合作、社会责任等方面取得的成绩。周林指出，加强和上海交通大学其他学院的合作，开展跨学科的研究，培养复合型的人才，是安泰未来发展的关键。　(沈良基)

【交大安泰 EMBA 位列全球排名第 17 位】 10 月 20 日上午 7 点(北京时间)，英国《金融时报》发布 2014 年全球商学院 EMBA 百强榜单。相比上年，以上海交通大学安泰经济与管理学院为首的 3 家中国本土商学院的中文 EMBA 项目排名均稳中有升，而其他中外合作项目则有升有降。这一现象打破该榜单长期被欧美知名商学院垄断的局面，突显伴随中国经济实力的增强，中国本土商学院逐渐缩短与国际知名商学院的差距。10 月 20 日上午 9 点 30 分，上海交通大学安泰经济与管理学院在徐汇校区中院举办新闻发布会。学院领导、教授与校友代表以及 30 余家国内主流媒体参与发布会。该次榜单中，上海交通大学安泰经济与管理学院 EMBA 位列全球排名第 17 位(上年第 32 位)，蝉联本土中文 EMBA 项目之首。复旦大学上升 6 位，排在第 32 位，中国人民大学上升 18 位，排在第 43 位。　(沈良基)

【安泰校友黄海清当选上海“IT 青年十大新锐”】 12 月 20 日，第十三届上海“IT 青年十大新锐”评选揭晓。上海交通大学安泰经济与管理学院 EMBA 2007 春 2 班校友、甲骨文(中国)软件系统有限公司上海分公司总经理黄海清高票当选。黄海清在担任甲骨文上海分公司总经理期间，促进甲骨文(中国)软件系统有限公司对上海的战略投资，甲骨文全球研发中心落户上海后，为世博会、亚信峰会以及上海自贸区等关键信息化项目提供技术支持，是 2014 年唯一入选十大新锐的外企职业经理人。

(沈良基)

(责任编辑　苏莉莉)

二十五 文化

(一) 综 述

2014年,长宁区文化工作以建立健全现代公共文化服务体系和现代文化市场体系为目标,对接《中共长宁区委关于推进长宁文化繁荣发展的实施意见》《长宁区国民经济和社会发展第十二个五年规划纲要》(简称区“十二五”规划)和“三个城区”指标体系,推动文化体制机制改革,推进虹桥文化艺术中心等文化设施建设。做好文化市场行政服务,推动文化产业发展,调整取消行政审批事项,简化行政审批程序。依法行政,加强文化市场监管。加强对文化企业、文化园区的服务引导和政策扶持。推动文物保护和非物质文化遗产建设,古陶瓷修复技艺成功申报为国家级非物质文化遗产代表性项目。以第二届市民文化节长宁区活动贯穿全年群文活动,开展旅游节、购物节、虹桥之秋艺术节“三节”融合活动,2014上海世界音乐季、第四届中日韩艺术展,长宁区读书节,“创艺周末”广场周周演等重大活动。完善文化配送机制,推出公益性文化招投标项目。全年组织创作群文作品1 280件,开展各级各类群众文化活动5万余场次,群众参与200余万人次。长宁区沪剧传承中心原创沪剧《小巷总理》作为开展党的群众路线实践教育活动教材,在全市开展巡演62场次,在第十六届上海国际艺术节上戏剧院参演。2014年,长宁区通过文化部关于全国文化先进区的复评,再次获得全国文化先进区称号。长宁文化艺术中心获文化部全国公共文化发展中心、中国群众文化学会颁发的第三届全国群众文化美术书法大展优秀组织奖。上海影城完成收入4 383.12万元,利润总额984.28万元。

(徐裕洲)

11月28日,虹桥文化之秋艺术节闭幕式演出《金舞银饰》(区文化局供稿)

(二) 文化管理

【概况】 2014年,区文化局推动虹桥文化艺术中心建设及其运营模式研究,委托东虹桥文化公司拟定《虹桥文化艺术中心运营方案》。全区9个街道社区文化活动中心完成民办非企业或社团组织登记。继续开展2014长宁文化发展专项基金、长宁文化发展专项政策资助奖励。制定《长宁区公益性文化项目招投标实施细则》,推出公益性文化项目招投标,18家单位71场次演出中标,包含国有院团、民营院团和文化企业的滑稽戏、京剧、儿童剧、话剧、魔术杂技各类综艺演出。做好公共文化服务产品资源配送工作,优秀文化艺术进社区、进园区、进商区(区政府实事项目)94场次,“创艺周末”广场文化活动18场次。拟定《长宁区关于进一步加强群众文化团队发展的若干办法》,加强对群众文化团队的指导、扶持和管理,完成“百场群众文化团队培训”192场次。加强文物保护工作宣传,开展“文化遗产日”活动,全区新增6处市级文物保护单位。

(徐裕洲)

【召开区公共文化工作会议】 3月21日,2014年区公共文化工作会议召开。区群众文化工作委员会成员单位、区文联、文化系统各基层单位共42家单位的分管领导参加会议。副区长陈志奇出席并讲话。会议传达市公共文化工作大会市领导讲话精神，总结2013年区公共文化工作，部署2014年公共文化工作，表彰新华路街道等10个区群众文化工作先进集体、计风林等20个群众文化工作先进个人和区商务委（旅游局）的“长宁微旅行活动”等17个群众文化工作优秀项目。（徐裕洲）

【举行区文联第一届第三次主席团会议】 4月10日，长宁区文联第一届第三次主席团会议暨长宁区文联全体会员代表大会举行，区委常委、宣传部部长章卫民，区文联主席周文贤和区域内18家成员单位出席会议。与会代表听取并审议区文联副秘书长蔡福康关于区文联2013年工作总结、2014年工作计划和吸纳新会员、公示会费用使用及征收、会员单位退出等3项工作议案。与会的各主席团代表对区文联的工作提出建议和意见。（徐裕洲）

【开展区第三届文博宣传月主题活动】 5月18日，由区文化局、区商务委、区旅游局联合举办的长宁区第三届文博宣传月启动仪式在当天开馆的陆汉斌打字机博物馆举行，市委统战部副巡视员王建敏、市侨办副巡视员陶国、捷克共和国驻沪总领事馆代总领事 Jiri Fryda、区委统战部部长刘春景、副区长陈志奇出席。该届“文博宣传月”结合国际博物馆日主题，整合社会资源推出名人旧居文化之旅、工业遗产及苏河老印象文化之旅、愚园路红色旧址文化之旅、博物馆文化之旅4条文化线路，开放上海凝聚力工程博物馆、陆汉斌打字机博物馆、钱学森旧居陈列室等31处免费场馆，举办各类特色展览、文博讲座、互动课堂、知识竞猜、骑游寻访等文化之旅主题活动。（徐裕洲）

5月18日，第三届文博宣传月活动启动仪式　（区文化局供稿）

【迎接第二批创建公共文化服务体系示范区中期督查】 9月22日，市文广局副局长王小明、市公共文化专家蒯大申、市群众艺术馆馆长肖烨璎，市文广局公共文化处、嘉定区文广局、市财政局科教文处领导及《中国文化报》《解放日报》记者等对长宁区创建公共文化服务体系示范区工作进行中期督查。副区长赵丹丹及区文化局、区发改委、区财政局主要领导和相关负责人20人参加。市文广局创建公共文化服务体系示范区督查组听取赵丹丹关于区开展第二批创建公共文化服务体系示范区工作情况汇报。王小明对长宁区创建工作表示肯定，提出要深化创新管理，推进社区文化活动中心社会化、专业化运作，加强数字化建设，延伸公共文化服务。（徐裕洲）

【推进社区文化活动中心标准化建设】 年内，区文化局推进全区各街道（镇）社区文化活动中心标准化建设。推进硬件建设。新建虹桥街道古北市民文化中心，江苏路街道租借场地建设完成社区文化活动中心。推进周家桥、北新泾街道社区文化活动中心建设。完成民办非企业法人单位登记，全区9个街道社区文化活动中心完成民办非企业或社团组织登记，具备独立运营的社会法人资格。推动社区文化活动中心社会化、专业化运作。完成《长宁区推进社区文化活动中心社会化专业化运作情况汇报》。各街道（镇）与社会组织合作文化艺术项目43项，新华路、华阳路、周家桥、仙霞新村、虹桥街道社会化项目占日常开设项目20%以上。（徐裕洲）

（三）文化场馆

【概况】 2014年，区文化局推进重点文化项目建设。6月28日，虹桥文化艺术中心完成结构封顶，8月1日完成主体结构验收，进入内外墙装饰阶段。少儿图书馆改建项目，配合愚园路风貌保护区整体改造确定项目设计方案。围绕打造国际舞蹈艺术集聚区，推进上海国际舞蹈中心建设。配合相关部门和企业推动缤谷二期文化项目、西部六公园、文化大厦的建设，结合文化行业管理建议，形成方案。推进各街道（镇）社区文化活动中心标准化建设，完成20个“社区影视厅”项目建设。区属公共文化设施总面积165 974平方米，人均公共文化设施面积0.27平方米。（徐裕洲）

【长宁文化艺术中心】 年内，长宁文化艺术中心阵地接待活动32.9万人次。其中大剧场活动218场，接待13万人次；虹桥当代艺术馆展览43场，接待2.96万人次；评弹演出312场，6.37万人次；长艺名家讲坛活动45场，接待9 362人次；舞厅活动627场，接待6.2万人次，艺术阅览室接待3.46万人次。全年完成阵地经营收

1月4日，中国之窗中英文读书分享会　（区文化局供稿）

入96.1万元，其中剧场45.2万元、展厅11万元、评弹28.9万元、舞厅11万元。文化艺术中心编辑出版《虹桥风》月刊11期，出版公共文化书籍10本。组织开展群文业务培训、社会文化艺术培训322次，每个街道(镇)配送社区文艺指导员2名，辅导文化团队22支，受益群众4万余人次。公共文化服务产品资源配送社区文艺演出94场次，"创艺周末"广场文化活动18场，"送欢乐"艺术团为社区居民、工地、癌症俱乐部、敬老院演出30场次。（徐裕洲）

【长宁民俗文化中心】 年内，长宁民俗文化中心(区非物质文化遗产传承体验中心)完成南楼一期装饰工程建设，设立上海海派艺术馆。承办上海市民文化节沪语大会、上海市民文化节民乐推广季活动、传统节庆活动。完成社会辅导874课时，受益群众1.7万人次，免费公益电影放映48场，公共文化配送服务演出46场次，大型会务服务25场，华文讲座21场，受益群众上万人。成功申报古陶瓷修复技艺国家级非物质文化遗产项目和戏剧龙袍绘制技艺、面塑2个区级非物质文化遗产项目。完成非物质文化遗产项目基金申报工作，拍摄非物质文化遗产纪录片3部。与北新泾街道党员服务中心、华东师范大学、华东政法大学等单位共建，开展长宁社区民俗文化爱好者及非遗传承志愿者骨干培训。举办传统戏曲、海派书画鉴赏与投资、海上采风香道、端午节习俗、墨香中国、丝竹韵弦外音、七彩摄影、农民画创作等专题讲座。截至年末，博乐展堂和区非物质文化遗产传承体验中心接待预约参观团队58个，接待1.9万余人次。（徐裕洲）

【长宁区图书馆】 年内，区图书馆接待读者150万人次，流通图书58.7万册，发放读者借书证7 228张，有效持证数2.2万张。电子阅览室总注册读者16 610人，新增读者776人，全年服务读者5.6万人次。采购新书32 810册、光盘642片，征订报纸139种、杂志923种。国家共享工程长宁区分中心播放点全年接待读者2 861人次。组织开展6次涉外沙龙活动，各类讲座培训活动76次，组织读者沙龙11次。7月，区图书馆引进"一站式"服务系统RFID微型图书馆，读者无须办理读书证，实行借书还书自助操作，创新图书馆管理模式与服务模式。（徐裕洲）

【中国之窗·上海阅览中心】 年内，区图书馆"中国之窗·上海阅览中心"与上海航空公司建立合作关系，共同推广"蓝天书屋"系列服务产品之"文化之旅"项目，通过蓝天客舱窗口将中国悠久的文化历史和上海海派文化的独特魅力带到世界各地。与社会文化组织、出版社及各国驻沪领事馆共同携手，打造经典文化沙龙，形成品牌效应。与法中基金会、挪威驻沪总领事馆开展合作，联合举办的来自北欧的快乐小怪物——"峻达岭的小怪物"上海读者见面会、法国经典文学朗诵会——纪念中法建交50周年读书会活动；与上海故事广播、译文出版社联合举办走近文学大师马尔克斯、帕特里克·马尔克斯作品分享会。与市新闻出版局、少儿出版社、上海故事广播、易剧场联合举办中外儿童文学作家作品朗读会，举办第53期迈克尔·桑德拉中英文读书分享会，吸引50余名读者参与。该读书会被上海市新闻出版局、上海书展组委会、上海市团市委评为首批市级示范性读书会。中国之窗·上海阅览中心还与国务院新闻办三局、上海市旅游局、上海市对外文化交流协会、上海市人民对外友好协会和上海图书馆等单位共同举办"相聚上海"大型外籍人士读书征文活动。（徐裕洲）

【"凝聚力工程"网上博物馆】 年内，上海凝聚力工程博物馆开放实体馆参观的同时，开通"凝聚力工程"网上博物馆，同步展示实体博物馆五大板块信息，增加《馆藏资料》《寄语凝聚力》《我要参观》《走进博物馆》《友情链接》5个专栏，利用网络资源优势对博物馆进行在线导览和推介，吸引更多的参观者实地参观。《馆藏资料》栏目收藏各类工作材料、调研成果170篇60万字、书籍10册220万字、艺术品68件，补充实体馆的典藏功能；《寄语凝聚力》栏目，搭建网民与博物馆直接对话和交流的平台，很多网友通过网络平台谈感想、讲体会、提建议，成为"凝聚力工程"的"粉丝"；《我要参观》栏目开通网上预约参观实体馆的渠道；《走进博物馆》以视频短片形式宣传介绍"凝聚力工程"的发展和现状；《友情链接》栏目可以浏览合作共建单位的信息资料。上海凝聚力工程博物馆全年接待团队1106批次，参观25.45万人次。（徐裕洲）

（四）文化产业与市场

【概况】 2014年，区文化局完善行政

审批，强化市场监管，对接市文广局调整取消行政审批事项，简化行政审批程序，加强窗口工作人员的业务培训，建立文化市场诚信体系。实行文化市场的“全行业、全要素、全覆盖”管理，形成《关于进一步深化长宁文化市场监管机制的意见》。推进平安文化建设，针对重要节点对文化市场开展“扫黄打非”、“净网、清源、秋风”、游戏（艺）机专项治理活动。全年对文化市场开展执法检查393次，检查场所2597家次，立案处罚53起，罚没款16.8万元，收缴各类非法出版物1.2万件，取缔无证无照场所28家。做好重点文化企业的招商引资工作，全年完成招商16家，针对上海国际舞蹈中心演艺集聚区、环东华时尚创意产业集聚区、西部戏剧谷、海粟艺术街区、西郊生态休闲区等重点项目，做好文创产业的引入和规划工作。制定《关于深化文化体制改革实施方案》、虹桥文化艺术中心运营方案的建议以及文化大厦功能的框架性建议和临空1号公共绿地、中新泾绿地及新泾公园文化功能的规划建议。 （徐裕洲）

【加强亚信峰会期间文化市场监管】 5月21日，区文化局根据区政府统一部署，参与志愿值勤，组织系统35名志愿者参加亚信峰会制高点安保值勤，加强文化市场管理，做好重点项目、重点场所的监管。与公安长宁分局治安支队联合召开游艺娱乐场所专项整治工作会，对古北地区音像制品经营店、游艺（戏）机场所、大型娱乐场所和规模较大的演出活动、红坊园区艺术品展览展示等重大活动监控。加大执法力度，部署执法力量，保持每天早中晚三班制到市场一线执法，共开展执法检查37次，检查场所238家次，对8家场所的违规经营行为责令整改。提高快速反应应急应对能级，落实专人从网络、报刊等渠道收集演出信息，开展专项检查。落实专人负责举报电话接听处置，组建执法应急机动队，落实执法快速反应机制。 （徐裕洲）

长宁戏剧季展演　（区文化局供稿）

【召开文化行政事务社区服务三级网络工作会议】 6月6日，区文化局召集街道（镇）文化受理中心负责人召开区文化行政事务社区服务三级网络工作会议，推进区文化行政事务社区服务三级网络的规范化、制度化、长效化建设，市文广局社会文化管理处领导参加。各街道（镇）交流在文化行政事务向社区服务延伸工作的经验，区文化局副局长对各街道（镇）做好市文广局关于“事权下放”对接工作，加强行政审批改革，把文化行政事务向社区服务延伸精神作动员。市文广局社文处领导指出，要完善咨询服务、资料发放、巡查、舆情采集、数据统计、应急事务六方面的服务功能，提高服务能级，降低服务门槛，做好社区服务工作。 （徐裕洲）

【简化行政审批程序】 年内，为推进文化行政审批制度改革，简化行政审批程序，提高办事效率，区文化局对市属文化行政许可权限“事权下放”的原有29项文化行政许可项目进行逐一梳理，归并为12个大类19个分类审批项目。对“个体演出经纪人备案”等7个行政许可事项备案项目简化审批流程，由原来的5—10个工作日审批和2个工作日送达调整为申请材料齐全后当场办理。调整后的行政备案程序缩减办理时间，政府职能由从前的“重审批、轻监管”向“轻审批、重监管”的文化市场管理方式转变，厘清政府和市场的关系。做好332家文化经营单位的许可和备案。 （徐裕洲）

（五）文化艺术活动

【概况】 2014年，区文化局以市民文化节长宁区活动贯穿全年群文活动，承办上海市民文化节沪语大会、相声大会，参与举办上海世界音乐季、第四届中日韩艺术邀请展。推进旅游节、购物节、虹桥之秋文化艺术节“三节”融合活动，丰富人民群众文化生活。举办上海春季艺术沙龙、长宁戏剧季、长宁戏曲艺术欣赏季、长宁区读书节、少儿暑期读书月活动、长宁电影节、“创艺周末”广场周周演等各级各类群众文化活动5万余场次，群众参与200余万人次。完成20个“社区影视厅”项目建设。制定《长宁区关于进一步加强群众文化团队发展的若干办法》。完成“百场群众文化团队培训”包括公共文化管理、社区艺术骨干、市民艺术欣赏、民俗民间艺术赏析、文学赏析等各类培训192场次，委派764人次社区文化指导员对社区22支文化团队4万余人次进行辅导和培训。 （徐裕洲）

【举办长宁戏曲艺术欣赏季】 3月6日，由区文化局主办的“我是戏迷”——长宁戏曲艺术欣赏季在长宁文化艺术中心拉开序幕，开幕式演出现代京剧《少年中国梦》。戏曲欣赏季活动持续一个月，有京剧、沪剧、越剧、评弹和相声等5个戏曲曲艺种类9场演出，通过演出、展示、互动环节，弘扬中华民族优秀传统文化。每场演出开场前举行卡通人物照片墙“戏迷自拍乐”、戏曲知识有奖竞答、观众满意度调查，引导戏迷共同参与。

（徐裕洲）

【承办第二届上海长宁戏剧季活动】 4月8日，由区政府主办，区文化局、东虹桥文化公司和长宁文化艺术中心共同承办的第二届长宁戏剧季活动在长宁文化艺术中心开幕，副区长陈志奇出席并致辞。第二届戏剧季是通过社会合作和市场运作理念促成的南北戏剧艺术汇集交流的文化活动，整个戏剧季持续一个半月，引进《你好，疯子！》《情感操练2012》《达人未爱狂想曲》《妈妈喊你回家打鬼子》《波音波音》《我爱桃花》等6部来自上海和北京，涵盖悬疑、幽默、爆笑、伦理、古装、现代等不同风格的经典原创话剧。（徐裕洲）

【举办长宁区读书节活动】 4月19日，2014年长宁区读书节在区图书馆开幕，读书节涵盖“书香长宁成就梦想”第一届长宁职工读书节、长宁区机关读书节、长宁区“终身学习周”、长宁区“阅读嘉年华”文化系列活动四大板块，通过读者易书分享活动、主题论坛、草根作者评选、“漫阅读”行动、主题微旅行、主题征文、系列讲座等形式树立全民终身学习理念。读书节主题论坛活动邀请钟书阁、新华书店、鹿鸣书店、九九读书人、星期天读书会、博库书城等文化机构聚焦“阅读共同体的未来”主题开展讨论。开幕式当天，主办方发布“读书节”首日封，发起“我和阅读有个约会”阅读心愿卡投递活动。（徐裕洲）

【开展市民文化节市民演奏大赛复赛】 4月23日—24日，第二届上海市民文化节市民演奏大赛长宁区赛区复赛在长宁文化艺术中心举行。以“全年大展示、社会齐参与、市民共享受”为目标为市民搭建展示舞台，全区各街道（镇）有22支演奏团队参加复赛，更有外籍居民、盲童组成的乐团参加比赛。邀请国家一级作曲家周成龙、上海音乐家协会民族管弦乐专业委员会主任闽雪生以及国家一级演员郑乃炘等5人担任评委。天山铜乐工坊、彩虹室内乐团、青少年民族乐团、上海心明乐团、上海国际社区爵士乐队等10支乐团（队）入围2014年上海市民文化节演奏大赛全市决赛。（徐裕洲）

【举办创意周末广场文化活动】 5月1日，区文化局主办的“劳动成就梦想”——长宁区创意周末广场文化活动、中山公园百年系列活动暨庆祝“五一”国际劳动节交响音乐会在中山公园露天音乐台举行。副区长陈志奇、区政协副主席陆维清等出席。该次演出是通过政府招投标形式购买公益性文化项目，上海节日交响乐团作为公益性文化活动中标单位进行演出，曲目有《黄河大合唱》《红色娘子军》《我爱你中国》《在希望的田野上》等。

（徐裕洲）

4月23日，市民文化节器乐演奏大赛长宁区活动　（区文化局供稿）

【举办长宁电影节活动】 7月18日，“爱长宁、爱生活、爱电影”2014年上海长宁电影节开幕。长宁电影节是原始于1999年长宁社区电影节的基础上更名的，由原先的区级文化场馆电影院、社区文化中心数字影厅和居民区露天放映的形式，扩展到社会影院参与惠民服务。该届长宁电影节活动突出公益性，即公益电影进社区、进公园、进商圈、进园区。长宁文化艺术中心、长宁民俗文化中心和各街道（镇）开展“特色电影周”活动，区域内上海影城、龙之梦影城、世纪仙霞影城等影院参与公益电影主题放映活动。电影节采用露天电影模式，在中山公园、延虹绿地等草坪上放映电影，让居住在长宁区的百姓享受实惠。电影节期间，放映公益电影200余场，受益群众10万人次。

（徐裕洲）

【举办暑期读书月系列活动】 7月—8月，区文化局、区少年儿童图书馆联合各街道（镇）图书馆，举办“快乐阅读　点亮梦想”2014年暑期读书月系列活动。区少儿馆调动社会各方因素，在总结以往暑期活动经验的基础上推出主题报告、魔法童书会、童话创作、家庭阅读交流、科普讲座、社会实践、少儿绘画、快乐影院等活动。7月2日，在天山社区文化中心举行读书月活动开幕式，少儿阅读指导专家向小读者赠送优秀少儿读物，儿童文学作家张弘作“打开我们的想象力”主题讲座。上海图书馆副馆长周德明、上海少年儿童图书馆馆长韩筱芳等出席。活动当天，市中心图书馆长宁少儿分馆揭牌，为拥有“一卡通”少儿证的小读者提供异地借还书服务，来自各街道（镇）150名中小学生参加

活动。 （徐裕洲）

【举办第十二届虹桥文化之秋艺术节】 9月16日—11月28日，区文化局以“文荟长宁·乐享金秋”为主题，联合上海国际艺术节和上海市民文化节举办第十二届虹桥文化之秋艺术节。艺术节分为“狂欢”“艺享”“天籁”“曼舞”“共赏”五大板块，开展160余项活动，包括50场专业演出、8场展览，吸引近70万人次参与。艺术节活动分为开幕式、闭幕式、世界音乐季、“中国梦·上海情”沪语大会、“笑满申城”相声大会、纪念林徽因诞辰110周年特展、“相遇在长宁”微旅行活动、舞蹈艺术欣赏季、市民艺术大展美术专题展、上海艺博会等，还有来自俄罗斯、奥地利、以色列、新西兰、巴西等10个国家和地区的外国艺术家的互动表演。该届虹桥文化之秋艺术节运用社会力量，邀请上海民间艺术家协会、上海舞蹈家协会、上海歌舞团、上海滑稽剧团、上海戏剧学院附属舞蹈学校、上海艺术礼品博物馆、上海惠鸣文化传播有限公司、稻草人旅行网等企业参与。在金虹桥国际中心、高岛屋百货、西郊百联购物中心、汇金百货、龙之梦购物中心同步举行上海旅游节、购物节长宁区活动，通过区电视台、《长宁时报》的宣传和“长宁文化”“I长宁”自媒体平台的影响力，文商旅联动产生叠加效应，在区域内形成国际、经典、时尚文化特色，营造充满活力的旅游、购物、文化氛围。 （徐裕洲）

【举办上海世界音乐季开幕式演出活动】 10月18日，2014年上海世界音乐季在长宁区新虹桥中心花园开幕，副区长赵丹丹出席。作为第十六届上海国际艺术节节中节和长宁区虹桥文化之秋艺术节重点项目，音乐季以“都市大自然”为主题，邀请来自以色列、新西兰、蒙古、波兰、巴西、图瓦、阿塞拜疆等11个国家和地区的一流团队在为乐迷带来10场演出，同时配合大师工作坊互动，聆听来自全球各地非物质文化遗产项目的演奏。音乐季演出以公益票的形式出售，让老百姓走进绿地，与大自然一起聆听世界和而不同的声音。 （徐裕洲）

11月16日，沪语大赛比赛现场 （区文化局供稿）

【举行长宁舞蹈欣赏季原创作品展评】 11月3日—4日，长宁虹桥文化之秋艺术节活动“曼舞虹秋、舞动魅影”长宁舞蹈欣赏季原创作品展评在长宁文化艺术中心剧场举行。舞蹈欣赏季由区文化局、市舞蹈家协会主办，特邀上海歌舞团团长陈飞华、上海舞蹈学校校长杨新华、歌舞团副团长王菁3名专业评委，为全区10个街道（镇）推选的12组原创舞蹈作品作现场点评。该次活动有6场专业院团的舞蹈演出、2场群众舞蹈展评展演、2场舞蹈大师艺术分享、1场舞蹈电影赏析、1场舞蹈摄影作品展，是一次集专业舞蹈艺术欣赏、群众舞蹈艺术展演为一体的系列活动。 （徐裕洲）

【承办上海市民文化节沪语大赛】 11月16日，“中国梦·上海情”上海市民文化节沪语大赛落幕，来自17个区县和教育、卫生等单位150名选手参加为期三天的决赛，100名选手评为市民文化节“沪语达人”。该活动由长宁区政府和新民晚报社、新民网主办，长宁区文化局、上海民间文艺家协会、上海市戏剧家协会、上海市曲艺家协会、上海人民广播电台990新闻频率《轻松集结号》栏目、上海市群众艺术馆共同承办。邀请上海滑稽剧团副团长钱程，上海电台首席编导、上海市曲艺家协会副主席葛明铭，上海沪剧院原副院长、国家一级演员马莉莉，上海大学中文系教授、上海语言研究中心副主任钱乃荣等专家、学者出任决赛评委。该届沪语大赛通过市民文化节官网、新民网和“侬好上海”微信平台进行报名，由各区县和社区文化活动中心选送和电话直接报名参与的方式组成，3万余人次参与比赛，网上点击率达10万人次。报名选手中年龄最小的5岁，最大的87岁，有公司白领、地铁司机、外籍友人、学生等各行各业的老上海、小上海、新上海人。该届沪语大赛推出“海小萌”卡通代言人，制作出版四格漫画《沪语俚语100句》，在“侬好上海”微信平台推出50个“海小萌”沪语表情下载和评选，开设网络人气选手投票活动，向全市各区县文化馆和社区文化中心派送主题海报、易拉宝240件。聚焦选手故事，挖掘赛事背后故事。上海电视台新闻综合频道、上海人民广播电台990新闻频道、新华社、央视上海站、中新社及《人民日报》《光明日报》《解放日报》《文汇报》《新民晚报》等40余家媒体进行报道。 （徐裕洲）

（六）群众文艺创作

【概况】 2014年，区文化局对接《中共长宁区委关于推进长宁文化繁荣发展的实施意见》、对接区“十二五”规划和“三个城区”指标体系，激活全区群众性艺术原创力，组织开展群众文艺创作、评选、展演活动，把握贴近实际、贴近生活、贴近群众的要求，突出歌颂党、歌颂祖国、歌颂改革开放的主题，创作内容健康向上，形式新颖多样，具有鲜明的时代特征、民族特点和地域特色的作品。举办“永恒的爱”群众原创新人新作展评展演和长宁区第三届美术、书法、摄影大展。选送的作品参加上海2014年“上海之春”群文新人新作展评展演活动、第五届上海市民艺术大展和第三届全国群众文化美术书法大展，部分作品获得新作奖、一等奖、金奖。长宁区沪剧传承中心原创沪剧《小巷总理》被市委宣传部授予上海市群众喜爱的培育和践行社会主义核心价值观项目，获市委宣传部、市文广局共同主办的“2014年上海市新剧目评选展演”优秀剧目奖、“中国梦”主题创作奖和第六届(张家港)长江流域戏剧艺术节优秀剧目奖等奖项。（徐裕洲）

【开展新人新作展评长宁区选拔活动】 3月25日，2014年“上海之春”新人新作展评展演长宁区选拔活动在长宁文化艺术中心举行。选拔活动汇集38件艺术作品，分为音乐舞蹈专场和戏剧曲艺专场。市音乐家协会副主席余震，常务理事朱良镇、陆建华，市舞蹈家协会副秘书长王源，市舞蹈学校国家一级舞蹈演员叶燕萍，白玉兰戏剧表演奖评委沈鸿鑫，市艺术研究所副所长胡洪庆，市非遗保护工作专家委员会委员、研究馆员徐维新，市群艺馆曲艺指导鲁俊等担任现场评委。小戏《酱菜妈妈》、群舞《船歌水谣》、器乐《嘿，启程吧》、女声独唱《蚕桑姑娘》分别获2014“上海之春”群文新人新作展评展演新作奖。（徐裕洲）

【举办长宁区第三届美术、书法、摄影大展】 7月29日—8月30日，由区委宣传部和区文化局共同主办的“我的中国梦”——长宁区第三届美术、书法、摄影大展在上海虹桥当代艺术馆开幕。该次展览从策划、动员、创作，历时7个月，收到原创作品1 500余件，300件作品入选展览。长宁文化艺术中心组织创作的美术、书法作品入选“第三届全国群众文化美术书法大展”5件，入选第五届上海市民艺术大展42件，获市级以上政府奖项一、二、三等奖及优秀奖作品16件。其中美术作品《天下》获第三届全国群众文化美术书法大展金奖，美术作品《合弦》获“梦韵东方”——第五届上海市民艺术大展美术专题展一等奖，摄影作品《诗意黄浦江》获摄影专题展一等奖。这些作品全部出自社会各阶层百姓之手，他们从不同的视角和层面诠释对“中国梦”的理解和思考。（徐裕洲）

长宁舞蹈欣赏季原创作品展评（区文化局供稿）

【第五届上海市民艺术大展在虹桥当代艺术馆开幕】 10月20日，上海虹桥当代艺术馆举办“梦韵东方”第五届上海市民艺术大展，副区长赵丹丹、市美术家协会副主席周长江、区文联主席周文贤等出席开幕式。两年一届的上海市民艺术大展以市民爱好者和艺术发烧友为主角，参展作品涵盖美术、书法、摄影三大艺术门类。该次展览送展的2 046幅作品来自全市各区县28个文化馆、文化中心、工人文化宫等创作群体，展览从各区县送选的应征作品中遴选出240幅优秀作品分别在杨浦区和长宁区展示。（徐裕洲）

（七）上海影城

【概况】 2014年，上海影城完成收入4 383.12万元，利润总额984.28万元，比上年增长32.65%；票房3 579.76万元，其中国产影片票房1 250万元，占总票房34.9%；放映场次15 143场；观影人次724 365人；上座率19.14%。上海影城拓展网络订票及网上团购的渠道，网上购票1 285万余元，占总票房的36%，网购23万人次，占总人次的31%；团购157万余元，占总票房的4.41%，团购3.7万人次，占总人次的5%。上海影城举办各类电影首映及影片展映纪念活动80余场，其中包括《触不可及》《心花路放》《后会无期》映前映后见面会、第十七届上海国际电影节、无障碍电影日、资料片研讨会等，满足不同影迷的需求，提升上海影城的市场效果及社会影响力。（黄 敏）

【团体销售创新高】 年内，上海影城在稳固既有消费群体的情况下，全面开拓团体客户，以多种规格的会议场地、完善的配套设施和专业的会务团队以及具有针对性的各类影片推荐，满足会务客人的不同需求。以电影开拓会务，以会务带动电影，增加影城的会务收入和电影票房收入，实现“会务与电影资源共享，相互促进”的“双赢”经营模式。上海影城会务包场443场，会务收入265.7万元。拓

《雪》映前见面会　　（上海影城供稿）

展营销覆盖面，以点及面依托现有团体资源辐射性进行更多客户资源累积，阵地租赁收入684万元。见面会、首映礼等类型活动20余场，场均上座率超90%。（黄　敏）

【服务第十七届上海国际电影节】 6月14日—22日，上海影城作为第十七届上海国际电影节的主会场，节前组织开展几十项内部整改措施，包括设备添置、维修维护、环境检查修整、员工培训、制定紧急预案、责任落实到个人等措施，确保电影节顺利进行。在历时9天的电影节里，上海影城放映中外影片175场，其中金爵奖参赛影片，以及亚洲新人奖、传媒大奖入围影片等30余部影片，配合电影节新闻委员会完成新闻发布会及观众见面会70余场，完成电影节放映、接待、服务等各项任务。该届电影节上海影城票房收入334万元，再创历史新高。（黄　敏）

【创“东方巨幕”品牌】 6月13日，上海影城引进全球首台激光放映机，配合“杜比全景声”推出“东方巨幕”影厅品牌。在影像呈现方面，“东方巨幕”影厅是全球首家采用高亮度多基色激光光源进行电影放映的影厅。高亮度多基色激光光源比氙灯光源拥有更宽的色谱带宽和灰度表现力，其光能量能够100%被数字电影放映机利用。这一技术的应用使巨幅电影画面细节更加清晰，色彩更加丰富，色度更加饱满，提升3D立体影片的观看效果。在声音表现方面，“东方巨幕”影厅采用杜比全景声技术，突破现有影院普遍采用的5.1或7.1多声道立体声模式，在影厅扬声器设置50个声道的扬声器组，声功率达50 000瓦，实现全景立体环绕音效的再现。该影厅具有精准清晰的声像定位，层次分明的动态效果，音域宽阔的频率响应，可为电影观众提供完美、震撼的音效体验。（黄　敏）

【获志愿者服务工作二等奖】 7月，上海影城获上海市委宣传部颁发的志愿服务工作二等奖。上海影城志愿者服务队创立于2006年，有志愿者74人，占员工总人数的100%。2014年开展志愿者活动37次，党、团员参与率100%，服务6 100余人。为弘扬“奉献、友爱、互助、进步”的志愿者服务精神，上海影城长期坚持学雷锋、敬老爱老、阳光之家等志愿服务活动，与上海公用事业学校、新华路街道“阳光之家”、“青聪泉”儿童智能训练中心等企事业单位联建共建。上海影城志愿者服务队在社区服务中形成五个坚持：坚持邀请社区居民参加各类电影首映活动、坚持邀请社区居民参加上海国际电影节活动、坚持免费为社区居民提供早锻炼和大型文化活动的场地及设施、坚持低价支持“新华社区论坛”开展活动、坚持帮助社区部队维修、保养放映设备。上海影城通过多元化的主题活动，全方位体现“服务他人、奉献社会”的志愿工作宗旨，展示上海影城服务社区百姓的企业风范。（黄　敏）

（责任编辑　苏莉莉）

二十六 医疗卫生

(一)综 述

2014年,全区有各级各类医疗卫生机构246所,其中市属单位2所,区属单位22所,企业职工医疗机构2所,部队医疗机构4所,民营医院20所,民营专科门诊部74所,个体诊所、卫生室、医务室、护理站83所,社区卫生服务站39所。实有病床6 760张,其中市属医疗卫生机构570张,区属医疗机构3 102张,企业职工医疗机构307张,部队医疗机构1 940张,民营医疗机构841张。各级卫生技术人员11 413人,其中执业医师和执业助理医师6 279人,注册护士3 623人,药师(士)405人,技师(士)733人,其他卫生技术人员373人。医疗机构门诊总量988万人次(区属医院占64.88%),区属医院病床使用率96.49%。年末家庭病床3 599张。全区户籍人口59.24万人,其中男性29.09万人、女性30.15万人。户籍人口出生数5 286人,出生率8.68‰;死亡数5 082人,死亡率8.35‰,自然增长率0.33‰。婴儿死亡率3.03‰,孕产妇死亡率0%。户籍育龄妇女12.50万人,其中,已婚育龄妇女8万人。户籍人口平均期望寿命84.13岁,其中男性81.80岁,女性86.56岁。户籍人口计划生育率99.13%;独生子女领证率11.82%。

2014年,长宁区聚焦医改工作,推进公立医院体制机制改革进程,完善家庭医生制试点工作模式,聚焦国家基层卫生综合改革重点联系点,巩固基本药物制度、完善补偿机制和分配激励机制、推行家庭医生制。做好公共卫生管理与健康服务工作,加强人口调控和管理服务,逐步实施分梯度、分层次的公共卫生服务,促进公共卫生服务有序提供和资源合理配置。将“治未病”理念、中医适宜技术融入公共卫生服务体系,构建社区健康管理新模式。以精神卫生社工为切入口,深化特殊人群社会管理创新工作,在全区10个街道(镇)建立社工站的三级组织管理架构。完成依法行政“十二五”规划中期评估,起草“十三五”规划,完成审改工作之权力清单梳理及执法主体清理。完成市卫计委全系统绩效工资调研统计,与区人社局沟通协调卫生系统绩效支付平台的发放额度统计等。推进第一批上海市卫生青年资助计划项目对10名资助人员的管理;1名全科医师进入第二批培养项目;1名全科副主任医师被推荐到国家卫计委参加突出贡献中青年专家评选。对区域内8家医疗卫生单位开展医药购销和医疗服务中不正之风专项检查。

(殷晓椿)

6月30日,长宁区疾病预防控制中心、华阳社区卫生服务中心联合农工党支部在尚街会所开展健康进楼宇活动 (区卫计委供稿)

(二)医疗卫生管理

【概况】 2014年,区卫计委制定《2014年深入推进长宁区公立医院改革细化方案》,针对综合评价、行业监管、药品购销三个配套项目,开展调研分析。与区卫生信息中心对接,设立综合评价项目系统和信息采集，促进平台建设。调研基层社区卫生服务中心在药品采购使用等环节的现状，对药品采购平台建设进行可行性评估，对药品管理的功能进行框架设计，全面启动区域药品供应管理平台建设工作。制定完善长宁区社区卫生服务综合评价指标，完成社区卫生服务中心综合评价。长宁区光华中西医结合医院更名为上海市光华中西医结合医院。（殷晓椿）

7 月 24 日，上海中医药大学、长宁区政府区校共建签约仪式在长宁区政府举行（区卫计委供稿）

【上海市光华中西医结合医院揭牌】7 月 24 日，上海中医药大学、长宁区政府区校共建签约仪式暨上海市光华中西医结合医院揭牌仪式在长宁区政府举行。上海中医药大学党委书记张智强、校长徐建光、副校长施建蓉，中共长宁区委书记卞百平、区长谢峰，上海市卫计委副主任瞿介明，上海市中医药发展办公室主任郑锦等出席。仪式由副区长陈志奇主持，徐建光和谢峰共同签署长宁区人民政府与上海中医药大学区校共建备忘录，卞百平和瞿介明共同为上海市光华中西医结合医院揭牌，张智强、谢峰、郑锦分别代表上海中医药大学、上海市卫计委、长宁区政府讲话。该次合作共建，旨在在长宁区区域内普及中医药适宜技术，发挥特色专科优势，提升区域中医药的服务能力。（殷晓椿）

【长宁区接受“全国基层中医药工作先进单位”复核评估】8 月 28 日，国家中医药管理局专家组对长宁区“全国基层中医药工作先进单位”复核评估。长宁区副区长赵丹丹向专家组作《寄情中医，健康长宁》中医药工作汇报：长宁区政府与上海中医药大学签订区校共建协议；光华中西医结合医院晋升成为三级甲等医院；长宁区卫计委与上海中医药大学附属龙华医院合作共建天山中医医院；区内 10 家社区卫生服务中心均设立中医药综合服务区，其中 6 家社区卫生服务中心被评为全国和上海的中医药特色示范社区卫生服务中心。专家组走访虹桥街道和江苏路街道社区卫生服务中心、新华路街道的红庄社区卫生服务站点及仙霞新村街道的虹仙社区卫生服务站点，查看设在天山中医医院的中医药适宜技术推广基地和“治未病”发展研究中心。专家组对长宁区中医药工作的服务网络、服务水准、中医氛围、医务职工的精神风貌和社区居民对中医药服务知晓率、满意度表示肯定。（殷晓椿）

【完成亚信峰会医疗卫生保障工作】年内，区卫计委制定长宁区卫生计生系统亚信峰会保障总体方案，并制定医疗救护、传染病预防控制、病媒生物控制等 8 个专项方案，区内各医疗机构制定医疗保障方案，系统内开展各类桌面推演、实战演练 10 余次。开展区域内医疗卫生机构依法执业、传染病防治、放射源管理和二次供水等情况的专项监督检查，排查医疗卫生安全隐患；开展地下空间住宿场所、中小学校及托幼机构生活饮用水、无证行医等专项监督检查工作；开展疑似精神障碍患者线索调查、在册患者风险评估、社区随访管理等工作。会议期间，系统内落实 24 小时值班制，定点保障宾馆每日安排 2 名卫生监督员值守，区疾控中心每日实时监控，发现并处置 191 起暴发苗子，经调查排除 117 起，采取控制措施 74 起。实行每日信息报告制度，编制《重性精神疾病治疗管理工作日报》14 期，《传染病保障工作日报》19 期，《传染病防控工作专报》5 期，《卫生计生保障工作日报》14 期。为值守民警送健康，安排西医、中医咨询和体检等项目。（殷晓椿）

（三）公共卫生服务与妇幼保健

【概况】2014 年，区卫计委启动“十二五”国家科技重大专项“上海市大城市结核病综合防治模式研究”项目，实施预防接种门诊后补式冷库建设、新建结核病健康家园及社区服务药点及出台养老机构传染病管理政策规范，完成国家慢性疾病综合监测点调查，及新生儿先天性疾病筛查 9 818 人、社区居民大肠癌筛查 19 075 人（初筛阳性 4 115 人）、老年人肺炎疫苗接种 6 028 人。推进全覆盖孕情监测，规范开展妊娠风险预警评估及重点孕妇分级分类管理，规范高风险孕产妇随访管理；组织开展助产机构质量督查，提高产科质量水平；完善托幼机构儿童卫生保健分层管理服务模式，开展儿童保健管理专题培训，加强传染病防控及对意外伤害管理；开展“妇幼健康年”宣传，提升妇幼保健宣教力度。至年底，精神卫生社工站服务对象 452 人，服务对象有效服务率 97.2%，总满意度 93.4%，复发率降低 35%，稳定率 97.1%，肇事肇

祸率维持在0。（殷晓椿）

【举办医疗保健咨询活动】 5月31日，复旦大学附属华东医院与区卫计委联合举办的“端午送健康，华东大义诊暨长宁区中医保健养生、家庭医生服务体验”医疗保健咨询活动在中山公园米兰广场举行。华东医院党委书记、院长俞卓伟等40余名专家教授，为市民提供内、外、妇、中医及全科等医疗保健咨询，家庭医生为市民提供节气养生及测量血压、血糖等服务。（殷晓椿）

【举行中医咨询活动】 6月28日，由上海中医药大学附属龙华医院、天山中医医院、天山路街道办事处共同举办的“迎七一相聚党旗下，中医情伴你健康行”医疗咨询活动在天山百盛购物中心东侧广场举行。来自龙华医院、天山中医医院的40余名专家为市民提供免费医疗健康咨询、把脉问诊、测量血压服务。并设立中医体验区，进行耳穴贴压、穴位敷贴、体质辨识、中医养生操示范、中药知识问讯等服务，提供中医养生茶、驱蚊香袋、中医药宣传册等中医特色小礼物。（殷晓椿）

【完成免费妇女病及乳腺病筛查项目】 长宁区每两年为退休妇女和生活困难的妇女提供一次妇女病、乳腺病的筛查。区卫计委作为项目的技术支持与服务部门，由区妇幼所牵头，区妇幼保健院、市光华医院作为定点筛查点，全年筛查15 333人，筛查率95.58%，患病率35.33%，其中检出宫颈癌1例、乳腺癌2例、卵巢癌1例。（殷晓椿）

【成孕前优生健康检查项目】 年内，区卫计委落实市政府实事项目，面向户籍与常住人口提供免费孕前优生健康检查和指导服务。为999对符合条件的计划怀孕夫妇提供免费孕检服务，其中一方或双方为外省市户籍的夫妇211对。针对孕检中发现的严重疾病夫妇，给予专业指导和追踪管理。（殷晓椿）

（四）人口与计划生育

【概况】 2014年，长宁区常住人口计生率97.71%，其中户籍人口计生率99.13%，流动人口计生率93.73%，审批再生育1 234例，核查育龄夫妇计生信息75 604户。完成已婚育龄妇女避孕节育问卷抽样调查1 530人。办理独生子女父母光荣证5 654份；审核申领计划生育家庭特别扶助金2 445人，发放扶助金1 331.39万元；审核独生子女意外伤残、死亡一次性补助303人，发放补助金118.2万元；审核年老一次性计划生育奖励8 338人。社会抚养费征收33例，应征收131.95万元，已征收101.26万元。开展计生行政办事文书、执法案卷评查、流动人口计生集中执法检查、人口计生信息质量检查、评估。开展婚育证明电子化试点、流动人口“关怀关爱”系列活动，以及计生药具服务年工作。为64户“失独”家庭开展居家养老服务，为75人次“失独”家庭发放住院护工补贴5.81万元；为2 412名计生特扶对象赠送“银发无忧”保险。与区财政局等六部门联合制定《长宁区关于进一步加强计生特殊困难家庭扶助工作方案》。（殷晓椿）

【实施“单独两孩”政策】 3月1日起，长宁区开始实施“单独两孩”政策。“单独两孩”是指：夫妻双方中一方为独生子女且有一方为上海市户籍的夫妻可以申请再生育一个孩子。为配合该政策实施，4月23日，区卫计委举行“长宁区‘单独二孩’政策实施情况调查分析”课题开题会，该课题调研长宁区出生人口的数量，评估新增出生人口对长宁区妇幼保健、教育等公共服务与管理资源的影响。年内，长宁区办理722例“单独两孩”再生育申请。（殷晓椿）

【计生特扶课题结题】 10月30日，区卫计委委托市人口与发展研究中心开展的“长宁区计生特扶家庭社区帮扶工作现状调研——以新华路街道为例”课题结题会在新华路街道召开。市卫计委家庭发展处、市人口与发展研究中心、区卫计委及新华路街道领导参加。市人口与发展研究中心汇报课题的研究背景、目的与意义、主要内容与结论。与会人员表示，该课题报告在分析新华路街道人口发展与特扶人群变动的基本态势、特扶人群的基本特征及其服务需求、计生特扶工作的现状与其运行机制的基础上，提出对策建议。（殷晓椿）

【长宁区计生协会首家青春健康俱乐部揭牌】 11月26日，区计生协会首家青春健康俱乐部（天山路街道青春健康俱乐部）启动仪式在长宁区天山商圈白领中心举行。市计生协会副秘书长与区卫计委党委书记为青春健康俱乐部揭牌，并授予青春健康俱乐部为市计生协会“青春健康教育实

6月28日，“迎七一相聚党旗下，中医情伴你健康行”医疗咨询活动（区卫计委供稿）

践基地”称号。该俱乐部以“多样、精细、鲜活”为主题，借助天山商圈、学校等优势，重点开展白领青年、学校及社区青少年青春健康教育，不断深化区计生协会“生育关怀—青春健康”工作，成为青年交流思想、展示才华、联络感情的新阵地。（殷晓椿）

11 月 26 日，天山路街道青春健康俱乐部启动仪式　（区卫计委供稿）

（五）疾病预防控制

【概况】 2014 年，长宁区作为国家新增疾病综合监测点，对 4 家社区的 12 个居委会 600 户家庭开展补充监测调查，完成 578 名老人的问卷调查和 26 名低龄调查对象的血标本采集，完成数据分析和报告撰写，完成伤害和心脑血管监测报告，完成长宁区慢性病防制白皮书编制。为全区 12 214 名儿童建立屈光发育档案，180 余名疑似弱视儿童被转诊至市级定点医疗机构进一步诊断治疗。实施中小学校学生视力质控、老年人视力普查，对全区 59 所学校、23 家综合性医院眼科门诊以及 8 家月子会所开展“红眼病”督导检查。完成幼托机构、中小学校儿童口腔健康检查和龋齿预防性充填，检查 21 230 人，充填 4 184 人，充填牙数 9 284 只，充填率 52.19%。完成 14 所小学适龄儿童窝沟封闭，窝沟封闭 505 人，窝封牙数 1 312 只，窝封率80.29%。实施基于市民电子健康档案的疾控信息化项目，开展健康嘉年华主题活动，区疾控中心制作的“健康由你选择”参加首届全国青年医学科普能力大赛获得一等奖，全区健康教育工作获得中国健康教育传播最佳实践案例蒲公英金奖。重点强化学校人群传染病疫情的预警与应急处置，围绕人群主要健康问题，开展 30 余项监测和专项调查，高血压、糖尿病患者管理率分别达 61.61%和 64.37%。（殷晓椿）

【“中医预防保健服务体系示范基地建设”项目通过评审】 1 月 3 日，《上海市加强公共卫生体系建设三年行动计划（2011—2013 年）》重点项目“中医预防保健服务体系示范基地建设”项目评审会在区公共卫生中心举行。长宁区中医预防保健服务体系示范基地是以社区居民中医药预防保健服务需求为导向，以基层中医药服务能力提升为要求，将社区中医预防保健工作与公共卫生体系建设、家庭医生制度建设结合，发挥中医预防保健在维护社区居民健康中的特色优势，探索构建中医特色防治一体的社区居民健康管理服务模式。评审会由国家中医药管理局中医服务评估重点研究室主任沈远东领衔，上海中医药大学、上海中医药大学附属岳阳中西医结合医院、复旦大学、上海市卫计委等部门专家组成评估组。通过听取汇报、资料审核、现场查验，围绕项目建设目标、工作任务完成情况、项目创新性、项目的成果等方面进行评估。评审组反馈：该项目完成项目设计任务，并在中医预防保健的政策保障、政府投入机制建立、分级分类的服务网络构架、中医预防保健体系运行、基层中医特色、防治一体的社区居民健康管理服务模式等方面，可以指导全市中医预防保健工作开展，项目评估予以通过。（殷晓椿）

【启动食品安全风险监测与评估工作】 2 月，区疾病预防控制中心经过 10 个领域 34 个项目的考核，通过市质量技术监督局认定考核，取得食品检验资质。拟定长宁区食品污染物监测方案，组织业务人员和实验室人员开展专业培训，结合实验室工作需求，做好检测物资储备。开展食品风险监测样品的采样和检测，做好质控等管理工作，推进食品安全风险监测与评估体系建设。（殷晓椿）

【举办国家级中医药继续教育学习班】 4 月 26 日，2014 年国家级中医药继续教育学习班“中医‘治未病’服务工作体系的探讨”暨 2014 年度上海市“治未病”政策研究论坛在区公共卫生中心举行。来自全国 10 个省、直辖市的各级中医药主管部门、医疗卫生机构相关负责人、中医医师、全科医师近 300 人参加。培训班和论坛围绕区域中医预防保健体系框架的建设、分级分类健康管理及养生保健机构准入管理等，展开学术研讨和经验交流，并就“治未病”服务中的中医药适宜技术在亚健康状态、临床常见慢性疾病中的临床应用进行培训。（殷晓椿）

【复旦—长宁心理研究与实践基地签约与揭牌】 6 月 13 日，由区卫计委、复旦大学心理研究中心及区精神卫生工作联席会议办公室共同举办的复旦—长宁心理研究与实践基地签约与揭牌仪式在区工人文化宫举行。通过借助复旦大学心理研究中心的学术影响和长宁社区心理服务发展的实践平台，双方在心理卫生领域开展合作，消除社会对精神疾病的偏见和观念误区，提升心理实践研究的专业水平。（殷晓椿）

11 月 30 日，"健康至尚"嘉年华艾滋病防治主题活动　（区卫计委供稿）

【开展埃博拉出血热传染病防控】 8 月，根据埃博拉出血热防控工作要求，区疾病预防控制中心结合区域实际，制订埃博拉出血热的防控方案。更新埃博拉防控个人防护物资，为 10 家社区卫生服务中心开展医学观察配备防护物资。对全区各级医疗机构开展防控培训，所有医疗机构进行全院培训。对各级医疗机构的发热门诊及预检转诊工作进行督导。年内，开展疫区来华及归国人员健康管理共 25 人，均未发现异常情况。（殷晓椿）

【区疾控中心推进实验室检测能力建设】 年内，区疾控中心实验室参加各项能力验证 14 次、实验室比对 13 次，通过美国实验室能力验证 ERA、中国合格评定国家认可委员会、中国检验检疫科学研究院等组织的多项验证以及欧洲室间质量评价和欧洲大肠杆菌室间质评比对考核。流感 PCR 阳性率居于全市 17 家流感网络实验室之首，分离的标号为 A/上海长宁/1507/2012 的毒株被选为全国 H3N2 亚型标准抗原株，制成标准抗原和抗血清下发至全国流感网络实验室。分离获得手足口病细胞毒株，率先采用 PCR 方法检测致泻性大肠埃希菌的毒力基因。（殷晓椿）

【开展"健康嘉年华"系列活动】 年内，区卫计委组织疾病预防控制、妇女儿童保健、精神疾病防治、中医"治未病"等预防保健专业机构，联合区委宣传部、区爱卫办、区教育局、区妇联、区总工会等部门及各街道（镇），举办"与心灵相约"心理卫生主题论坛、中医"治未病"服务宣传月、艾滋病防治宣传周、母乳喂养宣传周、"健康好技能"中小学生健康技能评选赛等，倡导全民参与健康管理，提高健康保障水平。（殷晓椿）

9 月 19 日，区卫生监督所监督员进行学校卫生监督　（区卫计委供稿）

（六）卫生监督与监察

【概况】 2014 年，辖区内有管理相对人 4 365 户，其中公共场所 2 690 户、医疗机构 262 户、饮水卫生 600 户、放射卫生 128 户、学校托幼 139 户、病原微生物实验室 97 户、控烟场所 449 户，服务机构 5 户。针对社会办医疗机构负责人、医疗机构管理人员、放射诊疗工作人员等各类专题培训 19 次，组织开展大型宣传活动 7 次。对区内 8 家发热门诊定点医院、25 家预检分诊设置发热门诊的医疗机构、2 家流感监测点医疗机构、5 家涉及使用放射源和放射性同位素的医疗机构进行全覆盖检查。区内 179 家医疗机构涉及医疗污水处理，规范化率达 73.18%。对纳入监测网络中的 10 个管网末梢水监测点和 10 个二次供水监测点，开展检测 1 120 项次，合格率 100%。开展医疗广告及互联网监测约 700 户次，开展医疗美容专项监督检查 44 户次，抽查门诊病历 570 份、住院病历 155 份、处方 1 100 份。开展生活美容美发场所非法从事医疗美容整治，外国医师执业行为专项检查，及临床用血医疗机构血液卫生安全专项监督和抽检。打击非法行医和整治"医托"工作，出动执法人员 675 人次，其中卫生 601 人次、公安 45 人次、城管 15 人次、食药监 8 人次、工商4人次、街道(镇)2人次;监督检查无证行医202户次;拆除无证行医牌匾137块;处罚14户次,罚款5.44万元,没收违法所得2.01万元,收缴药品76箱,收缴器械1 028件;与公安、工商、食药监等部门联合执法12次;取缔无证行医窝点11户次;刑行衔接3人;举办打击无证行医宣传活动1次,出动人员30人次,接待咨询250余人次,发放宣传资料1 250份(册)。开展卫生监督内部稽查和执法行为稽查,现场监督质量稽查114户次,每季度对一线卫生监督员全覆盖稽查;现场监督笔录稽查604份;许可文书稽查104份。 (殷晓椿)

【启动食品安全标准备案工作】 7月1日起,食品安全企业标准备案工作正式移交卫生计生部门管理。根据《上海市食品安全企业标准备案办法(试行)》的相关要求,区卫生监督所承担辖区内食品安全企业标准备案工作。截至年底,尚未收到相关企业的咨询和备案申请。 (殷晓椿)

【探索医疗机构"四维度"监督管理】 年内,探索由区卫计委、区卫生监督所、区医学会、区社会办医机构协会共同参与的医疗质量"四维度"联合监管,以卫生监督和质量控制为主,从医疗执业行为、医疗质量安全、社会经济效益等方面对区域内医疗机构进行监管,改变以往分散监管检查的模式,弥补卫生监督员医学专业知识不足和医疗质量控制部门行政约束能力缺乏的问题。同时,在保证检查质量的情况下,减少医疗机构接待检查的频次,降低对医疗秩序的影响。开展监督检查40户次。每半年,四方联合对督导检查中问题比较突出的医疗机构法定代表人或者负责人进行一对一约谈,全年对30户次医疗机构进行约谈,反馈综合监督检查情况,指导医疗机构整改。 (殷晓椿)

(七)医疗卫生机构与业务

【概况】 2014年,市同仁医院完成病理科、儿科、耳喉鼻科等科室整合,新建综合办公楼项目完工并搬迁入住。区精神卫生中心地下车库项目竣工、新建住院综合楼项目年底实现结构封顶。区妇幼保健院与复旦大学附属妇产科医院(上海红房子妇产科医院)签约结为技术协作单位。市同仁医院(东院)完成老年护理病床区域的改建装修,按要求设置老年护理床位。程桥社区卫生服务中心完成病区业务用房调整及装修,新增机构舒缓疗护床位14张;江苏社区卫生服务中心新建居家舒缓疗护床位20张。 (殷晓椿)

【长宁区脑卒中临床救治中心揭牌】 8月30日,由区卫计委、市同仁医院、上海交通大学医学院附属第九人民医院共同举办的长宁区脑卒中临床救治中心成立揭牌仪式暨"神经影像对急性脑卒中溶栓治疗的促进作用"国家级继续教育学习班在区公共卫生中心举行。长宁区脑卒中临床救治中心旨在整合长宁区二、三级医疗机构、专业机构和社区卫生服务中心在脑卒中预防与救治工作中的职责、任务及协同服务机制,推进长宁区"脑卒中预防—干预—救治"服务网络建设,提高社区居民健康水平。 (殷晓椿)

【上海交大医学院虹桥国际医学研究院遴选课题组长】 9月27日,上海交通大学医学院虹桥国际医学研究院课题组长(PI)遴选评审会在区公共卫生中心举行。上海交通大学基础医学院以及公共卫生学院20名课题组长参加,评审遴选出10名课题组长入学研究院,从而组建服务于上海市同仁医院的科研平台和转化医学研究中心。通过该次遴选的课题组长有:上海交通大学医学院基础医学院周爱武、侯照远、黄功华、郑俊克、李福彬、方超、吴英理、戎伟芳,上海交通大学医学院公共卫生学院钱碧云、栾洋。 (殷晓椿)

【区妇幼保健院获全国PAC优质服务铜牌】 11月16日,由中国妇女发展基金会、中华医学会计划生育学分会、国家人口计生委科学技术研究所等主办的"关爱至伊·流产后关爱(PAC)公益项目3周年论坛暨总结推进会"在北京钓鱼台国宾馆召开,区妇幼保健院获全国PAC优质服务铜牌。"PAC项目"流程包括术前医院通过集体宣教、一对一夫妻共同参与的宣教,告知人工流产风险、交代手术前后注意事项、指导选择适合的避孕方法等;手术当日在手术室进行避孕方法宣教,手术中对选择宫内节育

9月27日,上海交通大学医学院虹桥国际医学研究院课题组长(PI)遴选评审会 (区卫计委供稿)

器患者即时放置；术后督促患者随访，了解避孕措施落实情况。（殷晓椿）

【上海交大医学院虹桥国际医学研究院挂牌】 11月26日，上海交通大学医学院虹桥国际医学研究院挂牌暨第一次学术报告会在市同仁医院举行。会议由副区长赵丹丹主持，上海交通大学副校长陈国强和区长谢峰为研究院挂牌。该研究院结合上海市同仁医院的临床医疗资源和上海交通大学基础医学院以及公共卫生学院学科优势，建立从基因—蛋白—细胞—整体—群体—环境各个层次常见病、多发病的预防、诊疗、基础的综合研究体系，为提高区域医疗水平和学科建设提供支撑。（殷晓椿）

【施杞名中医工作室揭牌】 12月10日，上海市中医药研究院中西医结合关节炎研究所施杞名中医工作室在市光华中西医结合医院揭牌，这是上海中医药大学和长宁区政府区校共建协议签订后，推进长宁区中医药发展的举措。施杞，男，汉族，江苏省东台市人，上海中医药大学教授、主任医师，博士生导师。1963年上海中医学院医疗系毕业，曾任上海中医药大学附属龙华医院骨伤科主任，教研室主任，上海市卫生局副局长，上海中医药大学校长。施杞名中医工作室的成立，旨在继承、整理施杞关节病方面学术思想并整理编著，培养带教一批高层次、高素质的骨伤科人才，探讨中西医结合治疗关节病的新药物新疗法。（殷晓椿）

（八）社区卫生服务

【概况】 2014年，长宁区被推荐成为全国基层卫生综合改革重点联系点。区政府常务会议听取并通过《上海市长宁区关于开展国家基层卫生综合改革重点联系点工作方案》。根据该方案部署，长宁区将在建立多渠道补偿机制、购买基本医疗卫生服务、深化人事和分配制度改革、健全绩效考核制度、调整医务人员技术劳务价格、改善服务模式、完善基本药物制度、推进分级诊疗、落实国家基本公共卫生服务项目、推进基层卫生信息化等方面探索经验。长宁区有3家全国示范社区卫生服务中心（江苏街道、虹桥街道和新华路街道社区卫生服务中心）及3家上海市示范社区卫生服务中心（程家桥街道、周家桥街道、北新泾街道社区卫生服务中心）。长宁区家庭医生累计签约居民217 238人，签约率34.81%；签约对象的家庭医生首诊率72.11%，社区定点就诊率68.35%，家庭医生定点就诊率35.16%，引导签约对象定点在社区、定点在家庭医生处有序就诊。（殷晓椿）

2月14日，国家卫计委副主任、国家中医药管理局局长王国强视察长宁区基层中医药工作（区卫计委供稿）

【长宁区接受国务院医改办全科医生试点工作评估】 8月18日—20日，国务院医改办专家组一行7人，到长宁区开展全科医生执业方式和服务模式改革试点项目评估。8月18日，国务院医改办专家组在区公共卫生中心召开政府部门座谈会。市发改委医改处、市卫计委基层处、区卫计委、区财政局、区医保办、华东医院、区社区卫生管理中心、各社区卫生服务中心领导出席会议。区卫计委从主要做法、取得成效和存在问题三方面展开工作汇报。专家组从政策支持的力度、服务模式的创新、人员的培养与引进、纵向医疗资源的整合与利用、经费的投入与使用、全科医生的收入待遇、激励机制的建立等方面开展座谈。会后，专家组分别到仙霞新村街道和虹桥街道社区卫生服务中心进行现场调研，开展机构负责人及全科医生团队访谈，卫生技术人员及社区居民问卷调查。专家组对长宁区全科医生执业方式和服务模式改革试点工作给予肯定。（殷晓椿）

【举办第二期高血压患者健康管理服务规范培训班】 9月16日—19日，中国社区卫生协会培训基地第二期高血压患者健康管理服务规范培训班在新华路街道社区卫生服务中心举行。该次培训班结合长宁区和新华路街道社区卫生服务中心在高血压管理中的经验和做法，邀请相关领导从政策、资源、策略等方面解析，安排医护组合和质控管理人员担任师资，从技能、实践、案例分析等方面分享经验。来自全国6个省、直辖市、自治区的33名学员参与培训。（殷晓椿）

【长宁区接受市卫计委考评】 12月15日，市卫计委组织专家组对长宁区社区卫生服务机构综合评价工作进行年度考评。市卫计委副主任吴乾渝、市政府参事彭靖、复旦大学教授胡善联等出席，副区长赵丹丹及区有关部门领导参加。考评组听取长宁区社区卫生服务综合改革工作进展以及机构综合评价实施情况汇报，对照区域和机构的综合评价指标体系，对长宁区

各项指标完成情况进行现场复核。吴乾渝代表考评组对长宁区在社区卫生综合改革中推进国家和市相关试点工作给予肯定。（殷晓椿）

（九）医学科研与信息化建设

【概况】 2014 年，长宁区推进各项区域卫生信息化工作，加强区域卫生数据中心基础设施和安全建设，通过三级等保测评。完善家庭医生信息模块、绩效数据对账机制、添加家庭医生资质审核功能模块、指尖上家庭医生 APP 与二、三级医院预约系统的对接。完成区域检验平台整体升级改造，完成健康档案疾控信息化项目一期和大肠癌筛查系统升级改造。研究完善廉政风险防控、药品供应链、社区站点处方药配送等信息化流程。卫生系统区属医疗单位获得国家自然科学基金项目 4 项，市科委课题 7 项，市卫计委课题 12 项，市卫计委中医药科研基金项目 9 项。中医药三年行动计划创新内涵建设项目 12 项，列入市杏林新星人才培养计划人员 6 人。获得国家专利（包括实用新型专利、发明专利等）10 项。（殷晓椿）

表 26-1　**2014 年长宁区卫生系统科技成果专利情况**

序号	专利类别	专　利　名　称	单　　位	专利负责人	授予单位	获得专利时间（年、月）
1	实用新型	一种用于治疗尖锐湿疣的激光头定位架	上海市同仁医院	张怡明	国家知识产权局	2014.05
2	实用新型	气管切开套管固定带	上海市同仁医院	华东芳	国家知识产权局	2014.05
3	实用新型	一种传动式采血网垫	上海市同仁医院	马　骏	国家知识产权局	2014.12
4	实用新型	应用反向传播神经网络模型的游泳池水质评价装置	长宁区卫生局卫生监督所	黄丽红	国家知识产权局	2014.11
5	发明	一种治疗类风湿性关节炎的中药组合物及其用途	上海市光华中西医结合医院	肖涟波	国家知识产权局	2014.01
6	发明	一种清热消肿止痛的中药制剂及其制备方法	上海市光华中西医结合医院	何东仪	国家知识产权局	2014.01
7	实用新型	一种防外旋脚垫	上海市光华中西医结合医院	陈维佳	国家知识产权局	2014.03
8	实用新型	一种伸膝沙袋固定装置	上海市光华中西医结合医院	陈维佳	国家知识产权局	2014.03
9	实用新型	一种输液瓶遮光袋	上海市光华中西医结合医院	李绮婷	国家知识产权局	2014.03
10	实用新型	座椅用安全护理约束带	长宁区精神卫生中心	柯　瑾	国家知识产权局	2014.01

说明：资料由区卫计委提供

【举办第十五届上海市区县骨科年会】 9 月 6 日，由市医学会骨科分会区县学组主办，市同仁医院承办的第十五届上海市区县骨科年会在上海虹桥国际会议中心举行。9 名上海市各级医院的骨科专家开展学术交流，探讨临床各种骨与关节损伤的最新理念、最新治疗技术、医疗器械使用、临床用药等方面的内容。（殷晓椿）

【首届普胸外科疾病诊治学术研讨会在长宁区召开】 9 月 27 日，由市医学会胸外科分会区县学组主办，市同仁医院承办的 2014 年第一届普胸外科疾病诊治学术研讨会在中山公园龙之梦召开，100 余名医务人员参加。来自长征医院、肺科医院、中山医院、仁济医院等上海市 18 家医院的 21 名普胸外科领域教授作主题发言。参会人员针对普胸外科领域的热点问题，特别是普胸外科领域疾病诊断治疗指南等问题展开交流与讨论。（殷晓椿）

【举行第三届虹桥国际医学论坛】 10 月 10 日—11 日，由市同仁医院主办，区医学会协办的第三届虹桥国际医学论坛在新天鹭会议中心举行。该届论坛主题是危重心血管疾病诊疗的热点问题和前沿技术。论坛邀请国内外心血管病专家开展学术讲座和病例讨论，分享心血管疾病诊治的最新技术和理念，尤其就慢性心力衰竭疾病管理展开探讨，240 余名医务人员参加。（殷晓椿）

【举办第十四届光华全国关节外科学术研讨会】 12 月 19 日—21 日，由市医学会骨科分会关节外科学组、市中西医结合学会骨伤科分会共同主办，市光华中西医结合医院承办的第十四届光华全国关节外科学术研讨会暨 HSS Resident Course 在区公共卫生中心召开。会议持续三天，全国近 200 名骨科医生参加。（殷晓椿）

【茅爱武获第七届健康中国论坛十大年度人物】 12 月 27 日，在由《健康

10 月 10 日—11 日，第三届虹桥国际医学论坛在新天鹭会议中心举行

（区卫计委供稿）

时报》发起的第七届健康中国（2014年度）论坛十大年度人物评选中，市同仁医院医生茅爱武入选。茅爱武是微创诊疗的先行者，擅长医学影像学诊断；各种中晚期恶性肿瘤的介入式综合诊治；子宫肌瘤、血管瘤、肝、肾及卵巢囊肿的介入微创治疗；出血及血管性病变的介入栓塞治疗；血管内溶栓及内支架治疗；胃肠道梗阻及阻塞性黄疸的介入疏通技术；不孕症的输卵管介入再通术；食管、气管、输尿管、十二指肠及结肠内支架治疗。茅爱武牵头成立中国医师协会介入医师分会并担任副会长兼总干事，为上海市医学重点专科学科带头人，长宁区特色临床诊疗中心同仁医院介入中心主任，兼职教授。曾获评上海市优秀技术人才、上海市职工技术创新能手、上海市“十佳”医师提名、上海市劳动模范、全国卫生系统先进个人、全国“五一”劳动奖等，享受国务院特殊津贴。承担卫生部“十年百项”技术推广、国家级继续医学教育、上海市科学发展研究基金、上海市重大医学成果转化等多项研究课题，获技术成果10余项、技术专利4项；获上海市科技进步二等奖2项、三等奖2项；获长宁区医学科技一等奖、长宁区医学科研贡献奖等多项奖项。（殷晓椿）

【深化家庭医生配套信息化工作】 年内，区卫计委结合家庭医生试点工作要求，将配套信息化工作向纵深推进。完善家庭医生绩效数据对账机制，保障家庭医生绩效数据质量，新增家庭医生资质审核功能模块；实现指尖上家庭医生 APP 与2家试点二、三级医院（区妇幼保健院、光华中西医结合医院）预约系统对接；实现门诊医生工作站、家庭医生工作站与市级预约平台对接，完成与试点医院第九人民医院对接。（殷晓椿）

（十）爱国卫生工作

【概况】 2014年，区爱卫办通过优化健康支持性环境建设，提升居民健康素养。完成健康自我管理小组新增与招募工作，全区有健康自管小组462个，组员7 610人；健康自管小组示范小组28个。在推进世界卫生组织（WHO）健康促进单位创建工作中，绿一健康自我管理小组被世界卫生组织健康城市合作中心授予优秀健康自我管理小组称号。新建37个室内健康支持性场所及10个室外支持性场所。对552家单位开展病媒生物执法检查，责令整改121家，处罚76家，处罚金额5.45万元。加强环境卫生集中整治力度，发动全区185个居委会、1 110家次机关企事业以及部队单位，组织环境卫生集中整治40余次，出动专业人员781人，群众参与22 881人。年内，控烟志愿者陈本大获评全国“无烟未来　众志成城”控烟志愿者之星；区爱卫办获上海市全民健康生活方式指导员健康素养技能竞赛总决赛三等奖、上海市全民健康生活方式指导员健康素养技能竞赛总决赛优秀组织奖；仙霞新村街道、新华路街道、新泾镇、程家桥街道、江苏路街道、虹桥街道、周家桥街道、天山路街道等8个街道（镇）获评2014年度上海市健康社区先进；哈密路小学等17家单位获评2014年度上海市健康单位先进；新华路街道梅安市民健康自我管理小组等5个小组获评2014年上海市市民健康自我管理小组

7 月 24 日，舌尖上的健康厨艺技能比赛举行　（区爱卫办供稿）

先进。（黄瑞琦）

【开展健康支持性场所建设】 年内，区爱卫办继续扩大新建健康示范场所覆盖面。新建完成37个室内健康支持性环境（类型包括健康居委会、单位、食堂、餐厅、学校、楼宇等），及10个室外健康支持性环境（类型包括健康主题公园、健康广场、健康知识一条街、健康弄、健康步道、健康小屋）。在2家白领就餐点及2家老年人助餐点开展健康食堂创建，引导人群了解合理膳食的重要性，采取低盐低油的健康行为。做好示范场所的日常维护管理。对上年创建完成的5家单位及场所进行复评，完成华山绿地健康主题公园以及泉口路健康知识一条街的设施维护以及健康资源的更新。组织健康食堂及健康餐厅开展区级层面的健康菜肴比赛。（黄瑞琦）

【开展健康宣教活动】 年内，区爱卫办打造健康嘉年华品牌优势，利用爱国卫生月、健康教育周、健康生活方式行动周等重大时节开展卫生防病知识宣传，普及健康生活方式核心知识。针对健康单位，开展“小厨房，大健康”健康厨艺技能比赛，展示健康菜肴，巩固健康食堂创建成果，并将成果辐射社区、家庭。9月，举行“健康至尚”嘉年华儿童乘车安全主题活动；10月，举行“人文新华健康社区”健康嘉年华活动和“长宁健康好声音”大赛。11月，举行“向零艾滋迈进——‘健康至尚’嘉年华艾滋病防制专场”。全年举行区级、社区层面大讲堂270场，开展各类健康日宣传活动210次，参与群众47 765人次。利用社区各类宣传渠道以及微博、微信等传播资源开展健康宣传，拓展宣传阵地，诠释传统媒体与新媒体的有效结合，发放宣传资料、海报、宣传品等约48万份，在各类报刊刊登长宁区活动信息133篇。（黄瑞琦）

【强化公共场所控烟工作】 年内，区爱卫办强化公共场所控烟工作，充分发挥区人大、区政协的监督职能。4月，区人大常委会主任工作会议及常委会专题听取2013年度政府控烟工作汇报。5月，区政协副主席陆维清专题听取机关控烟工作汇报。形成一支包括人大代表、政协委员和控烟志愿者在内的控烟监督队伍，开展联合执法工作。全年开展执法检查3 160户，责令整改73户次，并对其中1家机关、10家单位、2名个人进行行政处罚，罚款21 150元。根据中共中央办公厅、国务院办公厅印发的《关于领导干部带头在公共场所禁烟有关事项的通知》精神，全面开展无烟场所创建工作，53家机关签署承诺书，接受社会监督开展无烟机关建设，新创无烟场所20家。采用多种形式开展控烟宣传活动。举行“遵守控烟条例，拒绝烟草危害”宣传活动；承办市第27个世界无烟日主题活动；开展控烟展板巡展，发放“控烟温馨提示卡”，利用区政府内网邮箱向全体机关干部发送《长宁区机关控烟倡议书》。（黄瑞琦）

志愿者宣读履行控烟职责承诺书（区爱卫办供稿）

【开展病媒生物防制基础性建设】 年内，区爱卫办多措施开展病媒生物防制基础性建设。加强除害执法队伍建设，完善病媒生物监管机制。完成公益卫生保洁服务社AA级复审2家，AAA级复审1家，仙霞新村街道公益卫生保洁服务社通过AAA级评审。加大示范创建力度，在原有50个病媒生物防制示范小区和2个示范市场的基础上，新创建50个病媒生物防制示范小区、2个示范集贸市场，其中17个小区申报市级示范小区。制定小区病媒生物检查标准，完善病媒示范小区工作档案，以标准化管理病媒示范小区工作。（黄瑞琦）

【完成亚信峰会病媒生物保障任务】 2月—5月，区爱卫办承担亚信峰会病媒生物保障任务。其间，完善病媒生物防制保障体系，成立长宁区亚信峰会病媒生物应急控制领导小组及专家组，明确保障任务和范围。形成工作方案与应急处置预案，开展相关人员工作培训以及单位摸底检查。建立各单位、区爱卫办和市爱卫办三级信息联动机制，做好突发事件的及时报告及现场处置。开展病媒生物控制，强化监督检查。召开长宁区亚信峰会卫生及病媒生物保障工作协调会；对有接待任务的酒店等场所进行病媒侵害和孳生地督查及协调整治；组织技术人员开展应急演练，锻炼区级病媒生物应急队伍的处置能力；对周边环境和单位的环境卫生、病媒生物防制工作进行巡查，发现问题及时与相关部门沟通并整改；对参与保障工作的5个街道（镇）的除害服务站加强安全检查，其他街道组织安全自查。（黄瑞琦）

（责任编辑　苏莉莉）

二十七 体育

（一）综 述

2014年，长宁区体育局有直属事业单位7家，体校、场馆运动场地面积3.6万平方米。有单项体育协会18个、体育俱乐部25个。

业余训练取得进展。长宁区818名运动员在上海市第十五届运动会上，参加28个大项456个小项比赛，取得团体总分第六名、团体奖牌总数第六名的成绩。137名运动员参加市运会系列展示赛"球类小达人""小铁人三项"比赛，获得"小铁人三项"一等奖、"球类小达人"二等奖。输送二线体育后备人才55人，注册登记运动员1 424人。做好长宁温水游泳池（长宁游泳学校）国家高水平体育后备人才基地建设。加强运动员、教练员队伍建设和教练员再教育工作，开展教练员培训。全面推进区4所办二线运动队学校、17所市级体育传统项目学校和新一轮体育项目的38所布局学校工作。

深化体教结合工作。推广面向全区四年级小学生开设免费游泳课工作，有效合格率80%。做好体育特长生高考加分工作和中考推荐工作，推荐高中毕业体育特长生32人，初中毕业体育特长生36人。加强体育师资培训和教练员进校园工作，70余人次教练员为全区30余所中小学校培训。

开展全民健身活动。举办卡丁车、定向越野，机关羽毛球、乒乓球等区级赛事62项、团队展示17项，承办上海市民体育大联赛市级赛事10项，全区近8万人参与全民健身赛事活动。推进"六个便利"体育服务进楼宇，培育楼宇特色体育赛事。全区9 000余人次参加免费体质测试。

幼儿体质测试　　（区体育局供稿）

完成体育设施建设和维护，提升公共服务水平。新建百姓健身步道3条、健身点5个、社区公共运动场1个、园区百姓健身房1个，完成84个健身苑点529件体育器材更新。完成第六次体育场地普查工作。上海国际体操中心、长宁温水游泳池、长宁网球场等公共体育场馆全年向社会开放，接待103万余人次。

承办重大赛事。承办2014年"长宁杯"全国桥牌团体赛、"康纳斯杯"2014年全国蹦床锦标赛、青少年蹦床锦标赛、"高飞杯"全国体操冠军赛等重大赛事。

体育彩票销量平稳。完成体育彩票销量1.074亿元。　（夏莉莉）

（二）体育管理与经营

【概况】 2014年，区体育局加强对社会体育工作的调研、检查、指导、培训和管理，推进公共体育场馆和社区体育场所等体育场地向社会安全开放。举办游泳救生员、消防安全员、体育彩票销售员等培训班，提升体育管理与经营能力。规范发展国家级、市级体育健身俱乐部，发挥社会性体育组织的特色。保障体育场馆规范开放及体育彩票亭文明销售，运用新的运行模式培育和开发体育彩票市场，提高服务水平。　（夏莉莉）

【开展区第六次全国体育场地普查工作】 1月8日，长宁区第六次全国体育场地普查工作动员会召开。区第六次全国体育场地普查工作小组组长、副区长陈志奇参加。截至2013年底，全区有43类体育场地，各类体育设施总场地面积53.11万平方米，按常住人口测算值70.54万人，人均体育场地面积0.75平方米。（夏莉莉）

【举行长宁区、金山区体育项目帮扶合作协议签约仪式】 4月17日，长宁区、金山区体育项目帮扶合作协议签约仪式在金山区海棠小学举行。长宁区与金山区体育局领导出席签约仪式。双方协议长宁区对口金山区开展体育事业等方面的综合帮扶工作，重点对加强教练员力量支援、加强运动员队伍建设、促进教练员队伍培养、增进管理者队伍交流等方面进行帮扶。（夏莉莉）

接待韩国体育交流团　　（区体育局供稿）

【接待韩国体育交流团】 4月18日—21日，韩国首尔市江西区体育交流团一行40人到长宁区进行网球、羽毛球、保龄球等友谊交流。区体育局成立体育友谊交流活动接待工作小组；制订网球、羽毛球、保龄球等交流比赛规程方案；落实好一纺机网球场、上海国际体操中心、西郊体育中心等3处比赛场地；组织落实网球、羽毛球、保龄球等项目的运动员、裁判员等工作人员，完成比赛、接待工作。（夏莉莉）

【举办区游泳场所管理服务人员培训】 4月26日，市社体中心、区体育局、区卫生监督所共同举办2014年长宁区游泳场所管理服务人员培训。分析课解读国家高危险性体育项目许可管理办法和游泳场所开放条件与技术要求，救生人员配备要求及救生技能、水质处理等知识。全区近70家游泳场所300余名从业人员参加培训及笔试考核。（夏莉莉）

【召开区游泳场所夏季开放管理工作联席会议】 6月12日，2014年长宁区游泳场所夏季开放管理工作联席会议在长宁区公共卫生中心举行。会议传达上海市2014年夏季游泳场所开放工作会议精神，提出长宁区游泳场所夏季开放工作要点。区体育局、区文化执法大队、区卫监所、区教育局、公安长宁分局、区安监局、区质监局、区游泳协会等单位负责人共25人参加会议。（夏莉莉）

华山路湖南路口华山绿地　　（区体育局供稿）

（三）公共体育场馆

【概况】 2014年，长宁区有上海国际体操中心、长宁温水游泳池、长宁网球场三大公共体育场馆，仙霞网球中心在长宁区域内。三大公共体育场馆全年接待健身市民103万余人次。区体育局推进社区公共体育运动场建设，满足市民健身需求，提高开放社会效益。截至年底，全区有社区公共运动场12个，百姓健身步道15条，百姓健身房4个。（夏莉莉）

【上海国际体操中心】 年内，上海国际体操中心接待健身市民73万人次。举办2014年“康纳斯杯”全国蹦床锦标赛、青少年蹦床锦标赛、“高飞杯”全国体操冠军赛、2014年“长宁杯”全国桥牌团体赛等重大赛事及韩国FTIsland演唱会、“一心向前”SNH48第一届总选举、郭德纲相声专场等大型文艺演出，成为展示长宁活力城区的重要平台和窗口。开展全民健身活动，定期开办老年人羽毛球专场、暑期青少年活动专场，坚持每月免费开放社会服务专场和春节免费开放专场。（夏莉莉）

【长宁温水游泳池、林百欣游泳馆】 年内，长宁温水游泳池、林百欣游泳馆两馆对外开放接待游客28万余人次。其中日常健身游客12.6万余人次，学会游泳班1.6万余人次（学会率达98%以上），幼儿训练班10万余人次，业余训练队3.4万余人次，游泳体育课1.3万余人次。举办两期救生员培训班，培训合格救生员75人，开展救生员审证，262名救生员参加。（夏莉莉）

【长宁网球场】 年内，长宁网球场对外开放接待球客1.98万余人次；组织开展网球、桥牌、乒乓球等各类竞赛活动，参加8 362人次。长宁网球场坚持每逢元旦、春节、五一、国庆节及8月8日免费、定时向市民开放，免费开放2 013人次，优惠为未成年人开放1 968人次。（夏莉莉）

【仙霞网球中心】 年内，上海市仙霞网球中心有专业教练员4人，1名教练员参加"百人计划"。5月，中心运动员参加十项系列赛获5项冠军、2项亚军，参加总决赛获1项冠军、1项亚军、2项季军，参加市运会获3项冠军、1项亚军、1项季军。为扩大网球群众基础，搭建青少年比赛实战平台，培养优秀的后备运动员，开展不设任何比赛门槛和不收取任何报名费用的"仙霞网球中心市民积分赛"，5场比赛，2 000人次网球爱好者参与。落实价格降四分之一，占总体开放时间四分之一的两个四分之一公益性开放计划，受益群众6万人次。（罗　燕）

表27-1　**2014年长宁区社区公共运动场体育设施情况表**

序　号	名　称	地　址	所属街道(镇)	体　育　设　施
1	新泾公园社区公共运动场	天山西路455号	北新泾	篮球场1片
2	虹桥河滨公园社区公共运动场	长宁路1900号 娄山关路	周家桥	篮球场1片
3	新泾体育之光社区公共运动场	泉口路227弄1号	新泾镇	篮球场3片、笼式足球1片、健身点1个
4	华山绿地社区公共运动场	华山路 平武路	新华路	篮球场1片
5	虹康绿地社区公共运动场	泉口路111号 剑河路	新泾镇	网球场1片、羽毛球场3片、健身步道1条
6	程家桥街道社区公共运动场	沪青平公路 迎宾三路上航新村	程家桥	篮球场1片、网球场1片
7	安顺绿地社区公共运动场	安顺路 定西路	新华路	笼式足球(篮球)1片、健身步道1条
8	延天绿地社区公共运动场	中山西路767号	天山路	篮球场2片
9	仙霞社区公共运动场	虹桥路1829弄	仙霞新村	健身步道1条、门球场1片、笼式足球场1片
10	天山二村社区公共运动场	天山二村11号	天山路	笼式足球场1片、健身步道1条、健身点1个
11	新虹桥中心花园公共运动场	延安西路2238号	虹桥	笼式足球场1片、篮球场1片
12	新泾镇338地块绿地公共运动场	仙霞西路协和路	新泾镇	羽毛球场1片

说明：资料由区体育局提供

（四）群众体育

【概况】 2014年，区体育局贯彻《上海市市民体育健身条例》，实施《长宁区全民健身实施计划》，承办上海市民体育大联赛、上海市健美操总决赛、990广播操总决赛等市级赛事10项。举办卡丁车、定向越野、机关羽毛球、乒乓球等区级赛事62项，团队展示17项。逐步实现周周有活动、月月有赛事，推动全区全民健身活动开展。加强社会体育指导员队伍建设，有1 463名社会体育指导员指导市民科学健身。开展上海市第四次国民体质监测工作，完成幼儿、成年人、老年人三个年龄段2 532人测试。（夏莉莉）

【开展元旦系列体育活动】 元旦期间，区体育局开展系列活动。开展元旦迎新健康行活动，全区近千名路跑爱好者参加健步走，绕行新虹桥中心花园内环园步道4圈，全程步行5千米。全区100余名骑行爱好者参加自行车骑行，路程自新虹桥中心花园至松江佘山；开展全民健身免费开放活动，全区2个公共体育场馆、10个社区公共运动场、3个社区百姓健身房、1个社区体育中心向市民免费开放，近3 000人参与体育锻炼。举办迎新竞赛活动，包括长宁区桥牌俱乐部锦

标赛及协会杯羽毛球双人比赛，全市8支顶级桥牌俱乐部70余人及全区50余名羽毛球爱好者参加比赛。 （夏莉莉）

【开展迎新春体育大拜年活动】 春节期间，区体育局组织开展足球、乒乓球、桥牌、网球等14项体育竞赛；3家公共体育场馆、10个公共运动场、3个百姓健身房免费或优惠向市民开放；长宁区市民体质监测中心免费为市民进行体质测定并提供科学健身指导。 （夏莉莉）

【召开区全民健身联席会议】 4月23日，长宁区全民健身联席会议召开，会议总结2013年长宁区全民健身工作并部署2014年工作。副区长陈志奇出席会议并指出要以关注民生为宗旨，提高体育公共服务能力；整合社会资源，发挥区属、区域及经营性体育场馆作用，弥补公共体育设施的不足，落实好政府主导、部门协同、全社会共同参与的“大群体”发展格局；建设30分钟体育生活圈，规划好体育设施建设，拓展全民健身工作。区全民健身联席会议成员单位近40人参加会议。 （夏莉莉）

1月1日，长宁区市民迎新年健康行活动　（区体育局供稿）

【举办第二十八届奥林匹克日长跑活动】 6月21日，由中国奥委会主办、长宁区体育局承办的2014年第二十八届奥林匹克日长跑活动在中山公园开跑。中国奥委会委员、市体育局局长李毓毅宣读国际奥委会主席巴赫致辞。长跑活动以中山公园为起点，途经凯旋路、中山西路、娄山关路、古北路桥、泸定路桥、哈密路至终点风铃绿地广场，全程5千米。全市3 000余名路跑运动爱好者参加活动。 （夏莉莉）

【开展全民健身日系列活动】 8月8日全民健身日前后，区体育局开展系列活动。召开全民健身工作会议，围绕《全民健身300发展指数》《构建市民30分钟体育生活圈》要求，推动群众体育发展。开展体育活动，举办“双拥杯”系列赛、市民游泳达标赛、市民街头篮球赛等15项赛事。开展健身气功专项培训、免费体质测试、防跌倒运动干预专项训练等体育志愿服务。全区公共体育场馆免费向市民开放。 （夏莉莉）

6月21日，奥林匹克日长跑活动　（区体育局供稿）

【举办“双拥杯”篮球赛】 8月15日，2014年上海市民体育大联赛暨长宁赛区程家桥社区第十五届“双拥杯”篮球赛在上海市新虹桥中学举办冠亚军决赛。驻区部队、社区、落户企业以及“两新”组织单位24支参赛队伍、312名篮球运动员参加篮球赛。上海出入境边防检查总站代表队获冠军、武警长宁支队代表队获亚军、驻区部队代表队获季军。 （夏莉莉）

【举办中日青少年游泳达标赛】 8月16日，2014年上海市民体育大联赛长宁区“虹桥杯”中日青少年游泳达标赛在古北新区御翠豪庭会所游泳馆举行，百余人参赛。比赛设10岁以下儿童组和10—14岁青少年组25米蛙泳、自由泳；50米蛙泳、自由泳及25米×4接力和50米×4接力等项目。游泳成绩达标的青少年获得上海市中、小学生“人人运动、学会游泳”达标证书。 （夏莉莉）

【举办社区羽毛球比赛】 8月16日，2014年上海市民体育大联赛暨第五届“虹桥杯”社区羽毛球比赛在上海国际体操中心举办。市体育局副局长赵光圣、羽毛球世界冠军王朋仁为比赛开球。比赛设中青年组团体赛、老年组双人赛两个项目，全市 17 个区县 44 支队伍 400 余人参加比赛。虹桥街道三队、新华路街道三队、文颖俱乐部、新华路街道二队获团体前四名；王幼农/林坤、潘兆忠/陈佳林、罗建林/郭玉文、莫顺富/杨征来获双人赛前四名。（夏莉莉）

【举办白领青年美式黑 8 团体赛】 8 月 23 日，“亚力士杯”第四届白领青年美式黑 8 团体赛在上海星伟桌球俱乐部举行。外资企业、两新组织及世界 500 强企业等 24 支队伍参赛。上海机场集团、东方证券长宁路营业部、上海拉凯润滑油有限公司、携程旅游网、理光(中国)投资有限公司、邵记贸易有限公司分获前六名。（夏莉莉）

【举办“SHIMANO 杯”自行车业余联赛】 9 月 20 日，2014 年上海市民体育大联赛暨上海自行车业余联赛—长宁区“SHIMANO 杯”虹桥临空站在虹桥临空园区开赛，副区长赵丹丹为比赛鸣枪。全市 400 余名选手参赛。比赛赛道沿园区内临华路至广顺北路、临虹路、福泉北路逆时针绕圈，单圈长度 2.2 千米。上海起点车队 Regis Robert、张勇、Allen Lueth 获得大师组前三名。（夏莉莉）

【举办非公有制企业职工保龄球赛】 9 月 20 日，2014 年长宁区非公有制企业职工保龄球赛在西郊体育中心保龄球馆举办。联想、索迪斯、中金房地产、理光、捷太格特、爱思开、恒升等企业 30 支队伍 90 名选手参加比赛。联邦快递三队、联合利华一队获一等奖。（夏莉莉）

【举办全国百城千村健身气功交流展示】 10 月 18 日，2014 年全国百城千村健身气功系列展示活动长宁区大会在中山公园举办。全区各街道(镇)32 个健身气功站点 850 余名队员进行健身气功八段锦表演展示。（夏莉莉）

【举办钓鱼比赛总决赛】 10 月 19 日，由上海市钓鱼协会、长宁区体育总会承办，长宁区钓鱼协会协办的 2014 年上海市民体育大联赛钓鱼比赛总决赛暨“上花杯”上海市第二十九届钓鱼比赛在松江新浜泖田湿地生态举行。全市各区县、行业大口、集团公司等 27 支参赛队 40 余名运动员参赛。比赛设竞技钓、传统钓、抛竿三个单项，组合队、长宁二队、竞技二队、竞技一队、浦东三队、机场一队分获前六名。（夏莉莉）

【举办牌类友谊赛】 10 月 23 日，2014 年上海市民体育大联赛长宁区敬老月牌类比赛在区老干部活动室举行。比赛设桥牌、大怪路子、80 分三个项目，全区近 200 名老干部参加比赛。北新泾街道队和机关队分获得桥牌双人赛东西、南北冠军。（夏莉莉）

【举办 990 第九套广播体操比赛总决赛】 11 月 16 日，由市体育局、市级机关工委、市总工会、团市委、市妇联、SMG 东方广播中心主办，市社会体育管理中心、长宁区体育局、东方广播中心广播新闻中心共同承办的 2014 年市民体育大联赛 990 第九套广播体操比赛总决赛在上海国际体操中心举行。全市 31 支队伍 1 000 余名运动员进入集体组决赛，29 支队伍进入“三人组”决赛。区体育局、区教育局、华阳社区代表队均获得集体组决赛第三名，区教育局获得三人组决赛第二名。（夏莉莉）

【举办白领楼宇飞镖总决赛】 11 月 2 日，长宁区楼宇白领飞镖总决赛在上海高岛屋百货举办，比赛在多媒体园区、东银中心大厦、远东国际大厦举办 3 场分站赛，近 100 人参与比赛。华阳路街道代表队获团体第一，三弦 2 队黄健华、多媒体园区陈佳妮获比赛男女镖王。（夏莉莉）

【举办“晓游杯”三打一公开赛】 11 月 8 日，由上海市体育局主办，上海市棋牌运动管理中心、长宁区体育局和《东方体育日报》承办的 2014 年上海市民体育大联赛“晓游杯”三打一公开赛在上海国际体操中心落幕。比赛自 9 月 18 日开赛，设线上预赛及线下决赛，17 万人次参与比赛。金坚获冠军，李震虞获亚军、陈琦获季军。（夏莉莉）

【举办区机关羽毛球比赛】 11 月 15 日，由区体育总会主办、区机关党工委承办、区羽毛球协会协办的区机关羽毛球比赛在虹桥临空园区羽毛球馆举行。区各机关 24 个部门近 200 人参加，区委常委、宣传部部长章卫民，区委常委、政法委书记钟晓咏参加比赛。区法院吴沁泉、公安长宁分局周伟华、公安长宁分局张晨钢分获男子单打前三名；公安长宁分局季云琳、公安长宁分局张佳、区检察院桑薏伟获女子单打前三名；公安 1 队、公安 2 队、区总工会和团区委(联合组队)获双打前三名。（夏莉莉）

【举办三级社会体育指导员培训班】 11 月 5 日—6 日，2014 年长宁区三级社会体育指导员培训班在新泾镇文化中心开班，来自各街道(镇)文教干部、体育健身团队骨干等 130 名学员参加培训。培训内容包括理论知识学习及健身气功八段锦技能学习。（夏莉莉）

(五) 业余训练与体育竞赛

【概况】 2014 年，区体育局坚持科学训练与管理，开展业余训练、体教结合、“后备人才基地”和二线运动队建设等工作，加强运动员队伍建设。完成运动员选材测试工作和国家高水平体育后备人才基地年度检查评估。向二线输送运动员 55 人，其中市属重点二线 18 人。区运动员在上海市第十五届运动会上取得团体总分第六名、团体奖牌总数第六名。（夏莉莉）

【召开区青少年体育工作会议】 1 月 17 日，长宁区青少年体育工作会议在上海国际体操中心召开。全区 47 所学校体育分管校长、各训练单位场馆长及区体教结合办公室 60 余人参加会议。会议作长宁区青少年体育工作报告并部署 2014 年主要工作。适

存小学、长宁区青少年业余体育学校作交流发言。（夏莉莉）

【举办“大成律师杯”桥牌混合对式团体公开赛】 1月17日，“大成律师杯”桥牌混合对式团体公开赛在上海国际体操中心开赛。全国20个省、直辖市的63支队伍400余名运动员参加比赛。中环格亿队获得冠军，上海汽车获得亚军，大成律师蓝队获得第三名。（夏莉莉）

【举办“长宁杯”全国桥牌团体赛】 4月12日—18日，“长宁杯”2014年全国桥牌团体赛在上海国际体操中心举行，全国29个省、直辖市及澳门特别行政区和12个行业体协的89支队伍800余人参赛。比赛设男子甲组、男子乙组、男子丙组、女子甲组、女子乙组五个组别。上海市体育局巡视员陈一平宣布比赛开幕，副区长陈志奇致欢迎辞。国家体育总局棋牌管理运动中心副主任、中国桥牌协会副主席兼秘书长范广升，区委常委、宣传部部长章卫民出席闭幕式并颁奖。上海浦东队获男子甲级冠军，山东队获女子甲级冠军。（夏莉莉）

全国桥牌团体赛　　（区体育局供稿）

青少年十项系列赛围棋比赛　　（区体育局供稿）

【举办市青少年十项系列赛比赛第二站】 4月12日—13日，由上海市体育局主办，上海市青少年训练管理中心、上海市棋牌运动管理中心、上海市围棋协会、长宁区体育局和长宁区教育局共同承办的2014年上海市青少年十项系列赛围棋比赛第二站（个人赛）在长宁区少年宫举行。比赛设高中男女组、初中男女组、小学男女甲组、小学男女乙组等8个组别，全市16个区县近300名运动员参加。（夏莉莉）

【“小铁人三项”“球类小达人”获一、二等奖】 9月20日—21日，上海市第十五届运动会“小铁人”“小达人”系列展示赛落幕。区延安中学和延安实验学校组成的代表队在“小铁人三项”比赛获一等奖。区复旦初级中学、泸定中学、新泾中学共同组队获“球类小达人”二等奖。（夏莉莉）

【举办第四届“名豪杯”全国桥牌邀请赛】 11月20日—23日，由中国桥牌协会、上海市长宁区体育总会主办，长宁区桥牌协会承办的2014年第四届“名豪杯”全国桥牌邀请赛在上海国际体操中心举行。全国88支队伍近800名运动员进行18轮216副牌的比赛。长宁区恒源祥队夺得冠军，深圳市老鹰队获得亚军，杭州市好友队、金山假日队分列第三、四名。（夏莉莉）

（责任编辑　苏莉莉）

二十八 社会事务管理

(一)综 述

2014年,长宁区全年实施各类社会救助47.95万人次,资金1.27亿元,其中向8.53万人次发放低保5 298万元,21.07万人次支内回沪人员享受生活补助金3 986万元;落实18.35万人次的各类区级“填补低谷”政策,保障金额3 415万元。优化“四医联动”基本医疗保障,制定《关于对长宁区困难人员进一步深化实施“四医联动”基本医疗保障的实施细则》;推进“困难群体关爱行动”,全区各类困难群体13 687人、11 025户。为3 517人次残疾人提供免费健康体检,为7 700余人次残疾人免费配发康复辅助器具9 100余件。区新建救助管理站投入使用,累计救助流浪乞讨人员712人次。开展长宁区养老设施布局专项规划试点,探索养老床位和社区养老服务设施的可持续发展;新增社会办养老机构2家,床位187张,全区有养老机构36家,床位5 271张,老年人床位拥有率3.15%;将养老机构服务纳入年度考评体系,首次委托第三方从设施、服务、管理、财务制度等方面对机构进行考核评估。规范工伤认定和劳动能力鉴定操作流程,办理工伤认定970人,劳动能力鉴定791人次,老工伤纳保6人,工时审批719件;受理知青子女到沪就读入户、外省市职工商调等4件。夯实群体性劳资纠纷预防处置机制,妥善处置劳动监察案件1 749件,为2 175名劳动者追讨工资1 152万余元,为311名劳动者追缴社会保险费99万余元。社保中心优化业务经办模式,推进社保个人业务延伸社区工作。开展社会组织登记改革,对4类社会组织进行直接登记;继续培育发展社会组织,新增社会组织51家,全区登记注册社会组织589家,分4等10级开展信用等级记录。开展“关爱功臣”项目试点,在新华路街道构建“优抚社工+联络员+志愿者”三级关爱服务网络。推动居委会“减负增能”工作,居委会各类台账报表由原来的336项归并压缩至122项;出台社区事务受理服务中心标准化建设实施意见,“全区通办”项目扩展到100项;首次编印出版《社区事务受理员岗位培训实务手册》,加强社区事务员岗位培训;搭建“智慧长宁·乐e生活”网上社区服务中心,先行开展“智慧养老、智慧物业、智慧生活”服务内容。加快婚丧文化的移风易俗,全年办理结婚登记8 440对,离婚登记2 165对,开具无婚姻状况证明25 026张,长宁区婚姻(收养)登记中心创评国家3A级婚姻(收养)登记中心;开通“婚育直通车”,提供“婚前—孕前—孕期”生殖健康服务;为14户家庭举办“公益节地生态葬”仪式。

(常 念)

11月27日,长宁区创业文化活动闭幕式暨青年精英创新创业大赛决赛

(区人社局供稿)

(二)人力资源与社会保障

【概况】 2014年,长宁区新增就业岗位3.36万个,城镇登记失业人数1.27万人,帮助成功创业649人,工资集体合同覆盖企业5 599家。做好重点人群就业援助工作,对认定的对象3个月内实现100%安置,共安置就业困难人员382人。开展职业技能培训,

培训 2.1 万人。其中，30 岁以下青年培训 1.05 万人，中高级以上培训 1.19 万人；农民工技能培训 9 301 人，其中等级工 7 082 人。做好长宁区涉外企业就业管理与服务工作，开展外国人、港澳台人员就业证办理、延期、年检、注销、变更及补办，定居国外人员新办就业核准证等 16 大类业务，全年受理各项外国人、港澳台人员就业服务 2.45 万余人次。依法开展仲裁工作，有效仲裁劳动人事争议案件 2 513件，按期结案率 100%，调解率 72%，为双方当事人追索经济损失 4 505万余元。区人社局被评为上海市依法行政示范单位。区劳动人事争议仲裁院获 2014 年度上海市人力资源社会保障系统劳动人事争议调解仲裁专项记功工作集体三等功。区医疗保险事务中心被评为 2014 年度上海市医疗保险经办管理服务优秀单位。（薛轶君）

【开展就业援助月主题日活动】 1 月 23 日，区举办以“点燃就业激情，实现就业梦想”为主题的就业援助月主题日活动。开展养老保险、职业培训、劳动保障、医疗保险、开业指导、职业介绍、残疾人就业等政策咨询，推出 50 家企业 800 余个岗位，为区域内认定的就业困难人员和零就业家庭中的登记失业人员、就业困难高校毕业生、刑释解教等特殊人员、残疾登记失业人员提供就业援助。125 名应聘对象中有 48 人签订录用意向。援助月期间，走访就业困难人员和零就业家庭 2 071 户，其中登记认定的未就业困难人员 28 人。帮助 44 名就业困难人员实现就业，享受政策 33 人，落实各类补贴 7 万余元。（薛轶君）

【建立中小微企业职业培训平台】 3 月 1 日，长宁区中小微企业职业技能培训公共服务平台建立。区人社局组织政策宣传活动，通过报告会、招聘会、劳动关系协会专题活动等场合，开展宣讲活动 10 余次。制定长宁区中小微企业职业技能培训公共服务平台操作流程，收集 30 余家企业的培训需求，全年培训 496 人次。（薛轶君）

【创建创业型城区】 3 月 4 日，区召开 2014 年长宁区人力资源和社会保障、民政工作会议暨创建创业型城区工作推进会。制定下发《2014 年长宁区创建创业型城区工作要点》，在落实政策、完善服务、健全培训、强化宣传等方面加大工作推进力度。全年建设创业园区（孵化基地）3 家；建设创业见习基地 5 家。推动上海工程技术大学、华东政法大学、东华大学、上海对外经贸大学等 4 所高校大学生科技创业分基金会有效运转，资助 117 个大学生创业项目，资助金额 2 054 万元。建立长宁区创业孵化基地联盟，为 17 家创业孵化基地及其创业者搭建平台，开展活动 138 次，千余名创业者参加。开发“创业 1 号店”手机公共微信平台，健全网页版“创业 1 号店”服务功能，形成双平台信息互动、优势互补的服务机制，全年发布创业服务信息 681 条，1 832 名创业者和创业工作者关注。全年分三季组织开展第三届创业文化活动，开展各类创业活动 60 余起，2 万余名青年创业者和意向创业大学生参加。举办长宁区青年精英创新创业大赛，投入 170 万元创业扶持资金资助近 300 名创业者报名参赛，评选出 10 名创业之星。（薛轶君）

【举办来沪人员专场招聘活动】 3 月 7 日，区举办 2014 年“春风送岗位，架桥促就业”来沪人员专场招聘活动。春秋国旅、巴士四汽、星巴克等近 200 家用人单位参加，提供包括销售、文员、客服等各类工作岗位 2 000 余个，并开展劳动保障维权、女职工维权等现场咨询服务。招聘会入场近 3 000 人，参加面试 1 297 人，当场意向录用 617 人。（薛轶君）

【开展工伤保险集中宣传日活动】 5 月 15 日，结合《工伤保险条例》实施十周年，区开展工伤保险集中宣传日活动。区人社局会同区卫计委、区安监局、区总工会等部门，通过发放宣传手册、现场咨询服务等形式向居民群众、企业职工等宣传工伤认定、保险缴纳、待遇申领等工伤保险实务知识，现场接待咨询 200 余人次。（薛轶君）

【开展民营企业招聘周活动】 5 月 22 日—28 日，区开展“帮人才就业，促民企发展”为主题的民营企业招聘周活动，77 家企业参加，涉及金融保险、商贸零售、IT 服务、商业旅游、教育培训等余个行业，提供就业岗位 923 个，签订就业意向 125 人。招聘周期间，区人社局开展职业介绍、开业指导、维权保障等有关政策咨询服务。（薛轶君）

【举办职业技能大赛】 6 月 4 日，由区人社局、区财政局、区总工会、团区委、区教育局、区国资委联合举办的

3 月 7 日，来沪人员专场招聘活动（区人社局供稿）

6 月—12 月，长宁区举办职业技能大赛 （区人社局供稿）

2014 年长宁区职业技能大赛启动，为期 6 个月。大赛开设电子商务师、智能楼宇管理师、时装设计师、化妆师、钢筋工、砌筑工等 21 个项目，参赛人数 2 800 余人，比上年增长近 50%。各项目竞赛均在上海市国家职业资格鉴定所内举办，竞赛鉴定合格者可获得相应职业资格及等级的国家职业资格证书，各竞赛项目均设一、二、三等奖，获奖人数 74 人。 （薛轶君）

【举办金秋大学生校园招聘会】 11 月 7 日，2014 年度长宁区金秋大学生校园招聘会在松江大学城举办。150 家企业参加，推出就业岗位 2 500 余个，主要涉及文化创意、信息技术、商贸物流、电子商务、销售客服、行政管理等领域。近 3 000 名大学生参加，达成初步就业意向 890 人。 （薛轶君）

【开展青年启航系列活动】 年内，区人社局会同团区委、各街道（镇）开展青年就业启航系列活动，扶持失业青年就业。举办招聘面试专场 164 场，组织招聘单位 517 家，提供招聘岗位 6 698 个；举办讲座、参观活动 20 场，受益的青年、家长 543 人；举办包含就业沙龙、职业指导、政策咨询等在内的各类主题活动 5 场，参与企业人事、青年 375 人次。列入启航计划的社区青年 286 人，97 人成功就业。 （薛轶君）

【规范集体协商和劳务派遣管理工作】 年内，区人社局完成集体协商工作指标，集体合同覆盖企业 122 户，职工 18 229 人；工资集体合同覆盖企业 5 599 户。规范劳务派遣用工，向 7 家劳务派遣公司发放许可证，对 55 家劳务派遣公司实施监督检查，完成 49 家劳务派遣公司 2013 年度年检工作，撤销 2 家劳务派遣公司许可资格。做好用工比例超 10%的用人单位降比调整方案的指导工作。 （薛轶君）

【优化医疗保险服务】 年内，区人社局做好医疗保险服务工作。推进医保大额报销制度和审批流程的试点改革，优化大额预约流程，提升经办效率。取消门急诊单张医疗费收据超过 1 000 元的预约制度；住院医疗费用预约标准由 1 万元提高到 2 万元；预约件办结时间由原定的 7 个工作日缩短至 5 个工作日。汇编新的《医保 10 件事》发放到居民区。继续开展“医保政策社区课堂”活动，走进 32 个居民区开展讲课。利用“筱珏微博”平台，做好医保政策咨询，发布信息 300 余条，阅读量 55.8 万人次。 （薛轶君）

（三）社会保险

【概况】 上海市社保中心长宁分中心（简称社保长宁分中心）是上海市社会保险事业管理中心的分支机构，参照公务员法管理的事业单位，下设行政（政工）办公室、受理科、审核科、内控稽核科、综合业务科、社会服务科、咨询信访科、基金征收科等 8 个科室，主要负责参保单位社会保险登记、验证以及参保个人社会保险登记；城镇职工基本养老保险等社会保险的申报结算、待遇核定；国家和上海市规定的社会保险费的征收、社会保险稽核检查；协助做好行政复议和行政诉讼应诉；负责社会保险投诉举报案件处理；参保人员个人账户变更管理、账户查询、权益记录以及基本养老保险关系跨省市转移接续；社会保险业务咨询和信访接待；离退休人员养老保险个人账户管理；养老金社会化发放和资格认证等服务、社会保险服务延伸社区的指导培训；承办上级交办的其他工作。 （胡硕里）

【开展工伤保险宣传活动】 2014 年是《工伤保险条例》颁布 10 周年，社保长宁分中心采取多种形式开展工伤保险宣传活动：在服务大厅设立工伤保险宣传展板，落实专人发放宣传资料，宣传工伤保险法律法规知识及有关职业病防治常识等，提高工伤保险政策法规的社会知晓度；与相关部门共同举办专题咨询活动，就有关工伤保险政策、职工维权、工伤预防、职业病防治、工伤待遇理赔等方面内容提供政策咨询，增强广大劳动者的维权意识；利用新单位培训，向用人单位解读《工伤保险条例》，增强用人单位遵纪守法的自觉性和足额按时缴纳社会保险费的重要性。 （胡硕里）

【推进社保个人业务社区延伸】 年内，社保长宁分中心推进社保个人业务延伸社区工作，制定《关于落实社保个人业务延伸社区工作管理办法》，明确各职能科室与社区事务受理中心的对接要求。组织青年业务骨干到社区事务受理中心开展业务指导和培训，帮助社区社保工作人员规范经办、准确操作。落实 2014 年市政府实事项目，在全区 10 个街（镇）社区事务受理中心安装多功能社保自助查询机，方便社区居民查询。 （胡硕里）

【开展志愿者服务工作】 年内，社保长宁分中心倡导职工参加社会公益活动和志愿者活动，总结出“关心、信心、爱心、热心、孝心”的志愿口号，成立“五心”志愿者服务队，开展一系列志愿服务工作：与贫困在校大学生帮困结对，从生活和学习上对其进行关心和帮助；与盲童学校一起建立“CN.SI”助学基金，募集善款颁发给在学习、生活等方面有突出表现的盲童学校学生，让他们对未来的世界更有信心；每月定期为自闭症儿童提供志愿服务，用爱心帮助其敞开内心、怀抱世界；热心参与轨道交通2号线义工服务活动，充分发挥志愿者服务在地铁保畅通行的作用；重阳节前夕，组织职工代表慰问上海金福养老院的老人们，送去节日的问候和祝福，献上一片孝心。（胡硕里）

区婚姻（收养）登记中心为群众提供领证服务（区民政局供稿）

（四）民政工作

【概况】 2014年，长宁区“幸福养老”建设深入推进，试点开展养老设施布局专项规划，规范养老机构日常管理，区域敬老爱老助老环境不断优化；开展社会组织登记改革，对4类符合群众需求、社会需要的社会组织开展直接登记，降低准入门槛，在全年新增的社会组织中，直接登记率80%；提升社区服务能级，首推社区事务受理服务中心“错时服务”举措；利用信息化手段，建设“智慧长宁·乐e生活”网上生活服务中心；配合推动居委会“减负增能”工作，创建3家市级居委会自治家园，全区有16家市级居委会自治家园；优化救助保障体系，规范医疗救助，实施各类社会救助47.95万人次，资金1.27亿元；打造区级双拥网，首创“3＋2”军嫂安置模式，试点重点优抚对象社区关爱网络建设；规范开展婚姻（收养）登记，办理结婚登记8 440对，离婚登记2 165对，出具无婚姻状况证明25 026张，创评国家3A级婚姻（收养）登记中心；完成区新建救助管理站项目建设工程，并投入使用，救助流浪乞讨人员712人次；推进殡葬服务进社区，率先与青浦卫家角息园签订协议，为14户家庭举办“公益节地生态葬”仪式；发展福利彩票事业，全年销售额1.66亿元，比上年增长10.7%，筹集彩票公益金1 836.98万元。获上海市区县民政文明行业、上海市平安示范单位等称号。（叶　扬）

长宁区搭建“智慧长宁·乐e生活”网上社区服务中心平台（区民政局供稿）

【启用区新建救助管理站】 6月，位于北翟路1444号的区新建救助管理站建成投入使用，成为集救助管理站、流浪未成年人救助保护中心和反家庭暴力救护中心于一体的综合救助平台，面积3 750平方米。结合文明城区复评工作，夯实民政、公安、城管“三合一”发现机制，以网格化管理为手段，推进流浪乞讨救助进社区工作，全年救助流浪乞讨人员712人次。（叶　扬）

【推动居委会“减负增能”】 年内，区民政局会同区社建办、区监察局对居委会工作台账、报表和日常工作任务进行排摸、梳理，对照上海市居委会工作台账推荐目录，形成长宁区相应指导目录，并将各类台账报表由原来的336项归并压缩至122项；建立健全居委会工作台账准入、退出及目录管理机制；探索通过信息化手段，建立居委会管理系统和电子台账，逐步减轻其行政工作压力；落实“大学生社区服务计划”，培养、充实居委会力量。（叶　扬）

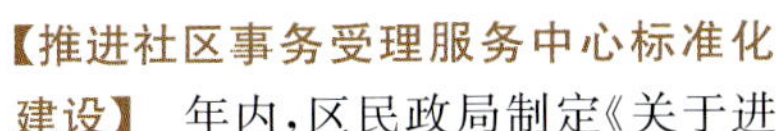
【推进社区事务受理服务中心标准化建设】 年内，区民政局制定《关于进

一步加强长宁区社区事务受理服务中心标准化建设的实施意见》,"全区通办"项目由原先58项拓展至100项。在上海市率先试点"错时服务"工作机制,结合网上预约制度的推行,落实信息公开和网上预约受理,方便居民办事。开展"社区事务员"岗位培训,分批对受理中心工作人员开展职业技能和岗位培训。建立86人的志愿者、社工(义工)服务团队,为行动不便和有特殊困难的群众提供支援服务。配合市里开展"一门式"软件的优化试点,完成区级运行平台建设方案,为实现"全区通办",乃至"全市通办"提供平台基础。 (叶 扬)

【建设网上社区服务平台】 年内,区民政局以"民生+科技"的理念为引领,建设"智慧长宁·乐e生活"网上社区服务中心,以"一中心、三平台",即"乐e生活"服务中心、"962347"固话平台、互联网平台、手机APP平台为主要渠道对接社区居民需求。率先引入的"智慧养老"推出服务项目35项,为全区享受政府补贴的老人免费安装"一键通"电话设备1 600台,实行24小时援助服务;"智慧物业"对接新长宁集团物业"24小时房屋应急维修中心"平台,向全区居民提供135项日常类物业维修服务和30项应急物业维修服务;"智慧生活"为社区居民提供社区公共服务、志愿服务、便民服务3种18类82项生活服务项目,签约服务商家369家,涵盖家电维修、家政服务、快递搬场、旧物回收、丧葬服务等。 (叶 扬)

【优化"四医联动"基本医疗保障】 年内,区民政局会同区卫计委、区人社局(医保办)、区财政局等部门制定《关于对长宁区困难人员进一步深化实施"四医联动"基本医疗保障的实施细则》,实施财政集中支付,调整操作流程,强化退出机制。全年保障15.86万人次,支出费用2 023万元,均次医疗费用127.59元,比上年下降13.32%。 (叶 扬)

【拓展救助帮扶资源】 年内,区民政局开展节日帮困送温暖工作,全年6.13万人次受益,金额2 333万元。四大节日期间,杨雄等市领导和区四套班子领导走访慰问困难家庭。募集综合帮扶资金189.5万元,用于开展个案及项目帮扶1 106例。推进"困难群体关爱行动",因人因需进行结对帮扶,侧重助学、精神慰藉、就业指导等方面的内容。经排摸,全区各类困难群体总数为13 687人、11 025户,分别比上年下降14.36%和10.15%。开展"爱心传递"义务家教活动,组织大学生志愿者对26名中小学生进行一对一辅导,辅导总时间1 000余小时。 (叶 扬)

【强化收入核查机制】 年内,区民政局完成廉租房、经适房申请中居民经济状况核对460户,退回61户,检出率13.26%。开展低保家庭财产审核及清退工作,全区享受最低生活保障人数减少至6 752人,比上年下降10.7%,助推公平托底。 (叶 扬)

社会组织参与社区服务项目,手把手教老人上网 (区民政局供稿)

【做实特色双拥品牌】 年内,区民政局举办军人集体婚礼颁证仪式和"长宁不会忘记"军民联欢会;开设军地两用人才培训班,为部队培训厨师。加大双拥工作宣传力度,打造并依托长宁双拥网,开展"寻找长宁区最美军嫂"活动,3万余人次参与网络投票;建设双拥主题公园,对辖区近百个彩票亭的国防宣传画进行更新;组织"驻沪部队领导看长宁"活动,加深相互了解;开展烈士公祭、烈士事迹图片展进机关、进学校、进社区等活动,弘扬烈士精神。引导社会力量参与双拥工作,双拥基金会共募集拥军优属基金100余万元。 (叶 扬)

【开展针对优抚对象的"关爱功臣"试点】 年内,在新华路街道建立"红牡丹"优抚社工站,配备优抚社工和优抚对象联络员,并在各居民区中组织志愿者与优抚对象结对,基本构建"优抚社工+联络员+志愿者"三级关爱服务网络。建立健全信息沟通机制,对一般优抚对象每年走访1次,重点优抚对象每年走访2次,每季度电话联系1次,街道定期整合走访情况,编发《红牡丹》优抚简报。充分整合资源,向重点优抚对象提供"家门口"工程、免费体检、水电煤安全检查、空调清洗等服务。加强优抚对象精神慰藉,组织各种形式的精神慰藉活动,试点开展"军民共建"睦邻点活动。 (叶 扬)

(五)社会组织管理

【概况】 2014年,区民政局加快社会组织培育发展和能力建设步伐,推动社会组织登记改革工作,对行业协会商会类、科技类、公益慈善类和城乡社区服务类等4类社会组织实行直接登记,降低准入门槛。全区登记注册社会组织589家，其中社团134家、民办非企业455家，备案登记的群众活动团队1 427支，各类志愿者工作室215家，公益慈善类和社区服务类社会组织约占总数的80%，每万人拥有社会组织数超过全市平均水平。深化社会组织创新实践园孵化基地功能，成功孵化社会组织24家，其中5家走出实践园，独立提供公共服务。健全区、街道(镇)两级枢纽式社会组织管理体系，发挥枢纽式社会组织凝聚资源优势、参与社区治理、引领行业的作用。做好社会组织年检工作，加强三级预警网络建设，开展规范化评估，全区3A及以上等级社会组织82家；对全区登记在册的社会组织分4等10级开展信用等级记录。规范政府购买公共服务工作流程，引入竞争机制，发挥社会组织服务民生需求的作用。（叶　扬）

【推动社会组织直接登记改革】 年内，区民政局加大对社会组织的培训与监管力度，做好分类指导，对相关社会组织现有存量和增量进行科学划分与归类，新增社会组织51家，对行业协会商会类、科技类、公益慈善类和城乡社区服务类等4类社会组织实行直接登记，办理直接登记41家，直接登记率80%。（叶　扬）

【打造社会组织服务品牌】 年内，区民政局推动社会组织与民生需求进行对接，打造“公益伙伴日”“金秋话公益——长宁区社会组织推介会”等公益服务品牌，实践园内的社会组织开展公益活动3 741次，受益群体达58.9万人次；加强跨界合作，举办“金秋话公益——长宁区社会组织推介会”，开展第五届长宁区“公益伙伴日”活动，吸引90余家社会组织和企业个人、10家党员志愿者工作室和街道(镇)群众团队参与服务，探索构建政府、社会组织和企业三方合作的公益服务新机制。（叶　扬）

【提升政府购买公共服务实效】 年内，区民政局与区财政局对申报项目进行严格梳理与筛选，开展工作培训，规范购买流程，制定标准化流程材料，全区政府购买服务立项65个，资金总额2 380万元。引入竞争机制，扩大项目招投标力度与范围，拿出19个2015年政府购买公共服务项目向全市社会组织公开招投标，择优购买。夯实第三方对项目实施效果进行绩效评估的工作机制。（叶　扬）

（六）老龄工作

【概况】 2014年，长宁区围绕“9073”养老服务格局，推进“幸福养老”指标体系建设，完成市、区两级涉老政府实事项目，新增居家养老服务对象600人，全区总数1.58万人；组织实施“老伙伴计划”，1 460名老年志愿者与7 300名高龄独居老人结对；推动“适老性改造”，累计受益老年人家庭270户；开展养老设施布局专项规划试点工作，探索养老床位和社区养老资源可持续发展。加强养老机构监管，引入传染病管理和消毒管理，首次委托第三方对辖区养老机构进行考核评估。落实对老年人的各项关爱政策及措施，推进“金色”系列特色为老服务项目，推广社区睦邻点建设，丰富老年人的精神文化生活，推动“老年宜居社区”建设。（叶　扬）

【开展养老设施布局专项规划试点】 年内，作为开展养老设施布局专项规划试点唯一的中心城区，区民政局会同区规土局制定《长宁区养老设施布局专项规划》，规划要求全面构建以居家为基础、社区为依托、机构为支撑，功能完善、配置合理、规模适度、覆盖城乡的养老设施空间格局。按照到2025年区域老年人口达到峰值近25万人计算，规划养老机构床位按老年人口的3%进行设置，以确保存量、改扩建已有机构、落实已有规划和新增选址等方式推动规划落地。根据规划要求，到2025年，长宁区机构养老床位需求数达7 390张。社区居家养老服务设施在2025年实现居住社区全覆盖，完善养老设施与居住圈、医疗圈、休闲圈、交通圈的“四圈融合”，全区社区居家养老设施建筑面积千人指标达到40平方米/千人，服务半径约为1 000米。（叶　扬）

【新增养老床位187张】 年内，区民政局结合长宁区“养老服务提升行动”，在确保老年人床位拥有率高于3%的情况下，新引入社会办养老机构2家，床位187张，全区共有养老机构36家，床位5 283张，老年人床位拥有率3.15%，在全市中心城区领先。发展“医养结合”，探索养老床位与护理床位双向流转的模式，新增老年护理床位100张。（叶　扬）

【规范管理养老机构】 年内，区民政局联合消防、食药监等部门对全区养

“金色护航”项目为独居老人检查水电煤　　（区民政局供稿）

老机构进行业务培训和消防、食品安全检查,与机构及服务点签订食品安全承诺书,健全消防申报、备案和验收制度,健全机构安全管理体系。将养老机构服务纳入考评体系,制定《长宁养老机构考核暂行办法》,委托第三方评估机构从设施、服务、管理、财务制度等方面对机构进行考核评估,连续两年获得中心城区养老机构满意度测评第一。强化住养老人健康管理,会同区卫计委制定《长宁区养老机构消毒管理办法》和《长宁区养老机构传染病(感染性疾病)管理规范》,提升住养老年人健康管理水平。 (叶 扬)

【落实社区居家养老服务】 年内,区民政局制定《关于调整长宁区社区居家养老服务相关政策的实施意见》《关于实施长宁区社区居家养老服务的操作细则》等规范性文件,全年新增居家养老服务对象600人,全区总数1.58万人。与区卫计委联动,对符合70周岁及以上、长宁区户籍且居住在长宁区、有生活照料需求的独生子女身故家庭,给予每户每月16小时居家养老服务。组织实施"老伙伴计划"项目,1 460名老年志愿者与7 300名社区高龄独居老人结对帮扶。推动"适老性改造"项目,受益老年人家庭270户。为辖区100户生活困难、行动不便的老年人家庭进行厨卫等无障碍设施改造。 (叶 扬)

【丰富老年人精神生活】 年内,区民政局做好特色医疗助老项目,26 226名老年人享受免费健康体检;开设"年老·人乐"系列讲座35场;把远程老年大学收视点延伸到养老机构、军队干休所等涉老单位,213个教育收视点服务老年学员18 965人;发挥社区睦邻点作用,全区有睦邻点186个,参加活动老年人1 777人;组织83批3 315人次参加"长宁老人看发展"特色旅游活动;发挥文艺团队作用,为社区和机构老人送欢乐。开展老年人心理健康干预活动,引入专业组织结对关爱,满足老人心理需求。鼓励社会力量向有不同需求的老年人提供上门居家护理服务,多家养老机构探索对周边老年人开展助餐服务。 (叶 扬)

(七)妇女儿童工作

【概况】 2014年,区妇儿工委组织2014—2015年度妇女儿童发展研究课题申报工作,2项课题获市级立项。联合区卫计委、区民政局实施退休妇女和生活困难妇女妇科病、乳腺病免费筛查项目,组织新华路、虹桥、北新泾、周家桥街道和新泾镇符合条件的妇女参加,提供筛查服务1.53万人次。推进国务院妇儿工委"儿童脑瘫早期筛查与康复干预体系建设"试点项目,启动长宁区妇女、儿童发展"十三五"规划编制工作。区编办发文将区妇儿工委办公室人员编制单列,配备专职干部2人。 (俞 洁)

【开展2014—2015年度妇女儿童发展研究课题申报、评审、立项工作】 1月—7月,开展"2014—2015年度长宁妇女儿童发展研究课题"申报工作,收到区妇儿工委成员单位申报课题42项。经市、区两级专家评审,《长宁区小学生午餐行为及营养状况研究》和《长宁区脑瘫早期筛查体系建立的研究》2项课题获市级立项,《0—6岁学龄前儿童家居环境安全防护状况及伤害流行病学调查》等22项课题获区级立项,区级课题根据现场评分予以分级,核拨课题经费。 (俞 洁)

【走访困难妇科重症患者家庭】 2月20日,上海市政府副秘书长、市妇儿工委副主任肖贵玉走访慰问长宁区妇科重症患者家庭,市妇联副主席朱鸣,市妇联副巡视员、市妇儿工委办公室常务副主任田熊,区妇儿工委主任、副区长陈志奇,区妇儿工委副主任等陪同。肖贵玉一行到新华路街道田渡、泰安居委会,分别走访慰问两名妇科重症患者,关心她们的病情和家庭生活状况,鼓励她们发扬女性"自尊、自信、自立、自强"精神战胜疾病早日康复。 (俞 洁)

【召开妇女儿童工作委员会全体委员(扩大)会议】 4月16日,长宁区召开2014年妇女儿童工作委员会全体委员(扩大)会议。会议围绕学习贯彻落实区委、区政府全会和市妇儿工委全委会精神,总结2013年工作并全面部署2014年工作,明确各成员单位和街道(镇)妇儿工委2014年目标任务。区妇儿工委主任、副区长陈志奇传达市妇女儿童工作会议精神,对推进长宁区新一轮国务院两纲示范区(2012—2015年)工作提出要求。区妇儿工委副主任、成员单位委员和联络员、各街道(镇)妇儿工委主任和办公室主任等80余人参加会议。 (俞 洁)

【完成妇女儿童发展"十二五"规划2014年监测统计工作】 4月—5月,区妇儿工委组织成员单位和街道(镇)妇儿工委开展实施妇女儿童发展"十二五"规划2014年监测评估,形成《2014年长宁区妇女儿童发展监测分析报告》。报告显示长宁区实施上海市妇女、儿童发展"十二五"规划61项主要目标中,53项达标,达标率86%。 (俞 洁)

【开通婚育直通车】 8月16日,区妇儿工委联合区卫计委开通"婚育直通车",在区婚姻登记中心定时免费接送新婚夫妇至区妇幼保健院体检处接受婚前检查,提供"婚前—孕前—孕期"连续性优质生殖健康服务。区妇儿工委办公室、区妇幼保健院设计制作婚育宣传册、婚检宣传品发放给参加婚检的新婚夫妇。 (俞 洁)

【推进"男女平等"基本国策宣传行动】 7月—12月,区妇儿工委推进"男女平等"基本国策宣传进学校、进社区、进党校系列活动。开展"进学校"工作。向全区中、小学生发放2 000余份宣传包。开展"进社区"工作。引进市优秀学习型团队"故事妈妈工作室",在暑托班开设"性别平等宣传故事课";依托区妇联主办《成长家园·服务指南》报,全年10期290万份进家庭,专版宣传"男女平等"国策、《反家庭暴力法》、未成年人法庭建设等;通过区、街道、居委会三级妇女干部季度例会、民政系统"居民区干部业务培训班",举办"男女平等·儿童优先"课程培训。开展"进党校"工作。将"男女平等"基本国策宣传纳

社区卫生服务中心为儿童提供筛查服务　　（区妇儿委供稿）

入新录用公务员党校培训班课程，由区妇儿工委副主任授课，帮助新进公务员把握“男女平等”的科学内涵。12月28日，区妇儿工委副主任到哈尔滨参加国务院妇儿工委“男女平等”专题研讨会并作交流发言。　（俞　洁）

【实施“儿童脑瘫早期筛查与康复干预体系建设”项目】 年内，长宁区承接国务院、上海市儿童发展“十二五”重点课题——儿童脑瘫早期筛查与康复干预体系建设。区妇幼保健院和10个社区卫生服务中心为2 042名儿童提供筛查服务，初步建立“筛查—转诊—康复”流程。区人大召开财政专项预算听证会，审核脑瘫试点课题等项目，是区人大首次推出的项目、课题听证会。10月28日，区人大常委会副主任刘英带队，组织部分人大代表对项目开展专项调研。11月6日，上海市妇儿工委办公室常务副主任田熊到长宁区调研，对项目试点情况表示肯定。　（俞　洁）

（八）残疾人工作

【概况】 2014年，长宁区内持证残疾人16 219人，新增1 284人。全年为重残无业、大重病、一户多残、低保等困难残疾人家庭发放帮困金614万余元，受益22 140人次，比上年增长18%；投入资金320万余元，为600余户重度残疾人家庭每天提供一小时的家政服务；投入资金120万元，为197名重残人员提供机构养护服务；为587户听力、视力残疾人家庭开展燃气安全普查，维修更换燃气灶具、燃气热水器、安装燃气报警器、警灯，更换各种零部件；为视力残疾人士办理固定电话优惠业务143件，办理聋人信息卡申请100份，审核残疾人配偶户口入沪申报13人。截至年底，依法征收残疾人保障金1.09亿元，连续三年突破亿元。开展就业援助活动，组织651人次残疾人参加职业基础培训，通过招聘会提供50家招聘单位，新安排残疾人就业126人。会同区建交委在各街道（镇）开展“家庭无障碍”设施改造，完成提高型家庭无障碍改造30户，普通型改造160户，投入无障碍改造资金120余万元，采集无障碍地理信息数据113条。为残疾人进行个性化辅具适配1 068人，完成市任务数的251%。结合中小道路的大、中修，市政道路的新建、改建、扩建和排堵保畅工程建设无障碍设施，改造盲道3 000余米。推广残疾人自强健身工程，培训残疾人社区体育健身指导员50人，组建残疾人特色健身团队10支，以政府购买服务方式开展“自强健身工程”项目，为社区6 000余名残疾人参与社区体育健身融合活动提供方便。　（张汉卿）

【促进残疾人融入社会】 年内，区残联与区文化局联合，开展“书香长宁读书月及道德讲堂”“残健同行文艺汇演”等活动，帮助更多的残疾人走出家门、融入社会，组织残疾人参加市民文化艺术活动，每月在长宁民俗文化中心开设残疾人公益专场，在上海影城开设无障碍电影专场，安排盲人观看无障碍电影1 200人次，发放各类残疾人公益电影票1 800张。　（张汉卿）

【开展“基础管理建设年”项目】 年内，区残联根据市残联“基础管理建设年”要求，结合长宁区残疾人工作实际情况，制定《长宁区残疾人基本服务状况和需求专项调查工作方案》，并根据方案按照时间节点逐步推进。截至9月底，基础管理建设年活动完成“四核”工作，核查持证残疾人16 149人、持阳光宝宝卡人员478人，市残联抽查合格率100%。11月底，对206名专项调查人员进行业务培训。12月，在新泾镇率先开展专项调查工作试点。　（张汉卿）

【发展阳光之家、阳光基地】 年内，区残联开展阳光之家、阳光基地规范化建设和技能培训、康复、教育等项目，加强10个街道（镇）阳光心园的规范化建设和管理，落实公共财政和相关人员场地的保障措施，推动建成2家示范型、8家基本型阳光心园。截

10月13日，残疾人朋友在“世界精神卫生日”主题宣传活动上展现自我　　（区残联供稿）

至年底，长宁区阳光基地吸纳就业援助对象97人，下拨经费298万元。阳光之家注册学员314人，下拨经费156万元。（张汉卿）

（九）红十字会工作

【概况】 2014年，区红十字会以改善最易受损群体境况为目标，开展“三救”（应急救灾、人道救助、救护培训）、“三献”（遗体器官捐献、造血干细胞捐献、无偿献血）宣传及红十字运动知识传播和红十字青少年等工作。开展云南鲁甸地震应急工作，接受社会各方捐款50.09万元。完成2014学年少儿基金年度收费工作，参保率95.1%。组织各级红十字会干部分层次、有侧重地参加市、区各类专题培训。举办全区性红十字工作培训班，为街道（镇）专职干部进行“人道救助项目实施与管理”等专题培训；开设“社区常见突发事件的应对及防范”及“社区红十字工作指南”等专题讲座。获得中国红十字总会颁发的报刊宣传二等奖及上海市红十字运动基本知识传播先进奖、2014年上海市红十字现场初级急救优秀案例二等奖、2014年上海市红十字现场初级急救案例征集活动优秀组织奖等荣誉。（徐俭美）

【开展重大节日纪念活动】 5月，在世界红十字日及全国防灾减灾日期间，区红十字会与区教育局联合开展以“人道心、中国梦——红十字救在我身边”为主题的2014年长宁区红十字青少年现场紧急救护技能大赛，全区22所小学、66名学生组队参加比赛，增强师生的防灾减灾意识和自救互救能力。9月，在世界急救日来临之际，区红十字会组织开展长宁区社区红十字应急救护技能大赛，区内10个街道（镇）救护队参加，评选出团体一等奖1名、二等奖2名、三等奖3名、鼓励奖4名。单项一等奖5名、二等奖10名、三等奖15名。（徐俭美）

【做实人道救助】 年内，区红十字会接受社会各界捐款208.6万元。新春期间，区红十字会开展“千万人帮万家”工作，为困难家庭中的肿瘤病患者、麻风病致残者、精神病患者、遭遇意外灾害的生活困难者及因病致贫家庭中的患者、癌症俱乐部中需要帮助的患者及区内重病大病儿童等2400余户困难家庭发放救助款物97.64万元。6月，虹桥外国人基督教礼拜集合点外国爱心人士捐助款62万余元，为区内9户特困因病致贫家庭及近千户少数民族困难家庭提供专项救助。救助2名区域内造血干细胞移植患者4万元。做好“为社区重度困难失智老人配送护理用品”及“四医联动”等救助项目。（徐俭美）

【深化救护培训】 年内，区红十字会坚持群众性救护培训“进社区、进学校、进机关、进警营、进楼宇”，提高培训覆盖率、扩大受益面，开展的救护培训面向区内各界且全部免费，同时提供培训教材和不同型号救护包，普及市民的应急救护知识。培训对象扩至区域内外籍人士，为耀华国际学校、李文斯顿美国学校等近300名外籍师生进行现场救护知识培训。7月16日，受长宁区青少年法制夏令营之邀，区红十字会在区法院为来自10个街道（镇）的青少年开展主题为“安全‘童’行——青少年现场初级救护知识”的讲座。9月，联合区公务员局，90余名青年公务员经过培训考核获得救护员证书。全年举办救护员培训班23期，1086人通过考核获得救护员证书；各街道（镇）红十字会开展普及培训100余期，培训13352人。（徐俭美）

【推进“三献”志愿服务】 年内，区红十字会推进造血干细胞捐献、遗体与器官捐献及无偿献血宣传工作，全年有108名志愿者登记捐献遗体、37名志愿者登记捐献器官、326名造血干细胞志愿者采样入库。3月，上海市第298例、长宁区第13例造血干细胞捐献志愿者——华阳路街道党员服务中心的张明华捐献造血干细胞，挽救一名身患白血病的19岁男青年。（徐俭美）

【做好社区失智老人关怀服务】 年内，区红十字会组织社区志愿者以“多走百米、关爱到家”的志愿服务理念，坚持每月上门为困难老人送去护理用品与关怀服务，为31名老人发放护理用品237箱。举办10期社区居家老年介护培训班，为427名助老居民提供社区居家养老介护理论知识与操作技能培训。（徐俭美）

【举办“六五”普法及知识培训】 年内，区红十字会举办红十字运动基本知识及“六五”普法培训班14期，培训500余人，知识普及5000人。区内各街道（镇）红十字会通过讲座、活动、电子屏、黑板报等各种形式宣传传播红十字运动基本知识。加强与市、区新闻媒体联系，宣传报道全区红十字工作。（徐俭美）

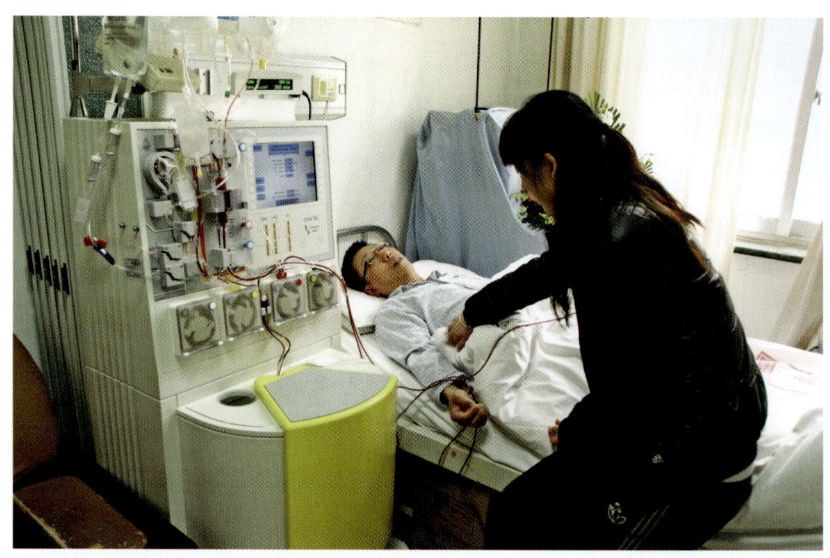

长宁区第13例造血干细胞捐献者张明华（区红十字会供稿）

（责任编辑 苏莉莉）

(一)综　述

2014年,各街道(镇)贯彻落实落实区委、区政府确定的年度重点工作,聚焦群众关注的民生热点难点和关键领域,坚持需求导向,践行群众路线,落实各项社会保障制度,推进改善民生的各项工作和实事项目,完成年初确定的各项主要目标任务。

改善居住环境,实施旧区改造。完成旧区改造面积4.2万平方米,征收旧改居民1 199户。完成结转基地9幅,其中旧改基地5幅、市政基地4幅。长宁区剩余旧改零星地块全部启动签约并生效,其中9幅基地签约率100%。镇宁路405弄基地三天就达到100%的签约率;仙霞路115号地块两天半就签约生效。推进旧小区综合整治,2013年结转的旧小区综合整治项目全部完成。2014年启动70万平方米旧小区综合整治项目,完成30万平方米。完善住房保障体系,廉租住房受益面不断扩大,廉租住房租金补贴方面,对符合条件的申请家庭实现"应保尽保"。新增租金配租家庭421户,签订租金协议382户。完成718户实物配租选房工作。开展公共租赁房工作,审核馨宁公寓、馨越公寓、馨逸公寓、尚景苑、晶华坊等市筹公租房项目申请,咨询8 000余户,受理2 316户,领取准入资格确认书2 126户;开展协和家园、晨飞公寓的申请受理、摇号、选房和签约入住工作,签订合同69份,入住51户。推进区筹公租房项目的租赁管理。

健全民生保障体系,落实促进就业创业政策。加强困难群体和青年大学生就业服务和援助,建成创业园区(孵化基地)17家,开发创业见习基地25家,帮助成功创业2 032人,培育创业之星30名。组织开展"就业援助月""民营企业招聘周"等招聘活动20余场,服务企业近500家,提供就业岗位7 000余个,吸引求职人员1.1万余人次。推荐青年职业见习436人。加大对就业困难人员、就业援助对象以及刑释解教等特殊人员就业帮扶。建立中小微企业职业技能培训公共服务平台,开展宣讲活动10余场,251名长宁区职工通过公共服务平台参加技能培训。完成各类职业培训21 026人,外来务工人员培训4 089人。优化养老机构布局,提高为老服务能力,加快养老床位建设。在老年人床位拥有率位列全市8个中心城区首位的情况下,新增社会办养老机构2家,床位187张,全区养老机构数36家,床位数5 283张。新增老年护理床位100张,试行养老院与护理院之间的"双向转床",探索"医养结合"试点建设。巩固完善家庭医生制试点工作模式,逐步建立起家庭医生"守门人"服务体系。截至年底,全区签约常住居民217 238人,签约率34.81%。拓展居家养老服务,有老年人日间服务中心11家,社区老年人助餐点53个,新增居家养老服务对象600人,全区总数1.58万人。建成老年人互助睦邻点186个,参加活动老人1 777人。提升基本生活保障,扩大救助覆盖面,加大救助力度,为社区困难群体生活托住底。落实和巩固市、区两级各项救助保障政策,全年实施各类社会救助39.89万人次,金额1.04亿元。

加强社区公共服务。推进"四医联动"医疗救助工作,为11 524人办理保障资格,6 779人享受保障。程桥社区卫生服务中心新增14张机构舒缓疗护床位并开始病房运作,机构舒缓疗护床位数增加至36张;江苏社区卫生服务中心新增20张居家舒缓疗护床位。新增老年护理床位100张。推进文化惠民实事项目,完成20个"社区影视厅"项目建设。群众文化团队培训192场次,配送106场优秀文艺演出、讲座、展览进社区,进园区,进商区,以文惠民,让市民共享文化发展成果。全年开展各级各类群众文化活动5万余场次,参与群众200余万人次。推动公共文化服务项目社会化运作,制定《长宁区公益性文化项目招投标实施细则》,鼓励社会力量参与公益性文化事业。推出2014年公益性文化项目招投标,18家单位71场次演出中标。提高新生儿和0—6岁学前儿童健康保障水平,长宁区在全市率先将新生儿先天性疾病免费筛查和0—6岁学前儿童免费体检项目列入公共卫生服务项目。全年为0—6岁学前儿童提供免费健康检查44 942人次,开展免费新生儿疾病筛查16 647人次。

开展市容环境整治。落实市容环境责任区制度,深化大门责与网格化相结合机制,将城管队员、市容管理所、门责指导员、环卫作业班组长纳入网格,建立自律、作业、管理、监督、执法的“五位一体”模式。推进生活垃圾分类减量,新增垃圾分类推进161个居住区,覆盖居民75 011户。启动餐厨垃圾收运处一体化推进工作,推进143家各类单位,为长宁区日均减量生活垃圾约50吨。加大顽症治理力度,全区138条道路固化成严禁、严控和控制区域,实施差别化管理。万航渡路江苏北路、安西路安化路、新渔东路等5个街面乱设摊集聚点基本消除,玉屏南路等10条跨门营业相对集聚道路市容明显改善;有效管控时段内,区内大规模乱设摊集聚点全部消除;全区9处新疆籍人员长期占道固定设摊基本消除。

(林　弘)

(二)新华路街道

【概况】 新华路街道位于长宁区东南部。设居委会17个,居民2.41万户,户籍人口10.11万人。党支部154个,党员4 537人。教育机构9家、科研院所3家、医疗卫生机构25家,体育健身场所49处。街道办事处设在法华镇路479号。

2014年,街道完成税收13.65亿元,其中121家重点企业产税10.21亿元。引大引强企业28家。完成小税种税收1 510.04万元。开展党的群众路线教育实践活动,收集整改意见建议113条。新建规范工会4家,组建楼宇联合工会4家。创建市级五好文明家庭3户、最美家庭1户,区级文明家庭1 349户、文明家庭示范户13户。完成退休妇女、生活困难妇女、支内回沪妇女“两病”筛查2 336人。新建“两新”组织团支部4家。4个居民区党总支获得区居民区党建“金银奖”称号。完成16个居民区党总支和48个党支部公推直选换届。新组建“两新”组织党支部5家。创建市级文明小区24个、区级文明小区26个、区级文明弄48个、文明楼组773个以及市、区级文明单位17家。开展各类文化活动126场,参与2万人次。新建户外电子阅报栏3处。完成全国第六次体育场地普查及18个健身点102件器材更新,承办市民体育大联赛暨长宁区“新华杯”排舞比赛。完成安西路(延安西路—云阳路)道路改建工程基地房屋征收工作,完成空调滴水管改造、晾衣架安装、信报箱整修、休闲椅添置等项目148处,完成当代新华等5处小区二级生化污水改造,推进旧小区综合整治,完成25台老旧住宅电梯修理改造。取缔8家无证无照餐饮单位。拆除违法建筑35处。完成番禺路209弄破墙开店整治。做好59个售后公房小区物业管理一体化激励机制实施工作,完成业委会换届选举10家。推进世界卫生组织世界健康社区创建,举办健康嘉年华活动。创建区环保绿色小区10个、单位2家、家庭255户。实施各类帮困救助2.07万人次、927.35万元。完成1 383名残疾人基本服务状况和需求专项调查。新增就业岗位1 115个;零就业家庭、就业困难家庭安置率100%。发动社区志愿者与1 246户独居老人结对;为老年人提供生活服务1 650人次、医疗服务5 500人次。拓展社区生活服务中心功能,提供服务1.2万人次;各便民服务点开展服务102次。陈家巷居民区成功创建区级居委会自治家园。化解或终结历史遗留矛盾4件,调解民间纠纷362起。集中整治群租房17次、284套。检查安全隐患单位4 702家,开具各类检查单3 917份。完成兴国宾馆及周边300米、延安路高架1 700米及沿线300米重点守护区域亚信峰会安全保障任务。2014年,街道获全国社区侨务工作示范单位、全国社区服务型党组织建设示范街道、上海市平安示范社区、上海市学习型社区、上海市社区教育示范街道、上海市科普示范社区、上海市反邪教优秀社区、上海市老年宜居社区等称号。

(张海燕)

6月5日,新华路街道举行世界环境日主题活动　　(新华路街道供稿)

【举办新春楹联进社区活动】 1月23日,街道第十届新春楹联进社区活动开幕。市文联艺术家、社区单位、部队、外籍人士代表及社区居民等200余人参加。活动以“中国梦”为主题向社区居民征集楹联133副,邀请名家现场点评、书写楹联。举办民俗文化集市,捏面人、中国结、糖画、剪影、生肖炭画、撕纸等传统手工艺展示,受到居民欢迎。

(张海燕)

【举办“学雷锋”便民服务活动】 3月5日,街道在新华路沿线开展“学雷锋”志愿者便民服务活动。组织社区单位40余家、志愿者近200名,为居民提供医疗咨询、法律咨询、开业指导、慈善义卖、志愿者招募等50余个项目,服务3 500余人次。

(张海燕)

【举办第九届法华牡丹节】 5月23日,以“美丽新华　智慧畅想”为主题的第九届法华牡丹节暨科技活动周开幕式在上海交通大学文治堂举行。区委常委、宣传部部长章卫民，区文明办、区文化局、区社建办及街道等有关领导出席活动，驻区单位、“两新”组织、居民代表等800余人参加。5月—10月，街道联合上海歌舞团、民族乐团、轻音乐团举办三场“高雅文化进社区”演出；通过区域各企事业单位和社团文化资源整合，启动“文化微课堂”项目；举办第三届“老洋房巡游”等牡丹节系列活动。

（张海燕）

【举办“两岸三地情”文化联谊活动】 6月3日，以“血脉相连，情系新华”为主题的街道第九届“两岸三地情”文化联谊活动在社区文化活动中心举办。来自美国圣地亚哥州立大学孔子学院的师生及社区文化团队、侨界人士等近百人参加。社区文化团队表演具有中华文化元素的特色节目；社区学校剪纸班、书法班、国画班成员展示中国剪纸和书画艺术；美国友人向社区居民学习包粽子。

（张海燕）

【举办社区青年创业沙龙七周年成果汇报活动】 10月10日，以“大树参天　根植沃土”为主题的社区青年创业沙龙七周年成果汇报活动在社区文化活动中心举行。市人社局、区人社局、区就业促进中心、各街道（镇）劳动保障事务所、新华路街道等有关领导出席活动，开业指导专家、青年创业代表等80余人参加。活动通过微电影、魔术、紫光手影舞、PPT演示等形式，回顾2008年沙龙成立以来所取得的成果。2008—2014年，创业沙龙扶持596家小微企业成功创业，带动创业、就业3 068人。（张海燕）

1月23日，新华路街道举办民俗文化集市　（新华路街道供稿）

（三）江苏路街道

【概况】 江苏路街道位于长宁区东部，设13个居委会，有居民1.84万户，户籍人口5.04万人。有党支部140个，党员8 277人。有教育机构12家，医疗卫生单位14个，体育健身场所35处。街道办事处设在愚园路909弄2号。

2014年，街道完成税收19.46亿元，比上年增长34%。新增企业218户，楼宇企业完成79户，引进“四有企业”88户，有实力、有实效的企业59户。践行群众路线教育实践活动，累计走访社区单位110家，居民群众5 800余人。对85条意见进行梳理和分析，围绕群众反映强烈的突出问题，形成5个专题项目深化整改落实。建立一批加强与居民群众联系、党风廉政责任制落实等方面的规章制度和长效管理机制。深化拓展“凝聚力工程”建设，开展好困难群体关爱、“六个便利”服务、社会公益参与“三项行动”。提升社区服务水平，发放各类救助款895万元。完成第四网格居民活动室建设，新建卫生服务示范站1个。建成曹家堰和第四网格居民区社区影视厅、0—3岁科学育儿点，做好区少儿图书馆在社区落地工作，举办第十六届江苏之声艺术节。为社区近300名困难老人安装智能电话，智能盒饭售贩机进楼宇，智慧快递箱进社区。创建两家创业孵化园区，社区创业掌上通APP上线运行。开设“楼宇白领课堂”，为3家楼宇添置电子阅报栏，创评3家星级白领午餐点。更新6个社区健身点36件器材。推进民生实事项目建设，完成27个“家门口工程”项目，完成25个“家门口持续美化行动”建设项目，对396个楼道堆物和49处侵占绿化进行集中清理。镇宁路405弄房屋征收签约率、搬迁率均100%。465弄签约率100%，搬迁率98.6%。安西路零星地块房屋征收签约率100%。加强基层社会治理，推进文明创建。制定文明城区创评工作总体方案和顽症专项整治工作方案。对小区、主干道等进行轮查，发现问题32项，全部整改完毕。在社区交通要道、商务楼宇、轨交出入口等新建5处户外公益广告，宣传社会主义核心价值观。社区安全态势良好。完成春节、两会、亚信峰会、国庆节、十八届四中全会、APEC会议等重要节点的维稳任务。结合社情民意、社区热点及重点项目，电子日志每月走访达标率100%。专项整治群租145户。巩固非法客运整治成果，开展联合行动8次，发放宣传材料7 000份。开展存量违法建筑普查，配合拆除新搭建违法建筑23处，对社区48处地下空间进行拉网式检查，制作消防安全警示牌300块，更新配置灭火器1 600个。为社区户籍居民免费发放家庭应急包3 430个，开展燃气安全检查200户，为100户特殊困难家庭免费更换燃气具；组织社区内5 000人次的民众进行防灾综合演练。2014年，街道获国家地震安全示范社区、上海市平安示范社区、上海市国家安全小组工作规范化先进集体、上海市健康社区、首届市民文化节优秀组织奖称号。

（李雯洁）

【举行社区志愿者培训学校揭牌仪式】 4月1日,江苏路街道志愿者培训学校揭牌仪式在社区志愿服务中心举行。学校首批聘请8名培训讲师,其中市级文明单位志愿者组织负责人2人、居民区书记4人、社区优秀志愿者2人,街道领导为讲师颁发聘书。该培训学校旨在加强对志愿服务工作者和志愿者的理念和素质能力的培训,加大志愿服务的工作力度,提升社区志愿者服务工作水平,打造“江苏志愿者”品牌。 (李雯洁)

【举行“智能午餐售贩机”揭牌仪式】 10月28日,江苏路街道为解决楼宇白领就餐难的问题,联手上海麦泽科技有限公司,在万宝国际广场一楼举行“智能午餐售贩机”揭牌仪式。“智能快餐机”的引进,作为万宝国际广场“六个便利服务”拾遗补缺项目,在江苏路社区商务楼宇中更是首创。白领们可以在快餐机上通过触摸屏选择午餐,通过手机“扫一扫”二维码功能就能完成支付。上海麦泽科技有限公司是一家现代化食品销售公司,运用智能零售终端与移动互联网技术相结合,将崇明生态农业基地新鲜、美味的食材,通过冷链温控技术为都市白领提供便利午餐。

(李雯洁)

【举行“睦邻之家”揭牌启用活动】 12月10日,江苏路街道在南汪居民区举行“睦邻之家”揭牌启用仪式,区、街道领导为“舒欣屋——睦邻之家”揭牌。南汪居民区“睦邻之家”的成立补充原睦邻点空间上的不足,壮大“睦邻点”队伍,让“睦邻之家”团队更具生命力。 (李雯洁)

【建成江苏路街道第四网格居民区活动室】 12月,作为长宁区政府实事项目——江苏路街道第四网格居民区活动室建成并投入试运行。活动室坐落于愚园路1051号,是一幢地上2层、地下1层的老洋房式建筑。该中心总建筑面积843.4平方米,其中地上建筑面积604.3平方米,地下建筑面积239.1平方米。中心内部设有社区卫生服务站、阅览室、社区影视厅、综合管理分中心(警务室)、青年中心、舞蹈房、书画梨园室等,集社区卫生服务、文化、体育、教育服务等公共便民服务功能为一体。江苏路街道第四网格居民区活动室为周边居民就近享受卫生保健、休闲娱乐提供便利。 (李雯洁)

(四)华阳路街道

【概况】 华阳路街道位于长宁区东北部,设21个居委会,有居民2.36万户,户籍人口7.12万人。有党总支18个,党支部144个,党员4 212人。有教育机构10家,医疗卫生机构8家,科研院所3家,体育健身场所60处。街道办事处设在定西路1310弄12号。

2014年,街道引进“四有”企业38户,120家重点规模企业稳定经营,产税9.96亿元。街道税收总量累计完成12.81亿元;引进各类企业218户,其中现代服务业130户,占比63.3%。注重生产安全防患,全年开展安全生产检查215次,检查单位525家,查出隐患418条,整改418条,整改率100%;开展消防检查793家,特种设备检查713家,地下空间检查67家,文化市场检查203家。组织安全生产培训,其中生产经营单位负责人、安全管理人员19人次,外来务工人员315人次,居委会主任、治保主任42人次,街道公共安全室工作人员9人次。严格安全生产备案,其中小建筑装潢备案63家,企业应急预案备案6家。强化责任分工与落实,与社区单位签订产责任书,其中安全生产617家(新签约60家),消防576家,特种设备149家。全年接到市民服务热线电话1 492个,其中市热线278个、区热线143个、街道热线1 071个,并全部答复。6块新开基地全部生效,华阳路256号—272号、安化路331弄、武夷路592号与594号、武夷路491弄4地块签约率100%;昭化路延安西路1289弄签约率97.5%;长宁路508弄、518弄签约率97.09%。配合完成区旧小区综合整治3处,更换7处空调滴水管,安装和整修8处晾衣架,整修10处自行车棚,安装9处扶手和5处休闲椅;完成“家门口工程”和“家门口环境美化行动”。在41个小区12 254户家庭试点垃圾分类、在2个小区660户家庭试点绿色账户工作,推进南天大楼电梯更新事宜。加强对跨门营业、乱设摊、夜排档、暴露垃圾、群租、违法建筑“六类社区管理顽症”的治理。牵头执法部门对重点路段联合整治47次,出动执法人员970人次,驱离无证摊贩和流动卖货车300余个,整治跨门营业1 700余起,清除无主物品和垃圾91吨。联合整治群租65户,拆除违法隔断28间、床位40张。组织21次拆违专项整治,整治新增违法建筑23户、面积

10月28日,“智能快餐”进楼宇操作演示 (江苏路街道供稿)

907平方米,拆除违章搭建227处、面积3 205平方米。社区事务受理服务中心开设"一口受理"窗口6个,实现事务受理服务全年无休,服务辖区居民10.8万余人次。全年新增就业岗位1 275个,帮助成功创业90人,城镇登记失业人员1 477人,安置就业困难人员47人,安置率100%;全年发放最低生活保障1.25万人次,约745万元;推进"四医联动"医疗救助一站式服务;推进居家养老、老人住房适老性改造、65周岁以上老人免费体检建档工作;华阳敬老院加强5S规范管理,通过上海市5A级社会组织审核;开展计生特殊家庭问卷调查、免费孕前优生健康检查、科学育儿指导服务,重点关怀81户失独家庭、158户独生子女伤残家庭、15户独生子女患重大病家庭。累计提供帮困基金约426.45万元,其中事务受理中心节日帮困及临时补助发放约183万元、医疗救助155.3万元,残联节日帮困及临时补助发放约83.5万元,计生特殊困难家庭帮困送温暖慰问金4.65万元。全年组织文化、体育、培训、科普等各类活动2 000余场次,服务群众近25万人次。形成群众团队259支。新建5个健身点,整修或新建15处宣传栏,更新50件健身器材;推进4个小区文化楼组、公共文化客厅建设。完成"美丽华阳,智能生活"体验应用中心建设,全年5 000余人次参观。创建市级文明小区20个,区级文明小区22个,区级文明弄24个。2014年,街道被命名为人口计生基层群众自治市级示范点、上海市科普示范街道、上海市社区教育示范街道、上海市平安社区、上海市依法行政示范单位街道,办事处被评为第三次全国经济普查上海市先进集体、上海市侨务信访工作成绩突出单位等市、区级称号20余项。

(管　哲)

违法乱设摊整治　　(华阳路街道供稿)

【开展新"四百"主题实践活动】 年内,街道探索以"问百家需、解百家忧、聚百家力、圆百家梦"为主要内容的新"四百"群众工作法,做实"凝聚力工程"建设"五项行动"。深化困难群体关爱行动,走访居民233 851人次,做实困难群体结对帮困全覆盖。深化六个便利服务行动,主动回应园区、楼宇员工反映的需求和问题278件,推进"六个便利服务"进楼宇园区83次,推动中山商圈商务社区服务联盟建设。开展社会公益参与行动,组织动员各方力量参与志愿服务,有效运作社区志愿者基地5个、志愿者队伍59支,社区层面开展公益活动项目50余个,指导居民区学雷锋志愿服务站开展活动200余次,组织1.3万余人次参与志愿者服务活动。开展社区爱心帮扶行动,针对社区不同群体连续两年推进实施民生服务项目15个,从生活帮困、精神解闷、心理疏导、人文关怀等方面落实各类配套帮扶措施。开展社区圆百家梦行动,在网格层面组织"实现美丽中国梦"活动,在商务楼宇组织百余名白领参加"新年登高、放飞梦想"主题活动,在居民区筑"梦想之树"、设"梦想之窗"、发放"心愿卡",通过"公益生日"活动帮助各类群体实现梦想,征集并组织认领微心愿97个。

(管　哲)

【探索实践服务管理综合标准化试点工作】 年内,街道按照"社会管理和公共服务综合标准化"的要求,健全社区服务管理综合标准化组织机构,建立社区内不同服务和管理岗位的标准化规范,通过标准化手段提高社区综合服务管理水平。建立标准化试点工作联席会议制度,设立办公室、社会稳定和公共安全组、社区管理组、社区服务组、社会参与组等"一办四组",落实定期沟通、专题会商、联系服务等制度,为推进标准化试点工作提供保障。按照既定时间要求和任务,上传、初核、反馈、调整相关材料,做好互动对接。邀请市标准化研究院对联席会议以及街道相关科室工作人员进行业务培训;收集整理综合治理服务管理标准相关资料,由市标准化研究院制作完成子体系样板,制作社会事务、社区文化、医疗卫生等子体系结构图和标准明细表。

(管　哲)

【推进旧改】 年内,街道推进6块新开边角料地块的征收和3幅结转基地的收尾工作。华阳路街道"6+3"基地数量在全区各街道(镇)中最多,涉及9个居民区。新开基地多为旧里棚户,评估均价普遍较低且情况复杂,其中2块是仅有5证的边角料。街道班子领导分块包干,坚持党建联建、三级联动、深入走访,多管齐下推进签约。安化路331弄地块启动签约后19天即实现100%签约,长宁路508弄、518弄地块启动签约9天即告生效。6块新开基地全部生效。华阳路256号—272号、安化路331弄、武夷路592号与594号、武夷路491弄4地块签约率100%;昭化路延安西路1289弄签约率97.5%;长宁路508弄、518弄签约率97.09%。3幅结转基地的收尾工作稳妥推进,延安西路1289弄基地结转完成,江苏北路西块基地和汇川路北块基地推进司法强迁。 (管 哲)

(五)周家桥街道

【概况】 周家桥街道位于长宁区西北部,设居委会21个,居民2.89万户,户籍人口4.51万人。有党支部93个,党员3 275人。医疗卫生机构6家,教育机构9家,体育健身场所39处,街道办事处设在长宁路1618号。

2014年,街道服务区域经济。引进"四有"企业24家;引进"三有"企业16家;上年当年税收完成7 562.33万元。79家规模企业税收完成8.3亿元;企业税收总量实际完成9.29亿元。重点楼宇平均税收完成57%;单位面积产税1 616元/平方米。完成私房出租税收1 445万元。为19家企业53名人才办理优秀人才住房补贴;为4家企业5名企业高管办理人才公寓住房补贴拨付;为190家异地经营企业办理相关证明,协助企业通过年检;为6家企业8名高管申请高管奖励;为6家企业申请并通过"专、精、特、新"扶持政策。推进民生工程。132户家庭配合完成云雾山路551弄动拆迁工作。完成宁康、铁路公房、中狄、民众小区等旧小区综合改造工程,古南小区、沈北小区、精益公寓道路整修工程,锦阳小区绿化补种,古南小区、三泾北宅部分晾衣架改造。完成武夷花园、仁恒河滨小区业委会换届工作。推进生活垃圾分类,完成垃圾分类减量的95%。完成145户第四批共有产权保障房受理,103户廉租房实物配租家庭摇号。新增就业岗位1 031个,建立创业组织41家,带动落实就业岗位246个。完成小额贷款9家;零就业家庭及就业困难群体安置率均为100%。实现502户应保家庭全覆盖;为社区400户独居、高龄、困难老人家庭提供上门清洁服务;完成老年人家庭无障碍设施改造31户、适老性改造10户;组织社区1 991名60岁以上老人参加体检;对社区217名高龄老人纳保,为部分独居、困难老人等进行居家养老服务,新增居家养老服务对象43人。为0—16岁残障儿童康复护理20人次;组织156名残疾人参加康复体检;为100名残疾人配备助残器具;为61名残疾人安装假肢及矫形器,为27户重残无业、老养残家庭开展居家养护服务。加强社区管理。实现中山公园地区生活服务中心试运营。创建市级文明小区15个、区级文明小区37个、市级文明单位3家、区级文明单位17家。组织打击"黑车"行动29次。对434扇防盗门进行维护更新,协调维修周二、范北等小区19处人为破坏门禁系统。在杨家宅、锦屏、周一居民区安装20个单机版摄像头。完成虹桥新城、武夷等7个居民区安装防盗窗锁链2 738套。公共安全电子巡查点位重点单位245家。对22栋售后公房小区公共灭火点消防器材、443栋售后公房住宅楼的楼道灭火器进行查损补缺,补充和维修消防灭火器83个,维修更新支架148处,为63家"三合一"(集生产、生活、存储于一体)单位安装烟感器68个。维护保养监控探头132个,为老旧小区新装单机版高清监控探头36个。街道和辖区1 200余家单位签订安全生产、消防安全责任书,检查单位2 157家次,查处隐患377处。培训外来务工人员180人。集中整治群租14次、104户,拆除隔间310间,清理床铺449个。为50户特殊人群和困难家庭免费更换燃气具。发展社区文化,开展经典轻音乐会等各类文艺展演、演出、讲座184场。完成国民体质监测150人,抗跌倒监测50人,体育技能培训25次、263课时,培训1 068人。举办"敏之杯"社区乒乓球赛、参加2014年奥运日长跑活动等体育健身活动。2014年,街道获评上海市文明社区、上海市平安社区、上海市禁毒工作示范社区、上海市首批"智慧社区"示范点、上海市社区教育示范街道。 (陈 红)

老年日间照料中心 (周家桥街道供稿)

【成立物业管理工作小组】 4月14日,街道成立物业管理工作小组,优化社区物业管理工作。物业管理工作小组分为工作推进小组和工作支持小组。主要职能为分片推进物业管理中的各项工作,定期召开业委会换届、物业改选等工作沟通会;制定物业管理工作应急预案,研判化解物业管理中出现的重大矛盾和信访事件;引入第三方力量,加强调解和化解工作;定期召开月度工作会议,指导和推进物业管理工作。(陈 红)

【举办第八届"敏之杯"社区乒乓球比赛】 5月24日,2014年市民体育大联赛第八届"敏之杯"社区乒乓球比赛在上海国际体操中心举行,全市各社区49支球队、350名运动员参加。该比赛由市社会体育管理中心、区体育局、周家桥街道办事处、上海敏之体育文化交流中心主办,市乒乓球协会承办,上海国际体操中心、周家桥社区体育健身俱乐部、搜狐焦点网协办。上海朝露乒乓球俱乐部队获得业余俱乐部组冠军,上海乒乓裁判俱乐部队获得该组亚军,星期一俱乐部队获得该组季军。长宁周桥友联乒乓俱乐部队获得社区业余组冠军,虹桥街道队获得该组亚军,长宁一代天胶乒乓球俱乐部队获得该组季军。长宁区中石化华东分公司队获得社区老年组冠军,虹口区乒协队获得该组亚军,虹口区上海联友乒乓俱乐部队获得该组季军。(陈 红)

【举办社区干部依法行政专项培训】 5月—8月,街道联合区司法局、区公务员局、上海长宁现代教育培训中心举办街道干部依法行政专项培训班,由华东政法大学提供专业课程和师资,街道相关职能部门进行业务能力培训。该次培训涵盖社区治理与民主自治、婚姻家庭、物业管理、媒体应对、人民调解、信访接待、物权法和基层自治组织建设等热点问题,共10次课程。街道全体机关干部,卫生、综治、社区服务三个中心负责人,居民区书记、主任,居委会调解、治安保卫、老龄、妇女代表等条线干部160余人参加。(陈 红)

【成立实体志愿服务中心】 6月18日,街道实体志愿服务中心成立。该中心以购买服务的形式委托上海市青年家园进行运作,发布志愿服务中心订阅号,规范操作流程,建立微信、微博线上信息推送渠道。通过走访居民小区、社区学校、医院等公共服务区域,对社区志愿服务需求进行调研,了解志愿服务情况与需求,挖掘潜在志愿服务力量,优化小区志愿服务站功能,进行具体项目设计,完善志愿者招募及志愿服务项目。(陈 红)

【中山公园地区社区生活服务中心试运营】 6月18日,位于凯旋路585号的中山公园地区社区生活服务中心对外试运营。该中心以"服务拉近你我、共创美好生活"为服务宗旨,通过"公建民助"的运作方式,以政府购买服务、专业团队管理、政府公众监督、社会民众受益的运行架构服务社区。该中心提供便民、为老、白领、志愿、网上、枢纽六大服务,成为辐射中山公园地区的便民利民窗口、商圈白领和社区居民的活动阵地以及政府公共服务的枢纽。(陈 红)

(六)天山路街道

【概况】 天山路街道位于长宁区中部,设18个居委会,有居民2.65万户,户籍人口8.32万人。有党支部202个,党员5 628人。有医疗卫生机构19家,教育机构12家,体育健身场所34处。街道办事处设在遵义路185号。

2014年,街道完成税收25.6亿元。引进企业406家,其中引大引强企业118家,企业总数达到3 046家。金虹桥国际中心、虹桥南丰城竣工开业,SOHO天山路项目、虹桥国际文化中心等重点楼宇及功能型项目进展顺利,康宝莱等一批优质企业入驻。民生保障持续改善。推进天山路680弄1—4号地块及仙霞路115街坊旧改动迁,涉及居民554证、700余户,占全区年度动迁总量的三分之一,完成签约549证,签约率99%。33个小区、101万平方米申报一体化激励机制,推动楼道整治、二次供水改造等一批"家门口工程"。完成新光、新风小区10.5万平方米旧小区及杨宅路181弄综合整治。推进天山三村、新风小区环境综合提升。发放补助金额2 063万元,受益4.8万人次,复审低保户1 626户。扶持成功创业组织50家,创业带动就业200余人。加强老年人日间服务中心建设,新建天山三村"夕阳汇"老年服务中心,完善助残、日托、医疗咨询、精神慰藉等各类服务。引进上海健众护理管理事务中心、上海悦阳大重病人关爱服务社、上海清颖社区服务社等一批社会组织,实施"社区失智老人关爱"等实事项目,为大重病老人和高龄老人提供针对性服务。推进社区事务受理中心标准化建设,深化"一口受理、全区通办、全年无休"模式,全年办理业务4.3万余人次。推进社区生活服务中心项目化、规范化运作,18个居民区分别设立生活服务分中心,延伸社区生活服务体系。新建天山商圈白领中心,开辟八大服务功能区,为辖区内企业白领提供各类便利服务。举办社区第四届阅读节、艺术节,连续两年举办市民文化节"文化服务日"活动,丰富群众文化生活。推进社区体育、科普、教育发展,完成全区首批学校体育场地——泸定中学夜间向社区开放工作。社区运行安全有序,组织动员区域单位、机关干部、社区居民参加平安社区建设,对72个小区、20个街面道路、公园绿地、公交轨交站点进行巡访,完成安全稳控任务。加大矛盾化解力度,对联建大修方案征询、旧区改造、房屋征收等矛盾突出情况充实工作力量,成功化解1起持续去京上访长达7年之久的98街坊动迁遗留矛盾。加强联合联动,推进市容管理联席会议制度,街道联合市容、城管、派出所等对乱设摊、跨门营业、夜排档、无证无照经营等顽症开展专项执法整治50次,取缔无证无照商户19家,拆除违章搭建2 500余平方米,遵义路780弄环境专项整治工作在全区起到示范推广作用。整治群租281户,清理床位1 861个。落实平安实事项目,完成600余扇防盗门整修,协助派出所完成2 000户家庭防盗限位器安装工程。加强安全隐患排查整治力度,落实59个楼道老化电线改造工作,提升社区安全指数和群众安全感满意度。深化自治家园建设,举办第二届社区睦邻节,设居民区"睦邻点"45个。完成天山二村、纺大、茅台等7个居委会"居务公开"工作。街道获上海市平安志愿服务工作先进集体、上海市无烟单位、上海市重大工程立功竞赛优秀单位、首届上海市民文化节优秀组织奖、上海市民体育大联赛"长宁杯"气排球公开赛女子甲组优胜奖等全国、市级、区级荣誉80余项。
(贝雯雯)

【115街坊旧改征收签约速度刷新纪录】 11月12日,长宁区旧改征收边角料地块中涉及的最大一块——天山路街道115街坊旧改征收项目正式启动。作为年内最后启动的一个旧改征收项目,该基地涉及410证、450余户居民,仅两天半时间居民签约率达到85.12%,标志着115街坊旧改征收补偿安置协议正式生效,进入实质性实施阶段。截至11月16日,115街坊征收工作启动第五天,居民签约率突破95.12%。该速度刷新上海旧区改造房屋征收纪录。
(贝雯雯)

【天山商圈白领中心启用】 11月26日,天山商圈白领中心举行启用仪式,区委组织部副部长、天山社区(街道)党工委书记为白领中心揭牌,区委副书记李昕出席仪式并讲话。天山商圈白领中心是顺应天山商圈及金虹桥等重点楼宇竣工,回应企业白领便利服务需求,结合党的群众路线教育实践活动整改建设而成。白领中心面积200余平方米,提供主要服务有法律及健康咨询;党员组织关系转接、收缴党费;自助式健康监测、分析及查询;"最后一公里"公共自行车卡充值;举办讲座及手工培训;书籍阅览及电影观摩等。作为街道深化"六个便利"工作,为社区企业、白领提供优质配套服务的综合性平台,天山商圈白领中心成为天山社区及其周边青年汇聚的青春空间、妇女汇聚的妇联驿站、员工会聚的职工之家、"凝聚力工程"建设的党建阵地。
(贝雯雯)

【新虹桥商圈初步建成】 年内,随着区委"聚焦虹桥"战略的提出,金虹桥、虹桥南丰城等新建楼宇的陆续开业及天山一条街业态调整,天山商圈基本具备雏形,即以定级国际品牌集成的尚嘉中心为标杆,虹桥友谊商城、虹桥南丰城和在建的绿城广场构成的遵义路高端商业商务区,业态错位配置,打造国际购物天堂;金虹桥国际中心、天山百盛、汇金百货、泓鑫时尚广场和虹桥天都构成凸显板块大众消费特色的天山路娄山关路商业文化娱乐区。至此,显现涵盖核心功能区与配套功能区的新虹桥商圈"井"字形态基本形成,成为长宁区转型发展的重要支撑。
(贝雯雯)

【整治社区管理顽疾】 年内,街道以全国文明城区复评为契机,结合党的群众路线教育实践活动及市区专项整治,整合派出所、城管、市容、房地、市场监管等行政党组单位力量,成立专项整治领导小组,每周召开联席会议,聚焦顽症问题,集中调查排摸,联手开展治理,形成工作常态。通过多元化排查、人性化劝导、法制化教育,改善遵义路、玉屏南路、娄山关路等中小道路破墙开店、环境脏乱问题,开展专项执法整治50次,取缔无证照商户19家,拆除违章搭建2 500余平方米,整治群租281户,清理床位1 861个,为深入推进平安长宁建设提供保障。
(贝雯雯)

【开展"三为"服务】 年内,街道在社区内开展"三为"(即为困、为老、为小)服务。"为困"服务。加强对低保家庭、大重病家庭关心力度。全年救助近5万人次,金额1 740余万元;帮助社区就业困难人员解决就业问题,举行招聘会3次,提供就业岗位1 150个,录用516人。"为老"服务。组织志愿者对独居、高龄老人进行走访,向7名百岁老人发放健康项目照顾卡,向30名大重病老人发放慈善基金会慰问金1.8万元,完成10名困难老人家庭"老年人无障碍设施"改造;加强老年人日间照料中心建设,推进养老服务"社会化、专业化、市场化"。"为小"服务。做实"雨露润苗"品牌项目,为90名外来务工家庭子女提供免费学业辅导和兴趣课程;联动社区单位开展"冬日阳光,老少同乐""同龄人帮一把"等活动,关注社区未成年人身心健康。
(贝雯雯)

天山商圈白领中心启用自助查询点 (天山路街道供稿)

(七)仙霞新村街道

【概况】 仙霞新村街道位于长宁区中部,下设23个居委会,居民2.66万户,户籍人口7.12万人,社区党支部92个,党员5 100人。社区内有教育机构20所,卫生医疗点7处,体育场所58个。街道办事处设在虹古路206号。

2014年,街道完成税收20.22亿元,税收总量比上年增长8.8%,其中户管企业完成税收10.88亿元,比上年增长 11.63%。做好民生保障工作。把帮困救助工作与困难群体结对关爱行动相结合,街道发放各类帮困救助款 235.03 万元,走访慰问群众 9 440 人次。重点解决双困人员、零就业家庭和刑释解教人员就业问题,全年新增就业岗位 1 126 个,控制失业登记数 1 708 人,帮助成功创业 82 人,安置就业困难人员 59 人。提升"四医联动"参保率,建立困难群体家庭医生签约服务机制,全年为 2 304 人办理"四医联动"基本医疗保障卡,发放"四医联动"医疗救助金 239.29 万元;为 65 周岁以上 3 563 名老年人进行免费体检、肺炎疫苗接种、大肠癌筛查;启动适老性住房改造试点工作,惠及社区 10 户低保、因病致困老人家庭;深化"六助"服务内容,为 835 名老人提供差异化助餐服务,新增居家养老服务对象 82 人;办理新申请廉租房 54 户,接受 105 户家庭实物配租申请,清退低保超标家庭 92 户;为社区 3 719 名独居老人、困难老人等举办祝寿活动,赠送长寿面,累计金额 7.4 万元;完成免费孕前优生健康检查 105 对,配合受理再生育审批 163 对;社区事务受理中心窗口服务实施全区通办项目 100 个,开设一口式受理综合服务窗口 8 个。推进社区平安建设。全年信访总量 476 件次,比上年下降 14.97%,办结率 99.16%。亚信峰会期间出动平安志愿者 1.2 万人次,加强重点区域和重点线路巡防守护,启动虹仙小区紧沿中环线受噪声影响较大的 7 幢楼、127 户居民隔音窗安装工程;加大平安建设和法制宣传力度,发放平安创建海报 5 300 份、宣传折页 3.5 万份;组织治安防范、禁毒、反恐等培训 7 次、1 000人次,组织 107 家单位参加"安康杯"劳动保护竞赛;牵头协调并全面完成俪人街商场消防安全隐患整改工程,加强消防安全检查,检查单位 2 700 家,开具各类检查整改意见书 2 400 份,查出各类安全隐患 2 400 条,整改率 98%;安全生产检查单位 390 家,开具安全生产整改意见书 350 份,整改率 99%;完善"五防"体系建设,新增一体化探头 27 个,更新维护 44 个小区电子监控,安装 1 500 套防盗窗链,新增社区警灯 33 个,落实 4 个小区 IC 门禁系统升级工作;出动执法力量 14 905 人次,做好旧小区综合治理,拆除天山五村占道占绿违章搭建房屋 34 间、596 平方米,房屋本体悬空违法建筑 7 处,破墙开店房屋封门 11 间,拆除绿化带私搭竹篱笆 44 处;清理各类垃圾 168 车约 320 吨,主干道新砌围墙 850 米,调整补种绿化 1.5 万平方米,安装绿化带隔离栏 590 米、晾衣架 350 米,新建"屋小饭香"助老就餐点和 500 余平方米休闲健身点。遏制夜市回潮和其他区域乱设摊现象,取缔乱设摊 34 个,收缴乱设摊工具 18 件、暂扣三轮车 25 辆,整治跨门营业 90 余次、驱离三轮车及面包车 200 余辆次,基本消除水城路、仙霞路、茅台路、新渔东路等重点区域夜排档、乱设摊现象;开展"群租"整治专项行动 15 次 121 户,其中集中整治 73 户,自行整治 48 户,清理床位 649 张,拆除隔间 48 间。提升社区管理水平。推进旧小区综合整治工程,完成 2013 年度结转的旧小区综合整治项目的验收工作,实现辖区售后公房小区平改坡全覆盖;安装晾衣架 750 副、门洞扶手 27 个、楼道扶手 66 副、门洞挡水板 70 个,整修自行车棚 1 个,改造小区门头 8 个;完成绿化补种 1 100 平方米;改造虹古路设摊疏导点,安装新渔东路两侧护栏;新增仙逸小区机动车停车泊位 40 个。采取部分资金补贴方式,对老旧电梯启动更新计划,完成 9 台电梯的合同签订;实现茅台路 300 弄小区物业一体化管理;完成蓉城小区、茅台新苑等 12 个业委会换届选举工作。更新 64 件健身器材。推进 12 个小区 6 860 户的垃圾分类工作,垃圾分类小区总数达到 32 个,涉及 19 个居民区;虹桥迎宾馆、美天太阳市场创建成为区级绿色单位。2014 年,仙霞新村街道获评上海市平安社区、上海市禁毒工作达标社区、2013 年度反邪教优秀社区、2013 年上海市"十大"杰出健康促进志愿服务集体、上海市无烟单位、上海市健康社区先进;在 2014 年人口条线开展的"迎峰会、保平安"专项竞赛活动中,被评为先进集体;街道司法所获得司法部和上海市司法局授予的"五好司法所"称号。街道关心下一代工作委员会获评上海市五好基层关工委先进集体。 (朱云萍)

【举办仙霞社区第八届睦邻文化节】 6 月 5 日—12 月 3 日,仙霞新村社区举办第八届睦邻文化节。该届睦邻文化节的主题是"凝聚和谐音,共筑睦邻情",分为睦邻文化共建季、睦邻团队风采季、睦邻共话佳节季、睦邻成果共享季 4 个板块,与辖区内的近 20 家教育、文化单位共建联建,共同推进社区睦邻文化项目的建设,体现仙霞社区"区域融合的大睦邻",展示睦邻文化的发展成果,激励仙霞新村社区的单位和个人以饱满的精神风

6 月 5 日,仙霞社区第八届睦邻文化节开幕 (仙霞新村街道供稿)

貌投身长宁区“三个城区”的建设。12月3日,区委宣传部部长章卫民、区委统战部部长刘春景和区纪委书记刘玉鹏为2014年度仙霞新村社区睦邻文化联谊会优秀共建项目颁奖。(朱云萍)

【举办第九届仙霞美食文化节】 9月19日,第九届仙霞美食文化节在长宁商业街地标区域天山路、威宁路轨道交通2号线出口、缤谷广场开幕。副区长宋宗德及相关部门负责参加开幕式并现场观摩指导。15家沪上知名饭店参与美食文化节,展示餐饮企业文化形象。(朱云萍)

【举办第十四届阳光家园艺术节】 9月25日,仙霞新村社区第十四届阳光家园艺术节在长宁文化中心举行。反映全国首批“节约之星”王学达的《深深中国梦、浓浓邻里情》、虹旭居民区的原创作品《值钱的垃圾》、安龙居民区根据真人真事改编的沪剧小戏《家家有本难念的经》等作品遵循原创精神、集社区群众智慧,展仙霞文化风采。(朱云萍)

【举办门球邀请赛】 10月23日—24日,街道社发科在仙霞新村社区公共体育场举行2014年市民体育大联赛“仙霞杯”门球邀请赛。来自全市各区县的20支队伍、160余名选手参加该次比赛,豫园门球队获得第一名、市体育局门球队、浦东高东门球队分获第二、第三名。区体育局、区社会体育指导中心等领导出席活动。(朱云萍)

(八)虹桥街道

【概况】 虹桥街道位于长宁区南部,设16个居委会,有居民1.92万户,户籍人口4.81万人。街道党(总)支部176个,党员4 107名。有教育机构17家,医疗卫生机构6家,体育健身场所36处。办事处设在虹桥路1155号。

2014年,街道经济运行平稳有序。全年引进企业229户,引进“有规模、有实力、有产业、有实效”的企业28家;上年当年“四有”企业产税8 131.2万元;重点规模企业完成税收16.59亿元,比上年增长22.67%;街道税收总量完成18.58亿元,比上年增长12%。重点楼宇税收平均落地率为55.11%。推进困难群体关爱行动,构建政策帮、组织帮、社会帮相结合的工作体系。发放各类政策帮困救助资金370余万元;发动147家党组织、1 800余名党员与348户困难家庭结对,慰问700余次;动员63家社区企业结对85户困难家庭。开展创业型社区建设,对接区创业型社区绩效评估体系,通过“社区、园区、校区”三区互动,开展“畅享、乐享、分享”主题系列创业活动,与上服集团合作建立众泉孵化基地,帮助34个创业组织成功创业。借助启航计划,引入“杨妈妈”创业指导品牌,加强青年就业指导。借助社工个案辅导、见习基地,做好刑释解教人员、就业困难等特殊人员就业援助工作。帮助成功就业91人;新增就业岗位1 100个;登记失业1 120人。加大“三路三弄”(长顺路、安顺路、凯旋路、虹桥路996弄、虹桥路1115弄、中山西路1030弄)等一批重点区域和点位的整治力度,推进长顺路、中山西路综合治理;联合城管、市容所等制定长顺路、安顺路市容环境长效管理方案;持续开展凯旋路新开商铺联合整治;解决虹桥路961弄1处长期搭棚设摊的难点问题;完成虹桥路1077弄1处小区饮水站业态调整工作。消除社区各类安全隐患。开展每周五群租整治行动,完成整治60户,拆除群租151间、床位278个。开展轨道交通10号线虹桥路站、水城路站非法营运整治工作,整治非法营运车82辆。推进无证无照经营场所整治,取缔无照经营户41家,疏导19家。拆除各类违法建筑42处,建筑面积4 205平方米(包括雄福市场3 000平方米)。加强地下空间整顿,辖区内最后2处地下小旅馆关停。促进社会事业健康发展。深化社会组织“双服务”理念,成立全市首家“社会组织公益伙伴圈”,完善“党建、培训、指导、预警”四项服务。实施“365亮灯”工程,社区文化中心和古北市民中心建立联动机制,采用错时上班,确保双中心365天,每天12个小时向社区居民开放;建立“5+4”宣传平台,开设内部刊物(2份)、报纸、海报、宣传折页等5个线下媒介和电子屏、微信、微博、短信平台等4个线上媒介,通过线上线下多渠道,让社区居民了解文化学习信息;推进“1+16”信息共享工程,实现文化中心与各居民区互动教学;开展文化“三送”活动,将演出、讲座、培训和图书送入学校、楼宇、部队,实现文化教育广覆盖。在新虹桥中心花园内建设健身步道、笼式足球场和公共篮球场,为社区居民与虹桥开发区白领提供休闲健身的场所。2014年,虹桥街道获全国社区侨务工作明星社区、上海市五星级“侨之家”、上海市文明社区、上海市社区教育示范街道(乡镇)、上海市建设健康城市健康社区先进等荣誉。(阙秀峻)

【虹桥社区生活服务中心建成启用】 3月5日,虹桥社区生活服务中心启用,可提供公共服务、志愿服务、便民服务等3个大类20个服务项目,吸引6家社会组织入驻。通过采取点面结合(以中心为固定服务点,同时整合个体经营者和店铺商家资源,建立“社区便民服务联盟”,辐射整个社区)、动静结合(组建流动便民服务队,定期开展“大篷车下社区”定点巡回服务,与社区生活服务中心的静态服务互为补充)、虚实结合(同步推进网络“1+1”:网上生活服务中心和“962200”社区服务热线;实体“1+1+15”:1个中心、1个服务站、15个服务点)的运作方式,满足居民多样化、便捷化的各类需求。(阙秀峻)

【“三情家园”促区域自治共治】 年内,街道根据虹桥区域特点,开展分类指导,构建区域化党建新格局。“三情家园”,即传统居民区“亲情家园”、古北国际社区“融情家园”和商务区“暖情家园”。加强自治,融合群众智慧,推进传统居民区“亲情家园”建设。制定居民自治实施方案,在16个居民区建立“1+2+X”的自治组织构架。在14个传统居民区推广虹储居民区"五组"自治小组经验。提升服务,融合中外文化,推进国际社区"融情家园"建设。寻求中外居民"共同点",用文化活动增进友谊。建立"古北市民议事厅"协商议事平台,用共商议事实现民意融合。与辖区内各类境内外志愿者组织建立良好的互动关系,用志愿服务形成共同价值取向。资源共享,融合社会力量,推进商务区"暖情家园"建设。完善"凝聚力工程"学会分会工作网络,实现党建工作组织化。连续七年推出十大"暖情项目"菜单,由社区单位和"两新"组织党组织自愿认领,实现党建工作项目化。做实企业诉求—党组织传递—职能部门解决—党组织反馈的党建"双联需求通道",实现党建工作实效化。 (阙秀峻)

【探索困难群体关爱工作机制】 年内,街道推进困难群体关爱工作,形成"一二三四"帮扶做法,即建立一个困难人员基础信息库,探索建立居民区帮扶委员会和居民区帮扶评估小组两个平台,建立困难人员发现、救助对象评审、救助对象退出三项机制,抓好工作流程、干部培训、个案研究、跨前善后四项举措。培育"情牵虹桥"工作品牌。整合各科室部门帮扶资源,推出"亲情相伴、暖情相连、温情相随、浓情相系"四大板块,打造"情牵虹桥"帮扶项目品牌,通过项目化帮扶形式,帮助困难人员 2 744 人次。 (阙秀峻)

【打造"123"虹桥室外文化阵地】 年内,街道打造"123"室外文化阵地,培育虹桥特色地域文化,即"一个绿地"——新虹桥中心花园,打造集休闲、文化、体育于一体的露天文化活动场所;"两条路"——虹桥路文化走廊和黄金城道休闲街,进行动态的高雅文化和时尚文化展示活动;"三个广场"——虹桥开发区新世纪广场、古北万科广场和黄金城道下沉式广场。推出"融情四季"主题广场文化展示活动、"融汇虹桥"外国艺术家社区巡演活动、"融聚古北"中外节日欢庆活动、"融耀民星"涉外文化团队培育项目,培育面向社区单位、白领青年和涉外人士的广场文化。 (阙秀峻)

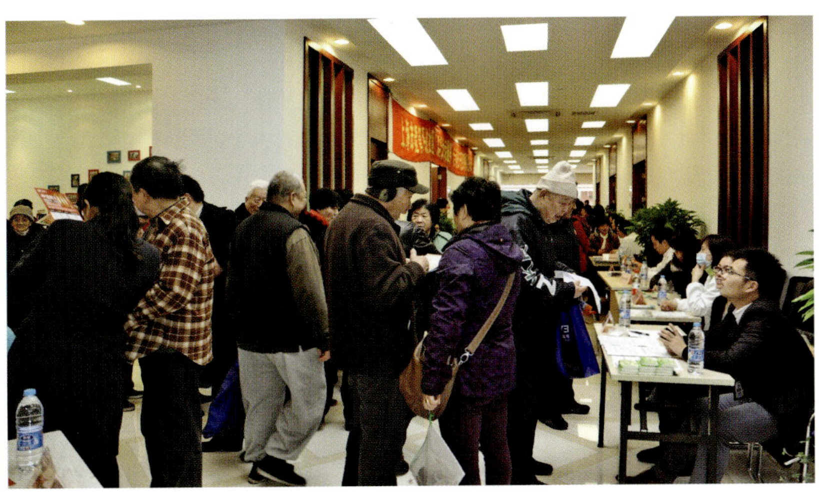

3 月 5 日,虹桥社区举办大型为民服务活动 (虹桥街道供稿)

(九)程家桥街道

【概况】 程家桥街道位于长宁区西部,设居委会 8 个,居民 9 363 户,户籍人口 2.71 万人,其中外籍人员 2 612 人,来自 46 个国家和地区。有党支部 48 个,党员 1 587 人。有教育机构 11 家,医疗卫生机构 13 家,体育健身场所 17 处。街道办事处设在哈密路 1955 号。

2014 年,街道完成税收 17.82 亿元,比上年增长 30.51%。引进"四有"企业 90 家,其中"有规模、有实力、有实效"企业 66 家。重点楼宇单位面积产税 3 230.12 元/平方米,完成小税种税收 977.4 万元,税收落地率 41.03%。现代服务业企业数占街道企业数的 95%,税收占街道税收的 89.21%。推进社区党建工作,规范组建工会 3 家,与 336 家单位签订《工资集体协商合同》。深化"妇女之家"工作,评选市文明家庭 2 户、区级文明家庭 500 户,示范户 17 户。完成适龄青年兵役登记工作,登记率 92.01%。新建"两新"组织企业团支部 3 家、党支部 2 家,新增"两新"组织五星级党组织 1 家,"两新"组织党组织覆盖率 28.96%。新建党员志愿者工作室 8 家,总数达 20 家。在虹桥商务大厦建成区"六个便利"楼宇示范点。对社区 726 名台胞基本情况开展调查分析。创建市级文明小区 10 个、区级文明小区 5 个、市级文明单位 1 家、区级文明单位 9 家。新成立上海动物园和香雪海国际贸易(上海)有限公司 2 个志愿服务基地,新增 125 名注册志愿者。开展"文化大篷车"进社区文艺汇演,参与居民 1 200 余人。举办"迎新年"演出 10 场,"庆元宵"演出 8 场,东方配送 12 场,沙龙、展览等其他活动 25 场,参与居民 6 000 余人。承办区第十五届"双拥杯"篮球赛,24 支队伍、300 余名选手参赛。开展科技周系列活动,参与居民 1 000 余人。完成全国第六次体育场地普查工作,完成 2 个健身点 19 件器材的更新。完成 20 个旧小区门楼墙面整修,2 个自行车棚整修,4 个小区门楼改造,150 棵扰民大树修剪,120 个晾衣架新建,3 500 平方米小区绿化补种,虹梅花苑、上海市警备区第二干休所等 1 300 平方米绿化改造等 8 个实事项目。开展"困难群体关爱行动"和"零距离关爱"活动,社区 91 家党组织、企事业单位与 366 户困难家庭开展结对帮扶。街道受理中心办理各项事务 36 496 人次,实施各类帮困救助 10 081 人次,发放各类社会救助款 421.46 万元,其中受理"四医联动"医疗救助 2 092 人次、24.38 万元。新增廉租房申请 5 户,完成共有产权房(经济适用住房)初审 39 户。新增就业岗位 1 211 个,扶持成功创业组织 39 个,带动就业 57 人;发展 4 名青年参加创业见习基地培训。开展老年人牛奶工程政策调研,完成 97 名 90

岁及以上老人享用牛奶普惠工作。全年为80—89岁社区老人免费赠送牛奶244 392瓶，支付62.32万元，新建3个睦邻示范点。举办“年老人乐、科学生活”系列活动，开展讲座4场、活动6次。组织796名65周岁以上老人参加健康体检。为250户困难老人家庭开展“迎新春为老助洁”活动，创建宝北居委会为上海市远程老年大学示范点。新建、维修、更换电子防盗门387处、摄像头63个。7个居民区实现市级平安小区申报和创建。开展专项整治行动32次，检查单位490家，签订安全责任书260份。开展应急疏散逃生演练42次，组织安全生产培训381人次。推进电子日志工作，录入走访信息12 686条，占实有人口走访量的46.96%。2014年，街道获上海市文明社区、上海市平安示范社区、上海市反邪教优秀社区、上海市健康社区称号，在上海市市容环境公众满意度测评位列全市第二。 (李多多)

【成立晓红法律咨询和心理辅导工作室】 1月6日，街道以社区法律问题为导向，以购买社会公共服务的方式成立晓红法律咨询和心理辅导工作室，为社区居民提供法律与心理健康卫生方面的宣传、讲座与咨询服务。 (李多多)

【机场新村居民区实施旧小区综合改造工程】 11月，虹桥机场新村居民区旧小区综合改造工程施工。该工程为老式小区房屋修缮综合补差施工项目，重点解决小区居民住房的急难愁问题。工程历时半年时间，包括虹桥机场新村小区的水箱改造维护、厨房间下水管道的外移、屋顶雨水管的更换、小区外墙的粉刷、小区下水系统的检查和维修、小区道路的整修拓宽。工程耗资2 400余万元。 (李多多)

【嘉利豪园居委会成立】 7月26日，嘉利豪园居委会选举产生。嘉利豪园居民区因历史原因十年未成立居委会，总建筑面积28.14万平方米，住宅面积180 716平方米，绿化面积10.7万平方米，所辖高级公寓别墅7个，社区居民1 094户，常住人口2 552人。 (李多多)

【解决弄堂停车问题】 年内，街道社会化运作解决虹桥路2222弄至虹梅路3887弄停车问题，实现社区与单位共治。该问题曾在上海人民广播电台夏令行动《特别访谈》栏目中播出，被列入区政府重点督查项目。街道成立专项工作组，发挥居民区“四位一体”作用，成立由沿线小区业委会、物业公司、单位和学校共同参加的议事机构“南龚议事会”，确立停车管理方案，引入社会化运作机制，委托上海龙柏商业服务有限公司进行功能性改造及日常收费管理。7月1日，该项目如期完工并正式运行。该项目的机制和做法以《没人管弄堂无奈走上自治路》为题在7月31日《文汇报》第八版刊登。 (李多多)

3月20日，晓红法律咨询工作室进社区活动 (程家桥街道供稿)

(十)北新泾街道

【概况】 北新泾街道位于长宁区西部，设15个居委会，有居民1.53万户，户籍人口3.97万人。社区基层党组织80个，党员2 706人。有教育机构10家，卫生医疗机构9家，体育健身场所25处。街道办事处设在蒲淞北路51号。

2014年，街道完成各项工作目标任务和实事项目。实现经济平稳发展。全年完成税收16.44亿元。引进企业207家，其中“四有企业”28家，有规模有实力企业28家。114家税收百万元以上重点企业稳定经营，完成税收15.08亿元。上年当年“四有企业”实现税收6 397.99万元。楼宇落地率69.52%，单位面积产税5 258元/平方米。优化社区环境品质。推进一批“家门口”绿化补种项目，其中包括新泾二村、新泾四村、新泾五村、新宁小区、明欣公寓等多个小区及平塘市场、延安西校周边，补种花草类、灌木类6 000余平方米。在10个居民区增补晾衣架114副、休闲椅127只。加强景观道路整治，在天山西路、北渔路、剑河路进行店招店牌整治和修补，改造8处、整修25处。完成北新泾便民服务设摊疏导点改造提升，重新整修面积600余平方米，对71个摊位进行功能提升，并加盖整体雨棚，增设卫生设施，实现北新泾便民服务点三个转变，即变无序设摊为有序设摊、变疏导点为服务点、变单向管理为综合治理。创建金淞家园、新泾五村、新泾一村二居等3个区级绿色低碳小区。完成2014年度防汛任务，启动防汛防台预案22次。街道网格化管理中心全年结案率100%，在区城市网格化管理部事件处置质量考核中位居并列第一。加大社会救助力度,社会救助管理所接待1.13万人次,发放低保救助5 903户、金额735万元;慈善救助金12.6万元,其他各类社会补助20 633人、金额620万元。受理申请四医联动帮困卡55人,发放四医联动帮困卡44张、医疗救助金296.44万元。新增就业岗位1 126个,扶持创业38家,零就业家庭、双困人员安置均达100%;城镇登记失业人员1 385人。净增居家养老服务对象49人。全年为2 541名65周岁以上常住老人提供免费体检服务。开展"社区文化进军营""军民闹元宵""粽香飘军营"等拥军活动。全年为社区263名残疾人提供体检服务,成功创建上海市街道示范型残疾人辅具社。加强基层党建工作。召开庆祝建党93周年座谈会暨凝聚力工程学会北新泾社区分会会议,开展为老干部"冬送温暖""夏送清凉"活动。分两次开展市、区人大代表、党代表集中联系社区活动。举办区党员志愿者候鸟工作室"建筑工地流动党员驿站"成立仪式暨组团服务进工地活动。开展内部控制规范试点和廉政风险防控工作。弘扬新时期雷锋精神,开设"道德讲堂",引导动员广大干部群众参与各类学雷锋道德实践活动。组织社区2 200余名妇女参加妇科、乳腺病普查工作。坚持以党建带工建、工建服务于党建的原则,成立"两新"组织团支部5家,组建独立工会2家、发展会员291人。举办上海市民文化节北新泾社区开幕式,开展"全国科普日"系列主题活动。成功创建上海市标准化社区学校,全年开设55个班级、招生1 050人。全年举办各类文艺演出、展览、讲座等活动168次,1.91万余人次参与,《都是我的错》节目获第六届上海市科普艺术展演活动三等奖。为社区67对备孕夫妇提供免费孕前优生健康检查。依托市慈善基金会"生育关怀项目"开展亲情牵手、扶贫济困、紧急救助等活动,全年开展人口计生宣传活动18次,发放宣传资料1.6万余份。完成年度征兵任务,为社区新泾一村居委会、哈密居委会、蒲北居委会3 477户户籍居民发放民防家庭应急包。社区稳定工作取得实效。根据区出租房屋综合管理工作专题会议精神,制定《北新泾街道"群租"整治工作总体方案》,统筹各方力量、细化责任分工,合力开展群租集中整治,整治群租198户,拆除隔间1 102间、床位1 445个,清退租客1 506人。完成"两会"、亚信峰会、中共十八届四中全会等重要节点的维稳工作,社区保持和谐稳定。做好亚信峰会安保工作,排查发现群体性事件2件、化解2件,重信重访5件、化解1件;排查发现并督促整改公共安全隐患210起,开具整改通知书305份。全年开出消防检查记录655份,安全生产检查情况记录455份。受理各类民间纠纷403件,调解成功率100%,接待各类法律咨询1 010件。受理信访案件271件,其中信访窗口受理来信来访237件,网上信访34件。2014年,街道被评为2012—2013年度上海市文明社区、上海市平安社区、上海市禁毒工作达标社区、上海市信访系统先进集体、2011—2013年度上海市优秀人民调解委员会、2013年度征兵工作先进单位、上海市无烟单位、2014年度先进基层武装部、上海市第三次经济普查先进集体、上海市重点青少年群体服务管理和预防犯罪工作示范街镇。(张蓓蓓)

【成立建筑工地流动党员驿站】 4月2日,北新泾街道成立建筑工地流动党员驿站,结合党的群众路线教育实践活动开展组团式服务进工地活动。在西陶浜保障房建筑工地推出咨询调解、医疗卫生、生活服务、文明创建等4大类17个服务项目。该项活动被《组织人事报》《上海支部生活》《长宁时报》及上海基层党建网等媒体报道。(张蓓蓓)

【北新泾残疾人自强健身运动工程启动】 4月17日,北新泾残联、上海壹方社会事业发展中心联合举办北新泾社区残疾人自强健身运动会。比赛的项目有"摸石头过河""看谁接的准""取水"等趣味运动,社区120余名残疾人参加活动。运动会是残疾人自强健身工程的启动节目,旨在通过活动发现挖掘残疾人中具有运动潜力的人员,动员广大残疾人走出家门,参与体育运动。(张蓓蓓)

【成立北新泾社区马路娣调解中心】 5月,街道成立长宁区北新泾社区马路娣调解中心。调解中心主要为社区居民和单位提供法律咨询、纠纷调处、法制宣传等法律服务,提高居民法制意识,引导居民依法有序维权,维护社区稳定和谐。马路娣调解中心拥有资深人民调解员4名,其中,负责人马路娣为上海市首席人民调解员、全国人民调解能手,其余的调解员也具有10年以上社区工作和人

4月2日,组团式服务进工地授旗 (北新泾街道供稿)

民调解工作经验。人民调解工作在社会矛盾化体系中具有基础作用,在新形势下,纠纷的专业性、复杂性程度提高,马路娣调解中心深化推进人民调解组织的社会化、专业化、职业化,定期开展专业法律培训,承接社区居委会层面难以协调化解的复杂疑难纠纷,接受政府部门的委托,调处信访案件、治安案件等,推进社区的平安和谐。 (张蓓蓓)

【全国妇联权益部原部长蒋月娥调研北新泾街道开心家园】 9月16日,全国妇联权益部原部长蒋月娥在市妇联主席徐枫、副主席刘琪等陪同下,参观开心家园北新泾工作室。蒋月娥对工作室积极发挥品牌优势,坚持妇女维权和社区维稳工作相结合,完善信访接待、法律援助、人民调解、心理疏导"四位一体"的维权服务模式,在促进和谐、维护社区稳定中发挥的作用给予肯定。 (张蓓蓓)

(十一) 新泾镇

【概况】 新泾镇位于长宁区西部,设33个居委会,居民3.75万户,户籍人口9.08万人。有基层党支部162个,党员5 733人。有教育机构18家,医疗卫生机构33家,体育健身场所85个。镇政府设在哈密路431号。

2014年,新泾镇实现综合税收39.2亿元,比上年增长9.7%,百万元以上企业完成税收37.5亿元,比上年增长18.4%,引大引强企业48家。镇政府落实群众路线教育实践活动的整改项目,梳理居民区"急、难、愁"问题34项,解决21项;完成21个小区的"家门口工程"及55个"助民专项项目",实施14个小区的道路整修、楼道粉刷、污水管外移、自行车位修建等配套设施提升项目;会同相关部门联合整治油烟扰民;完成13个小区业委会换届,成立2个小区业委会。全年新增就业岗位1 297个,双困及零就业家庭认定并安置就业44人,安置率100%,城镇登记失业人员1 555人。全年帮困资金达1 579万元;推进"四医联动"工作,625名社区困难群众受惠,救助金额157余万元;加强为老服务,开展助餐、助医、助浴、助洁、助行等"五助"综合服务;做好2 584名征地养老人员补贴费发放工作,为9 371名65岁以上老年人提供免费体检,为7 985名退休妇女、生活困难妇女免费提供"两病筛查"服务。举办文艺演出52场、书画摄影展览15场、体育比赛和展示活动36场,参与各类活动的社区居民超过58万人次,做到"周周有演出、月月有展览、季季有赛事"。补种绿化14 633株、草皮775平方米;定期更新主要道路沿线景观绿化,管理养护道路花钵1 400余只,迁移更换扰民大树219棵,修剪扰民大树263棵;加强道路日常保洁;明确116个居民小区生活垃圾分类减量指标,配置分类垃圾桶220只,垃圾日均减量9.6吨。安装社区电子阅报栏7个,新建居民区示范教学点9处,科普创新屋接待1 000余人次;提升计生工作服务功能,联合5所幼儿园开展0—3岁婴幼儿早教公益项目,优生优育服务中心开展亲子活动190余次,受惠婴幼儿4 000余人次;深化"关爱女孩行动"特色项目,关爱特殊人群,建设"阳光之家""阳光心园",做好脊髓损伤者"中途之家""电动类辅具租赁""示范型辅具服务社"等三大服务载体建设,开展上海市首批残疾人体验英伦无障碍车看上海活动。加强技防物防设施建设,为59个小区2 951户居民家庭安装防盗窗锁15 026把,在部分发案高、技防设施薄弱的小区,安装单机版监控探头353个;加大消防安全生产监管力度,镇域内未发生重大火灾和安全生产事故;提供法律咨询381件477人次,受理各类民间纠纷1 035件,调解成功率100%,开展初级矫正对象教育疏导540人次。群租专项整治19次,出动960余人次,拆除违章隔间1 109间,驱散群租人员1 587人,消除群租火灾隐患305处;市容环境联合专项整治38次,整治违规商家600余家,拆除违法建筑70余处,面积4 400余平方米;全年消防生产安全检查8 157家次,消除消防安全隐患4 216起、生产安全隐患592起,举办消防安全宣传和逃生演练活动120余场。开通"绿色新泾"微信公众平台订阅号、微网站和微社区。新泾镇获首届上海市民文化节优秀组织奖,并被评为2014年度反邪教优秀社区,北虹居委会获上海市科普示范社区称号。 (丁如霆)

6月20日,新泾镇田野文化系列活动启动仪式 (新泾镇供稿)

【鑫达总公司等参加长宁书画慈善拍卖会】 5月15日,新泾镇社区事务受理中心下属慈善工作站组织鑫达总公司、绿谷别墅有限公司、新泾房地产开发有限公司参与"蓝天下的至爱"长宁书画慈善拍卖会。该拍卖会由区政协、区民政局、区慈善基金会、虹桥当代艺术馆联合举办,由沪上知名画家捐赠画作112幅。新泾镇镇属

公司参与爱心竞拍，拍得书画2幅，筹集善款31万元。（丁如霆）

【举办“百千万”田野文化系列活动】 6月20日，新泾镇在新泾北苑居委会举行2014年新泾镇“百千万”田野文化系列活动启动仪式。镇域内33个居委会的书记、文教干部及新泾家苑、新泾北苑居民140人参加活动。新泾镇“百千万”田野文化系列活动，主要包括：制作百幅西郊农民画进社区；组织千名社区居民群众看“今日新泾”的发展变化；印制万册新泾文化体育公共服务设施导览图，送进社区、园区、校区和营区。（丁如霆）

【举办“长宁杯”足球赛】 7月5日—8月16日，由上海市体育局、上海市足球协会、长宁区体育局和新泾镇联合举办的上海市民体育大联赛“长宁杯”七人制足球竞赛，在新泾中学举行。开幕仪式由区体育局主持，新泾镇副镇长致开幕词，上海市足球运动管理中心主任隋国扬宣布开幕并为该届比赛开球。来自全市10余个区县32支足球队、近500名运动员参与68场比赛。上海新泾荟智儿童用品公司队、新泾克罗特队、新泾青年队、上海市公安局老男孩队、新泾镇吉敖广告队、公安长宁分局队、嘉定区马陆镇队、长宁区教工一队分别获得前八名。中国人民解放军某部队和上海长城电子信息网络有限公司获得该届比赛体育道德风尚奖。（丁如霆）

（责任编辑　苏莉莉）

兆丰十二景之银门叠翠　　《长宁时报》供稿

（一）领导人名录

1. 中共长宁区委员会

书　记：卞百平（10月免）
　　　　王为人（11月任）
副书记：谢　峰
　　　　李　昕
常　委：张汪耀　刘春景（5月免）　章卫民
　　　　刘玉鹏　马发明　马列坚（女）
　　　　钟晓咏　张连城　陈志奇（7月任）
区纪律检查委员会书记：刘玉鹏
区纪律检查委员会副书记：李　飞、卞晓清
区委办公室主任、机要局局长：张　磊
区委政策研究室主任：郑立锋（10月任）
区委组织部部长：马列坚（女）
区委组织部副部长：程　敏
区委宣传部部长：章卫民
区委宣传部副部长：殷春安、潘　敏、章　维
区委统战部部长：刘春景（7月免）
　　　　　　　　陈志奇（7月任）
区委统战部副部长：施　正、赵红旗、张国蕊
区委政法委员会书记：钟晓咏
区委政法委员会副书记：陈卫东、蒋新平、肖景浩
区社会治安综合治理办公室主任：陈卫东
区委老干部局局长：朱良沪
区机关工作党委书记：方惠萍（女，1月任）
区社会工作党委书记：宋嘉禾
区委防范和处理邪教问题领导小组
　办公室主任：韦国章
区信访办公室主任：胡　岗
区档案局党组书记：施文雄
区委党校常务副校长：顾　健
区人大常委会党组书记：朱言文
区人民政府党组书记：谢　峰
区政协党组书记：陈建兴
区总工会党组书记：王友晓
团区委党组书记：徐海生（8月任）
区妇联党组书记：王秀红（女）
区工商联党组书记：林可嗣
区侨联党组书记：张国蕊（女）
区残联党组书记：郭清森
区人民法院党组书记：陈亚娟（女）
区人民检察院党组书记：陈　明
区发展和改革委员会党组书记：钱雪娃
区商务委员会党组书记：龚　明
区建设和交通党工委书记：王玮华（女）
区科学技术委员会党组书记：杨东升（2月任）
区国有资产监督管理党工委书记：朱　辉（1月免）
　　　　　　　　　　　　　　　邱　放（1月任）
公安长宁分局党委书记：曹新平
　　　　　　　政委：姜　坚（12月免）
安全长宁分局党委书记：张春桦（女）
区司法局党委书记：李世樑
区人力资源和社会保障党工委书记：史国祥
区民政局党委书记：邱　刚
区财政局党组书记：金其根
区审计局党组书记：邱军祺
区教育党工委书记：陈设立
区卫生和计划生育党工委书记：池　捷
区文化局党委书记：张永珍（女）
区体育局党委书记：王仁伟
区绿化和市容管理局党委书记：陶昌琪
区城管大队党支部书记：邵鸿珊
区环境保护局党组书记：朱文华
区规划和土地管理局党组书记：赵成樑
区住房保障和房屋管理局党委书记：唐如康
区民防办公室党委书记：毛国伟
区安全生产监督管理局党组书记：戴锦斌

工商长宁分局党委书记：夏利民（10 月免）
区质量技术监督局党组书记：孙曰好（10 月免）
食药监长宁分局党组书记：胡国强（10 月免）
区市场监管局党委书记：孙曰好（10 月任）
税务长宁分局党组书记：洪新卫

2. 区人大常务委员会

主　任：朱言文
副主任：王　瑾（女）　陆继业　刘　英（女）
　　　　余小雄（女）　邱华云（不驻会）
办公室主任：邢　炜
代表工作室主任：潘秀珍（女）
人事工委主任：程　敏
内务司法工委主任：黄国庆
华侨民族宗教事务工委主任：黄国庆
财经工委主任：张培莉（女）
预算工委主任：张培莉（女）
教科文卫工委主任：徐振宇
城建环保工委主任：张三谷

3. 区政府

区　长：谢　峰
副区长：张汪耀　张连城　翁华建（10 月任）
　　　　曹新平　陈志奇（8 月免）
　　　　解　冬（女，10 月免）　宋宗德
　　　　赵丹丹（8 月任）
区监察局局长：邱　放（2 月免）
　　　　　　　卞晓清（8 月任）
区政府办公室、法制办公室、外事办公室、合作交流办公室主任：李荣华
区机关事务管理局局长：曹立仁
区社会管理联动中心主任：张红兵
区政府政策研究室主任：刘汉江
区政府新闻办公室主任：潘　敏（女）
区政府台湾事务办公室主任：方惠萍（女，1 月免）
　　　　　　　　　　　　　赵红旗（1 月任）
区政府民族宗教事务办公室主任：施　正
区政府侨务办公室主任：张国蕊（女）
区社会建设工作办公室主任：宋嘉禾
区发展和改革委员会主任、区物价局局长：钱雪娃
区统计局局长：邹登荣
区商务委员会、区经济委员会主任、区粮食局、区旅游局局长、区投资促进办公室主任：龚　明
区建设和交通委员会主任：周　崴（10 月免）
区科学技术委员会、区信息化委员会、区地震办公室主任、区知识产权局局长：林可嗣（2 月免）
　　　　　　　　　　　　　　　　　　杨东升（4 月任）
区国有资产管理监督委员会主任：赵红旗（2 月免）
　　　　　　　　　　　　　　　朱　辉（2 月任）
公安长宁分局局长：曹新平
区司法局局长：张谢定
区人力资源和社会保障局局长：叶　苗（女）
区民政局局长：邱　刚
区财政局局长：金其根
区审计局局长：邱军祺
区教育局局长：姚　期
区卫生和计划生育委员会：葛　敏
区文化局局长：张永珍（女）
区体育局局长：王仁伟
区绿化和市容管理局、区城市管理行政执法局局长：朱启珩
区城管大队大队长：竺　凯
区环境保护局局长：朱文华
区规划和土地管理局局长：赵成樑
区住房保障和房屋管理局局长：唐如康
区民防办公室主任：高荣强
区安全生产监督管理局局长：戴锦斌
安全长宁分局局长：张春桦（女）
工商长宁分局局长：夏利民（10 月免）
区质量技术监督局局长：孙曰好（10 月免）
食药监长宁分局局长：胡国强（10 月免）
区市场监管局局长：夏利民（10 月任）
税务长宁分局局长：洪新卫

4. 政协长宁区委员会

主　席：陈建兴
副主席：刘春景（9 月免）　陈志奇（9 月任）
　　　　陆维清（女）　王跃林（不驻会）
　　　　张谢定（不驻会）　葛　敏（女，不驻会）
秘书长兼办公室主任：张　源
专门委员会办公室主任：徐新霞（女）

5. 区巡视员、副巡视员

巡视员：刘春景（5 月任）
副巡视员：龚　明（9 月任）

6. 区人武部

部　长：张平浔
政　委：马发明

7. 区人民法院、区人民检察院

区人民法院院长：陈亚娟（女）

区人民检察院检察长:陈　明

8. 区工、青、妇,区工商联,区侨联,区残联,区红十字会

区总工会主席:余小雄(女)
团区委书记:徐海生
区妇女联合会主席:王秀红(女)
区工商业联合会会长:钱建蓉
区侨联主席:常　江
区残疾人联合会理事长:郭清森
区红十字会常务副会长:徐伟人

9. 街道(镇)

新华路社区(街道)党工委书记:曾新跃
办事处主任:陆奇峰
江苏路社区(街道)党工委书记:李建国
办事处主任:陈新华
华阳路社区(街道)党工委书记:李忠兴(9月免)
钱根祥(9月任)
办事处主任:钱根祥(9月免)
陈　颖(女,9月任)
周家桥社区(街道)党工委书记:王　军
办事处主任:陈　颖(女,9月免)
天山路社区(街道)党工委书记:卢礼信(8月免)
张　颉(女,8月任)
办事处主任:张　颉(女,8月免)
梁　宏(8月任)
仙霞新村社区(街道)党工委书记:李树林
办事处主任:祝　华
虹桥社区(街道)党工委书记:严永强
办事处主任:高　展(3月任)
程家桥社区(街道)党工委书记:王小柳(女)
办事处主任:曹华君
北新泾社区(街道)党工委书记:徐春霞(女)
办事处主任:顾耀军(3月任)
新泾镇党委书记:徐国良
镇长:倪　尧
镇人大主席:丁绍仁

(二)先进集体　先进个人

1. 全国与市先进集体

上海市五一劳动奖章
联邦快递(中国)有限公司上海分公司

上海市工人先锋号
上海香雪海国际贸易有限公司　151店
上海高罗输送装备有限公司　技术中心
上海虹桥国际科技产业联合发展有限公司　建设管理部

上海市五一巾帼奖
上海市长宁区天山中医医院　康复科

全国巾帼文明岗
华阳社区文化活动中心服务管理处
上海申冠置业发展有限公司(华联发展大厦)经营管理部

2. 全国与市先进个人

全国五一劳动奖章
周剑(女)　长宁区新实验幼儿园　园长
吕洁(女)　上海市公安局长宁分局北新泾派出所社区民警

上海市五一劳动奖章
彭海霞(女)　上海市同仁医院内窥镜室负责人
章　毅　上海市脐带血造血干细胞库主任

上海市五一巾帼奖
朱美华(女)　上海市公安局长宁公安分局政治处

全国三八红旗手
分众传媒控股有限公司　首席战略官　陈岩

（三）统计资料

2014 年长宁区社会和经济主要指标

项　　目	数　值	增　长(%)
地区生产总值(亿元)	929.18	7.7
区级财政收入(亿元)	117.18	8.1
区财政支出(亿元)	126.79	9.0
区工业总产值(亿元)	65.37	20.5
社会消费品零售总额(亿元)	255.09	7.9
外商直接投资合同金额(亿美元)	7.01	2.1
固定资产投资总额(万元)	90.04	7.2
商品房销售面积(万平方米)	17.18	−6.1
商品房销售金额(万元)	280 067.9	−12.2

2014 年长宁区增加值及其构成

单位:亿元

项　　目	数　值	增　长(%)	项　　目	数　值	增　长(%)
长宁区生产总值	929.18	7.7	信息、计算机、软件业	52.02	13.6
第二产业	50.64	11.7	批发和零售业	179.05	8.6
#工业	26.15	19.3	住宿和餐饮业	27.41	3.5
建筑业	24.49	3.7	金融业	130.55	9.0
第三产业	878.54	7.4	房地产业	65.67	3.5
#交通运输、仓储、邮政业	212.56	3.8	其他行业	211.28	9.5

注:长宁区生产总值由上海市统计局统一核算,增长速度按可比价格计算,仅限内部使用。

2014 年长宁区财政收支

单位:万元

项　　目	数　值	增　长(%)	项　　目	数　值	增　长(%)
财政总收入	308.03	12.3	财政支出总计	126.79	9.0
按级次分			#一般公共服务	6.84	1.8
#中央级收入	118.68	20.2	公共安全	8.59	0.8
市级收入	72.18	7.5	教育	17.11	5.2
区级收入	117.18	8.1	科学技术	5.11	10.6
按税种分			文化体育与传媒	2.79	−0.7
#增值税	103.55	21.7	社会保障与就业	12.29	6.5
营业税	31.77	−7.7	医疗卫生与计划生育	7.57	34.0
个人所得税	48.98	11.1	节能环保	0.37	22.2
房产税	10.94	7.0	城乡社区事务	46.16	11.1
企业所得税	35.26	17.6	住房保障支出	6.27	−1.3
涉外所得税	29.13	19.1			

2014年长宁区工业销售产值(区域)

单位:亿元

项　　目	总产值	销售产值	项　　目	总产值	销售产值
总　计	57.90	55.83	私营	9.82	10.16
规模以上工业	55.64	53.55	外商及港澳台	23.83	24.42
#国有	0.17	0.20	其他	0.53	0.53
股份制企业	21.29	18.25	工业产品销售率(%)	—	96.25

注:① 本表按工业统计年报数据,不包括金地石化工业总产值9.46亿元,工业销售产值9.46亿元。
② 高技术产业工业总产值22.98亿元,工业销售产值20.42亿元。
③ 规模以上指年主营业务收入2 000万元及以上。

2014年长宁区规模以上工业

单位:亿元

项　　目	数　值	项　　目	数　值
企业数(个)	35	资产总计	112.44
#亏损企业数	7	流动资产合计	56.39
主营业务收入	52.57	应收账款	15.25
管理费用	7.25	产成品存货	4.14
财务费用	0.72	固定资产净值	19.15
#利息支出	1.13	负债合计	51.71
营业利润	4.34	本年应付工资总额	10.16
利润总额	5.09	年末从业人员人数(人)	8 507
主营业务税金及附加	0.22		

注:此表按工业年报数据,不包括金地石化。

企业集团(一)

单位:亿元

项　　目	数　值	增　长(%)
上海九华商业(集团)有限公司		
单位数(个)	56	0
销售收入	51.2	10.5
利润总额	0.5	20.8
社会消费品零售额	12.5	−1.8
资产总计	17.4	10.8
固定资产原价	1.5	−6.3
上海万宏工业投资(集团)有限公司		
单位数(个)	90	−2.2
工业总产值	4.33	−11.2
工业销售产值	4.03	−13.9
利润总额	0.28	−17.2
资产总计	16.3	−5.8
固定资产原价	3.3	−5.7

企业集团(二)

单位:亿元

项　　目	数　值	增　长(%)
上海新长宁(集团)有限公司		
单位数(个)	42	13.5
销售收入	31.33	18.7
房地产收入	23.65	15.9
利润总额	6.55	-3.8
资产总计	148.1	6.2
固定资产原价	8.6	-53.8
上海服装(集团)有限公司		
单位数(个)	56	-5.1
主营业务收入	17.47	-14.1
#长宁区	13.6	2.3
利润总额	1.78	14.9
#长宁区	0.36	51.9
工业总产值	2.59	-27.1
资产总计	39.9	-4.8
固定资产原价	3.7	-54.3

2014 年长宁区社会消费品总额

单位:亿元

项　　目	数　值	项　　目	数　值
社会消费品零售总额	255.09	按行业分	
按商品类别分		批发零售业	214.39
吃的商品	78.92	#限额以上	165.97
穿的商品	76.17	住宿餐饮业	40.70
用的商品	90.45	#限额以上	37.73
烧的商品	9.56	商品销售总额	4 697.96

注:商品销售总额中不包括中国石化销售华东分公司 3 196 亿元。

2014 年长宁区旅游业

项　　目	数　值	增　长(%)	项　　目	数　值	增　长(%)
旅行社			接待总人数(万人次)	59.88	-24.8
户数(户)	77	10.0	宾馆		
#国内(户)	69	3.0	户数(户)	42	-8.7
国际(户)	8	170.0	营业收入(亿元)	30.50	-4.2
营业收入(亿元)	79.79	17.1	接待总人数(万人次)	189.37	-9.8
自组团人数(万人次)	132.03	-10.1			

2014 年长宁区建筑业

项　　目	数　值	项　　目	数　值
建筑业总产值(亿元)	227.1	房屋建筑施工面积(万平方米)	2 350.0
#一级以上资质企业(亿元)	177.5	房屋建筑竣工面积(万平方米)	584.3
#建筑(亿元)	188.2	计算劳动生产率的平均人数(人)	48 373
安装(亿元)	38.7	年末从业人员(人)	42 366
竣工产值(亿元)	145.3	本年新签合同(亿元)	385.1

2014 年虹桥涉外商务区工业和商业情况

单位:亿元

项　　目	数　值	项　　目	数　值
中山公园商业中心		商品销售总额	1 384.55
工业总产值	0.95	社会消费品零售总额	19.98
商品销售总额	268.56	虹桥临空经济园区	
社会消费品零售总额	18.93	工业总产值	9.47
虹桥国际贸易中心		商品销售总额	753.19
工业总产值	3.85	社会消费品零售总额	28.11

注:商业按限额以上企业口径统计。

2014 年长宁区工业销售产值前十位企业

位　次	企　业　名　称	位　次	企　业　名　称
1	上海东方航空食品有限公司	6	上海瑞华(集团)有限公司
2	上海生物制品研究所有限责任公司	7	上海晟达纺织品有限公司
3	上海日港置信非晶体金属有限公司	8	上海纳薇服装设计有限公司
4	中颖电子股份有限公司	9	上海中华药业有限公司
5	上海科技宇航有限公司	10	上海索雅时装有限公司

2014 年长宁区房地产业销售收入前十位企业

位　次	企　业　名　称	位　次	企　业　名　称
1	搜侯(上海)投资有限公司	6	上海长宁房地产经营有限公司
2	上海新天地置业发展有限责任公司	7	上海虹康房产建设有限公司
3	上海汇通房地产有限公司	8	上海九洲物业发展有限公司
4	上海茗嘉地产发展有限公司	9	上海虹桥经济技术开发区联合发展有限公司
5	上海新长宁(集团)有限公司	10	上海中山建设实业发展总公司

2014 年长宁区进出口额前十位企业

位　次	企　业　名　称	位　次	企　业　名　称
1	上海新联纺进出口有限公司	6	上海新康电子有限公司
2	上海电气集团股份有限公司	7	上海太船国际贸易有限公司
3	春秋航空股份有限公司	8	上海飞船进出口有限公司
4	米其林(中国)投资有限公司	9	上海台宏进出口有限公司
5	东方国际创业股份有限公司	10	上海特斯虹贸易有限公司

2014 年长宁区税收前十位企业

位　次	企　业　名　称	位　次	企　业　名　称
1	中国东方航空股份有限公司	6	中国联合网络通信有限公司上海市分公司
2	中国石化销售有限公司华东分公司	7	上海海烟物流发展有限公司
3	春秋航空股份有限公司	8	仲利国际租赁有限公司
4	和记黄埔地产(上海)古北有限公司	9	新百伦贸易(中国)有限公司
5	上海电气集团股份有限公司	10	米其林(中国)投资有限公司

2014 年长宁区各类房屋分布面积

单位:万平方米

房屋种类	建筑面积	#物业公司管理	房屋种类	建筑面积	#物业公司管理
居住房屋	2 353.03	2 325.71	学校	103.10	16.01
#公寓	2 213.61	2 201.75	办公楼	606.14	339.94
花园住宅	80.83	72.95	商场店铺	226.25	115.42
新式里弄	26.74	22.18	医院	37.63	4.90
旧式里弄	5.03	1.99	旅馆	116.18	46.53
低标住宅	1.63	1.63	文化馆	6.70	0.11
其他	0.17	0.17	体育馆	5.86	4.50
非居住房屋	1 227.64	543.99	总计	3 580.67	2 869.70
#工厂	58.73	4.37			

2014 年长宁区个体工商户情况

项　　目	户数(户)	注册资金(万元)
制造业	32	76
交通运输、仓储和邮政业	123	548
批发和零售业	8 067	21 695
信息传输、计算机服务和软件业	1	
住宿和餐饮业	915	3 848
居民服务、修理和其他服务业	927	2 167
卫生和社会工作	19	163
文化、体育和娱乐业	16	63
合计	10 223	28 990

注:个体工商户年末从业人数 15 961 人。

2014 年长宁区私营企业情况

项　　目	户数(户)	注册资金(亿元)
制造业	233	6.15
建筑业	412	17.16
批发和零售业	4 658	116.39
交通运输、仓储和邮政业	290	10.68
住宿和餐饮业	1 194	4.10
信息传输、软件和信息技术服务业	529	22.77
房地产业	869	41.52
租赁和商务服务业	3 873	376.36
科学研究、技术服务和地质勘查业	1 609	57.07
居民服务修理和其他服务业	769	4.80
文化、体育和娱乐业	414	7.09
合计	15 057	686.69

注:私营企业年末投资人数 25 541 人,雇工人数 82 767 人。

2014 年长宁区园林绿地面积

单位:万平方米

项　　目	数　值	项　　目	数　值
园林绿地面积	1 044.97	单位附属绿地	507.06
#公共绿地	462.75	绿化覆盖面积	1 170.37
公园	135.38	绿化覆盖率(%)	31.47
街道绿地	327.37	人均公共绿地(平方米/人)	7.4
生产绿地	11.48		

2014 年长宁区户数、人口(户籍人口)

街道(镇)名称	户数(户)	人数(人)	街道(镇)名称	户数(户)	人数(人)
华阳路街道	24 332	67 951	虹桥街道	19 145	48 002
江苏路街道	18 420	50 378	程家桥街道	7 318	19 893
新华路街道	23 596	75 106	北新泾街道	15 321	39 680
周家桥街道	17 962	45 030	新泾镇	37 456	90 840
天山路街道	26 578	83 443	总计	217 326	592 420
仙霞新村街道	27 198	72 097			

注:2014 年户籍人口中,男性 290 953 人,女性 301 467 人。

2014 年长宁区社会福利事业、社会救助及婚姻登记

项　　目	数　值	项　　目	数　值
社会福利事业			
区社会福利院、敬老院		年末收养人数(人)	3 712
院数(个)	36	福利企业	
床位数(张)	5 271	单位数(个)	8
#新增床位(张)	187	残疾人人数(人)	91
社会救助			
城镇居民最低生活保障人数(人次)	69 478	年末累计已配租廉租房(户)	526
城镇居民最低生活保障金额(万元)	5 298		
婚姻登记			
准予登记结婚(对)	8 440	离婚(对)	2 165

2014 年长宁区教育事业基本情况

项　　目	数　值	项　　目	数　值
机构数(所)	104	#教育部门办(人)	1 017
#中学(所)	26	在校学生数(人)	57 483
小学(所)	23	#中学(人)	18 313
职校(所)	1	小学(人)	21 240
幼儿园(所)	41	职校(人)	1 008
#教育部门办(所)	31	幼儿园(人)	14 383
教职员工(人)	6 123	#教育部门办(人)	10 615
#中学(人)	2 505	适龄儿童入学率(%)	100.0
小学(人)	1 703	高中阶段升学率(%)	96.4
职校(人)	184	应届高中毕业生高考上线率(%)	99.62
幼儿园(人)	1 600		

注:幼儿园包括托儿所人数。

2014 年长宁区文化事业基本情况

项　　目	数　值	项　　目	数　值
影　院		文化艺术中心	
电影院放映电影(场)	57 318	举办培训班(次)	286
电影院接待观众(万人次)	205.01	馆办文艺团体(个)	24
公共图书馆		组织文艺活动(次)	461
总藏量(千册)	1 072.44	文化馆(站)	
本年新购藏量(千册)	66.89	机构数(个)	10
公共房屋建筑面积(千平方米)	19.61	举办展览(个)	132
#阅览室(千平方米)	5.82	组织文艺活动(次)	1 640
累计发放借书证(千张)	52.78	藏书(千册)	416.96
总流通人次(千人次)	2 468.13	公共房屋建筑面积(千平方米)	37.12
#书刊外借人次(千人次)	744.76	#文化活动用房(千平方米)	30.87

2014 年长宁区卫生事业基本情况

项　　目	数　值	项　　目	数　值
机构总计(个)	246	注册护士(人)	3 623
＃市属(个)	8	＃区属(人)	1 582
区属(个)	22	年末病床数(张)	6 760
卫生技术人员(人)	11 413	＃区属(张)	3 102
＃区属(人)	3 968	病床使用率(区属,%)	96.49
执业医生、助理医师(人)	6 279	门急诊总量(万人次)	988
＃区属(人)	2 198	年末家庭病床(张)	3 599

2014 年长宁区体育事业基本情况

全国性比赛			
游泳	2 金	射击	2 金 2 银 1 铜
篮球	1 铜	艺术体操	1 铜
水球	1 铜		
亚洲级比赛(韩国仁川亚运会)			
羽毛球	2 金	游泳	2 金 1 银 2 铜
田径	1 金	篮球	1 银
世界级比赛			
羽毛球:1 金(尤伯杯世界羽毛球锦标赛)			
举办与承办比赛			
1. “康纳斯杯”2014 年全国蹦床锦标赛、全国青少年蹦床锦标赛			
2. 2014 年“高飞杯”全国体操冠军赛			
3. “长宁杯”2014 年全国桥牌团体赛			
4. 上海市民体育大联赛健美操、990 广播操总决赛			
5. 上海市第十五届运动会体操、艺术体操、蹦床比赛			
五、培养、输送体育人才			
向上级训练单位输送后备人才 56 人			
培　　养	一级裁判员:13 人	二级裁判员:25 人	
	一级运动员:48 人	二级运动员:71 人	

2014 年长宁区各街道(镇)劳动就业安置情况

街道(镇)名称	新增就业岗位数(个)	城镇登记失业数(人)	街道(镇)名称	新增就业岗位数(个)	城镇登记失业数(人)
华阳路街道	1 275	1 477	虹桥街道	1 100	1 120
江苏路街道	1 101	1 218	程家桥街道	1 211	216
新华路街道	1 115	1 076	北新泾街道	1 126	1 385
周家桥街道	1 031	946	新泾镇	1 297	1 555
天山路街道	1 150	2 091	总计	11 532	12 792
仙霞新村街道	1 126	1 708			

2014 年长宁区失业人员分类

项　　目	人数(人)	比重(%)	项　　目	人数(人)	比重(%)
按性别分			初中及以下	4 204	32.9
#男性	8 866	69.3	按工种分		
女性	3 926	30.7	#初级技工	4 261	20.3
按年龄分			中级技工	6 358	30.2
#16—35 周岁	2 063	16.1	高级技工	3 328	15.8
36—60 周岁	10 729	83.9	上岗证	3 508	16.7
按学历分			技师	1 953	9.3
#硕士及以上学历	263	2.1	高级技师	91	0.4
本科学历	1 478	11.6	其他	1 527	7.2
专科学历	1 789	14.0	总人数	12 792	100.0
高中学历	5 058	39.5			

(四)区委、区政府与区委办、区府办主要文件目录

1. 2014 年中共长宁区委员会主要文件目录

长委〔2014〕1 号　关于长宁区局级领导干部 2013 年度考核等次的情况报告
长委〔2014〕5 号　关于成立中共长宁区委党的群众路线教育实践活动领导小组的通知
长委〔2014〕18 号　关于成立长宁区创评全国文明城区工作领导小组的通知
长委〔2014〕20 号　关于中共长宁区委常委会在党的群众路线教育实践活动中开好专题民主生活会的请示
长委〔2014〕29 号　关于中共长宁区委常委班子党的群众路线教育实践活动专题民主生活会情况的报告
长委〔2014〕33 号　关于成立长宁区市场监督管理体制改革工作领导小组的通知
长委〔2014〕34 号　关于成立长宁区市场监督管理体制改革工作临时党委的通知
长委〔2014〕36 号　关于上海凝聚力工程博物馆运行情况的报告
长委〔2014〕40 号　关于成立长宁区改革工作领导小组的通知
长委〔2014〕46 号　关于组建上海市长宁区市场监督管理局的通知

长委〔2014〕48 号	关于成立长宁区委巡察工作领导小组的通知
长委〔2014〕57 号	关于长宁区政府职能转变和机构改革方案予以备案的报告
长委〔2014〕61 号	关于长宁区局级领导干部 2014 年度考核等次的情况报告
长委〔2014〕62 号	关于学习贯彻市创新社会治理加强基层建设工作会议精神的报告
长委〔2014〕66 号	关于中共长宁区委第九届委员会第十一次全体会议举行情况的报告
长委发〔2014〕1 号	中共长宁区委关于深入学习宣传贯彻党的十八届三中全会和习近平总书记系列讲话精神的通知
长委发〔2014〕2 号	中共长宁区委关于深入开展党的群众路线教育实践活动的实施意见
长委发〔2014〕3 号	中共上海市长宁区委员会　上海市长宁区人民政府关于表彰长宁区十大领军人才、第三届领军人才、第八轮专业技术拔尖人才的决定
长委发〔2014〕4 号	中共长宁区委关于在党的群众路线教育实践活动中表彰先进基层党组织和党建联建优秀单位的决定
长委发〔2014〕5 号	中共长宁区委印发《关于区党政领导班子落实党风廉政建设主体责任的实施意见》的通知
长委发〔2014〕6 号	中共长宁区委印发《长宁区贯彻落实中央、市委〈建立健全惩治和预防腐败体系 2013—2017 年工作规划〉的实施细则》的通知
长委发〔2014〕7 号	中共长宁区委　长宁区人民政府关于进一步深化长宁国资国企改革的实施意见
长委发〔2014〕8 号	中共长宁区委印发《中共长宁区委常委会党的群众路线教育实践活动整改方案》的通知
长委发〔2014〕9 号	中共长宁区委关于实行巡察工作的实施意见
长委发〔2014〕10 号	中共长宁区委批转区人大常委会党组《关于召开长宁区第十五届人民代表大会第六次会议的请示》的通知
长委发〔2014〕11 号	中共长宁区委批转区政协党组《关于召开长宁区政协十三届五次会议的请示》的通知
长委发〔2014〕12 号	中共长宁区委印发《中共长宁区委常委会 2015 年工作要点》的通知

2. 2014 年长宁区人民政府主要文件目录

长府〔2014〕1 号	上海市长宁区人民政府关于对长宁区重点企业进行表彰和奖励的决定
长府〔2014〕2 号	上海市长宁区人民政府关于印发区政府和部门 2014 年重点工作目标的通知
长府〔2014〕6 号	上海市长宁区人民政府关于预审同意上海长宁东虹桥小额贷款股份有限公司股权转让的函
长府〔2014〕9 号	上海市长宁区人民政府关于批转区财政局修订的《长宁区区级国有资本经营预算管理办法》和区财政局、国资委修订的《长宁区企业国有资本经营收益收缴管理办法》的通知
长府〔2014〕21 号	上海市长宁区人民政府关于申报设立商业保理企业试点区的函
长府〔2014〕22 号	关于做好国家对本市义务教育均衡发展督导检查整改落实工作的复函
长府〔2014〕26 号	上海市长宁区人民政府关于公布长宁区第八批取消和调整行政审批事项目录及 2014 年行政审批事项目录清单的通知
长府〔2014〕27 号	上海市长宁区人民政府、长宁区人民武装部关于表彰 2013 年度长宁区征兵工作先进单位和先进个人的决定
长府〔2014〕29 号	上海市长宁区人民政府关于长宁区 2013 年节能目标责任评价考核自查报告
长府〔2014〕31 号	上海市长宁区人民政府关于同意设立上海携程小额贷款有限责任公司的预审报告
长府〔2014〕33 号	上海市长宁区人民政府、上海市长宁区人民武装部 2014 年征兵命令
长府〔2014〕34 号	上海市长宁区人民政府关于批转区财政局修订的《长宁区财政结余结转资金管理办法》和《长宁区财政结余结转资金管理办法实施细则》的通知
长府〔2014〕41 号	上海市长宁区人民政府关于印发《长宁区关于促进互联网金融产业发展的实施意见》的通知
长府〔2014〕42 号	上海市长宁区人民政府关于印发《长宁区"十三五"规划编制工作总体方案》的通知
长府〔2014〕44 号	上海市长宁区人民政府关于组建上海市长宁区市场监督管理局的报告
长府〔2014〕50 号	关于在长宁区设立"上海虹桥航空服务业创新试验区"的请示
长府〔2014〕51 号	上海市长宁区人民政府关于同意上海长宁赣信小额贷款有限公司股权转让的函
长府〔2014〕52 号	上海市长宁区人民政府关于公布第四批区级非物质文化遗产名录的通知
长府〔2014〕53 号	上海市长宁区人民政府关于制发行政规范性文件相关情况的报告
长府〔2014〕54 号	上海市长宁区人民政府批转区总工会、人社局制定的《关于评选 2010—2014 年度上海市劳动模范、先进工作者和模范集体工作的意见》的通知

3. 2014 年中共长宁区委员会办公室主要文件目录

长委办〔2014〕1 号	关于认真做好党的群众路线教育实践活动准备工作的通知
长委办〔2014〕2 号	关于进一步发挥上海凝聚力工程博物馆宣传教育作用的通知
长委办〔2014〕4 号	关于印发 2014 年区委督查工作方案的通知
长委办〔2014〕6 号	中共长宁区委办公室关于印发《区委常委会 2014 年议题计划》《中共长宁区委 2014 年重点调研课题方案》的通知
长委办〔2014〕9 号	中共长宁区委办公室　长宁区人民政府办公室转发《区综治委关于 2014 年长宁平安建设实事项目安排的意见》的通知
长委办〔2014〕15 号	中共长宁区委办公室　长宁区人民政府办公室印发《2014 年长宁区依法治区工作要点》的通知
长委办〔2014〕20 号	中共长宁区委办公室转发《区总工会关于进一步加强社区(街道)镇工会队伍建设的若干意见》的通知
长委办〔2014〕24 号	中共长宁区委办公室印发《长宁区贯彻〈关于培育和践行社会主义核心价值观的意见〉的实施意见》的通知
长委办〔2014〕28 号	中共长宁区委办公室　长宁区人民政府办公室印发《关于进一步加强和改进新形势下长宁档案工作的实施意见》的通知
长委办〔2014〕29 号	中共长宁区委办公室印发《中共长宁区委中心组学习制度》的通知
长委办〔2014〕30 号	中共长宁区委办公室　长宁区人民政府办公室印发《长宁区分级分责化解信访矛盾解决群众合理诉求工作制度》的通知
长委办〔2014〕31 号	中共长宁区委办公室印发《关于本区贯彻落实〈关于完善党员干部直接联系群众制度的意见〉的实施细则》的通知
长委办〔2014〕32 号	中共长宁区委办公室　长宁区人民政府办公室印发《关于进一步加强会议(活动)管理的若干规定》的通知

4. 2014 年长宁区人民政府办公室主要文件目录

长府办〔2014〕1 号	上海市长宁区人民政府办公室《长宁区第十五届人大常委会第十四次会议关于〈长宁区国民经济和社会发展第十二个五年规划(纲要)中期评估情况的报告〉的审议意见》的复函
长府办〔2014〕2 号	关于 2013 年度区人大代表书面意见和政协提案办理工作评估考核结果的通报
长府办〔2014〕6 号	上海市长宁区人民政府办公室关于转发区粮食局制定的《上海市长宁区粮食应急预案》的通知
长府办〔2014〕12 号	上海市长宁区人民政府办公室关于转发区社会管理联动中心制定的《长宁区公共安全电子巡查日志工作规定(暂行)》的通知
长府办〔2014〕13 号	上海市长宁区人民政府办公室关于转发区社建办制定的《长宁区政府实事项目管理办法(试行)》的通知
长府办〔2014〕14 号	上海市长宁区人民政府办公室关于转发区环保局制定的《长宁区空气重污染专项应急工作方案》的通知
长府办〔2014〕15 号	上海市长宁区人民政府办公室关于答复区政协十三届三次会议第 003 号提案的函
长府办〔2014〕21 号	上海市长宁区人民政府办公室关于转发区卫生计生委制定的《长宁区关于开展国家基层卫生综合改革重点联系点工作实施方案》的通知
长府办〔2014〕23 号	上海市长宁区人民政府办公室关于转发区环保局制定的《长宁区清洁空气行动计划(2013—2017)》的通知
长府办〔2014〕28 号	上海市长宁区人民政府办公室关于转发区科委制定的《长宁区关于创建"国家信息消费示范城区"实施方案(2014—2017 年)》的通知
长府办〔2014〕29 号	上海市长宁区人民政府办公室关于转发区财政局制定的《长宁区权责发生制政府综合财务报告试编工作实施方案》的通知
长府办〔2014〕30 号	上海市长宁区人民政府办公室关于印发《长宁区政府网站群整合实施意见》的通知
长府办〔2014〕31 号	上海市长宁区人民政府办公室关于转发区财政局制定的《上海市长宁区政府购买公共服务项目预算管理暂行办法》的通知
长府办〔2014〕33 号	上海市长宁区人民政府关于印发《2014 年长宁区政府信息公开重点工作安排》的通知

长府办〔2014〕34 号　上海市长宁区人民政府办公室关于转发区房管局制定的《长宁区土地储备融资和资金管理办法(试行)》的通知

长府办〔2014〕35 号　上海市长宁区人民政府办公室关于转发区绿化市容局制定的《长宁区关于进一步加强违法建筑治理工作三年行动方案》的通知

长府办〔2014〕36 号　上海市长宁区人民政府办公室关于转发区发展改革委制定的《长宁区贯彻落实〈上海市基本公共服务体系暨 2013—2015 年建设规划〉实施方案》的通知

长府办〔2014〕40 号　上海市长宁区人民政府办公室关于《长宁区第十五届人大常委会第十九次会议关于〈关于长宁区第五轮环保三年行动计划实施情况(2012—2014)的汇报〉的审议意见》的复函

长府办〔2014〕41 号　上海市长宁区人民政府办公室关于《长宁区第十五届人大常委会第十九次会议关于〈区政府关于贯彻落实中长期教育改革和发展规划纲要推进长宁基础教育优质均衡发展情况报告〉的审议意见》的复函

长府办〔2014〕46 号　上海市长宁区人民政府办公室关于成立长宁区"十三五"规划编制工作领导小组的通知

长府办〔2014〕47 号　上海市长宁区人民政府办公室关于调整长宁区区长、副区长工作分工的通知

长府办〔2014〕48 号　上海市长宁区人民政府办公室关于转发区环保局制定的《长宁区突发环境事故应急处置预案》的通知

长府办〔2014〕49 号　上海市长宁区人民政府办公室关于转发区环保局制定的《长宁区处置核与辐射事故应急预案》的通知

长府办〔2014〕50 号　上海市长宁区人民政府办公室关于印发《上海市长宁区人民政府办理区人大代表书面意见和政协提案办法》的通知

长府办〔2014〕52 号　上海市长宁区人民政府办公室关于转发区建设交通委等部门制定的《上海市长宁区区级城市维护项目管理暂行办法》的通知

长府办〔2014〕55 号　上海市长宁区人民政府办公室关于《长宁区第十五届人大常委会第二十一次会议关于〈区政府关于加快楼宇经济发展情况的报告〉的审议意见》的复函

长府办〔2014〕56 号　上海市长宁区人民政府办公室转发区社建办制定的《关于长宁区规范清理居委会报表台账指导意见(试行)》的通知

长府办〔2013〕59 号　上海市长宁区人民政府办公室转发区审计局制定的《关于进一步加强长宁区内部审计工作的意见》的通知

(五) 长宁区在中央主要媒体的报道

序号	日　期	来　源	主　　题
1	2014.01.09	新华社上海分社	宜居、宜业、宜文　上海长宁打造国际时尚都市圈
7	2014.01.20	中新社上海分社	时尚创意大师在沪热议"海派时尚"
8	2014.01.20	中新社上海分社	上海长宁侨办与志愿者服务中心商侨界志愿者工作
9	2014.01.09	中新社上海分社	长宁法院集中处理涉民生执行案件
10	2014.01.07	中新社上海分社	检察官与特殊孩子共演爱之歌舞
11	2014.01.15	中新社上海分社	政协委员数年多次提案推动未成年人司法保护
13	2014.02.22	新华社上海分社	上海公安深夜行动　保一方平安
16	2014.02.17	《人民日报》第 2 版	孩子下午三点半放学,家长五点半下班　放学后两小时孩子去哪
17	2014.02.18	《光明日报》第 10 版	上海长宁:服务群众"最后一公里"
18	2014.02.22	《新华每日电讯》第 2 版	深夜行动保平安
19	2014.02.28	《新华每日电讯》第 2 版	长宁消除安全隐患推电动车集中充电
20	2014.03.04	新华社上海分社	223 份议案提案聚焦民生关切

（续表一）

序号	日　期	来　　源	主　　　　题
21	2014.03.24	新华社上海分社	推进全民阅读共创文明行业
22	2014.03.06	新华社上海分社	长宁区举行姐妹运动会　职业女性显风采
23	2014.03.10	新华社上海分社	等你到樱花烂漫时　盘点申城最适合赏樱的地方
24	2014.03.12	新华社上海分社	解救困境儿童：一份人大议案的诞生之路
25	2014.03.27	新华社上海分社	周汉民：金融行业在自贸区受益面最广
26	2014.03.05	中新社上海分社	凝聚青年力量　展现边检风采
27	2014.03.19	中新社上海分社	中国侨联副主席康晓萍一行赴沪调研文化宣传工作
28	2014.03.12	《人民日报》第 5 版	政府买服务监管不能松
29	2014.03.13	《人民日报》第 1 版、第 4 版	习近平总书记同人大代表、政协委员共商国是纪实
30	2014.03.21	《人民日报》第 1 版	上海　社会管理升级社会治理
31	2014.03.09	《光明日报》第 11 版	放学后，去哪儿？
32	2014.03.14	《光明日报》第 5 版	凝心聚力　马上就干
33	2014.03.12	《新华每日电讯》第 9 版	解救困境儿童：一份人大议案诞生记
34	2014.03.18	《新华每日电讯》第 2 版	地下空间普查确保合理开发
35	2014.03.25	《新华每日电讯》第 5 版	上海电力：弘扬雷锋精神　志愿活动暖人心
36	2014.04.01	新华社上海分社	“2014 上海长宁戏剧季”将揭幕
38	2014.04.10	新华社上海分社	上海 38 亿出让 3 宗地　新华路街道地块底价成交
39	2014.04.15	新华社上海分社	上海注册资本登记制度改革
40	2014.04.21	新华社上海分社	上海公安如何选拔佩枪民警　心理测试题目节选
41	2014.04.21	新华社上海分社	十五种情形下可开枪　每次拔枪后都要写情况报告
42	2014.04.23	新华社上海分社	上海民警佩枪巡逻　大家准备好了吗？
43	2014.04.13	中新社上海分社	2014 全国桥牌团体赛上海开战
44	2014.04.14	中新社上海分社	上海长宁“侨妈妈”艺术团十多年坚持为百姓送戏
45	2014.04.20	中新社上海分社	上海巡警今起配枪执勤　杜绝枪支滥用成管理新课题
47	2014.04.21	《新华每日电讯》第 7 版	“上海一线巡逻民警佩枪携弹，加强处突能力”
48	2014.05.09	新华社上海分社	沪郊西甜瓜渐入上市高峰　城乡建立产销渠道
50	2014.05.16	中新社上海分社	上海长宁五侨联手举办“侨与中国梦”演讲比赛
51	2014.05.12	《人民日报》第 1 版	群租房，取缔为何不容易
52	2014.05.14	《人民日报》第 16 版	向着幸福和文明出发
53	2014.05.21	《人民日报》第 11 版	上海民警配枪上岗前要过心理关
54	2014.05.12	《光明日报》第 3 版	“有时间当志愿者，有困难找志愿者”
55	2014.05.19	《新华每日电讯》第 2 版	上海长宁区多个部门联合整治群租房
56	2014.06.16	新华社上海分社	“父亲节”“临时子女”“尽孝心　敬老院里暖人心”
57	2014.06.03	中新社上海分社	上海长宁新华社区侨界艺术节开幕
58	2014.06.07	中新社上海分社	第四届中日韩艺术邀请展在沪开幕

（续表二）

序号	日 期	来 源	主 题
59	2014.06.29	《人民日报》第 4 版	长宁区少年宫柳琴室内乐团表演合奏《西域行》
60	2014.06.30	《光明日报》第 9 版	上海：把最棒的舞台交给市民
61	2014.07.07	新华社上海分社	上海长宁：以 O2O 开创国别商品中心新运营模式
63	2014.07.26	中新社上海分社	上海侨界青少年国学热情不减
64	2014.07.18	《人民日报》第 12 版	易班网　不一般
65	2014.08.22	中新社上海分社	沪上检察院仿效自贸区试水“负面清单”
66	2014.08.05	《人民日报》第 17 版	专题组织生活会怎么开
67	2014.08.26	《人民日报》第 4 版	全国 8 个单位和个人获评首批“节约之星”称号
68	2014.08.26	《光明日报》第 4 版	王学达：绿色环保　义不容辞
69	2014.08.26	《光明日报》第 4 版	全国 8 个单位和个人获评首批“节约之星”称号
70	2014.09.17	中新社上海分社	匈牙利国宝级艺术家拉贾斯·萨雷作品展亮相上海
71	2014.09.26	中新社上海分社	上海公立美术馆逼近“亚洲一流”
73	2014.09.09	《人民日报》第 18 版	搭平台建机制　让整改更精准
74	2014.09.02	《光明日报》第 4 版	开学啦
76	2014.10.09	中新社上海分社	上海警方多措并举打造中山公园商圈治安防控“高地”
77	2014.10.15	中新社上海分社	台湾时尚设计师作品在沪掀起潮流新律动
78	2014.10.03	《人民日报》第 3 版	让大国防观走进市民心中
79	2014.11.01	中新社上海分社	盛装凌空 SOHO 成上海门户新地标
80	2014.11.06	《人民日报》第 4 版	“节水从点滴做起”
81	2014.11.14	《人民日报》第 11 版	劳教民警转岗以后
82	2014.11.13	《光明日报》第 6 版	上海推出传统文化经典诵读教材
83	2014.11.19	《光明日报》第 4 版	三严三实·我们这样做　聚百家力才能圆百家梦
84	2014.12.23	新华社上海分社	上海近千万居民签约获得家庭医生服务
85	2014.12.05	中新社上海分社	国际志愿者日上海空港百余青年骑行传播环保
86	2014.12.16	中新社上海分社	2014 上海市民体育大联赛闭幕　路跑项目受热捧
87	2014.12.22	中新社上海分社	学者吁柯文哲在“九二共识”下促两岸城市交流
88	2014.12.24	中新社上海分社	上海长宁区筹划“保调对接”制度　3 年覆盖所有医院
89	2014.12.09	《人民日报》第 4 版	坚决捍卫党的纪律　永葆先进性纯洁性
90	2014.12.10	《人民日报》第 19 版	我国未成年人重新犯罪率仅约 2%
91	2014.12.17	《人民日报》第 1 版	担当，是改革者必须的修行
92	2014.12.05	《光明日报》第 3 版	奉献　友爱　互助　进步
93	2014.12.09	《光明日报》第 3 版	坚决捍卫党的纪律　永葆先进性纯洁性
94	2014.12.09	《新华每日电讯》第 4 版	坚决捍卫党的纪律　永葆先进性纯洁性

说明：

一、本索引采取主题分析索引法，按主题词首字的汉语拼音字母顺序排列，以数字或字母开头的条目列在 A 前面。

二、索引主题词后面的数字表示内容所在的页码，数字后面的 a、b、c 分别表示正文的左、中、右栏别。

三、索引中的分目标题、页码用加粗字体标明。

M

N

O

P

Q

R

S

T

W

X

Y

Z

图书在版编目(CIP)数据

长宁年鉴.2015 /《长宁年鉴》编撰委员会编.—上海:上海社会科学院出版社,2015
ISBN 978-7-5520-1066-4

Ⅰ.①长… Ⅱ.①长… Ⅲ.①长宁区-2015-年鉴
Ⅳ.①Z525.13

中国版本图书馆 CIP 数据核字(2015)第 285090 号

长宁年鉴(2015)

编　　者:《长宁年鉴》编纂委员会
　　　　　地址:长宁路 599 号长宁区地方志办公室
　　　　　邮编:200050
责任编辑:杜颖颖
封面设计:黄婧昉
出版发行:上海社会科学院出版社
　　　　　上海淮海中路 622 弄 7 号　电话 63875741　邮编 200020
　　　　　http://www.sassp.org.cn　E-mail:sassp@sass.org.cn
照　　排:南京理工出版信息技术有限公司
印　　刷:上海市印刷七厂有限公司
开　　本:890×1240 毫米　1/16 开
印　　张:20.5
插　　页:33
字　　数:820 千字
版　　次:2015 年 12 月第 1 版　2015 年 12 月第 1 次印刷

ISBN 978-7-5520-1066-4 / Z·051　　定价:310.00 元

鸣 谢

（排名不分先后）

春秋航空股份有限公司
中国东方航空股份有限公司
上海东银企业（集团）有限公司
上海申亚投资控股（集团）有限公司
上海汇通房地产有限公司
上海长峰（集团）有限公司
上海市长宁区精神卫生中心
上海万宏工业投资（集团）有限公司
上海新长宁（集团）有限公司
上海中山建设实业发展总公司
上海九华商业（集团）有限公司
上海服装（集团）有限公司
上海古北（集团）有限公司
中国石化化工销售有限公司华东分公司
上海海烟物流发展有限公司
上海金鹿建设（集团）有限公司
上海明鸿房地产发展有限公司
上海长宁建设资产经营有限公司
上海申通德高地铁广告有限公司
上海分众德峰广告传播有限公司
上海神州数码有限公司
上海联创永钦创业投资管理中心（有限合伙）
中国银行股份有限公司上海市长宁支行
中国建设银行股份有限公司上海长宁支行
中国人民解放军第八五医院
中国人民解放军第四五五医院
上海市长宁区光华中西医结合医院
上海市长宁区妇幼保健院
上海市长宁区环境监测站
上海美丽华物业管理有限公司
上海春秋国际旅行社（集团）有限公司

烫金版图，雄踞上海稀缺贵脉

伴随着苏州河的百年变迁，独特的地域优势愈加凸显，三区政府联袂推助新曹家渡综合改造，未来价值腾飞势不可挡。毗邻静安寺、中山公园、长寿路三大繁华商圈，芳汇广场、悦达889等商业配套的争相映衬；多条城市中心主干道交汇于此，铺就名流回家的华丽路径；市三女中、江苏路五小等名校云集，营造高雅人文；同仁医院等卓越医疗配套，呵护全家健康。

臻稀规划，凝炼上海百年精粹

长宁88金廷位于曹家渡商圈，总建筑面积约18万m^2，是集高档精装公寓、51800m^2甲级5A写字楼及约4万平lifestyle体验式商业中心为一体的城市综合性社区。其中精装公寓联合国际一线品牌，为社会名流专属定制；写字楼、商业中心，为商务往来、文化交流、时尚生活提供了高端的平台，增值区域板块价值。

逸致生活，礼献上海峰层人士

苏河畔沿河景观带，配合社区中打造的参差错落的植物群落，让苏河美景延伸到家。长宁88金廷拥有简洁现代建筑外观，市场稀缺的创新户型，符合人体工程学的德国瑞好地暖（水暖）、大金VRV变频中央空调、德国吉博利的同层排水系统、中空“LOW-E”玻璃门窗；五金件、厨卫系统等大部分采用德国品牌精装，卫浴采用唯宝洁具及汉斯格雅龙头、每个卫生间配备“松下”品牌暖风机、特别采用意大利SMEG品牌燃气灶、油烟机、消毒柜、微波炉、烤箱、冰箱；全方位安保的五重安保系统等，为逸致生活增添品质感的享受。

接待中心	建筑设计	投资商	开发商	
长宁支路125弄（长宁路口）	日建设计株式会社	上投控股	上海汇通房地产有限公司	VIP LINE 5238 4188

本广告仅供参考，广告中具体确定内容可作为购房合同附件。以上均为建面，涉及所有数据，均以政府实测面积为准。长宁房管（2013）预字0000429号

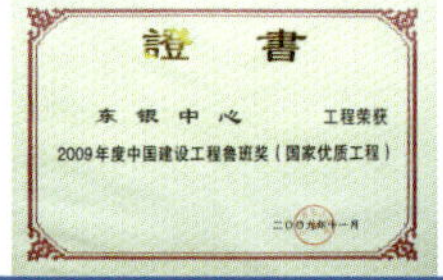

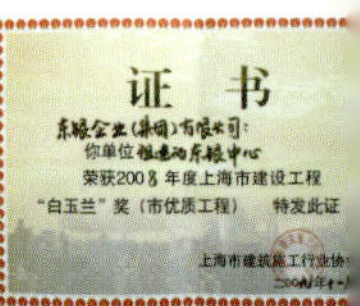

上海东银企业（集团）有限公司

上海东银企业（集团）有限公司注册资金5亿元，主要经营范围为：

房地产开发与经营、物业管理、会展服务、实业投资、投资管理及咨询、国内贸易等。上海东银企业（集团）有限公司净资产超过30亿元。

上海东银企业（集团）有限公司投资经营企业有上海元申实业有限公司、上海东银房地产有限公司、上海曲阳花苑有限公司、上海银都物业服务有限公司。

其中上海元申实业有限公司开发建设上海市长宁区虹桥古北开发区甲级办公楼——“东银中心”。“东银中心”地处古北路、红宝石路、金珠路，三面临路，交通便捷，现代化双塔楼高耸于上海的西大门，是虹桥CBD商贸区的地标建筑。

“东银中心”建筑面积8.8万平方米，划分为商业及办公。“东银中心”2006年3月19日动工建设，2008年1月1日交付使用，工期仅20个月1天，施工速度之快创造了上海之最，并体现公司团队的管理能力和高水平。

“东银中心”已经获得上海市优质结构奖、上海市“白玉兰奖”及国家建筑最高奖项“鲁班奖”。

“东银中心”已成为上海最具影响力的建筑之一。“东银中心”目前出租率达100%，其中世界500强企业承租率占出租面积的44%，并有多家跨国公司总部、银行及领事馆进驻。如思科系统（中国）网络有限公司、三菱东京日联银行（中国）有限公司、克莱斯勒亚太投资有限公司、神龙汽车有限公司、米其林（中国）投资有限公司、福陆（中国）工程建设有限公司、丰田汽车技术中心（中国）有限公司及中国银行、民生银行、韩亚银行、荷兰、马来西亚、墨西哥领事馆。

上海东银房地产有限公司、上海曲阳花苑有限公司先后开发建设上海市虹口区曲阳地区的高档住宅小区“曲阳大厦”和“曲阳花苑”。2008年，“曲阳大厦”和“曲阳豪庭”住宅小区获得上海市“文明小区”称号。上海银都物业有限公司受托管理的住宅和甲级办公楼的面积已超过20万平方米，其管理的上海东银中心已被评为上海市物业管理优秀大楼。

亚龙湾壹号

上海申亚投资控股（集团）有限公司

亚龙湾壹号小镇

奥特莱斯鸟瞰图

智慧高地·购物福地·文化天地·旅游圣地

商业入口透视

电影院

上海申亚投资控股（集团）有限公司集团母体是长宁区房管局1988年在海南三亚市注册成立的申亚实业开发总公司，是第一代房地产企业。1989年6月，为建设海口申亚大厦，申亚实业开发总公司联合中建上海分公司等9家企业，成立海南申亚实业联合总公司。1992年，申亚公司在上海成立上海申亚房地产有限公司，经过发展成为申亚集团的核心。1994年，企业进行改制，成为长宁区第一批现代企业制度试点企业，是完全依靠市场化运作成长起来的企业。

经过26年的发展，集团有近20家子公司，形成以房地产开发为核心，延伸商业，旅游，农业，教育，金融等领域的多元化业务格局，开发的项目主要在上海市中心、郊区，海南海口及三亚。

房地产开发经营作为集团核心产业和主营业务，先后投资了海口申亚大厦，三亚亚龙湾申亚山庄一、二期，上海延安西路、江苏路口的申亚金融广场，新华路的新华花苑和申亚新华府，中山公园版块的笠园，昭化路的申亚臻悦商苑，延安西路、镇宁路口的申亚瑞庭等一批高档办公楼和住宅。

2014年，集团在三亚亚龙湾旅游区投资60亿的亚龙湾壹号项目奥特莱斯——亚龙湾壹号小镇继续推进。项目2013年启动，预计2016年中完成。整体项目建筑面积约35万平方米，小镇建筑面积约9.5万平方米，是集高端度假别墅、体验式旅游精品奥特莱斯、精品度假公寓、国际设计师品牌社区和国际五星级度假主题酒店为一体的多元化、复合型国际旅游度假胜地。集团提出“互联网+4.0版奥特莱斯”的概念，把上海的商业资源和最新的互联网管理理念植入到项目中，“移动网购折后再折”“全时段多覆盖购物送货”“积分制移动终端APP”是集团用互联网思维经营奥特莱斯的关键。项目结合上海石库门、成都宽窄巷子、欧式庭院建筑等各种文化符号和建筑元素，围绕“旅游胜地、购物福地、文化天地、智慧高地”四大理念，为中高端游客提供休闲感、体验感强烈的购物环境。

内景

庭院

公司地址：上海市延安西路895号申亚金融广场27楼

上海长峰(集团)有限公司

上海长峰（集团）有限公司经过20年的高速成长，公司的资信等级已达到AAA级。近年来，长峰公司先后在上海的长宁、徐汇、虹口、闵行、黄浦、青浦和沈阳的大东、铁西、辽宁（鞍山）及西安、成都等地营建众多房地产项目，包括商品房住宅、星级酒店、超大型交通换乘中心暨购物中心、综合办公楼宇等，创造与社会同步发展的业绩。

一. 主要竣工项目：

1. 上海有3个大型购物中心、6家星级酒店、4200套客房。
2. 沈阳大东、铁西有2个超大型商城、家居中心、主题公园及交通枢纽、3家星级酒店等。

二. 在建及即将动工的项目：

1. 沈阳（大东）的星级酒店、高级商住、办公楼等综合商场。
2. 辽宁（鞍山）的高级商住楼等。
3. 西安的大型商城、星级酒店及高级办公楼。
4. 成都的大型商城、星级酒店及高级办公楼。

长峰集团公司在各级领导关心和帮助下已经拥有完善的管理组织，并已从房地产开发转向房地产资产规模化经营和资本市场联动及龙之梦品牌和形象创建发展。

世界品位　东方魅力

公司网址：www.ceair.com　客服电话：+86(95530)

中国东方航空股份有限公司（以下简称东航）总部位于上海。作为中国三大航空公司之一，东航运营着由超过500架客货运飞机组成的现代化机队，平均机龄不到7年。东航的航线网络通达全球179个国家、1057个目的地，每年为全球近8000万旅客提供服务，旅客运输量位列全球前十。作为天合联盟成员，“东方万里行”常旅客可享受天合联盟20家航空公司的会员权益及全球636间机场贵宾室。

东航致力于建设一个“员工热爱、顾客首选、股东满意、社会信任”的世界一流航空服务集成商。2014年东航被全球品牌传播机构WPP评为“Brandz最具价值中国品牌50强”，获评中国证券金紫荆奖”最佳上市公司”，并入选《财富》杂志（中文版）2013中国企业社会责任排行榜前十强。

“世界品位，东方魅力”，东航以“精准、精致、精细”的服务品质为全球旅客不断创造精彩的旅行体验。

司获得主要荣誉

2年　第八届中国证券市场年会金鼎奖
最具品牌价值上市公司

3年　“中国证券金紫荆”最佳上市公司
上海市著名商标
金博奖年度企业社会责任品牌

4年　2014最具价值中国品牌50强
“中国证券金紫荆奖”最佳上市公司
2014年樟宜航空大奖 “最佳合作伙伴奖”
中央企业法制工作2013年度考评A级

5年　BrandZ最具价值中国品牌排行榜Top100，位列28
上航国旅、上航假期通过“上海市5A级旅行社复评”
第8届TTG中国旅游大奖“最佳中国航空公司”

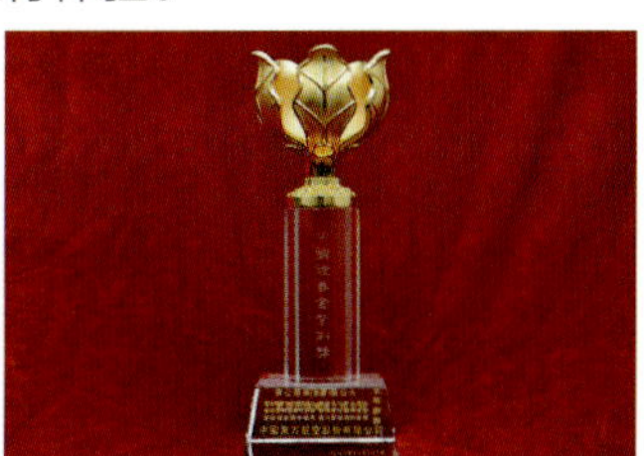

中国石化化工销售有限公司华东分公司

公司领导会见外商

公司与客户签订合作协议

中国石化化工销售有限公司华东分公司成立于2005年5月，主要负责中国石化在上海、江苏、浙江、安徽、江西四省一市所属企业生产的化工产品销售和市场管理，并负责区域内企业部分化工原料的采购与供应工作，同时开展物流、自营贸易等业务。公司在宁波、漕泾、南京、杭州、张家港等地设立了5个销售网点，在区域内上海石化、扬子石化、仪征化纤、镇海炼化、高桥石化、金陵石化、安庆石化、九江石化等8家炼化企业设立驻企业办事处。

华东分公司遵循“科学、规范、诚信、融合”的经营理念，坚持“服务客户、服务企业、服务员工”，持续深化改革，公司经营实力不断增强。2014年销售有机化工、合成树脂、合纤原料、合成纤维和合成橡胶等五大类四十多种化工产品共计2000余万吨，实现销售额1600多亿元（不含税）。

在化工产品交易博览会上，公司向来宾介绍产品

公司开展产品技术交流和新品推介

深入开展“党的群众路线教育实践活动”

丰富多彩的职工文体活动

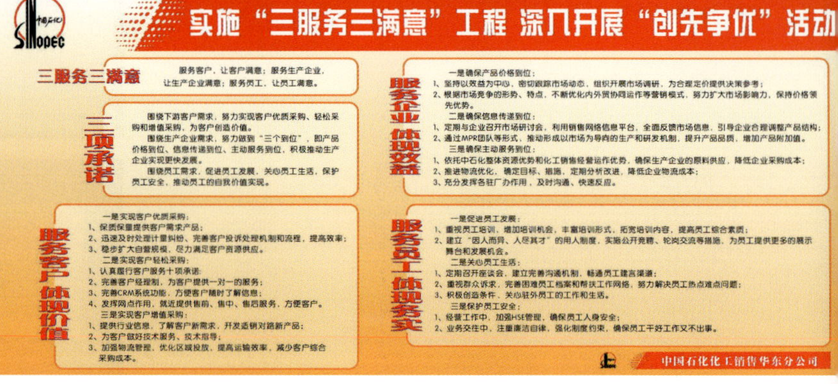

■上海九华商业（集团）有限公司概况

上海九华商业（集团）有限公司（简称九华集团）隶属于长宁区国有资产监督管理委员会。主营国内贸易、广告装潢、房地产开发经营、物业管理、实业投资，系统内资产经营管理，烟酒专卖、食品、副食品经营、废旧物资收购等。以市场为导向，坚持实体经营与资本运营同步发展，运用科学化、精细化的管理，提升企业核心竞争力。

2014年，集团实现业务收入15.8亿元，应缴税收2048万元，净利润1860万元。集团年报范围内，下属国有企业26家，集体企业26家，对外投资（参股）3家，其中二级公司7家。总资产13.25亿元，净资产2.46亿元。商业网点23.83万平方米，在编职工1743人。

上海九华商业(集团)有限公司
SHANGHAI JOINVAL TRADE(GROUP)CO.,LTD.

九华集团本部

■推进福缘湾·九华商业广场建设招商

年内，建设用地面积1.13万平方米，建筑总面积3.17万平方米的福缘湾·九华商业广场项目完成建筑主体施工，招商工作同步推进，现场招商处10月启用，按计划项目2015年竣工。

■开启“九华·汇智尚都”酒店式人才公寓连锁经营模式

位于娄山关路500号的“九华·汇智尚都”酒店式人才公寓娄山店，11月26日开业标志“九华·汇智尚都”酒店式人才公寓品牌运作跨入连锁模式。至年底入住率达到79.17%。

■完善新锦华再生资源回收体系

上海新锦华商业有限公司完善再生资源回收体系，产业园区正式运营，废纸加工量达60吨/天，废金属加工量达100吨/天。形成新锦华站、点管理制度，升级完善IC卡，对从业人员的管理制度，被市商务委升为上海市行业标准。为推进市府实事项目，在长宁区内投放“阿拉环保”电子废弃物回收箱，建设废品回收站2处。

■拓展美天标准化菜市场

至年底，上海美天副食品有限公司拥有13家标准化菜市场和6家菜店，提前实现集团公司“十二五”期末美天菜市场占全区菜市场45%以上的目标，达到48%。美天太阳菜市场、美天平塘菜市场、美天程桥菜市场、美天虹顺菜市场相继装修改建竣工开业。其中，美天平塘菜市场成功实施传统菜市场转型升级改革，成为上海菜市场转型升级2.0版模式之一在全市推广。太阳菜店、天山五村菜店竣工开业，娄山菜店经过调整恢复供应。

■丰富“五个服务”党建工作法

年内，九华集团党委以党的群众路线教育实践活动为契机，把服务作为基层党建工作的价值取向，开创企业党建新格局。以服务企业提升软实力，开展系列职工文体活动；以服务党组织增强活力，集团各基层党支部与社区居委会联建共建，开展每月送一家“九华爱心菜”等帮困活动；以服务党员培育先进性，开展身边人、身边事优秀事迹宣讲会，弘扬先进；以服务凝聚力工程抓好落实，注重和谐企业建设，形成集团“一访四助十项全覆盖”工作举措；以服务企业人才培养需求，开展集团青年干部培训班，完成第一轮人才梯队工作验收考核。

地址：上海市长宁区茅台路567号
邮编：200336
TEL：021-62748598　FAX：021-62414773
网站：www.shanghai-garment.com

吴邦国题词

蝶矢衬衫

三由户外冲锋衣

品牌女装

尚馥 · 骊湾88

上服奥特莱斯品牌直销折扣中心

环东华 · 智尚源效果图

上海服装（集团）有限公司（以下简称上服集团）前身是上海市服装总公司，1950年3月创始于上海市第一批手工合作社。

一、辉煌历史

60多年来，上服集团创下了中国服装界7个之最：诞生中国第一支专业模特表演巴队；首次代表中国参观黎时装博览会；创办中国第一份服装类专业报刊；制定中国第一部服装类技术标准；研制中国第一套电脑辅助设计系统；率先承担国际著名时装设计师及流行趋势发布；领衔设计制作出席第九届APEC会议领导人“中国装”。

二、现有规模

目前，集团总资产超过30亿元，销售总额超过20亿元，在中国服装行业“产品销售收入”百强企业中排名第35位。截至2015年月，集团拥有国有、集体、合资企业共56家，分布于长宁、徐汇、杨浦、虹口、浦东等上海13个区域。

三、转型之路

2015年，上服集团将实施服装板块、园区（楼宇）板块、创新板块三大重点，致力打造科技化、时尚化、品牌化的服装文化创意产业集团。

服装板块：涵盖服装生产、进出口贸易、机械、会展等业务类型，拥有大地休闲装、天嘉爱女装、三由、凯固机械等较具市场影响力的知名品牌，其中，“大地”为上海市名牌。自1992年取得自营进出口权以来，进出口贸易持续增长，2014年，上服集团自营出口创汇2.02亿美元；2010年起，创立“上服城市奥特莱斯”“上服羽绒博览会”等自主服务品牌，2014年累计营业收入达1.5亿元。

园区板块：涵盖经济楼宇和创意园区出租运营、物业管理服务、楼宇和园区相关增值服务等。集团现有房地产81处，总建筑面积313140平方米，其中，园区用房建筑面积119687平方米，楼宇用房建筑面积129944平方米。截至目前，有10个创意园区已竣工或正在改造，其中，被市经委和区地名办公室命名为都市园区和创意园的有5个。

创新板块：涵盖产权交易、企业孵化、平台经济、技术中心等。其中，集团投资1.6亿元打造环东华智尚源项目，以“互联网+设计师+技术服务”模式，探索实践以互联网思维引领传统产业转型之路。

微信“扫一扫”二维码
关注“上海服装集团”公
沟通无界限　服装零距

上海金鹿建设（集团）有限公司

上海金鹿建设（集团）有限公司是具有国家房屋建筑工程壹级资质的施工总承包企业，同时具备建筑装饰装修工程专业承包壹级资质、还具有市政公用、钢结构、消防设施、智能化、机电设备安装等资质以及房地产开发经营、物业管理、建筑工程代理、建筑工程咨询等。

上海金鹿建设（集团）有限公司下设5个控股子公司和8个分公司。公司目前有中高级职称人员111人，国家注册建造师94人。

公司近年来年施工产值达近20亿，在主营业务收入不断提升的同时，对社会和区域经济发展的贡献率也在稳步提升，连续11年获得“长宁区纳税贡献奖单位”的荣誉。获得市、区优质工程300余项，并且获得代表上海建筑业十年最高荣誉的“上海市（1989—2008年）创白玉兰奖工程优秀单位”称号。此外，公司还先后7次被授予上海市建筑施工行业30强企业，先后16次在上海市重点工程实事项目立功竞赛中获优秀公司称号。

上海豪全花苑项目　　上师大天华学院项目　　亚信峰会改造项目

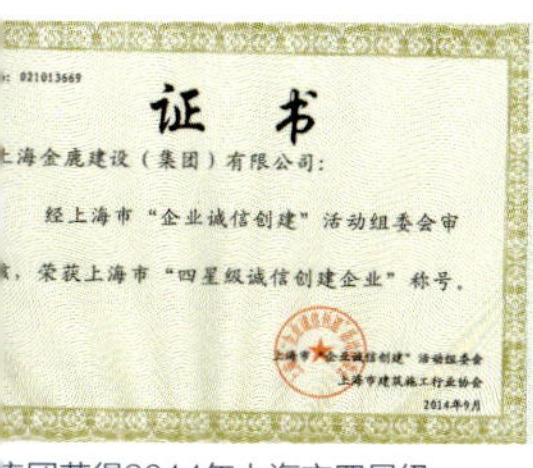

集团获得2014年上海市四星级诚信创建企业称号

集团获得2014年度上海市重大工程立功竞赛优秀公司称号

集团工会获得2014年度先进企业工会

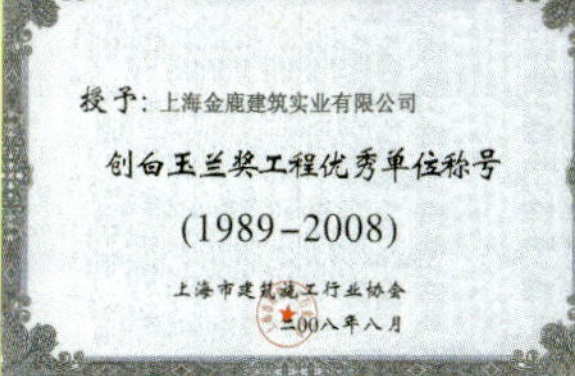

集团获得(1989—2008)创白玉兰奖工程优秀单位称号

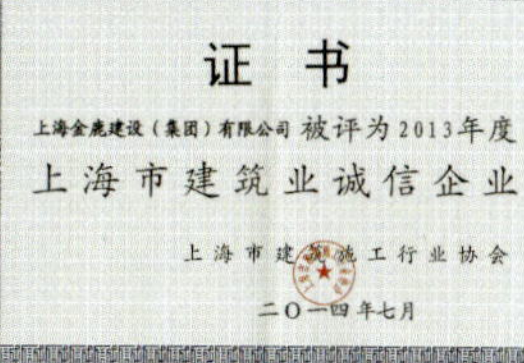

集团获得2013年度上海市建筑业诚信企业

上海新长宁(集团)有限公司

1 临空10-3#会议中心俯瞰图
2 晨飞、晨和公寓摇号排序会
3 福缘禅寺
4 临空10-3#会议中心内景
5 江森自控亚洲地区总部大楼开工建设

站在新起点，增创新优势

以房地产开发为核心

以塑造优秀企业为目标

积极拓展科技产业和商业

为区域经济发展作出更大贡献

公司地址：上海市长宁区仙霞路618号
电　　话：021-62625600
传　　真：021-62624207
邮　　编：200336

2014年，新长宁集团完成主营业务收入27.93亿元，实现净利润3.32亿元，净资产收益率8.67%，国资保值增值率110.7%，上缴国资收益1459.17万元，累计发生公益性捐赠、赞助支出166.09万元。

集团获上海市重大工程立功竞赛优秀公司二十一连冠；获国家工商总局2012-2013年度“守合同重信用”企业荣誉资格；获第二届中华慈善突出贡献奖。

集团推进临空园区产业楼、多媒体产业园、兆丰嘉园、青浦徐泾别墅、缤谷文化休闲广场二期等中高档住宅和商务办公楼宇的开发建设。

动拆迁工作围绕各征收基地情况稳步推进；加快西陶浜B块二期动迁安置房项目建设，338街坊保障性住房项目完成竣工交付；公共租赁住房建设与运营有序开展。

年内，集团各物业公司新接管产业55.9万平方米，其中非居住类物业12.6万平方米，公租房等保障性住宅15.4万平方米，存量商品房16万平方米，售后房11.9万平方米。截至年底，管理产业总量1141万平方米。

上海中山建设实业发展总公司

●上海中山建设实业发展总公司于1993年4月成立，1994年3月28日正式挂牌运作。主营房屋动拆迁和征收、房地产开发、房屋租赁和政府投资项目的代建等业务，注册资金为1亿元。

·唯实·

·求实·

·务实·

·坚持·

·完善·

·提升·

●服务于上海和长宁的发展，造福于百姓，一直以来是上海中山建设实业发展总公司的追求和使命。

●公司发扬“唯实、求实、务实”的企业精神，坚持“以服务社会为根，以建设国家为本，以造福人民为荣”的企业价值观，在“坚持、完善、提升”的新理念和“赢作风、赢态度、赢口碑”的新追求下，真抓实干、开拓创新、攻坚奋进，认真履行国有企业的社会责任，在创造了丰厚的经济效益的同时也取得了很好的社会效益。

●中山总公司曾荣获全国“五一劳动奖状”，连续八届被评为“上海市文明单位”，连续十八年获得上海市重点工程实事立功竞赛优秀公司称号，并获得上海市职工职业道德建设十佳标兵单位、上海市劳模集体、上海市守合同重信用企业、上海市职工最满意企（事）业单位等称号，享有较高的社会声誉。

·赢作风·

·赢态度·

·赢口碑·

1.115街坊旧改基地开展主题为“房屋征收党建联建，共创群众满意工程”的活动
2.中山公司合作开发的中山国际广场
3.结合“全国文明城区”复评工作，公司开展“文明创建我有责”倡议活动
4.公司召开党的群众路线教育实践活动总结大会
5.公司向虹桥路街道长虹居委会捐赠足疗椅
6.公司向上海凝聚力工程博物馆捐赠画作
7.公司开展主题为“发挥党建引领作用传承企业文化精神”企业文化建设系列活动

·服务创造价值·

上海海烟物流发展有限公司

上海海烟物流发展有限公司成立于2002年，是一家集现代物流、商品流通、品牌营销、信息服务于一体的大型国有企业。经十余年的建设与发展，已形成了以物流分拣配送为主，集卷烟营销、非烟经营在内的三项业务，对上海烟草零售终端实行统一配，同时对卷烟、酒类、食品等上千种商品开展批发经营。

物流配送方面，海烟物流中心在建立之初就运用了国际先进物流技术，将WMS(仓库管理系统)与ERP(企业资源计划)高度集，实现了信息处理及时、配送流程优化、存储选拣准确、物流管理智能，让物流流程的各个时间节点达到精确衔接。同时，公司服务于整个卷烟供应链的角度，开展“科技物流、精益物流、人本物流”建设，持续提升现代物流运营管理水平，打造“海烟服”品牌，树立了负责任企业的良好社会形象。

集约经营方面，公司按照上海烟草集团精品网络建设的要求，为全市连锁型集团客户在上海地区所有零售(加盟）门店提供卷供应服务和客户服务。在酒类食品经营上，作为供应链服务商，公司经营商品主要涉及酒类、食品，共代理、经销60余个品，900余种规格，保持长期良好合作的供应商达到50余家，商品销往市内外大型卖场、超市、便利店等多种现代连锁业态。

海烟物流全面落实国家对烟草行业的基本方针和战略任务，坚持“服务创造价值”的企业理念，坚持规范管理、转变作风，推改革，努力实现企业可持续发展新局面。

中国银行
BANK OF CHINA

百年中行 全球服务 竭诚期待您的光临

中国银行长宁支行成立于1987年，现辖8个职能部门、19家营业网点（含营业部）、1个总行级财富中心、2个中银汇兑中心、4个出国金融中心，有8家依附式自助银行、6家离行式自助银行、各类自助服务机具107台，员工395人。

中国银行长宁支行始终坚持“担当社会责任 做最好的银行”为己任，一贯以功能齐全的分支网点、多品种的产品体系和优质高效的服务满足区内业和居民金融需求，特别是中国银行作为中国国际化和多元化程度最高的银行，大力支持人民币国际化，为企业提供全球整合金融服务，拥有“区间宝“汇利达”“融货达”“融易达”“销易达”、国内商业发票贴现、国内应付账款融资、国内综合保理、租赁保理等一系列公司、国际结算产品，品种全、特色鲜明、丰富多样、冠绝群雄。

中国银行长宁支行及时抓住自贸区拓展机遇，打造专业化综合金融服务平台，完成境外借款、跨境电商等分行业务首单，人民币跨境资金池业务、金管理、票据收益权等业务量增长迅猛；并坚持在社会发展的大潮中担当责任，加大对小微企业的支持力度，“科保通”“中银科技卡”“张江模式”系列产品为区域内小微企业破解“融资难”“融资贵”问题，成为上海市科委举办的“创业在上海”科技大赛的金融合作机构，中小企业授信额度较去增长29%，连续为上海经济与金融建设发展提供有力支持。

长宁支行办公地址：红宝石路500号东银中心大楼A座5楼　联系电话：021-32095566（支行总机，营业部和各网点地址及电话见附表）

2015年中国银行长宁支行营业网点一览表

序号	网点名称	地址	电话号码
1	长宁支行营业部	延安西路2067号仲盛金融中心1楼，近仙霞路	62785055
2	长宁路支行	长宁路1170号，近凯旋路	52413175
3	番禺路支行	番禺路48号，近延安西路	62829337
4	古北新区支行	黄金城道823号，近古北路	62091304
5	古北支行	红宝石路500号A座1楼，近古北路	32098103
6	国贸中心支行	延安西路2201号318室，近娄山关路	62753783
7	虹桥机场支行	迎宾一路368号，近虹桥机场	62688866
8	虹桥开发区支行	仙霞路319号，近古北路	62350137
9	黄金城道支行	黄金城道555弄1号，近伊犁南路	62956816
10	娄山关路支行	娄山关路890号，近云雾山路	62412729
11	天山路支行	天山路350号，近威宁路	6290710
12	仙霞路支行	仙霞路703号，近威宁路	6290602
13	仙霞西路支行	仙霞西路299弄3号139-140室，近平塘路	6239275
14	新华路支行	新华路434号，近定西路	6282855
15	延安西路支行	延安西路1988号，近新华路	6209378
16	愚园路支行	愚园路1118号，近江苏路	6213283
17	镇宁路支行	镇宁路231号，近东诸安浜路	6240450
18	定西路支行	定西路1120号，近武夷路	3255782
19	虹桥临空经济园区支行	天山西路1068号联强国际广场II期1层A单元，协和路金钟路口	526610

分行林晓东副行长为支行“心得乐驿站”揭牌

水城路支行被建行总行授予五星级网点

前往上海市人民检察院开展警示教育

与解放军85医院军民共建

支行与上服集团签订环东华智尚园项目合作签约仪式

深入社区开展金融服务宣传活动

支行营业室与区养老院结对，定期上门为老人提供服务

在建行总行举办的羽毛球比赛中，支行员工荣获男单第四、女单第六的好成绩

中国建设银行股份有限公司上海长宁支行位于仙霞路8号6楼，支行设综合管理部、安全保卫部、业务管理部、公司业务部、个人金融部、营业管理部、风险管理部、个贷中心等12个部门，下辖18家营业网点7家24小时自助银行，分行级财富管理中心两家。

建设银行长宁支行主要经营人民币和外币存贷款、结算及汇兑业务，同时提供建行特色的各类金融服务产品，包括个人及法人理财产品，贵金属买卖，个人及对公电子银行，现金管理，公司项目贷款，个人贷款，中小企业贷款，贸易融资，国际国内保理及中国银行业监督管理委员会批准的其他业务。截至年底，建设银行长宁支行全口径本外币存贷款规模达330亿元，本外币全口径存款份额四行（工商银行、农业银行、中国银行、建设银行）第二、新增第二。人民币一般性存款份额四行第二、新增第二 。对公存款份额四行第二、新增第一。

建行长宁支行各营业网点分布情况

序号	网点名称	成立时间	营业地址	附注
1	支行营业室	1988年	仙霞路8号4楼	
2	水城路支行	1989年	水城路555号	附自助银行
3	北新泾支行	1991年	剑河路270号	附自助银行
4	愚园路支行	1993年	定西路1283号	附自助银行
5	遵义路支行	1995年	长宁路1555号	附自助银行
6	江苏路支行	1996年	江苏路123号	
7	天山支行	1996年	天山路765号	附自助银行
8	古北支行	1998年	水城南路38号	附自助银行
9	番禺路支行	1999年	番禺路396号	附自助银行
10	程家桥支行	1999年	剑河路2323号	
11	机场支行	1999年	虹桥路2550号	
12	虹桥路支行	2000年	虹桥路1288号	
13	紫竹支行	2005年	东川路555号	
14	安顺路支行	2009年	中山西路999号	
15	西郊支行	2010年	剑河路600号	
16	黄金城道支行	2011年	古北路1115号	
17	威宁路支行	2012年	天山路316号	
18	临空支行	2013年	协和路1033号	

美丽优雅的花园医院

· 关爱心灵 ·
· 追求卓越 ·

上海市长宁区精神卫生中心
SHANGHAI CHANGNING MENTAL HEALTH CENTE

一目了然的门诊体验室　明亮整洁的门诊大厅

私密安心的门诊诊室　有序安静的特需门诊

长宁区精神卫生中心创建于1976年，是长宁区地域之内唯一的精神病专科医院。医院占地面积46亩，总建筑面积2.1万平方米，绿化覆盖率为44.67%，是中心城区难得一见的花园式医院。

医院承担了全区70万多常住人口精神障碍的预防、诊疗、科研和康复任务，服务范围辐射普陀、静安、闵行、嘉定、青浦周边区域和外省市，并为本区外籍居民提供专科门诊服务。

医院紧紧围绕以病人为中心，通过转型发展、改革创新不断加强医院综合管理，鼓励技术创新，培养团队学习文化，强化岗位责任意识，打造新型的精神卫生服务体系等一系列举措，取得了较为显著的成效。

通过三十多年的发展，医院先后荣获全国精防康复工作先进区及先进集体、中国医师协会杰出精神科医师星火燎原奖、上海市文明单位、上海市卫生系统文明单位、全国安康杯竞赛（上海赛区）优胜单位、上海市助残扶残先进集体、长宁区文明班组及区总工会工人先锋号等荣誉称号，获得社会关注和各界好评。

光华中西医结合医院

上海市光华中西医结合医院是一所**以关节病中西医结合诊治为特色的三级甲等专科医院**，隶属于长宁区卫计委。医院以中西医结合诊治类风湿关节炎和其他各类关节病而闻名，关节病早期诊断的准确率处于国内领先水平，关节置换量位居上海前列，院内科室齐全，开放床位317张，拥有关节内科、关节外科、关节矫形外科、脊柱外科、风湿病科、痛风科、关节康复科等关节专科。关节病床位270张，占全院总床位的87%。医院在职职工388人，其中医务人员325人，包括正副主任医师40人，硕、博士学位60人，享受国务院特殊津贴专家1人。

医院秉承“**传承、创新、发展、和谐**”的宗旨；坚持“以病人为中心，实现科学发展；以员工为根本，建设和谐医院”的理念，**努力争创“全国一流关节病专科医院”**。

· 以病人为中心 ·

· 实现科学发展 ·

· 以员工为根本 ·

· 建设和谐医院 ·

传承

创新

发展

和谐

文明单位
Model Unit
上海市人民政府颁发
Issued by Shanghai Municipality

国家中医药管理局
重点中西医结合医院
建设单位

上海市长宁区光华中西医结合医院
三级甲等中医专科医院
(2013.01-2016.12)
国家中医药管理局
编号：ZKSJ309006

上海市中医特色专科
中西医结合类风湿关节炎专科
上海市卫生局

中科院上海生命科学研究院 上海交通大学医学院 健康科学研究所
上海交通大学医学院 上海市免疫学研究所
长宁区光华中西医结合医院
类风湿关节炎基础和临床合作研究基地

上海市医学重点学科
中西医结合类风关重点专科
上海市卫生局

上海光华医院-德国DIAKONIE医院
联合风湿病关节外科学术交流中心
Shanghai Rheumatoid Arthritis Guanghua Hospital-German Diakonie Hospital
United Rheumatological Orthopedic Centel

上海光华医院--韩国Yonsei Sarang Hospital
友好医院暨导航合作中心
Shanghai Guang Hua Hospital--Yonsei Sarang Hospital(Korea)
Friendship Hospital and Orthopilot Center

上海市光华中西医结合
类风关专科医院

中国人民解放军第八五医院

地址：上海市长宁区华山路1328号(近江苏路)
邮编：200052

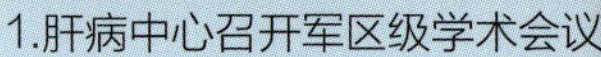

1.肝病中心召开军区级学术会议
2.为老首长送去关爱
3.执行医疗援助赞比亚军医组凯旋归来
4.走进社区开展敬老助老义诊活动

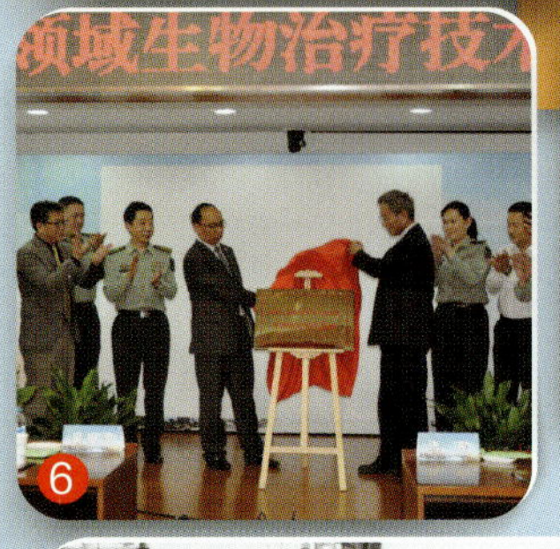

5.赴福建长汀革命老区巡诊
6.上海肝病中心生物治疗基地成立
7.发挥医疗特色积极服务群众
8.赴江西赣南开展“送医扶医老区行”义诊活动
9.连续15年医疗援藏
10.坚持22年下海岛巡诊
11.来到干休所慰问抗战老战士

2014年，第八五医院坚持以强军兴院目标为统领，以党的群众路线教育实践活动为抓手，科学筹划发展，整体推进建设，被军区表彰为“新闻报道先进单位”，被联勤部表彰为“军事训练先进单位”“院所挂钩帮建设活动先进单位”，被分部表彰为“先进党委”“军事斗争准备先进单位”。

医院坚持举旗铸魂，全军远程医学信息技术研究所被中央媒体广泛宣传，在军内外产生强烈反响；深化斗争准备，圆满完成医疗援助赞比亚、医疗援助西藏、“亚信”峰会安保、“六支力量”能力点验、“卫勤使命—2014”等大项任务；强化为军服务，大力开展“走基层、送健康、听建议”、“送医扶医老区行”等活动，足迹遍及福建长汀、江西赣南等革命老区和云南红河等贫困地区，连续22年下海岛巡诊；拓展内涵层次，扎实开展岗位练兵比武、“医疗质量月”活动，成功申报“中国肝病规范化诊疗示范基地”，检验科被列为国家863重大专项临床研究实验室，军区结核病中心、放射科分别召开军区级专业学术会议；整肃行业风气，自觉抵制行业“潜规则”，强化医德医风建设，努力打造“官兵放心、百姓满意”的部队一流中心医院。

解放军第四五五医院

忠诚 奉献 厚德 精业

区卫生系列高级专业技术资格评审会

连续四年承办军区心理护理骨干培训

联勤部创先争优典型事迹报告会

药品器材采购监察清理迎检动员大会

中国人民解放军第四五五医院具有70多年的历史，前身为美国救济总署创办的上海济民医院和美国教会传教士米勒尔先生创办的会医院演变而来。

医院拥有一栋20层集中央空调、中心供氧、中心吸引、计算机网络管理为一体的智能化病房大楼，共设30个科室，36个专业，0张床位，医疗建筑用房面积近5万平方米。医院规划新建门急诊大楼和外科病房大楼各1座，医院床位规模将达950-1000张。医院疗设备先进，专业技术力量雄厚，拥有320排容积CT、PET-CT、螺旋CT、DSA减影系统、彩超、腹腔镜、全自动生化分析仪、身伽马刀、核磁共振、准分子激光仪、进口血透机，大型医疗设备总值约2.5亿元。

医院先后出色完成了APEC会议、上合组织峰会、抗击非典、抗雪救灾、抗震救灾、奥运安保、世博安保、援外维和、医疗援藏等大卫勤保障任务，受到军区和联勤部的高度评价。上海、四川、西藏等地方各级党委政府和人民群众也给予充分肯定和高度赞扬。

地址：上海市淮海西路338号　邮编：200052

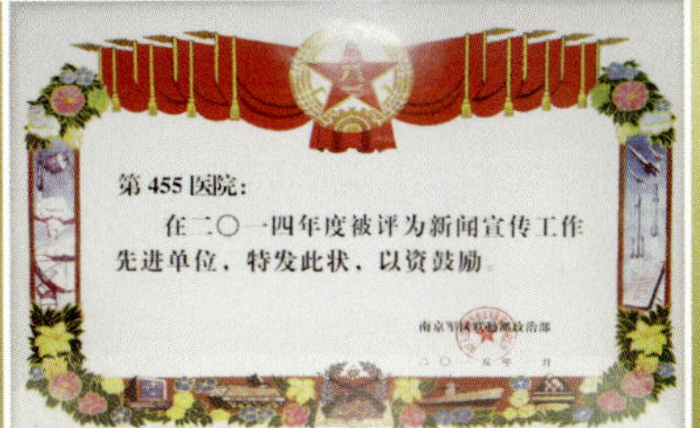

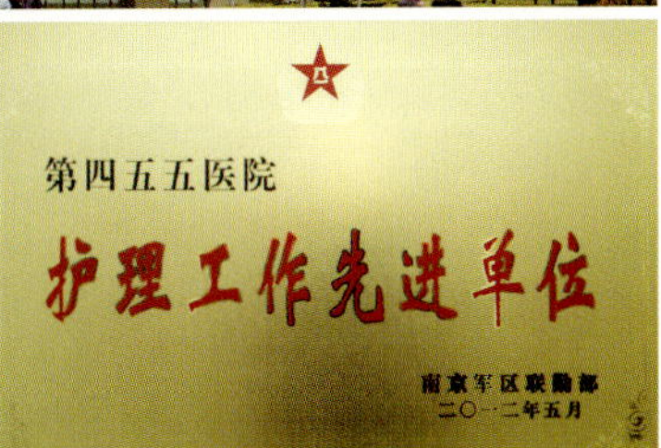

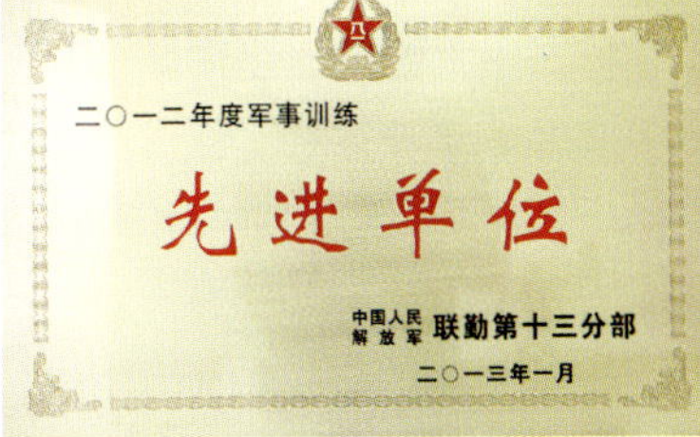

团结向上的院领导班子

积极推进国际JCI认证工作

金皖玲劳模工作室挂牌仪式

爱心视频获上海创新性志愿服务项目

助产士合影

无陪护护理

长宁妇幼

C.N. MATERNITY
& INFANT HEALTH HOSPITAL

上海市长宁区妇幼保健院

二级甲等专科医院

上海市长宁区妇幼保健院创建于1935年，是一所集医疗、保健、预防、科研、教学为一体的院所合一的妇幼保健专科医院。医院建筑面积16298平方米，编制床位25张，专业技术人员436名，其中博士4名，硕士43名，高级职称42名，中级职称14名。医院科室设置6个临床科室，5个医技科室，年门急诊量约64万人次，年分娩量约12000人次。医院坚持保健与临床相结合的妇幼卫生工作方针，积极贯彻国家妇女儿童"两纲"。目前拥有1个上海市重点专科，1个区诊疗中心，2个区优势专科，3个区特色专科，3个区优势专病和1个区特色项目。近十年来各学科建设长足发展，妇科微创技术居上海市同级同类医院前列；产科分娩数始终居全市前茅，剖宫产率低于国家"两纲"规定的35%，围产儿死亡率始终保持在千分之三左右，孕产妇死亡率连续13年为零。妇幼所认真履行政府职能，在市、区妇儿工委的指导和帮助下，开展免费婚前保健、免费孕前优生健康检查、新生儿先天性疾病筛查、0-6岁学前儿童免费健康检查和为退休及生活困难妇女妇科病、乳腺病筛查工作，妇幼保健工作水平位居上海市前列。医院实施文化发展战略，把先进理念融入素质教育、管理服务、创新发展的全过程，坚持"苛刻才能安全""无申辩投诉处理"等系列管理文化，把人性化服务特色渗透到每个服务细节，成功打造出"五化式温馨候诊""一条龙便民就医""小刘热线""心理减压区"和"爱心视频"等一批有影响力的市内服务品牌。2003年3月，在全国首家实施水中分娩，医院被国际水中分娩协会列为永久会员单位。医院是上海市内唯一一家"不用护工"的公立医院，是市内唯一一家坚持"全面、全程开展一对一导乐家属陪伴"的妇产科医院。

医院是全国文明单位，获得上海市文明单位九连冠，全国卫生系统先进集体、全国模范职工之家、全国医院文化建设先进单位、上海市平安医院、上海市创先争优先进基层党组织、上海市志愿者服务基地等荣誉称号。医院将参照JCI医院评审标准，实施国际化的医院管理认证，全面打造"国际化、标准化、全程化、一体化"的妇幼保健专科医院。

全国文明单位

中央精神文明建设指导委员会
2011年12月

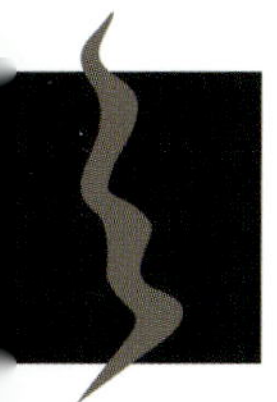

上海联创永钦创业投资管理中心（有限合伙）

ewMargin
ENTURES

上海联创永钦创业投资管理中心是上海永宣集团旗下从事创业投管理的管理公司。上海永宣集团前身为上海联创投资管理有限公，成立于1999年7月。总部位于上海，并在北京、杭州、成都等设有办事处。

依托本地及国内政府的强力支持，上海永宣形成了自己独特企业文化，拥有独立的决策机制，专业的管理方式以及无与比的团队合作精神。

永宣拥有一支经验丰富的专业团队，具有很强的行业背，拥有丰富的风险投资和企业管理的经验。同时投资人多，国内有上海联和投资有限公司和国家计委、国家经委、中国科学院科技促进经济基金委员会；海外投资有新加坡政府投资公司、嘉里集团、K.Wah集团、UNeVision、JAFCO、摩托罗拉、阿尔卡特以及些知名公司。

上海永宣是国内首家同时管理境内及离岸基的风险投资管理公司，目前管理的基金规模约200亿人民币。

目前，已投资300余家企业，其中75家功实现在国内外资本市场上市退出，另有余家已进入上市申报过程中。新三板方，目前已有数十家成功上市新三板。15年预计有100余家将登录新三板，中上海联创永钦创业投资管理中心理的基金规模为6.3亿人民币。

获得的部分荣誉及业内排名

年度	评级机构	综合排名
2001年	美国财富杂志	冯涛入选全球25位企业新星(中国同时入选还有田溯宁、张朝阳)
2003年	清科	冯涛被评为中国本土十佳创业投资家第一名，联创列本土创投第二名
2004年	清科	冯涛被评为创业投资和私人股本投资行业前五名，联创列本土创投第一名
2005年	美国时代周刊	冯涛评为中国投资界的五位Rain Maker之一
2005年	清科	联创列最活跃创投前十名（含外资品牌）
2007年	中国创投年度论坛	上海联创被评为中国本土创投全国第二名
2007年	清科	冯涛为中国10大创投家
2009年	福布斯	冯涛荣获2009中国最佳创业投资50人排名第四
2010至2011年	清科	冯涛连续2年获得中国十大最佳创业投资家，并均位列前三
2011年	福布斯	冯涛荣获2011中国最佳创业投资50人排名第三
2012年	福布斯	冯涛获中国最佳创业投资50人排名第二；永宣投资列最佳创业投资机构第二名
2013年	福布斯	冯涛获中国最佳创业投资50人排名第二；永宣投资列最佳创业投资机构第四名
2014年	清科/福布斯	冯涛获福布斯中国最佳创业投资排名第四；永宣列清科本土创投50强第四

STDecaux
申 通 德 高
To See A Different
Brand World
灯箱长廊
站台超级大看板
超级橱窗灯箱
炫动投影画廊
TV Power Zone
品牌专区
微信号：STDECAUX

商务楼宇LCD联播网

互动液晶屏

数码海报2.0联播网

户外彩屏LED联播网

Focus Media 分众传媒

分众传媒（Focus Media），中国最大的生活圈媒体群，围绕消费者的生活轨迹展开，产品线覆盖商业楼宇视频媒体、卖场终端视频媒体、公寓电梯媒体（框架媒介）、户外大型LED彩屏媒体、电影院线广告媒体等多个针对特征受众并可以相互有机整合的媒体网络，形成无处不在的影响力。

分众传媒已经覆盖全国110余个城市、数以10万计的终端场所，日覆盖超过3亿的都市主流消费人群，以独创的商业模式、媒体传播的分众性、生动性赢得了业界的高度认同，已成为中国都市最主流的商业传媒平台之一。

框架1.0电梯平面海报

卖场终端联播网

银幕巨阵—高端影院映前广告

商旅人士联播网

神州数码

中　国　智　慧　城　市　专　家

从神州数码诞生的第一天起，我们就确认了自己的理想–“数字化中国”，也因此命名为神州数码。我们要打造一家百年老店，让神州数码成为中国最具价值的IT服务供应商，通过持续创新，为客户提供卓越的全面整合服务，以实现数字化中国的理想。

——郭为（神州数码控股有限公司董事局主席）

一、数字化中国

2000年，为顺应互联网时代信息产业的发展，原联想集团一分为二，神州数码控股由此诞生。2001年，神州数码控股有限公司在香港联合交易所主板上市（股票代码 00861.HK）。

神州数码控股自成立以来，坚持“产业报国”的理想，以“数字化中国”为使命，通过持续创新，构建起完整的IT服务价值链，服务涉及IT规划咨询、IT基础设施系统集成、解决方案设计与实施、应用软件设计及开发、IT系统运维外包、物流维保等领域。依托服务价值链，为客户提供端到端的整合IT服务，成为了中国最大的整合IT服务商，连续四年入选《福布斯(Forbes)》“亚太地区最佳大型上市公司50强”，连续六年入选《财富（中文版）》中国企业500强。业务规模已达港币700余亿元，近2万余名员工，在全国50余个城市拥有驻在机构。

与此同时，神州数码也加大加强了在上海地区的业务比重，2014年上海神州数码上缴税收7300余万元，为上海市、为长宁区的发展建设贡献了一份力量！

二、战略发展

作为中国信息化的见证者和建设者，神州数码的发展历程就是中国IT服务发展史的缩影。在公司“一五”“二五”“三五”规划中，神州数码前进道路上的每一次战略转型，都是与国家发展的主旋律、信息产业发展的主脉博相结合，顺势而为，释放信息技术的力量，与用户共同创造和分享数字化中国的辉煌未来。

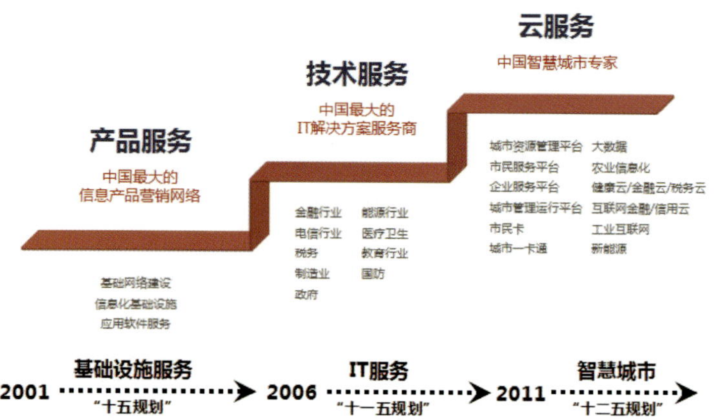

三、业务布局

2010年，神州数码控股前瞻性地预见到信息产业的重大化，顺应国家“走中国特色新型工业化、信息化、城镇化、农现代化道路”宏观趋势，致力践行互联网+，开始了围绕智慧市战略的全面布局。经过5年的努力，聚焦在以互联网平台为础的智慧城市服务和运营业务，在技术、理念和实践上领先场，成为中国智慧城市建设的第一品牌。

截至2015年5月，神州数码控股在70余个城市展开智慧市相关项目实施，与3个省份（海南、河北、重庆）、35城市署智慧城市战略合作协议，在16个城市建设或运营了公共信服务平台。

紧密围绕“新四化”的业务布局

四、发展机遇

公司未来将成为一家完全的服务和互联网的公司。凭借在中国的广泛的行业布局，以云计算和大数据技术为支撑，与业应用深度融合，通过IT服务和运营等方式，大力发展智慧城（互联网城市服务）、互联网农业、互联网制造、互联网供应以及互联网金融等高附加值和高增长业务。云计算、移动互网、物联网、大数据等信息技术已经成为推动社会发展、产业革的重要力量。互联网与传统产业的深度融合将在智慧城市、联网制造、互联网农业等领域创造巨大的发展空间。神州数码股凭借其雄厚的技术积累、广泛的城市覆盖和领先的行业影力，将迎来前所未有的发展机遇。

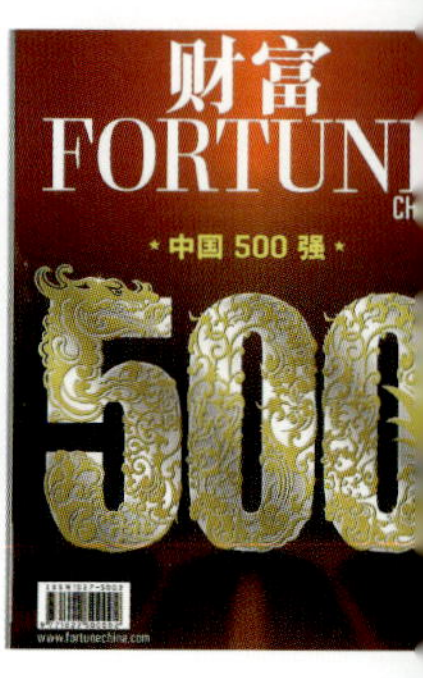

上海美丽华物业管理有限公司

上海美丽华物业管理有限公司为中外合资企业，成立于1997年4月。公司地处长宁区古北新区，所服务和管理的美丽华花园小区为集别墅、酒店公寓、高层住宅、写字楼、商铺等一体的涉外高档综合小区，小区内入住的业户70%以上为外籍人士，来自世界20余个国家和地区，堪称“小小联合国”。

公司从成立至今，一直积极参与所在社区的文明共建活动，与社区、街道等共同组织了多次中外家庭联谊活动，多次荣获长宁区文明单位、文明小区荣誉称号；特别是2005年参加上海市文明单位创建工作以来，已连续四次蝉联“上海市文明单位”的殊荣；公司还是上海市物业管理行业诚信承诺AAA级企业；美丽华花园从2000年至今经过多次复评，一直保持着建设部颁发的“全国物业管理示范大厦”荣誉称号。

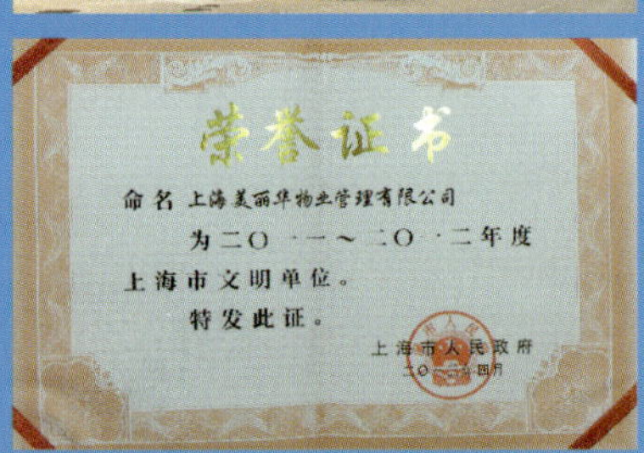

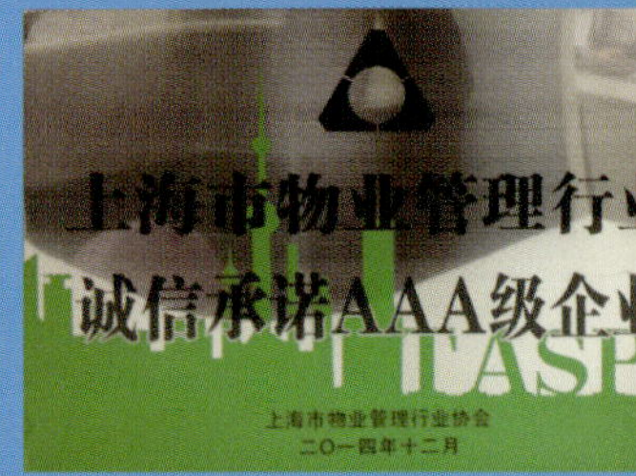

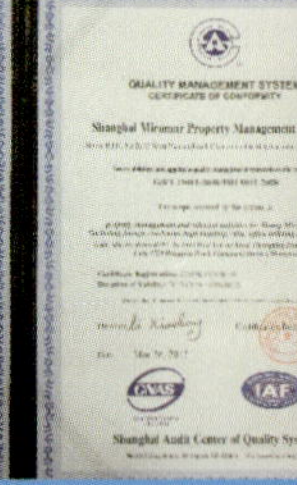

上海明鸿房地产发展有限公司

一、公司简介

上海明鸿房地产发展有限公司是1992年成立的中外合资房地产开发企业，注册资本1500万美元，投资总额4500万美元，目前合资各方分别是：

甲方：上海东湖（集团）公司，出资375万美元，占注册资本的25%。

乙方：新加坡明鸿发展投资（私人）有限公司，出资225万美元，占注册资本的15%。

丙方：联合地产（杭州）有限公司，出资900万美元，占注册资本的60%。

经营范围：在本地块（虹桥路以北、虹梅路以西300亩土地）内经营房地产及配套服务设施，提供房地产市场投资经营信息、咨询、物业管理。

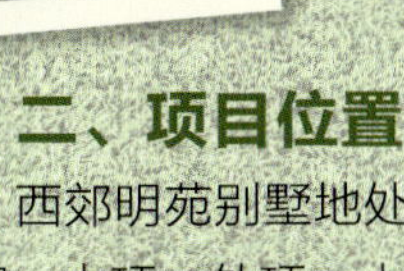

二、项目位置

西郊明苑别墅地处虹桥路、虹梅北路，周边有延安路高架、中环、外环，十几分钟到达市中心，离虹桥机场和虹桥枢纽也只有十分钟车程。小区规模宏大，周围别墅群林立，又紧临西郊宾馆，其近千亩郁郁葱葱的植被令人心旷神怡，而小区内环境优美，绿树成荫，空气清新，各型别墅错落有致，极具欧陆风情，是市区罕见的黄金别墅区。

三、项目概述

公司于1992年以土地批租方式取得虹桥路以北、虹梅路以西300亩，占地207942平方米的土地，规划建造上海《西郊明苑别墅》项目，项目共计219幢独幢小别墅，规划容积率≤0.4。明苑别墅Ⅰ、Ⅱ期已建造152幢别墅，并已全部售罄。余下Ⅲ期120亩土地可建造33547平方米的别墅，计划分三批开发，每幢地上面积338-585平方米，部分特建房达到800-1000平方米。目前所有Ⅲ期的开发均已完成，通过验收。整个项目除了3幢别墅，其余均已销售完毕。

地址：上海市新华路22号
邮编：200052
电话：021-62803801
传真：021-62809918
CNEMS@vip.changning.sh.cn

原子吸收分析仪
实验室操作

机动车
尾气监测

吴泾水域
黄浦江采样

上海市长宁区环境监测站

青草沙水源地采样监测

GC-MS分析仪
实验室分析

道路噪声监测

新建华阳空气自动监测站

上海市长宁区环境监测站成立于1979年，为公益性科学技术事业单位。具有计量认证资质和国家实验室认可资质，具备**水、气、声与振动、辐射、机动车排放、加油站和生物等七大类百余项测试能力**。该站配备了先进的检测分析仪器，含GC-MS气相色谱质谱联用仪、流动注射仪、原子吸收仪、原子荧光仪、离子色谱仪、TOC分析仪等大型分析仪器和空气自动监测子站三座。近年来，受市环保局委托，承担了黄浦江、青草沙水源地监测及宝钢、金山石化等国控企业监督监测。为区域及市环境管理和决策提供技术监督、技术支持和技术服务，并全方位、全天候服务于本区域，乃至上海市及长三角地区多重环境监测需求。